杭州全书

白马湖文献集成

白马湖卷

王国平 总主编

崔富章 黄玉洁 编著

西泠印社出版社

杭州全书编纂指导委员会

主　任：　王国平

副主任：　朱　华　　刘　颖　　王　敏　　朱党其　　张建庭
　　　　　朱金坤　　董建平　　顾树森　　马时雍　　郭东风
　　　　　王金定　　庞学铨　　程为民

委　员：　（以姓氏笔画为序）
　　　　　马　云　　王　姝　　王水福　　王建沂　　刘建设
　　　　　江山舞　　阮重晖　　孙国方　　吴炜炜　　何　俊
　　　　　应雪林　　陆晓亮　　陈　波　　陈　跃　　陈如根
　　　　　陈震山　　卓　超　　金　翔　　周　扬　　郑　迪
　　　　　郑翰献　　胡征宇　　姜永柱　　聂忠海　　高小辉
　　　　　盛世豪　　章登峰　　屠冬冬　　董毓民　　谢建华
　　　　　楼建忠

杭州全书编辑委员会

总主编：王国平

编　委：（以姓氏笔画为序）

丁少华	于林芳	马东峰	王　军	王剑文
毛新利	方永斌	江山舞	阮重晖	汤丽丽
孙国方	杜红心	何　蕾	陈　波	陈　跃
杭天鹏	卓　军	尚佐文	赵　铠	赵丽萍
胡红文	胡征宇	俞　晖	章丹红	梁　旭
程晓东	曾　晖	蓝　杰	蔡　峻	潘沧桑

湘湖（白马湖）全书编纂指导委员会

王　敏　章登峰　姜永柱　郑　迪
吴炜炜　沈　波　周胜华　翟慧清
程晓东　于林芳

《湘湖（白马湖）文献集成》编辑委员会

孙建平　汪　栾　韩梦龙　胡庆杰
徐燕锋　胡晓辉　张文波　赵　铠
汤丽丽　王　军　郭凯钧　俞梁波
林华东　徐吉军　钱　杭　蒋乐平
杨国梅　吴　健　尚佐文　陈志根
李维松

《湘湖（白马湖）文献集成·白马湖卷》编写小组

主　编　崔富章
成　员　黄玉洁　徐盛辉　石　梅

杭州全书总序

城市是有生命的。每座城市，都有自己的成长史，有自己的个性和记忆。人类历史上，出现过不计其数的城市，大大小小，各具姿态。其中许多名城极一时之辉煌，但随着世易时移，渐入衰微，不复当年雄姿；有的甚至早已结束生命，只留下一片废墟供人凭吊。但有些名城，长盛不衰，有如千年古树，在古老的根系与树干上，生长的是一轮又一轮茂盛的枝叶和花果，绽放着恒久的美丽。杭州，无疑就是这样一座保持着恒久美丽的文化名城。

这是一座古老而常新的城市。杭州有8000年文明史、5000年建城史。在几千年历史长河中，杭州文化始终延绵不绝，光芒四射。8000年前，跨湖桥人凭着一叶小木舟、一双勤劳手，创造了辉煌的"跨湖桥文化"，浙江文明史因此上推了1000年；5000年前，良渚人在"美丽洲"繁衍生息，耕耘治玉，修建了"中华第一城"，创造了灿烂的"良渚文化"，被誉为"东方文明的曙光"。而隋开皇年间置杭州、依凤凰山建造州城，为杭州的繁荣奠定了基础。此后，从唐代"灯火家家市，笙歌处处楼"的东南名郡，吴越国时期"富庶盛于东南"的国都，北宋时即被誉为"上有天堂，下有苏杭"的"东南第一州"，南宋时全国的政治、经济、科教、文化中心，元代马可·波罗眼中的"世界上最美丽华贵之天城"，明代产品"备极精工"的全国纺织业中心，清代接待康熙、乾隆几度"南巡"的旅游胜地、人文渊薮，民国时期文化名人的集中诞生地,直到新中国成立后的湖山新貌,尤其是近年来为世人称羡不已的"最具幸福感城市"——杭州,不管在哪个历史阶段,都让世人感受到她的分量和魅力。

这是一座勾留人心的风景之城。"淡妆浓抹总相宜"的"西湖天下景","壮观天下无"的钱江潮,"至今千里赖通波"的京杭大运河(杭州段),蕴含着"梵、隐、俗、闲、野"的西溪烟水,三秋桂子,十里荷花,杭州的一山一水、一草一木,都美不胜收,令人惊艳。今天的杭州,西湖成功申遗,中国最佳旅游城市、东方休闲之都、国际花园城市等一顶顶"桂冠"相继获得,杭州正成为世人向往之"人间天堂""品质之城"。

这是一座积淀深厚的人文之城。8000年来,杭州"代有才人出",文化名人灿若繁星,让每一段杭州历史都不缺少光华,而且辉映了整个华夏文明的星空;星罗棋布的文物古迹,为杭州文化添彩,也为中华文明增重。今天的杭州,文化春风扑面而来,经济"硬实力"与文化"软实力"相得益彰,文化事业与文化产业齐头并进,传统文化与现代文明完美融合,杭州不仅是"投资者的天堂",更是"文化人的天堂"。

杭州,有太多的故事值得叙说,有太多的人物值得追忆,有太多的思考需要沉淀,有太多的梦想需要延续。面对这样一座历久弥新的城市,我们有传承文化基因、保护文化遗产、弘扬人文精神、探索发展路径的责任。今天,我们组织开展杭州学研究,其目的和意义也在于此。

杭州学是研究、发掘、整理和保护杭州传统文化和本土特色文化的综合性学科,包括西湖学、西溪学、运河(河道)学、钱塘江学、良渚学、湘湖(白马湖)学等重点分支学科。开展杭州学研究必须坚持"八个结合":一是坚持规划、建设、管理、经营、研究相结合,研究先行;二是坚持理事会、研究院、研究会、博物馆、出版社、全书、专业相结合,形成"1+6"的研究框架;三是坚持城市学、杭州学、西湖学、西溪学、运河(河道)学、钱塘江学、良渚学、湘湖(白马湖)学相结合,形成"1+1+6"的研究格局;四是坚持全书、丛书、文献集成、研究报告、通史、辞典相结合,形成"1+5"的研究体系;五是坚持党政、企业、专家、媒体、市民相结合,形成"五位一体"的研究主体;六是坚持打好杭州牌、浙江牌、中华牌、国际牌相结合,形成"四牌共打"的运作方式;七是坚持权威性、学术性、普及性相结合,形成"专家叫好、百姓叫座"的研究效果;八是坚持有章办事、有人办事、有钱办事、有房办事相结合,形成良好的研究保障体系。

《杭州全书》是杭州学研究成果的载体,包括丛书、文献集成、研究报告、通史、辞典五大组成部分,定位各有侧重:丛书定位为通俗读物,突出"俗"字,做到有特色、有卖点、有市场;文献集成定位为史料集,突出"全"字,做到应收尽收;研究报告定位为论文集,突出"专"字,围绕重大工程实施、通史编纂、世界遗产申报等收集相关论文;通史定位为史书,突出"信"字,体现系统性、学术性、规律性、权威性;辞典定位为工具书,突出"简"字,做到简明扼要、准确权威、便于查询。我们希望通过编纂出版《杭州全书》,全方位、多角度地展示杭州的前世今生,发挥其"存史、释义、资政、育人"作用;希望人们能从《杭州全书》中各取所需,追寻、印证、借鉴、取资,让杭州不仅拥有辉煌的过去、璀璨的今天,还将拥有更加美好的明天!

是为序。

王国平

2012年10月

前　言

杭州之湖，盛名在外的首推西湖，其次为湘湖，白马湖则是点缀在这姊妹湖之间的一颗璀璨的明珠。它位于滨江区南部，越王城山北麓，与湘湖依山为界，水系相通；与西湖隔江相望，南北辉映，被誉为"杭城双璧"。湖中有岛，岛中有湖，碧波万顷，烟树参差，风景绝佳。

一

白马湖，又名排马湖、石姥湖、西陵湖、西城湖，民间又称跑马湖、白茫湖。全湖周长10余千米，面积1800余亩。湖中有马湖桥，将湖水一分为二，桥东称"东白马湖"，桥西称"西白马湖"，湖中有大小不一的天然绿洲12个。

关于本名"白马湖"的由来，其说主要有三：一是据《会稽地志》记载，"汉周举乘白马，游而不出，时人以为地仙"，故名；二是据清人毛奇龄《九怀词·水仙五郎》云，有兄弟五人，傍湘湖而居，事母至孝，水仙花开时，其母患病，思鱼羹，五人入江捕鱼，为潮水卷去而成潮神，次年水仙花开时，五人骑白马回家探母，"上湘湖旁白马湖是其迹"；三是湖形酷似一匹马，湖水白光闪闪，后人据以为名。众说纷纭，至今尚无定论。

远古时期，白马湖和湘湖一带都是江海相连的浅海湾，由于山洪冲击、海潮吐纳等自然变迁，年深日久，海湾渐被泥沙堵塞，出现大片沙地，沙嘴以内最终形成潟湖，一如钱塘江对岸的西湖。

春秋末期，白马湖隶属越国，为越国都城会稽（今绍兴）的北疆[1]。吴越争霸时，越国在此设立关防，驻扎水军，屯泊战船，名"固陵港"。《越绝书》记载："浙江南

---

[1] 彼时白马湖还是钱塘江的一个海湾，尚未完全形成。

路西城者,范蠡敦兵城也。其陵固可守,故谓之固陵。所以然者,以其大船军所置也。"固陵即今滨江区西兴一带。固陵港是当时中国最大的军港,也是有史料记载的我国最早的组合渡口港口之一。相传吴王夫差在此排马布阵,攻打困守于傅家峙的越王勾践,"排马湖"之名亦由此而来。

南北朝时期,白马湖被称为"西陵湖""西城湖"。郦道元《水经注》载:"(固陵)有西陵湖,亦谓之西城湖。"清人毛奇龄《萧山县志勘误》诠释道:"以地近西陵(西兴),则名西陵湖;以其在(越王)城山之西,则名西城湖。"唐时,因湖畔立有石姥祠以纪念治理江潮献身的英雄石瑰,白马湖又得名"石姥湖"。

南宋时,白马湖水面达 3000 亩,后由于淤积和围垦,面积逐渐减小,部分水域废湖为田。据史料记载,绍兴年间(1131—1162),沈琮以白马湖中地 3000 亩献之宁寿观,朝廷下转运验视,禁不许。乾道九年(1173),又为李直殿、张提举二家所占,废湖为田,朝廷得知后委派本路提举复开掘为湖。

历史上,白马湖同湘湖一并,主要作蓄水防旱、灌溉农田之用,对当地发挥着重要的水利功能。如民国二十四年(1935)《萧山县志稿》记载:"(湘湖)堤傍居民皆以鱼贩为业,溉田甚广,与白马湖均为萧邑水利。"同时,白马湖鱼类资源丰富,素为当地农民捕鱼之所。1949 年后,白马湖渔场曾先后划归湘湖农场、萧山湘湖渔场管辖,是当时萧山县主要淡水鱼养殖基地之一。

二

自唐天宝元年(742)萧山建县以来,白马湖与湘湖一直隶属于萧山。1996 年 12 月 12 日,以原萧山市西兴、长河、浦沿三镇为基础成立滨江区,从此,白马湖与一山之隔的湘湖分了家,隶属于滨江。十多年后,得益于周边的开发建设,白马湖迎来了它真正的高速发展和华丽蜕变。

2007 年年底,中国美术学院向中共杭州市委、市政府提交《杭州国家高新技术产业开发(滨江)区白马湖区块概念规划》。在听取汇报后,时任杭州市委书记王国平强调,要创新理念,完善规划,将白马湖区块打造成"国家级文化创意产业园区、白马湖旅游休闲度假区、杭州城市美学和建筑美学示范区、杭州和谐创业示范区",使之成为一座"生态创意城"。

2008 年 4 月,白马湖生态创意城建设的序幕正式拉开。该园规划面积约 20.5 平方千米,按照"一核、二业、三带、四种生活区、五园"的总体布局,主要依托区域高科技产业优势,注重保护利用自然生态和文化资源,推动动漫艺术与信息科技、旅游休闲业相结合,重点发展动漫游戏产业,兼顾信息服务业、文化休闲旅游业等,打造"宜居、宜业、宜游、宜文"的综合性生态文化创意城。

2010年4月,白马湖生态创意城的核心建筑——动漫广场会展中心落成启用。从此,中国国际动漫节这一目前国内最高规格的国际性动漫节永久落户于此,成为中华文化与世界文化交流互动的高端平台。作为杭州文化创意产业重点项目,白马湖生态创意城现已建成动漫广场城市综合体、农居SOHO创意园、中国动漫博物馆等一批文化和科技融合项目,先后获"国家动画产业基地""国家数字出版产业基地核心园区""杭州市创建国家文化和科技融合产业基地核心区"称号,还挂牌成立全国唯一一家由中国作家协会授牌的"中国网络作家村",着力打造全国网络文学事业和网络文学产业发展的核心区和示范区。2017年,白马湖生态创意城更被命名为"国家级文化产业示范园区"……

三

从白马湖形成与发展的历史及其所处的地理位置来看,其与湘湖的关系可谓密切。春秋时期所谓的固陵港,不仅指白马湖,也包括当时湘湖一带。历史上,白马湖与湘湖作为萧山重要水利,常因地理相近、水系相通而连类并称,多年来习称湘湖·白马湖景区。如今,虽兄弟分家、归属不同,两湖之间依然河道相通,诉说着千百年来悠悠不断的情缘。

事实上,白马湖作为湘湖北面一个与其有着千丝万缕联系的小湖,在史书、方志中常被看作湘湖之附属而鲜少单独论及,尤其是阐述水利关系时。因此,此次编辑《白马湖文献集成》,我们在搜集整理白马湖相关文献资料时,经仔细辨别,于史志篇中适当采录一些似论萧山水利、论湘湖而实际也包括白马湖的文献,以使读者对古时白马湖的存在有更深入的了解。

需要说明的是,所谓《白马湖文献集成》,并非地理意义上的白马湖本身,而是从当下出发,从十余年来蓬勃发展的白马湖生态创意城出发,观照、梳理白马湖一带从古至今这段漫长的历史。因此,本书所搜罗的文献,并不局限于狭义的白马湖,而是涵盖白马湖生态创意城这一广义的白马湖,这在方略、工程、产业三个当代文献篇章看来一目了然,而涉及古代、近现代文献时,艺文篇则涵盖园区内现存或曾存的具有代表性的事物或事件,至于人物篇,除搜罗与白马湖息息相关的治水名贤,更是推及西兴、长河、浦沿等生于斯长于斯、与白马湖多少带点关系的滨江区名人。

历史漫长,文献繁夥,从中搜罗古时名声不甚卓著的白马湖的相关文献,虽说颇有难度,却也充满披沙拣金的乐趣。白马湖的古代、近现代文献,主要来源于史书、方志,尤其是历代萧山县志,以及当地名人或其他相关人物的诗文别集、杂著;至于当代文献,则主要来源于政府发布、媒体报道、书籍杂志等。古今兼包,冀其巨细无遗,而才疏学浅,难免挂一漏万。此次整理集成,以尊重原著、保持原貌为原则,若非明显错讹,原则上不作考订及增补。不足之处,有待大方之家批评指正!

目 录

一、史志篇 ……………………………………………………………（1）
历代史书 ……………………………………………………………（1）
历代志书 ……………………………………………………………（5）
其他典籍文章 ………………………………………………………（34）

二、人物篇 ……………………………………………………………（45）
治水名贤 ……………………………………………………………（45）
长河名贤 ……………………………………………………………（52）
西兴名贤 ……………………………………………………………（73）
浦沿名贤 ……………………………………………………………（76）
附：氏族 ……………………………………………………………（77）

三、艺文篇 ……………………………………………………………（81）
（一）诗词 …………………………………………………………（81）
白马抒情 ……………………………………………………………（81）
冠山名胜 ……………………………………………………………（98）
长河沧桑 ……………………………………………………………（117）
西陵古韵 ……………………………………………………………（129）
乡贤闲咏 ……………………………………………………………（175）

（二）文赋 …………………………………………………………（208）
公文 …………………………………………………………………（208）
碑记 …………………………………………………………………（220）
序 ……………………………………………………………………（249）
杂志 …………………………………………………………………（261）

1

四、方略篇 (266)
(一)概述 (266)
(二)政治 (270)
1. 省政策法规、规划计划 (270)
2. 市政策法规、规划计划 (276)
3. 区政策法规、规划计划 (284)
(三)经济 (313)
(四)文化 (334)
(五)社区 (355)
(六)环境 (380)

五、工程篇 (417)
(一)综合 (417)
(二)规划 (451)
(三)建设 (453)

六、产业篇 (464)
(一)动漫文化篇 (464)
1. 综述 (464)
2. 第八届至第十一届中国国际动漫节 (480)
3. 动漫产业 (505)
4. 动漫节 (510)
(二)文创产业篇 (511)
1. 综合 (511)
2. 文博会 (530)
3. SOHO (559)

一、史志篇

史 书

越绝书

勾践已灭吴,使吴人筑吴塘,东西千步,名辟首。后因以为名曰塘。

独妇山者,勾践将伐吴,徙寡妇致独山上,以为死士示,得专一也。去县四十里。后说之者,盖勾践所以游军士也。

马嗥者,吴伐越,道逢大风,车败马失,骑士堕死,匹马蹄嗥,事见吴史。

浙江南路西城者,范蠡敦兵城也。其陵固可守,故谓之固陵。所以然者,以其大船军所置也。

来源:李步嘉校释,《越绝书校释·越绝外传记地传第十》,中华书局,2013年。

吴越春秋

越王勾践五年五月,与大夫种、范蠡入臣于吴,群臣皆送至浙江之上。临水祖道,军阵固陵。

来源:[汉]赵晔撰,《二十五别史(6)·吴越春秋·勾践入臣外传》,齐鲁书社,2000年。

水经注

浙江又迳固陵城北,昔范蠡筑城于浙江之滨,言可以固守,谓之固陵,今之西陵也。

浙江又东迳柤塘,谓之柤渎。昔太守王朗拒孙策,数战不利。孙静果说策曰:

朗负阻城守,难可卒拔。柤溃去此数十里,是要道也。若从此出,攻其无备,破之必矣。策从之,破朗于固陵。有西陵湖,亦谓之西城湖。湖西有湖城山,东有夏架山,湖水上承妖皋溪,而下注浙江。

又迳会稽山阴县,有苦竹里,里有旧城,言句践封范蠡子之邑也。

来源:[北魏]郦道元原注;陈桥驿注释,《水经注·渐江水》,浙江古籍出版社,2001年。

三国志

孙静字幼台,坚季弟也。坚始举事,静纠合乡曲及宗室五六百人以为保障,众咸附焉。策破刘繇,定诸县,进攻会稽,遣人请静,静将家属与策会于钱唐。是时太守王朗拒策于固陵,策数度水战,不能克。静说策曰:"朗负阻城守,难可卒拔。查渎南去此数十里,而道之要径也,宜从彼据其内,所谓攻其无备、出其不意者也。吾当自帅众为军前队,破之必矣。"策曰:"善。"乃诈令军中曰:"顷连雨水浊,兵饮之多腹痛,令促具罂缶数百口澄水。"至昏暮,罗以然火诳朗,便分军夜投查渎道,袭高迁屯。朗大惊,遣故丹杨太守周昕等帅兵前战。策破昕等,斩之,遂定会稽。表拜静为奋武校尉,欲授之重任,静恋坟墓宗族,不乐出(仕),求留镇守。策从之。权统事,就迁昭义中郎将,终于家。有五子,暠、瑜、皎、奂、谦。暠三子:绰、超、恭。超为偏将军。恭生峻。绰生綝。

来源:[晋]陈寿撰,《三国志·宗室传第六》,上海古籍出版社,2002年。

资治通鉴

孙策将取会稽,吴人严白虎等众各万余人,处处屯聚,诸将欲先击白虎等。策曰:"白虎等群盗,非有大志,此成禽耳。"遂引兵渡浙江。会稽功曹虞翻说太守王朗曰:"策善用兵,不如避之。"朗不从。发兵拒策于固陵。策数渡水战,不能克。策叔父静说策曰:"朗负阻城守,难可卒拔。查渎南去此数十里,宜从彼据其内,所谓攻其无备、出其不意者也。"策从之。夜,多然火为疑兵,分军投查渎道,袭高迁屯。朗大惊,遣故丹阳太守周昕等帅兵逆战,策破昕等,斩之。朗遁走,虞翻追随营护朗,浮海至东冶。策追击,大破之,朗乃诣策降。

来源:[北宋]司马光编撰;邬国义校点,《资治通鉴·汉纪五十四》,上海古籍出版社,2017年。

嘉泰《会稽志》

萧山县

湘湖　在县西二里,周八十里,溉田数千顷。湖生莼丝最美,水利所及者九乡,以畋渔为生业不可数计。初,崇化、由化、夏孝、昭明、长兴、安养、新义、来苏八乡皆仰食湖利。乾道中,知县顾冲以许贤一乡,距湖水虽差邈,亦可溉及,乃合旧约,益以许贤为九乡,均其利,刻石示众,曰均水约束云。

白马湖　在县西一十四里。周二十五里,溉田百余顷,一名石姥湖。绍兴中,民沈琮以湖田三千亩献入宁寿观,有旨两浙漕臣验视,不可田,议遂寝。

来源:[南宋]施宿,张淏等撰;李能成点校,《(南宋)会稽二志点校》,安徽文艺出版社,2012年。

宋史全文

甲辰淳熙十一年春正月辛卯朔,雨土。辛丑,诏浙东提举司:"将开掘过白马湖为田去处,并立板榜,每季检举,晓谕人户,日后不得再有侵占。仍仰本司觉察,毋致违犯。"丙午,监察御史谢谔言:"去年十月四日,臣僚言:因处州守臣不合将义役置册,假以藉手干求差遣,力陈其弊。奉旨依奏。其所奏系是两项,第一项云,将处州及两浙有见行助役去处,听从民便,令官司即不得干预。第二项云,其民间自难久行,不能息争讼者,仰州县遵依见行条法,照应物力资次,从公差募。第一项是行义役,第二项是行差役也。言者之意,欲差役、义役二者并行,元不曾指名言尽罢义役。兼但言两浙之弊,不曾言及别路也。近访闻江东、西诸路,累年民间有便于义役之处,官司乘此颇有摇动。盖民间旧因差役,吏缘为奸,当差之时枚举数名,广行追扰,望其脱免,邀求货赂,使之争讼,至有累月而不定者,民户因此多有困竭。缘行义役遂颇便之。自此法之行,胥吏缩手无措,日夕伺隙,思败其谋。近有饶州德兴县、吉州吉水人户,赴台陈诉,其词激切,端有可悯。乞下诸路监司州县,应有义役,当从民便外,其不愿义役及自有争讼,乃行差役,两项并合遵守,违者许提举司按奏。其德兴县人户并赍出本县旧刊义役石碑,可见经久之计,民情之所安,惟恐官司挠其成法。"上曰:"前日蒋继周言处州守臣专行义役之弊,今谔欲义役、差役各从民便,法意补得始圆。令照前降指挥施行。"甲寅,雨土。是月,户部奏言,去岁旱伤,计减放六十万石。上初欲下漕臣核实,既而曰:"若尔,则来年州郡必怀疑不与检放矣。"

来源:汪圣铎点校,《宋史全文·宋孝宗七》,中华书局,2016年。

明　史

萧山　府西北。西南有虎爪山，东南有凫山，俱下临浙江。凫山傍有小山曰鳖子山，浙江自县西东北流，出其中，东接大海，亦曰海门。东南有峡山，钱清江经其中，复北折而东，入山阴县界。城西有运河，东接钱清江。又有湘湖。西南有渔浦巡检司。又西有西兴，亦曰西陵，往钱塘者由此渡江。

来源：[清]张廷玉等撰，《明史（2）·志第二〇·地理五》，吉林人民出版社，2010年。

永乐大典方志辑佚

桑钦《水经》云：浙江水出三天子都，北过余杭，东入于海。郦道元注云：《山海经》谓之浙江也。浙江一名浙江，惟见于此云。注云：水出丹阳黟县南蛮中，又北迳歙县东，与一小溪合，又左合绝溪。又东北迳建德县南，又北迳新城县，桐溪注之。水出於潜县北天目山。又东北入富阳县。江南有山，孙武王之先所葬也。江北迳余杭县，左合于大溪。江北即临安县界，水北对郭文宅。又东迳余杭故县南新县北，又东迳乌伤县北，又东北流至钱塘县，穀水入焉。又东迳灵隐山，山在四山之中，有高崖洞穴，左右有石室三所。又有孤石壁立，大三十围，其上开散，状似莲花，昔有道人独住不归，或因以稽留为山号。据此则稽留之名非因计田，又一证也。山下有钱塘故县，浙江迳其南。据此则钱塘故县治在灵隐山北，最为明证。县南江侧有明圣湖，传言是湖有金牛，县东有定已诸山，皆西临浙江，水流于两山之间。江川急浚兼涛，水昼夜再来，再应时刻，常以月晦及望尤大，至二月、八月最高，峨峨二丈有余。江北合诏息湖。湖本名阼湖，因秦始皇巡狩所憩，故有诏息之名。又东合临平湖，又东与兰溪合。湖南有天柱山，湖口有亭，号曰兰亭。又迳越王允常冢，又东北得长湖口，湖广五里，东西百三十里。许慎、晋灼并言江水至山阴为浙江，江之西岸有朱室坞。勾践百里之封，西至朱室为此也。浙江又东北迳重山西，大夫文种之所葬也。又东迳御儿乡，又东迳柴辟南，旧楚之战地，备堠于此，故谓之辟塞。是以《越绝》称吴，故从由拳辟塞度会夷凑山阴也。浙江又迳固陵城北。昔范蠡筑城于浙江之滨，谓之固陵，今之西陵也。又东迳槎塘，谓之槎溃，又东注于海。按此所载，浙江经行吴、越中，其地理名物，最为可证，故采取载，使览者详焉。浙江之说，其见于桑钦《水经》及郦道元之注者，其载于宋《淳祐志》，其说如前。以今考之，其曰水出丹阳黟县，东北迳建德县，又北至新城县，又东北至富阳县，又东北过钱塘县，其说据今为合。但曰过钱塘县，是过其县界，非过县也。过其县界，则入于海矣。

……

白马湖,一在萧山县西一十四里,周二十五里,溉田百余顷。一名石姥湖。绍兴中,民沈琮以湖田三千亩,献入宁寿观,有旨两浙漕臣验视,不可田,议遂寝。一在上虞县西北,夏盖湖之南。

来源:马蓉,陈抗,钟文,栾贵明,张忱石点校,《永乐大典方志辑佚》,中华书局,2004年。

续资治通鉴

淳熙十一年金大定二十四年

春,正月,辛卯朔,雨土。

戊戌,金主如长春宫春水。

辛丑,诏:"浙东提举司将开过白马湖田,并立板榜,每季检举,自后不得侵占,监司仍加觉察。"

来源:[清]毕沅著,《续资治通鉴·卷第一百四十九》,岳麓书社,2008年。

志 书

嘉靖《萧山县志》

第一卷·地理志·山川

白马湖。去县西二十里。周二十五里,溉田百顷。旧有石姥祠,又名石姥湖。

第二卷·建置志·水利

宋神宗朝,居民吴氏等奏:以崇化等乡,有田高阜,两岸皆山,连雨则水散漫下流,由化乡滨浦、赵墅、五里等地低洼受浸,乞筑为湖。上可其奏。政和二年,杨龟山来莅政,视山可依,度地可圩,以山为止,筑土为塘,均税于得利田内。民乐从之,名曰湘湖。

熙宁元年,以落星湖地高,许民开田,止存低处潴水。

宣和间,有以湘湖复田之议,民咸不可,遂寝。

绍兴间,沈综以白马湖中地三千亩,献之行在宁寿馆。朝廷下转运验视,禁不许。

乾道中，顽民徐彦民献计恩平郡王，有以湘湖为田之议。邑丞赵善济力争之。时史弥远帅浙东，榜禁不许，事寝。

乾道八年，诸暨水泛滥，诏开纪家汇，浚萧山新江以杀水势。邑令张晖以地形水势列疏上之，谓诸暨地高而萧山地低，山阴则沿江皆山，故有小江以导诸暨之水。欲浚新江，其底石坚不可凿；若开纪家汇，则水径冲萧山，桃源、苎萝、许贤、新义、来苏、崇化、昭名七乡，田庐俱成巨浸。时安抚丞相蒋公主诸暨之请，晖力争，有头可断、汇不可开之言，议遂寝。冯骐作记以著其实。

乾道九年，尽以落星湖赐归正大。节度使张氏以湖干水利，乞还民间。淳熙十年，朱察院朝陵过邑，审干民生休戚，上闻，复之。

长兴乡有詹姓者，承田六百亩，缺水灌溉，岁率不稔。聚族谋以百亩为湖，疏受白马湖水，谓之湖妳。詹氏后衰，族属散徙。有詹八百者，献之知宗赵承宣为田。淳熙十一年，郑六四诉户部，复为湖。

淳熙间，邑令顾冲改正湘湖、白马湖、落星湖、梓湖、詹家湖、瓜沥湖、股堰、临江堰、郑河口之侵占者，著为《水利事迹》，乃为之引，曰："绍兴府萧山县，濒海枕江，地皆斥卤，厥田惟下下。有湖蓄水以救旱，有堰泄水以防潦。历年稍深，强有力者悉据为田。一遇旱潦，无不束手以待枯腐。不知其害何时而可去耶？淳熙七年大旱，八年大水，百里之内为江湖鱼鳖之乡。壮者流移四方，弱者转死沟壑。民之憔悴，莫甚此时。冲九年上巳，来任邑寄。不量绵薄，慨然欲去其害，而欣然欲就其祸。人皆笑其愚，而己曾不悟。未几，郡太守欲移檄，部使者欲按奏，将行而止，未上而寝。是怜其愚不忍使其去也，亦不忍农民苦于旱潦而终不复也。淳熙十年十二月九日，蒋正言论白马湖。十一年十一月，朱察院论落星湖。二湖既复，不三年间，湖堰皆得如旧。非人也，天也！今具六湖二堰郑河口事迹。"

来源：杭州市萧山区人民政府地方志办公室编，《明清萧山县志》，上海远东出版社，2012年。

万历《萧山县志》

卷之一·地理志·山川

白马湖。在县西二十里。周二十五里，溉田百顷。旧有石姥祠，又名石姥湖。

西陵湖。《水经注》："西陵湖亦谓之西城湖，湖西有湖城山，东有夏架山。湖水上承妖皋溪而下注浙江。"又径永兴县。按新旧二《志》皆不收此湖，而《府志》采之，必有所据。然询之耆旧，莫知所在。录之以俟参考。

卷之二·建置志·水利

邑之水利，由化等九乡赖湘湖为多。今法密民懦，固无显然侵利如曩时者矣。然不无私窃盗泄，此不过一塘长可督察之尔。惟遇旱开放，不顾则例时刻，独强有力者先得之，此不均之端，曷可长哉！

宋神宗朝，居民吴氏等奏：以崇化等乡，有田高阜，两岸皆山，连雨则水散漫下流，由化乡滨浦、赵墅、五里等地低洼受浸，乞筑为湖。上可其奏。政和二年，杨龟山来莅政。视山可依，度地可圩，以山为止，筑土为塘，均税于得利田内。民乐从之，名曰湘湖。

熙宁元年，以落星湖地高，许民开田，止存低处潴水。

宣和间，有以湘湖复田之议。民咸不可，遂寝。

绍兴间，沈综以白马湖中地三千亩，献之行在宁寿馆。朝廷下转运验视，禁不许。

乾道中，顽民徐彦明献计恩平郡王，有以湘湖为田之议。邑丞赵善济力争之。时史弥远帅浙东，榜禁不许，事寝。

乾道九年，尽以落星湖赐归正大。节度使张氏以湖干水利，乞还民间。淳熙十年，朱察院朝陵过邑，审干民生休戚，上闻，复之。

长兴乡有詹姓者，承田六百亩，缺水灌溉，岁率不稔。聚族谋以百亩为湖，疏受白马湖水，谓之湖姊。詹氏后衰，族属散徙。有詹八百者，献之知宗赵承宜为田。淳熙十一年，郑六四诉户部，复为湖。

淳熙间，邑令顾冲改正湘湖、白马湖、落星湖、梓湖、詹家湖、瓜沥湖、股堰、临江堰、郑河口之侵占者，著为《水利事迹》，乃为之引，曰："绍兴府萧山县，濒海枕江，地皆斥卤，厥田惟下下。有湖蓄水以救旱，有堰泄水以防潦。历年稍深，强有力者悉据为田。一遇旱潦，无不束手以待枯腐。不知其害何时而可去耶？淳熙七年大旱，八年大水，百里之内为江湖鱼鳖之乡。壮者流移四方，弱者转死沟壑，民之憔悴，莫甚此时。冲九年上计，来任邑寄。不量绵薄，慨然欲去其害，而欣然欲就其祸。人皆笑其愚，而己曾不悟。未几，郡太守欲移檄，部使者欲按奏，将行而止，未上而寝。是怜其愚不忍使其去也，亦不忍农民苦于旱潦而终不复也。淳熙十年十二月九日，蒋正言论白马湖。十一年十一月，朱察院论落星湖。二湖既复，不三年间，湖堰皆得如旧。非人也，天也！今具六湖二堰郑河口事迹。"

来源：杭州市萧山区人民政府地方志办公室编，《明清萧山县志》，上海远东出版社，2012年。

康熙《萧山县志》

卷五·山川志·湖

白马湖。在县西三十里。周二十五里,溉田百顷。旧有石姥祠,又名石姥湖。

西陵湖。《水经注》:"西陵湖,亦谓之西城湖。湖西有湖城山,东有夏架山。湖水上承妖皋溪而下注浙江。又经永兴县南。"按新旧二志皆不收此湖而府志采之,必有所据。然询之耆旧,莫知所在。录之以俟参考。

卷五·山川志·渎

祖渎。《水经注》:"浙江又东径祖塘,谓之祖渎。昔太守王朗拒孙策于固陵,策数战不利。孙静果说策曰:'朗负阻守,难以卒拔。祖渎去此数十里,是要道也。若从此出,攻其无备,破之必矣。'策从之,破朗于固陵。"祖渎今无所见,姑存其名,以俟考。

卷十一·水利志·诸湖水利

白马湖。宋绍兴间,沈综以白马湖中地三千余亩献之行在宁寿观充长生田。朝廷下转运验视,禁不许,未久,又为李直殿张提举所占。淳熙十年冬,蒋正言奏萧山连年旱伤,民用艰食,因加询访。闻县有白马湖三千余亩,自乾道九年李直殿张提举包占,废湖为田,水无所蓄,难以御旱。朝廷委本路提举开掘复为湖。事详《萧山水利事迹》。

……

淳熙间,邑令顾冲改正湘湖、白马湖、落星湖、梓湖、詹家湖、瓜沥湖、股堰、临江堰、郑河口之侵占者。著为《水利事迹》,为之引曰:"绍兴府萧山县濒海枕江,地皆斥卤,厥田惟下下,有湖蓄水以救旱,有堰泄水以防潦。历年稍深,强有力者悉据为田,一遇旱潦无不束手以待枯腐,不知其害何时而可去耶。淳熙七年大旱,八年大水,百里之内为江湖鱼鳖之乡,壮者流移四方,弱者转死沟壑,民之憔悴莫甚此时。冲九年上计来任邑寄,不量绵薄,慨然欲去其害,人皆笑其愚。未几,郡太守欲移檄部使者欲按奏,将行而止,未上而寝,是怜其愚,不忍使其去也,亦不忍农民苦于旱潦,而终不复也。淳熙十年十二月九日,蒋正言论白马湖,十一年十一月朱察院论落星湖。二湖既复,不三年间湖堰皆得如旧,非人也,天也。今具六湖二堰,郑河口事迹。"详载《萧山水利事迹》。

卷十二·堰闸坝

资福闸。在治西八里。旧志：村口闸、资福闸外，另有清水、浑水二闸。今查清水闸即村口闸，浑水闸即资福闸，非有四也。并以潘湘湖、白马湖、詹家湖之水，以坊夏孝、长兴二乡。凡谷雨后闭闸，秋分后开闸，俱设闸夫看守。或云：清水闸在西兴仓桥边，今稍移进为资福闸，浑水闸以受江水故名，今稍移出近江，为龙口闸。

来源：杭州市萧山区人民政府地方志办公室编，《明清萧山县志》，上海远东出版社，2012年。

乾隆《萧山县志》

卷五·山川

白马湖。《万历志》：县西三十里。旧有石姥祠，又名石姥湖。

詹家湖。《万历志》：县西二十五里。顾冲《水利事迹》：以受白马湖之水，故又谓之白马。

西陵湖。《水经注》：西陵湖亦谓之西城湖。湖西有城山，东有夏驾山。《县志刊误》："东有城山，西有夏驾山。旧本误刻东西，遂昧所在。"湖水上承妖皋溪而下注浙江。新旧各《志》皆不载此湖，而《府志》载之，必有所据。然询之耆旧，莫知所在，录之以备参考。

祖渎。《水经注》：浙江水又东迳祖塘，谓之祖渎，即孙策破王朗处。按《县志刊误》谓祖渎即查渎，其说与《水经注》符合。祖与柤同。《礼记·内则》："柤梨曰钻之。"俗以柤为查，盖字形之讹耳。《刊误》又谓查渎即查浦，一地而四名，未免附会矣。

卷六·古迹

查渎。即祖塘，又名祖渎。见《水经注》。"查"作"柤"，故讹"柤"为祖。《吴志·孙静传》：太守王朗拒策于固陵，静说策曰："朗负阻城守，难以卒拔。查渎南去此数十里，而道之要经也，宜从彼据其内。"朗便分军夜投查渎道。裴松之注：查，音祖加反。

按《水经注》"孙静"作"孙静果"，《资治通鉴》亦作"孙静"，此《水经注》之讹也。详《武备》。

卷十二·水利上

白马湖。顾冲《水利事迹》：白马湖。绍兴二十年中，入内侍省东头供奉官、睿思殿掌管簿书、干办宁寿观刘敖札子奏：据绍兴府萧山县人户沈琮等六十一人将本乡白马湖荒地三千余亩投献行在宁寿观充长生田。奉圣旨，令转运司覆验指实。转运司委干办公事赵纲立躬亲前去地头仔细覆验，委的有无妨碍。后据申，纲立躬亲起发到白马湖地头，唤上父老，据华期等言，其湖约有三千余亩，若被侵占作田，委是有害。又据元献田傅钦等二十人连状供称，当来各不曾列名著状陈献作田，系是卖卦人沈琮盗逐人花字胧脱官司,其白马湖古来系是蓄水湖地,难以作田。纲立今覆验,白马湖系蓄水去处,难以侵占。转运司点对指实申闻。十二月十七日,三省同奉圣旨更不施行。未久,白马湖又为李直殿、张提举二家所占,冲在任日,于淳熙十年十二月九日,蒋正言札子奏:绍兴府萧山县连年旱伤,民用艰食,流移失业。臣私怪其由,因加询访。闻县有白马湖三千余亩,自乾道九年有李九直殿、张提举者请买,两家包占,废湖为田,水无所潴,难以御旱,欲望睿旨依旧开掘为湖。下浙东提举司,如元钱曾经发纳于上给还,以苏一方旱伤流徙之民。十二月九日,三省同奉圣旨:依奏,委本路提举勾郎中躬亲开掘。勾提举至地头,出榜湖侧,言李直殿、张提举皆系世食爵禄之家,当来冒占,想是干人脱误本宅,为见小利,不思妨众。今来开掘,即非官中无故骚扰,并请公心体国,不生阻挠及妄起异议。如此告戒,可见威焰,在监司尚如此,何况一县令,岂能免其谤毁。既复为湖,湖边三村之民无不欣悦。

  詹家湖。顾冲《水利事迹》:詹家湖。冲尝询之父老,皆言夏孝、长兴二乡之间民有詹姓者,有田六百亩,无水灌溉,岁率不熟。因聚族而谋曰:"弃百亩为湖以溉五百亩,可乎?"其族乐然为之,于是湖成,以受白马湖故,谓之白马湖。及詹氏衰,田非己有,族亦散徙。有詹百八者,未必非其族,居乡无藉,以湖献知宗赵丞宣,其湖自此复为田,失水利矣。冲在任日,同提举勾郎中开掘白马湖。有郑京下状称:伏睹指挥委提举开掘白马湖,窃见詹家湖已被詹百八献与赵丞宣,其湖系白马湖支派,在今来开掘三千亩之数,既蒙圣旨尽数开掘为湖,理合与京等开掘。勾提举令冲躬亲相视。冲遂诣地头集到父老曹四等并佃户詹珍、保正郭达等,各状供本村古迹蓄水,白马湖毗近有小湖一所,名詹家湖,约一百五十余亩,自来蓄水浇荫枫木坞五百余亩。自赵丞宣为田之后,委是有妨蓄水。冲相视得其湖,若或毁去田塍,帮修塘岸,蓄水以备旱潦,于民委是利济。申上未行遣间,本县先有转运司船一只,元泊在县,遇嗣王朝陵过经,乘坐其船,年深除毁拆外,只存其底,每遇嗣王来,绍兴府差船应付,虽前政任内行下令修,即不曾支给官钱木植。兼冲到任,适当八年大水之后,百姓流移,止有空邑。忽运司专人追工案手分前去,断杖一百,送江阴根勘不造船因依。及询究来历,园令赵不艰乃占田赵知宗之子,是嗣王近族,始知船事起于詹家湖。不免申主管司乞得钱三百余贯及本县措置四百余贯,夤夜督工,几月船就。后来郑京等再经户部,赵园令遣干人屠永经提举司陈状,乞别委清强官重行体究,蒙差诸暨汪县丞。据汪县丞申,其田系赵丞宣承买为业,出纳税租,湖内见今潴水,只缘赵丞宣不容郑京等车戽,致有词诉,乞行下告示赵丞宣干人,如遇旱旸,众共车戽。提举司具所申并诸暨汪县丞体究事理,申户部,再准户部符,前后两申各有异同,更切契勘,照条指定。后来提举司指定申上件湖田既是有妨水利,欲行下本县开掘还湖,灌溉民田。准户部符仰从申施行,詹家湖于此得复。

《西河水利志》:詹家湖者,白马湖西南一别浸也。今其湖在冠山之麓,与白马湖间隔,湖边亦尚有詹姓居住。明崇祯间,湖属来氏,讹传为相国来公所筑。其湖亦渐堙废,较向时所谓百亩者,只十之四焉。

来源:杭州市萧山区人民政府地方志办公室编,《明清萧山县志》,上海远东出版社,2012年。

《萧山县志》刊误

卷一

固陵城 一名敦兵城,即西陵城也。《水经注》云:"浙江经固陵城北,即此。"

查渎　查浦　祖塘　祖渎 一地而四名,说见后。

尝考《通鉴》,汉献帝兴平二年,孙策引兵渡浙江,太守王朗拒之固陵,策数渡水,战不利。策弟静曰:"朗负阻城守,难可卒拔。查渎南去此数十里,道之要径也,宜于彼据其内所,谓攻其无备者也。"策从之。夜,多燃火为疑兵,而以全军投查渎,袭高迁屯。朗大惊,遣周昕逆战,策破斩之。则此查渎者,在西陵之北,当钱清江入海之处而今已涸者。其云南去数十里,则查渎之南去此西陵约数十里,正其地也。其地近高迁屯,故一投查渎而即破高迁。《吴志》有曰:"孙策入郡,郡人迎于高迁十道。"《志》曰:"董袭见孙权于高迁。"今县东北尚有高迁桥,正其地之可显验者。若《水经注》云:"浙江经固陵城北,今西陵也。又东经祖塘,谓之祖渎,孙策破王朗于此。"则此祖塘即是祖渎,祖渎即是查渎,按字书查即"柤"字为"祖"字形之误也。其又名"柤塘"者,以渎有塘焉耳。今《志》既不晓查渎、祖塘、祖渎所在,而祖渎与查渎又互异其名,且新旧修志者又误认查渎南去此数十里为县治之南,遂以南乡高屯里当高迁屯之名。既已失据,又以《水经注》所称东经祖塘者,亦不以为浙水东经,而以为县治东北,而于是两地俱茫然矣。考西陵东北为浦阳江入海之处所,谓钱清江下流入海是也。水独入海为"渎",故《水经注》又云:"浦阳江东北迳永兴,东与浙江合。"《越绝书》曰:"石塘,越所害军船也,皆去县数十里,其地又名查浦。"查浦即查渎,夏侯曾先《地志》:"吴王伐越,次查浦,越立城以守查,吴作城浦东以守越。"则吴之伐越正策之拔郡所自仿。而《志》又以为与城山相近,误矣。六朝《宋书·孙季高传》亦云,卢循之难,戍越城,查浦即其地,为历代用兵之所,但殊其名耳。以入海而言,则谓之渎,以堤岸而言则谓之塘,以远水相通而言则谓之浦,浦、渎各见,查只一名。《旧志》既昧查浦所在,而近修志者至欲以城西白马湖当之,则东扳西址,俱无着落。若引

《水经注》浦阳江所迳之查浦为此查浦，以为浦阳在南，查浦必在南，则浦阳所迳，《水经注》明云在剡县西南，而引以为证，是犹认江夏西陵为永兴西陵，驴头马嘴矣！

西陵湖 即白马湖，说见后。

《水经注》："西陵湖亦名西城湖，以地近西陵，则名西陵湖，以其在城山之西，则名西城湖。"故又云，湖东有湖城山，西有夏架山，地界甚明。自《水经注》传本误刻东西，遂昧所在。若使东有夏架山，则夏架山原有湖西去海只数里，焉得复有湖在夏架西也？其云上承妖皋水，则未详妖皋所在。若云湖水又经永兴县南，则此指浙江，不指湖水，《志》又妄引耳。

来源：王云五主编；毛奇龄著，《万有文库第二集·西河文集》，商务印书馆，1937年。

萧山乡土志

白马湖在县西三十里，滨湖之民多以渔为业云。

来源：王铭恩纂修，《萧山乡土志》，萧山县立第一高等小学，1922年。

民国二十四年《萧山县志稿》

卷二·山川

其西市铁岭关，即古固陵城遗址。《水经注》：浙江，又东经固陵城北，昔范蠡筑城于浙江之滨，言可以固守，谓之固陵，今之西陵也。《吴越春秋》："越王勾践与大夫种、范蠡入臣于吴，群臣皆送至浙江之滨，临水祖道，军陈固陵。"即此，又名敦兵城。《越绝》："浙江南路西城者，范蠡敦兵城也。其陵固可守，故谓之固陵。"汉献帝时孙策将取会稽，引兵渡浙江。会稽守王朗发兵拒策于固陵，策攻之不克，孙静说策曰："查渎南去此数十里，宜从彼，据其内，所谓攻其无备，出其不意者也。"策遂分军投查渎，道袭高迁屯。王朗败走查渎。《水经》作"柤渎"。毛西河《县志刊误》曰："查渎者，在西陵之北，当钱清江入海之处，而今已涸者。其云南去此数十里，则查渎之南去此西陵约数十里，正其地也。其地近高迁屯，故一投查渎而即破高迁。"《吴志》有曰："孙策入郡，郡人迎于高迁。"《十道志》曰："董袭见孙权于高迁。"今县东北尚有高迁桥，则正其地之可显验者。考高迁桥在治北五里。裴松之注："今永兴有高迁桥是也。"《后汉书·蔡邕传》注：张鹭《文士传》曰：邕告人曰："昔经会稽高迁亭，见屋椽竹，东间第十六可以为笛，取用果有异声。"《资治通鉴》注：沈约曰："永兴本汉余暨县，吴更名。蔡邕尝经会稽高迁亭，取竹以为笛，即其处也。"《方舆纪要》谓："查渎在县西南九里，与南去此数十里之语不合。不如毛说之符也。"《刊误》又云:"查渎即查浦。《旧志》辨之谓查浦在剡县,不在萧山。刘宋泰始间,吴喜讨孔觊,使刘亮由盐官海渡,直指同浦寿寂之济,自渔浦邪趣永兴。喜自柳浦渡趣西陵。同浦在萧山海门之东,旧与海宁盐场对渡,盐官即今海宁县,自江流变迁,同浦非复津渡处矣。《县志刊误》作回浦,《旧志》辨之甚详。固陵亦谓之西陵,五代末,吴越钱武肃王以陵非吉语,改曰西兴,江流向分南北中三亹。乾隆以前江流在于南大亹,即今赭山乡清安物阜等字之地,故旧称龛、赭二山为浙江之门户。至乾隆十二年,江势北趋于中小亹,南大亹遂渐涨复。惟赭山与文堂山、禅机山三山环拱,内有平地,俗名坞里,即海宁旧治六乡中之时和乡六都是也。迨乾隆三十五年,江势又趋于北大亹,于是中小亹亦涨复,迄于今未变。沙地各乡本在江北,属于海宁,故称南沙。因江流变迁,其地遂与海宁隔江,纳课诉讼均不便。至嘉庆十七年,奏准划归萧山管辖,是为南沙改隶萧山之始。

……

运河起自西兴乡之龙口闸,东流经西兴市。又东南经资福闸,受白马湖之水。又东南经村口闸,受湘湖、白马湖及长河、长安二乡支河之水。又东南经蒙山北、金水桥河,北来注之。又东南经盛家桥,受湘湖之水,县北阵河、芦康河合出金鸡桥,北来注之。又东南经望湖桥,受湘湖之水。又东入县城西水门,经城市,合西河出东水门,北通毛家河,南通长浜沿。又东流分支出陈公桥为双河,又东至盛文阁出万缘桥,与新开河会。又东流以霪头闸、涝湖闸,受北来各港之水。又东出吟龙闸,又东经衙前市,折而南,至钱清镇,接钱清江,入山阴境。其尾闾则在三江闸。

白马湖距城九里,在湘湖之北,一湖而分东西,曰东白马湖、西白马湖,以马湖桥界之。《水经注》:固陵有西陵湖,亦名西城湖。《县志刊误》曰:即白马湖。以地近西陵,则名西陵湖;以其在城山之西,则名西城湖。故又云:湖东有湖城山,西有夏架山。《水经注》传本误刻东西,遂昧所在。若使东有夏架山,则夏架原有湖,西去海只数里,焉得复有湖在夏架西也。其云上承妖皋水,则未详妖皋所在。《嘉泰会稽志》:翠嶂山一名夏架山。《旧志》上虞有夏架湖,邑中并无此湖。若如《县志》所云,山在夏架湖中,则翠嶂山属上虞不属萧山矣。按翠嶂山,今邑人或以回龙山当之,或以紫红岭叶家山当之,均在白马湖之西。治西有城山,在白马湖之东,与《刊误》所言尚合,唯《刊误》又连及夏架湖,则邑中原无此湖也。且《刊误》于妖皋所在亦未能指明,则西陵湖是否即白马湖,尚难断定矣。

湘湖距城三里,一湖而分上下,曰上湘湖、下湘湖,以跨湖桥界之。本为民田,四面距山,田皆低洼,山水四溢,则荡为一壑,民被其害。宋政和间,杨龟山先生来宰是邑,因而为湖于山麓缺处筑堤。堤傍居民皆以鱼贩为业,溉田甚广,与白马湖均为萧邑水利。

……

长河、长安二乡之支河,有大浦河发源于回龙山,出黄山峡,汇潭头、闻堰二河,同趋赵婆池,东出竹山桥,而流入白马湖。其闻家堰河至河墅堰,亦与湘湖通。赵婆池之支流为沿山河,缘护基冈、画眉山一带分为二:东北流出白马湖,东南至塘子堰与湘湖通。又西兴乡有御河,即股堰内之河。清高宗南巡渡江至萧,御驾不入铁岭关,取道于此河,故名。土名南堰斗河,河水东南通白马湖,东北出资福、村口二闸入运河。

卷二·桥梁

飞虹桥　在白马湖夏孝乡,去城十八里。万历间来端蒙建(乾隆志)。

马湖桥　在县西十二里。桥跨白马湖之中。明万历间,里《人公建》。清同治己巳,傅鼎乾集资重修,题曰"重湖襟带"。

画桥　在县西十二里。小白马湖之北,里人傅姓建。

石家桥　在西兴南二里。为东湖塘等村要路,南通白马湖,北通运河。

福寿桥　在西门城外。

卷三·水利

白马湖　顾冲《水利事迹》:白马湖,绍兴二十年中,入内侍省东头供奉官、睿思殿掌管簿书、干办宁寿观刘敖札子奏:据绍兴府萧山县人户沈琮等六十一人,将本乡白马湖荒地三千余亩,投献行在宁寿观充长生田。奉圣旨令转运司覆验指实,转运司委干办公事赵纲立躬亲前去地头,仔细覆验,委的有无妨碍。后据申,纲立躬亲起发到白马湖地头,唤上父老,据华期等言,其湖约有三千余亩,若被侵占作田,委是有害。又据元献田傅钦等二十人连状供称当来,各不曾列名著状,陈献作田,系是卖卦人沈琮盗逐人花字,胧脱官司。其白马湖古来系是蓄水湖地,难以作田纲立。今覆验白马湖系蓄水去处,难以侵占。转运司点对指实申闻。十二月十七日,三省同奉圣旨,更不施行。未久,白马湖又为李直殿、张提举二家所占。冲在任日于淳熙十年十二月九日,蒋正言札子奏:绍兴府萧山县连年旱伤,民用艰食,流移失业。臣私怪其田,因加询访。闻县有白马湖三千余亩,自乾道九年有李九直殿、张提举者,请买两家,包占废湖为田,水无所潴,难以御旱。欲望睿旨,依旧开掘为湖,下浙东提举司,如元钱曾经发纳于上,给还,以苏一方旱伤流徙之民。十二月九日,三省同奉圣旨,依奏委本路提举勾郎中躬亲开掘。勾提举至地头出榜湖侧,言李直殿、张提举皆系世食爵禄之家,当来冒占,想是干人脱误本宅,为见小利不思妨众。

今来开掘,即非官中无故骚扰,并请公心体国,不生阻挠,及妄起异议。如此告戒,可见威焰在监司尚如此,何况一县令,岂能免其谤毁?既复为湖,湖旁三村之民无不欣悦。

落星湖 顾冲《水利事迹》:谨按图经,湖在县西二十五里,周围二十余里,溉田百余顷,其来久矣。湖地计有五千九百二十五亩三角。熙宁六年,委白主簿拨高处与民为田,每亩管纳官租三斗七升有奇。宣和二年,再纽租田等,则增添产业人户出纳,自天地元黄字号以下凡一十九围,民户陈昌等七百二十四户,湖田计三千八百二十一亩一角,水低处不围,管二千一百四亩五十步,蓄水灌田。乾道二年,止作九百亩,拨赐归正官。大节使又取梓湖、瓜沥湖约二百亩,共作一千一百亩充数。又欲占湘湖,赖百姓争讼遂止,计所占已二千三百余亩矣。大节使妻张氏,以其湖本系水利,乞还民间。朝廷以人户无诉,不行。淳熙十年,内长兴、安养两乡百姓吴谅等,经县及提举司下状,行下本县。冲即时回申:本县系居江海之间,自西兴至钱清四十五里,朝夕两潮贯其中,皆是咸水,不可溉田;兼田少土薄,农民率负贩奔走外州。若遇水旱,饥饿流亡,便不相保。淳熙七年、八年,水旱相继,典卖妻子,毁拆房庐,生者厌糟糠,死者填沟壑,田莱荒秽,市井丘墟,自昔之患未有甚于此者。仰惟圣天子爱民有素,忧形于色,命官赈恤,无所不至。米计用二万七千四百五十石三斗四升五合,钱计支四万七千五百二十九贯七百四十一文。不惟蠲放税租,使大司农失一岁之入,又且国家倍费钱米。如此原其所自,虽灾伤致之,亦水利不讲之故也。或谓水利有二,非寄居强占,则君命拨赐。寄居尚可言之,君命拨赐,在臣下孰得而议。冲窃谓不然。自昔人主皆有听言之德,或有利于民,顾臣下不言尔。言即从之,何为而不言。主上以务农为心,前事可验也。淳熙九年,内传法寺僧妙因,尝请佃明州定海县等处湖田八百余亩,户部下本州给佃。度支员外郎姚实尧具奏凤浦灌田之利,奉圣旨:候收割了日开掘。又有介福宫干人张宗元、通神庵道士吕知常,争佃平江府长州县武邱山长荡三千五百余亩,安抚司差干办官胡廷直定夺。奏上得旨,依旧作积水泄水、久远旱涝之备。此有以见主上乐从水利之说也。萧山水利有十,今来已复四湖,惟落星湖并梓湖未得如旧,故吴谅等列状举论。且国家恩赐臣下,或以爵命,或以金帛爵。命高则俸禄自厚,金帛多则田亩自增,不必以田也。况天下之田皆有主,凡无主而属官者,必是水利不应,常有闲田以待拨赐也。兼落星湖田连岁不熟,又主田之吏从而为奸,所及归正之家,其实不厚。若果厚,其妻张氏决不肯进状乞为湖。使二湖得如张氏所乞,则萧山水利十全无害矣。提举勾郎中偶过台州,未报。忽闻朱察院朝陵经过萧山县,亦知落星湖之害。及回,取按及图经去。不十日,于淳熙十一年十一月奏上,乞开掘落星湖梓湖之田,遂得依旧为湖。自此长兴、安养二乡不忧旱矣。此湖庆元四年,又为临安府龙华寺僧宝严乞赐为田。以妨民灌溉,为长兴乡人户于宗正等,节次经台省陈谕。至庆元六年,蒙张察院泽奏请,复湖还民。继蒙陈侍御谠奏请,一应湖溪水利,将请佃者从条断罪,追收花利入官,仍令提举官常切兴修,每季具申御史台照应。《西河水利志》:今落星湖已废,惟梓湖存。大抵诸兴废,只载宋淳熙间。当顾公修复一节,以《水利事迹》皆顾公所著矣。

詹家湖 顾冲《水利事迹·詹家湖》:冲尝询之父老,皆言夏孝、长兴二乡之间,民有詹姓者,有田六百亩,无水灌溉,岁率不熟,因聚族而谋曰:弃百亩为湖,以溉五百亩可乎?其族乐然为之,于是湖成,以受白马湖,故谓之白马湖。及詹氏衰,田非己有,族亦散徙。有詹百八者,未必非其族,居乡无藉,以湖献知宗赵丞宣,其湖自此复为田,失水利矣。冲在任日,同提举勾官中开掘白马湖,有郑京下状称:伏睹指挥委提举开掘白马湖,窃见詹家湖已被詹百八献与赵丞宣。其湖系白马湖支派,在今来开掘三千亩之数。既蒙圣旨,尽数开掘为湖,理合与京等开掘。勾提举令冲躬亲相视,冲遂诣地头,集到父老曹四等,并佃户詹珍、保正郭达等,各状供本村古迹蓄水,白马湖毗近有小湖一所,名詹家湖,约一百五十余亩,自来蓄水浇荫枫木坞五百余亩。自赵丞宣为田之后,委是有妨蓄水。冲相视得其湖,若或毁去田塍,帮修塘岸蓄水,以备旱涸,于民委是利济。申上,未行遣间,本县先有转运司船一只,原泊在县,遇嗣王朝陵过经乘坐。其船年深,除毁拆外,只存其底。每遇嗣王来,绍兴府差船应付,虽前政任内行下令修,即不曾支给官钱木植。兼冲到任,适当八年大水之后,百姓流移,止有空邑。忽运司专人追工,案手分前去,断杖一百,送江阴根勘不造船,因依及询究来历。园令赵不艰乃占田赵知宗之子,是嗣王近族,始知船事起于詹家湖,不免申主管司,乞得钱三百余贯,及本县措置四百余贯,夤夜督工,几月船就。后来郑京等再经户部,赵园令遣干人屠永,经提举司陈状,乞别委清强官重行体究,蒙差诸暨汪县丞。据汪县丞申,其田系赵丞宣承买为业,出纳税租。湖内见今蓄水,只缘赵丞宣不容郑京等车戽,致有词诉。乞行下告示:赵丞宣干人如遇旱暵,众共车戽。提举司具所申,并诸暨汪县丞体究事理,申户部再准。户部符前后两申,各有异同,更切契勘照条指定后来提举司指定申上件,湖田既是有妨水利,欲行下本县开掘还湖,灌溉民田,准户部符,仰从申施行。詹家湖于此得复。《西河水利志》:詹家湖者,白马湖西南一别浸也。今其湖在冠山之麓,与白马间隔。湖边亦尚有詹姓居住。明崇祯间,湖属来氏,讹传为相国来公所筑。其湖亦渐堙废,较向时所谓百亩者,只十之四焉。

村口闸、清水闸、溷水闸、资福闸 《万历府志》:村口闸在县西五里,清水闸、溷水闸在县西八里,资福闸在县西十里,并以潴湘湖之水,防夏孝、长兴二乡。凡岁秋三日,则谨守之。《旧志》:古志村口、资福二闸外,另有清水、溷水二闸。今查清水闸即村口闸,溷水闸即资福闸,非有四也。并以潴湘湖、白马湖、詹家湖水,以防夏孝、长兴二乡。凡谷雨后闭闸,秋分后开闸,俱设闸夫看守之。或云清水闸在西兴仓桥边,今稍移进为资福闸。漍水闸以受江水故名,今稍移出近江为龙口闸。按《嘉泰会稽志》:景德三年,知越州王砺置清、漍二水闸。又清水闸去治西十一里,村口闸在县西十里二百步,则村口闸与清水闸当是二处也。按漍水、清水二闸,今均无遗址可考。惟村口、资福二闸在运河南岸,为蓄放湖水之关键,甚为重要。或如《康熙志》所言,非有四也。二闸并立夏闭闸,秋分开闸,设闸夫司其事。考来氏《重修村口闸记》云:闸昉自宋代,不知何据。又云万历时,经来端操等改建,其闸始大。康熙十四年,来集之、来日彰鸠工修筑。嗣后嘉道同光间屡经修治。故闸之启闭及挑选闸夫,均由来氏主其事。咸丰六年,奸民赵良焕等勾串无赖,朦示开牙,计图偷放渔利,经来锡爵等诉于官,抚宪何批云:"村口闸既向由来姓挑选闸夫专司启闭,事关农田水利,自应循照旧章办理,岂容船夫牙户朦混串开。仰绍兴府迅催萧山县照章勒石严禁,并取具遵结送查。如有棍徒抗违不遵,即行提案究治。"自是以后,遵循未失。

王家堰 《万历志》:治西一里。《宋志》名郑河口。顾冲《萧山水利事迹》:郑河口,萧山自西兴闸至钱清堰,计四十五里,中有运河。河之南有湘湖,河之北为由化夏孝二乡,每遇岁旱,各得湘湖水利。如欲取水,先于运河两头作坝,方决望湖桥下坝,引水入运河。复开郑河口坝,流入二乡。望湖桥乃水之所自出,郑河口乃水之所自入。其水已足,然后去两坝,复塞望湖桥、郑河口二坝。缘郑河口系在张提举住宅前,断为船浜,为荷池,水不通者三十余年。淳熙十一年九月,内勾提举被旨前来掘白马湖,有贾珍等状论郑河口被张提举冒占水利,却于河内立桩垒石,起造船坊,筑捺强霸,畜养鱼鳖,栽种荷花,不容放水灌溉,田禾遭旱致伤,农民流移,乞委官毁拆。勾提举于当月二十六日将归绍兴,行至县,遂询问郑河所在。适在问处,令本县预集夫五十人,不一时顷其坝,尽开通。但未知日后通塞如何也。

卷十一·纪事

兵事

《越绝书》:浙江南路西城者,范蠡敦兵城也。其陵固可守,故谓之固陵。按《水经注》:范蠡筑城于浙江之滨,言可以固守,谓之固陵。今之西陵也。宝庆《会稽续志》:吴越武肃王,以陵非吉语,改曰西兴。皮光业撰《钱武肃王庙碑》:时建城西兴,故改固陵为兴。防坞者,越所以遏吴军也。固陵为越王时屯兵处,互见古迹(增并乾隆志)。

《越绝书》:句践与吴战于浙江之上,石买为将。耆老壮长进谏,王不听,遂遣之石买,发行至浙江上,斩杀无罪。士众恐惧,人不自聊。子胥为奇谋,或北或南,夜举火击鼓,昼陈诈兵。越师溃坠,王杀买,谢其师(乾隆志)。

《三国志·吴书·孙静传》：会稽太守王朗，拒策于固陵。策数度水战，不能克。静说策曰按《吴书·宗室传》，静字幼台，孙坚季弟。《通鉴》作孙策叔父静，与本传合。《旧志》及《县志刊误》俱作策弟静。《水经注》作孙静果说策，俱与本传不合："朗负阻城守，难可卒拔。查渎南去此数十里，而道之要径也《水经注》作祖渎，宜从彼据其内，所谓攻其无备，出其不意者也。吾当自帅众为军前队，破之必矣。"策曰："善。"乃诈令军中曰：顷连雨水浊，兵饮之多腹痛。令促具罂缶数百口澄水。至昏暮，四维然火诳朗，便分军夜投查渎，道袭高迁屯《吴书》裴松之注：今永兴县有高迁桥。《县志刊误》：新旧修志者，以南乡高屯里当高迁屯之名，失据。朗大惊，遣故丹阳太守周昕等帅兵前战。策破昕等，斩之，遂定会稽。按孙策本传，攻牛渚，破刘繇，入曲阿，渡浙江，据会稽，皆汉献帝兴平二年事。《后汉书》作兴平元年，《通鉴》作建安元年，今录《三国志》。《旧志》云查渎无考，《县志刊误》云查渎者在西陵之北，当钱清江入海之处，而今已涸者。其云南去此数十里，则查渎之南去此西陵约数十里，正其地也。其地近高迁屯，故一投查渎而即破高迁。聂世棠《县志·序》亦遵毛说。但查渎《水经》作祖渎。孙静《水经注》作孙静果，与《吴书》及《通鉴》互异。《旧志》山川祖渎下引《水经注》，武备引《通鉴》，人名地名先后矛盾，又未将两书互异之处分晰指明，是其疏处也。《县志刊误》：祖渎即是查渎，字书相即查字，租之为祖字形之误云云。今赵一清校《水经注》已更正为相（更正乾隆志）。

按攻牛渚、破刘繇、入曲阿，乃裴松之注引《江表传》语，非《三国志·吴书·孙策传》文。渡浙江据会稽，《吴书》本传并不明言兴平二年事。

《三国志·吴书·董袭传》：孙策入郡，袭迎于高迁亭。按《县志刊误》引《吴志》曰：孙策入郡，郡人迎于高迁。又引《十道志》曰：董袭见孙权于高迁。今考《吴志》，乃知西河误。董袭为郡人，误孙策为权，其考订亦未确也（乾隆志）。

《县志刊误》并引《吴志》《十道志》为证高迁屯所在，著书体例当然，何尝实指董袭为郡人。牵合孙策为孙权，乾隆志自误，而反讥人误，何也？

来源：南开大学地方文献研究室、杭州市萧山区人民政府地方志办公室整理，《萧山县志稿》，南开大学出版社，2010年。

民国三十七年《萧山县志》

卷二·地理

戊、山川形势

论萧山现今山川之形势，其山莫要于南区，川莫要于江海塘及沿塘之港湾，兹分述之：

一、山脉系统

山脉分二干，一为仙霞脉，由诸暨富阳之五泄，入萧境为百药山，分二支：一支为石牛山，渡江由小砾山过湘湖为石岩，经县城至长山；一支由义桥傅家山，尽于埭上之西周。共由诸暨沿浦阳江者,尽于桃源之郭墓山。

一为黄山天目脉,由钱塘定山渡江,入长河为冠山。一入闻堰老虎洞,过白马湖而尽于蒙山,即岳庙地。

癸、山川变态

白马湖　《万历志》:县西三十里,有石姥祠,又名石姥湖。

詹家湖　顾冲《水利事迹》:受白马湖之水。

西陵湖　《水经注》:亦谓之西城湖,湖水上承妖皋溪而下注浙江。

卷三　交通

丁、水陆衢路干支路线

河桥津渡表二

南宁桥　邑人来士建创,为白马湖出水要冲。嘉庆间邑人任澜重建洞式。

河桥津渡表三

马湖桥　在大小白马湖之间。

新塘桥　在白马湖之南,通塘子沿。

卷六·水利

丁、湘湖以外诸湖

湖所以潴水,藉供农田之车戽,若遇天旱,各乡稻田,均利赖焉,除湘湖上已详见外,所有诸湖,复备述之。

白马湖　顾冲《水利事迹》:绍兴二十年,萧山县人沈崇等六十一人,将本乡白马湖荒地三千余亩,投献行在宁寿观,充长生田,奉旨令转运司复验指实,转运司委赵纲立躬亲前去地头,唤上父老,据华期等言,其湖约有三千余亩,若被侵占作田,委是有害。又据傅钦等二十人连状,供称白马湖,古来系是蓄水湖地,难以作田。淳熙十年,蒋正言奏萧山县连年旱伤,民用艰食,访闻白马湖三千余亩,自乾道九年有李九直殿、张提举废湖为田,水无所潴,难以御旱,奉旨依奏,既复为湖,湖旁三村之民,无不欣悦。

詹家湖　顾冲《水利事迹》:冲尝询之父老,皆言夏孝、长兴间,民有詹姓者,有田六百亩,无水灌溉,岁率不熟,因聚族而谋,弃百亩为湖,以溉五百亩,可乎,其族乐然为之,于是湖成。《西河水利志》:詹家湖者,白马湖西南一别浸也,今其湖在冠山之麓,与白马湖间隔,湖边尚有詹姓居住。

来源:来裕恂著,《萧山县志》,天津古籍出版社,1991年。

重修浙江通志稿

建置考·名胜古迹考

白马湖,在萧山城西北九里,湘湖之北。一湖而分东西,以马湖桥界之。湖旧称西陵湖,亦名西城湖,周四十五里,三面环山,波光岚影,风景绝佳。

来源:浙江省通志馆编;浙江省地方志编纂委员会整理,《重修浙江通志稿》,方志出版社,2010年。

1987年《萧山县志》

第二编 自然地理

第四章 水文·中部水系

三、萧绍运河

又称官河、西兴运河、浙东运河。始挖于西晋。南宋迁都临安(今杭州)后,城市人口增多,为漕运需要,曾多次整治,疏浚西兴至萧山段河道。运河西起西兴镇,向东过衙前乡后进入绍兴县,然后抵曹娥江,流域面积1,640平方千米,全长78.5千米。县境内长21.6千米,流经西兴、城北、城厢、裘江、城东、螺山、衙前等7个乡、镇。河床面宽30米左右,常水位5.7米左右,最高水位7.21米(1962年9月6日城厢镇测),一般水深1.5~2米。运河南与湘湖、白马湖、南门江、西小江、小砾山输水线相连,北与北塘河沟通。

六、白马湖

位于越王城山之西北,与湘湖仅一山相隔,曾名石姥湖、西陵湖。现有水面1,720亩,其中东湖约720亩,西湖约1,000亩。正常水位5.6~5.8米,水深1~3米,最大蓄水量为300万立方米,正常蓄水量约140万立方米。

第五编 水利

第二章 江河整治·中部河道治理

中部平原主要河道,有西小江、萧绍运河、南门江等,这是调节排灌水量的骨干河道。其它尚有湘湖、白马湖等较大湖泊。

解放前,中部平原虽河港纵横,颇得灌溉之利,但因地势低洼,一遇暴雨,水流汇集,形成涝渍。原来排水通道主要是向东往绍兴出三江闸,但由于路线远,坡降小,沿途鱼箔、桥梁阻水严重,泄流不畅。

解放以后,逐年进行水利建设,疏浚拓宽河道,仅城南地区先后疏浚城东乡郎家浜横河、莫家港东风坂横河、庵前胡直河、衙前乡跃进河、新塘乡沈寺坂直河等大小河道,并开挖了一些新河,大大改善了中部平原的排灌条件,其中新开的大治河和新林周直河作用尤为显著。

来源:费黑主编;萧山县志编纂委员会编,《萧山县志》,浙江人民出版社,1987年。

萧山县农业志

位于越王城山西北,湖边旧有石姥祠,故原名石姥湖,又因位于西陵(今西兴)之南,又名西陵湖,后人以形取名,才名白马湖。现有湖面1720亩,分东西两湖,东湖720亩,西湖1000亩,常水位5.6~5.8米,水深1~3米;最大蓄水量约300万立方米,建有国营渔场。

第六编　渔业

第五章　渔业管理

第三节　"渔事纠纷"

2. 民国22年(1933)9月,浙江大学在白马湖建立兴业养鱼社,遭沿湖居民反对,肇成命案,伪省政府主席鲁涤平批示。"提早撤销租约。"

3. 1962年底,白马湖渔场捕鱼时,马湖大队出动渔船200余艘围住大网,来回兜圈。用三扎钩、捻泥夹、打网、拖网等工具抢鱼,干部职工7人被打伤。

5. 1965年12月底,白马湖渔场捕鱼,东湖大队社员约400多人,划200多艘小船,随带剪刀、鱼钩、海斗、克箩,攀着大网,拆除盖网,分开抢鱼;白马湖大队200多社员在岸上用鱼叉、海斗抢鱼,劝阻无效而停捕。

6. 1966年12月28日,白马湖渔场在里头占鱼荡进行牵捕工作,马湖大队吴鸿高带头抢鱼2000多斤,并撕破部分鱼网。

13. 1985年11月中旬至12月26日,白马湖水道流域的山一、张家、汤家井、马湖、湖头陈等村和国营湘湖渔场水面,先后因杭州龙山化工厂排放污水,氨氮浓度超标,致使鱼、蚌急性中毒而大量死亡。据杭州市及县水产部门调查统计:共死亡成鱼2268担,老口鱼种7460斤,各类鱼苗49.4万尾;死亡育珠蚌38875只,暂养蚌10.89万只,小蚌9.5万只。并由该厂支付赔偿费30万元。

来源:楼天育,章耀承主编,《萧山县农业志》,浙江大学出版社,1989年。

浙江分县简志

白马湖,位于湘湖西面,分东白马湖与西白马湖,湖面一千八百亩,深为2~

2.5米,是全县淡水鱼养殖基地之一。

来源:徐规,陈桥驿,潘一平等编著,《浙江分县简志》,浙江人民出版社,1983年。

萧山县地名志

自然地理实体名称　湖泊

据清乾隆《绍兴府志》载:白马湖,旧有石姥祠,又名石姥湖;又因位于西陵(即今西兴)之南,故曾名西陵湖。今称白马湖。"白马"的名称来历,诸说不一,主要有二:一据《会稽地志》载:汉周举乘白马游而不出,以为地仙,白马湖之名由此而来;一说为湖形酷似一匹马,湖水白光森森,因此后人据其形,取名为白马湖。

白马湖位于西兴、长河两公社境内,净水面积为1720余亩,分东西两部分,东为720余亩,西近1000亩,为我县最大的湖泊。正常水位(吴淞标高)6米左右,平均深度约3米,最浅处只有0.5米,最深处有4米。蓄水量约300万立方米。

白马湖渔业资源丰富,是我县主要淡水鱼养殖基地之一,县农业局渔场设在此。养殖鱼种类主要有:白鲢、青鱼、草鱼、鲤鱼等,年产鲜鱼2000担。还有鲫鱼、鳊鱼、河鳗、鳝鱼、鲇鱼等。白马湖的河蚌很出名,具有体大、肉肥、味鲜美的特点。西兴公社还在东白马湖建立了珍珠养殖场。

来源:浙江省萧山县地名办公室编著,《萧山县地名志》,1984年。

杭州水产志

附录

兴业养鱼社章程

[民国22年(1933年)]

第一章　总　纲

第一条　本社集合有志养鱼同人,专以经营养鱼事业为宗旨,定名兴业养鱼社。

第二条　本社养鱼范围以业经承租浙江大学所管辖之白马湖为限。

第三条　本社营业年限以原定承租期限五年为届满。

第二章　资本金及股份

第四条　本社资本总额定12000元,分为120股,每股百元。如遇资本不敷分配时,得由经理征得董事会同意酌量增加资本金额,续行添招。

第五条　本社为便利渔民入股起见,于额定股本内酌设零股若干,每零股为10元。

第六条　本社股票一股一纸,概用记名式,但自愿合并数股为一纸者听。

第七条　本社股权以一股为一权,一股以上者仍得一权,合10零股亦得一权。

第八条　本社股票如遇买卖让渡时,应出让渡者于股票背后签名盖章,再由受主将股票送本社注册更名,事先并须征得本社之同意。

第九条　本社股东应将永久住址开送本社。如遇变更仍应随时通知。如股票遗失,声请补给者,须有负责书函,并邀保人签名盖章送本社核办,并由遗失人登报声明遗失,俟一月后仍不发现遗失股票时,始行补给。

第十条　声明补给股票事件,如有纠葛时,须俟纠葛解决后方得补给。

第十一条　股东如有妨碍或危害本社前途之不肖行为由董事长审查认为确实者得令其退股。

第十二条　本社股票由经协理暨会计主任签名盖章为凭。

第三章　职　务

第十三条　本社设经理一人,协理一人,会计主任一人,会计一人,事务主任一人,事务员若干名,管鱼工若干人。

第十四条　经理由承租白马湖代表互推之,协理由承租白马湖代表聘请之,会计事务等由经协理聘任或雇用之。

第十五条　经理总掌全社业务,协理辅助经理之不足,遇经理代适时,协理得代行职权,会计主任秉承经协理之命,专司款项收支保存等事项,事务主任秉承经协理之命,行使关于买卖鱼鲜管理养鱼暨其他一切事务。

第十六条　经协理一支薪给一切川旅费用实支实销,会计、事务等由经协理本酌定薪额支给之。

第十七条　在董事会未成立以前,由经协理召集股东会产生之。

第四章　董事会

第十八条　董事会暂设五人或七人,由股东会产生之。

第十九条　董事会设董事长一人,由董事互推之。

第二十条　董事会每月开会一次,遇有紧要事故得临时召集之。

第二十一条　董事长代表董事会有稽核全社收支帐目暨一切事务措施之权。

第二十二条　经协理遇有措施失当时,董事会有弹劾权,并得另行聘任之。

第二十三条　董事会另行聘任经协理时,对浙江大学须担负白马湖全部缴租责任。

第五章　股息及盈利分配

第二十四条　本社股银定年息一分,盈利照百分支配,于翌年三月底发给之。

第二十五条　盈利照百分支配,董事会,经协理暨会计、事务、管鱼工等25分,承租代表得5分,公积金得15分,股东得55分。

第六章　渔民利益

第二十六条　本社为扶植沿湖各村渔民生计起见,特设渔民利益一章。

第二十七条　本社承租之白马湖天然划分为东、西两湖,西湖由本社经养,纯利归本社;东湖分给沿湖各村渔民经养,纯利归渔民。

第二十八条　本社为体恤渔民无力投资起见,所有租金由本社全部担任外,其第一年须鱼花暨四周箔费等,由本社酌量垫发。

第二十九条　沿湖各村渔民所经养东湖,于每年年终捕鱼贩卖所得款项。除归偿本社垫发资本外,所得纯利依照调查所得渔民贫穷等次发给之,其调查责任由湘湖农场指定适当人员办理之。

第三十条　所有经养东湖管鱼、捕鱼、卖鱼事务由渔民推举代表组织沿湖各村渔民养鱼委员会管理之。

第三十一条　为防止豪强舞弊起见,湘湖农场暨本社得随时派员稽查其收支帐目暨其他事务。

第三十二条　本社于相当时期于沿湖中心地点设立渔业渔民小学一所,其经费由本社公积金项下酌量拨给之。

第七章　罚　则

第三十三条　本社一以扶植渔民生计,一以防制渔民偷盗养鱼起见,特设罚则一章。

第三十四条　凡属渔船进出白马湖东西湖时,须受管鱼工之检查。所有打网、游丝网、落水网一概禁止,其余捕鱼器具等于必要时期亦得加以限制。

第三十五条　沿湖各村渔民如有偷盗养鱼情事,由禁止渔民偷盗养鱼惩戒委员会处理之。

第三十六条　禁止渔民偷盗养鱼惩戒委员会由湘湖农场指派2人,本社指派2人,渔民代表3人组织之。

第三十七条　禁止渔民偷盗养鱼惩戒委员会办事规则另定之。

第三十八条　禁止渔民偷盗养鱼惩戒委员会未成立以前如发现偷盗养鱼时,仍照普通法律手续惩治之。

第八章　附　则

第三十九条　本章程如有未尽事宜,得由董事会酌量修改之。

来源:钟志祥主编;杭州水产志编纂委员会编,《杭州水产志》,中华书局,1996年。

长河镇志

大事记

民国时期

二十三年(1934),大旱,排马湖干涸。

第二编　自然地理

第一章　地质地貌

第二节　地貌

本镇全境地貌分明,左江右湖。南部山脉绵延,河流纵横,湖、池棋布,其中以排马湖为最。中部冠山突起,东部绿野平畴,西部竹林成荫,由西向东倾斜,形似"巳"。北部沿江,地势低洼,渠道百川,形似"梳"或"棚"状,由南向北倾斜。

第二章　山

海山　海山位于排马湖西岸,高16米,面积55亩,属汤家桥村。

第三章　水

第一节　河　池　井

长河　长河又称槐街河,西起龙潭头,流经槐街,出财神桥,再经大河沿、月湾潭、孙家埭、汤家桥,出飞虹桥,汇往排马湖。全长约2千米。

排马湖　排马湖俗称白马湖、白茫湖。全湖周约20千米,水面合计1800亩,分隶于长河、西兴两镇。

相传春秋末期,吴王在这里排马布阵,进攻被困于傅家峙山顶(今越王城山)之越王,但是没有成功。排马之名,原本于此。

又因湖在县城之西,所以也叫西城湖、西陵湖。

湖边有石姥祠堂,祀石瑰。石瑰生于唐长庆二年(822)。当时江潮为患,他奋力筑堤,以抗水势,不幸丧生。唐咸通(860－873)中受封"潮王",立祠湖边。

整个排马湖地区环境宁静,空气新鲜,具有浓郁的田园风光。民国《重修浙江通志稿》称这里"三面环山,波光岚影,风景极佳"。

第四编

第一章　江塘河闸

井山坞河　连接湘湖和排马湖,全长1.5千米。

是河开于1985年,流经本镇塘子堰、汤家井和傅家峙。

第八编

第二章

第一节　内河航运

本镇南面有东、西排马湖。

航运路线从长河经汤家桥村过飞虹桥汇入排马湖,向东可达西兴,与萧绍运河相接。

第十三编

第二章

第六节　文物胜迹

飞虹桥　飞虹桥架于汤家桥通往排马湖的长河上,为平铺三孔石桥,两桥墩上各嵌一块碑铭,一块书"万历癸酉(1573)来端蒙建,乾隆戊子(1768)会宗堂修"。一块书"道光丙戌(1826)来学诚重建"。

来源:王炜常,《长河镇志》,光明日报出版社,1989年。

杭州市西兴镇志

第一编　地　理

第一章　环境　气候

第一节　山水

白马湖,旧名排马湖、西陵湖、西城湖、石姥湖(湖边旧有石姥祠,祀唐长庆间为筑堤献身的英雄石瑰)。民间称跑马湖、白茫湖。

白马湖位于西兴之南、越王城山西北,分东西两湖,总水面1720亩,常年水位在5.6米左右。湖中有陆地10块,宛若沧海浮螺。

来源:杭州市西兴镇人民政府编印,《杭州市西兴镇志》,杭州市西兴镇人民政府,2000年。

萧山农垦志

第一章　建场设局

第三节　各场简介

萧山市湘湖农场位于萧山湘湖风景旅游度假区,濒临钱塘江、富春江、浦阳江三江汇合处,东及东南连石岩乡,西、北及西南接闻堰镇,离杭州市区20千米,距萧山城厢镇9千米。该场1949年5月建立浙江省农林厅种子公司湘湖农场时,有土地95亩。1951年—1952年,在湘湖地区的浙江大学校办农场和湘湖师范学校的部分土地逐步并入湘湖农场,农场土地面积扩大到1200亩。1954年12月,农场接收浙江省水产公司绍兴养鱼场所属白马湖养鱼分场水面2000亩。1956年,农场在下湘湖区开辟湖面5000亩,在压湖山前围垦湖面获地2000余亩,农场土地面积扩大到3200亩,鱼塘7000亩。1958年11月成立湘湖公社时,农场划进湘湖一社、二社、三联社和定山社,土地面积扩大到10200亩。1959年湘湖公社撤销,大湾、长滩两个自然村集体转入农场(1961年长滩村退出农场),1961年12月,农场750亩水面划归省农科院水产研究所淡水分所永久使用。1962年2月农场下湘湖渔场划归萧山湘湖建设管理所(1966年3月又重新划入湘湖农场),同年4月,农场大湾、杨家湾河泥塘一带湖面划给省军区湘湖农场围垦种植,至此,农场土地面积减至5500亩。1965年湘湖师范和农场合并,成立校场管理委员会。1966年"文化大革命"开始,校场关系分离。同年3月,农场在压湖山后围垦土地376亩。1970年11月,县"五七"干校570亩土地划给农场(其中190亩划给6556部队和人武部),建立湘湖农场"五七"分场。1972年3月,"五七"分场又划给县"五七"工农学校。1977年9月,白马湖和下湘湖两渔场划归萧山湘湖渔场,农场鱼塘面积仅剩72亩。1984年后,农场陆续在低洼地开挖精养鱼塘。2000年底,农场有总面积3平方千米,其中耕地1879亩、水面404亩、果树茶园67亩、苗木花圃635亩,年末总人口1005人,有股份制企业、私营企业11家,其中工业企业7家,农业企业3家,旅游观光业1家。全年实现工农业总产值1.3亿元,利税186万元,职工人均收入8075元。

湘湖农场建立初期,是一个从事农业机械作业的示范性农场,它以繁育良种、试验推广新式农机具和先进耕作制度为主。当时引种和繁育的水稻良种有早籼503、晚稻10509、矮脚南特、广陆矮4号、农垦58等;油菜品种有胜利油菜、川油2号、695号、浙油7号、7752—2等;大麦品种有87—168、浙农大2号、3号、6号及6711—23。1976年农场科技人员培育了晚粳新品种"湘农5号",获萧山县优秀科技成果二等奖,杭州市三等奖。改革耕作制度,全面推广连作稻、早稻尼龙育秧、晚稻小苗带土移栽、无土育秧、水稻直播和大麦"常熟式"。引进和推广抽水机、脚踏打稻机、双轮双铧犁、大中型拖拉机及收割、耕作、插秧等配套机械,制造风力扬谷机,为农村起到良好的示范作用。

农场在发展种植业的同时发展养殖业。1952年农场开始养猪,年饲养量为82头。1956年养猪规模有了发展,成立了畜牧组,1960年是农场50年代、60年代养猪的顶峰,年饲养量达到1877头。1976年开始试养出口中猪,1977年成为杭州市

10个国营农场机械化养猪基地之一。2000年生猪饲养量达到21279头,出栏11267头,出口生猪2547头。1954年农场办起了养蜂场,1957年蜂群达到600箱,年产蜂蜜19076公斤,后因寄生螨和药害影响,于1984年停养。1954年农场开始养鱼业,当时新接收的白马湖渔场养殖面积为2000亩,每年放养鱼苗20万尾,年销售商品鱼5万公斤左右。1956年开辟下湘湖湖面,养殖总面积增到7000亩,年销售量为9万公斤,1977年两渔场划归湘湖渔场后,养殖面积仅存72亩。1984年后农场利用低洼地开发精养鱼塘和建造罗非鱼越冬室,1991年养鱼面积又扩大到308亩,主养四大家鱼和罗非鱼,亩产商品鱼707公斤,总产达到21.7万公斤。是年,农场和浙江省经济建设投资公司、国家农业投资公司共同投资800万元在湘湖农场创办"浙江中浙萧山特种水产公司(农场占总投资35%)"养殖中华鳖、美国鲴鱼、罗氏沼虾、四大家鱼等。1994年底,年产商品鳖10万只,收回了全部投资。公司还与北京、山东、广州等地联营开办养鳖场,到1999年公司年养鳖40万只,稚鳖60万只,亲鳖3万只,成为浙江省最大中华鳖养殖、良种培育、繁殖基地,萧山市和浙江省的农业龙头企业。1957年农场创办了奶牛场,从青岛购入荷兰花白牛19头,年产鲜奶1.9万公斤,1995年存栏奶牛增加到573头,年产鲜奶197.8万公斤。1997年开始回落,2000年存栏奶牛339头,年产鲜奶161.1万公斤。1995年起农场还养殖鸵鸟、梅花鹿、孔雀、猴、美国皇鸽等特种畜禽。2000年底存栏鸵鸟176只、梅花鹿16只。

农场的工业自1972年起,先后创办了农机厂(后改名为湘湖塑料机械厂、萧山市液压件厂)、湘湖农场纸箱厂、湘湖印刷厂、萧山乳品厂、杭州萧山汽车离合器厂、萧山凤凰化工厂、杭州塑粉厂等。1996年,农场对场办工业企业进行改制,将国有独资工业企业改制为有限责任公司,其股权有原企业国有资本和职工持股协会的股本组成。到1999年底,农场工业已形成了以机械为龙头,乳品加工与化工为骨干,纸箱包装为配套的四大行业,总资产3490万元,其中固定资产2233万元,主要产品有汽车离合器、液压油缸、齿轮泵、泡化碱、塑料粉末、乳制品、纸盒等,年产值7444万元,年销售收入7356万元,创利税136万元。

农场的商业始于1962年5月,经县商业局批准在场设立供销商店。1983年6月,在萧山城厢镇成立萧山农工商公司湘湖分公司(1988年改名为湘湖物资公司,1992年11月改名为湘湖物资总公司),1998年创办湘湖实业公司(1992年改名为湘湖实业总公司),1992年创办萧山市原辅材料食品经营部,次年又创办湘湖企业集团公司经营部,曾一度成为湘湖农场经济发展的重要支柱。1995年上述企业转制为租赁企业和私营企业。

随着农场经济的发展,农场的社会公益事业也得到发展。1964年创办了职工子弟学校,1976年从初小班扩展到高中班(1979年高中班停办),1991年建造二层教学大楼,1996年学校开设从幼儿园到初中三年级11个班,有学生288名,教师22名。1956年农场建立医务室,时仅有1名医务人员,1999年底医务室有病房床位24张,医务人员6名。职工住宅条件也有明显改善,从建场初期的草舍到现代式的标准套房,人均居住面积达到40平方米。老场、压湖山居民点内水泥路面纵横交错,四周环境绿化整洁、舒适。自来水进厂入户,程控电话和移动电话普及企业、家庭,文化娱乐厅、老年活动室,为职工创造了良好的生活环境。农场曾被命名为萧山市文明单位、花园式单位、杭州市"创安"先进单位、浙江省农业爱国丰产模范、全国农垦系统先进集体。

2000年7月,农场整体改制,到年底国有资本退出场办企业,职工转换劳动关系,农场剥离了医院、学校等社会职能,场部按"精简、高效"原则建立了"四办"(综合办公室、工业办公室、农业办公室、财经办公室),工作人员减至18人,履行监督、管理、协调、服务职能。一个新的国有农场管理体制和经营机制已经形成。

来源:杨贤兴主编,《萧山农垦志》,方志出版社,2002年。

杭州农业志

第一篇　农业自然资源

第三章　水文

湘湖

宋政和二年(1112),萧山县令杨时废低田,开湘湖,灌九乡农田14万亩。湘湖建成后,累累发生废湖(复田)与保湖之争。1985年湘湖水域面积仅存94公顷,基本上成为从闻堰东汪村至城厢镇西及东汪村至石岩村的两条面宽30米～50米的河道,一般水深2米～2.5米,正常蓄水量242万立方米。

白马湖

位于越王城山之西北,与湘湖一山之隔,分东、西两湖,水域面积114.67公顷,其中,东湖48公顷,西湖66.67公顷。白马湖水深1米～3米,最大蓄水量300万立方米,正常蓄水量140万立方米。

钱塘江水系主要河流情况

水系名称	河流	河流名称	河段起点	河段终点	河段长度（千米）	全流域面积（平方千米）
钱塘江水系	干流	新安江	六股尖	梅城	359	11,674
		富春江	梅城	闻家堰	102	26,644（含南源）（区间:7176）
		钱塘江	闻家堰	澉浦长山	207	55,558（区间:17,240）
	支流	武强溪	璜尖	汾口	44	423
		枫林港	磨心尖	大墅	49	293
		进贤港	大岭塔	临歧	49	405
		云源港	搁船尖	宋村	64	264
		寿昌港	大坑源	罗桐埠	66	692
		兰江	青芝埭尖	梅城	303	19,350
		分水江	绩溪	桐庐镇	164	3440
		渌渚江	皇天坪	港东村	63	747
		壶源江	天岭岩	青口江	103	761
		浦阳江	天岭岩	闻堰	150	3452
萧绍平原河网		萧绍运河	西兴	曹娥	78.5	
		西小江	麻溪	钱村	72.26	
		南门江	城厢镇	白鹿塘	9.5	
		湘湖	东汪村	城厢镇	正常蓄水量	242万立方米
		白马湖	越王城山		正常蓄水量	140万立方米

来源：中共杭州市委杭州市人民政府农业和农村工作办公室编，《杭州农业志》，方志出版社，2003年。

萧山市水利志

第二章 区域水利

第五节 水网地区治理

萧山市的中部平原，位于萧绍平原水网地区西端，面积219.9平方千米，耕地15万多亩。拥有浦阳江古道西小江、萧绍运河（俗称官河）、南门江等主要河道和湘湖、白马湖等较大湖泊。

解放前，中部平原虽江河湖泊纵横，颇得灌溉之利。但因地势低洼，一遇暴雨，众水汇集，形成渍涝。原排水通道主要是向东往绍兴出三江闸，由于流程远、坡降小，沿途渔箔、桥梁、涵闸阻水严重，排泄不畅，经常渍涝成灾。

解放以后，逐年进行水利建设，疏浚拓宽河道，仅城南区先后疏浚城东乡郎家浜横河、奠家港东风畈横河、庵前胡直河、衙前乡跃进河、新塘乡沈寺坂直河等，城北区曾多次疏浚闻堰、长河、浦沿等镇的河道，但大多数只属于修修补补，未能从根本上改变洪涝局面。为了治理中部平原的旱灾及洪涝,采取了上引、中控、北导的整治措施。

一、上引

为了解决萧绍平原灌溉需要,并沟通内外江航运,1957年12月至1958年9月,在临浦镇峙山南麓建成5孔峙山闸(孔径16米,又名五洞闸)。1964年11月,又动工将茅山3孔古闸改建为5孔闸(孔径16米)。1974—1976年新建新坝2孔闸(孔径8米)。三闸建造后,陆续配套拓宽疏浚河道。1959年,动工疏浚拓宽了峙山闸首至白鹿塘主河道及桥梁,长6150米,宽30米。1976年,通济公社又新开浴美施桥至白鹿塘的通济直河2730米,宽30米。1978年又疏拓新坝至油车桥的大庄后河一条,使闸桥河道相应配套。峙山闸1959—1990年的30年间,为萧绍平原引水32750.5小时、45.37亿立方米,排涝5100小时,船闸通航275.6万船次,年过船闸货运量为201.58万吨。

二、中控

1977—1985年国家投资24万元,沿西小江各口子先后建造节制闸19座,新开河道2条,填堵老河2条,加高了17千米沿西小江围堤。所前镇的渔塘畈、大山畈、下八卦畈和通济乡的南、北、中三区块等,分别筑小围堤,建造了8处电力排灌站,装机705千瓦,水泵18台。

三、北导

1977—1979年新开掘大治河,从螺山公社新林周村向北至红垦农场沿塘河,全长10千米,面宽30米,深3.5米,共挖掘土方22.3万立方米,并在连接北海塘处建造2×8米大治河节制闸。1981年11月,又开掘新林周直河,从西小江经螺山乡吴家塔村,穿过杭甬铁路和萧绍公路,至新林周与萧绍运河及大治河相连接,全长1.5千米,面宽25米,深3米,共挖掘土方2万多立方米,为中部平原排涝开辟了通道。1989年初动工,1990年2月竣工,在九号坝下游2号盘头处新建大治河排涝闸1座,3孔,总孔径14米,设计排涝流量112立方米/秒,投资169.53万元,其中国家投资117.93万元。同时,又拓宽了南沙大堤3×6米的立新闸和新林周、吟龙、八大、芝兰、盈上、盈下等桥梁。

来源:萧山农机水利局编,《萧山市水利志》,内部出版,1999年。

杭州市水利志

第一篇 自然条件

第二章 水系

白马湖位于越王城山西北,与湘湖仅一山之隔。分东、西两湖,水面1720亩,其中东湖720亩,西湖1000亩,水深1米~3米,最大蓄水量300万立方米,正常蓄水量140万立方米。

白马湖又作排马湖,乡民称跑马湖。相传这里本为旱地,2400年前春秋末期,吴军于此排马布阵,猛攻被困于越王城山山顶的越军,未克而退。后随岁月变迁而成湖。清来圻圣有诗云:"空碧净元尘,和风应小春。当年征战处,日暮寂无声!"描述白马湖环境的宁静、优美,还提及吴越两军在此鏖战的历史。北魏郦道元《水经注》云:"固陵有西陵湖,亦名西城湖。"清代毛奇龄《萧山县志刊误》作了诠释:"即白马湖以地近西陵(今称西兴),则名西陵湖;以其在城山之西,则名西城湖。"现今白马湖虽湖面缩小,但若伫立湖边堤岸向湖中眺望,依然可见烟水朦胧,玉镜空浮。

来源:杭州市水利志编纂委员会编,《杭州市水利志》,中华书局,2009年。

萧山市志

第一卷 第四编 环境保护

萧山的水环境主要是江河水,饮用水源。水环境质量主要体现境内南部低山丘陵区浦阳江和永兴河、中部平原区内河(以下简称"中部内河")、北部沙地区内河(以下简称"涉地内河")水质状况,及城区饮用水源水质状况。

江河水

境内地表水常规监测始于1985年。是年,境内浦阳江、永兴河中部内河水质大部分属Ⅱ类较清洁,符合工业、农业及其他用途要求。城区内河由于沿河居民大量生活污水和工厂废水流入,水体污染严重。沙地内河由于河道窄浅、径流量小,自净能力弱,加上麻水污染严重,河水大面积变质。

各江河水质季节性变化明显。通常丰水期水质优于平水期水质,平水期水质优于枯水期水质。20世纪80年代,白马湖水质最好,其次是浦阳江,最差的是沙地内河。90年代,白马湖由于大量农田含氮废水汇入湖里,永兴河由于沿江电镀厂及造纸厂废水超标排放,水质下降。沙地内河由于周围印染厂增多,有机污染负荷大,长年处于污染状态。在丰水期、平水期和枯水期,均以浦阳江水质最好,中部内河、永兴河次之,沙地内河最差。1994年,境内地表水化学需氧量单项指标超标29.17%。

1996—2000年萧山市江河水质情况

监测点位	溶解氧	高锰酸盐	非离子氨	氯化物	六价铬	铅	汞	综合污染指数	平均污染指数	污染分担率（%）
浦阳江										
尖山	3.80	0.53	1.03	0.01	0.04	0.13	0.25	5.79	0.83	97.00
临浦	3.20	0.65	1.09	0.01	0.04	0.07	1.35	6.41	0.92	98.20
浦阳江出口	3.80	0.58	0.63	0.01	0.08	0.10	0.23	5.43	0.78	96.70
永兴河										
管村回龙桥	3.20	0.59	1.32	0.02	0.08	0.12	0.30	5.63	0.80	96.00
永兴河出口	3.20	0.79	0.92	0.02	0.54	0.11	0.29	5.87	0.84	88.50
沙地内河										
新街	3.40	1.39	0.61	0.02	0.04	0.24	0.34	6.04	0.86	95.10
瓜沥	3.40	1.47	3.04	0.01	0.06	0.13	0.03	8.14	1.16	97.50
头蓬	3.60	0.83	0.28	0.02	0.04	0.41	0.05	5.23	0.75	91.00
新围	3.40	0.86	0.51	0.02	0.02	0.31	0.03	5.15	0.74	93.10
前进	4.00	1.16	2.70	0.01	0.10	0.35	0.21	8.53	1.22	94.50
中部内河										
小砾山	3.20	0.56	0.96	0.01	0.04	0.07	0.20	5.04	0.72	97.60
萧山第一自来水厂	3.75	0.63	0.63	0.01	0.04	0.15	0.20	5.41	0.77	96.30
萧山第二自来水厂	3.71	0.59	0.79	0.01	0.04	0.10	0.20	5.44	0,78	97.30
萧山市出口	3.80	1.07	2.53	0.01	0.08	0.18	0.21	7.88	1.13	86.60
白马湖	4.00	0.74	2.29	0.01	0.04	0.15	0.20	7.43	1.06	97.30
来苏大沿	4.00	0.72	1.67	0.01	0.04	0.07	0.27	6.78	0.97	98.30

注：①资料来源：萧山市环境监测站：《萧山市环境质量报告书(1996～2000年)》，2001年。

②采用《地表水环境质量标准》(GHZB1—1999)。

③"综合污染指数"栏指该监测点位主要污染物污染指数之和。"平均污染指数"栏指该监测点位主要污染物污染指数均值。"污染分担率"栏指该监测点位主要污染物综合污染指数占所有监测污染物综合污染指数之比率。

第一卷　第十一编　农村　农民　农业

农业科研及推广机构

萧山湘湖渔场　前身为1952年省水产养殖公司筹建的地方国营白马湖水产养殖场。1954年，划归湘湖农场，有水面7006亩（包括白马湖和湘湖），职工71人。1964年，单独建立萧山渔场，后重归湘湖农场。1977年9月，又从湘湖农场划出，建立萧山湘湖渔场，由白马湖、下湘湖和中湘湖组成，水面2200亩，其中中湘湖为鱼苗分场。

1977年,筹建中湘湖鱼种场,建有标准池塘96亩,1980年始产后,基本解决县内鱼苗需求。1985—2000年,共生产供应各类鱼苗、鱼种15.53亿尾。开发青鱼、异育银鲫、鳜鱼等名优品种的人工繁育和彭泽鲫、斑点叉尾鮰等新品种的引进试养。1992年,"网箱培育鳜鱼苗种并养成技术研究"获杭州市科技进步奖一等奖、省科技进步奖二等奖。1997年,"鳜鱼苗种培育及成鱼养殖规模生产示范"获省科技进步奖(星火)二等奖、杭州市科技进步奖(星火)二等奖。2000年拥有生产各类鱼苗2亿尾的能力。

渔场每年在白马湖、湘湖水面放养各类仔、老口鱼种5吨左右。1985年,放养面积2200亩,生产商品鱼161.5吨。1990年,商品鱼产量215吨。1985—2000年,累计生产商品鱼2622吨。

来源:杭州市萧山区人民政府地方志办公室编,《萧山市志》,浙江人民出版社,2010年。

其他典籍文章

建炎以来系年要录

卷八十六

宝文阁待制新知湖州李光言:"明、越之境,地滨江海,水易泄而多旱,故自汉、唐以来,皆有陂湖灌溉之利,大抵湖高于田,田又高于江,每旱则放湖水溉田,涝则决田水入海,故无水旱之灾、凶荒之岁也。本朝庆历、嘉祐间,民始有盗湖为田者,三司使切责漕臣。其禁甚严,图经石刻,备载其事。宣和以来,创为应奉,始废湖为田,自是两州之民岁被水旱之患。臣自壬子岁入朝,首论兹害,蒙朝旨先取会余姚、上虞两邑废置利害,县司供具。自废湖以来所得租课,每县不过数千斛,而所失民田常赋动以万计,遂蒙独罢两邑湖田。其会稽之鉴湖、鄞之广德湖、萧山之湘湖等处其类尚多,州县官往往利为圭田。顽猾之民,因而献计,侵耕盗种,上下相蒙,未肯尽行废罢。臣谓二浙每岁秋谷,大数不下百五十万斛,苏、湖、明、越,其数大半,朝廷经费之源,实本于此。伏望圣慈,专委漕臣,乘此暇豫之时,遍行郡邑,延问父老,考究汉、唐之遗制,检举祖宗之成法,应明、越湖田尽行废罢,内有积生菱苇浅淀去处,许于农隙量差食利户旋行开撩,稍假岁月,尽复为湖,非徒实利有以及民,亦以仰副陛下勤恤劝戒之意,其诸路如江东、西圩田、苏秀围田各有未尽利害,望因此东作之时,遍下诸路监司守令条具以闻,毋为文具诏诸路漕臣躬亲前去相度利害,限半月申尚书省。

来源:[宋]李心传撰,《笔记小说大观二十四编·建炎以来系年要录》,新兴书局,1979年。

大明一统名胜志

卷六十三

又有西陵湖,一名西城湖,西有湖城山,东有夏架山,湖水上承妖皋溪,下注浙江。

来源:[明]曹学全撰,《大明一统名胜志》,崇祯三年(1630)刊本。

读史方舆纪要

西陵城,县西十二里,本曰固陵。《水经注》:"浙江东经固陵城北,昔范蠡筑城于浙江之滨,言可固守,因名固陵。"勾践入臣于吴,群臣祖之,军陈固陵,即此。后汉建安初,孙策将取会稽,引兵渡浙江,会稽守王朗发兵拒策于固陵,策攻之不克。六朝时谓之西陵牛埭,以舟过堰用牛挽之也。宋元嘉末,会稽太守随王诞遣兵向建康讨元凶劭,诞自顿西陵,为之后继。齐永明六年,西陵戍主杜元懿言:"吴兴无秋,会稽丰登,商旅往来,倍多常岁。西陵牛埭税官格,日三千五百,如臣所见,日可增倍,并浦阳南北津、柳浦、四埭,乞为官领摄,一年格外可长四百余万。"会稽太守顾宪之极言其不可,乃止。盖西陵在平时,为行旅辏集之地,有事则为战争之冲,故是时戍主与税官并设也。陈末,西陵埭亦名奉公埭。隋开皇九年,陈亡,东扬州刺史萧岩据州不下。隋将燕荣以舟师出东海平吴郡,进至奉公埭,岩降。唐复曰西陵,咸通中,裘甫作乱,其党刘眭劝甫急遣兵守西陵。中和二年,浙东观察使刘汉宏作乱,谋并浙西,屡遣兵营于西陵,皆为杭州将钱镠所败。三年,汉宏自将十余万众出西陵,将击董昌,镠济江逆战,复大破之,汉宏仅免。又乾宁二年,杨行密遣安仁义以舟师至湖州,欲渡江应董昌,钱镠遣顾全武守西陵,仁义不得渡。胡氏曰:"自湖州舟行入柳浦,可渡西陵也。"天复二年,杭州牙将徐绾作乱,淮南宣州帅田頵引兵赴之,急攻杭州,仍具舟自西陵渡江,钱镠遣将盛造等拒破之。吴越时以陵非吉语,改曰西兴。宋为西兴镇,置寨于此。今有西兴场盐课司,在运河北岸。旧有戍兵,西兴驿亦置于此。下临西兴渡,渡浙江而西至钱塘水驿十八里,公私商旅必经之道也。

……

湘湖，县西二里。周八十里。本为民田，四面距山，田皆低洼，山水四溢，则荡为一壑，民被其害。宋政和间，县令杨时因而为湖，于山麓缺处凿堤隄水，民皆以渔贩为业，遂无恶岁。自宋至今，奸豪往往欲侵据为田，有司以其病民，严为之禁，乃止。王氏曰："此又越田之变为湖者。"又落星湖，在县西二十三里，周二十里，旧尝有星陨此，因名。宋庆元后，渐堙为田。又白马湖，在县西二十二里，周二十五里。《志》云："县境诸湖，皆有溉田之利，自宋以来，多为奸民所侵啮，失利者众。"县西二十五里夏驾山西，有西陵湖，亦曰西城湖，又名夏驾湖。山在湖中，去江止数里，亦曰翠嶂山。

渔浦，县西南三十五里。《志》云："渔浦当西陵之上游，其对岸即钱塘之六和塔，旧为戍守处。查渎，在县西南九里。《水经注》："浙江东经查塘，谓之查渎。"孙策攻固陵，不克，叔父静说策曰：'查渎南去此数十里，宜从彼据其内，所谓攻其无备，出其不意者也。'策遂分军投查渎，道袭高迁屯，王朗败走。"夏侯争先曰："查渎亦曰查浦，《春秋》'吴伐越，次查浦'，即此。"

来源：[清]顾祖禹辑著，《读史方舆纪要·浙江四·绍兴府·萧山县》，商务印书馆，1937年。

汉书补注

《注》又云："浙江又经固陵城北，今之西陵也。又经柤塘，谓之柤渎，有西陵湖，亦谓之西城湖。湖西有湖城山，东有夏架山。湖水上承妖皋溪，而下注浙江。浙江下入山阴。"《吴疆域图说》云："《一统志》：固陵城在今萧山县西十二里。柤塘在县西南九里。西陵湖在县西二十五里。夏架山即翠嶂山，亦在县西二十五里。"案：浙江经固陵、柤塘，合西陵湖。西陵湖不应又在固陵之西。固陵亦名西陵，西陵湖自以西陵城得名，故谓之西城湖，则湖当与城相近。今萧山西九里城山，亦曰越王山，又名越王台，李白诗"西陵拱越台"，即此。疑是湖城山也。先谦案《纪要》："吴越时，以'陵'非吉语，改曰'西兴'。柤渎即查渎，一名查浦。《吴志》'孙策分军夜投查渎'道袭高迁屯，是也。"《浙江图考》云："固陵以东乃正浙江。道元至此称浙江不误，宜合上文云'浙江南经柴辟，南又经御儿乡，又经固陵城北'为合。"

来源：[汉]班固撰；[清]王先谦补注；上海师范大学古籍研究所整理，《汉书补注》，上海古籍出版社，2012年。

《水经·浙江水篇》跋一

《浙江水篇》错简狎出，故不可读。其实善长之缠络，亦可按也。浙江固至钱塘而止，然其江浦则由灵隐而眗湖，而临平，而御儿，而柴壁，而及于东岸之固陵。而查渎其自西陵湖而下,始系之曰湖水,上通浦阳江,下注浙江,而后由永兴以入越,由是而山阴,而会稽,则了然矣。试读《江水篇》,江浦、江溠不知其若干也,曾是浙江独无之乎?迨隋人改为运道,而遗迹不可考矣。

先赠公曰:固陵之西,地名柳浦,有桥曰跨浦,六朝时以埭防之,以官守之,至宋时桥址尚在,见于胡氏《通鉴注》,乃江浦之水口也。此千古未发之佳证,因厘正之以授先君,予自此得改次焉。

来源:谭其骧主编,《清人文集·地理类汇编·第四册》,浙江人民出版社,1987年。

越缦堂读书记

阅《鲒埼亭集外编》。其《水经·浙江篇》跋云:此篇错简狎出,故不可读。浙江固至钱唐而止,然其江浦则由灵隐而阵潮,而临平,而御儿,而柴辟,而及于东岸之固陵,而查渎;其自西陵湖而下始系之曰湖水,上通浦阳江,下注浙江,而后由永兴以入越,由是而山阴,而会稽,则了然矣。又云:浙江西入之道得柳浦而晓然,若无水何以有浦?又何以有埭?又何以有桥?既有之,则知其与临平湖水合,由临平而达御儿之柴辟,江水亦合谷水,而下至于柴辟,浑涛东注,以趋固陵,是江水至御儿已与浙江合。案《水经注》此篇叙浙江又东合临平湖,又经会稽山阴县,又东北经重山西下。重山即种山,今之卧龙山。复云:浙江又东径御儿乡,又东径柴辟南,又径固陵城北,又东径祖塘,又径永兴县北,县在会稽东北百二十里,故余暨县也。御儿者,今石门县也;柴辟者,今海盐县地也;固陵今西兴;永兴今萧山县也。江水既至今绍兴府治之卧龙山,而复至石门嘉兴,且云东径,其为错简无疑。戴东原氏据归熙甫本,移浙江又径固陵、祖塘二段于东合临平湖之下,又径会稽山阴县之上。然下云径重山西下,又东径御儿柴辟,又径永兴,则仍东西颠倒;且将固陵、永兴离析,尤为非是。谢山仍依原本误文为说,而欲移又径会稽山阴县至东北径重山西一大段于径永兴县以下,其湖水上通浦阳江下注浙江二语,本属之临平湖下者乃移之西陵湖下。而西陵湖者,郦氏云:湖水上承妖皋溪,而下注浙江,亦谓之西城湖,盖即今之临浦,六朝所谓渔浦也。

柤塘即查渎,亦曰查浦,盖即今之龛山。以《三国志·孙静传》《宋书·孔觊传》等传证之,可知毛大可《杭志三诘三误辨》谓查浦萧山地在峡旁者,是也。毛氏又谓浙江两岸东西相对,有三渡,上折从富春江来,一入钱唐界,而两岸有定山为钱唐地,东岸有渔浦为萧山地,夹江而峙;其在中渡,则钱唐西岸名柳浦,萧山东岸名西陵,亦夹江而峙;其下折则在钱唐海宁之界,东南岸萧山有回浦,西北岸海宁有盐官渡,亦夹江而峙;皆据《宋书》孔觊、顾琛、吴喜诸传,《齐书·沈文季传》为说,自尚可通。惟以回浦为即《汉志》东部都尉治之回浦,则大谬矣。宋齐时之回浦乃江口小渡,地名偶同耳。谢山意以柳浦当今之闻家堰,谓浙江由富阳经今六和塔下,由灵隐会武林水,经临平会临平湖水,经石门合浙江,然后由海盐、澉浦经海宁以东,注萧山之西兴。然郦注此篇错乱甚多,终不能谋正也。今人汪士铎撰《南北史补志》,以御儿、柴辟尽之山阴县下,盖为郦注错简所误。

来源:(清)李慈铭著,《越缦堂读书记》,辽宁教育出版社,2001年。

湘湖农场委员会议案

萧山湘湖农场委员会,于十九日在浙江大学校长办公室台议,到刘大白等十余人,议决:①除少数高地外,全部改作水稻田招农承种,预算仍旧,以余力尽量继续开垦其他高地;②白马湖养鱼交尽,调查计划;③关于农场组织,拟稍有变更,请劳农学院起草,再行核议。

来源:《申报》,1928年11月23日。

食白鳖中毒毙三命

萧山西乡湖头陈渔户傅景春家,于十八日在白马湖中捕得白鳖一个,重约一斤十四两,回家烹食。至夜半,其妻及女共三人均中毒毙命。

来源:《申报》,1930年4月22日。

渔民力争白马湖

萧山西乡白马湖,面积十余里,素为西乡数千农民捕鱼之所。不料近有南乡绅民董啸侯等,呈请浙江大学,将该湖收为官有,筑簖养鱼,禁止渔民捕鱼,致数千渔户生活断绝。昨特电请省县当局,力争收回固有民产。刻县府已召集沿湖住民,开会讨论,一面电呈省建设厅请示办法。又渔户方面,已派代表十余人,赴省请愿。

来源:《申报》,1933年5月15日。

渔民力争白马湖

萧山西乡白马湖,自被南乡士绅董啸侯,向浙江大学认租养鱼后,附近渔户数千,因生计断绝,迭向省县政府请愿撤销认养,以济数千渔户之困苦。不料省委到萧,仍无圆满结果。刻该渔户八千余人,业向中央行政院及实业部请愿,大有不达目的不止之势。

来源:《申报》,1933年6月7日。

白马湖养鱼发生命案

萧山西乡白马湖,自被董啸侯等,组织兴业养鱼社,归官有所蓄养后,所有就近渔户不准私自下湖捕捉鲜鱼。本月十一日,有附近渔民陈姓之女二人,在沿湖摸捕虾鱼,被该社管理人所见,即将该渔船倾覆,当时溺毙十三岁女孩一名。于是遂动全乡渔户之怒,遂号召渔民四五百人,实行驱逐兴业养鱼社之管理人,并于十二日有渔民五六百人,赴县呼吁外,又将女孩尸首抬至县法院相验,一面刑事起诉矣。

来源:《申报》,1933年8月16日。

争白马湖又起械斗

萧山西乡白马湖,自经董啸侯等,呈请浙江大学认养鲜鱼、归为官有后,以致沿湖十八村渔民生计断绝,故该湖渔民一致反对。前次渔民陈姓之女被养鱼社管伙追逐溺毙,当即抬县相验,案尚未了,不料于十九日午后,又有渔民数人在沿湖捕鱼,被养鱼社用枪击毙一人、伤五人。当时又号召渔户三百八十余人,与养鱼社发生械斗,养鱼社共雇用大汤坞人数十人,各持枪械双方对敌。结果可怜渔民本无枪械,被击伤数十人,毙二人,当夜抬县相验。未识一场大械斗案,如何了结也。

来源:《申报》,1933年8月22日。

白马湖养鱼纠纷未已

萧山西乡白马湖养鱼纠纷酿成人命惨案后,行政部分经县府召集当地机关法团,宣布解决办法,司法部分县法院定于九月五六两日开庭侦讯,本可告一段落,静候法律制裁。讵近来养鱼社复雇大批打手,意图蹂躏渔民,谣传颇烈。于是沿湖渔民,大起恐慌,三十一日由渔民代表并请公安局设法保护,以免发生第三次之惨剧。

来源:《申报》,1933年9月3日。

账伙中途遇盗受伤

萧山西乡白马湖沿,于廿一日夜有长河某米号账伙,随带账款大洋五元、钞洋二十元、角子百余角,中途被身着短衣者匪徒四人拦住,将所有银洋如数劫去外,并将棉袍等亦被剥去。另有一盗,将该账伙手中金戒强抢不遂,即用尖刀连刺手部三刀,流血不止,倒入田中,该盗等始向东逃逸。

来源:《申报》,1934年12月24日。

白马湖养鱼计划报告书

白马湖，分东西两湖，地高水深，旱天能蓄水，淫雨不泛滥。湖面浮有原层绿藻苔类（俗名绿肥），为可鱼饵，实天然安稳优良之殖鱼地也。

查两湖地势，西湖较高于东湖。湖水自西东流，有村口闸、河上闸，得随时调节水量。水色微有混浊，味亦淡泊而无感觉，富有机物。西湖水质浓厚，殖鱼似西湖为良。水温在十五摄氏度以上。水量四季不减。湖底土壤亦缺少砂性。有此水性、水温、水量、土壤等种种关系，则适合养殖淡水鱼类（如包头鱼等），自无待言矣。

湖中有天产藻苔，用以饲养包头鱼（鳙鱼）及鲢鱼等。既可免省人工，尤能节除经费，坐视收利，再扩充资金，用人工饲养法，饲养其他草鱼等类，自第二年度起便可省购大鱼苗，减轻资金，故获利倍于第一年。第三年后，逐年收入坿养殖草鱼及螺蛳青青鱼等之产量，则获利更可观矣。

获利既丰，资金亦渐见稳固，遂可增设产卵处，及孵化处，任其产卵或行人工授精产卵，则鱼苗之支出费，从而减少，且多增利益也。最好殖鱼办事处，设在马湖桥边，以其地适中，兼望东西两湖，便于管理。此外拟于湖边，更划分畜养处一所（俗名堆鱼处），将湖中捕获之各种鱼类，在未经贩卖前，移入畜养，约一二日后，运搬出售。此等手续其用意无非改良肉味，及使鱼耐于运搬之一种方法也。

全湖水面面积凡十万五千七百三十一方丈，约可殖鱼三十万尾以上。因湖中富产苔藻，为包头鱼鲢鱼等之天然饵料，正可利用之，先行养殖包头鱼及鲢鱼，兹将计划书列后。

第一年 开办费

第一节 临时支出门

第一款 鱼苗费 一二七〇〇元

第一目 小鱼苗 五二〇〇

（说明）（一）包头鱼鳙鱼苗 十万尾（每尾重八钱，每一万尾价二百元，共计洋二〇〇〇元）

（二）鲢鱼苗 十万尾（每尾重八钱，每一万尾价二百元，共计洋二〇〇〇元）

（三）草鱼苗（第二年可以收入）二万尾（每尾重一两，每一万尾价三百元，共计洋六〇〇元）

（四）扁鱼苗（第三年可以收入）一万尾（每尾重六钱，每一万尾价三百元，共计洋三〇〇元）

(五)螺蛳青(青鱼)鱼苗(第四年可以收入) 一万尾(每尾重一两,每一万尾价三百元,共计洋三〇〇元)

　第二目 大鱼苗 七五〇〇

　　　(说明)包头鱼苗 五万尾(每尾重一斤,价十五元,共计洋七五〇〇元)

第二款 设备费 三三六〇

　第一目 管理用船 四〇〇

　　　(说明)管理船 二十五只(每一管理处备船一只,长二丈二尺,每只约十六元,合计如上数)

　第二目 竹篱 八一〇

　　　(说明)竹篱 一八〇丈(设在支流出口,以防鱼之逃逸,每丈工料四元五角,合计如上数)

　第三目 蓬盖小屋(如箬蓬之类) 一〇〇〇

　　　(说明)蓬盖小屋 二十五间(设在竹篱近旁,建于水面上,夜间令渔夫一名,常住以防守窃鱼,每间价四百元,合计如上数)

　第四目 丝网 三五〇

　　　(说明)丝网四十四张(长一丈三尺,每张价八元,合计如上数)

　第五目 线网 四〇〇

　第六目 渔具 一〇〇

　　　(说明)捕鱼搬运等具

　第七目 木器 三〇〇

　　　(说明)桌椅床橱凳及厨房用具等

第三款 杂费 二〇〇

　　　(说明)不属于其他各项款内之一切杂费属之

第四款 造房购地等费 二〇〇〇

　第一目 办事室建筑费 一八〇〇

　　　(说明)办事室楼房三间(楼下一间办公,一间厨房,又一间堆货,楼上职员寝室,每间建筑费约六百元,合计如上数)

　第二目 基地 二〇〇

　　　(说明)基地一献,约如上数

第五款 筹备费 八〇〇

　　　(说明)筹备员二人,每人各月支八十元,公役二人,每人各月支十二

元,租房二间为筹备处,月租三十元,及杂费等,以三个月为限,约计如上数

  合计 一九〇六〇

第二节 经常支出门

 第一款 俸给 七四六〇

  第一目 职员薪俸 三〇〇〇

   (说明)主任一人,月支一〇〇元,事务员四人,每人月支卅元,庶务兼会计一人,月支卅元,合计如上数

  第二目 粗工工食 八六四

   (说明)杂务及割草饲鱼工人六名,每名月支十二元,合计如上数

  第三目 渔夫工食 三六〇〇

   (说明)管理窃鱼及捕鱼用工人廿五名,每名月支十二元,合计如上数

 第二款 纸张笔墨邮电油炭茶水等费 三六〇

  (说明)月支卅元,全年十二个月,合计如上数

 第三款 修缮费 三六〇

  (说明)月支卅元,全年十二个月,合计如上数

 第四款 预备费 一〇〇〇

  (说明)年支千元,有余归还

  合计 九一八〇

  支出总计 二八二四〇

第三节 收入门

 第一款 鱼类收入 四三二〇〇

  第一目 包头大鱼收入 二四〇〇〇

   (说明)包头鱼 五万尾(长成后,重于鱼苗四倍,计二〇〇〇〇〇斤,每百斤价十二元,计二四〇〇〇元)

  第二目 包头鱼鲢鱼小鱼收入 七二〇〇

   (说明)包头鱼鲢鱼小鱼苗,由二十万尾内,除去逃失死亡外,以七折收成计算,约一四〇〇〇〇尾,以八万尾留养至明年收成,今年仅仅收得六万尾,即六万斤,每百斤价十二元,合计如上数

  第三目 包头鱼鲢鱼留养于明年之估价 一二〇〇〇

   (说明)包头鱼鲢鱼留为明年之大鱼苗,计八万尾,每尾重一斤,每

百斤价十五元,合计如上数

　　合计 四三二〇〇

　　依上计算支出二八二四〇,收入四三二〇〇,相抵得盈余一四九六〇元

第二年

第一节 经常支出门

　第一款 鱼苗费 一五四〇〇

　　第一目 小鱼苗 三四〇〇

　　　(说明)(一)包头鱼苗 七万尾 一四〇〇

　　　　　　(二)鲢鱼苗 七万尾 一四〇〇

　　　　　　(三)草鱼苗 一万尾 三〇〇

　　　　　　(四)螺蛳青鱼苗 一万尾 三〇〇

　　　　　　(扁鱼苗第三年添购一万尾)

　　第二目 大鱼苗 一二〇〇〇

　　　(说明)第一年留养之包头鱼鲢鱼八万尾,价金合计如上数

　第二款 添补费及修缮费 一〇二〇

　　第一目 丝网 一二〇

　　　(说明)添加十五张,每张八元,合计如上数

　　第二目 竹篱 五四〇

　　　(说明)修理三分之二

　　　(箬盖小屋第五年添修)

　　第三目 修理

　　　(说明)修理房屋及各种用具月支卅元,全年十二个月,合计如上数

　第三款 杂费 二〇〇

　第四款 纸笔邮电炭火茶水等费

　　　(说明)月支卅元,全年十二个月,合计如上数

　第五款 预备费 一〇〇〇

　第六款 俸给 五〇六四

　　第一目 职员俸给 三〇〇〇

　　　(说明)主任一人,事务员四人,会计兼庶务一人,合计如上数

　　第二目 工人工食 八六四

　　　(说明)工人六名,合计如上数

第三目 渔夫工食 三六〇〇

 （说明）渔夫廿五名

 合计 二三〇四四

第二节 收入门

 第一款 大小鱼收入 五六一〇〇

  第一目 包头大鱼收入一六〇〇〇〇斤一九二〇〇

  第二目 鲢鱼大鱼收入一六〇〇〇〇斤一九二〇〇

  （说明）以上二种大鱼，系第一年留养，计各四万尾，约增重四倍，计三二〇〇〇〇斤，共价三八四〇〇〇元

  第三目 草鱼大鱼收入 三〇〇〇

  （说明）系第一年留养之二万尾，因未饲饵，不易长大，每尾重一斤，每百斤价十五元，合计如上数

  扁鱼螺蛳青应于第三四年可收入，兹不列入

  第四目 包头鱼鲢鱼苗，留养于明年之估价，一四七〇〇

  （说明）苗种共十四万尾巴，以七折收成计算，约九八〇〇〇尾，即九八〇〇〇斤，每百斤价十五元，合计如上数

  合计 五六一〇〇

  依上计算支出为二三〇四四元，收入为五六一〇〇元，相抵得盈余三三〇五六元

  第三年第四年，均照此类推，则获利随年增加也。

来源：《农业丛刊（杭州）》，1929 年第 1 卷第 1 期。

二、人物篇

治水名贤

张夏,行六五,见《绍兴府志》。萧山人,见《张氏宗谱》。称十一郎官。在吴越王时,其父亮为刑部尚书,而公以任子起家。见毛奇龄《合置祀田引》。泗州大水,州几溺,公时以司封员外郎守是州,筑堤以御之。见欧阳公先《春亭记》。景祐中,浙江石塘积久不治,人患垫溺,以工部郎中出使,因置捍江兵士五指挥,专采石修塘,随损随治,众赖以安,邦人为之立祠。朝廷嘉其功,封宁江侯。见《宋史·河渠志》。考周煇《清波杂志》云:"仁宗皇祐中,出使两浙。"皇祐时公已殁,盖"景祐"之讹也。初,公出使为两浙转运使,杭州江岸率用薪土,潮水冲激,不过三载辄坏,公乃作石堤十二里,以防江潮之患。既成,人感德不朽,仁宗庆历中,立庙于堤上。嘉祐十年,赠太常少卿。见叶绍翁《四朝闻见录》。考《宋史》,嘉祐改元(上)[止]八年,"十"字误。理宗淳(佑)[祐]十一年三月二十七日,封显应侯,敕有"学精行成,发廪以活饥饿,出力以济婚丧,族党归德,闾里称仁"等语。度宗成淳四年十月十八日,敕封护堤侯。见《张氏宗谱》。国朝雍正三年六月,敕封静安公。(乾隆《萧山县志》)

张夏,宋萧山长山乡(今楼塔、河上乡一带)人。其父曾为五代吴越国刑部尚书,以父荫被授郎官,后任泗州(今安徽泗县东南)知州,时泗州大水,张夏募民修建堤塘,疏导河渠,减轻灾害。宋景祐年间(1034—1038),以工部郎中任两浙转运使。浙江海塘年久失修,张派人加固堤塘,分段守护;杭州江塘原用木柴、泥土垫筑,常被江潮冲跨,张首次发起将其改建为石塘。张夏死后,被追封为宁江侯、显应侯、护堤侯、静安公。人们为纪念他的治水功绩,立祠志念,尊称张老相公。(1987年《萧山县志》)

顾冲,钱塘人。乾道五年进士,熙宁九年知萧山。《万历府志》。湘湖在县西二里,水所至者九乡,溉田三千余顷。绍兴中,县丞赵善济议立均水法,八乡皆均,许贤居其旁,得水颇狭。冲至,适岁旱,民因水利未均,争不已。顾冲坚明约束,先去其隐占为田者。时有提举张姓占牛坊坞湖田,雇褚百六、王七等播种。事觉,冲劾张提举而罪褚百六等,各杖百断遣。复谋于众,取赵丞旧约,少损八乡,以益许贤。乃度地势之高下,放泄之后先,分六等,立去水穴十有八,时刻分毫各有次第,勒记于石,以垂久远。又著《水利事迹》,论六湖二堰郑河口疏筑事宜甚悉,凡境内水利无不兴复。《湘湖水利志》。(乾隆《萧山县志》)

赵善济,四明人,乾道中为邑丞。时顽民徐彦明献计恩平郡王,欲以湘湖为田,善济力争之,得寝。岁旱,九乡人多争水构讼,集议缮修湖防,至今赖焉。(乾隆《萧山县志》)

郭渊明,嘉泰《会稽志》作"源明",万历府、县志作"渊明"。字潜亮,宋时知萧山。《嘉泰志》作"仁宗嘉祐六年",《万历志》作"宁宗嘉定六年"。县之宿豪有父子为奸利者,悉置于法。民有育孤女利其资、过时不嫁者,谕以礼律,女遂得所归。又疏浚湘湖,为利甚溥。明洪武丁巳,邑令张懋建杨、赵、顾、郭四长官祠于湖滨,春秋两祀,以报其功。节录《嘉泰志》《万历志》。

按:按郭令受任年次及名讳,各志互异,未详孰是。嘉泰《会稽志》无疏浚湘湖事,其结语云太守刁约闻之曰:"郭萧山,厌民望矣。"刁约作郡在仁宗嘉祐中,尔时湘湖尚未开筑,《嘉泰志》无一字及湘湖,似为近理。然言水利者,杨、赵、顾、郭四公并称,建祠秩祀,历有年所。张懋《湘湖志略》、魏骥《水利事述》,皆云渊明于嘉定时修浚湘湖。《毛西河集》中述渊明勘湖清占金线为界事,较诸书尤详。若据《嘉泰志》所云,岂诸说皆属子虚耶?但有功于湘湖与见赏于刁约二事,断不可两存。而府县旧志仰取俯拾,并列一传中,将南宋、北宋混合为一,阅之令人笑来也。(乾隆《萧山县志》)

张懋,洪武初知萧山。重农恤民,作《湘湖水利图记》,勒石树于仪门之左。《万历县志》。(乾隆《萧山县志》)

何舜宾,字穆之,号醒庵。自高祖以上五世皆仕宋有名。三世祖为端平进士,四世祖宗可、道可兄弟举咸淳乡荐,登进士。御史在时有家藏《宋试印历》,见家乘。舜宾,成化己丑进士,擢南京湖广道监察御史。管理畿甸渠道,与权有力忤,谪戍广西庆远卫,遵赦还里。邑有湘湖,岁久浸湮,前经魏文靖扩复,而豪家不法,仍肆牟食。舜宾慨然曰:"吾不能治渠,当治湖。"遂发湖私占者揭县,县具奏当涂。邹鲁以御史谪萧山,弘治九年,从宁羌卫经历迁此。《明史》作"以御史谪官,稍迁萧山知县"。湖民憾舜宾者争赂鲁,《蔡仲光集》作"迎赂鲁",盖鲁未入境已受金也。谋变其事。舜宾语侵鲁,《明史》云:鲁贪暴狡悍，舜宾求鲁阴事讦之。即蔡集所谓豪民迎赂事。鲁遂衔舜宾次骨，诬前奏为盗署事印以奏，非署事官奏。且身缞戍逃，无遇赦牒，冒滥冠带，应押原卫廉理。揭下所司治，所司不可。史作"鲁隐其文牒，诡言舜宾遇赦无验，宜行原卫查核。上官不可，驳之"。鲁念舜宾终害己，且宿骄悍，恶舜宾敢枝柱。鲁自号"萧然逐客"，改"牧民堂"为"寄豸堂"，舜宾讥之成仇。见《纪录汇编》。又探舜宾阴具实封将入奏，会舜宾门下士忧居训导童显章知鲁阴事，鲁陷以他罪诬以掘冢占仓等。论绞。狱上，宪司疑之，更下府覆验。鲁嗾解人押显章过舜宾，随遣里胥隶蒯数十百人执兵尾其后，至门，大呼曰："舜宾篡取重囚！"毁门而入，劫所具实封及成化二十三年原给赦牒及缘例冠带凭照。遂缚辱宪章，并收舜宾，掠其资，拥而去。庭鞫舜宾、宪章，各箠以四十，下宪章狱，立为文解舜宾庆远，不上请，径械系舜宾，遣蒯捕任观等史作"解役任宽"，盖字音之误耳。十一人执器押就道，续遣田敏、胡纪等十三人谕意，又嗾濒湖豪民使执械卫诸蒯傅，以子竟亡未获，而其女夫为福建佥事富玹，虑有篡取之者也。敏、纪等承意，追至三衢，屏去服食，驱侵之过玉山舟，再押之步至余干，宿昌国寺，反秃袖蒙面气绝。史作"以湿衣闭其口，压杀之"。乃故为白官相视，楬置而归。一作"厝上荒坪，鲁押其子棘载归"。此弘治十一年戊午七月日也。节录《明史》及各传。

按：毛检讨奇龄在史馆时，分纂《何孝子竟列传》，载舜宾被害事甚详，今刊颁《明史》已采录过半。翁文《县志补遗》：舜宾孙世复揭词云："故祖何御史舜宾，久入《县志》，屡修不刊。而赇官罢闲，以其父冒滥搀入，思《名臣》行数方幅有限，遂刊去世复祖，益入伊父。殊不知世复祖登甲科，两辞坊银。为行人，著声蜀府，建皇华清节亭于成都；为御史，抗节京畿，树南台风宪碑于白下。徒以迕勋戚而致谪，撄豪吏以杀身，岂尝有纤微之迹，可为国法简稽者耶？且其所为杀身者，非无利于邑人者也，百室享其利，而一行不使存迹，以情而言，固为刻梏。"县学公议，诸生毛瑚、里老孙宝等皆直世复，仍去搀入者，立御史传。此隆庆二年事也。（毛集注云："一作嘉靖三十六年。"）今考《万历志》及康熙年间两修县志，只载何孝子，无何御史传，岂又为搀入者汰去耶？因从《明史》，并搜葺毛、蔡两先生集，为之补入。（乾隆《萧山县志》）

何舜宾（？～1498），字穆之，号醒庵，萧山人。明成化五年（1469）进士，任南京湖广道监察御史，管理畿田渠道，因对朝廷不满，谪戍广西庆远卫，后遇赦还乡。湘湖年久淤塞，周围百姓久受其害。虽经前人疏浚，而豪家仍肆意侵围，淤塞仍然严重。何舜宾见此慨然曰"吾不能治渠，当治湖"，即上书县衙告发私占湖田者。知县邹鲁，贪暴狡悍，曾遭何指责，怀恨在心。侵湖豪户重贿邹鲁，邹即诬陷何"身缞戍逃，无遇赦牒，冒滥冠带，应押原卫查核"，上报惩治，未允。邹知何已备反对侵湖为私田的奏章将入奏朝廷，遂设计陷害。何舜宾之门人、训导童显章丁忧归，邹诬以"发冢罪"捕之，兵卒押童显章至何门前故意释放，待童入何家，即大呼："何舜宾篡取重囚"，毁门而入，劫何所备奏章和成化二十三年所给赦牒、缘例、冠带凭照及家中资财，并押两人到县堂施刑，然后派兵卒解何舜宾赴庆远，至江西省余干昌国寺，以湿衣堵口闷死。不久案情大白，邹鲁遭刑治。并清出豪家所侵占湘湖田1,327亩，堰池96口，地26片，瓦窑房屋210间。（1987年《萧山县志》）

陈殷，字纯辂。成化岁贡，守师宗州，以介称。致仕还。八月，同邹令鲁观潮于海楼，邹曰："钱塘直险哉！"殷曰："此江险而且灵，凡贪官暴吏多溺其中。"邹即罢席，而殷亦莫之顾也。邹去，杨公铎来，谓殷曰："闻此邑好殴父母官耶？"殷曰："爱民如子，民亦爱其父母。若暴戾如邹者，恐不免耳。"杨笑而然之。姚江令内召，姚人魏都宪瀚守制家居，易服送至江浒，殷遇之，曰："魏先生国之宪臣，家之孝子，而变素即吉，送人于五百里外，毋乃不可乎！"魏色然改容，敬谢之。《续志》。

按：邹鲁贪暴狡悍，《明史》特书，千人共愤。迁秩后将渡江，仪从甚伟。何孝子忽于盛家港陈习园内跃然而出，掀鲁仆舆，白衣冠者数十人，前后持挺乱击，驺从惊走，于是尽褫鲁衣袜，榜掠敲朴无算，矔其目，髡其须发，取食櫑盛溲灌沐之，窘辱备竭。孝子复拔刀呼曰："杀吾父者，贼也！"斫其左股。孝子与鲁并项锁，渡江讼冤。事闻，鲁论死。纯辂先论之言，至是乃验。（乾隆《萧山县志》）

陈殷，字纯辂，号山泽叟。由岁贡仕，至师宗州知州。性耿介绝俗，颛行一意而已，稍有不合，即贵人必面折之。居官居乡，虽一介取与，未尝或苟。需选都下，会冢宰耿公道遇乞人，命周以粟，次日，殷廷谒公请曰："昨闻老大人道周乞人，焉得人人而济之乎？"耿公曰："生真不解事，不忍之心，施于见闻之所及耳。"殷曰："愿平其政如衡者焉，天下咸受其赐矣。"耿公曰："生老矣！命扶之出。"殷曰："颠毛尽白，且犹在事，生较之甚壮也。"耿公默然。时耿公齿逾引年，崔栖双鬓，犹未乞休，故殷云然。逮致仕还，当涂邹御史鲁谪令余邑狼戾不可近。八月观涛偕饮于海楼，邹骇涛势如银山雪屋之震荡，叹曰："钱唐真地险哉！"殷曰："此江不唯险而且灵。"邹曰："何灵？"殷曰："凡贪官污吏方上虿民者，多溺于中。"邹勃然变色，为之罢席，殷亦莫之顾也。邹去，杨铎来，殷迎于江浒，铎谓殷曰："闻此邑好殴父母官，果否？"殷曰："上爱之如赤子，下敬之如父母，自设官以来未改也，若有暴戾如邹，恐复不免耳！"铎笑而然之。殷故人令余姚内召北上，殷候于西兴传舍，姚人魏都御史瀚者，守制在家，易服送令公至传中，殷与揖，魏不加礼貌之，殷阳为不知，而问魏于令公曰："为谁？"令曰："此魏都宪老先生耳。"殷曰："素闻魏先生名，今日为何作此举？勋且以国之宪臣、家之孝子，而变哀即吉，送人于五百里外，倒置甚矣，窃为足下不取也。"魏赧然改容，敬谢之。其刚介不能容物类此。（《古永兴往哲记·刚介》）

朱栻,字良用,昆山人。成化末由进士知萧山。催科不扰,浚湘湖,立丁田法,邻邑多仿之。征拜御史。《万历府志》。(乾隆《萧山县志》)

刘会,字望海,福建惠安人。万历十二年,由进士知萧山。初,赋役不平,每岁折富户数十名,其役费摊加各里,名曰折差,里户日益困,会尽革之。建西兴石塘及龙口闸,为民永赖。著《江南九乡水利议》,欲浚溪筑塘,以岁侵不果,会去,后无有能继之者。《旧志》。(乾隆《萧山县志》)

何竞,字邦植。父舜宾为知县邹鲁所杀,复捕舜宾妻子,竞与母逃常熟,匿父友王鼎家。已而鲁迁山西佥事,将行,竞乃潜归,与族父何宁谋,召亲友数十人,饮之酒,为舜宾称冤。中坐竞出,叩首哭以请,皆踊跃愿效命,乃各持器伏盛家港陈习园内,伺鲁过,竞袖铁锤奋击,驺从骇散,仆其舆,裸之,杖齐下,矐两目,须发尽拔,竞拔佩刀砍其左股,必欲杀之,为众所止。乃与鲁连锁赴按察司,而预令族父泽走阙下诉冤。佥事萧翀故党鲁,严刑讯竞,竞大言曰:"必欲杀我,我非畏死者。顾人孰无父母?且我已讼于朝,非公辈所能擅杀!"啮臂肉掷案上,含血噀翀面,一堂皆惊。会竞疏已上,遣刑部郎中李时、给事中李举会巡按御史邓璋杂治,诸人持两端,拟鲁故屏人衣食至死,竞部民殴本属知县笃疾,律俱绞,余所逮数百人拟罪有差。竞母朱氏复挝登闻鼓诉冤,鲁亦使人驰诉。乃命大理寺正曹廉会巡按御史陈铨覆治。廉曰:"尔等何殴县官?"竞曰:"竞知父仇,不知县官,但恨未杀之耳!"廉以致死无据,遣县令揭棺验之,验者报伤,而解役任观慷慨首实,且出舜宾临终所付血书,于是众皆辞伏,改拟鲁斩,竞徒三年。法司议竞遣戍,且曰:"鲁已成笃疾,竞为父报仇,律意有在,均俟上裁。"帝从其议,戍竞福宁卫。时弘治十四年二月也。后武宗登极,肆赦鲁免死,竞赦归。又九年卒。竞自父殁至死凡十六年,服衰终其身。

按《明史》列传,孝子复仇事止举其大略。考蔡仲光撰《何孝子传》,前后事迹纤悉具备,今录其全文,入《艺文》。(乾隆《萧山县志》)

何竞,字邦植,萧山人。父舜宾,为御史,谪戍广西庆远卫,遇赦还。好持吏短长。有邹鲁者,当涂人。亦以御史谪官,稍迁萧山知县,贪暴狡悍。舜宾求鲁阴事讦之,两人互相猜。县中湘湖为富人私据,舜宾发其事于官,奏核之。富人因奏舜宾以戍卒潜逃,擅自冠带。章并下所司核治。鲁隐其文牒,诡言舜宾遇赦无验,宜行原卫查核。上官不可,驳之。会舜宾门人训导童显章为鲁所陷论死,下府覆验,道经舜宾家,入与谋。鲁闻之,大诟曰:"舜宾乃敢窜重囚。"发卒围其门,辄捕舜宾,径解庆远。又令爪牙吏屏其衣服。至余干,宿昌国寺,夜以湿衣闭其口,压杀之。鲁复捕舜宾妻子。竞与母逃常熟,匿父友王鼎家。已而鲁迁山西佥事,将行。竞乃潜归与族人谋,召亲党数十人饮之酒,为舜宾称冤。中坐,竞出叩首,哭以请,皆踊跃愿效命。乃各持器伏道旁,伺鲁过,竞袖铁锤奋击,驺从骇散。仆其舆,裸之,杖齐下,矐两目,须发尽拔。竞拔佩刀砍其左股,必欲杀之,为众所止。乃与鲁连锁赴按察司,而预令族父泽走阙下诉冤。佥事萧翀故党鲁,严刑讯竞。竞大言曰:"必欲杀我,我非畏死者。顾人孰无父母,且我已讼于朝,非公辈所得擅杀。"噬臂肉掷案上,含血喷翀面,一堂皆惊。

会竞疏已上,遣刑部郎中李时、给事中李举,会巡按御史邓璋杂治。诸人持两端,拟鲁故屏人衣食至死,竞部民殴本属知县笃疾,律俱绞,余所逮数百人,拟罪有差。竞母朱氏复挝登闻鼓诉冤,鲁亦使人驰诉,乃命大理寺正曹廉会巡按御史陈铨覆治。廉曰:"尔等何殴县官?"竞曰:"竞知父仇,不知县官,但恨未杀之耳。"廉以致死无据,遣县令揭棺验之。验者报伤,而解役任宽慷慨首实,且出舜宾临命所付血书。于是众皆辞伏,改拟鲁斩,竞徒三年。法司议竞遣戍,且曰:"鲁已成笃疾,竞为父报仇,律意有在,均俟上裁。"帝从其议,戍竞福宁卫,时弘治十四年二月也。后武宗登极肆赦,鲁免死,竞赦归,又九年卒。竞自父殁至死,凡十六年,服衰终其身。
(《明史·列传第一百八十五·孝义二》)

何竞,字邦植。邑庠生。父舜宾举成化己丑进士,为南道御史。奏淮河故迹多为势家所侵,舜宾清理复之,忤权贵,坐事谪戍庆远,后以赦归邑。之湘湖,私占者多,舜宾以兴复为己任,言诸当道私者,多憾焉。会当一邹鲁亦以御史谪萧山令,性鸷悍无忌。初渡江,舜宾往江浒迎之。及入,县轿随鲁后,鲁中途顾问丞,见舜宾轿在丞前,鲁谓其以乡官而越父母官次,此豪强之甚,渐不可长。遂悬牌于治前,曰乡官六品以上者许相见,以故挫抑舜宾,舜宾大惭而返。适八月,观涛于海楼,因共赋诗,舜宾结句云:"分明一派长江水,做出许多威势来。"言己与鲁皆御史也,何必如此做作乎。鲁亦领之而已。鲁尝贷义乌张丞母钱三百金,张丞来索之,主于舜宾门生童教官显章之家,鲁吝不欲偿,遂恨主者,乃以显章侵占仓地问徒发遣显章,过别舜宾,舜宾藏匿显章于家,不令往役,鲁衔之憾者阴构。鲁诡言舜宾赦归,无验械送戍所,属械者屏其饮食,侵夺之。至余干,夜掩杀于昌国寺,且欲捕竞,竞逃匿苏州父友王参政晢家,痛愤迫切,终夜不寝,啮臂月以誓复仇。久之,鲁迁山西佥事,竞潜归,募死士数十人扼之途,窘辱万状,眇其双目,缚送宪司,累奏于朝,两遣官勘讯,坐鲁死,以竞复仇之孝止拟徒。朝议以唐梁悦例,编戍福宁。正德改元,赦还,闽志纪其孝曰复仇编戍云。(《古永兴往哲记·孝义》)

童宪章,字景仁,号炊沙。以岁贡上民情五十六事于朝,宪宗颇采行焉。为御史何舜宾门人。时舜宾发豪民私占湘湖揭县具奏,豪民赂令邹鲁。邹鲁者,盖《明史》所称贪暴狡悍者也,诬舜宾盗署事官印,思有以中之,知宪章为舜宾门人,而疑其合以谋也,遂陷宪章以重罪论绞。狱上,宪司疑,下府覆治,取道县中。鲁知宪章必入与舜宾谋,乃嗾解人阴纵宪章,使入舜宾家,而遣里胥隶捕数十百人执兵尾其后,至门,大呼曰:"舜宾篡取重囚!"毁门而入,指农具为拒器,入室,遂缚宪章,并收舜宾,拥而去。庭鞠痛箠之,下宪章狱,立为文解舜宾赴庆远,谋死于余干昌国寺。初,舜宾谪戍时,宪章上疏原以身代,其大意云:君亲师在三之节,忠孝弟子之职,且师舜宾年老,母八旬,恳乞代戍,虽死无憾。宪章,广信府训导,署篆铅山贵溪,皆有异政,升广德州学正。著有《炊沙稿》《受教录》。卒年七十有九。以次子瑞仕,赠中书舍人。节录蔡仲光《何孝子传》及县学志。(乾隆《萧山县志》)

富玹,字友柏。成化辛丑进士,历福建按察司佥事,分巡延平。才敏虑周,政尚平易。后致仕归,值何侍御舜宾因湘湖清占,为贪吏邹鲁所杀,且四出捕其家人。玹故舜宾婿也,何孝子竞,负母朱,挽其妻虞,伏莽中,凡三夜,达玹家。既而捕者日至,玹毁产助其资,由龛山海渡达虞山王参政家(见《何孝子传》。)后重刻《湘湖水利》等书。(民国三十七年《萧山县志》)

沈凤翔,字孟威,丹阳人。万历中,由进士知萧山。淡泊自守,为萧邑廉令之最。在任数年,隶役多复业去者。秩满,迁兵科给事中。《旧志》。邑故滨江,圩田以亩计者九万余,堤一决,则泻卤入,稻无弗腐者,且嫁赋他腴田。凤翔叹曰:"吾不能令瘠者腴,可使腴者瘠乎!"乃创筑堤之议,徒步堤上,日无宁趾。堤成,而瘠土皆沃壤矣。湘湖故产蒲,用以粪田,旧各为界,寻没于势家,凤翔悉归侵,强豪夺者无所骋。居恒慕刘宠、江革、杨时之为人,其祠宇悉捐俸新之。张文瑞《水利续刻》。(乾隆《萧山县志》)

刘俨,字钜夫,直隶景州人。由贡生康熙二十二年知萧山。甫任,与教谕张翀、训导姚德坚重修学宫。邑西江塘上受金、衢、徽、严四郡之水,下当潮汐之冲,不数年三决,会、山、萧诸邑并受其害。俨预筑备塘,且申请各宪,均令山、会二县协济修筑,塘高而固,民永赖焉。往筑塘毁田,其缺额皆摊派于德惠义等里,俨以地池新升课拨抵,民无筑塘派累之苦。邑有值月、小甲各名目,值月者,每里岁输银十二两,为令供帐;小甲者,每里加派银七两二钱,为上官来往公费,率责办于现年,俨尽革之。治萧十余年,厘别编审重号,清理湘湖私占,赈灾恤饥,掩骼埋胔,拒请托,杜苞苴,善政累累,不可枚举。士民歌其德,集《西陵咏》一卷,颇雅驯。今虽脱简,人犹有珍之者。(乾隆《萧山县志》)

方维翰,字藕堂,直隶大兴监生。乾隆五十四年署萧山县事。会天旱水涸,顾圃中污地,浚之,得唐主簿宋思礼之灵泉,与志称在署西偏主簿廨中者适合,因题诗纪石,筑亭其上,孝水廉泉,先后一揆。维翰为民兴利,擘画无遗。清湘湖占地,筑放水石坝,并捐俸修西江塘,重建栖流所、养济院,修复陆巡所创之笔花书院,延师课之。去任之日,士民数千人遮道至江浒,维翰洒泪温谕,以守分无讼为嘱。维翰以纳资起家,而雅好儒术,尝购未央宫砖琢为文砚。邑中觉苑寺尊胜幢石刻,芜没已久,亟命工竖之,以复旧观。因洗拓其文以归,以比郁林之石(新增)。(民国二十四年《萧山县志稿》)

长河名贤

来廷绍,字继先,号平山,开封鄢陵县人。宋绍兴癸丑进士,授朝散郎,历龙图阁学士,进阶宣奉大夫。嘉泰壬戌,出知绍兴府,道经萧山,度西陵,病急,卒于祇园僧舍,葬湘湖南麓。长子师安,字仲仁,遂居萧山。

按《旧志》,廷绍别号思洛,子并载。其知郡敕书,甚无谓。今从《来氏家乘》更定。(乾隆《萧山县志》)

来廷绍,字继先,号平山,原籍河南府鄢陵县,宋绍熙癸丑进士,历官龙图阁学士,出知绍兴府事,子孙占籍萧山,为长河来氏之世祖,按康熙《县志》,廷绍随宋南渡,不忘故都,自号思洛子,登宋陈亮榜进士,授朝散郎龙图阁学士。嘉泰二年,进阶宣奉大夫,出知绍兴府,敕书有云:绍兴乃股肱首都,畿辅重地,非硕德重望,不能堪此。又云:性资简重,学识端纯,司刑擅明允之称,典礼著寅清之誉。又云扬历已经乎内外,才猷并著乎两朝,奉公守法之政,屡见于施为,体国恤民之心,备陈乎章疏。道经萧山,病卒,长子遂家于萧山之夏孝乡,浙东安抚使辛弃疾志其墓。(民国三十七年《萧山县志》)

来励,字宗亮。《旧志》"亮"讹"谅"。正统间,降处分之诏,励捐粟五百石应制。未几,复诏入粟京庾者恩给冠带,有司屡往为言,励掀髯不语,更奏进五百石,终弗以担石故冒荣宠,其高谊若此。善为诗,有《蚓鸣集》若干卷。子姓繁衍,制《四训八戒》以镌谕之。天顺己卯卒,年八十余。生前为圹,同邑魏尚书骥为之记,称曰"康顺来处士"。《来氏家传》。

按:是时宦官王振用事,故有输粟加恩之诏。(乾隆《萧山县志》)

无为心禅师,明来励之女也,初字于汤,未归而夫夭。遂矢不嫁,持斋礼佛,结庵于六和塔下,老僧来度,有隔竹眠之偈。成化间,宫中多妖疫,诏求天下有道术者,有司敦遣入宫。时孝肃太后引见尼僧,手掷金豆赐之,师独岸然不动。凡宫人有疾病者,以手摩挲之,即愈。孝肃喜,赐无为心师号,及氅衣、珠树、净瓶、金钵等物,临终占偈云:"八十六年活计,今朝撒手归宗。受尽无边三昧,依然明月清风。"结趺而逝。塔父康顺墓侧。(民国三十七年《萧山县志》)

来衡,字一之。成化乙未,海溢塘圮,捐资修筑。父为义子诬辟,衡伏阙奏辨,获释。后从东粤还,舟溺于江,闻空中呼"救孝子!"忽一杖浮至,得凭以济。其杖至今尚存。世传其孝感云。《通志》。(乾隆《萧山县志》)

来瓒,字乐庵。所居里高亢,常苦旱,瓒堤倘湖及石壁、缺嘴诸湖以溉,田成沃壤。成化间,郡守戴琥重建长山闸,咨于瓒,力赞成之,经费不足,捐金以助,且亲往监筑,手绘图于长山庙壁。子夔,孙统。曾孙日升,师宗州知州。日升自有传。聂《志》。(乾隆《萧山县志》)

张祓,号直叟。成化壬辰,岁凶,邑宰踵门请赈,祓出银三百两,考《万历志》,祓子珏有传。祓系康熙十一年聂《志》增入者。聂《志》云"出银三百两",至康熙刘《志》改为"金三百锭",并于《张珏传》作"三万两",大谬。粟六百石。癸巳又灾,复出粟千石。丁酉河南九乡荒,尽出所积赈之。巡抚赵题授宣义郎,表其闾曰"义门"。癸巳、丁酉复饥,又助赈。聂《志》。(乾隆《萧山县志》)

来天球,字伯韶,号两山。弘治庚戌进士,授工部主事,调刑部郎,擢山西佥事。宗藩子弟多不循法,天球罪其尤者,诸宗肃然。武宗立,刘瑾用事,天球入觐,与抗礼,瑾衔之。适仪宾韩玙扞文网,天球绳以法,瑾因嗾玙劾天球,以王室亲,不得擅捕治,下其事于抚按,凡一再勘,俱直天球。瑾旋败,玙夺禄,天球调屯田陕西加按察司副使。时流贼《旧志》作"刘贼"。入汉中,天球率镇将阎纲讨之,擒贼帅蓝五等。捷闻,升陕西按察使。巨珰廖堂自豫迁陕,所至驿骚,天球发其奸,直指欲以闻,廖先驰诉,直指反被逮。天球慨然曰:"西贼易破,廖贼难平也!"后总制巡按交章荐推延绥巡抚,不报,推河南左布政,又不报。天球因入觐,遂乞休,里居二十五年卒。《来两山传》。

按《西河集》云:"史馆列金龙大柜数十座,皆贮史稿。见来伯韶先生有征郧蓝事,慵于笔记,遂致迷失。"《旧志》忤刘瑾、廖堂及仪宾韩玙事俱失载,止于传尾云:"忤权贵,谢病家居。"又将山西任内禁戢宗藩事误入陕西。今据本传改正。(乾隆《萧山县志》)

来应山,字仁甫,以孝廉选故城令。挂冠归后,晏饮博弈,弈为国手。有讳膺锡号文岩者,方髫年,从窗隙中窥弈,应山曰:"孺子欲学弈乎?"稍指示攻守,不旬日,遂与为敌。(民国三十七年《萧山县志》)

来悦,字绎之。少遇有道术者,授以异书一卷,能呼召风雨,飞走沙石。口诵密语,瞬息瞑晦。探取两腋间,如拳如盂,如盘如钟釜者,填塞衢道,摧破屋壁,见者错怖。益延礼方士,虚心搜讨。值一丐于门,呵叱之。丐色愠,口刺刺不休。悦急追之不能及，欲出飞石掷丐。丐以杖指悦，悦帽帻尽脱，足旋转欲仆，遂长跪请教。丐曰："汝术乌足用？吾怜尔专，尽示尔。"悦以此益娴习秘技。尝著油靴，舞槊于阁檐上，槊运如风，而檐瓦无损。有广座坐数十人，悦以一指承之，绕庭数匝。四明边城，以绝力闻，遇悦，欲与角。边能跃起数丈，而悦跃倍之。边持双棓踊而前，悦张空拳，取头上簪俟投其面。边目瞬，悦遂夺其棓。边乃伏沙中，薙草者用巨刀，锋利甚。悦有所忤，合数十人执巨刀围悦。悦得童子擖螟蜞小钩自卫，无能近者。悦父素庵，有负逋奴，狡甚，窟穴山中。捕索之，登层楼去梯。悦胜而上，若鹰隼猱猿，竟缚奴以归，名倾一时。求受术者，辄拒不与。时从宴坐中试小解，以为欢笑。有两人强欲得之，恳事良久，悦稍为指引。不旬日而一抉人阴，一刿人面。悦怒曰："竖子果不足教！"遂焚其书。后无传焉。（民国三十七年《萧山县志》）

来曾奕，字仕先。髫年能文，学识超迈。其父泰阶勖以持大义，凛节概，勿逐逐于富贵。所为训词详见《箕裘集》。后闻闯贼陷京师，闭门著书，不乐仕进，尝肆志山水间，剪茨采蕨，澹如也。手著《晴葵录》十二卷。晚年精研《周易》，自号遁庵。子汪庆，雍正甲辰举人。《举报事实》。（乾隆《萧山县志》）

来汝贤，字子禹。嘉靖壬辰会试第二，授奉新令。新民健讼，吏猾，以令年少，益易之。比视事，搜剔奸宄，开学馆，指示经法，励以躬行，一邑尽倾。拨烦调丹阳。丹阳故孔道，迎祖无停晷，以其暇，理案牍，平庶狱，均庸调，治如奉新。迁兵部职方主事，改礼部精膳。疾作乞休，卒于家。门人姜尚书宝为集其遗稿。《来菲泉传》。（乾隆《萧山县志》）

来日升，字子旦。嘉靖甲午举人。授兴化府判，以才代守漳南。二年，寇盗衰息，民商通利，迁守师宗州。师宗，滇南僻地，落落不得意，遂谢事归，萧散园林，放意啸咏。临殁时，作百十言，皆元奥不可测识。有曰："病有千般病，心无两样心。自从天地始，混沌到如今。"神气闲定，奄然而逝。

按：《三峰诗文集》六卷，《三峰余业》四卷。孙继韶，子集之，集之子燕雯，俱另有传。（乾隆《萧山县志》）

来端蒙，字养仲，与弟节仲俱喜奇节，好施与。嘉靖甲寅，倭寇大讧闽浙，有逸倭从西陵缘钱塘而上，里中大怖，咸欲弃家窜去。端蒙与弟谋曰："遣谍远侦之，倭止六十有三，料吾族丁壮可得百十人，拒险而守，彼必惧。"乃揭大帛旗于逵，书其上曰："来氏亲兵。"倭果望而惧，从间道走诸暨。俄而，俞参将大猷以兵至，而倭已遁矣。旋以上舍高等选宛平簿，课最，迁沧州判官，改德州，升嵩明州同知。滇道远，以贡金得乞休。卒年六十。长子自京；次自平，绩溪簿。自京字翼明，选嘉定州判。嘉定为蜀名州，兼以榷税采木，事甚烦急，翼明枝柱税使，调停采役，悉有条法。《来俊江传》。

按《旧志》"端蒙孙梦麟，里中兴利防患之事皆身任之"。缺其子而录其孙，不解何故？今以本传正之。(乾隆《萧山县志》)

来端操，字节仲，养仲母弟也。以上舍授鸿胪丞，寻迁山东布政司经历。年未四十，乞归。睦宗族，赒贫乏，御倭寇，与兄同志行。具《养仲传》中。养仲崇简静，而节仲务为广大，筑山筑池，华屋珍树，甲于东南，坐客常满，虽以资郎家居，当道皆枉驾采其议论为兴废。出千金筑浮屠，高十余丈，《旧志》"筑兴胜塔以镇海"，即此。旁置室十楹，课子弟。晚益图所以不朽者，病者药之，饥者粥之，死者棺之，无主者葬之，割腴田于学宫若干亩，以廪贫士。《旧志》云"五十亩"。长子自贤，分宜簿；次自明，旌德簿；次自周，楚府长史，通敏有父风。《来龙严传》。

按《旧志》，端操子自周贵，赠楚府长史。本传与封典符合，录之。至端蒙兄弟子侄合为一传，其事迹先后了无端绪，今据家传更正。(乾隆《萧山县志》)

来膺荐，字邦贤，号潘水。嘉靖壬辰以选人入成均，《旧志·选举》作"弘治十一年岁贡"，盖至嘉靖时乃就选也。授密云县令。密云富室有何姓者，宴膺荐，以五百金为寿，变色斥之。时上籍没一榷使赃累巨万，膺荐主露索，一无所染。巡抚某意膺荐有所私，欲以其苞苴入，发数百钱至县市枣四瓮，膺荐拣善枣如数以进。已复令买白石砚六，膺荐又琢善砚如数以进。巡抚大憾，令曰："古北口边墙若干里，须一月就，否者治以军法！"膺荐慨然曰："世道如此，吾何复以官为！"遂解绶归，抵家教授生徒以糊口。卒年七十有四。《来氏家传》。

按：膺荐《旧志》失载。天启《学志》有传，又浮泛无足采。《家乘》所载，虽琐屑，皆实事也，从之。(乾隆《萧山县志》)

来弘振，字汝刚。轻财喜客，尝遇醉者于途，持弘振手大詈，索长跪请谢，欣然从之。阳明讲学东南，升其堂，为高第弟子。阳明殁，主教天真书院，以实修为真悟，顿教为色取，人以为善学王氏者也。著有《一无长集》。孙清之，砥志学问，能绍半山业焉。《来牛山传》。(乾隆《萧山县志》)

来经济，字济时，两山曾孙也。嘉靖戊午举人，隆庆戊辰进士。初为潮州府推官，改大同，晋太仆丞，转南京工部郎，出为广西佥事，备兵苍梧，迁四川副使，备兵松潘，以母忧归免，补贵州，守乌撒。经济赋性方毅，筹事详密，于边事尤长。在苍梧时，诸猺与大峒共叛，枭其魁帅。府江猺数寇略，以锐师出贼不意，斩馘无算。乃度地置营，令三百人戍之。又凿山开道四百余里，斥堠明肃，寇益希少。其在松潘也，火落赤扰洮河间，与卤相联络。上命郑襄毅经略，关陇烽燧达于松州。经济奉檄以八千人守高乘塞，益用茶马招来诸番部，卤卒解去。黑虎番目阿呼攻劙二堡，西土震动，经济计成都济师不及，遂以便宜发兵万人，使副将朱文达将之，疾趋茂

55

州。番不意大兵卒至,皆溃走,生擒阿呼。捷闻,上赐金增秩。其在乌撒也,土官妻陇氏产子非种,土人以故法请立为后,巡抚江东之持不许。经济争之,不听。后陇氏据地阻兵,连岁攻杀不解。经济以入贺乞归,卒年七十有三。终身不畜妾媵,不构嘉树。常曰:"士大夫末年常为孽子所苦,牡丹著子,如梨乃佳,良苗远风,胜菖蒲绕砌也。"《来继山传》。(乾隆《萧山县志》)

来嘉谟,字莫言。为诸生,有俊誉。感痹疾,卧床笫者积五六年,弃诸生。后悔患丛集不可支,辄馆谷他郡。事父母曲尽孝敬。雅意小学,于形声点画考据详确,器物题识多颉籀古文,读者噤不能解。性方严,寡言笑,家庭无媟容。著《敦伦宝鉴》《备忘录》《曲水蛙鸣》《字学源流》等书。《来斯行叙传》。

按:嘉谟子斯行,官至福建右布政。嘉谟以子贵,赠广西按察使。斯行武功散见正史各传,今已采入前卷。《旧志》斯行父子虽各为立传,但嘉谟本传失载封典,所录者俱通套无当之言,更之。(乾隆《萧山县志》)

来三聘,字任卿。万历癸未进士。初令黄梅,郊行,大风揭舆盖,遣伍伯以符捕风,人皆惊讶。俄而风卷其符入万工池,探得一尸,缚凳下。广集匠识凳主,得其奸状伏法,邑大震骇,以为神明。将调合肥,父老数千人走阙下乞留,竣履亩事,乃赴合肥。肥俗无麦,为给种,且令曰:"种麦者,良民也。"乙丑内征,补武选主事,迁职方郎。有武弁被诬,白其冤。历祠祭郎,有清望,外转参藩江右。明年,杨酋叛播州,廷臣交荐,调守川东。时贼破綦江,猖甚。三聘抵涪州,守兵才八百人,请制府济师,征集兵饷,大为攻具,而佯遣间谍宽言招抚以懈其备。时直指年正少,同事者又忌三聘,微间之,直指怒,劾三聘不谙兵事,改山东副使。寻加参政,备兵兖西,解散剧贼,抚赈流亡,威惠大著,晋按察使。时上方开泇河,三聘董其役,筑小舍水浒,日坐息其中。工竣,迁江西右布政使。藏中故多羡金,三聘检核,封贮甚谨,一无所私。乞休归,卒年七十有三。初为孝廉,入闽谒九鲤湖,梦神告之曰:"一梅参政。"后皆验。少喜为诗,晚而不衰,所著有《西轺漫稿》《薄游吟稿》。《来熙庵传》。

按《明诗综》,三聘有祠部、南舟、豫章、蜀游、东游、南华等稿。于念东云:"任卿诗格律严整,而一种恬淡之气不减陶家风致。"(乾隆《萧山县志》)

来五经,字思明。父仲康早卒,甫五岁。少长,见母氏金励节茶苦状,辄伤悼,誓必显其母乃已。万历乙酉,请建坊旌其门。金卒,五经年六十,若孺子泣。既葬,庐于墓侧,昼夜哭,闻者哀之。有鸟驯墓树,地蒸芝菌,人以为瑞物。卒年七十有四。《来诚斋传》。

按《廷绍传》,六世曰歆,元时任广东提举。七世曰伯仁,任南京提领。五经盖其后裔也。五经子行学,字颜叔,善书法。《旧志》未采,今附识焉。(乾隆《萧山县志》)

来经邦,字君燮。刻苦读书,为诸生有声。母病目,兄经济远宦,不克将母,经邦所以欢母者,靡所不至。以子宗道贵,封翰林院检讨。卒年七十有三。经邦尝敛足坐息,与斯行谈云:"龙从火里出,虎向水中生。"盖深于玄者也。《来冠严家传》。

按《旧志·封荫》,经邦以子贵,赠文渊阁大学士。又为宗道立传,称"秉轴者龁龅宗道,排陷党籍",与勅修《明史》不符,不敢混载。(乾隆《萧山县志》)

来立相,字梦得。资器清婉,雅自修饰。遍交三吴名士,所得贻赠悉以给诸弟,恣其出入,而事母备得其欢。诗登少陵之堂,书有元常法。以万历己酉序贡,庭对受冠服归。《来九山传》。(乾隆《萧山县志》)

来立模,字范叔,立相弟。兄弟笃于孝友,授徒以奉菽水,百指同居。立相有《取足稿》,立模有《大观遗稿》。立模以子方炜贵,封文林郎,后赠吏部员外郎。《来氏家传》。(乾隆《萧山县志》)

来继韶,字舜和。师宗知州,日升孙。生而尪瘵善病,延医讲论,遂精岐黄术。丙午科闱墨落仁和县房,丹黄优拔,以房卷多佳,姑置之。次年,遇督学陈大绶,贪酷不喜青衿,忽入菶菲,行学除名。于是游京师,直至辽左,见武备废弛,有《徙薪》《卮言》等书。星历卜算,无所不研究。所著书未剞劂,半毁于兵燹。《来集之叙传》。

按《旧志》称"继韶登一榜,方期进用,为逸人所构,作《可困先生传》以自况"。又云"精濂洛之学"。考《选举志》,明季副榜内无继韶名,集之《家世叙传》仅云:"丙午备卷,旋以逸被斥。"以子作父传,尚不敢粉饰讳其坎壈,则《志》所云皆误也。至云"精濂洛之学",《家传》中亦无是语。(乾隆《萧山县志》)

来嘉绩,字新宇。诸生,善读书,严于义利之辨。相国宗道以兄弟行,尝受业于门,自台省归,赍金帛乘笋舆来谒,嘉绩杜门却谢。时值乡试,宗道欲荐其次子见吾,终身弗与通。《举报事实》。

按《事实》内有还金济困等事,系萧邑事,实习套语,不录。(乾隆《萧山县志》)

来士寀,字寅伯。万历戊子大饥,输粟八百余石,当事欲旌其庐,却不受。子道昌,字大来。弱冠有文誉,以诸生游南雍。书学《季直表》,诗有苏、黄法,好古人书画,殚力购之。宗人来斯行为道昌立传。(乾隆《萧山县志》)

来复,字伯阳,寄籍三原。万历间进士,官阴州观察使。性通慧,诗文之外,书法琴弈,百工技艺,下及女红刺绣,无不通晓。画山水,格力极胜。见会稽徐沁《明画录》。(民国三十七年《萧山县志》)

来方炜,字舍赤,号泽兰。天启乙丑进士。《旧志》作"万历乙丑",误。初任侯官,后补嘉定令。漕赋烦重,前令昼夜督责,犹恐不及。方炜至,宽其期,租多不入,缺额至数万已,挂吏议,入觐,后百姓车载担负,争先输纳,不旬日而足,民因为立庙焉。

课士时,黄进士淳耀尚未遇,特加赏拔,后果为名家。旋内擢,授东铨,更历诸司,厘剔夙弊,时称真吏部。任满,代者至,吏适犯法,词连方炜,诏谪戍。先是,达官论戍者例皆不赴,方炜独慨然至戍所,曰:"君命也,乌可逃!"庚辰,黄宫厂灾,下诏求直言,事雪,遂得归。《来泽兰家传》。

按《旧志》:"方炜论戍,时台谏论救得免,旋转京卿。"与《家传》不合。又称,告假后有呈请灶户折差等事。又云,子尔昌举经明行修,授县令。《选举》内并无尔昌名。至云次子垣,丁未进士,孙式钰,甲午举人,与《选举志》相符。(乾隆《萧山县志》)

来骧,字乐顾。性毅烈,以忠孝廉耻自持。五世祖孝义公葬并山。相国宗道罢官归,或谓并山墓侧有佳地可图,相国拒不从。未几,相国卒,骧同祖昆弟中贪重价而售之,骧父惊涛挈子往争之,不得,乃叹曰:"相国之初,亦布衣耳。吾父子布衣,遂不保先人一抔土乎!"乃愤发攻苦,崇祯壬午举于乡。是年冬,惊涛卒,其明年,闯贼陷京师,骧遂作行脚僧,自号铁山,耽味堪舆家言,阅历名山川者一十八年,卒。子尔绳。(乾隆《萧山县志》)

按《旧志》称相国卜地于其祖墓侧,力争不敌,语未分明,今从《家传》。

来集之,字元成,号倘湖。崇祯庚辰进士,司李皖城。皖当张献忠蹂躏,兵贼交讧。集之日筹峙粮,夜巡雉堞。镇标将贪冒,克减兵饷,抚军不能制,集之披诚开导,给与全饷,镇兵乃安。凤督马士英募黔兵道徽祁肆掠,民与格,杀伤数兵,将治以乱民律,委集之查核,全活甚众。左良玉兵东下,集之长揖而进,独以不可造次为言,左心折,为戢兵不暴。士英稔其才,荐授兵科给事。时马、阮比周,耻附其门,士英恚,改枢部,未几,晋太常少卿。归萧,灶户苦浮丁,创议照田均派,贫灶之困始苏。初,壬午分校南畿,得士戚藩等九人,海内咸推公明焉。所著有《易图亲见》《读易隅通》《卦义一得》《春秋志在》《四传权衡》《樵书》(初、二编)、《南行偶笔》《载笔》《倘湖近刻》若干卷。子燕雯,康熙庚辰进士。《续志》。

按:集之《倘湖遗稿》二十四卷,未授梓。(乾隆《萧山县志》)

王廷瑞,北宋真宗朝宰辅(宰相)王旦之苗裔,正直刚毅,颖敏果干,耕读外,好习武,究军事。清兵南犯,两人拍案而起,鲁王朱以海授予王廷瑞"都司"职,带兵跨江作战,骁勇无比,后临阵中炮,以身殉国。《庙后王宗谱》载:廷瑞"投袂而起,愿赴前敌,自效鲁王。义之,授都司,假以一旅,渡江与清兵遇,以寡敌众,不避炮火,故战虽获胜,身亦被创。自军中归未久,即伤发而死",英年三十七岁。后人赞曰:"公功虽未成,其忠愤激烈之气不可没也!"(乾隆《萧山县志》)

来斯行,任兵曹时,有武略,毕自岩请为监军。山东白莲妖贼起,令斯行率五千人往,功多。《明史·毕自岩传》。天启中,白莲教蓟州王好贤、钜野徐鸿儒、武邑于弘志辈陷郓城、邹县等县,天津佥事来斯行等复滕县,乃筑长围以攻邹,鸿儒抗守三月,食尽走,被擒,纪绩献俘,磔于市。是年,于弘志据白家屯,将取景州应鸿儒。斯行方赴援山东,还军讨之,弘志突围走,为诸生叶廷珍所获,好贤亦捕得,伏诛。《明史·赵彦传》。任贵州按察使时,自平越至兴隆清平二卫,苗二百余寨盘踞其间,以长田之天保、阿秧为魁。斯行唻阿秧,使图天保。阿秧反以情告,乃诱斩阿秧,议讨天保。《明史·鲁钦传》。

按《明史》,斯行无专传,其事散见于毕、赵、鲁三传中,然止叙武功,其余皆缺。今考《来氏家乘》增入。斯行,字道之。万历丁未进士,庚戌,授刑部主事,著《狱志》。代藩争立,斯行疏争,谓"贵贱之等不容混,废立之端不可开",朝廷韪之。丙辰,补工部,以忤要津,出为永平府推官。壬戌,转兵曹,监军辽海,整饬津门,著《胶莱河议》,备兵天津《赵彦传》作"天津佥事"。寻迁贵州按察司,终福建右布政所。著有《槎庵小乘》《经史典奥》《麈谈燕语》《论语颂》《四书小参》《四书问答》《拈古颂》《居士传》《韵会》《五经音诂》《经史渊珠》《来氏家乘》《槎庵诗集》等书。子彭禧,燕禧,吕禧。(乾隆《萧山县志》)

来斯行,字道之,号马湖。万历丁未进士,遭父忧归。庚戌谒选,授刑部主事。著《狱志》四十卷。时代王鼐钧薨,二子争立。斯行疏言:"鼎渭嫡嗣,且有成命,宜立鼎;沙挟母宠争袭,宜惩。"朝廷从其议。壬子典试广西,事竣,闻母王丧归。服阕,补工部主事,督大工,迕中贵人,坐察典,左迁永平推官。以辽事方殷,驻天津,督南北二饷。斯行请复元人胶河故道,挽江淮之粟,直达天津,因绘图系,说以进,课费不过十万。当事韪之而弗能用。秩满,擢兵部主事,出监辽海军,治兵天津。天启二年,山东白莲教倡乱,巡抚赵彦檄斯行提兵往援,道经景州,妖党于弘志等聚众数千人,声言攻州城。州人大恐,遮留官军。斯行阳却之,密令次子燕禧率军潜发,一鼓歼贼白家屯,乃援山左。时贼首张东白据邹县,徐鸿儒据滕县,相与掎角抗官兵。鸿儒尤黠桀,斯行请先复滕县,以孤贼势。因与总兵官合师而进,连战克捷。鸿儒弃城奔戈里两伏山,据险立营,中尚十万。燕禧先焚其辎重于他所,复蹑之戈里,再战皆捷,擒伪扫地王任之体。邹城闻之欲乞降,鸿儒复自戈里入邹城,斩欲降者,为死守计。大兵筑长围以困之,穴城。城破,鸿儒溃围逃,燕禧追获之,献俘京师,山东平。斯行逊功不居,循例晋秩参议,仍备兵津门。未几,贵阳有安酋之乱,水西诸苗争附之。长田阿秧者,苗之魁桀,居偏头辰沅之间,扼官兵饷道。当事以斯行知兵,授平越道,仍稍录平妖功,擢贵州按察使,属以兵事。斯行曰:"是未可以兵威胜也。"适黄平州吏杨启政诉冤,行间诘之,旧尝习秧者。斯行喜曰:"吾得间矣。"密授以计,令诈投秧。不五日,函秧首而还,诸苗慴服。斯行以所许启政,格于

59

当事,自病食言,引疾去。崇祯元年,起补郁林道,寻擢福建右布政,与当事忤,居半载,乞骸归。崇祯六年癸酉四月卒,年六十七。十五年壬午,由邑令申请大吏,允于本县建立特祠。适明亡,不果。著有《论语颂》《四书小参》《四书问答》《拈经史典奥韵会》《五经音诂》《经史渊珠》《槎庵集》《燕语麈谈》《白华楼诗稿》《古颂居士传》。子彭禧、燕禧、吕禧,皆有传。(民国二十四年《萧山县志稿》)

来彭禧,字商老,方伯斯行长子。方伯历仕途,得其筹佐居多,以太学生恩例授太平通判。晚称商山老人,疏于财,不屑龌龊为生计,肆筵广席,谈辨风生,长笺大疏,未尝假手。善书法,喜作诗,效白傅体。有句云:"添来白发端忧国,散尽黄金总为亲。"人多传之。《来氏家传》(乾隆《萧山县志》)

来燕禧,字周老,方伯斯行仲子。年十七为诸生,十九随方伯备兵天津,喜谈兵,与戎伍弯弓跃马。保定巡抚毕自严闻其能,命试骑射,麾下无与角。未几,白莲妖贼讧山东,据邹、滕,诏自严往援。自严疏请斯行为监军,并荐燕禧以诸生从戎。诏授都司,从父帅天津兵会剿兖寇。次广州,士民遮道乞师,谓:"景州虽弹丸,东连齐鲁,西走赵魏,实三辅之门户。今妖寇数千,死伤横道,倘无救,必为邹滕续。"方伯佯曰:"吾奉诏援兖,非救景州也。"不许。而阴部分勒兵剿之,获贼首于弘纲、于弘志,贼遂解散。燕禧力战功为多,中丞李邦华疏"燕禧矢石不避,节制分明,当破格重用",诏平兖日优叙。兵抵兖,方伯谋先取滕,燕禧曰:"兵贵拙速,不贵巧迟。"遂进攻,贼弃城,屯戈里,燕禧袭之,手获贼将任之体,贼中所号为"扫地王"者也。邹贼闻之,婴城守。燕禧谓:"不宜仰攻,第坚垒以待,彼坐困矣。"因亲自徼巡,以防其逸。一日,贼首徐鸿儒微服持短兵从敢死士百余骑突围而出,降卒指之曰:"此鸿儒也。"燕禧鞭马跃出擒之。贼平,兖抚掠其功,献俘京师。是时齐、赵二抚俱晋司马,袭锦衣,而燕禧仅迁贵州营游击,殊怏怏。旋随父任贵阳,西安酋煽乱,燕禧以计斩田阿秧,以剪其翼。未几,从父归,终以功不白,郁抑而卒,年仅二十有五。其季弟吕禧,字西老,性疏宕,有晋人风,工诗,善绘事。卒于京,年五十四。(乾隆《萧山县志》)

来燕禧手擒白莲教匪首徐鸿儒。

来燕禧,字周老,年十七为诸生,十九随父斯行备兵天津,保定巡抚毕自严闻其能,命试骑射,麾下无敢与角者。天启二年,白莲教匪作乱山东,贼首张东白据邹县,徐鸿儒据滕县,相与犄角,抗官兵。鸿儒尤黠桀,朝廷诏自严往援,自严疏请斯行为监军,并荐燕禧以诸生从戎。燕禧时年十九,诏授都司,从父帅天津兵会剿,师次广川,道经景州,匪于弘志聚众数千,声言攻州城。州人大恐,遮留官军曰:"景州虽弹丸,实三辅门户,倘无救,必为邹滕矣。"斯行密令燕禧率军潜发,获贼首于弘纲,于弘志毙于炮,遂解散。中丞李邦华疏燕禧矢石不避,节制分明,当破格重用,诏平允日优叙。及兵抵兖,燕禧谋先攻滕,贼弃城,屯戈里,燕禧袭之,获贼将扫地王任之体,邹贼撄城守,燕禧谓不宜急攻,宜坚守以待,使彼坐困。因亲自徼巡,以防其逸。一日,贼首徐鸿儒微服,从敢死士百余骑突围而出,降卒告之曰,此鸿儒也,燕禧鞭马跃出,擒之,贼平。兖抚掠其功,献俘京师,是时齐赵二抚,俱进司马,袭锦衣,而燕禧仅迁贵州营游击,殊怏怏。斯行亦仅进少参,仍备兵津门。是役也,人皆以为父子斩馘献酋,功当勒铭彝鼎,应蒙不次之超迁,乃抚宪冒功窃赏,主上不察,而大僚中又无有吁其冤者,介之推所谓下义其罪,上赏其奸,上下相蒙,难与处矣,正此之谓也。厥后贵阳水西安酋煽乱,斯行奉命赴贵阳,燕禧从,斯行察诸酋长中,以田阿秧为首,乃与燕禧授计于素所习阿秧者,伪为奔降入内,不五朝,函阿秧首以还。诸苗震慑,乱遂平。斯行以事格于当道,引疾去。崇祯元年,起补郁林道,寻擢福建右布政,与当事忤,乞骸归,燕禧亦郁郁而终,卒时年二十五岁,世袭杭州前卫镇抚。夫以邓禹仗策之年,而不纪奇功,不膺显爵,贾生自伤,至于天绝,哀哉!(民国三十七年《萧山县志》)

来吕禧,字西老,斯行季子。工诗善绘事。游于京,无所遇,借丹青自给,名稍稍四驰。然性懒,家稍有赢余,不复肯措笔。绢素叠积,阅列肆中。觅青田冻石之佳者,市以归,摩挲玩弄。少焉,和墨伸纸,点染数笔,成一木一石,则旋卷而皮之阁,曰:"可饮酒矣。"以故人病其简慢,索画不可即得,必阅月逾时,求者稍阑珊矣。(民国二十四年《萧山县志稿》)

镜凡禅师,镜凡禅师者,释名德清,来氏大支十六世孙也。少出家杨寺,其诗无空门套语,僧家习气。相传其秋月之曹溪舟遇三峡云:"万壑奔流远,千山紫气连。帆飞三峡□,人入九秋天。客路浮云外,归心落日前。吾生犹未已,江海是余年。"颇有晚唐风味。(民国三十七年《萧山县志》)

季奴禅师者,来氏士人女也,幼工诗,且有膂力,出家海宁白衣庵为尼。顺治初,过周司检桥,遇土贼,邀劫,且将肆其狂暴,哀祈不允,季奴怒,探袜中,出五寸小刀,直前奋击,刺杀三贼,余贼逸,又追杀三人。自首于官,官为搜捕余党,尽歼之。行旅以安。又曾偕女伴洵芳渡海赋诗云:"浊浪翻天地,微躯付海风。恨他精卫鸟,衔石竟无功。"语有寄托,寻非常方外所能及也。(民国三十七年《萧山县志》)

来谦鸣,宁升吉,号望瞿。家贫,授徒养母,康熙五十九年庚子举人,雍正元年癸卯进士,授直隶魏县知县,魏濒漳河,地卑下,马风头堤溃,开沟杀其势,五旬工竣。又三年,漳河别流成渠,经城东南注,乃筑护城堤以扼之。明年春,水溢,城圮,民蚁附堤上,全活无算。课最,擢云南澄江守,移昭通,诏协开滇蜀境上之金沙江滩,谦鸣甫浚其半,迁广西右江道,转广东盐运使,调福建延建邵道,捕诛瓯宁奸民魏现,以斋教惑众。旋兼摄建宁守,浚湟,建试院,疏凿黯淡诸滩,迁按察使。平和蔡荣祖谋逆,事觉,捕斩酋从四十二人,释无辜数百人。入觐,召对称旨,为忌者所中,落职。于闽臬任内,著赔帑项,行查原籍,仅老屋两间,瓮米数斗,其淑人荆布纺绩。当道目击,各叹息去。会部议核减开金沙江费,令谦鸣往滇弥其缺。既至,士民醵金如额,起为湖北荆宜施道。归州城西三十里,有叶滩,巨石矗立江面,夏秋水盛湍急,往往触石糜碎,谦鸣输金凿石除其患。东湖红石子滩横亘江北,其南有渣波石,江流冲激有声,更石笋嵯峨,惊湍旋涡,舟入辄没,违之北行,又往往触红石沉覆,谦鸣凿去渣波,自是舟行无滞。谦鸣善治水,修江陵民堤,疏夏家嘴河。旋诖吏议,镌一级去任。解组后,杜门守贫,浙抚庄大中丞为公同年生,招之再三,徒步往谒,门者至不为通刺。南巡迎驾,蒙呼名顾问,其族弟以县令引见,诏问来谦鸣汝何人,疾好否,其得主眷如此。卒后,崇祀湖北名宦祠。(民国三十七年《萧山县志》)

汤金钊,字敦甫,先世由青田县迁萧山之河兜里,由河兜迁邑西负郭。父元裕,隐居不仕。金钊生而端靖,寡言笑,家世服贾,公独奋志积学,以钱塘籍补县学生。乾隆五十九年,举乡试第一,嘉庆四年成进士,改庶吉士,授编修。朝贵争罗致之,谢不往,独时时徒步从朱文正珪游。十三年,入直上书房,丁母忧,服阕,迁侍讲,累迁祭酒、詹事、内阁学士。二十一年,仍直上书房,寻迁礼部右侍郎,仍在上书房行走。二十五年转吏部左侍郎,充经筵讲官。金钊内刚外讷,师道自处。意所不可,即变色不置对,以是见惮,然亦浸响用。时尚书英和,以州县陋规日盛,奏请分别清查,以定限制。金钊奏言陋规若明定章程,即为例所应得,名目碎杂,殆非区区立法所能限制。疏入,上甚嘉悦。道光元年,兼户部侍郎,总督孙玉庭奏南漕浮收,不能尽去,议请八折收漕。金钊又力争,以康熙中永不加赋之明诏为言,其事遂寝。明年调户部右侍郎,兼吏部,丁父忧,起复,署礼、工二部侍郎,兼仓场侍郎,仍入直上书房,遂自户部左侍郎;迁左都御史。是时宣宗在位,久熟于人民情伪,凡各省穷民含冤呼阙者,上必立遣重臣,驰传穷治,申枉锄强,以公廉明强直,屡蒙任使。自七年九月,奉使山西,明年使宣化,十月使四川,明年四月还至褒城,复奉命循汉江而东,治狱于武昌,六月抵京师,十月奉使闽中,又明年二月,便道还家上冢。前后三四年中,周回万里,轺篚所届,务达下情而宣上德,帝嘉其勤劳,每奉使还,赏赉有加。其使山西也,迁吏部尚书。使宣化还,赏紫禁城骑马。自川楚归充上书房总师傅。使闽还,升吏部尚书兼户尚。而金钊亦以南北诜征,久虚辅导,属皇长子遘疾,圣心忧忿,陷金钊者,因巧构机牙,以激上怒,于是有降补侍郎之命。帝心旋悟,眷待如初,沈滞二年,复自左都御史拜工部尚书,转吏尚,十四年复兼工部。先是御史许球劾陕抚杨名飏诸溺职状,诏金钊往鞫审,拟有差矣,而言事诸臣必欲传治重罪,至谓金钊有所徇纵,或构蜚语,渭名飏尝致厚赆于粤抚梁章巨,因得通款曲,将兴大狱,以撼金钊。是时金钊方由陕入川,清查陕川各属军需出入,及长吏贪擅不法事,有旨令回奏。金钊条上诸言与不可信者,折衷平准,累万言,疏入,上就嘉其秉公。寻命暂以尚书权陕西巡抚事。金钊之治川陕狱也,署按察使李廷锡,知涪州扬书容,知江津县郭彬图,皆金钊门下士,并挂吏议。金钊当官而行,无所避就,人称其平。十七年冬,奉使勘狱张家口。改岁,勘狱太原。五月,命以户部尚书协办大学士,寻调吏尚。会安徽凤阳府试,生童哄酿大狱,有赴刑部省门上诉而自到者。诏金钊偕侍郎吴文镕往谳,既而按事皖南及浙江,还至江宁淮安,稽察河漕诸利弊,既覆命,寻偕肃亲王敬敏等,议订鸦片烟吸食与贩卖、窝藏,及栽赃诬陷各科条,凡三十九条,具奏,允行。当是时,中外又安,朝廷无事。明年,广东有焚鸦片之役,天子独居深念,其咎在边臣肇衅,而兵连不解。朝议遂归咎总督林则徐,以转阛救败。一日,上坐便殿,从容问金钊,以广事可付托者,金钊以林则徐对,坐是失上旨。旋以误派部郎陈起诗仓差,起诗以规避不赴差夺职,金钊亦坐错谬,降四级调用。二十一年,授光禄卿,时年七十一,以衰老乞骸骨,赏二品顶戴,听休致,留京师。会长子宽出守凤翔,趋朝陈谢,上询金钊病状、增减起居服食甚悉。二十九年,赏头品顶戴。文宗御极四年,金钊重赴鹿鸣筵宴,加太子太保衔,并颁赐御书庆衍恩荣匾额,恩礼有加。六年四月十九日,病卒京师,年八十有五,予谥文端。是年冬,还葬萧山。金钊少秉朱文正公之教,为学出入阳明、二曲间,晚午归本濂洛,以治经为务,主敬为本,与人言不为高论,居常整齐严肃,盛暑不袒,脱粟布被,泊然无营,自治之严,耄期不倦,海内称儒宗。凡四典乡试,再充会试总裁,一知贡举。其当宫廉而不峻,察而不激,务在安静,持大体。居谏垣日,有控邪教者,株连綦众。金钊察其妄,即持状归,以误毁告同官,事乃已。自七十五岁后,每日晨兴,抄诸经二百字,凡抄《论语》《大学》《中庸》《尔雅》《礼记》《毛诗》《尚书》《周易》《孝经》《小学》《左氏传》,抑戒之诗,写至数百过,疾作乃已,犹日诵《通鉴》《周易》终共身。著有《寸心知室存稿》。光绪中,里人思其德,呈请祀于乡贤祠,巡抚聂公缉规据以入告,允之。子二,宽,以荫官陕西凤翔府知府,早卒;修,道光己亥京兆举人,官至太常寺卿。孙学淳,大理寺评事;学治,候选训导;纪尚,直隶大名府知府。(民国三十七年《萧山县志》)

汤修,字敏斋,文端公金钊次子也,性严恪,不妄言笑,事母来夫人以孝称,及居母丧,寝馈柩侧者三月。为人一秉文端之教,治身主敬。游吴江张履之门,益究心宋儒之学。林文忠收缴趸船鸦片,修以不先讲武备为忧。道光己亥,举顺天乡试,官内阁中书,咸丰辛亥,迁典籍,转侍读,见知于阁臣祁文端公寯藻。时军储不充,言理财者蜂起,修深探治本,上书祁文端,指陈大略,一军国之要需不可啬,宜核虚冒而动项必期于有功。一中外之冗费不可留,宜裁缘饰而用财惟主于所急。一征解宜年清年款,勿致影射旧亏,转增新欠。一蠹弊宜渐消渐革,勿任因循中饱,暗损正供。至于责成粮台以核浮销浪费,饬令将帅,以汰疲卒冗员,转运则随地制宜,米布帛皆为利用,不必拘定银钱,以免展转兑折之数,则目前应变之方也。又谓生财大原,在于小民乐业,苟吏非其人,则章程虽密,第以文具相欺,法令稍乖,必至侵渔无艺,而又何财之可得。至于选将才,严军令,惩退怯,恤饥劳,宽结会之徒,锄为逆之首,守土者保完善之区,使贼无所掠则自散,统帅者备剿抚之策,使贼有所携则自衰,此其事若无与于筹饷,而转输不至坐耗,实筹饷之先务也,不此之务,而多为名目,别启径途,以动圣听,而剥民财,窃恐其有不止于财匮者。祁文端欲以宽大为政,修谓宜伸赏罚,肃纲纪,皆切中时弊,祁文端益器重之。广东南海县冯某有叛奴,控其主通贼,逮下刑部狱,主者坚欲置之法,修以大学士檄与鞫,无左验,修白其冤,冯遣子谒谢,拒不受。四年补福建道监察御史,转掌云南道帮办巡视东城,遇事敢言,每有弹劾,必自贵者始。寻迁顺天府府丞,转通政司副使。六年丁父忧,服阕,补大理寺少卿,擢太常寺卿。十年英法联军逼京师,左右以巡幸之说进,修抗疏力争。明年和议成,乞病养疴,访医南行,走宛洛,达荆襄,凡羁旅长沙者六载。晚居吴下,自号沜翁,同治辛未四月卒。修明睿有特识,当东南军事亟时,预测江浙将陷,谓江督何桂清举止轻便,面有骄色,不足当戎机重任。提督张国梁起坐轻率,乃一战将,非载福之器,厥后一如所言。戊午秋,相国柏葰奉命为顺天乡试正主考,修退朝语人曰:"今日主考柏相,衔命出,面色灰败,必有奇祸,且比来乡会试关防疏阔,关节纷如,科场殆将兴大狱乎?"榜发,未几,柏葰果罹祸。著有《慎思居存稿》。子纪尚。(民国三十七年《萧山县志》)

汤纪尚,字伯述,原名学彬。祖金钊,吏部尚书协办大学士。父修,太常寺卿。纪尚少随父避乱湘中,乱定侨居吴下,劬学砥行,弱冠知名。父卒,既除丧,入资为同知,分发江苏。于时左文襄公宗棠方督两江,喜嶔崎磊落之士,召掌记室,文檄多出其手。性嗜洞庭山茶,尝曰:"西山茶味清耿,汲黯少戆,终非漫无骨鲠,若张禹辈尔。"又曰:"人生麋置嗜欲中,任择一术,默歆以天养空泠。然若远若近,凡以撄性,均可嗜也。"其命意恢奇,大率类此。作《说楉》一篇,通物类情,言辩而确,为德清俞樾所赏,称其语近《墨子》《淮南》。文襄既殁去,为直隶知府直隶总督李文忠公鸿章器之,召为幕僚,一权易州牧、大名府知府。卒年逾五十。著有《盘薖集》四卷行世,其言深博,类柳柳州。又撰《先友言行记》《广学甄微》二书,未刊。纪尚居吴友湖口,高心夔居燕友平阳,宋恕二人皆负才不偶,时人谓纪尚取友必以其类云。子三:

邦直、邦达、邦彦。(民国二十四年《萧山县志稿》)

汤学洙,字鲁泉,为文端公金钊从孙。少负壮志,好谈经世学,入资为候选知县。咸丰辛酉九月,贼陷萧山,将东犯郡城。学洙集团勇截击于钱清镇,战败死之。贼平,有司以闻,诏赠云骑尉。学洙能诗,有《自如轩遗稿》,子彬为刊行于世。(民国二十四年《萧山县志稿》)

徐大夏,字子常,号阳居,以贡为上饶学教谕。幼有异质,端若成人,雅不好弄,稍长,接见文执,彬彬有礼,姻党目为异童,已而,补诸生辄优等,后进争师事之,所得脯修,一文不入私囊,室人房奁,寸帛必公,妯娌家庭之内,孝悌雍睦之风,恒为予邑所揖让焉。嘉靖庚子,宗师校艺,湖里孙生勋介在四等,停廪出缺,大夏一等四名,该补孙缺矣,乃辞于宗师曰:生蒙大人提拔之恩,得以顶补孙勋之缺,顾勋非他也,生从姑之子也,勋家贫,亲老从姑籍,是以膳。今失廪,将不能为生,生虽喜于获廪,亦恐重伤从姑之心,情愿不补,使孙勋不失,故物仰仗大人屈法申恩,则孙生获养其母,亦全大人孝治之教,实为至幸。宗师曰:"吾听子言保全孙生,后有缺,他生不让汝矣,将无悔乎?"大夏曰:"得遂所辞,虽老于诸生,不悔也。"宗师大悦,以言嘉奖之喋喋不休。及发案,于孙勋名下注曰:"照例停廪,姑免作缺。"于大夏名下注曰:"遇缺即为收补也,他生不得争执。"乡人率高其义,籍籍人口。然孙竟不白其母,徐又不白其姑,乃姑竟不知其所由也。议者以为此一让也,各不相白,尤有古意。君子曰:"不白其姑者,施者忘施,固为难矣;不白其母者,受者忘受,不亦恶乎?"孙后幸出身为和平学谕以归,约所得三千金即香扇之惠不及于徐,徐虽不言,识者消之。(《古永兴往哲记·孝义》)

来端人,字春岩,庠生入监,官肇庆府新兴县县丞。按《儒学志》,端人有声黉序,入胄监,选新兴丞,爱民如子,有古循良风,立法赈饥,片言却寇,以补令之所不及,人称来母,卒于官。(民国三十七年《萧山县志》)

来亨,寄籍胙城,正德间知稷山县,守己狷介,剔除宿弊,裁省甚多。时盗贼劫掠,亨以计捕之,见有连及良民,咸为开释。《山西省志》列入名宦。(民国三十七年《萧山县志》)

来士宾,字见寰,万历七年己卯应天举人,官潮州府平远县知县、河南汝南府教授。按《儒学志》,士宾醇心质行,退默嗜古,以恩选入南雍,领贤书,为平远令。宽简严平,衙斋晏然。犹笺录书易及文词,于民俗宜,不肯以意旨迎合。迁汝南教授,闻父讣,号踊踵归,藁寝,哀毁逾节,病卒。(民国三十七年《萧山县志》)

来起峻,字鲁登,号江皋,长河里人。早岁博览载籍,务得要旨。乾隆二十四年举于乡,三十七年成进士。授户部湖广主事,甫三月,思亲引疾归。家居教授,尝奉父游行阡陌,恂谨若孺子。性勇于为义,湘湖因岁久法弛,定山之阴涸,为原奸猾吏与豪有力者比而筑之堤,东西互度以步者三千。起峻慨然曰:"患深矣!"乃属荐绅告之曰:"公等无意湖乎?数百年衣食利赖之原,一旦废之,不仁,湖为亩三万七千,溉九乡田十四万有奇。今盗湖三百,是千四百亩不得溉也,是九乡十四万亩胥不得溉也。临大利害不能争不智,夫若辈何厌之有?筑堤不已,必垦辟。垦辟不已,必填淤浸。假而蹊君田、庐君庐,君等宁能为石人耶?玩不治无勇。明日必偕诸君告当事,有一不至,即若辈奥援无许,与士齿见,则唾其面。"皆曰"诺"。则相率而白于知县。知县素耳起峻名,深相敬礼。及见其辩论侃侃不置,心嗛之,廉得侵田者主名,不时捕。有武举曹声煌者,恃有系援,招群不逞之徒,要王进士宗炎于涂狙击之。宗炎预于争湖者也,起峻后至,争前裂其衣,以救得免。明日,知县核湖田,归狱筑堤夫,而薄其罪,余悉不问。起峻力争之,乃抵侵者罪,夷其堤。西江塘者,亘山、会、萧三县境,江海之卫也。塘土石相间,不时治浸坏江,水冲汪家堰,啗塘根且尽,临浦以东告险。明年春,起峻亟谋治塘,量广袤倨句之数,计役授功。庀材未葳,会夏霖,雨水大至闻家堰,塘圮。起峻冒雨跣足循塘行,号近氓具苦盖畚舀以保塘。而塘内积水甚盛,没田畴弥望成巨浸。则亟走十许里,至山阴境之三江闸,泄内水以救田禾。起峻语人曰:"度今至于翼日,吾邑水当减。不减,道里远,恐不逮事,则决三都之马塘,以渫西乡之水;断鱼梁而导之,以渫南乡之水;启茬山闸而注之海,以渫东北乡之水,其速有豸乎!"从之,水骤乎。起峻感暑湿而病,未几卒。病剧犹以治塘事属宗炎。宗炎病未应,乃属举人何其炎。是冬重修西江塘成,诸所经画,一如起峻法。(民国二十四年《萧山县志稿》)

来唯宽,字敷五,号西爽,集之曾孙。乾隆中游京师,以国学生授州同,补直隶广平府清河县县丞,署顺德府广宗县事,时值畿辅亢旱,饥黎流亡载道,唯宽恧焉伤之,为申请蠲除生员贡举家徭役,又发义仓粟赈民,不足,则益以己之廉俸,又不足,则鬻产以继之,广宗之民赖以全活者綦众。及调摄广平府邯郸县,乡民遮道攀辕不得行,慰谕之乃还。在邯郸数年,亦有政声。年六十八,以老病乞休。其莅广宗也,广民为之谚曰:"来公到,百姓好,眠亦安,食亦饱。"及归,又曰:"来公归,百姓悲,役要充,粮要追。"其得民心如此。既归十年卒,著有《西爽诗稿》二卷、《诗录》一卷、《尺牍》四卷。(民国三十七年《萧山县志》)

来荫溥,字梅先,入资为广东潮州盐知事,居继母忧,去职,佐幕韶州。咸丰四年,粤军披猖,荫溥奉檄办团,首捐资募勇制械,为攖城计。七月贼至,围城,与守令画堞而守,密令壮士,夜缒城出,扼隘,列炮击贼,屡创之,八月贼退窜沙口。后奉檄率团勇剿乌石贼,屡捷,而贼来愈众,粮尽引还。九月,贼复围韶州,以竹梯逾城,荫溥激厉士卒,刺以枪,贼堕击以炮,乃解围遁。明年二月,贼复窥北江,荫溥沉船断水道,贼不得逞,乃退。贼平,叙功,擢盐大使。未几,卒。(民国三十七年《萧山县志》)

来珏英,一名薪传,字梦山,号竹轩,来颖铨子,性刚方,重然诺,遇疑难,善断。咸丰辛酉十月,粤军窜萧,陷绍郡。萧山西乡,地滨钱江,渡江即省垣,时太平军围杭城,萧山为出入往来要道,故遭蹂躏尤甚,长河地当其冲,居民纷纷骇窜,公独挺然出曰,坐视桑梓危亡,生灵无噍类矣。爰入邑城纳款,约毋肆掠,于是西鄙之民,得以苟安。当是时,烽火延照数百里,凡远近流离之子,扶老携幼,填衢塞道,望门投止者,无不以长河一隅为安宅之居。公擘画备至,于彼军有侵扰妄杀者营救之,人民有危苦困难者安抚之,一乡之人,几若身处桃源,不知有离乱事,至今犹颂公之德不衰,其明德远矣。壬戌春,暨阳包村,其徒数千人号白头兵,揭竿抄邻境,公侦知其不足恃,曰:"不善谋,则受彼屠戮矣。"乃阴饷包人于境外,而安置太平军于江口芦苇中,使之坦然无疑,无何,众果解散,而太平军亦感公。当日者,值左右两难之时,为彼此两全之计,其才大谋善也何如。后闻他境之遇白头兵者,遭其难,地几赤,长河幸独免,公之深谋远虑,保全一方,尤可概见。癸亥三月,太平军败退,萧邑肃清,西乡之庐墓田园,依然无恙,非公之力而谁与归。时宰是邑者,以罗织为事,置公于狱,胁以重贿。公贫,无以应。公慨然曰:"吾愿毕矣,何惜一死。"卒之日,远近莫不流涕。呜呼,昔孔子论管仲之功,到今受赐,而曰如其仁,如其仁。吾于公亦云。(民国三十七年《萧山县志》)

来业界,长河里人。幼失怙恃,依从兄业宙以居。性好武,不喜读书。兄诫之,夜潜遁去。越六七年方归,曰:"吾艺成矣。"遂授室,兄佐经纪,甚勤谨。一夕,偷儿入室,业界以术禁之,使不能动。既而因家人请释,业界呵之:曰起,曰去。贼乃应声起去。自是乡人咸求指授,然辄见拒。后乃小试其术以示人,人金异之。咸丰辛酉秋,粤军窜萧山,由临浦西下。业界担钉石,掷石击贼于捣桥,应手毙贼目数人。贼大怒,进茅家堰,距长河二里许,大肆焚掠。来氏宗人大惧,议具犒祈免。贼酋坚欲得掷石者,方免焚掠。宗人难之,业界奋身出曰:"苟能保族,某虽死犹生。"突入贼营自承。贼众蜂拥渡江去,不知所终。同治中,贼平。子湘,补县学生,亦善技击。(民国三十七年《萧山县志》)

汤元凯,字辛阳,成德子,克敬孙。性真挚,通岐黄,疑难证医辄效,人求诊无弗应也。精卜筮,善鼓琴。书法钟王,尤擅著色。画花卉竹石小品,色色精绝。然不喜名,不自收拾。因幼抱废疾,不良于行,遂托枯树以自况,号枯木道人。(民国二十四年《萧山县志》)

汤克敬,字尔恭,号望贤。祖居长河河斗里,以力田孝弟世其家。父奎瑜,徙邑西负郭,服贾养亲。时克敬甫三岁,及就外傅,端谨如成人。寻辍读,佐父治生产。父卒,克敬只身揩挂,家业渐饶。而忌之者数以无妄之灾相龁。克敬待之以诚,寻仇者久而折服,且延誉焉。律己严而待人恕,敦信好义,而尊祖厚族之意出于天性。尝修文庙,建聚奎亭,以继父志,奎瑜得例请崇祀报功祠。建万寿桥,以便往来。重建东旸桥,添筑石闸,以收湘湖水利,免泥坝溃漏之虞。辛未、丙子岁,浡饥流离载道,克敬施粥散米捐金,以活乡里。凡邑中义举,必捐资以助其成。复念族多贫者,捐置义田百余亩,为卒岁及婚丧之需。又捐山地为族中掩埋所。其追远祀,修祖墓,纂宗谱,扶危济困,排难解纷,亲疏咸倚赖之。终身无疾言遽色,惟课子綦严,治家不威而肃。生平粗衣粝食,无他嗜好。书籍字画外,独喜艺兰,芬馨满座。戊子夏卒,年八十二。(民国二十四年《萧山县志》)

来蕃,字成夫。来氏族甲地大,蕃鄙其轩冕,独居贫空,敝衣缕裂,所储图史外,惟瓶盎十余,实米盐纭絮于其中。为诗古文词以博大自喜,既好为瑰奇倜傥之语,又力追先秦间文,崇尚奥衍,然不能锓。所著行世有《北沙集》,藏于家,以别字北沙也。幼精六书,能作古文籀、篆及隶、八分,然不轻为人写。尝作《二畿赋》,其文雄博颉鸷,抵轹前古,虞山钱牧斋见之,称曰:"此马季长之赋也。"少游刘蕺山先生之门,刘曰:"子袁夏甫也。吾初以子为狂者,今知子狷者也,子有所不为。"《西河二友铭》。(乾隆《萧山县志》)

来鸿雯,字羽上。旷度宏量,少好儒雅,研悦经史,口呫手挥,昏旦不少辍。凡历律、图经、九章、三角下及草人、日者之学,无不贯彻,二浙称博物君子。尝营度邑水利,于西江、北海诸塘,六湖二堰疏证极明确,互见张氏《水利三刻》中。平生不信形家言,著《风水或问》行世。其他撰述甚夥,最著者有《物理小识》数十卷,力不能刻,遂散轶不传。卒年八十有三。《来氏续谱》。(乾隆《萧山县志》)

来燕雯,字拂云,号对山,集之第四子。少聪敏,就学日诵数千言,善属文。康熙庚辰成进士,去集之释褐时甲子适一周焉。集之暮年多病,凡甘脆之奉,药石之御,燕雯必亲进。暇即博涉书史,所览将万卷。萧邑黄册十年一编审,自明制已然,豪有力者多贿脱,贫民苦之。燕雯请于县,创按田派丁之议,即今科臣上请通行法也。岁壬午,江水涨,潭头一隅势如累卵。燕雯陈请于浙抚赵公申乔,令山、会协济,易土塘而为石,凡二百丈有奇,民以是安。西兴场灶户,明制官给摊荡草地若干弓,煎盐办课。久之,辗转相易,荡去丁存,守土者惟知按丁催科,穷户不胜其困。燕雯族故灶籍,立照荡均丁之议,陈于官,穷灶遂苏。甲申,需次京师,卒于邸,年五十。赵善昌撰《来进士传》。(乾隆《萧山县志》)

来尔绳,字木臣,少有逸才,孝廉骧子。博综经史,于《易》《四书》俱有解。尝至金陵,见方正学墓倾败,慨然捐橐中金葺之。父尝设义冢于西兴,且筑宇为旅榇暂停所,年久屋圮,尔绳更缮治之。邑苦丁累,尔绳与集之议请于大宪,民丁归田,灶丁归荡,合邑之繇役乃均。三江闸素完固,好事者忽诉府乞修,守惑之,橄山、会、萧三县共科银三万余。尔绳合同志白于府,谓闸本坚完,何须修补?况山、萧二县逐年有修塘闸银解府存贮,不下四五千金,奈何重敛于民?府不听,白于藩司,事乃寝。邑西德惠祠,明时勅建,祀杨、魏二公。邑人各执意见,欲衬入诸贤。尔绳创义,别建八贤祠于旁,秩祀不紊。子珏,康熙丙戌进士。孙道济,辛卯举人。《举报事实》。(乾隆《萧山县志》)

来珏,字紫苍,尔绳子。康熙丙戌进士。禀承家学,于蒙存浅达诸说,钻穴研讨,必衷于至是乃止。尝授徒会城,执经者百舍重茧,多所成就。释褐,授福建永福令,温惠子谅,以德化民,暇与诸生论文讲学,士习文教,为之振兴。(乾隆《萧山县志》)

来锷初,字云鹏。天性孝友,无矫激崖异之行。家贫,善读书,年十六,耽悦经史,至四十,始青其衿。文行卓越,承学者日益众。遇婚友窘急,思存恤之,然苦力不逮。尝语子谦鸣曰:"晏子惠济三党,范希文置义庄,独非学者事哉?"锷初卒后,谦鸣成进士,历官郡守监司,节俸入置义学义田于长河村,承父志也。以谦鸣贵,赠澄江府知府。《来氏续谱》。(乾隆《萧山县志》)

来式铎,字素臣,太学生,铨部方炜之孙,司马垣仲子也。博学善诗文,性孝。父署登州守。会学使唐某按试,垣循例提调。怨家欲刺学使,误中垣,刺者虽伏辜,而衅由学使。式铎哀愤,欲为父申雪。唐赂以金,弗受,控于外台,不得命,遂匍匐叩阍,为掌鼓所逐,莫能伸,号泣归。人皆称为孝子。平居对子弟以父冤未雪为恨,衾褥间常有泪痕。后隐居桃源乡,卒年八十。著有《郁瘵集》。(乾隆《萧山县志》)

来日宣,字仲虚。嵩明州牧,端蒙曾孙。弱冠游黉序,和易敦睦,得先民风轨。自邑治西达沙岸,行旅如织,日宣于中道设茶亭二所以济行者。凡广川通衢成梁除道诸事,无不竭力营治。今桥亭路碣苔藓斑驳中犹有志其姓氏者。(乾隆《萧山县志》)

来学诗,字子清。天性孝友。太学生,肄业成均,大司业周简斋奇其文,以伟器目之。忽得父书,染脾疾,即戴星驰归,侍汤药三年,忧劳成鼻渊,遂绝意仕进,义方教子。子之焜、之灿,康熙丙戌、戊戌先后成武进士。(乾隆《萧山县志》)

来竹,字宗义,明壬午举人,骧孙也。三江闸为前郡守汤绍恩所建,康熙四十九年,或议拆毁重修,科敛三邑民财三万余,竹与世父尔绳力争之乃已。五十五年,请筑西江备塘。五十八年,奸民盗泄湘湖,为九乡害,复偕众诣省,诉于大藩,立示严禁,永照赵顾放水成法。著有《经史汇编》,未授梓。(乾隆《萧山县志》)

来之耀,太学生。雍正十年饥,输粟百余石以济族人。至于修陂塘,立祠产,无

不踊跃捐资,以成义举。(乾隆《萧山县志》)

章镛,字惟梃。邑诸生,以孝义闻。族人有以病鬻妻者,将行,镛为之偿价。康熙庚子疫,镛舍棺百余。父文隆尝捐临浦义渡田八亩,被僧盗卖遁去,镛照价赎回,请县勒石。造回龙桥,修蒋家桥,民不病涉。雍正癸卯饥,镛按户计口,每人给米一斗,乡人称之。(乾隆《萧山县志》)

来五槐,来孝子五槐,母患病,爱啖梨,仓猝不可得。孝子渡江至省购办,日向暮,狂奔出城欲归。至江边,白浪掀天,孝子仰天长号,各舟人不敢渡。有一老者解缆招之曰:"来来!有此至孝,舟或无害。我渡汝。"鼓棹冲逆浪而行,至半江,飓风益厉,势将覆舟,人骇怪不能支。孝子望空哀告曰:"某欲得一梨以饷母,今不归而命尽于此。今吾母悼子死,非罪上加罪耶?"一恸几绝。须臾,若有人曳之而出,风骤平,抵东岸道旁,观者皆合掌称贺。孝子亦如庆再生焉。其族追念旧事,纠会置产,至今祀之,名孝子会。《来氏家谱》。(民国二十四年《萧山县志稿》)

来嗣尹,字淞庭,道光戊子举人。幼承家学,多所览识。其学务根柢,为文必本六经诸史。会试凡十二应,虽不第而声称益著。其间薄游大江南北,贵人达官若宝应朱文定、常熟翁文端,皆争相引重。某年授国子监学录,未满俸,以年老辞归。复授经乡里,居恒不事干谒,以名节自励。洪杨之乱,贼至长河,嗣尹不为屈,自出朝服示之,而骂不绝口,遂遇害,年七十有三。著有《周易折中经》四卷,《眉林书屋诗存》八卷,《冠山逸事》二卷。(民国二十四年《萧山县志稿》)

来其鉴,原名其铿,字子鲸,号宝山。道光甲辰举人。为人恂恂循矩蠖,杜门不预外事。西兴开龙口一案,力持不可。然见义勇为,在常山教谕任,捐俸倡修学宫。继因军事日棘,不得已回里,日惟坐楼著书。同治癸亥,萧山克复,贼西窜,掠其子福禧以去。其鉴喟然曰:"吾安事草间偷活哉!"遂整衣冠投河而死。(民国二十四年《萧山县志稿》)

来鸿璿,字珽渠,号雪珊。本生父其浩。嗣父煦,翰林院庶吉士。幼岐嶷好学,八九岁时腹患胀如鼓,犹抄书不辍。家贫,十五为童子师。粤军且至,送妹之山西就嫁,因馆交城者有年。同治丁卯旋里,逾年补绍兴府学生,旋以优等食饩。光绪己丑举于乡,年已四十矣。性耿介,不喜干进,自门弟子修赘外,一介未尝取诸人。方其在山西也,本生父卒,不逮视含敛,以为终身疚。戊戌冬,本生母傅卒,鸿璿年将五十,哀毁逾恒,自此绝意进取,杜门著书。《来氏族谱》自万历斯行、康熙集之修,后未有成书。鸿璿起而续之,体例完善,无愧绍述。《冠山逸韵》为来氏阖族总集,鸿璿为旁搜而续辑之,岁余告竣,须发尽白。家益贫,不得已复馆他邑,以疾归。一身行谊,以居敬为主,衣冠必正,至死弗渝。宣统己酉卒,年六十。著有《绿香山馆全集》，久行于世。其《古文》二十卷，《四书典解新义》十六卷，《绿香山馆丛考》，《随笔》《莲花梦传奇》各若干卷，未刊。(民国二十四年《萧山县志稿》)

来耀先(1893—1935)，中国共产党第六次全国代表大会代表，浙江省萧山县人。原名来宝坤，小名阿坤。出生于贫苦农民家庭，自幼以理发为业。1927年6月在中共萧山地方组织的教育下，不顾危险，利用理发职业接触面广的有利条件，帮助党组织在西乡一带进行秘密联络。同时组建萧山长河农民协会，开展农民运动。7月参加中国共产党，不久负责建立了中共萧山县长河镇支部，任书记。1927年9月担任中共萧山西乡区区委委员。10月根据中共八七会议确定的土地革命和武装反抗国民党反动派的精神和县委指示，多次召集秘密会议，组织和发动农民，以西乡农民协会的名义举行2000余人的示威游行。还与各村农民协会商定，统一制定交租用的"会斗"，取代地主自制的"大肚斗"，禁止地主在收租时乘机勒索等措施。1928年3月，国民党反动军警逮捕长河农民协会负责人，闻讯后率数百名农民，以铁耙为武器，同军警展开搏斗，救出了同志，并乘胜冲进警察所，不顾警察开枪威胁，先后捣毁了长河警察所和西兴警察所。次日遭几十名军警的包围逮捕。在押解途中，经党组织发动渔、农民埋伏拦截而获救。领导的萧山西乡农民运动得到浙江省委关注和肯定。1928年4月在中共萧山县委召开的党员代表会议上，被推为中国共产党第六次全国代表大会代表。随即赴莫斯科。1928年6月18日至7月11日，作为浙江省正式代表出席了中国共产党第六次全国代表大会。会议期间代号为116号。参加大会农民问题委员会。大会结束后到苏联各地参观。后回国在杭州、上海等地从事地下工作。1928年8月在家里开"坤记理发店"，代为党组织的秘密联络站。1935年3月在上海遭反动会党杀害。后被追认为革命烈士。(《中国共产党第一至第六次全国代表大会代表名录(增订本)》)

来裕恂(1873—1962)，字雨生，号匏园老人，萧山长河镇人。光绪十六年(1890)肄业于杭州诂经精舍，十八年(1892)任教杭州崇文、紫阳书院。二十五年(1899)，主持崇文义塾智斋教务，接着任教求是书院。二十九年(1903)，东渡日本，就读弘文书院师范科，获文学士学位；同时考察日本教育。翌年，应聘为日本横滨中华学校教务。同年归国，加入光复会。宣统末年(1911)任萧山劝学所劝学长。民国初年，调萧山教育科长。后任萧山县志馆分纂，参与编修民国《萧山县志》。1919年始，任教于杭州甲种女子职业学校、葫芦岛航警学校。1927年出任绍兴县县长，因不满官场恶习，不久即辞官回乡。1934年任教上海大同大学。抗日战争爆发，返乡，于长河月湾里设馆教书，后转教长河小学。1948年复任萧山县修志馆编纂，时修志馆形同虚设，来即个人修志，因生活困难，部分手稿用"宓大昌"包烟纸书写,终于完成《萧山县志》手稿14卷。来一生著述较多,有《汉文典》《匏园诗集》《春秋通义》《文学史》等多种著作问世。解放后,来裕恂受聘为浙江省文史馆馆员。1957年当选为萧山县政协常委,1958年当选为县人民代表。1962年7月逝世,终年90岁。(1987年《萧山县志》)

来金章(1892—1962),字印高,浙江萧山长河镇人。生于1892年2月17日(清光绪十八年正月十九)。毕业于江南将弁学堂、杭州陆军讲武堂、保定陆军军官学校第六期步科、陆军大学特别班第二期。早年参加护国、护法之役,任护军第二团队长、参谋官,宁波善后绥靖处军务科长。1924年秋到广州,任黄埔陆军军官学校第四期军械处少校军械官、中校副官。参加北伐战争,任第一军军械处科长、东路军总指挥部军械处副处长,参谋本部兵工署军械处长。还曾任陆军辎重交通学校主任教官。抗日战争爆发后,1937年9月8日后方勤务司令部设立,任江南总兵站少将主任。1939年10月24日授陆军少将衔。1941年9月20日任军事参议院参议。抗日战争胜利后,退役还乡。1962年7月在原籍病逝。(《中国国民党百年人物全书》)

来楚生,原名稷勋,字初生,更字初升,号负翁、安外、木人、然犀、楚凫等,萧山县长河乡人。毕业于上海美术专科学校,后定居上海,以字画为生。其书、画、印三者俱佳。书法宗汉、魏、晋、唐,草、隶、篆皆工,尤以草、隶冠绝一时。其画工于花鸟,师承八大山人,兼具赵(之谦)、吴(昌硕)画风,取众家之长,熔铸腕底,自成一家。他反对泥古因袭,主张"不落前人窠臼",使传统花鸟画推陈出新。治印尤为著名,运用古玺之法逾越前人,篆刻章法布局,着意疏密虚实,力求创格。同行赞为:"吴越才子多刻印,君登当代最高楼。"来楚生皆任上海中国画院画师,为中国美术家协会会员,上海中国书法篆刻研究会会员,杭州西泠印社社员。出版有《来楚生画集》《来楚生书法集》《来楚生篆刻集》等。1975年逝世。(1987年《萧山县志》)

来中民(1919—1946),原名镛珥,萧山长河人。抗战前夕毕业于长河崇实小学。因家境贫困,遂考入杭州贫儿院继续读书。此时接近中共党组织,开始受进步思想熏陶。1938年3月,任职于萧山政治工作队,为抗日奔走。1939年下半年,参加浙江省政治工作队,并于同年加入中国共产党。1941年,来中民任绍兴县皋埠区署区员,从事革命活动。1943年,任新四军浙东游击纵队金肖支队诸暨办事处财政科科员。1945年10月,随军北撤山东,任华东野战军一师三旅八团后勤处主任。1946年,在山东某地的一次战斗中,团部遭敌炮轰击,壮烈牺牲。当时年仅28岁。(《长河镇志》)

孙祖贤(1886—1952),字企斋,萧山长河人。毕业于浙江公立法政学校,民国时期曾先后任职山西太原、陕西西安、湖北武昌等地法院。守身廉洁,处事公正。其诗感事抚事,有忧先天下之概。著有《长河竹枝词》,大半已佚。(《长河镇志》)

西兴名贤

赵与漇,字深渊,行千九,宋太祖赵匡胤次子燕王德昭之后。与南宋理宗赵昀(初名与莒)同属浚仪郡赵氏第十六世(赵匡胤为第六世),是萧山杜湖赵氏第一世。"形貌丰伟,资性刚明"。力主抗金,曾任京西北路招抚使。(《杭州市西兴镇志》)

王景星(1523—1618),字仲祥,号泰征,西兴人。万历二年(1574)进士。历任河南府推官、高邮州州判、五河县(今属安徽省)知县。著有《鹤和集》《啜茶余话》。(《杭州市西兴镇志》)

王夫人,殉身成堰,救夫保民。萧山县之西十里,曰西兴,即古西陵,有塘曰股堰,所以楗山会之决溢,而保障亿兆生灵于世世者也。元至正间,江潮荡析,官督所在分工筑防,有里正杨伯远者,分直西堰,其下潭深,水所窟,筑辄圮,伯远破产,被棰楚,不可活。其妻王氏哀之,夜泣祷于江,誓以身殉。先夕,割臂肉,投潭中,饲怪物,曰愿怜而他徙。越夕,潭沙涨,堰竟成,后越人为立庙报其烈。后二百余年,朱文正载其事于碑,而为之文曰,圭惟曹娥,一家之孝女也,遂以名其江,而传不朽。若杨王氏之事,救其夫于颠沛,何其烈也,以匹妇舍身之诚,蛟鼍为之迁徙,塘堰巩于金汤,保三邑亿万人之生,捍数百年无疆之患,其功德休烈,浩浩乎与江河无量,岂不伟哉。(民国三十七年《萧山县志》)

王夫人,原大庄王村(今属临浦镇)人,适西兴里正(相当于现在的村主任)杨伯远为妻。至正间,西江塘西兴一段决口。官府便在决口处督建圩堰,但是屡建屡陷。王氏得悉,毅然割股投水。一夜沙涨,堰遂建成,终使萧、绍两地免遭水淹。乡人为纪念王氏义举,命此堰为"股堰",并建王夫人庙以祀。明万历三十年(1602),朝廷下诏重修;清嘉庆元年(1796),又下诏重修,并封王氏为烈彰恬显王夫人。清,道光朝协办大学士(宰相)汤金钊有《股堰庙二十四韵》,较为翔实地记载了此事始末。王夫人墓在石岩徐家坞。(《杭州市西兴镇志》)

王跃,字伯仪,世居西兴。曾祖景星,明万历甲戌进士;外祖黄可贤,于崇祯间以明经任广西庆远府宜山县县丞,以年老,携跃之父母与俱。清顺治初年,天下异军纷起,广西以国异路遥,音讯不嗣。客来有传黄氏阖门死者,跃大恸,誓负亲骨以归。迨广西大定,则擎笠负囊,缠芒屦,哭家庙,别宗戚而行,于康熙癸卯五月戊寅,买舟溯钱唐而上,途中转辗易舟,于七月七日抵广西省城。跃至是金尽,惫甚,告贷于越人之幕游此者,羁旬有一日,力疾行至庆远,叹曰:"此非二十年魂梦不忘之庆远哉? 今至此,幸矣。"又三日为八月壬寅,至德胜镇,此当日宜山治,正跃外大父服官处也。寓大观寺,麻衣祖括发,三步拜祷,乞神阴相。鸡初鸣,整敛具,昧爽,趋东关,金传旅榇停此。然古冢新阡,百千莫辨。忽有人自山阿来,叩之,为杨子起,即葬跃父母及外祖父母四骸之人也。爰启冢,先得外大父,继得其父母,又于子起家左右,得其外大母。四骸毕聚,跃为位哭之。已,复延子起上座,流涕拜谢。遂裂内衣,裹四骸归,或穿旧径,或涉新途,往则陆易而水艰,归则陆艰而水易,爰于甲辰五月乙丑抵家,随归外大父母骸于黄之嗣孙,礼葬父母于祖茔之次。自癸卯出,迄甲辰归,凡十有三月,计三百七十七日,往还一万五千里,间关险陁,困苦万端。徐芳声、蔡大敬争纪其事,叹为纯孝焉(新纂)。(民国三十七年《萧山县志》)

蔡大绩,字君可。幼颖异,工古文词,浮沉黉序者几五十年。著《古永兴往哲记》,甚博雅。万历乙丑,与张谅、戴文明修邑乘。《学志》。(乾隆《萧山县志》)

蔡大绩,字君可,号龙川,嘉靖间庠生,博学多闻,长于古作,尤工诗词,补邑诸生,浮沉庠序者几五六十年。万历乙丑刘大尹会延修县志,与张谅、戴文明辈秉笔甚公,邑无敢议者。所辑有《古永兴往哲记》,自洪武起至嘉靖人物,名德得四人,忠节得二人,刚介得二人,孝义得一人,高隐得二人,丹青得二人,艺文得十一人,风雅得十人,博雅得二人,方技得三人,衲子得四人,因事附见若干人,多为邑志所未备,足补有明一代人物之阙。(民国三十七年《萧山县志》)

蔡大绩,字君可,号龙川,又号西陵病叟,西兴人,明嘉靖朝邑庠生(秀才)。幼时聪慧异常,长而博通古文,并熟悉乡土文史。万历十七年(1589),萧山县县令刘会聘他与张琼、戴文明共同编修《萧山县志》(今存)。此外,他还仿《世说新语》体例,辑有《古永兴往哲记》(今存),收载洪武至嘉靖朝明德、忠节、刚介、孝义、高隐、丹青、艺文、风雅、博雅、方技、衲子等11类43人,是一部颇有价值的明代12朝萧山先哲轶事录。(《杭州市西兴镇志》)

蔡继曾,字宗宾。任羽林卫经历。明时,武备废弛,帅皆纨绔,率以老弱充伍,继曾请厘之,不听,弃官归。居乡多善事。聂《志》。

按《志》述继曾语云:"当以王子敬手版归。"考子敬倒持手版,与告归语意不合。复称"浚河,建梁,赈饥,立义田",未指明何时何地,且与别传雷同。今并节去。(乾隆《萧山县志》)

徐梁佐,字堃元,世居西兴。贾杭州省城,为某米肆友。咸丰辛酉,挟巨资为肆主赴宁波购粮千余石,抵余姚界,闻寇扰省城,萧山已陷,势难前进,急回宁波乡村,暂储以待。是时宁郡亦骚动，觊觎者众，梁佐募民防守。同治初寇退，乃获运省，访求肆主，归其米，颗粒无隐。主人喜出望外，重整旧业，获利数倍；归功梁佐，分半以酬。梁佐固辞，常俸外竟一无所受。子谨之，字兰塍，亦业米肆。洪杨乱后，收失路幼童卢少岚入肆习业，教养婚娶，皆谨之任之。今卢氏子孙藩衍，咸感谨之不置。子光烈，光绪己丑举人，西安教谕。(民国二十四年《萧山县志稿》)

王今高，字元述，号桐君，西兴人。明末考授密云县(今属河北省)守备，因战功晋升山东临清州督阵行营都司、右营游击、直隶大龙门参将。(《杭州市西兴镇志》)

杨廷镕，字冶亭，西兴人。光绪七年辛巳科试，重游泮水(访册)。(民国二十四年《萧山县志稿》)

杨馨治，字梧生。西兴人。光绪乙酉科钦锡副贡，癸巳科钦赐举人。百岁，请旌给以"升平人瑞"匾额。(民国二十四年《萧山县志稿》)

田人熙，字子青，西兴人。道光己酉优贡，充正蓝旗官学教习。以知县宦吴中，权丹阳令。下车惩吏之舞文、士之健讼者，民呼田青天。调署吴江。吴江包漕之风甲诸邑，首严禁之。而宽于贫户，民感其惠，输赋不绝，糈赖以无匮。时寇氛日迫，人熙夜出，巡逻屡获奸宄，斩以徇，邑赖以安。庚申冬，率勇防堵金山。十二月十八日，闻贼众将至金山，乘夜冒雪率水勇迎剿。遇贼队，人熙立船头督战，舟触桥覆，殉焉。同治元年，恤云骑尉世职，祀江苏忠义祠。(民国二十四年《萧山县志稿》)

田人熙，字子青，西兴人，清道光五年(1825)优贡生，出任正蓝旗官学教习。后调任丹阳县县令、吴江县县令(二地均属今江苏省)，有政绩，百姓呼他"田青天"。咸丰十年(1860)冬，率兵防堵金山(今属上海市)，十二月十八日，乘夜冒雪督战，舟触桥覆，以身殉职。同治元年(1862)恤云骑尉，入祀于江苏忠义祠。(《杭州市西兴镇志》)

来福诒，字简斋，襄七房村人，清光绪二十八年(1902)举人，后任教于杭州女子师范、安定中学，1929年首届西湖博览会任秘书。著有《中国文学史》等。(《杭州市西兴镇志》)

沈秋苏(1900—1971)，绍兴人，绍兴越才中学毕业后研习中医，曾投师绍兴单月舟、杭州徐福安。后在杭州望江门直街华山堂药店坐堂门诊，并时赴南京、绍兴等地行医。1933年，受聘于西兴惠济和、延春堂药店为坐堂医师，遂定居西兴。1943年，去南京参加中医师资格考试，成绩合格，领有行医执照。沈秋苏为杭州中医学会、萧山中医协会会员。中华人民共和国建立后，任西兴联合诊所所长。行医40余年，善治温热病及喉症，医德高尚，有仁者之心。(《杭州市西兴镇志》)

来虩(1903—1957)，字远敷，原籍西兴襄七房，来简斋之子。杭州安定中学毕

业后，赴菲律宾马尼拉，就读于菲律宾大学，获文学学士、硕士、博士学位。毕业后留校任政治学教授。(《杭州市西兴镇志》)

来楚生(1903—1975)，原名稷勋，字初生。因生于湖北，改字楚生，号负翁，别署然犀。西兴襄七房人。幼喜绘画，长毕业于上海美术专科学校。抗日战争爆发，蛰居上海，并在上海美术专科学校、新华艺术专科学校任教。生活不敷时，则出售字画。来楚生是著名书画篆刻家，时人誉为书、画、篆刻三绝。性耿直，潜心艺术，不求荣利。生平膺服黄道周为人及其行草书法。其画师承八大山人。为中国美术家协会会员、中国美术家协会上海分会理事、上海中国书法篆刻研究会会员、上海中国画画院画师、西泠印社社员。作品有《来楚生画册》《来楚生画辑》《来楚生书法集》《来楚生篆刻集》《然犀室肖形印存》等。(《杭州市西兴镇志》)

傅仲芳(1891—?)，西兴傅家里人。毕业于保定陆军军官学校第8期。曾任国民党67师师长、贵州省防空司令、99军中将军长(1938年6月29日任)、29集团军总司令、湖鄂川黔绥靖公署副主任、军政部军需署署长。1949年去台湾时已卸军职。(《杭州市西兴镇志》)

傅孟芳(1888—1945)，西兴傅家里(今西兴街道马湖村)人，系傅仲芳之兄。以前曾在西兴街上开过烟行，以收购烟叶、经营烟草为生。抗战时期，任西陵乡乡长。1945年去江西会友时不幸病逝，享年58岁。遗体安葬在长河井山坞。(《乡贤轶闻》)

来伟良，浙江萧山人。曾在浙江武备学堂、炮工学堂求学，并任学长。1910年任浙江新军工程营左队队官。1911年参与杭州起义。1937年5月21日授少将衔。著有《辛亥工程营杭州起义记》等。(《中国国民党百年人物全书》)

浦沿名贤

蒋国恩，字庆吾，浦沿蒋家里人，明万历四十二年(1614)，凿开黄山之峡，建闸潴水。其他赈饥救贫事，皆力任不辞。崇祯四年，邑令刘一愚荐举乡大宾，旌其门。(民国三十七年《萧山县志》)

傅舍，字永宁，"遐观萧邑湘水之西，冠山之侧，浦有平沙，吴山浙水，映带回环，左盼固陵，右挹西江，因卜居荷溪(即今浦沿十间楼)西定宅焉"。(《浦沿镇志》)

许铿川，浦沿子湖人，嘉庆十三年(1808)中恩科武举人，出任浙江提标左营右哨二司把总。(《浦沿镇志》)

附：氏族

来氏　长河

来氏自宋南渡有来廷绍者，以龙图阁学士，出知绍兴府，为来氏迁萧之始祖。由龙图公以上，追溯之，则大户府君为第一世。宋殿中侍御史讳之邵者，为第二世。仕授承议郎袁州通判讳时者为第三世。而隐士梁叔为第四世。至龙图公为第五世。知绍兴府未到任，卒于萧山祇园寺，葬于湘湖方家坞。今来氏以龙图公为迁萧第一世，传至八世来励兄弟而大昌。励之曾大父宣教公正三，暨大父提举公元护咸不乐仕于元，弃官归隐，其志尤足嘉者。至明则有秉宪肃仃，除暴发隐，盛行全陕之两山公讳天球；又有奇词丽句，以文名海内，而魁礼闱之菲泉公讳汝贤；积财冠邑，厚而能施惠及六姻之裕斋公，厥后有来斯行及子燕禧以军功显；来集之科名文学显。清代则科甲联芳，名人辈出，成巨族也。今共支分为六，盖第八世励之子三，励之弟仪子亦三，判为六支云。

汤氏　夏孝乡

汤氏迁萧之祖，谱载以省元公讳举者，为第一世。考举于宋徽宗时中省元，登政和壬辰进士，官朝散郎，赠太师。子思退，两朝冢宰，绍兴中出知绍兴，创别业于萧山，遂入籍。元顺帝至正二十年，庚子兵兴，不无流离迁徙者。至九世孙讳国者，始考世系为谱，于是萧山有夏孝汤氏谱。明洪武十年，十一世孙讳润再修。成化七年，十三世孙讳守资三修。万历五年，十八世孙讳太和四修。清雍正四年，二十二世孙讳尔恭五修。乾隆三十八年，二十三世孙讳滢六修。嘉庆二年，二十四世孙讳元裕七修。十九年，元裕公八修。道光四年，二十五世孙讳应麒九修。十八年，二十五世孙讳金钊十修。咸丰三年，文端公十一修。至民国十八年，二十八世孙聘之已十二修。观汤氏修谱之勤，益知其敦宗睦族矣。粤稽汤氏，近自望贤公积德累功，而启文端相国之昌盛。噫！如文端者，立德立言立功，可称三不朽。今聘之合河兜、西门两处同族，建宗祠于河兜，并设望贤小学，建筑校舍，规模宏远，其不忘本也，可谓有功于汤氏之族矣。后嗣之隆，正未有艾尔。

虞氏　四都大浦闸

吾邑西乡，西陵开化最早，长河次之，回龙山左之虞氏，鸡鸣山右之蒋氏，又次之。虞氏之鼻祖，无人不知为虞舜之后，封于陈。而萧山之虞氏，以唐虞世南为远祖，而其谱则以龙山公讳承裕者，为始祖。以其子元亨，元贞二公为始祖后所分支之宗，本金华人，以元末避苗帅之乱来杭，道经回龙山北，其地虽迫于江浒，而良田广斥，卒后卜葬于山南高阜，于是有虞姓之人，各营田宅，以长养其子孙，则始迁之祖龙山公在萧山开族之由来也。考其派分六支，今之散处各地者，有坂里虞、沙上虞、闻家堰、蓝田虞等处。溯自迁居开族以来，将六百载，俗尚耕桑，世惇孝友。其谱则创自子让公，道光时一修，同治时再修，光绪时三修，民国甲子四修，亦足备乡土志之采访，不仅睦姻任恤，以表其敬宗收族之谊也。

孙氏　堰斗庄

孙氏之先，出自轩辕。舜后至春秋，陈敬仲奔齐，其五世孙子占名书伐莒有功，为齐大夫，受姓于齐景公，始姓孙氏，食采青州乐安，其为名世人远矣。秦汉以来，时合时散，不可缕纪。自景浩公讳明仕吴，征伐有功，食采富春。至钟公之子孙仲谋公，立国江东，族因大振，历李唐赵宋，代有闻人。考其迁萧之半爿山者，实惟明二公，公避乱来萧，家于堰斗。清嘉庆十二年间，十四世孙启人公始创家乘。光绪八年间，以乾四等修辑，世系行第，略而不详。至民国十三年重修，编辑方备。

韩氏　韩家埭

韩氏始祖，系出湘南，讳膺胄，宋忠献王琦第四世孙申国公讳治第五子。高宗时，与伯兄肖胄扈驾南迁，遂卜居萧之湘南。至六世而分支，有宝八房、宝九房、河西林家里等支。迄今相传，已有三十世。

赵氏　渡湖

萧山渡湖赵氏，本宗艺祖后裔，其祠曰广孝，成于清雍正戊申二月。今稽其远祖，自艺祖以来，宗枝茂盛，至今勿替。艺祖当五季末，救民定天下，建都汴，传位太宗，历真宗、仁宗、英宗、神宗、哲宗、徽宗、钦宗，共八世。有金人之乱，遂尔北狩。高宗渡江而南，赖将相张赵刘岳尽忠夹辅，传位立长，秀王之子有圣德，是为孝宗。历光宗、宁宗，至理宗于端平元年三月朔日，在显文阁于玉牒三派，添二代字号，计一十四世，至顺字止。经恭宗、端宗、帝昺，南宋又八世而国灭。后有六陵，攒宫于越,遂居之,今之绍兴华舍是也,是为讳与生之后。其分迁于外郡者,有萧山之渡湖派一支。此支自圣祖十六世孙招抚公为始祖。再传而一支迁于古杭之南星桥。五传而一支迁于杭之童家段,曰东赵,是为讳与涨之后。西河下一支,为韩与评之后,与涨派字法,自十五世至三十世,为齐圣广渊明允笃诚忠肃恭懿宜慈惠和,其谱之修,最近惟光绪二十三年丁酉二十一世孙讳缓,遵旧谱而重辑之。

章氏　蓝田

章氏之先,出于姜姓,实炎帝神农之后。盖神农之子曰临,临生哀,哀生克,克生榆罔,失传。而黄帝缙云氏兴,尧时有共工者,以罪放幽州,子孙为四岳,四岳佐禹平水土,四岳之子曰伯夷,作秩宗,典礼,复赐姓姜,大禹继封为吕侯。后吕尚佐周,武王封于齐鄣,在东平郡无盐县西,今密州有古鄣城。至吕望孙名虎,虎之八代孙曰伟,当周夷王时,去邑自称章成公,齐人伐而服之,仍号鄣子氏。吕在三皇时,缙云为盛族;在五帝时,共工为盛族;姬周时,申吕为盛族。东迁后,鄣国日削,祥不道,齐灭之,春秋于周惠王二十二年,书齐人降鄣是也。鄣子既灭,子孙有名韫者,以先世曾称章成公,故去邑为章。周末之章子,为韫十二代孙,名至孝,齐人使之将兵。章子五世孙历,历生慭,慭生邯,仕秦为少府。二世元年,六国合纵攻秦,邯请骊山徒,击败楚于定陶,击赵围巨鹿,鼓战有功,赵高忌之,乃去秦归楚,项羽封邯为雍王,后为汉灭。邯弟平,平后松,松弟樵,当晋愍失驭,永嘉九年,随元帝渡江,避石勒之难,子孙散居各郡,由是漳湖泉江浙,皆有章氏。樵生四子,曰岩、曰评、曰展、曰长。岩仕晋守大散关,以功封上大夫。评仕晋兵部尚书,其后为兰溪章氏。展仕晋中散大夫,居汴之武阳,其后为射垛章氏。岩于永嘉元年出守泉州,始家南安,生广平太守道盖,盖生法尚,尚生昭达,在陈授大将军封邵陵郡侯,传九世至康州刺史及,又自南安迁之浦城,其后为浦城章氏,生三子,曰侑、曰保、曰修。修生仔钧,仕唐昭宗龙图阁,官至竭忠立志功臣,金紫光禄大夫,武宁郡开国伯,配练氏,封渤海郡君越伯夫人,有阴德,生十五子,咸跻显要。太傅公训子孙勿习武,当以文业起家,故章氏在宋皆世儒。仔钧之后多居西村,仔钊之后多居珠林。太傅公子以仁宁为行。有仁杲者,官至尚书封燕国公,配周氏,封燕国夫人。数传有讳衡者,宋嘉祐二年状元,官于浙,其子允文进士,为杭州通判,遂家武林,建章家桥,是为武林章氏。允文后裔又迁杭之富春,遂为富阳章氏。允文第三子公亮,因知诸暨事,子孙家于萧山之管村,是为管村章氏。允文之子觉,觉生三子,长曰讷,仕润州长史,迁富春之大源,为大源章氏;次曰诚,居临湖之罗山,为罗山章氏;三曰谕,自大源迁诸暨青山,为青山章氏。其余白沙、榆巷、饶州、福州、惠州、乐清、龙泉、永康、新昌、上虞、会稽、山阴、嵊县等,又自浦城一支来。萧山西乡之章氏,自明辛一公迁居蓝田庄,公一公迁居冠山庄,现已二十余世。最近之谱,裔孙以圭字旅卿重修,在民国庚午岁。考章氏于宋代最显,初辟南唐状元官大散大夫章文谷,后有昭文殿大学士章得象、宝文阁侍制状元章衡、端明殿学士留守建康章谊、龙图阁学士章综、礼部尚书章颖、资政殿学士章进、太子太师章粱、礼部尚书章择、刑部尚书章馆、御史中丞兼太子赞善大夫章溢、礼部侍郎章敞、刑部云南清吏司主事章敏、广东提刑按察使金事章信、礼部主客司主事章纶、礼部尚书章懋等。(民国三十七年《萧山县志》)

三、艺文篇

（一）诗词

白马抒情

唐·崔国辅

崔国辅（678—755），山阴（今浙江绍兴）人，一说吴郡（今江苏苏州）人。开元十四年（726）登进士第，累迁礼部员外郎，为集贤院直学士。天宝间坐贬竟陵司马。与陆羽交厚。

宿范浦[1]

月暗潮又落，西陵渡暂停。村烟和海雾，舟火乱江星。
路转定山绕，塘连范浦横。鸥夷近何去，空山临沧溟。

《全唐诗》卷一一九

宋·王安石

王安石（1021—1086），字介甫，号半山，江西临川人。20岁以前，随父南北各地游历。神宗时两度任宰相，倡导变法，推行新制，但受到保守派反对，新法被废，人亦遭贬去世。其诗词不受当时绮靡风气影响，常以散文句法入诗，散文雄伟峭拔，被后人称为"唐宋八大家"之一。著有《临川文集》《王文公文集》。

---

[1]民国《萧山县志稿》卷一："三者领图十二，宋元皆为夏孝乡，以吴夏方孝行名。领里八：山泽、范港、许村、斜桥、杜湖、寺庄、城东、城西。"其中夏孝乡包括今西兴长河一带，范浦也称范港，就是白马湖一带。

次韵平甫金山会宿寄亲友

天末海门横北固,烟中沙岸似西兴。
已无船舫犹闻笛,远有楼台只见灯。
山月入松金破碎,江风吹水雪崩腾。
飘然欲作乘桴计,一到扶桑恨未能。

《临川文集》卷二十二

宋·范成大

范成大(1126—1193),字至能,号石湖居士。吴郡(今江苏苏州)人,南宋诗人。绍兴二十四年(1154)中进士,历知处州、静江、咸都、建康等,官至参知政事(副宰相)。公元1170年出使金国,不辱使命。晚年隐居故乡石湖,卒谥文穆。其诗与陆游、杨万里、尤袤齐名,人称南宋"中兴四大诗人"。

范村[1]雪后

习气犹余烬,钟情未湿灰。忍寒贪看雪,讳老强寻梅。
熨贴愁眉展,勾般笑口开。直疑身健在,时有句飞来。

《全宋诗》卷二二七三

元·萨都剌

萨都剌(约1300—?),字天锡。先世为蒙古族,世居雁门(今山西代县)。泰定四年(1327)进士,历官镇江路录事司达鲁花赤、闽海福建道肃政廉访司知事、燕南河北道肃政廉访司经历。为官多善政,写诗流丽清婉,亦不乏壮伟豪迈之作。其自京口调任闽海时,经过西兴、萧山,留下不少写景诗。著有《雁门集》。

夜过白马湖

春水满湖芦苇青,鲤鱼吹浪水风腥。
舟行未见初更月,一点渔灯落远汀。

《雁门集》卷四

吴越两山亭

干山孤亭据磐石,老我凭高兴无极。长松参天凝黛色,空翠满山如雨滴。长江

---

[1] 范村:即范港村之省称,在西兴老街西南一两千米处,即白马湖一带,包括庙后王、傅家峙、张家西、石板庄、潮大房等自然村。

中断海门辟,两岸连峰排剑戟。或蟠卧龙形,或鼓丹凤翼。仙乘缥缈东海东,徐福楼船竟何益。采药人已陈,鞭石土有赤。四海混一车书同,形胜何须限南北。吁嗟霸业今谁在,吴山越山长不改。

民国《萧山县志稿》卷三十二

江声草堂

卜居西陵下,门临大江皋。
江声自朝夕,岂独喧波涛。
海潮作波浪,山岳俱动摇。
海潮有时息,逝水去无极。
惊风吹浪花,喷溅射崖壁。
万籁俱澄心,何必丝竹音。
月明歌水调,惊起蛟龙吟。

乾隆《萧山县志》卷三十四

明·唐寅

唐寅(1470—1523),字伯虎,号六如居士、桃花庵主,苏州吴县(今江苏苏州)人。明画家、文学家。初为府学附生,弘治十一年(1498)乡试解元。擅画山水、人物、花鸟,与沈周、文徵明、仇英合称"明四家"。工诗文,著有《六如居士全集》。

石井山[1]

嵯峨怪石倚云间,抛掷于今定几年。
苔藓作毛因雨长,藤萝穿鼻任风牵。
从来不食溪边草,自古难耕陇上田。
怪煞牧童鞭不起,笛声斜挂夕阳烟。

《六如居士全集》

明·王守仁

王守仁(1472—1529),字伯安,别号阳明,余姚(今浙江余姚)人,明代思想家。弘治十二年(1499)进士,官至南京兵部尚书。创阳明学派,提倡良知良能。有《王

---

[1] 石井山:在白马湖西南岸的井山湖中心,俗称珠山。明万历《萧山县志》载:"连山旁有一小山,号石井山,其井上广下曲,秉烛入,不尽数十级,相传为妃子墓。"

文成全书》三十八卷。

狮子山[1]

残暑还须一雨清,高峰极目快新晴。
海门潮落江声急,吴苑秋深树脚明。
烽火正防胡骑入,羽书愁见朔云横。
百年未有涓埃报,白发今朝又几茎?

《王文成公全书》卷二〇

镇海楼

越峤西来此阁横,隔波烟树见吴城。
春江巨浪兼山涌,斜日孤云傍雨晴。
尘海茫茫真断梗,故人落落已残星。
年来出处嗟无累,相见休教白发生。

乾隆《萧山县志》卷六

明·来汝贤

来汝贤(1502—1536),字子禹,号菲泉,萧山长河来氏五支十三世。嘉靖十一年(1532)会试第三名进士,曾任江西寿新、江苏丹阳县令,历兵部职方司主事、礼部精膳司主事等。后因病乞休,卒于家。门人集其遗稿为《菲泉集》(十四卷)、《菲泉存稿》。

怀　归

爰想白湖,我心悠悠。
嘉穑在甸,芳草盈畴。
鱼响其沫,鸟宅繁幽。
五月清凉,疏野鲜俦,
雉雏于亩,麦秀油油。
二仲徐来,青蔬款留,
仰天吾醉,取荫一丘。
落煦映裳,放歌言休。

---

[1] 狮子山:在白马湖西南岸。

忘境偕适,怡神苑游。
真寝不梦,真觉无忧。
今夕何夕,滞此远游。
抑志从俗,昧昧不售。
引泉泛觞,励齿高流。
眷言夙驾,浮舟夷犹。
仙药常采,服之无尤。
体肌如玉,同此素修。

《菲泉存稿》卷一

明·陶承学

陶承学(1518—1598),字子述,号泗桥,浙江会稽(今绍兴)人。嘉靖二十六年(1552)进士,授中书舍人。历南京御史、徽州知府、河南布政使等,时称贤吏。官至南京礼部尚书,后辞官归里,卒谥恭惠。著有《字学集要》等。

南济桥

黄甓山下行人急,白马湖头水更寒。
共说寒裳愁落日,可能驱石驾回湍。
俄惊断峡空中下,笑指双龙望里蟠。
银汉近知秋色净,清时题柱定谁看。

乾隆《萧山县志》卷三五

明·来斯行

来斯行(1567—1634),字道之,号槎湖,萧山长河来氏四支十四世。明万历三十五年(1607)进士,官至福建右布政使。著有《五经音诂》《经史典奥》《四书问答》《论语公文》《槎庵小乘》《刑部狱志》《胶莱河议》等书。

采莲曲

不爱莲花红,不爱莲叶绿。只爱莲房结莲子,中有莲心宛且曲。经风花易落,经霜叶易衰。莲心终不改,看取种莲时。

《冠山逸韵》卷四

明·李流芳

李流芳(1575—1629),字长蘅,一字茂宰,号檀园、香海、古怀堂、沧庵,晚号慎娱居士、六浮道人,南直隶徽州歙县(今安徽歙县)人,侨居嘉定(今上海嘉定),明代诗人、书画家。

莼羹歌

怪我生长居江东,不识江东莼菜美。今年四月来西湖,西湖莼生满湖水。朝朝暮暮来采莼,西湖城中无一人。西湖莼菜萧山卖,千担万担湘湖滨。吾友数人偏好事,时呼轻舠致此味。柔花嫩叶出水新,小摘轻淹杂生气。微施姜桂犹清真,未下盐豉已高贵。吾家平头解烹煮,间出新意殊可喜。一朝能作千里羹,顿使吾徒摇食指。琉璃碗成碧玉光,五味纷错生馨香。出盘四座已叹息,举箸不敢争先尝。浅斟细嚼意未足,指点杯盘恋余馥。但知脆滑利齿牙,不觉清虚累口腹。血肉腥臊草木苦,此味超然离品目。京师黄芽软似酥,家园燕笋白于玉。差堪与汝为执友,菁根杞苗皆臣仆。君不见区区芋魁亦遭遇,西湖莼生人不顾!季鹰之后有吾徒,此物千年免沉锢。君为我饮我作歌,得此十斗不足多。世人耳食不贵近,更须远挹湘湖波!

《蠖斋诗话》

清·来集之

来集之(1604—1682),原名镕,字元成,号倘湖,萧山长河来氏四支十六世。自幼勤学,博通经史,擅诗词、古文及戏曲。崇祯庚辰(1640)进士,授安庆府推官,累官太常寺少卿、兵科左给事中,明亡后不仕。康熙十七年(1678)开博学鸿儒科,抚军推荐,不赴。著作极丰,有《倘湖樵书》《倘湖遗稿》《倘湖手稿》《南行偶笔》等十余种存世。

雨中花慢·雨中自排马湖[1]归

全未分明,疑水疑山,望中一片平芜。看蜻蜓软翅,蝴蝶沾须。翼重鸢飞趑趄,肩寒鹭立趑趄。笑新诗口滑,墨气浮天,罩定葫芦。

前村未远,吾庐闲在,庐中贮有琴书。浑未识,茫茫身世,一半含糊。往事回旋若梦,新怀历落多疏。旁人若问,元真何处?多在重湖。

《倘湖遗稿》

---

[1]排马湖:即白马湖,下同。

沁园春·题贾祺生江上新居[1]

排马湖边,越王城下,长河远村。览江庐许刹,思量六代;桃源渔浦,追忆虞秦。东吊蠡谋,西凭胥怒,还溯桐江觅钓纶。扁舟去,访六千君子,倘有遗人。

鉴湖原属闲身,好芦叶丛中乌角巾。趁早霞初挂,独留丽句;秋风未起,先荐湘莼。果熟杨家,厨烹鴘鸟,更卢橘含桃品味新。云岩寺,却古称西隐,与子沉沦。

《倘湖遗稿》

西江塘纪事
为邑明府韩康先作

城西西畔即湘湖,小舸行看江水纡。
三折势雄传白马,两峰遥望下飞凫。
篱花尽散村光丽,陇麦将秋野屋苏。
共说使君好洒落,不随车盖不携厨。

乾隆《萧山县志》卷三五

明·徐继思

徐继思,名止岩,号菽庵,杭州人。明亡为僧,住杭州西湖净慈寺。工诗善画,有《同凡集》。

钱塘怀古

胥丘西郭水连天,庆忌孤坟落照偏。
夜夜海潮飞白马,年年江月度乌鸢。
越王台榭愁荒草,吴苑笙歌泣断烟。
七十二峰零乱后,只今依旧采莲船。

《海塘录》卷二十四

明·朱纯

朱纯(1417—1493),字克粹,号肖斋,自号龟峰识字农,山阴(今浙江绍兴)人。博雅有儒行,太守戴琥深敬礼焉,钦授翰林院简讨召修。正统元年官兵科给事中,后刑科给事中。著有《陶铅集》《驴背集》《自怡集》《农余杂言》等。

---

[1] 题下原注:"北直人,旧令萧山。"

登玩海楼[1]

旭日动沧溟,楼高曙色明。
烟霞千嶂合,钟鼓半空鸣。
天阔淮山迥,云连越树平。
凭高屡回首,不尽望乡情。

康熙《萧山县志》卷六

九日登玩江桥

独上驿南楼,凭高散旅愁。
江山几陈迹,天地一浮沤。
且复簪黄菊,何须叹白头。
长歌少陵句,诗思满沧洲。

康熙《萧山县志》卷六

明·王谊

王谊,字内敬,山阴(今浙江绍兴)人。宣德初待诏翰林。

镇海楼[2]

兰芷浮香淑景暄,画栏高倚看朝暾。
烟边绿树分罗刹,浪里青山是海门。
别崦重遮句践国,春江曲抱苎罗村。
登临自喜添诗兴,几度临风倒玉樽。

手抄本《越州名胜诗》

明·黄猷吉

黄猷吉,字仕祯,山阴(今绍兴)人,隆庆二年(1568)进士,曾任山阴佥事。

无 题

到处行游郁未开,独凭高阁思雄哉。
平生最爱居临水,此地真宜石作台。

---

〔1〕玩海楼:在西兴渡口,弘治年间重建,改称镇海楼。本诗在康熙《萧山县志》中为张矞作。
〔2〕选自万历《萧山县志》,原诗无题。

任使潮声翻地轴,不妨山影落吟杯。
药鳌易展任公手,纪胜难逢杜老才。

楼门直望海门开,扶醉登临乐快哉。
两掖挟飞吴越国,六鳌齐戴水云台。
廓廖天地掸吟笔,感慨沧桑问酒杯。
万古东流谁是主,挽回尽属使君才。

康熙《萧山县志》卷四

无 题

南山鞭石走如羊,筑就新堤控大洋。
任尔鸥夷驱海若,无劳强弩射钱塘。
西来城郭增吴会,东去桑田拥越乡。
不是天生苍水使,问津空望海门长。

康熙《萧山县志》卷四

明·朱南雍

朱南雍,字子肃,山阴人(今绍兴)人,隆庆二年(1568)进士。曾任山阴通政。

无 题

乘兴登高漫举杯,凭阑一望意徘徊。
长堤谁续千年迹,古渡今新百尺台。
潮若斗龙从地起,山如飞凤隔江来。
题诗谁是唐崔颢,好景应难尽乎裁。

康熙《萧山县志》卷四

明·商为正

商为正(1527—1602),字尚德,会稽人(今绍兴)人。隆庆五年(1571)进士,官至大理寺少卿。

无 题

鞭石东南驾碧空,何当璧马走蛟龙。
雄开铁岸三千尺,翠锁江关百二重。

琴鹤有声鸣化日,郊原无地不春风。

论功今古谁能似?邺下清才一再逢。

康熙《萧山县志》卷四

明·陶望龄

陶望龄(1562—1609),字周望,号石篑,会稽(今绍兴)人。万历十七年(1589)进士,历任翰林院编修、国子监祭酒。

无 题

叠石成堤结构雄,岩峣飞阁倚晴空。

根盘吴会鲲鲸静,势涌东南雨露通。

鸟集平沙春自语,花当古渡岁初红。

欲知今日西陵意,一带渔歌和晚风。

康熙《萧山县志》卷四

清·毛奇龄

毛奇龄(1623—1716),浙江萧山城厢镇人,原名甡,又名初晴,字大可,号西河。毛万龄之弟,明末诸生。明亡,窜身城南山,读书土室中。康熙时授翰林院检讨,任《明史》纂修官。素晓音律,博览群书。好为驳辩,他人所已言者,必为反其词。著有经史子集著作数种,今辑为《西河合集》刊印。

桃花村(二首)

其一

马湖西头桃花村,当湖一曲有桃根。

春三二月人不见,桃花开时双闭门。

其二

春桃花开马湖里,三年桃花四年李。

女儿嫁时看种桃,几度桃花落湖水。

《西河合集》卷一百三十八

清·单隆周

单隆周,字昌其,萧山人。年十四补弟子员,与毛奇龄、蔡仲光、张远交游。著有《史记考异》《雪园集》等。

与诸子饮白马湖舟中

吾意在沉饮,呼朋作快谈。

举杯芳树下,停楫大湖南。

浪白衣逾薄,风多酒不堪。

莫愁前渚暗,汀月焰余酣。

《雪园集》卷九

清·蔡仲光

蔡仲光(1609—1685),原名士京,字大敬,萧山人。明末诸生,以博学著称,后匿迹山林,悉心从事灾异、星象研究,著《地震说》一卷。康熙年间,征召不就。著有《谦斋文集》《谦斋诗集》。

湖中春社

单船叠舸影摇空,一入明湖似镜中。

不尽含愁春社酒,落花啼鸟绮罗风。

《谦斋诗集》卷七

湖上薰风歌为王二勉(四首选一)

满湖晴色藕花开,疏布鱼罾望若杯。

愿得与君频把酒,振衣高啸越王台。

《谦斋诗集》卷七

清·姚夒

姚夒,字胄师,号成庵,山阴(今浙江绍兴)人。著有《周易群诠合璧》《饮和堂集》。

宿新坝

日淡江行暮,村烟系去舟。

离家犹未远,作客已多愁。

险阻意中事,兵戈分外忧。

孤衾深夜坐,月色到床头。

《饮和堂集》卷三

清·陈至言

陈至言,字青崖,号山堂,萧山人。清康熙三十六年(1697)进士,官翰林院编修。

醉春风·湖上即事

一棹湘溪渡,几曲横塘路。绿阴冉冉嫩红肥,住住住,白马晴波,玉屏烟树,望中无数。　　看几行沙鹭,不为闲愁误。就今朝尽醉何妨,去去去。遥指前村,银潢月上,归来方暮。

《苑青集》卷二一

孤鸾·妆亭怀古

越王城下,近排马湖边,妆亭故址。草色西陵,翠黛青螺如洗。当年浣纱石上,捧心人今归何地? 断送龙楼凤阁,在馆娃宫里。　　想古来兴废多因此,总鸡已名陂,鹤能称市。但舞裙歌袖,抵六千君子。笑他姑苏麋鹿,又飘然五湖风味。试看君臣石室,霸图如斯耳!

《苑青集》卷二一

清·张文瑞

张文瑞,字云表,号六湖,萧山人。读书好古,淹贯经史百家,属籍太学。屡试不举,随例谒选,官青州府同知,有政绩,晚年倾心家乡水利。著有《六湖先生遗集》。

从长河泛马湘二湖归舟口号

两湖烟水一扁舟,十里斜阳映素秋。
行到卧羊坡尽处,越王城上月如钩。

《六湖先生遗集》卷七

清·来遁庐

来遁庐,字圻圣,萧山长河来氏大支十七世。清廪生,曾官湖州府学训导。

舟次马湖

空碧净无尘,和风应小春。
当年征战处,日暮寂无声。

《冠山逸韵》卷二

清·来曾奕

来曾奕,字仁先,萧山长河来氏二支十七世。

采 莼

丝丝如织满湖滨,千里秋风此暮春。
著眼细牵千尺练,握拳斜挦数条银。
性欺炎热呵还冻,胎脱空灵晕有神。
一柱晶光悬日月,何须系艇问迷津。

《冠山逸韵续编》卷四

清·来式铎

来式铎,字木庵,萧山长河来氏二支十八世。清监生,著有《郁寥集》。

采莲曲

蒲塘水暖薰风来,莲叶田田菡萏开。江南女儿荡舟入,叶照衣裳花照腮。大姑拿短篙,小姑手作楫。停篙复荡楫,翻花还动叶。皓腕初呈玉色光,水中惊起双鸳鸯。有花能并蒂,无叶不生香。莫畏溅罗袜,宁防看面妆。采莲花,花灼灼。花长叶暗不见人,但闻笑语声欢谑。声欢谑,折莲枝。只恐肤四刺,谁怜藕断丝。缘知藕断丝难断,即复关情心绪乱。折得莲柄引丝多,剖得莲心苦无算。采莲花,莫留连。小姑采莲莲叶鲜,大姑采莲莲叶干。一样莲花两般色,伤心只为藕丝牵。

《冠山逸韵续编》卷七

清·来翔燕

来翔燕(1738—1804),字吾庐,萧山长河来氏二支二十世。编有《冠山逸韵》,著有《草庐近咏诗草》。

马湖晚归

晚出萧然道,归来小艇中。
水寒鱼寂寞,山远树朦胧。
月色埋烟雾,鸿声入雨风。
湖头灯火夕,指点几家红。

《冠山逸韵》卷三

清·来宗敏

来宗敏(1760—1816),号懋斋,萧山长河来氏二支二十一世。乾隆戊申(1788)举人,嘉庆丙辰(1796)进士,曾官知县。著有《懋斋大题》。

晚渡钱江

拍岸惊涛落眼边,潮平风正一帆悬。
大江日夜流千古,全浙东西划半天。
残霭远拖渔浦树,暮鸦遥点范村烟。
英雄多少浪淘尽,击楫中流为慨然。

《冠山逸韵续编》卷五

清·蒋楚材

蒋楚材(1782—1851),名之楠,又名杞林,字楚材,萧山浦沿蒋氏十三世。清庠生,屡试不第,后经商,曾为西塘修筑工程监理。按:此为《盍簪图》上题诗。

题《盍簪图》

溪口红亭映绿天,座中佳士喷蓝烟。
沉香裊毕游丝尽,闲伴同人看画船。

现代·来嗣毂

来嗣毂,萧山长河人,生卒年月未详,曾任民国初年长河来氏国民小学堂校长。

湘湖赞

湘湖水利,灌溉九乡。
何彼典史,私放受赃。
我祖上闻,褫其冠裳。
禁碑示之,杨魏有光。

《来氏家乘》

现代·来裕恂

来裕恂(1873—1962),字雨生,号匏园老人。曾师从晚清国学大师俞樾,传统文化基础深厚。1903年留学日本,入弘文书院师范科学习,乃萧山首名留学生。留日期间曾担任同盟会主办之日本横滨中华学校教务长。1905年回国后加入光复会。民国初任萧山县教育科长。1927年任绍兴县长,不久因厌恶官场龌龊而辞职。1934年在上海大同大学任教。抗日战争爆发,回乡以教书为生。新中国成立后未久,经旧友沈钧儒、马叙伦推荐,任浙江省文史馆馆员。1957年当选萧山县政协常委,1958年当选萧山县三届人民代表。1962年7月终于故里,享年90岁。来裕恂著作极丰,1924年自费印行《匏园诗集》,收录了1889—1924年所作古今体诗2400首。其有《匏园诗集续编》手稿10本(缺2本)27卷,收诗千余首,与《匏园诗集》手稿均存杭州图书馆特藏部。所著《萧山县志稿》已由天津古籍出版社出版。学术著作有《汉文典》《春秋通义》《中国文学史》等。《匏园诗集》1996年12月由来裕恂之孙来新夏教授出资由天津古籍出版社出版发行。

过白马湖[1]

石姥寺前石姥湖,湖形腰细似壶卢。
波光一片白于练,山色千重绿若芜。
断岸可将桥作锁,临流只觉水平铺。
四围苍翠如屏列,满目天然好画图。

《匏园诗集》卷一

石姥湖夜泛

明湖明若镜,水势尤浩瀁。
秋山翠淡浮,秋霖添新涨。
泛泛凫逐流,鹢首随波扬。
清风吹我襟,双桨激苹浪。
渔舍月为灯,雁更寒犹防。
明河淡若无,千林皆雪亮。
长天水一色,舟子鼓轻榜。
青峰崔复嵬,倒映澄波上。
云树与我期,泉石恣幽访。

《匏园诗集》卷一

长河歌

冠山之麓钱江沱,南渡文华宜咏歌。十里村庄千道水,众流汇合成长河。我祖卜居光门第,至今二十有七世。文经武纬代有人,直与斯河相维系。河不大而源

---

[1] 题下原注:"《万历县志》:县西三十里有石姥祠,又有石姥湖。"石姥湖即白马湖。

远,水不深而流长。百曲千弯到马湖,马湖桥外水汪洋。术者谓湖形若壶,颈长腰细腹侏儒。惜哉石闸筑村中,壶底凿破乃大愚。余谓凡事求便利,筑闸本为交通计。水浅闸闭水涨开,农田水利无流弊。河水长且涟,莲叶何田田。河水长且沦,鱼尾何莘莘。农住河之浒,秋纳稼兮冬塞宇。人在河之湄,春煎韭兮夏烹葵。祖泽长比长河长,槐阴樾荫百世芳。洁比身兮秀比貌,清白子孙姓氏香。此河长亘沟涧注,其源还向龙潭溯。最初流细细如藤,壶卢之说差足据。

《鲍园诗集》卷一

白马湖边看小艇捞鱼

暑气薰蒸荡短艭,渔兄渔弟击渔梆。
云垂四面天将雨,我尚乘凉立石矼。

《鲍园诗集续编》卷十四

白马湖汉港观渔人获鹜

秋风秋雨振菰蒲,自去自来泛野凫。
那识渔翁鱼网设,居然得利市中沽。

《鲍园诗集续编》卷十三

白马湖观鱼

马湖之水何泱泱,马湖之鱼何洋洋。
悠然而逝得其所,老渔沉网水中央。
得鱼贯柳鼓枻去,伊人泂溯天一方。

《鲍园诗集续编》卷十三

村　居

嚣声飞不到,廛市隔犹遥。
蓑笠农家借,丝筒渔子邀。
循行鸿印路,来到马湖桥。
避难何时已,肠回心苦焦。

《鲍园诗集续编》卷十三

游包家湾(四首)

苍翠复苍翠,群峦未许攀。
分明摩诘画,不是辋川湾。

为问能言鸟,阴阴林木深。
此间诚可乐,尘俗不相侵。

明代倪高士,山耽平远形。
螺痕欣倒影,湖畔草逾青。

老友想非非,此间避炮机。
水重山亦转,晴翠扬烟霏。

《鲍园诗集续编》卷十三

海山滩观鱼

何必濠梁上,方知乐在鱼。
敢云物即我,到底子非予。
妙理参无极,化机任太虚。
地临活泼泼,随处是华胥。

《鲍园诗集续编》卷十三

濒湖遥望包家湾诸山

秋山几点净如螺,云鬟峨峨艳若何?
独立湖滨遥望处,此生应许老槃阿。

《鲍园诗集续编》卷十三

白马湖修禊

避难白马湖,修禊湖之濡。
黄金菜花皎,白玉笋牙腴。
何必兰亭地,无妨麦陇隅。
买春钱不费,有鸟唤提壶。

《鲍园诗集续编》卷十四

送　春

送春原是迎春者,迎送成为多事人。
太息落花无限恨,萧然独立马湖滨。

《鲍园诗集续编》卷十四

现代·黄炎培

黄炎培(1878—1965),爱国民主人士,教育家。江苏川沙(今属上海市)人。1905年加入同盟会。1915年赴美考察教育。1917年在上海创立中华职业教育社,次年创办中华职业学校。1938年任国民参政会参政员。1941年参与组织中国民主政团同盟。1945年访问延安,同年发起成立中国民主建国会。1949年后,历任政务院副总理兼轻工业部部长、全国人大常委会副委员长、全国政协副主席、中国民主建国会中央委员会主任委员。

挽沈定一

八月廿九日沈定一被刺于萧山衙前车站。

善以党权造群福,沉沉四海一玄庐。
奇才早抉樊篱尽,小试能令井里苏。
一死定关天下大,百身许赎我良无。
匏瓜深浅谁能测,肠断清波白马湖。

《黄炎培诗集》

冠山名胜

宋·秦观

秦观(1049—1100),字少游、太虚,号淮海居士,高邮(今江苏高邮)人。元丰八年(1085)进士。元祐初任太学博士,迁秘书省正字,兼国史院编修官。绍圣元年(1094)坐元祐党籍,出通判杭州,累遭贬谪。"苏门四学士"之一。著有《淮海集》《淮海居士长短句》。

次韵公辟会蓬莱阁

林声摵摵动秋风,共蹑丹梯上卧龙。
路隔西陵三两水,门临南镇一千峰。
湖吞碧落诗争发,塔涌青冥画几重。
非是登高能赋客,可怜猿鹤自相容。

《全宋诗》卷一〇六四

宋·魏了翁

魏了翁(1178—1237),字华父,号鹤山,邛州蒲江(今属四川)人。庆元五年

(1199)登进士,开禧元年(1205)以武学博士对策,谏开边事,御史徐相劾其狂妄,遂辞官。理宗亲政,累擢端明殿学士、同签书枢密院事,督视江淮、京湖军马。著有《鹤山集》。

登冠山次瞻叔[1]兄壁间旧韵(二首)

其一
芦花朴朴雪连天,枫叶糁糁日满山。
似识游人非俗客,远峰呈露玉屑颜。

其二
又到黄昏别有天,落霞明水月衔山。
乱烟远树供诗卷,浊酒狂歌伴醉颜。

《鹤山集》卷八

宋·戴栩

戴栩,字文子,号浣川,温州永嘉人。嘉定元年(1208)进士,历太学博士、秘书郎,曾为湖南安抚司参议官,仕终太常博士。学于叶适,文章风格亦与之近,其诗受"永嘉四灵"影响,以刻镂为工。尝以诗讽权臣史弥远,但亦为弥远所黜者赠诗惜别。著有《浣川集》。

题云岩寺[2]

才见好山疑近寺,却寻流水入山来。
坡头上下无平屋,松色中间有落梅。
越地此方全是海,唐碑其字半生苔。
万庵老子吾家客,说到儒门眼倍开。

《全宋诗》卷二九四六

元·袁易

袁易(1262—1306),元代文学家。字通甫,平江长洲(今江苏苏州)人。少敏于学,不求仕进。部使者拟荐于朝,谢不应。行中书省署为徽州路石洞书院山长,旋

---

[1]瞻叔:名高定元,魏了翁表兄,是最早与冠山相关的历史名人。其官拜端明殿学士、签书枢密院事兼参知政事。

[2]云岩寺:又称冠山禅寺、西隐庵,位于冠山上。建于南宋咸淳(1265—1275)年间。

亦罢归。居吴淞、具区之间,筑室名静春,藏书万卷,手自校定。或棹舟载笔,游于江湖。工于诗,有《静春堂诗集》四卷,收入《四库全书》中。

寓西隐庵

浪走黄尘只自怜,惠询前约竟茫然。
偶栖兰若耽幽趣,转欲沧洲寄暮年。
草草诗篇书柿叶,萧萧鬓发乱茶烟。
他时我醉君休去,净扫禅斋共榻眠。

《静春堂诗集》卷一

元·傅若金

傅若金(1303—1342),字与砺,一字汝砺,新喻(今江西新余)人。少贫,学徒编席,受业范梈之门,游食百家,发愤读书,刻苦自学。后以布衣至京师,数日之间,词章传诵。虞集、揭傒斯称赏,以异才荐于朝廷,以参佐出使安南(今越南),后任广州路教授。文章"无可长短,特以诗传"。《四库全书》收录了《傅与砺诗文集》。

西隐庵

大隐还依市,空林旧结庐。
犹闻拔宅去,谁见入壶居。
阇树围僧衲,山花落梵书。
幽人数来往,高兴定何如。

《傅与砺诗文集》卷四

明·高启

高启(1336—1374),字季迪,长洲(今江苏苏州)人。元末隐居松江之青丘,自号青丘子。明洪武初召修《元史》,为编修,擢户部右侍郎,因文字狱被腰斩。工诗文,为"明初四杰"之一。

独游云岩寺寄周砥

城西诸山非不奇,我游独与兹山宜。
红樱春开山后寺,白水夏满山前陂。
幽居况与山不远,钟鼓每到空斋帷。
雨余烟中落日下,曳杖往读头陀碑。
两岸苍苍日色古,枇杷树高阴满池。

殿灯欲昏上群鼠,塔铃已静蹲孤鸱。
兴来即游兴尽返,迎送岂要山僧知。
困穷丧乱岂无感,正赖此境忘吾悲。
嗟君何为乃自苦,破鞯短策尘中驰。
挂帆能来亦未晚,浦口三日南风吹。

《明诗综》卷九

明·来天球

来天球(1458—1536),字伯韶,号两山,萧山长河来氏五支十世。明弘治三年(1490)进士,官至陕西按察使、资政大夫。

登冠山

天风吹我冠山行,气高银汉环沧瀛。
山下人家足鸡犬,稻花惜减郊西成。
期丰未丰嗟久困,雨旸欲叩心谁平。
潮头滚滚激江浒,势犹阵马东南倾。
大夫怒气犹未已,姑苏台上寒蝉鸣。
碧峰兀坐控人世,天香月色当秋荣。
棘闱正开会城北,忽闻天上姮娥声。
闻声却与少年梦,帽檐常觉花盈盈。
因山见花发长啸,利名一瞬真浮生。

《冠山逸韵》卷四

明·来衡

来衡,字毅斋(一说字"一之"),萧山长河来氏十一世,在族内以孝子称。诗尤长于古体。

登冠峰

襟怀潇洒抵山巅,山色朦朦紫翠连。
路转老僧留石坐,笑谈索我旧诗篇。

《冠山逸韵》卷一

登冠山

山行若不陟山颠,如到中流却转船。人生幸际太平日,不穷山水惭名贤。君不见昌黎韩夫子,太华拔地五千仞,长臂一摩头上天。又不见洛阳刘伯寿,七十四度登嵩少,一一载笔书岁年。兹山大不比乔岳,渡江来止骞舞而蜿蜒。远祖卜居依其麓,始与山灵为眷属。迄今上溯十一传,庐井邱墓分南北。山下农夫自力耕,山上儿童任樵牧。爱有一人不乱群,扶筇欲豁千里目。重湖右涵比明眸,清江左环如练束。俯视千村灶突炊,烟树迷离幂山腹。忆昔昊天蒙难时,人子安用此生为。燕越三千七百里,载饥载渴载驰驱。广陵涛中出万死,不谓故山风物余生再见之。凭高不禁百感集,赋比更殷陟岵思。

《冠山逸韵》卷四

明·来登

来登,字富庵,萧山长河来氏二支十一世。明成化举人,长河发科之始。

冠山西隐庵

西隐结茅庵,空山枕夕岚。
石炉熏密竹,苔径砌幽龛。
日落钟声杳,庭虚月色含。
回看归鸟急,烟火起山南。

《冠山逸韵》卷一

前　题

日向云中落,花从谷外栽。
坐深天籁寂,到此息尘埃。

《冠山逸韵》卷一

明·来汝贤

来自京与诸兄弟出游冠山呈雪崖兄

雁队归繁节,蛛丝漾小春。
午风生竹涧,温日下松门。
江暖观鱼跃,林疏见鹿群。
登高流思远,西北有丹云。

《菲泉存稿》卷一

仲秋与陆元成赵继功登冠山

龙影方塘日正中,友人高兴偶相同。

酒生绿鬓频看井,茶映青松合坐风。

禹穴自来留绝顶,尧天何用问冥鸿。

放开湖海收诗袋,明日潮头势逼空。

《菲泉存稿》卷二

明·来三聘

来三聘(1540—1612),字任卿,号熙庵,萧山长河来氏六支十三世。万历十一年(1583年)登进士,累官至江西右布政使。著有《西轺漫稿》《薄游吟稿》。

冠山西隐庵

西隐闻高士,禅宫是旧游。

池寒千古月,松老百年秋。

人去山空好,时移江自流。

登临宜趁日,弱海隔瀛洲。

《冠山逸韵》卷一

登冠山

秋日惬登临,携尊历远岑。

山青佳气合,江紫夕阳沉。

樵径僧归寺,渔村鸟入林。

徘徊迟步履,岭月散清阴。

《冠山逸韵续编》卷一

明·来行化

来行化,字禹克,萧山长河来氏山下支十三世。明庠生。撰有《冠山志》。

冠山偶题

精舍书斋自不同,如何伽榻占松风。

丹崖翠壁看应笑,滚滚潮头又向东。

《冠山逸韵》卷一

冠山石炉铭

炉称博山,谁灶无烟。栴檀片片,缥缈云巅。金来九牧,图画神奸。乃斯鬼魅之顶礼而远辞声臭,方知不题名者之贞珉而永永万年。

《冠山逸韵》卷五

明·来弘振

来弘振(1506—1574),字汝刚,号半山,萧山长河来氏大支十三世。明庠生。著有《一无长集》。

冠山九日同诸兄弟饮于绯绝顶

雁阵惊寒秋渐阑,相看白首我偏闲。
重阳携酒寻无菊,斜日登高喜有山。
晴渚远沙移钓艇,苍松密竹护禅关。
野翁自许忘机久,坐数飞鸥去复还。

《冠山逸韵续编》卷三

明·来日升

来日升(1509—1581),号三峰,萧山长河来氏四支十三世。明嘉靖举人,累官云南师宗州知州。著有《掩荣集》《三峰诗文集》《三峰余业》。

登冠山次菲泉兄韵

高树层林六月凉,溪风萧瑟洒衣裳。
喜看从骑来三径,忽漫传杯到上方。
酒盏凝香垂柏叶,笛床度曲杂笙簧。
山僧枉沐旌麾盛,倒屣趋迎扫竹房。

《冠山逸韵》卷一

再登冠山(五首)

其一

携客多佳兴,登高日已分。
秋深黄叶寺,僧老翠微云。
险壑鸣松籁,晴岚迥鹤群。
诸天隔萝薜,仙乐暂相闻。

其二

岚昏鸟双过,村远树难分。
秋寺问红叶,晚山归白云。
莓苔深麋迹,岛屿断人群。
杳杳秋空里,猿声隔水闻。

其三
风景入林爽,尘嚣隔境分。
禅房隐岭翠,梵磬落江云。
地迥秋先得,林深鸟自群。
潮生沧海底,午夜定僧闻。

其四
泉水穿萝薜,潺潺细溜分。
岩深长不夏,溪静自生云。
老桧虬龙干,孤松鹳雀群。
下方村落晚,鸡犬亦相闻。

其五
入谷云岩里,凭高宇宙分。
枫林明晚照,松子落秋云。
战蚁初分队,征鸿各赴群。
倚楼吹玉笛,声彻太清闻。

《冠山逸韵》卷一

冠山登眺
扪萝仙客远,流水石桥分。
一雨过秋寺,千峰生暮云。
望穷迷野色,沙远见鸥群。
烟霭苍茫外,寥寥清磬闻。

《冠山逸韵》卷一

季秋八日登冠山漫兴
感慨百年事,栖迟一世豪。
黄花逢令节,白发困香醪。
木落野容淡,霜清天气高。
登临忘意象,江南自滔滔。

《冠山逸韵》卷一

登冠岩寺
岩上崔嵬不可测,招提迥出岩上头。

花浓竹细春寺静,苔深石古山亭幽。
尘世浮生空逐逐,湖山对我真悠悠。
临风怀想一舒啸,江山江云起白鸥。

《冠山逸韵续编》卷三

宿冠山寺

晓霁南山行,斜晖映山阁。
草际闻莎鸡,石池鸣野鹤。
绿竹荫僧房,白云暝岩壑。
忽然松风来,吹我葛巾落。

《冠山逸韵》卷四

北归宿冠山寺

登高值新霁,芳林蔼浓绿。
膏雨沐青松,凉飙扇翠竹。
归云抱奇峰,流泉响幽谷。
深夜檐声泻,爱此僧房宿。

《冠山逸韵》卷四

冠山与子发子见弟漫赋

凯风扇微飙,吹我身上裾。
登高共三益,披怀写唐虞。
郊原新雨后,山色佳有余。
白云出幽谷,霭霭灭空虚。
落霞归远岫,飞鸟相与俱。
虑遣形自忘,境适情欢如。
盘桓抚孤松,感兴多踌躇。

《冠山逸韵》卷四

宿冠山寺

禅林有余清,苔径舍深绿。
山色暝岩松,雨声泻檐竹。
飞瀑挂遥峰,颓云压深谷。
为访白莲社,因留虎溪宿。

乾隆《萧山县志》卷三四

游冠山寺

岚翠千峰合,泉声万壑分。
树笼岩下雨,花落洞中云。
山杳迷凫影,溪清净鹤群。
禅床僧梦觉,松籁隔窗闻。

乾隆《萧山县志》卷三四

明·来指南
来指南,字子见,号筊山,萧山长河来氏支十三世。

宿冠山同诸昆弟

乘月游翠微,月照山川闲。
吹箫弄清辉,声满天地间。
仙侣八九人,面颊桃花颜。
共酗流霞杯,陶然卧禅关。
兴来步峰巅,醉后溢尘寰。
举手摩星辰,清都如可攀。
思跨双飞凤,飞入蓬莱山。
知吐先风雷,永入仙人班。

《冠山逸韵》卷四

明·来端人
来端人(1517—1572),字春岩,萧山长河来氏六支十四世。明庠生,官肇庆府新兴县县丞。爱民如子,人称"来母",卒于官。

登冠山

秋来山气转清幽,极目千林翠欲流。
岩顶埋云高汉接,樽前落日大江浮。
心清似得香泉涤,地迥何妨野鹿游。
世事悠悠真梦觉,苍烟白发对虚舟。

《冠山逸韵》卷二

明·来文吾

来文吾,字端章,萧山长河来氏大支十四世。明庠生。

登冠山寺

偶来攀绝巘,顿觉远尘氛。
路逼钱塘水,岩飞渔浦云。
海天深树合,吴越大江分。
徙倚长松下,泉声石上闻。

《冠山逸韵》卷二

明·来斯行

九日登冠山

旧年登高在虎丘,今年登高冠山头。
远岫白云横薄暮,平林红叶载深秋。
幸无风雨淹佳节,况有朋侪共胜游。
今夕不辞成潦倒,半天明月照觥筹。

《冠山逸韵》卷二

冠山泉

古来说泉人不同,最著乃称羽与仝。
品题等级欺盲聋,孰一孰二分雌雄。
中泠既已迷其踪,惠泉遂王江之东。
时人耳食蓬随风,舟载车挽何匆匆。
昔我屡过惠山中,令取数瓮劳人工。
炉头炊火火正红,烹来细酌深究穷。
尚嫌泉味太甘丰,岂无寒冽清且冲。
吾乡有山冠为峰,石罅迸出流淙淙。
巨灵何日擘洪濛,一泓碧玉含虚空。
浙河若练环四封,疑与此穴呼吸通。
泥丸郁起元气钟,众流万派皆朝宗。
六月赤热行火龙,冰澌沁齿心无憎。
何况阳羡发新丛,磁瓯香喷浮青葱。
荒村僻地非要冲,罕遇赏者相过从。

卢陆二子徒詟詟,探览有限辄自庸。
遂使下驷居高崇,善品遗落谁与讼。
大都山水在所逢,世间名实多相蒙。

《冠山逸韵续编》卷七

明·来悦龙

来悦龙,字自周,萧山长河来氏大支十五世。明太学生,历官湖广布政司左参政。

同子南虞鸣二侄登冠山(二首)

其一

高峰多屹立,相对正悠悠。
蹑磴云生屐,穿萝雨曳肩。
门登天路逼,径绝石梁悬。
俯瞰千山晚,沉沉超远烟。

其二

更上危峰顶,衣裾半染云。
一僧方话别,三友复同群。
林密鸟声急,日低山色分。
登高堪作赋,属望在诸君。

《冠山逸韵》卷二

明·来拯之

来拯之(1599—1663),字民起,萧山长河来氏大支十七世。明庠生。

登冠山

云岩绝壁壮丹青,岁久难寻剑石铭。
无数烟霞遥对酒,一声钟磬顿翻经。
眼前雪浪波臣水,天外春山放客星。
为借登临消俗虑,松风半榻静中听。

《冠山逸韵》卷二

清·来集之

登冠山寺

好山不越吾家里,长得松风清俗耳。
静语时飞满座花,雄窍欲吸大江水。
涧边童子半柴担,石上老僧两芒履。
若问菟裘何地偏,定云吾老是乡矣。

《冠山逸韵》卷七

登冠山寺

此身无复逐飞蓬,仍向青山叩梵宫。
石未点头先有悟,叶因秋醉不辞红。
遥遥天末人千里,汩汩予怀眼一空。
二十年前成昨梦,旧谈经处亦尘蒙。

《冠山逸韵》卷二

清·毛万龄

毛万龄,字大千,号东壶,浙江萧山人。清代文学家,毛奇龄之兄。顺治七年贡生,仁和县儒学教谕。与毛奇龄并称"大小毛生""江东二毛"。善画山水,画风似董其昌,并著有《采衣堂集》。

登冠山寺兼访来元成给谏不值

为访珠林江上峰,春风迤逦策青筇。
千帆驶影摇丹壑,大海潮声上碧松。
山向日边迎谢朓,楼从天际贮元龙。
如何踏尽层峰路,咫尺桃花带雨封。

乾隆《萧山县志》卷三五

清·翁德洪

翁德洪,字纤若,萧山人,能诗善书法。

登冠山同元成饮杏花下

山中花信早,新杏照前峰。
傍竹开先丽,隔纱看更红。

笑宜风日缓,娇晕露烟通。
一树愁繁发,当杯忍遽空。

乾隆《萧山县志》卷三六

清·张远

夜投冠山寺

一上冠山寺,凌虚破寂寥。
光分秦望月,声动浙江潮。
云静松阴集,霜空贝叶飘。
更怜卓锡地,漱齿陟岩椒。

乾隆《萧山县志》卷三四

清·来文佐

来文佐(1648—1718),字汝璜,萧山长河来氏二支十七世。清廪生。著有《野获园吟》。

游冠山

不与吴山伍,曾称越国雄。
旭升开石镜,树供护琳宫。
泉涌荒阶白,霞栖断壁红。
舒怀登绝顶,极目竟长空。
海外蓬莱接,天边阆苑通。
危峰云路近,转辗思无穷。

《冠山逸韵》卷五

清·来丹葵

来丹葵(1744—1802),字晴轩,萧山长河来氏大支二十世。清廪生。著有《一隅诗稿》。

九日登冠山

风景依稀又一秋,昔年胜迹正堪求。
远红落叶铺苔滑,孤白飞鸿入壑幽。
羞与前人争戏马,却从今日上眠牛。

狂歌莫怪临斯地,醉把茱萸插鬓游。

《冠山逸韵续编》卷四

清·来煦

来煦(1815—1847),字桂堂,萧山长河来氏四支二十一世。清道光进士。

秋日登冠山有感(四首)

其一

万家爨火暮烟凝,蜡屐行行独自登。
底事群山看尽小,只缘身在最高层。

其二

岩壑回环护翠屏,好将实境悟苍冥。
泉如妙理层层澈,峰比文思面面灵。

其三

怪怪奇奇万象空,芙蓉擎起半天中。
丈夫立志当如此,不肯低头拜下风。

其四

收拾斜阳月以迎,拓开眼界步虚清。
兴狂欲向青天问,还与蟾宫隔几程?

《冠山逸韵续编》卷五

清·来鸿瑨

来鸿瑨(1841—1908),字珪藻,号雪珊。清光绪十五年(1889)中举,为长河来氏家族最后一名举人。幼好学,同治丁卯(1867)自山西交城归里,逾年补郡学生,旋以优等食饩。光绪己丑(1889)举于乡,年三十八。性耿介,不善干进,仅以执教度日,事亲甚孝。五十后杜门著书。续修《来氏族谱》,编撰《冠山逸韵续编》。著有《绿香山馆诗赋汇编》《绿香山馆词稿》。

春日登冠山

冠山之巅冠群巅,高空突兀撑青天。自过钱塘第一峰,势似游龙相蜿蜒。此山形胜眠牛如,我祖始迁来卜居。族与山灵同其体,二十二传寄田庐。自从赤眉肆毒氛,烽烟满地徒纷纷。天涯江湖皆盗贼,红旗摇曳湘波云。我族依然似桃源,桑麻鸡犬免秦焚。山足有禅关,侧听流泉声潺潺。山腹有茅舍,迷离炊突横腰间。上视琳宫石镜云斑斓,下窥亭光塔形青回环。忽然高立中峰首,千奇万怪无不有。满眼平少尽绿芜,隔江城郭大如斗。耳听长天风浪驱,白波万道明鲛珠。星斗倒泻鱼龙飞,四壁银涛玻璃铺。回望山后如羊肠,鸟有清音花有香。隐隐鸡犬鸣白云,天空我欲寻谁王。山乎山乎知有因,最高之地可托身。天风吹我怀,缥缈荡风尘。知山高处即青云,须臾似与天上蓬莱相比邻。愿今须作人间绝顶人,吁嗟乎,愿今须作人间绝顶人。

《绿香山馆诗赋汇编》

现代·来裕恂

登冠山箬帽顶

岭上青云路不迷,形如台笠耸村西。
江流尽许樯如织,汉接几无山与齐。
泉石清闲忘世轴,冈峦层叠作天梯。
极峰许我攀跻到,好把新诗绝顶题。

《匏园诗集》卷一

乳　泉

清泉出幽谷,下绕冠山麓。
甘以充茗饮,清可沁心目。
山腰石径平,山趾灵源伏。
泉香宜煮茶,绠汲人往复。
瀹以三尺铛,雨后春芽熟。
珍珠跳百琲,蟹过鱼眼续。
闲坐品新泉,清芬鼻观触。
此水旨且洌,乳味实胜菽。
两腋清风生,静对淡无欲。
世味鄙膏粱,齿牙余芳馥。

《匏园诗集》卷一

按：乳泉又名"冠山泉"，位于冠山北麓，及其水甘洌似乳，故名乳泉。

登冠山抚松

着屐欣欣到此来，松涛人耳坐莓苔。
隔江西望吴山障，倚阁东看越水洄。
能傲风霜方励节，不经盘错未成才。
大夫书号原虚誉，得奋龙鳞气亦恢。

《鲍园诗集》卷八

冠山白杨梅[1]

物产著杨梅，冠山岭上栽。
半林珠果熟，万树玉葩开。
味美甜于蜜，滋多沁若醅。
如何白色种，亦到小岩隈。

《鲍园诗集》卷十

登冠山

冠山之岭冠群山，过江第一苍翠环。山下人家居聚族，桑麻鸡犬乐陶然。山址何所有，乳泉两眼水潺潺。山头何所有，松涛百斛泻禅关。石磴曲屈聊息足，黛痕剥蚀露枯颜。山面临湘湖，压湖杨岐岩螺鬟。山背倚钱江，浦阳富春曲港湾。远祖卜居于此麓，乃与山灵相往还。迄今上溯廿八传，田庐邱墓在其间。献岁迎春览新景，欲穷千里松柏攀。山脊浮云与天接，山腰凝雪有石顽。春来茶笋山花富，入夏杨梅水果鲜。秋风吹袖声宜啸，冬日摄衣步不艰。天空浩荡歌且咏，凌虚四望渺尘寰。人生百年曾有几，蜗角争斗笑触蛮。何为纷纷逐名利，岁月虚度怜夔蚿。今朝乘兴来游此，偷得浮生半日闲。冠山之歌歌终止，於戏胜境隔凡仙。

《鲍园诗集》卷十一

登冠山听松涛

冠山寺前松成林，涛声汩汩如奏琴。
狌鼯出没山口谷，虬龙倒挂山头岑。
此松经历几何年，翠黛苍颜冈岭巅。
响遏行云风谡谡，狂涛万斛杂流泉。

---

[1] 原注云："时西洋教士有传教吾邑者，偶登冠山，故寄意焉。"

初闻淅沥如霰集,继觉潇潇若雨急。
静听更疑雷霆声,天外黑风吹海立。
槎枒具有凌云势,苍莽惊看飞鸟逝。
根穿石罅石为裂,如水鸣峡无停滞。
大夫不封亦已矣,听涛如见隐君子。
日落西山横晚烟,钟声犹逗松风里。

《鲍园诗集》卷十八

游冠山(二首)

其一

冠山四望暮春天,余兴登临岂偶然。
塔影千层频变幻[1],江潮一日几回旋。
中藏古寺环僧舍,下贮澄潭漾乳泉。
渔唱樵吟归已晚,支筇独自赋诗篇。

其二

游踪到此自然间,秋日风高好览山。
杞菊有香还足食,茱萸可佩不忧瘵。
轻罗云薄宜施鬓,秀领螺鲜好点鬟。
多少诗人印屐齿,百年遗迹满禅关。

《鲍园诗集续编》卷十五

重阳登冠山

遥望冠山若冕旒,登临到处意悠悠。
画屏日丽湘湖景,沙岸波澄浙水秋。
头上孤云银汉接,眼中落照翠微浮。
天高未许乘槎去,鸡犬茱萸任去留。

《鲍园诗集续编》卷十七

九日登高

九月九日天气清,登高且向冠山行。
人皆茱萸囊是佩,我独手持篱菊英。

---

[1]原注:对面为兴胜塔。

昔贤孟嘉真绝倒,帽落龙山殊草草。
杜甫整冠亦太拘,何如洒脱无烦恼。
所望武林多故人,此日未共吴山巡。
今一念之嗟何及,别离难尝西湖莼。
劝君多酌越王酒,酒后耳热歌击缶。
功名富贵岂长存,泡影风云夫何有。
不如二三知己逢,款谈心曲饮黄封。
秋月春花随地是,佳节辜负心憧憧。
下山归里已薄暮,余兴不忧封故步。
一曲高吟重九天,长歌聊当登高赋。

《鲍园诗集续编》卷二十五

登冠山顶

湖水江潮两渺茫,孤峰独耸水云乡。
运河东云连陶堰,塘路西通达浦阳。
波浪可能淘恨事,梯田今始作农场。
森林培植十年计,偌大荒山弃亦伤。

《鲍园诗集续编》卷二十六

现代·周德垣

冠山揽胜(二首)[1]

其一

长河名胜是冠山,相约登临此日闲。
禅院深深堪小住,顶峥箸帽许高攀。

其二

北带钱江东马湖,帆船轮驶影模糊。
塔高兴胜凌霄矗,四面青山似画图。

《龙潭百首》

---

[1] 原注:"冠山最高处,土名箸帽顶,东面有兴胜塔及大小白马湖。"

绿痕

题冠山龙涎滴水[1]

仙山饶乐趣,古洞本天然。
百尺崔嵬石,一泓清可泉。
鹅题逸少字,龙吐汝阳涎。
奕罢寻三老,洗心欲问禅。

《龙潭百首》

长河沧桑

明·魏骥

魏骥(1373—1471),字仲房,号南斋,浙江萧山城厢镇人。永乐三年(1405)中举。次年,进京会试,以进士副榜授官松江府儒学训导。任内,学生有成就者众多。不久奉调应召参与《永乐大典》的纂修工程,书成还任,荐任太常博士。宣德元年(1426),由吏部尚书蹇义荐为吏部考功员外郎,转任南京太常寺少卿。正统三年(1438),诏试行在吏部授左侍郎,次年实授。曾多次奉命巡视畿甸蝗灾,询问民间疾苦。八年(1443)改任礼部左侍郎,魏以年老力衰请求致仕,遂改任南京吏部侍郎。十三年(1448),再次以老辞官,不准。十四年(1449)又任南京吏部尚书。期间,曾两度典试江西。"土木之变"时,为对瓦剌用兵献计献策,屡被朝廷采纳施行。

龙潭[2]显应

一镜澄泓近乐丘,中蟠神物有苍虬。
清逾扬子中泠水,深比终南炭谷湫。
云敛净涵银汉月,霜飞寒莹玉壶秋。
住城喜卜为邻并,千载令人咏不休。

《南斋稿》卷九

明·来天球

龙潭宴集为时化侄孙题

白石青松自在身,簪缨望里重吾人。

---

[1]诗为篆文,无题,刻于冠山龙涎滴水处,署名"绿痕",年代、姓名失考。
[2]龙潭:在长河区域内,是长河之源头。

月怀独对双峰夜,风韵还收万斛春。
已辨园林成后乐,竟忘车为向前嗔。
山巾野服仙舟兴,留取芦花拂钓频。

《冠山逸韵》卷一

明·来日升

西庄偶成

隐居求我志,草径入园林。
犬吠邻家近,鸠啼小院深。

《冠山逸韵》卷一

山　庄

幽居亲稼穑,荷蒉向东阡。
秋树滴寒露,晚山横淡烟。
栖迟非避世,薄劣合归田。
今日衡门下,优游返自然。

《冠山逸韵》卷一

茅斋杂咏(选四首)

其一

一卷金经一炷香,白云茅屋午风凉。
睡来半枕羲皇梦,不觉华胥道路长。

其四

寂寂春风掩洞门,落花啼鸟自纷纷。
宵眠悟道半窗月,昼坐参心一榻云。

其六

乱山深处结茅亭,隐几华胥梦未醒。
一夜山中春雨足,溪云漠漠水泠泠。

其七

渍雨空林久闭关,炉烟一炷自心闲。
晓晴忽动寻芳兴,水满池塘云满山。

《冠山逸韵》卷一

明·来存石

来存石,字遇龙,萧山长河来氏二支十四世。明万历举人,官福建沙县知县。

园 居

江野绝人踪,荆门深自闭。
寡接省悔尤,无营葆精气。
种树玩生机,读书怀往事。
转与鱼鸟亲,时觉山川媚。
止静惬素心,体元咀真味。
即此可忘年,尘嚣复何意?

《冠山逸韵》卷四

明·来士宾

来士宾,字见寰,萧山长河来氏大支十五世。少负文誉,万历己卯(1579)应天举人,官广东平远知县。

春日江上园

三径艳阳开,居人屐印苔。
翠抽新竹媚,红发旧枝猜。
日彩笼茅屋,霞光入酒杯。
乡园春正好,越鸟独飞回。

《冠山逸韵》卷二

明·来名佐

来名佐,字殷莱,萧山长河来氏二支十五世。明庠生。

野荻园漫咏

门巷春深篆碧苔,南窗屏几傍池开。
小园竹长山禽至,曲院花香野蝶来。

爱菊邻家分种到,试茶石级汲泉回。
会心佳处无人识,自取新诗带月裁。

《冠山逸韵续编》卷三

明·来道暹

来道暹(1588—1670),字锦生,一字陶园,萧山长河来氏大支十六世。明增广生。

龙潭别业十首(存二)

其一

村酒相为酌,无猜笑语亲。
湖山迟我熟,鸡犬待人真。
所得游焉趣,居然静者身。
林间几片石,兴至且留宾。

其二

肃肃寒林树,苍苍变远山。
旷观天地迥,近得鸟鱼闲。
流水同怀抱,晴云入笑颜。
颓然尘外老,遮莫入云关。

《冠山逸韵》卷二

清·来集之

家书(三首选一)

客到山阴去,先从吾邑过。
停车永兴里,鼓棹旧长河。
倚闾慈帏切,候门稚子多。
莫嫌书屋小,信宿看梅坡。

《南行偶笔》五律二

明·来骏

来骏,字掌丝,萧山长河来氏四支二十三世。明邑庠生。

长河竹枝词(五首)

其一
上元灯火正辉煌,村女寻春斗艳妆。
听向镇在桥约伴,明朝再看大祠堂。

其二
黄罗旂伞拜松楸,破晓齐登大埠舟。
手执阴花归里晚,夕阳箫鼓话风流。

其三
村北村南桃李开,翁家潭口好徘徊。
乌篷画舫纷如蚁,都为冠山祈子来。

其四
最好披襟倘水边,花香鸟语满山前。
石桥小小容人憩,还看青黄菜麦田。

其五
阔板桥头压担桑,行家灯火五更忙。
弯弯艇子纷传说,要到湘湖白鹭塘。

《冠山逸韵续编》卷六

清·毛奇龄

赋怀家园诗一章见意
三弹归铗楚天涯,日望西陵不见家。
痛杀江南春夜雨,还开井上旅葵花。

《西河合集》卷一四一

清·张文瑞

雪后同单六附舅祖家尧文兄如长河从西兴塘扶展往来兴颇不浅归家得周菊山和澹溪诗因用来韵(二首选一)
雪后山光射眼明,长河归路傍沙行。

微微官柳回春意，处处晴檐做雨声。
借竹池头冰似鉴，玩江楼上玉为城。
年来脚力多强健，一路无劳走马迎。

《六湖先生遗集》卷一

清·来钧若

来钧若，字秉衡，萧山长河来氏四支十八世。清邑庠生。

卧石狮

郁郁乔松古冢边，萋萋芳草石狮眠。
风涛猛吼无时醒，百兽何因震不前。

《冠山逸韵续编》卷四

清·来起峻

长河八咏并序（八首）

冠山有志，慨歌绝于广陵；春景成图，得传闻于郢客。流风已渺，非曰嗣音；下笔不休，亦云学步。取沈休文咏歌之数，法谢灵运述德之思。蛩响蛙鸣，原无他巧；云斤月斧，必有我师。刿踵事增，华聊先为之嚆矢；倡唱予和，女真乃报以琼瑶也已。

咏形胜

聚族于斯杭越中，名区雄秀宅商宗。
河洲派别三江水，山气灵飞两乳龙。
阡陌云连宜黍稷，江湖天阔敞垣墉。
由来禹域无双地，刚对吴山第一峰。

咏家世

汴水南来学士门，清华冠冕泽诒孙。
勋名汉室通侯贵，姓氏殷邦列爵尊。
大自七传见来复，支分六子肖乾坤。
昭兹非等遥遥胄，数典无忘忆庆元。

咏宅第

门罗棨戟里鸣珂，作室当年世德求。

山枕重门通瑞气,桥连列栋带清流。
多容车马三公第,一望江天百尺楼。
勿效刘郎悲野草,旧时堂燕语啾啾。

咏人物
耸壑昂霄代有人,湖山佳气世簪缨。
文经武纬干城立,东阁西台柱石擎。
完璞诗人十亩逸,缄金汉吏一钱清。
三峰九畹遗芬远,不独奇才大小名。

咏艺文
缥缃世业以文豪,训诫词宗允不挑。
奏议成书成北钥,江山得助是西铹。
大夫吟入陶韦室,膳部支追唐宋朝。
谁嗣槎庵樵史后,恒园老圃典型昭。

咏物产
泉甘土活物争新,杨果朱樱橘品橙。
十二桥头沽酒店,东西市上卖鱼声。
香炊社饭青菰米,滑煮春羹绿笋茎。
藉作人情多粔籹,何当赋饼数嘉名。

咏风俗
积德藏书五百年,礼详收族睦相先。
四时格祖将歆祀,入蜡娱神乐鼓渊。
学士穷经期皓首,人家旧物是青毡。
汉唐遗族中州范,东越西陵别有天。

咏游览
参差屏障浅深洲,塔影冠峰命驾游。
五月雨宜湖两岸,一年景好橘千头。

云开山馆江当户,月满河湾人倚楼。
秋日潮声春树色,登临几度忆风流。

《冠山逸韵续编》卷四

清·来翔燕

龙潭浚源并序

余来氏世依冠山之麓。其山之南流斜抱村居,迤逦而东,入于河;其北流则散漫无归,由江外泄。本龙之水,反背而趋。依其麓者,山钟其灵,仍不得水毓其秀矣。吾宗前哲,多议及欲引纳之,有志未逮。乾隆壬子,因江湖坍逼,进筑备塘。燕乘众力,随于备塘贴内曲折穿通,将风车引注龙潭,不旬日而浚凿成渠。古人云:"为有源头活水来。"虽招众怨,或亦族运当振兴之候欤?时也,亦势也。兹虑后人不知所自,因赋以识之。

六百余年籍此乡,流泉何自相阴阳。
冠山旧峙家声远,带水新开世泽长。
竹径曲穿三握发,桑林环绕九回肠。
穷源敢继前人志,毋我云礽数典忘。

《冠山逸韵续编》卷四

清·来鸿瑨

长河杂咏(八首)

其一
冕旒高簇石斑斓,万灶炊烟抱岭环。
试认众峰罗列处,渡江第一是冠山。

其二
船楼簇拥护花幡,前有山池后柳园。
却要删除华贵气,桑麻阴里是桃源。

其三
上元灯火正辉煌,闹动村庄各自忙。
路过槐街人逐队,大祠堂后小祠堂。

其四
二月春含豆蔻胎,郡中妇女踏山隈。
岸边多少舟如蚁,都为烧香求子来。

其五
轻舟寒食暮春天,锣鼓咚咚破碧烟。
到处填渠并塞港,逢人知道上坟船。

其六
排马湖边柳色齐,水光摇动软玻璃。
虹桥石畔斜阳照,十里人家画碧堤。

其七
黄巾到处势纵横,此地弦歌独退兵。
傲然红羊残劫里,太平犹似鲁诸生。

其八
文章累代掇巍科,横扫千人笔抵戈。
莫笑秀才无用处,论功还是读书多。

《绿香山馆诗赋汇编》

现代·来裕恂

槐 市[1]
一村桑柘长河里,小市槐荫暑不侵。
旅客经过聊息足,好依树下听蝉琴。

《鲍园诗集》卷二

月弯潭
潭样湾如月样弯,秋宵散步此心闲。
倘将灯塔浮波面,月印潭中几处环。

《鲍园诗集续编》卷十五

---

[1] 原注:"长河庄之横街,临河植槐,故称槐市。"

河沿村竹枝词（四首）

其一
市廛民舍杂相居，如带长河襟绕裾。
水外青山山外宅，农家聚处力耕锄。

其二
交通便利有舟车，直达杭州路隔沙。
劳作人人勤俭守，沿江十里尽棉麻。

其三
豆麦蚕桑稻秫粳，女勤纺织子男耕。
儿童小学书声朗，商贩经营工艺精。

其四
养鱼利益尽人知，今曾河湖及荡池。
从此农民多副产，陶朱致富漫夸奇。

《匏园诗集续编》卷二十七

现代·周德垣

九厅十三堂
脉发冠山宅卜昌，九厅而外十三堂。
面迎紫气皆东向，惟有绪昌南面当。

《龙潭百首》

长 河
北水南归潭蓄流，长河环绕溯从头。
有关文化澜翻舌，多少名人著作留。

《龙潭百首》

兴胜塔
长河筑塔位于东，直射文昌牛斗宫。
峰耸巽方饶秀气，人才辈出自豪雄。

《龙潭百首》

咏长河建设(九首)

一、赞襄自治

余对本乡自治,极愿助理,惟选举乡长,因有大族,贤能孔多,从不担任。

官治而今自治忙,梓桑义务历登场。

每当滕薛相争日,不问亲疏谢未遑。

二、合谋公所

长河乡前无公所,同人憾焉。民国十五年(1926)间,有军队过境,共筹全乡经费一千六百余金,当时开支供给费八百金外,尚存半数,作为办理户口经费,后见报端,所有前用供经费,须来登记,可以发还云云。其时余任文牍,当同来诵笙、汤莘农、吴雅声诸君搜集证据照办,至后来果有公债票发下,当变价六百元,作为留买公所基金,约数尚缺五百之谱,余自认百金,并募得来荫莲夫人百五数,周钜百数,来醉樵百数,即由来诵笙经理,买就大夫第东首楼房二间,隙地一方,其始末如是。

长河公所叹虚悬,飞返青蚨多历年。

三五同人谋卜宅,百金一诺力求全。

三、修税牧塘

泰围沙地共计四千余亩,全赖税牧一塘以为保障,无如近来常多圮毁,且有几处滩没,变更塘基,前后由来兰芳、萧锦祥等邀余在场督理,共计四次,均能成功。

泰围滩涨感沧桑,第一关头税牧塘。

每到兴修和改筑,不辞劳怨历沙场。

四、设改良场

余雅爱蚕桑,大儿济生蚕校毕业,曾充本省建设厅谘议。该厅派指导员多名,在余家设立改良场,施种消毒,并指示育蚕方法,大著成效。后由纬成公司同样继办有年,每年合算,我西乡一带,不下十余万金收入,可谓蚕桑极盛时期,无不感戴。

生计蚕桑溥各乡,龙潭特设改良场。

一番忙了全盘算,十万余金愿得偿。

五、集恤孤会

凡关慈善事,或贫苦告急者,无不应之,但为数甚少,恤孤会完成四十余。

幼而无父剧堪伤,集腋成裘事待商。

解橐自嫌绵力薄，敢云怀水是仁浆。

六、创设洞闸

本乡上四都田亩计四千余，水量本患不足，全赖湖水接济。近因时势变迁，湖水不到，村口闸又大开放，以致时患旱荒，上年全然不能下种。今年由余召集会议，计惟有引吸江水一法，当拟定宣家路塘上设一引洞，至潮泛时，江水可以引入，南端桥头王田里湖筑一闸，藉塞漏卮。余说明利害，并绘图呈准上峰，现已告成。

天定胜人人胜天，农田水利最为先。

今朝洞闸谋完善，定卜年年大有年。

七、惜字小集

长河乡本有惜字会，约每月向人家收集一两次。同人来介仙、来子封诸君因近来弃纸满地，实太秽亵，因集同志多人，各出少许，每日专工到处搜寻，定名为长河惜字小集，余亦在内。

废纸抛遗积习深，斯文扫地太伤心。

纵然集合殊嫌小，急务先当处处寻。

八、排难解纷

凡有纷争来告者，得双方同意，均愿为排解，从不索酬。又毫无成见，凡有难，愿自己出钱代了，必求无事为止，每年不下数十次。本有律师资格，不愿办理讼事。

乡里纷纷雀角争，双方每作不平鸣。

宁人息事片言诀，不是鲁连亦动情。

九、米荒寄慨

石米须金五百余，为人到此感何如。

先忧后乐匹夫责，无补时艰最足嘘。

《龙潭百首》

现代·孙祖贤

孙祖贤（1886—1952），字企斋，萧山长河人。毕业于浙江公立法政学校，民国时期曾先后任职山西太原、陕西西安、湖北武昌等地法院。守身廉洁，处事公正。其诗感事抚事，有忧先天下之概。著有《长河竹枝词》，大半已佚。

长河竹枝词三十首(选一)
庭院深深护绿河,祖孙父子尽登科。
闲来慎俭堂[1]前走,数到功名算最多。

《长河竹枝词》

西陵古韵

春秋·文种

文种,春秋末期楚国人,曾任楚宛城三户地方官。后弃官与范蠡同往吴国,公元前496年又到越国,受越王句践的器重,任大夫。伍子胥称其"勇而善谋",曾辅佐句践雪会稽之耻,称霸中原。前472年,被句践逼迫自杀。

越臣祝句践词

越王句践五年五月,与大夫种、范蠡入臣于吴,群臣皆送至浙江之上,临水祖道,军阵固陵。大夫文种前为祝,其词曰:

皇天祐助,前沉后扬。祸为德根,忧为福堂。
威人者灭,服从者昌。王虽牵致,其后无殃。
君臣生离,感动上皇。众夫哀悲,莫不感伤。
臣请荐脯,行酒二觞。

越王仰天太息,举杯垂涕,默无所言。种复前祝,曰:

大王德寿,无疆无极。乾坤受灵,神祇辅翼。
我王厚之,祉祐在侧。德销百殃,利受其福。
去彼吴庭,来归越国。觞酒既升,请称万岁。

《吴越春秋》卷七

东晋·苏彦

苏彦,晋孝武帝时人,为北中郎参军。著有《苏子》七卷、《集》十卷,均佚。

西陵观涛

洪涛奔逸势,骇浪驾丘山。
旬隐振宇宙,漰磕津云连。

《艺文类聚》卷九《水部下》

---

[1] "慎俭堂"为来集之堂名。

南北朝·谢惠连

谢惠连(397—433),南朝宋文学家,陈郡阳夏(今河南太康)人。幼年能文,州辟主簿不就。为人轻薄,为时所不容,仕进失意。后为彭城王刘义康法曹参军,世称"谢法曹"。著有《谢法曹集》。

西陵遇风献康乐

我行指孟春,春仲尚未发。
趣途远有期,念离情无歇。
成装候良辰,漾舟陶嘉月。
瞻途意少惊,还顾情多阙。
哲兄感仳别,相送越坰林。
饮饯野亭馆,分袂澄湖阴。
凄凄留子言,眷眷浮客心。
回塘隐舻栧,远望绝形音。
靡靡即长路,戚戚抱遥悲。
悲遥但自弭,路长当语谁。
行行道转远,去去情弥迟。
昨发浦阳汭,今宿浙江湄。
屯云蔽曾岭,惊风涌飞流。
零雨润坟泽,落雪洒林丘。
浮氛晦崖巘,积素惑原畴。
曲汜薄停旅,通川绝行舟。
临津不得济,伫楫阻风波。
萧条洲渚际,气色少谐和。
西瞻兴游叹,东睇起凄歌。
积愤成疢痗,无萱将如何。

《昭明文选》卷二十五

唐·薛据

薛据,河中宝鼎(今山西万荣)人,开元间(713—741)登进士第,官至尚书水部郎中,赠给事中。为人耿直,能诗,与王维、杜甫交好。

西陵口观海

长江漫汤汤,近海势弥广。

在昔胚浑凝,融为百川泱。
地形失端倪,天色灪混漾。
东南际万里,极目远无象。
山影乍浮沉,潮波忽来往。
孤帆或不见,棹歌犹想像。
日暮长风起,客心空振荡。
浦口霞未收,潭心月初上。
林屿几邅回,亭皋时偃仰。
岁晏访蓬瀛,真游非外奖。

《全唐诗》卷二五三

唐·孟浩然

孟浩然(689—740),湖北襄阳人,长期隐居故乡鹿门山。40岁那年到长安应试,未能及第,开始漫游。开元十八年(730)到达浙江,游览了桐庐、建德、萧山、绍兴等地的山水,在钱塘江写下《与杭州薛司户登樟亭驿》《早发渔浦潭》等诗。他写过大量山水诗,很负盛名。著有《孟浩然集》四卷传世。

与杭州薛司户登樟亭驿[1]

水楼一登眺,半出青林高。
帟幕英僚散,芳筵下客叨。
山藏伯禹穴,城压伍胥涛。
今日观溟涨,垂纶欲钓鳌。

《孟浩然集》卷三

与颜钱塘登樟亭望潮作

百里雷声震,鸣弦暂辍弹。
府中连骑出,江上待潮观。
照日秋云迥,浮天渤澥宽。
惊涛来似雪,一坐凛生寒。

《孟浩然集》卷三

---

[1] 樟亭驿:原在西兴运河南岸,六朝称西陵驿。陆游诗中萧山县驿和高启诗中西陵馆都指此。明朝起称西兴驿,民国初尚在。相传西施在此梳妆后过江入吴,故称"庄亭古迹"。

唐·孙逖

孙逖（696—761），博州武水（今山东聊城西南）人，开元十年（722）举贤良方正。历官集贤院修撰、考功员外郎、中书舍人、刑部侍郎，终太子詹事。著有《唐孙集贤诗集》。

春日留别

春路透迤花柳前，孤舟晚泊就人烟。
东山白云不可见，西陵江月夜娟娟。
春江夜尽潮声度，征帆遥从此中去。
越国山川看渐无，可怜愁思江南树。

《全唐诗》卷一一八

唐·李白

李白（701—762），字太白，祖籍陇西（今甘肃天水），生于碎叶（今属吉尔吉斯斯坦），长于四川，25岁出蜀。天宝元年（742）游吴越，渡钱塘江经西陵到越州，与诗人道士吴筠共居剡中（今嵊州）。后经吴筠举荐，赴长安做翰林供奉，并与贺知章成忘年交。遭谗出京后，于天宝六年（747）重游钱塘江。后因依附永王被流放夜郎，途中遇赦，依族人当涂令李阳冰，不久病卒。其诗豪放雄伟，人称"诗仙"。著有《李太白集》三十卷。

送友人寻越中山水

闻道稽山去，偏宜谢客才。
千岩泉洒落，万壑树萦回。
东海横秦望，西陵绕越台。
湖清霜镜晓，涛白雪山来。
八月枚乘笔，三吴张翰杯。
此中多逸兴，早晚向天台。

《李太白全集》卷一六

唐·郎士元

郎士元（722—？），字君胄，中山（今河北省定州）人，代宗宝应元年（762）选畿县官，诏试中书，补渭南尉，历任拾遗、郢州刺史。

送人游越

未习风波事,初为吴越游。
露沾湖色晓,月照海门秋。
梅市门何在,兰亭水尚流。
西陵待潮处,落日满扁舟。

《全唐诗》卷一四八

唐·杜甫

杜甫(712—770),字子美,祖籍湖北襄阳。曾祖任巩县(今河南巩义市)令,遂为巩县人。因曾住长安城南少陵以西,所以又称杜少陵。开元十九年(731),杜甫南游钱塘江吴越。55岁客居夔州时写《解闷十二首》,所选即其二。著有《杜工部集》。

解闷十二首(其二)

商胡离别下扬州,忆上西陵古驿楼。
为问淮南米贵贱,老夫乘兴欲东游。

《杜诗详注》卷一七

唐·宋昱

宋昱,天宝中为中书舍人。因攀附杨国忠,马嵬之乱时为乱兵所杀。

樟亭观涛

涛来势转雄,猎猎驾长风。
雷震云霓里,山飞霜雪中。
激流起平地,吹涝上侵空。
翕辟乾坤异,盈虚日月同。
艅艎从陆起,洲浦隔阡通。
跳沫喷岩翠,翻波带景红。
怒湍初抵北,却浪复归东。
寂听堪增勇,晴看自发蒙。
伍生传或谬,枚叟说难穷。
来信应无已,申威亦匪躬。
冲腾如决胜,回合似相攻。

133

委质任平视,谁能涯始终。

《全唐诗》卷一二一

唐·皇甫冉

皇甫冉(718—约770),字茂政,江苏丹阳人。少即能文,张九龄呼为小友。天宝十五年(756)举进士第一,授无锡尉。大历初(766)累迁右补阙。与弟皇甫曾皆负诗名。《四库全书》收有《二皇甫集》。

赋得越山三韵

西陵犹隔水,北岸已春山。
独鸟连天去,孤云伴客还。
只应结茅宇,出入石林间。

《全唐诗》卷二五〇

西陵寄灵一上人

西陵遇风处,自古是通津。
终日空江上,云山若待人。
汀洲寒事早,鱼鸟兴情新。
回望山阴路,吾心有所亲。

《全唐诗》卷二四九

唐·严维

严维,约公元756年前后在世,越州山阴(今浙江绍兴)人,与刘长卿友善。至德二年(757)进士及第,授诸暨尉,后历秘书省校书郎,迁余姚令。著有诗集一卷。

酬王侍御西陵渡见寄

前年万里别,昨日一封书。
郢曲西陵渡,秦官使者车。
柳塘薰昼日,花水溢春渠。
若不嫌鸡黍,先令扫弊庐。

《全唐诗》卷二六三

唐·僧皎然

僧皎然(720—800),字清昼,湖州人,谢灵运十世孙。与灵澈、陆羽同居妙喜寺。著有《杼山集》十卷、《诗式》五卷。

送刘司法之越

萧萧鸣夜角,驱马背城濠。
雨后寒流急,秋来朔吹高。
三山期望海,八月欲观涛。
几日西陵路,应逢谢法曹。

《杼山集》卷四

唐·钱起

钱起(722—780),字仲文,吴兴(今浙江湖州)人。天宝十年(751)进士,历任校书郎、考功郎中、翰林学士。著有《钱仲文集》。

九日宴浙江西亭[1]

诗人九日怜芳菊,筵客高斋宴浙江。
渔浦浪花摇素壁,西陵树色入秋窗。
木奴向熟悬金实,桑落新开泻玉缸。
四子醉时争讲习,笑论黄霸旧为邦。

《钱仲文集》卷九

唐·张南史

张南史,字季直,幽州(今北京西南)人。肃宗时,仕至左卫仓曹参军。避乱居扬州,乱平再召,未赴而卒。存诗一卷。

西陵怀灵一上人兼寄朱放

淮海风涛起,江关忧思长。
同悲鹊绕树,独坐雁随阳。
山晚云藏雪,汀寒月照霜。
由来濯缨处,渔父爱沧浪。

《全唐诗》卷二九六

---

[1]《全唐诗》卷二六三严维名下亦收此诗,文字略有出入,首句"诗人"为"人家",二句"筵"为"迟""宴"为"瞰",五句"热"为"熟",七句"习"为"德",八句"旧"为"屈"。

唐·释灵一

释灵一(728—762),诗僧,俗姓吴,人称一公,广陵(今江苏扬州)人。居余杭宜丰寺,一生足迹遍及两浙名山、衡庐诸寺。其诗气质醇和,格律清畅,时人誉之。

酬皇甫冉西陵渡见寄

西陵潮信满,岛屿没中流。
越客依风水,相思南渡头。
寒光生极浦,落日映沧洲。
何事扬帆去,空惊海上鸥。

《全唐诗》卷八〇九

唐·白居易

白居易(772—846),字乐天,下邽(今陕西渭南)人,原籍山西太原。15岁时避乱越中(今绍兴)。贞元十六年(800)考取进士,宪宗元和时任翰林学士、左拾遗等职。因事贬为江州司马。穆宗即位,召回长安。长庆二年(822)七月被任命为杭州刺史,写下不少歌咏杭州湖山之美的诗词,也到过西陵。

宿樟亭驿

夜半樟亭驿,愁人起望乡。
月明何所见,潮水白茫茫。

《白居易集》卷一三

答微之泊西陵驿见寄

烟波尽处一点白,应是西陵古驿台。
知在台边望不见,暮潮空送渡船回。

《白居易集》卷二三

唐·元稹

元稹(779—831),字微之,祖籍河南洛阳。宪宗元和初年任右拾遗、监察御史等职。因得罪权贵,被贬为江陵士曹参军。穆宗即位以后,累迁至中书舍人承旨学士。长庆二年(822)进工部侍郎同平章事(丞相),次年改任越州刺史兼浙东观察使。赴任时经过杭州,与白居易话别后渡钱塘江到西陵,夜不成寐,写下了下面这首诗寄给白居易。元稹在越州任上,根据白居易江州所编十五卷诗文,加以增补,成《白氏长庆集》五十卷。

别后西陵晚眺

晚日未抛诗笔砚,夕阳空望郡楼台。
与君后会知何日?不似潮头暮却回。

《元稹集》卷二二

唐·李绅

李绅(772—846),字公垂,润州无锡(今江苏无锡)人。唐元和元年(806)进士,穆宗时曾为翰林学士。文宗大和七年(833)为浙东观察使、越州刺史。武宗时曾任宰相,后因病辞,复为淮南节度使,卒。早年所写《新题乐府》二十首,受到元稹、白居易赞赏,对新乐府运动起了推动作用。著有《追昔游》三卷、《杂诗》一卷。

却渡西陵别越中父老

海潮晚上江风急,津吏篙师语默齐。
倾手奉觞看故老,拥流争拜见孩提。
惭非杜母临襄岘,自鄙朱翁别会稽。
渐举云帆烟水阔,杳然凫雁各东西。

《全唐诗》卷四八二

欲到西陵寄王行周

西陵沙岸回流急,船底黏沙去岸遥。
驿吏递呼催下缆,棹郎闲立道齐桡。
犹瞻伍相青山庙,未见双童白鹤桥。
欲责舟人无次第,自知贪酒过春潮。

《全唐诗》卷四八三

唐·张祜

张祜,字承吉,南阳(今河南省沁阳县)人,一说为河北清河县人。客居姑苏,后徙淮南,一生未仕。晚年喜爱江苏丹阳曲阿地,筑室隐居。死于宣宗大中年间(847—859)。杜牧赞曰:"何人得似张公子,千首诗轻万户侯。"著有《张处士诗集》,其中咏杭州诗颇多。

题樟亭

晓雾凭虚槛,云山四望通。

地盘江岸绝,天映海门空。

树色连秋霭,潮声入夜风。

年年此光景,催尽白头翁。

《全唐诗》卷五一〇

唐·方干

方干(809—888),字雄飞,睦州青溪(今浙江淳安)人。咸通中,一举不得志,遂遁会稽,渔于鉴湖。谥曰玄英先生。有诗 370 余首,编为《唐玄英先生诗集》传世。

送王霖赴举

自古主司看荐士,明年应是不参差。

须凭吉梦为先兆,必恐长才偶盛时。

北阙上书冲雪早,西陵中酒趁潮迟。

郄诜可要真消息,只向春前便得知。

《全唐诗》卷六五一

送钱特卿赴职天台

路入仙溪气象清,垂鞭树石巉中行。

雾昏不见西陵岸,风急先闻瀑布声。

山下县寮张乐送,海边津吏棹舟迎。

诗家弟子无多少,唯只于余别有情。

《全唐诗》卷六五二

送吴彦融赴举

用心精至自无疑,千万人中似汝稀。

上国才将五字去,全家便待一枝归。

西陵柳路摇鞭尽,北固潮程挂席飞。

想见明年榜前事,当时分散著来衣。

《全唐诗》卷六五一

唐·陈陶

陈陶(约 812—885),字嵩伯,岭南人。大中时(847—859)游学长安,后隐居洪州(今江西南昌)西山,不知所终。有诗十卷,《全唐诗》编为二卷。

钱塘对酒曲

风天雁悲西陵愁,使君红旗弄涛头。
东海神鱼骑未得,江天大笑闲悠悠。
嵯峨吴山莫夸碧,河阳经年一宵白。
南州彩凤为君生,古狱愁蛇待恩泽。
三清羽童来何迟,十二玉楼胡蝶飞。
炎荒翡翠九门去,辽东白鹤无归期。
鸱夷公子休悲悄,六鳌如镜天始老。
尊前事去月团圆,琥珀无情忆苏小。

《全唐诗》卷七四五

唐·储嗣宗

储嗣宗,大中十三年(859)进士。存诗一卷。

送顾陶校书归钱塘

清苦月偏知,南归瘦马迟。
橐轻缘换酒,发白为吟诗。
水色西陵渡,松声伍相祠。
圣朝思直谏,不是挂冠时。

《全唐诗》卷五九四

唐·喻坦之

喻坦之,约公元874年前后在世,睦州(今浙江桐庐)人。咸通中(860—873)累举进士不第,久居长安,钱囊罄尽,乃决计还山。素与李频友善,在乡与严维、徐凝、章八元时相唱和,与许棠、张乔、郑谷、张蠙等号"咸通十哲"。有诗集传世。

题樟亭驿楼

危槛倚山城,风帆槛外行。
日生沧海赤,潮落浙江清。
秋晚遥峰出,沙干细草平。
西陵烟树色,长见伍员情。

《全唐诗》卷七一三

唐·张乔

张乔(生卒年不详),池州(今安徽省池州市贵池区)人,懿宗咸通中年进士,当时与许棠、郑谷、张蠙等东南才子称"咸通十哲"。黄巢起义时,隐居九华山以终。

越中赠别

东越相逢几醉眠,满楼明月镜湖边。
别离吟断西陵渡,杨柳秋风两岸蝉。

《全唐诗》卷六三九

唐·吴融

吴融(854—904),越州山阴(今浙江绍兴)人。唐龙纪元年(889)举宏词科及进士第。韦昭度征蜀,融职掌书记,累迁侍御史,拜中书舍人,为左补阙,擢翰林学士。天复元年(901)十一月,致仕归越,隐居剡东叠石。为新昌吴氏家族始祖。

西陵夜居

寒潮落远汀,暝色入柴扃。
漏永沉沉静,灯孤的的清。
林风移宿鸟,池雨定流萤。
尽夜成愁绝,啼蛩莫近庭。

《全唐诗》卷六八四

唐·施肩吾

施肩吾,字希圣,自号栖真子,睦州(今浙江桐庐)人。历宪宗、穆宗、敬宗、文宗诸朝。元和十五年(820)登进士第。著有《西山集》十卷、《闲居诗》百余首。

钱塘渡口[1]

天堑茫茫连沃焦,秦皇何事不安桥。
钱塘渡口无钱纳,已失西兴两信潮。

《全唐诗》卷四九四

唐·许浑

许浑(?—约858),字用晦,一作仲晦,祖籍安州安陆(今湖北安陆),寓居润州

---

[1]此诗或作周匡物诗,收录在《全唐诗》卷四九〇,文字略有出入。

丹阳(今江苏镇江),遂为丹阳人。文宗大和六年(832)进士及第,先后任当涂、太平令,监察御史、润州司马、虞部员外郎,转睦、郢二州刺史。自编诗集曰《丁卯集》,五七律尤佳。

九日登樟亭驿楼

鲈鲙与莼羹,西风片席轻。
潮回孤岛晚,云敛众山晴。
丹羽下高阁,黄花垂古城。
因秋倍多感,乡树接咸京。

《全唐诗》卷五二九

唐·严维

九日登高[1]

诗家九日怜芳菊,迟客高斋瞰浙江。
渔浦浪花摇素壁,西陵树色入秋窗。
木奴向熟悬金实,桑落新开泻玉缸。
四子醉时争讲德,笑论黄霸屈为邦。

《全唐诗》卷二六三

宋·王安石

送张宣义之官越幕二首(选一)

会稽游宦乡,海物错句章。
土润箭萌美,水甘茶串香。
今君诚暂屈,他日恐难忘。
惟有西兴渡,灵胥或怒张。

《全宋诗》卷五五一

宋·王安国

王安国(1028—1074),字平甫,江西临川人,王安石之弟。宋神宗熙宁间赐进士出身。曾任大理寺丞、秘阁校理等职,后因事罢官,回归田里。著有《王校理集》,已佚。

---

[1] 一作《九日宴浙江西亭》。一作钱起诗。一作严维诗。

送客至西陵作

若耶溪畔醉秋风,猎猎船旗照水红。
后夜钱塘酒楼上,梦魂应绕浙江东。

《全宋诗》卷六三一

宋·苏轼

苏轼(1037—1101),字子瞻,号东坡居士,四川眉山人。嘉祐二年(1057)进士。英宗时为直史馆。神宗时,王安石变法,苏轼上书痛陈不便,触忤王安石。熙宁四年(1071)出任杭州通判,在杭三年。后因事贬黄州、惠州、琼州。哲宗时召还,官至端明殿侍读学士。元祐四年(1089),知杭州。诗、词、散文、骈文、书法、绘画均卓有成就。

望海楼晚景五绝(其三)

其三

青山断处塔层层,隔岸人家唤欲应。
江上秋风晚来急,为传钟鼓到西兴。

《全宋诗》卷七九一

次韵秦少章和钱蒙仲

碧畦黄陇稻如京,岁美人和易得情。
鉴里移舟天外思,地中鸣角古来声。
山围故国城空在,潮打西陵意未平。
二子有如双白鹭,隔江相照雪衣明。

《全宋诗》卷八一四

瑞鹧鸪·观潮

碧山影里小红旗,侬是江南踏浪儿。拍手欲嘲山简醉,齐声争唱浪婆词。
西兴渡口帆初落,渔浦山头日未敧。侬欲送潮歌底曲,尊前还唱使君诗。

《全宋词》册一

宋·苏辙

苏辙(1039—1112),字子由,号颍滨遗老,苏轼之弟。嘉祐二年(1057)与兄苏轼同登进士,历商州、河南推官。哲宗时官至尚书右丞、门下侍郎。为"唐宋八大家"之一,著有《栾城集》。

次韵子瞻登望海楼五绝(选一)

山色潮声四面来,城中金碧烂成堆。
不愁门外严扃锁,终日凭栏未拟回。

《全宋诗》卷八五二

宋·陈师道

陈师道(1053—1102),字无己,又字履常,彭城(今江苏徐州)人。曾任太学博士、秘书省正字等职。著有《后山先生集》。

月下观潮二首

其一

隔江灯火见西兴,江水清平雾雨轻。
风送潮来云四散,水光月色斗分明。

其二

素练横斜雪满头,银潮吹浪玉山浮。
犹疑海若夸河伯,豪悍须教水倒流。

《全宋诗》卷一一一五

宋·周紫芝

周紫芝(1082—1155),字少隐,号竹坡居士,宣城(今安徽宣城)人。绍兴中登第,历官枢密院编修官、右司员外郎,知兴国军。著有《太仓稊米集》。

夜闻潮(二首)

其一

江隔西兴老翠鬟,转头即是海门山。
八盘岭下移家住,安听潮声到梦间。

其二

春雷隐约地中鸣,惯听由来梦不惊。
莫怪诗翁归未去,故乡无此海潮声。

《全宋诗》卷一五二六

宋·吕本中

吕本中（1084—1145），字居仁，世称东莱先生，寿州（今安徽寿县）人。绍兴六年（1136）赐进士出身，官至中书舍人兼侍讲，兼权直学士院。后因抵制秦桧，被劾。其诗宗江西派，南渡后所作感时之作，沉痛感人。著有《东莱先生诗集》。

重阳日西兴寄临安亲旧

我来西兴口，君在龙山旁。
如何阻一水，不共作重阳。
别浦潮犹白，深秋菊未黄。
遥知对杯酌，不记是它乡。

《全宋诗》卷一六二〇

宋·陈应祥

陈应祥，字知明，西安（今浙江衢州）人。政和中（1111—1117），授道至元素大夫、凝神殿校籍。有诗集。

西兴晚望

晚色催吟思，江风掠断霞。
乱乌投岸木，幽鹭集河沙。
月出海门近，人归渡口斜。
会须操舴艋，随处是天涯。

《全宋诗》卷一六三〇

宋·陆游

陆游（1125—1210），字务观，号放翁，越州山阴（今浙江绍兴）人。绍兴二十三年（1153）应礼部试，因触怒秦桧而被黜免。孝宗时赐进士出身。曾任镇江、隆兴、夔州通判，光宗时（1190）官至宝章阁待制。一生写诗近万首，其中涉及萧山、西兴的诗很多。

西兴泊舟

衰发不胜白，寸心殊未降。
避风留水市，岸帻倚船窗。
日上金熔海，潮来雪卷江。
登临数奇观，未易敌吾邦。

《全宋诗》卷二一七〇

夜 归

晡时捩柂离西兴,钱清夜渡见月升。
浮桥沽酒市嘈嘈,江口过埭牛凌兢。
寒齑煮饼坐茅店,小鲜供馔寻鱼罾。
偶逢估客问姓字,欢笑便足为交朋。
须臾一饱各散去,帆席健快如超腾。
云间戍楼鼓坎坎,山尾佛塔灯层层。
夜分到家趋篝火,稚子惊起头鬅鬙。
道途辛苦未暇说,一尊且复驱严凝。

《全宋诗》卷二一七〇

送施武子通判

初入修门鬓未秋,安期千里接英游。
退归久散前三众,迈往欣逢第一流。
只道升沉方异趣,岂知气类肯相求。
龙钟不得临江别,目断西陵烟雨舟。

《全宋诗》卷二二〇三

寄子坦

目断西陵细霭中,津亭想汝系孤篷。
颇忧昨暮云吞日,犹幸今朝雨压风。
就食亦知难恋恋,挂帆终恨太匆匆。
寒沙不是无来雁,频寄书归问老翁。

《全宋诗》卷二二一二

郊 行

凄风吹雨过江城,缓策羸骖并水行。
古路初惊秋叶堕,荒郊已放候虫鸣。
壮心耿耿人谁识,往事悠悠恨未平。
斜日半竿羌笛怨,西陵寂寞又潮生。

《全宋诗》卷二二三六

长相思

暮山青,暮霞明,梦笔桥头艇子横,藾风吹酒醒。

看潮生,看潮平,小住西陵莫较程,莼丝初可烹。

《全宋词》册三

宋·范成大

浙江小矶春日

客里无人共一杯,故园桃李为谁开。
春潮不管天涯恨,更卷西兴暮雨来。

《全宋诗》卷二二四二

宋·张孝祥

张孝祥(1132—1170),字安国,别号于湖居士,汉族,历阳乌江(今安徽和县乌江镇)人,出生于明州鄞县(今浙江宁波市鄞州区)。南宋著名词人、书法家。唐代诗人张籍的七世孙。有《于湖居士文集》《于湖词》等传世。

瑞鹧鸪

香佩潜分紫绣囊,野塘波急拆鸳鸯。春风灞岸空回首,落日西陵更断肠。
雪下哦诗怜谢女,花间为令胜潘郎。从今千里同明月,再约圆时拜夜香。

《张孝祥集编年校注》卷三九

宋·李泳

李泳,字子永,号兰泽,庐陵(今江西吉安)人,约绍熙三年(1192)前后在世。尝为溧水令。有词名,与兄李璋合著《李氏花萼集》。

西 兴

山拥千家邑,江涵万顷天。
洪涛春落日,老树秣荒烟。
失路或搔首,夷途争着鞭。
劳生几寒暑,半鬓已苍然。

《全宋诗》卷二三六九

宋·吕祖谦

吕祖谦(1137—1181),字伯恭,人称东莱先生,金华人。官至直秘阁著作郎、国史馆编修。一生著作颇多,主要有《春秋集解》《东莱集》等。

西兴道中二首

其一

凫鹜迎船似有情,随波故起绿粼粼。
野花照水开无主,谁信春归已两旬。

其二

桑麻张王不知春,帝恐莺花太断魂。
东岸红霞西岸绿,却将景色为平分。

《全宋诗》卷二五二二

宋·楼钥

楼钥(1137—1213),字大防,号攻媿主人,明州鄞县(今属浙江宁波)人。隆兴进士,历知温州、起居郎兼中书舍人,迁给事中,后为翰林学士、吏部尚书兼翰林侍讲,至参知政事。通经史,善诗文,著有《攻媿集》。

过西兴

几载京尘浣客裘,江村乍入倍清幽。
柔桑稚麦寒犹在,流水落花春又休。
苍狗浮空惊易失,白驹过隙若为留。
细思谁似垂纶者,置酒烹鱼百不忧。

《全宋诗》卷二五四一

宋·王炎

王炎(1138—1218),字晦叔,婺源(今江西婺源)人。乾道五年(1169)进士,为潭州教授,后知湖州,官终军器监。与朱熹交谊颇笃。著有《双溪集》。

西兴阻风

小市西兴渡,年来一再行。
花开方淑景,木落又寒声。
云破日还晦,潮回江未平。
壮年曾试险,迟莫敢轻生。

《全宋诗》卷二五六七

宋·苏泂

苏泂,山阴人。与辛弃疾、姜夔等人交游。著有《泠然斋诗集》。

西兴渡口雪

岸侧枯杨卧玉龙,卸残鳞甲趁天风。
明年更作垂垂绿,会率莺花入汉宫。

《全宋诗》卷二八四九

小憩西兴

吴越相望一苇通,仙凡不隔半帆风。
玄晖有句无人识,尽在西兴落照中。

《全宋诗》卷二八四九

宋·魏了翁

念奴娇

鲜于安抚□□劝酒

固陵江上,暮云急、一夜打头风雨。催送春江船上水,笑指□山归去。靴帽丛中,渔樵席上,总是安行处。惟余旧话,为公今日拈取。　　见说家近岷山,翠云平楚,万古青如故。要把平生三万轴,唤取山灵分付。庐阜嵩高,睢阳岳麓,会与岷为伍。及时须做,鬓边应未迟暮。

《全宋词》册四

宋·戴昺

戴昺,字景明,号东野,天台人。嘉定十二年(1219)进士,嘉熙三年(1239)为赣州法曹参军,宝祐间为池州幕僚。工吟咏,诗风清婉。著有《东野农歌集》。

如京至西兴阻风雨

月将圆夜出乡关,才到西兴月又残。
老去问名先已懒,近来行路觉尤难。
云烟漠漠吴山暗,风雨潇潇浙水寒。
识破人生真逆旅,此身何处不堪安。

《全宋诗》卷三〇九七

宋·吴文英

吴文英(约1200—约1260),字君特,号梦窗,晚号觉翁。四明(今浙江宁波)人,终生不仕。有《梦窗稿》四卷,存词约350首。

齐天乐·别情

烟波桃叶西陵路,十年断魂潮尾。古柳重攀,轻鸥聚别,陈迹危亭独倚。凉飔乍起,渺烟碛飞帆,暮山横翠。但有江花,共临秋镜照憔悴。　华堂烛暗送客,眼波回盼处,芳艳流水。素骨凝冰,柔葱蘸雪,犹忆分瓜深意。清尊未洗。梦不湿行云,漫沾残泪。可惜秋宵,乱蛩疏雨里。

《全宋词》册四

宋·林希逸

林希逸,字肃翁,号竹溪,福建福清市人。宋端平二年(1235)进士,历官翰林权直兼崇政殿说书、直秘阁,知兴化军。景定间官司农少卿,终中书舍人。工诗,善书画。著有《竹溪十一稿诗选》。

宿西兴渡作

古寺鸣钟罢,高林宿鸟忙。
竹明风弄影,荷净露生香。
月到中天小,星过野水长。
江村人寂寂,败叶响银床。

《全宋诗》卷三一一八

宋·毛珝

毛珝,字元白,号吾竹,柯山人。约宋理宗景定初前后在世。能诗,词尤清艳可颂。著有《吾竹小稿》。

西　兴

蚤暮船争渡,都城隔岸间。
昔为渔钓地,今作利名关。
潮探尘中事,年催客里颜。
水仙花又发,吾欲老江湾。

《全宋诗》卷三一三五

宋·释绍嵩

释绍嵩,庐陵(今江西吉安)人,略早于文天祥。

待舟西兴遣闷

海涌银为郭,吴疆与越连。
有山来枕上,无酒到愁边。
烈烈寒风起,悠悠落日悬。
孤舟未得济,少驻祖生鞭。

《全宋诗》卷三二三三

宋·俞桂

俞桂,字希郯,仁和(今浙江杭州)人。绍定五年(1232)进士。与吴惟信、陈起诗文往复,著有《渔溪诗稿》。

江 头

渔浦山边白鹭飞,西兴渡口夕阳微。
等闲更上层楼望,贪看江潮不肯归。

《全宋诗》卷三二七六

宋·陈允平

陈允平,字君衡,一字衡仲,号西麓,浙江鄞县(今属浙江宁波)人。南宋德祐年间,授沿海制置司参议官。入元后被捕,获释后征至北都,不受官,放还。工诗,著有《西麓诗稿》。

西 兴

西兴潮半落,渔浦日初昏。
岳面云收脚,沙头浪积痕。
楼钟鸣野寺,船鼓入江村。
回首长安路,归心几断魂。

《全宋诗》卷三五一六

宋·周密

周密(1232—1298),字公谨,号草窗、四水潜夫等。祖先济南人,曾祖父随宋室南渡,寓居湖州。南宋德祐间为义乌知县,宋亡不仕。其词讲究音律,文辞精美,与吴文英（梦窗）齐名，人称"二窗"。著有《草窗词》《武林旧事》等。

三姝媚·送圣与还越

浅寒梅未绽。正潮过西陵，短亭逢雁。秉烛相看，叹俊游零落，满襟依黯。露草霜花，愁正在、废宫芜苑。明月河桥，笛外尊前，旧情消减。　　莫诉离肠深浅。恨聚散匆匆，梦随帆远。玉镜尘昏，怕赋情人老，后逢凄惋。一样归心，又唤起、故园愁眼。立尽斜阳无语，空江岁晚。

《全宋词》册五

宋·陈深

陈深，字子微，别号宁极，平江（今江苏苏州）人。宋亡，隐居。

齐天乐

八月十八日寿妇翁，号菊圃

秋涛欲涨西陵渡，江亭晓来雄观。帝子吹笙，洛妃起舞，应喜蓬宫仙诞。斗墟东畔。望缥缈星槎，来从河汉。明月楼台，绣筵重启曼桃宴。　　庄椿一树翠色，五枝芳桂长，金蕊玉干。自笑狂疏，尊前起寿，不似卫郎温润。一卮泛满。羡彭泽风流，醉巾长岸。老圃黄花，清香宜岁晚。

《全宋词》册五

宋·汪元量

汪元量，字大有，别号水云，杭州人。原为南宋宫廷琴师。公元1276年，元军入临安（杭州市），汪元量随宋朝皇帝被俘北去。后来做道士南归。著有《水云集》《湖山类稿》。

唐律寄呈父凤山提举（十首选一）

西兴渡口乱啼鸦，锦缆牵江目力赊。
六馆衣冠沦道路，三宫珠玉走风砂。
山川不尽心难老，岁月忧煎发渐华。
行到湘南归不得，倚门应是望天涯。

《全宋诗》卷三六六九

金·任询

任询，字君谟，号南麓先生，易州（今河北易县）人。金正隆二年（1157）登进士第。历益都都勾判官、北京盐使。后致仕,优游乡里。人评其画高于书,书高于诗,诗高于文,然王庭筠独称其才具。

浙江亭观潮

海门东向沧溟阔,潮来怒卷千寻雪。
浙江亭下击飞霆,蛟蜃争驰奋髯鬣。
钜鹿之战百万集,呼声响震坤轴立。
昆阳夜出雨悬河,剑戟奔冲溃寻邑。
吴侬稚时学弄潮,形色沮懦心胆豪。
青旗出没波涛里,一掷性命轻鸿毛。
须臾风送潮头急,乱山稠叠伤心碧。
西兴浦口又斜晖,相望会稽云半赤。
诗家谁有坡仙笔,称与江山作劲敌。
援毫三叫句不成,但觉云涛满胸臆。

《全金诗》卷四〇

元·柳贯

柳贯(1270—1342),字道传,婺州浦江人。大德间(1297—1307)举为江山教谕,迁昌国州学正,历国子助教、太常博士,出为江西儒学提举。至正元年(1341)召为翰林院待制兼国史院编修官。前后弟子千余人,其中以宋濂为最著名。著有《柳待制集》四十卷、《金石文字》十卷。

次韵鲁参政观潮二首(选一)

怒涛卷雪过樟亭,人立西风酒旆青。
日毂行天沦左界,地机激水出东溟。
倒排山岳穷千变,阖辟云雷竦百灵。
望海楼头追胜赏,坐中宾客弁如星。

《柳待制集》卷八

元·王冕

王冕(1287—1359),字元章,号煮石山农,亦号食中翁、梅花屋主等,浙江省绍兴市诸暨枫桥人,元朝著名画家、诗人、篆刻家。著有《竹斋集》三卷,续集二卷。存世画迹有《南枝春早图》《墨梅图》《三君子图》等。

赵千里夜潮图

去年夜渡西陵关,待渡兀立江上滩。
滩头潮水倒雪屋,海面月出行金盘。
水花著人如撒霰,过耳斜风快如箭。
叫霜鸿雁零乱飞,政似今年画中见。
寒烟漠漠天冥冥,展玩陡觉心神清。
便欲吹箫骑大鲸,去看海上三山青。

《竹斋集》卷下

元·杨维桢

杨维桢(1296—1370),字廉夫,号铁崖,晚号东维子,浙江诸暨人。泰定四年(1327)成进士,署天台尹,改钱清盐场司令,转建德路总管府推官,累迁江西儒学提举。诗号铁崖体,名盛一时。著有《东维子文集》《铁崖先生古乐府》等。

铜雀曲

帐中歌吹作,玉座翠帘曛。
西陵迷望眼,日暮起浮云。

《铁崖古乐府》卷九

元·镏涣

镏涣,字彦亨,世家洛阳,后徙浙江山阴(今绍兴)。元至正间(1341—1368)荐为三茅书院山长,道阻不赴。

西兴夜居

雁阵惊寒过驿楼,江声月色暗生愁。
扁舟此夜西陵渡,顿使行人易白头。

乾隆《萧山县志》卷三六

元·贡性之

贡性之,字友初,宣城(今安徽宣城)人。贡师泰侄。以胄子除簿尉,有刚直名,后补合省理官。入明不仕,居山阴(今浙江绍兴),改名悦,躬耕自给以终,门人私谥曰真晦先生。工诗,善画梅、竹,著有《南湖集》。

153

樟亭送别

昨日渡江今日还,羡君行路不辞难。
船头白鸟波心浴,篷底青山雨里看。
对酒不须生别思,到家先为问亲安。
东归拟借西窗榻,饱听书声坐夜阑。

《南湖集》卷上

咏施水庵[1]

十里江沙客路长,倦来行宿远公房。
秋田已足今秋雨,橘圃新收昨夜霜。
树里柴门唯寂寂,人间尘土正茫茫。
明朝不忍轻为别,如此相逢有几场。

嘉靖《萧山县志》卷六

元·张九思

西兴夜宿

行如归鸟来安巢,泊似枯蝉暂解包。
软语逗留吴地习,拙诗惭愧越僧抄。
未谙土酒随意饮,旋买江鱼借具庖。
有酒得鱼身是客,绝胜无酒又无肴。

乾隆《萧山县志》卷三五

明·高启

渡浙江宿西兴民家

挂帆无天风,到岸日已夕。
舍舟理轻装,欲问古镇驿。
飒飒滩声回,莽莽山气积。
仆夫夜畏虎,告我勿远适。
望林投人家,炊黍旋敲石。

---

[1] 施水庵:在西兴镇,宋宝庆中史弥远舍宅建。

寒眠多虚警,我体若畏席。
谁云别家遥,数日已在客。
今宵始惊叹,东西大江隔。

《大全集》卷三

夜抵江上候船至晓始行

夜辞西陵馆,霜谷猿叫歇。
津卒未具舟,天险不可越。
渔商杂候渡,寒立沙上月。
苍烟隐遥汀,益觉潮涨阔。
开桡散惊凫,海色曙初发。
昽昽前山来,稍稍后岭没。
中流闻鼓角,隔岸见城阙。
客路得奇观,临风闷俱豁。

《大全集》卷三

送任元礼

凤凰台下一帆归,秋雨秋风满客衣。
黄菊到家应落尽,西陵斜日闭园扉。

《萧山任氏家乘》卷二〇

晚次西陵馆

匹马倦嘶风,萧萧逐转蓬。
地经兵乱后,岁尽客愁中。
晚渡随潮急,寒山旧驿空。
可怜今夜月,相照宿江东。

《大全集》卷一二

明·姚广孝

姚广孝(1335—1418),法名道衍,幼名天僖,字斯道,江苏长洲(吴县)人,十四岁为僧。僧宗泐荐,选侍燕王邸,与燕王朱棣投契,佐棣起兵。朱棣登基,拜太子少师。参与纂《永乐大典》,著有《逃虚子集》。

施水庵

筑庐临古渡,结社拟东林。

花雨飘闲径,香云被远岑。
兰灯秋炯炯,莲漏夜沉沉。
集众人如玉,经行地布金。
长斋神自卫,深定怪难侵。
愿我精三业,从师净一心。

乾隆《萧山县志》卷三四

明·僧玘太璞

僧玘太璞(1320—1385),明僧如玘,号太璞。余姚人。年十六,投横溪华安寺觉海为师。洪武初,召对称旨,诏住天界,与宗泐订释《心经》《楞伽》《金刚》颁行天下。

咏施水庵

上人佳处足幽寻,精舍近开湘浦浔。
花落晚风苔径滑,绿肥春雨藕池深。
影堂无路求遗迹,净社何人解正音。
握手过溪成笑倒,东林风致古犹今。

民国《萧山县志稿》卷八

咏施水庵

东林社散已千年,精舍新开浙水边。
白藕作花香冉冉,夕阳悬鼓意拳拳。
名齐匡阜无惭德,观习台崖有正传。
扰扰阎浮俱过客,六时谁解共加鞭。

明·来励

来励(1376—1460),字宗亮,浙江萧山人。萧山长河来氏大房八世。家贫苦学,布衣一生。注重教育,兴办社学、义学,制定宗法族规。作《四训八戒》,其第七戒强调"书则必读,田则必耕",颇受族人世代景仰。著有《蚓鸣集》。

西陵夜归

暝色起遥汀,人家尽掩扃。
月明江郭静,烟迥夜灯青。
落叶惊栖鸟,寒莎聚宿萤。

忽闻邻杵响,归思绕林坰。

《冠山逸韵》卷二

西陵夜泊值雨
一叶扁舟江上停,寒云惨惨暮愁生。
水深波冷渔榔歇,静听篷窗滴雨声。

《冠山逸韵续编》卷三

明·何舜宾

何舜宾(?—1498),字穆之,号醒庵,浙江萧山人。成化五年(1469)进士。任南京湖广道监察御史,谪戍广西庆远卫,遇赦还乡。后遭诬而死。

西陵待渡(节选)
夜永江寒未上潮,沙头待渡思无聊。
那能尽力驱山骨,立见成功驾海桥。

嘉靖《萧山县志》卷二

明·来天球

西陵怀古
郭筑镇西陵,兵藏薪胆盟。
敌亡谋始遂,身没业随倾。
夹岸青山影,寒江白浪声。
皇朝归德化,殊愧霸图名。

无 题
秋日登高客共闲,东南形胜动诗颜。
山回雨势苍龙起,江落潮声白马还。
圣德昭敷通绝域,人文杰出重区寰。
凭君莫问争雄迹,吴越遗宫夕照间。

《冠山逸韵》卷一

明·杭淮

杭淮，字东卿，江苏宜兴人。弘治十二年(1499)进士，由主事累官至南京总督粮储右副都御史，廉明平恕。其诗格清体健，常与李梦阳、王守仁等唱和。著有《双溪集》。

岁暮阻风西兴驿二首

其一
密云寒不卷，虚阁暮凭依。
雪点迎风乱，江花入酒微。
怒波元自阔，归雁不停飞。
玄发与时变，青春渐觉非。

其二
冉冉岁云暮，悠悠江逝东。
系舟盐海雪，卷幔竹楼风。
日月看飞鸟，勋名任转蓬。
梅花知自好，开发故园丛。

《双溪集》卷四

明·蔡宗兖

蔡宗兖，字希渊，浙江山阴人。明朝官员、学者。正德十二年(1517年)进士，官至四川提学佥事。曾任白鹿洞书院洞主。

西兴驿
八月重来江上驿，轻雷隐隐隔江鸣。
人言未晚且须渡，自信知机总不惊。
忽地金蛇牵雨至，漫空雪马喷风行。
秋堂合有青灯约，再启长歌续旧声。

嘉靖《萧山县志》卷二

明·童瑞

童瑞，字舜圭，号蒙山，萧山人。嘉靖七年(1528)举楷书选礼部儒士，后官中书舍人，左迁辰州经历。幼承庭训，学有渊源，为诗百炼成句。著有《蒙山集》。

东归晚渡西陵
西陵烟树望中赊，忆别江乡几岁华。

落日归人争晚渡,寒空啼鸟下平沙。
湖边贺老初分席,陇上庞公亦有家。
便喜衡门生事足,每因邻叟话桑麻。

乾隆《萧山县志》卷三五

明·范钦

范钦(1506—1585),字尧卿,一字安卿,浙江鄞县(今属浙江宁波)人。嘉靖壬辰(1532)进士,累官兵部右侍郎。所建"天一阁"藏书楼,名闻遐迩。著有《天一阁集》。

东归次钱塘先寄弟

月落天将曙,风高浪欲层。
夜来春草梦,先已度西陵。

《明诗综》卷四六

明·徐渭

徐渭(1521—1593),字文长,别号天池生,晚年号青藤道人,浙江绍兴人。年二十为诸生,屡应乡试不中。曾为浙江总督胡宗宪幕客,出谋剿倭寇,甚有奇计。中年学画花卉,重写意神似。著有《徐文长集》《徐文长逸稿》等。

赠吕山人

西陵渡头秋水寒,年年岁岁走儒冠。
不知天姥山中客,十载关门傲长官。

《徐文长集》卷三一

明·赵志皋

赵志皋(1524—1601),字汝迈,浙江兰溪人。隆庆(1567—1572)进士。万历初官侍读,忤张居正谪官。居正殁,累进礼部尚书,入参机务。著有《灵洞山房集》《四游稿》和《内阁奏题稿》。

早发钱塘

晓雾兼天白,秋风一苇轻。
湖吞渔浦阔,沙涌固陵平。
隔座吴山远,扬帆越峤迎。

苍茫思无限,天外忽钟声。

《明诗综》卷四八

明·来三聘

西陵镇海楼二首

其一

西陵千古胜,风景满楼前。
一水分吴越,孤峰接海天。
云移西子渡,月照祖龙鞭。
人事多兴废,江山独宛然。

其二

楼阁云霄迥,凭栏景色殊。
潮喧江动越,沙远树遮吴。
海气遥天碧,烟波落日孤。
渡头人似蚁,谁与泣杨朱。

《冠山逸韵续编》卷一

明·来士宾

竹枝词

西陵道上歌竹枝,西陵渡头泪如丝。
经年长忆别来面,睹得湘山暮雨祠。

《冠山逸韵》卷二

明·任四邦

任四邦,字屏臣,号青岩老人,萧山人。幼颖异,弱冠为诸生,与毛奇龄有诗唱和。

赋得西陵绕越台

万古西陵道,江声日夜号。
挂帆吴地近,矫首越台高。
霸业随流水,英风卷怒涛。

樟亭览遗迹,感慨几萧骚。

《萧山任氏家乘》

清·来集之

西陵渡(九首)

其一
行李半肩书半肩,西陵渡口片帆悬。
射潮犹见钱王簇,驱石难寻秦始鞭。
秋露为霜两岸荻,晚风送日隔江烟。
可怜南北争舟急,何似茅堂自在眠。

其二
问渡钱塘趁小舟,杭州旧是帝王州。
候潮门近蛟涎湿,望海楼高蜃气浮。
沽客息机看去雁,渔人收网起眠鸥。
不知砥柱何方在,空见滔滔日夜流。

其三
短长驿路问樟亭,古木阴中流水声。
潮拥伍胥犹击楫,山看句践有遗城。
榜人延客三分诤,帆布迎风五两轻。
渺渺予怀舟一叶,沧江回首不胜情。

其四
梦绕西湖少羽翰,一苇飞渡水漫漫。
江山不改人犹昔,风月多情我亦安。
海欲吞江凫渚隔,吴方界越浪涛宽。
由来错道风波恶,转是风波没险难。

其五
浩气涵虚万壑哀,江经罗刹转喧豗。
由来只是心多定,到此须教眼一开。

车马劳人收桨快，鱼虾趁市晚潮来。
漫言钱赵皆天堑，只有僧庵绕夜台。

其六

一望中流水拍天，招招舟子似相怜。
壶倾白酒严陵客，筐载黄柑渔浦船。
近岸几家秋树影，沿村数点晚炊烟。
行人莫唱公无渡，鲸鳄无惊浪不颠。

其七

隐隐轻雷劈海门，西陵渡口渡人喧。
驱山铎失群峰在，换土钱多古迹存。
银杏舞霜黄叶寺，红裙贳酒白鸥村。
济川不是无名手，日落潮平看水痕。

其八

难寄愁心江上山，偶逢江雾暂开颜。
西陵渡满千樯集，南宋陵空一鸟还。
九里松中人乍远，六和塔下水重环。
子安词赋高天下，风饱云帆一饷间。

其九

涉江此日赋褰裳，桂楫迎人叹望洋。
一水似同星作汉，孤飞不用鹊为航。
白鸥沙上原称客，黄鹄云中未下翔。
正是澄清一四海，不教吴越有分疆。

《倘湖手稿》

坐西陵茶亭（七首）

一

西陵关外旧沙场，营垒烟沉野草荒。
折戟未销光怪出，古碑虽断姓名香。
客谈往事西风惨，潮卷征帆落日忙。

坐对长江看未足,山僧半壁有绳床。

二
古树斜阳野色秋,高风鸣雁过江头。
人无南北行俱急,岸自东西水一流。
昨日羽书催战马,谁家坡草卧耕牛。
我参佛语心多定,钟磬声中景物幽。

三
隔江山下是西湖,烟霭湖光乍有无。
画舫欲停飞鸟过,行歌未断柳条疏。
钟声萧寺来轻重,渔子汀洲杂鹭凫。
好梦贻寻蒹露下,深溪水竹伊人庐。

四
说尽兴亡两度潮,鱼罾断岸影萧萧。
路经古驿行人苦,草满平原战马骄。
去亦不辞梁上燕,危而不堕竹边桥。
进贤冠久无心着,琴韵幽清谱寂寥。

五
古寺禅灯驿路边,秋花作意动人怜。
一杯茶里言成悟,半炷香中坐亦缘。
带叶爨柴留过客,糊窗剩隙看渔船。
晚来大有悠然趣,刚送残阳月满川。

六
才过野寺便成闲,卧听潮声坐看山。
经卷暂开终费解,性情旷极反同顽。
浮云稍向清秋静,倦鸟犹从隔岸还。
愧我厨飧无一事,蒲团学坐叩禅关。

七

结草为庵僧隐名,养鱼种菊寄幽情。
芦花客梦秋俱冷,鸿雁沧江影一声。
钓艇随潮蓑半湿,吴山隔岸面如迎。
与君高坐三生石,悟得无生了此生。

《倘湖手稿》

明·王素娥

王素娥,山阴人,号蘗屏。十七岁嫁胡节,胡节为郡吏曹,死于北畿,素娥誓不再嫁。能诗文,尤擅女红,四十一岁卒,诗名颇高。

渡钱塘

风微月落早潮平,江国新晴喜不胜。
试看小舟轻似叶,载将山色过西陵。

《明诗综》卷八四

明·陈子龙

陈子龙(1608—1647),明末官员、文学家。初名陈介,字人中,改字卧子,南直隶松江华亭(今上海市松江区)人。诗歌成就较高,被公认为"明诗殿军"。

西陵初晴

积雨闲愁满,新晴野望开。
潮平海门树,春到越王台。
江柳含烟细,林花入照催。
物华欣有托,尽日此徘徊。

《陈子龙诗集》

清·毛万龄

西陵晓渡

晓江发桂棹,江晓难测量。
四顾绝端倪,不分沧与桑。
初景革绪阴,光射水气凉。
薄雾尚翳空,挂席与彼翔。

吴山近复远，峭茜忽欲黄。
迥盷穷海门，两峙青茫茫。
高霞杂晦明，万象屡改张。
孤鸿哀一声，欲辨即已亡。
但闻沙岸侧，群乌噪千樯。
无何波面平，皎如匹练长。
潜虬卧不起，奔鼍抱窟藏。
丈夫志桑蓬，何为恋故乡？
隆隆黄金台，苔苔燕市旁。
仗剑奋千里，谁复哂我狂。

民国二十四年《萧山县志稿》卷三三

西陵渡（二首）

其一
江程十里辨鸣鸡，舟子招招东复西。
隔岸征帆当路起，平沙立马待船嘶。
吴关旌鼓军声合，越国楼台海色低。
百越三吴名利客，舍旃何处觅云梯。

其二
江到西陵势最遥，往来争渡甚喧嚣。
榜人挂席邀来辇，游子登舟促去桡。
风雨一飘鲛客泪，朝昏双逐海门潮。
纷吾却恨牵牛襫，不肯驱乌此架桥。

乾隆《萧山县志》卷三五

清·李邺嗣

李邺嗣（1622—1680），名文胤，字邺嗣，号杲堂，浙江鄞县（今属浙江宁波）人。明诸生。少能诗文，16岁随父至岭外，通人张孟奇叹异其才，与其结为忘年交。后与黄宗羲校《古文雅》。明亡，绝意尘世，每日以著书为事。著有《杲堂文钞》六卷、《杲堂诗钞》七卷及《续世说》等。

西陵绝句诗(十四首选二)

其四
白浪江头秋不高,伍胥旧恨已寥寥。
青丝控马寻常渡,不怕当年罗刹潮。

其七
沙涨钱塘事莫无,赭山浪到定山枯。
莫言白马扬波缓,尚有重潮文大夫。

《杲堂诗钞》卷七

清·张九钧

张九钧,字陶万,湖南湘潭人。清雍正癸丑进士,授刑部主事,转郎中,出为江南驿盐道,著有《甄斋诗集》。

渡西兴望萧山
堞楼高插晚云昏,霸业虽空王气存。
山势北来连百徼,江声东去接三亹。
脂残吴女犹留像,烟冷萧公尚有墩。
约与杭州风俗似,乌篷红袖最销魂。

《沅湘耆旧集》卷八十

清·毛奇龄

江城子
赭门东上海潮青,古西陵,雨冥冥。越王宫女,著履在樟亭。亭下教兵遗竹矢,秋日晚,堕鸦翎。

《西河合集》卷一三一

西陵渡即事(二首)

一
望京门外旧樟亭,驿路临江蔽远坰。
风转一帆沙屿白,天低两岸海潮青。
通关贾轴摇旌斾,下濑军书缀羽翎。

丛笛几行相望隔,有人垂钓在沧溟。

二

钱唐西路固陵船,十里平沙官渡遥。
镇海旧楼飞紫□,教兵新堞散红椒。
平原兔暖看驰猎,曲港鰌高欲上潮。
白马素车长在望,哀魂千载竟谁招。

《西河集》卷一七七

清·单隆周

西陵渡

西陵驿路草萧萧,范蠡当年筑丽谯。
白榜青莲余旧字,轻装片石送行舠。
平沙古戍朝驱马,水国秋寒夜上潮。
独倚山楼闲眺望,雁鸿飞尽瀚天遥。

《雪园合集》卷一二

西陵遇雨

急雨西村暮,沾濡遍敝裘。
云平江树没,潮满越山浮。
消息愁兵仗,安危托钓舟。
书生何计拙,直欲佩吴钩。

《雪园集》卷一〇

清·张远

西陵渡

平沙百里莽成蹊,古渡西陵气惨凄。
潮撼沧桑连子午,江分吴越暗东西。
毡氀雪卷寒笳动,艋舴风回夜火齐。
逐客往来频极目,镯镂光没鹧鸪啼。

乾隆《萧山县志》卷三五

清·朱彝尊

朱彝尊(1629—1709),字锡鬯,号竹垞,秀水(今浙江嘉兴)人。康熙十八年(1679)举博学鸿词科,授检讨,与修《明史》。长于诗词,著有《曝书亭集》,编有《明诗综》等。

固陵怀古

越王此地受重围,置酒江亭感式微。
想像诸臣纷涕泪,凄凉故国久睽违。
天寒竹箭参差见,日暮乌鸢下上飞。
犹羡当年沼吴日,六千君子锦衣归。

《曝书亭集》卷三

清·吴历

吴历(1632—1718),字渔山,号墨井道人、桃溪居士,诗人、画家,善书法、通琴曲,后信奉天主教,研习于澳门,传教于江浙,终老于上海,为清初中西交流史上的文化名人。著有《墨井诗钞》《三巴集》《桃溪集》《墨井画跋》。

题赠王石谷卷三首(其一)

与君自小江村住,暖翠浮岚乌目山。
何似西兴云外路,晓春十二小烟鬟。

《吴渔山集笺注》卷四《诗钞补遗》

清·周起莘

周起莘,字次修,浙江萧山人。廪监生,康熙间举博学鸿词科未第。著有《倚玉堂文钞》。

西陵渡

武林东道固陵西,古渡寒烟逐望迷。
帆影遥随江路尽,潮声直射海天低。
秋风远濑高鸿翼,落日平沙散马蹄。
回首庄亭遗迹泯,空余芳草自萋萋。

乾隆《萧山县志》卷三五

清·陈至言

观潮行（五首之一）

瞻彼西陵涛，玉山捍江立。
骇浪播空际，奔雷撼天出。
高泻雪屋倾，㲫沙龙子泣。
欻忽失遥青，阴森夺其色。
白马驾素车，浩气自克塞。
谁能弯铁弩，怒涛射千尺？

《苑青集》卷一

清·王廷枢

王廷枢，字紫凝，萧山人。三岁而孤，弱冠补弟子员。著有《古史今书》等。

赋得西陵绕越台

不改钱王渡，犹存乌喙台。
孤城埋旧迹，万嶂起崔嵬。
洗马留青霭，庄亭满绿苔。
只今凭吊处，惟有鸟声哀。

乾隆《萧山县志》卷三四

清·钱霍

钱霍，字去病，山阴（今绍兴）人。著有《望舒楼集》。

登西陵望京楼

欲渡钱塘去，登临望帝京。
山连吴越郡，水浸浙江城。
天外音书断，云间燧火生。
长安何处在，极目思纵横。

乾隆《萧山县志》卷三四

清·爱新觉罗·弘历

弘历（1711—1799），1736 至 1795 年为皇帝，庙号高宗，年号乾隆。1715 年春渡钱塘江往绍兴，经过西兴题此诗，手书并勒碑于铁岭关。

西 兴

斛土千钱诡就塘,风恬日暖彩舟方。
一江吴越分疆界,三月烟花正艳阳。
航苇谁曾见神异,射潮未免话荒唐。
涨沙南徙民居奠,永赖神庥敬倍常。

《南巡盛典》册一

清·黄景仁

黄景仁(1749—1783),字汉镛,一字仲则,号鹿菲子,常州府武进县(今江苏省常州市武进区)人。诗负盛名,亦能词。著有《两当轩集》《西蠡印稿》。

后观潮行

海风卷尽江头叶,沙岸千人万人立。
怪底山川忽变容,又报天边海潮入。
鸥飞艇乱行云停,江亦作势如相迎。
鹅毛一白尚天际,倾耳已是风霆声。
江流不合几回折,欲折涛头如折铁。
一折平添百丈飞,浩浩长空舞晴雪。
星驰电激望已遥,江塘十里随低高。
此时万户同屏息,想见窗棂齐动摇。
潮头障天天亦暮,苍茫却望潮来处。
前阵才平罗刹矶,后来又没西兴树。
独客吊影行自愁,大地与身同一浮。
乘槎未许到星阙,采药何年傍祖洲?
赋罢观潮长太息,我尚输潮归即得。
回首重城鼓角哀,半空纯作鱼龙色。

《黄仲则诗选》,中华书局

清·屠倬

屠倬(1781—1828),字孟昭,号琴坞,越州暨阳(今浙江诸暨)人,后居钱塘(今属杭州)。擅为诗文,旁及书画金石篆刻。嘉庆(1796—1820)进士,官至九江知府。与吴江郭频伽、海昌查梅史为好友。著有《是程堂集》。

西兴道中有怀

蒙蒙云树暗遥天,隐隐帆樯泊渡船。
十里午风花似梦,一江春水雨如绵。
去来吴越莺声里,惆怅湖山禊事前。
不尽蘼芜原上恨,可怜杨柳别时烟。

《是程堂集》卷二

清·贝青乔

贝青乔(1810—约1863),字子木,江苏吴县(今江苏苏州)人。游幕旅食,坎坷终身。鸦片战争时,曾入奕经军幕,在浙东抗击英国侵略军。叶廷琯刻其遗诗为《半行庵诗存稿》八卷。

西兴渡

落日广陵路,孤帆苍莽间。
白翻吞岸浪,青截过江山。
暮角催人发,眠鸥愧尔闲。
前途多美酒,须破客囊悭。

《半行庵诗存稿》卷一

现代·来裕恂

西陵怀古(五首)

其一

吴越争霸图,西陵为隩区。
平沙筑城堡,临江守一隅。
设计恩吴王,西子登姑苏。
尝胆胆不苦,卧薪薪不粗。
勃勃雄心蓄,日久谋沼吴。
功成险要驰,范蠡泛五湖。

其二

汉末群雄据,会稽亦负固。
孙策欲破之,多为王朗误。

陵固不能入，水险不易渡。
孙静说伯符，计取公无怒。
西陵坚难摧，矧有重兵驻。
我闻查渎道，在越非要路。
去此数十里，彼必疏防护。
兵法无备攻，是谋为急务。
浮水师木罂，明火涐昏暮。
分兵衔枚驰，马不系铃度。
果袭高迁屯，越兵惊失措。
纵遣周昕前，首尾不相顾。
一战定会稽，大书于露布。

其三
我闻刘宋时，孔觊萌逆思。
据会稽而叛，国势岌岌危。
朝廷遣吴喜，出师靖蠢兹。
诸将分道进，喜自柳浦驰。
军向西陵发，守兵力不支。
斩庾顾吴首，凯歌进一卮。
况有刘亮者，更将陆孔夷。
觊窜崝山下，村民缚送之。
国典正以徇，叛臣市可尸。

其四
读史至唐末，仇甫浙东夺。
朝命王式来，式军西陵达。
甫遣使请降，不许必挞伐。
更有刘汉宥，西陵陈兵遏。
后败于董昌，营为钱镠拔。
又有全武者，于兹守不脱。
终能执董昌，叛将无存活。
凡此用兵期，受尽干戈厄。

其五

明末画江役，监国蕞城莅。

西陵本咽喉，王毛师遂次。

奏捷草桥门，用兵出不意。

奈彼方国安，旋因马阮贰。

争权争利心，分饷分兵议。

官义两相雠，因兹萌溃志。

嗟哉王之仁，西陵失指臂。

图赖跃马来，画江成虚事。

《鲍园诗集》卷三

西陵江口

西陵旧题固陵城，累代兵争驻重兵。

今日大桥通浙赣，钱江南北守非轻。

《鲍园诗集续编》卷二二

现代·柳亚子

柳亚子(1887—1958)，初名慰高，江苏吴江人。清末诸生。早年积极参加民主革命，加入同盟会，为南社创始人之一。后参加新民主主义革命，建国后任人大常委。著有《磨剑室诗词集》《磨剑室文录》《柳亚子诗词选》。

浙江观潮

奇愁郁郁何由快？缠绵歌泣真无奈。浇愁百斛都能消，来观八月钱江潮。时维中秋后三日，人言此是潮生日。当其初至潮未来，水静无声浪不发。西兴渡口镜面平，月轮山下江身折。船分日色红半帆，波映山光分两浙。忽然隐隐一线白似银，从天接处滚滚无停。轰雷掣电不可遏，吞天沃日谁能名。儿童吐舌不敢顾，浪人拍手争相迎。长鲸奋勇老龙舞，咆哮喧哗万马奔。无端一变水尽黑，排空汹涌似山倾。蜿蜒直卷彼岸峰腰只一擎，砑然喷作浪花分。然后奔腾滂湃势震荡，呜呜咽咽难为情。不知此声果何理，或言中有子胥神。从来怨毒能为厉，斯语倘亦非无因。我向其中侧耳听，锵锵似有环佩声。为言狱成莫须有，此事千载埋冤沉。潮来潮落心未死，秋雨秋风恨岂平？灵胥亦为抱怨愤，同诉上帝已得伸。许犴此獠褫其魄，旋当犁庭再歌胡无人。言终一笑拂衣去，素车浩荡何处寻。闻君涛头片时之快语，消我胸中万叠之愁城。

《柳亚子诗选》

现代·郁达夫

郁达夫(1896—1945),名文,小字荫生,祖籍浙江萧山临浦郁家山下,富阳人。现代著名小说家、诗人。1928年与鲁迅合编文艺期刊《奔流》。著有《达夫全集》。

夜泊西兴记梦二首(之一)

罗刹江边水拍天,山阴道上树含烟。
西兴两岸沙如雪,明月依依夜泊船。

《郁达夫诗词集》

现代·夏承焘

夏承焘(1900—1986),字瞿禅,晚号瞿髯,浙江温州人。曾任之江大学、浙江师范学院、杭州大学中文系教授,一生从事词学研究。著有《夏承焘词集》。

月轮楼纪事诗十首·江楼诗思

乱帆红树对西兴,塔影栏杆唤可鹰。
若要看江出奇句,有风有雨试来凭。
诗境分明江槛前,有时风雨忽茫然。
寒江尽处烟光接,三五高帆在半天。

《夏承焘集·天风阁诗集》

现代·周作人

周作人(1885—1967),现代散文家、诗人、文学翻译家。原名櫆寿,字星杓,浙江绍兴人,鲁迅二弟。先后任绍兴中学英语教员、北京大学文科教授,"五四"时期任"新潮社"主任编辑,参加《新青年》的编辑工作,参与发起成立文学研究会,发表了《人的文学》《平民文学》《思想革命》等重要理论文章,并从事散文、新诗创作和译介外国文学作品,是新文化运动的重要代表人物之一。

夜航船

往昔常行旅,吾爱夜航船。
船身长丈许,白篷竹叶苫。
旅客颠倒卧,开铺费百钱。
来船靠塘下,呼声到枕边。
火舱明残烛,邻坐各笑言。
秀才与和尚,共语亦有缘。

尧舜本一人,澹台乃二贤。
小僧容伸脚,一觉得安眠。
晨泊西陵渡,朝日未上檐。
徐步出镇口,钱塘在眼前。

《周作人散文》第四集

乡贤闲咏

宋·来廷绍

来廷绍,字继先,号平山,原籍河南鄢陵,绍兴二十年(1150)六月生于江西袁州。绍熙四年(1193)与陈亮同中进士。庆元五年(1199)出任朝散郎、直龙图阁学士。次年,以宣奉大夫出知绍兴府,赴任渡西陵时得急病,嘉泰二年(1202)十二月十五日卒于萧山祇园寺僧舍。临终前作上面这首诗,可与陆游的《示儿》诗媲美。《长河萧山来氏家谱》以来廷绍为始祖。

祇园临终诗[1]

病卧僧房两月多,英雄壮气渐消磨。
昨宵饮药疑尝胆,今日披衣似挽戈。
吩咐家人扶旅榇,莫教释子念弥陀。
此心不死谁如我,临了连呼三渡河。

《萧山来氏宗谱》卷一

明·来励

寓长安怀故园知己

萍踪厌尘网,终日念乡频。
世上无闲客,山中有逸人。
蝶迷荒苑夕,鸟鸣故园春。
何日蹑双屦,同吟野水滨。

《冠山逸韵》卷一

---

[1]《全宋诗》卷二六六四题作《正命诗》,文字略有出入。

明·来恩

来恩,号公泽,萧山长河来氏二支十一世。明成化岁贡,曾官和阳卫经历。

京邸书怀

自叹官居禁署闲,半生虚却利名关。
江山有约终归隐,云路无媒竟失扳。
千里亲朋吴越下,一家骨肉梦魂间。
多情惟有高林鸟,日夕相看去复还。

《冠山逸韵续编》卷三

明·来新湖

来新湖,名鸠,萧山长河来氏大支十二世。明处士,著有《续蚓鸣集》。

新春郊行

信步出郊东,春风似酒浓。
鸟声啼绕树,花影落随风。
杖履乾坤外,江山锦绣中。
行行无限思,斜日远山红。

《冠山逸韵》卷一

夏日书怀

门巷绿阴稠,高眠午梦幽。
柳风清病骨,荷雨洗烦愁。
琴润因梅候,衣添为麦秋。
襟怀无底事,把酒问交游。

《冠山逸韵》卷一

明·来海门

来海门,字观,萧山长河来氏二支十二世。明廪生,曾官河伊府教授。

扶旅榇归

薄禄累慈亲,翻悲寸草心。
长江扶旅榇,落日傍空林。
起死医无药,崇丧橐少金。

无涯风木恨,应废蓼莪吟。

《冠山逸韵》卷一

明·来学海

来学海,名闻善,萧山长河来氏五支十二世。明庠生。

登三峰侄佳城志概

先公多雅爱,吾侄正齐盟。
貌想玉山胜,兴依金谷行。
文章鸣国瑞,吏治振家声。
风木今寥寂,登临正怆情。

《冠山逸韵》卷一

明·来东

来东,字南峰,萧山长河来氏五支十二世,来汝贤(菲泉)之父。明处士,著有诗集《新吴稿》。

晏 起

日日掩斋坐,不知天地春。
野梅红已绽,堤柳绿初匀。
因思北山北,兰茝生幽馥。
倒影入芳塘,余芬清可掬。

《冠山逸韵续编》卷二

明·来汝贤

少宛弟主椽省中书此以赠

三月吾宗彦,公趋近玉宸。
省中无一事,花树覆青春。
汉法篝灯读,秦碑对客临。
少年文不害,衣马五陵新。

《菲泉存稿》卷一

茌峰叔应试赋以赠之

贤路平为掌,仙舟尔顺流。

水纡凉月动,景迫大星浮。
湖海生豪色,衣冠识俊游。
春风先借兆,同过曲江流。

《菲泉存稿》卷一

思　母

未及毛生檄,徒劳滂母心。
林坛冬日秘,仪想朔风阴。
短梦时相见,灵思恍欲临。
何由追哺乳,肌发愧凡禽。

《菲泉存稿》卷一

乙酉岁七夕同雪崖兄过龙门叔祖书舍夜酌因同宿

灯下偶相过,尊前同浩歌。
鸰原明月满,牛渚小星多。
诗尚唐音律,文留汉讲磨。
要归归不得,三凤拟同科。

《菲泉存稿》卷一

雪崖兄出韵试作二首

其一

拂壁题诗且浪书,不妨才短愧茅蒲。
便令刻烛胸中有,总是挥毫眼底无。
要觅秋槐与春桂,不须夏扇又冬炉。
文章出口名天下,始信人间有丈夫。

其二

经学年来本蔡沉,何须势利驾樊阴。
道源谁与论高下,文海焉能测浅深。
愈出愈奇胸次大,闲来闲往笑谈新。
题诗遍壁人归后,白屋微微有剩音。

《菲泉存稿》卷二

赠南庄兄

万物一日忽相见,大开双眼收洪蒙。

清逼草堂帘卷雨,香搅石坛花过风。
驴背往来诗脾洗,山头登眺酒肠空。
午桥今不数丞相,却是造化私吾兄。

《菲泉存稿》卷二

与子高子发夜归

月到梧桐玉露垂,弟兄欢喜得芝眉。
竹炉石榻谁当问,秋实春花浪有司。
子夏索居蓬鬓在,元龙未老草楼知。
青山他日劳君思,珍重繁霜上葛绨。

《菲泉存稿》卷二

渡江寄子旦子发汝雨诸弟

吴树苍茫白雁秋,青山上下送离愁。
江城伐鼓虚舟应,海气凭人细草浮。
迟暮风尘余浪迹,映江金玉汝登楼。
梅花驿路春生色,已卜龙头上带钩。

《菲泉存稿》卷二

春夜书怀呈雪崖兄

晖晖斜月照书窗,隐隐花间吠小尨。
醉墨有因开铁砚,耿怀无着剔银缸。
时名不信人偏一,国士须知世可双。
短席敝床眠不稳,恍然诗思到吴江。

《菲泉存稿》卷二

怀萝垣叔

爱尔无拘束,晴云故国深。
蜂房浑甲子,驴背得山林。
自有陶潜酒,何妨阮籍贫。
比邻过二仲,遥忆在江滨。

《菲泉存稿》卷一

眉轩伯劝置田宅诗以答之

儒者须忘一亩宫,伯夷盗跖孰雌雄。

179

但存心地平如掌,不管茅堂乱作蓬。
绿树青山千古在,清风明月万家同。
乐游金谷俱消歇,陋巷何人俎豆中。

《菲泉存稿》卷二

明·来日升

春日怀菲泉兄

想望乾坤空复情,春深两地水冥冥。
怜子抱病栖江岛,念尔为官隔洞庭。
乡柳乱愁千缕弱,楚山牵梦万峰青。
相思此日无穷意,独向平原赋鹡鸰。

《冠山逸韵》卷一

归休闲适(三首)

其一

用世无良策,休官返旧林。
中年惟好道,万事不关心。
避俗柴门掩,居闲草径深。
高山流水急,何处问知音。

其二

白发重阳节,黄花细雨天。
酒旗山郭市,渔笛水村船。
拄杖缘多病,茹荤不废禅。
平生邱壑意,身世两悠然。

其三

白社思修道,青门学种瓜。
随时甘寂寞,避世远纷华。
雨歇莺啼树,风轻蝶弄花。
考般遂初志,笑傲乐烟霞。

《冠山逸韵》卷一

秋夜草堂独坐

鸡栖于埘草堂静,鸟啼深树柴门幽。

菊花细细霜月白,木叶飒飒园林秋。

百年意气昆吾剑,千里风尘季子裘。

人情冷暖发孤啸,明月看云还倚楼。

《冠山逸韵》卷三

明·来知德

来知德(1525—1604),字矣鲜,号瞿塘。梁山县(今重庆市梁平区)人,嘉靖三十一年(1552)举于乡。万历三十年(1602)经总督王象乾、巡抚郭子章推荐,特授翰林待诏,以老疾辞,诏以所官致仕,有司月给米三石终其身。其著作颇丰,著有《釜山虬溪诗稿》,游记《华山》《峨眉》等,理学有《周易集注》《大学古本章句》等。

溪上春兴(八首选五)

其一

衡门多阒寂,溪木更幽寥。

世故凭黄发,生涯傍白鸥。

江淹何事恨,杜甫为谁愁。

一笑无勾管,终朝看水流。

其二

到处心俱泰,寻常兴亦奇。

花容勾酒胆,山色泻诗脾。

海宇升平日,春风独乐时。

前溪有芳杜,岁岁寄相思。

其三

孤径幽通谷,三山翠作堆。

鸟飞缘客唤,花似为人开。

陈绎将书至,山公载酒来。

翻因车马到,踏破一湾苔。

其四

春事乱如麻,春山背郭斜。
云屯千树鸟,鼓吹一池蛙。
我爱陶宏景,谁传蔡少霞。
何时通脱屣,相与话河车。

其五

看竹云生屐,听泉柳啭莺。
古今行步远,风月担头轻。
藤鼠知年齿,醯鸡识利名。
人生鸥鸟共,达者可忘情。

《冠山逸韵续编》卷一

明·来三聘

社日寄乡人

此日逢春社,思家愧燕飞。
红尘十载梦,班丐一官微。
水绿湘莼滑,山青越笋肥。
故人多笑傲,新竹对岩扉。

《冠山逸韵》卷一

明·来存石

来存石,字遇龙,萧山长河来氏二支十四世。明万历年间举人,官福建沙县知县。

田家苦(选二首)

其一

春来百物兴,时至东作殷。
雨余望平野,犁棘分如云。
田畴燥湿异,穜稑高下分,
火耕复水耨,绝此蟊贼群。
手足躬粪土,妇子同辛勤。

人事在慎始,劳苦何足云。

其二

秋尽万宝成,我谷垂嘉实。
在稼常苦晴,穑事又祈日。
筑场去庭莎,及此雨潦毕。
黄落空败禾,秋阴讵能必？
腰镰向邻父,通力早刈铚。
百务戒垂成,惰农终自失。

《冠山逸韵》卷四

明·来斯行

乞假归省

休假遄归秋暮时,四郊木落雁南飞。
计程日远瞻亲舍,回首云深恋帝畿。
夜月帆悬舟正稳,寒江萧纬蟹初肥。
经年来往吾犹昨,敢向衡门诧锦衣。

《冠山逸韵》卷二

明·来明德

来明德,萧山长河来氏四支十四世。

寄石峰

积雨江村水带沙,怀人长忆隔蒹葭。
晴霞远远红将敛,崖竹森森翠欲斜。
白发何曾嫌贵客,青蚨原不恋贫家。
细推物理堪成笑,对酒当歌看莫花。

《冠山逸韵续编》卷三

明·来宗道

来宗道,字子由,号路然,萧山长河来氏五支十四世。明万历三十二年(1604)进士,授庶吉士,历官文渊阁大学士,任太傅。墓在湘湖井山。

秋晚闲居

每惜闲中岁月更,坐来萧瑟尽秋声。
菊篱初绽寒花小,苔径轻堆落叶平。
几处关山伤远别,谁家春杵散幽情。
无才自笑终何事,拥膝青宵对月明。

《冠山逸韵》卷二

初夏闲居

小园春已去,夏首倍含情。
风曳柳阴散,雨余竹翠生。
帘疏通乳燕,叶密隐残莺。
对此知高卧,无能问墨卿。

《冠山逸韵》卷二

小斋喜雨

炎风变夏首,一雨带清和。
翠长幽篁细,红添嫩蕊多。
轩车门外绝,高鸟望中过。
不识羲皇上,闲窗独啸歌。

《冠山逸韵》卷二

明·来复庵

来复庵,字逢吉,萧山长河来氏六支十四世。明庠生,曾官江西宁州。

新秋闲眺

最爱秋初爽,临风坐石桥。
静看河畔水,薄暮影潇潇。

《冠山逸韵》卷二

明·来九山

来九山,名立相,萧山长河来氏大支十五世。明廪生,序贡。著有诗集《取足稿》。

念老母

儿客江城后,于今六月余。

暗惊空去日,愁觅暂来书。
地远情尤切,家贫事易虚。
万千瞻恋意,忍说付居诸。

《冠山逸韵》卷二

明·来舜和

来舜和,字继韶,萧山长河来氏四支十五世。明廪生,赠中宪大夫。有《笈中遗稿》。

忆老父

戚戚离家子,愁怀此日侵。
思亲多病足,忆我转劳心。
拄杖谁相倚?登临自不禁。
白云何日近,掩卷废长吟。

《冠山逸韵》卷二

明·来之琪

来之琪,号天倪,萧山长河来氏大支十五世。曾官江西湖口主簿。

春日有感

日日拥书笔砚寒,苔痕影入旧帘间。
鸟声不断枝头唤,醒得行人归故山。

《冠山逸韵续编》卷三

明·来皇濡

来皇濡,萧山长河来氏十五世。

夏夜喜雨

暑斋纱幕生凉,重阁蒲团辍捉。
晦明江浦芦洲,有客高楼独宿。

《冠山逸韵》卷五

明·来咸章

来咸章,字遇奇,萧山长河来氏三支十六世。明庠生。

郊居春雨

春雨每连日,年来更闷人。
烟云空缭绕,杖履独逡巡。
莫问平桥路,惟看小沼苹。
桃花流水处,戴笠钓垂纶。

明·来集之

秋怀(二首)

其一

林密难著眼,空山时有风。
落叶不知数,但见绕阶红。

其二

篱落一丛烟,枯藤缚古树。
山高秋不空,白云堆深坞。

《冠山逸韵》卷二

清明后作

春梦眼魔欲倦,午茶心火能降。
杨枝剪剪向水,莲叶田田出缸。
得意浓墨书草,忘机香篆临窗。
听残语燕百遍,看见眠鸥一双。

《倘湖遗稿》

春居咏(选二首)

其一

客来俱是伴,景好即为家。
杖植龙头竹,泉烹蟹眼花。
渔同安罟网,农共祝篝车。
莫笑山人僻,茅扉倚厂斜。

其十

苔阶封俗履,古曲傲渔家。

刻句琅玕竹,簪瓶蓓蕾花。
入林丹九熟,出世法三车。
欲采山中药,宁嫌磽磴斜。

《冠山逸韵》卷二

避兵一都

池水平于岸,东风到小斋。
草从蓬户长,花向纸窗开。
世事春多梦,狂怀晚欲灰。
青山满眼是,何处把愁埋。

《冠山逸韵》卷二

七十自寿(十首选二)

其一

罨画溪山尘外天,先人小筑有遗廛。
平湖惝惘开秋镜,远岫缠绵起暮烟。
季弟联床风雨夜,慈亲遣饷苦辛年。
只今竹树加繁茂,回忆当时一怅然。

其十

园居数亩碧河隈,乞种分根手自栽。
梅子调羹蒸暮雨,竹孙进土趁春雷。
树从屋下参差长,花向窗前烂漫开。
片石坡头堪稳坐,好风佳日且徘徊。

《冠山逸韵》卷二

题苎萝西子祠二首

一

泉石流素香,昔年浣纱处。
功名解误人,西子入吴去。
强笑非所欢,歌舞何薄遽。
还顾旧时伴,布裙相晤语。
妾心有隐忧,宁不如众女。

二

芳名满天下,遇合俟良时。
西子生苎萝,松风吹门庑。
一朝吴骑雄,坐困诸男儿。
君王无长策,堆金选娥眉。
专宠冠吴宫,古今称绝姿。
譬诸美珠玉,非物所得私。
寄言柴门子,无复叹贫为。

民国二十四年《萧山县志稿》卷三二

百字令·乘潮晚渡

飞帆轻快,乘晚渡、岂知孤如一叶。渺渺无垠,樯橹外、瞠目乱山层叠。风鼓潮先,浪催潮后,潮到真雄捷。吴儿千个,个个开船延接。　　我乃放乎中流,平生仗忠信,临危击楫。百挡千支,喜柁夫、信手从容中节。似没仍浮,几颠又定,欹侧还安帖。须臾到岸,回头又觉天阔。

子胥怒气,亘万古、想见英雄本色。浩浩江流,平白地、卷起狂涛千尺。白练翻鱼,银花溅鸟,雷鼓惊虫蛰。钱王射弩,秦王空自鞭石。　　眼见吴山影里,兴亡经几遍,故宫寥寂。东涨西坍,最很是、两岸潮朝汐夕。与月盈虚,随风进退,定不差时刻。素车白马,此恨如何消得!

民国二十四年《萧山县志稿》卷三二

七条沙有序

浙江近西陵一岸,有七条沙,江水折下,为长江扼要之所,唐人云:"千里长江惟渡马,百年养士得何人。"盖勾践乌鸢之歌,伤魂动魄,其声可谱也。

江之水,何悠悠,颓唐瀰瀍春复秋。子胥一怒竟千古,素车白马当潮头。西有吴,东有越,两岸青山界如截。自昔迤蜓不尽时,浩浩东流几曾绝。鸢乌江山听悲歌,六千君子提珊戈。种蠡奇谋今已矣,西风卷雨鸣哀鼍。潮来江水浑,潮去江水清。天吴吹浪逐今古,神巫争地同陂平。十万雄兵如解瓦,瞥见波心骤飞马。江山不识兴废间,潮落潮生总无假。独不见赤壁淮淝采石矶,芳名佳屦四盖垂。

乾隆《萧山县志》卷三四

何孝子

儿之臂,父之身,先天一气分两人。儿臂伤,父身活,人力遂将造化夺。何家一儿孺慕深,焚香露祷感天心。芳名在史痕在臂,举世人儿皆愧死。君不见孝子之子英且豪,于公门闾日以高。

乾隆《萧山县志》卷三四

明·来盛夫

来盛夫,名蕃,萧山长河来氏大支十七世。明庠生。古学最优,为蕺山高足。

闭 户

闭户易终日,山林来短吟。
林墟近秋穑,江岸入山阴。
太古不择地,遗民犹有心。
相将抱笾豆,沿礼在遥岑。

《冠山逸韵》卷二

清·来子重

来子重,字载之,萧山长河来氏大支十七世。清廪生,序贡,膺康熙丙辰岁荐。

上巳感怀

深春多宿雨,上巳正良辰。
水暖鱼依藻,花飞蝶趁人。
思家劳梦寐,为客逐风尘。
兰渚一回首,燕台独怆神。

《冠山逸韵》卷二

清·来紫垣

来紫垣,名垣,萧山长河来氏大支十七世。清康熙丁未(1667)进士,曾官国史院中书舍人。

雨中渡江

渺渺长江水,扁舟塞外来。
风狂帆影急,雨骤雁声哀。
隔岸家千里,横流酒一杯。
羁怀无着处,目极凤凰台。

《冠山逸韵》卷二

清·来茗山

来茗山，字绍曾，萧山长河来氏大支十七世。清廪生，序贡，曾官崇德县学训导。

辛未被放（选三首）

其一

忆昨来京邸，梅花正放初。
窥窗月色冷，展卷客思疏。
舌在贫无叹，樽空句有余。
青毡吾旧物，屈指又公车。

其五

春风争骤马，十里杏红花。
台本金为筑，锦因线作家。
白眼羞迎客，乌梅自煮茶。
文章无定价，笑我隔鞭爬。

其六

汗颜登科者，千古独刘蕡。
一字饥难煮，三年稿可焚。
砾砆无足宝，泾渭有谁分。
八百孤寒泪，高高孰与闻？

《冠山逸韵》卷二

寓江湾

葵心终向日，竹节任飘风。
借酒浇傀儡，无须叹二东。

《冠山逸韵》卷二

清·来序皇

来序皇，名文佐，萧山长河来氏二支十七世。清廪生。著有《野获园吟》。

书窗漫咏（十首选二）

其一

耐冷同松柏，坚持学古心。

疏庸忘世网,落拓寄园林。
户外清阴竹,阶前剥啄禽。
啸歌殊自得,不必问知音。

其十
钦戢昂藏气,潜居半亩宫。
逸情游物外,尘气涤胸中。
惨淡云千点,清虚水一泓。
此间舒啸傲,茌苒拂春风。

《冠山逸韵》卷二

清·来尔绳

来尔绳,字木臣,萧山长河来氏二支十七世。少有逸才,博综经史。为孝廉来铁山之长子,进士来玉峰之父。学问深厚,行谊古朴,承先启后。著有《四书会解》《易经会解》等。

秋 声
宵深读罢听虫吟,又杂檐铃响不禁。
更静谁家横短笛,夜凉到处动寒砧。
篱边蟋蟀风来惨,窗外芭蕉雨骤霖。
欹枕频闻街柝和,难筹报晓亦关心。

《冠山逸韵续编》卷五

清·来埙

来埙,字喆人,萧山长河来氏大支十八世。清宿儒。

晚 晴
夕照初开霁色鲜,断霞散人碧峰前。
残流惜带新花艳,陋室欣看落日穿。
红蓼影中留远烧,绿杨丛里挂寒烟。
从容小立蓬池上,点点荷珠泻未干。

《冠山逸韵续编》卷四

清·来西野

来西野,字家祚,萧山长河来氏大支十八世。清处士。

嗟 贫

无客买长门,谁言席有珍?
揶揄听是鬼,物色见何人?
时露非缘病,裘凋只罪秦。
比来长扼腕,双鬓欲如银。

《冠山逸韵》卷三

清·来学林

来学林,字再虞,萧山长河来氏大支十九世。

立夏即事

祝融初布令,暖日展晴光。
湖畔莼丝滑,山村麦饭香。
老农呼播谷,少妇竞条桑。
冰署浑无事,酕醄兴亦狂。

《冠山逸韵》卷一

舟中怀诸兄弟

书囊检点急登程,触绪茫茫有弟兄。
山雨夜凉骨肉暖,饥寒念重别离轻。
雁行比翼三更梦,花萼分枝千里情。
今夕埙篪谁共奏,那堪垂柳听啼莺。

《冠山逸韵》卷四

清·来学谦

来学谦,号晨崖,萧山长河来氏大支十九世。乾隆丁丑(1757)举人,官义乌县教谕。著有《长河诗钞》《诗学蜩音》《怀清堂稿》等。

喜叔望瞿迁闽中臬宪

犀带金章宪府开,八州群颂李公才。
龙图遗泽家声远,凤阁衔书淑气回。

沙净望湖新雨露,轮埋夹祭旧风雷。
六箴一疏承恩日,遥想光芒接上台。

《冠山逸韵续编》卷四

七秩有感

世事浑如梦,蹉跎七秩秋。
放怀天地窄,回首古今愁。
壮志销歧路,衰颜付急流。
盟鸥曾有约,垂老共沉浮。

《长河诗浪》

清·来楠

来楠,字楚英,萧山长河来氏大支十九世。监生。

七十自寿

年来拜荷圣恩深,母难难追泪满襟。
百世箕裘虚费力,一家艰苦最关心。
经霜薄植衰如草,遭闷残书惜似金。
惆怅余生徒负负,聊爱笔墨偶沉吟。

《冠山逸韵续编》卷四

清·来畹兰

来畹兰,字香谷,萧山长河来氏二支十九世。邑庠生。著有《香谷近咏》。

晓起(二首选一)

其二

雨霁山中晓,开轩溽暑停。
豆花垂薄露,秫粟载疏星。
松老风千涧,鸥眠月一汀。
朦胧曙色里,谁是梦初醒?

《冠山逸韵》卷三

读书四乐

其一

春风剪柳绿丝丝,造化文章我自知。
得句晓晴莺织叶,翻书深夜鲤跳池。

其二

夏日偏宜南北窗,书城高拥世无双。
笔锋直截三峰顶,文气横吞两浙江。

其三

秋山漠漠夜分清,木末芙蓉列锦城。
一点红灯窗外透,疏星淡月读书声。

其四

冬雪堆檐凡几层,寒生肌骨削棱棱。
千篇贮满胸中锦,只有文澜冷不冰。

《冠山逸韵续编》卷四

春日即事

去岁喜逢腊底雪,今朝又见雪初晴。
因儿入学翻新历,谢客焚香诵古经。
手摘梅花四五朵,坐听啼鸟两三声。
太平无事阳和日,为观农夫好力耕。

《冠山逸韵续编》卷四

清·来唯宽

来唯宽,号西爽,萧山长河来氏四支十九世。清监生,补清河知县。著有《西爽诗稿》。

望云思亲

自持毛义檄,未逐老莱衣。
天末关山远,南中鸿雁稀。
身依红日近,目送白云飞。
喜播循良绩,慈亲志不违。

《冠山逸韵》卷一

清·来石斋

来石斋,字懋德,萧山长河来氏十九世。

斋居漫兴

门掩居常静,神闲气觉融。
裁诗怀谢子,运瓮想陶公。
鸟语墙头竹,梅香槛外风。
何言不得意,病减乐无穷。

《冠山逸韵》卷三

村郊晚步

散步西原道,人闲景亦赊。
水深鱼戏藻,林静鸟啼花。
野趣随方领,诗怀到此奢。
悠悠牧笛晚,晚犊趁残霞。

《冠山逸韵》卷三

闲居偶成(二首选一)

春到复春深,黄鹂啭晓阴。
收成无滞墨,琴罢有余音。
扫径怜疏藓,看花入密林。
谁云不得意,闲眺一开襟。

《冠山逸韵》卷三

清·来起峻

咏形胜

聚族于斯杭越中,名区雄秀宅商宗。
河洲派别三江水,山气灵飞两乳龙。
阡陌云连宜黍稷,江湖天阔敞垣墉。
由来禹域无双地,刚对吴山第一峰。

《宦楼吟稿》

送汪邑尊和留别元韵(二首选一)

其一

宦途况味竟如何?釜甑生尘未足多。
树色西陵披砚席,风声北干动吟哦。

去官但有囊中锦,绾绶仍看石上萝。
为政风流谁复似,攀车那得再相过。

《冠山逸韵续编》卷五

清·来翔燕

戊子仲冬鳏居夜雨

冬来连日雨,闷坐几回思。
寂寞窗前泪,凄凉竹上词。
一炉寒积火,双脸冷彻髭。
不独分飞雁,悲鸣夜月迟。

《冠山逸韵》卷三

秋日书怀

秋月明天下,西风欺敝衣。
晚烟人坐久,幽径客来稀。
露重丹枫醉,烟轻白菊肥。
心随鸿鹄去,日傍九霄飞。

《冠山逸韵》卷三

清·来丹葵

贺望瞿叔祖谢政锦归

昔年持节出神京,满地阳春似广平。
漳水筑堤恩普魏,江滨划石泽留荆。
别时父老随车泣,到处儿童跨马迎。
万里清风盈两袖,依然尘向釜中生。

《冠山逸韵续编》卷四

赠龙源叔祖起复进京

读礼三年庐马鬣,觐君千里荷龙光。
知时阳鸟迎兰桨,耐久秋英拂锦缰。
墨绶相期佩柴绶,铜章欣见易金章。
他时勋业铭钟鼎,益显平山世泽长。

《冠山逸韵续编》卷四

清·来宗敏

下 第

最难消遣是今朝,又是三年下第焦。
残烛替人先有泪,落花与我共无聊。
梦随浙水潮头去,愁向丰台酒里消。
何事又逢春雨后,声声心碎滴芭蕉。

《冠山逸韵续编》卷五

送芸轩弟之楚南鄂副经略幕府

闲寄襄阳待策勋,书生壮志欲从军。
扁舟才返饶吴咏,匹马长征望楚氛。
锣鼓声喧三峡水,长枪影落五溪云。
此行不是空投笔,万里先传露布文。

《冠山逸韵续编》卷五

送补斋叔之皖中就幕

皖伯崇台记旧游,此行重上富春舟。
潮回严濑惊乡梦,雪满桐江点客裘。
到处相逢应说项,从人作计暂依刘。
旅中须念灯花卜,莫遣归帆阻石尤。

《冠山逸韵续编》卷五

田畴为潮冲啮入江者十八九矣距家止半里许桑田沧海惊感赋此

海水南逾荡沃焦,沧桑倏忽变今朝。
才登楼见满江雪,不出门听三月潮。
万顷波澜谁作砥?几家庐舍莫非侨。
愁来欲借钱王弩,飞射鸥夷白马骄。

清·曹之升

曹之升,字寅谷,萧山人,乾隆辛丑进士。

股 堰

江城白浪掀天起,一堰工成万家喜。
往事曾传里正妻,年来重立夫人祀。

夫人家世出琅玡，婉娩于归清白家。
春来但看鸥掠岸，秋汀惯见鹤翘沙。
一朝重叠官符下，小吏狂呼惊暮夜。
未得犀从牛渚燃，那能水有鼋梁驾。
百丈金堤决溃多，催郎筑堰似防河。
几翻赔累空囊橐，无数鞭笞入网罗。
此时沉痛中肠迫，肃祷虔祈苦无策。
霜刃亲教玉手持，冰肌暗向银涛掷。
精诚自可达皇穹，沙涨湫移俱化工。
红蓼洲旁迎画鹢，绿杨津畔偃长虹。
堰成自此长名股，千里桑麻歌乐土。
碧海谁怜精卫填，青天却是娲皇补。
苍凉遗庙夕阳边，歌舞台荒咽管弦。
玉佩久经青藓蚀，灵衣还共落花鲜。
丹心一片常能照，五百年来古谁吊。
旧日流传玉女祠，何时改作龙图庙。
龙图血食遍寰瀛，岂藉江皋祀事明。
只解阎罗断关节，何曾一笑比河清。
夫人功德无人话，未免狂澜恣凋瘵。
过客频招烈妇魂，遗民复下贞灵拜。
贞灵上诉帝阍开，有诏词官荐绿醅。
金额字从天上锡，鸾封号自日边来。
报赛从今慎无怠，福我烝黎助真宰。
此庙千秋永不祧，此堤万古能长在。
客上西陵古驿楼，烟波江上动人愁。
海门潮落潮生处，犹带当年碧血流。

《两浙輶轩续录》卷十三

清·胡敬

股堰庙

鞭石石走威用刑，不如驱鳄感以诚。
咄哉神乃里胥妇，攘臂欲与蛟龙争。

蛟龙凭深族于坎,堰筑不成鞭棰惨。
誓拚身死叩九幽,血面论冤神勇敢。
先刲股向奔湍投,水府震动冯夷愁。
臂创朝裹沙夕涌,竹石下楗江安流。
瞦涥潦激五百载,祈报春秋祀不改。
万顷田归一裔功,果然精卫能填海。

《古永兴往哲记》

清·汤金钊

汤金钊(1772—1856),字敦甫,一字勖兹,萧山城厢镇人,祖籍长河。清嘉庆、道光朝重臣,历官五部侍郎,礼、吏、工、户部尚书,协办大学士等。著有《寸心知室存稿》。

己卯八月江苏学政任满将书籍寄归萧山题一绝于书目示宽、修两子

待我还山日,消闲读此书。
晴窗勤检点,慎勿饱蟫鱼。

民国二十四年《萧山县志稿》卷三三

题衍圣恭恪公画竹兰

绿竹怀君子,倚栏思达人。
清芬留翰墨,诗礼泽长新。

民国二十四年《萧山县志稿》卷三三

股堰庙

烈魄辉霄汉,恬波卫梓桑。
堤成英爽在,庙落姓名香。
每轸西陵渡,时虞北涨妨。
抚今曾岌岌,思昔倍皇皇。
当日江潮悍,分工督趣忙。
蛟鼍为祟虐,棰楚被身创。
耗矣椎心泣,哀哉割臂攘。
精诚驱罔象,贞义格穹苍。

鳄徙沙平窟,鱼排石筑防。
志逾精卫苦,绩比孝娥光。
死者应无憾,生民赖用康。
一时传赫濯,累叶报烝尝。
代远人心玩,传讹祀事忘。
神灵勿歆飨,水势骤猖狂。
大吏廑咨度,熙朝亟阐扬。
崇封昭日监,襃额丽云章。
巨笔琳琅刻,新官椒桂芳。
炊烟聚龙闸,灯火对钱塘。
捍御资三邑,栖迟镇一方。
从今千万世,保障巩金汤。

《古永兴往哲记》

清·来恒方

来恒方,字亦士,一字北岩,萧山长河来氏二支二十一世。清岁贡生,屡试不中。晚年放情山水。著有《北岩诗草》。

雨后有作

首夏微和景最清,裕衣缓带雨初晴。
万家烟火青岚互,四面云山翠霭迎。
风过荷香邀粉蝶,春余柳荫听黄莺。
待看晓日开新霁,东陌西阡乐耦耕。

《冠山逸韵续编》卷五

幽 居

晴晖大地正春明,小有园亭水木清。
酒熟花间拚一醉,客来竹外笑初迎。
惠风和畅羲皇境,高咏推翻元白名。
谁识东山弦管里,苍生霖雨寄深情。

《冠山逸韵续编》卷五

清·来煦

斋中书怀（四首）

其一
闲来闭户费研摩，带梦寻思带梦哦。
往事经过难忏悔，旧书无考少刊讹。
庭间笔札零星杂，窗外莺花暇日多。
未必芳辰容少驻，个中随意补蹉跎。

其二
书生习气破痴呆，非醉非狂兴快哉。
把酒好将仙佛证，开编如对圣贤来。
论交耐久凭相契，读史闲看患有才。
我欲精金归百炼，炉锤在手任排推。

其三
孤根廿载守单寒，凭仗恩勤母氏殚。
遗腹凄凉存比赵，和丸辛苦唉同韩。
卖文债贱穷愁累，负米途长色养难。
只是思量图报日，白云深处几回看。

其四
茫茫对比我何堪？消息谁将造化参。
睁眼乾坤双剑在，赏心风月一杯酣。
百年长往供醒看，万事深愁尽耐担。
自是尘寰无著处，举头皓魄照空潭。

《冠山逸韵续编》卷五

清·来音
来音，字咏山，萧山长河来氏二支二十二世。清监生。

六十述怀
童年学贾别娘亲，日望门楣气象新。
九代书香忧欲绝，三家粒食恐全贫。

201

田庐渐复征先德,科第增辉最后人。
转瞬光阴周甲子,依然勤俭守吾真。

《冠山逸韵续编》卷五

清·来庆昌

来庆昌,字又岩,萧山长河来氏大支二十三世。清恩贡,选为教谕。操行方严,一介不苟。族中后起半出其门。

对竹自戒

青青自昔美风诗,潇洒丰姿俗可医。
更羡虚心中自抱,拜君林下作吾师。

《冠山逸韵续编》卷六

抚松自责

龙鳞老历几冰霜,本性依然古色苍。
委弃愧非梁栋器,何如桃李艳春光。

《冠山逸韵续编》卷六

观梅自叹

一枝才放苦寒催,不共群花次第开。
最惜逋仙踪已杳,雪中空度暗香来。

《冠山逸韵续编》卷六

清·来鸿瑹

即 事

坐卧闲来百感侵,舍书何以遣光阴?
味当丹蔗无甜尾,丝吐青莲尽苦心。
传钵芬余芹藻采,联床声咽棣华吟。
年年每值伤春候,非病还愁万念深。

《绿香山馆汇编》

五十述怀(六首选四)

其一

半百年华转瞬驰,匆匆蟠暑迅如斯。
惯安孤拙三分癖,怕误聪明一味痴。

忧患随时宜摆脱，升沉有命听推移。
知非我自扪心愧，秉烛余光勉后期。

其二
一点灵光付转轮，恒河沙数认前因。
苦心砚耗窗前铁，华鬓丝添镜里银。
竟日每严儿督课，长年时听妇忧贫。
醋瓶韭盘寻常事，断送韶华五十春。

其四
过眼烟花一笑之，此生行乐待随时。
伯鸾赁庑容辞热，司马题桥看入赀。
无所忌因曾早誉，人之患在好为师。
思量一万八千日，好景回头事事迟。

其六
坐对群书拥百城，旌幢梦里悟鹏程。
桑榆影仗金芝永，华萼班看玉树荣。
鹿币待商迎少妇，鹤觞进祝集门生。
虞渊可否挥戈返，留驻羲轮照晚明。

《绿香山馆汇编》

清·来福
来福，字绶生，萧山长河来氏大支二十五世。清处士。

八月二日出门将赴霞城（四首）

其一
饥驱无奈赋长征，愁听离亭笛一声。
为恐家人添别恨，强含双泪作无情。

其二
行李仓皇出里门，一声朵橹最销魂。
霏霏雨洒征衣湿，不遣离人看泪痕。

203

其三

飘飘天地一沙鸥,半世浮沉逐水流。
羡煞田夫并牧竖,一生从不识离愁。

其四

满堤草色碧如何,骊唱河梁别恨多。
自笑此身如柳絮,不随风去也随波。

《冠山逸韵续编》卷六

现代·来裕恂

归里闲咏

城市扰而烦,乡居静不喧。
朝霞红映水,暮霭碧临门。
轩敞垂云气,楼高泯月痕。
家山风景好,踯躅到田园。

《鲍园诗集》卷十

门　前

门前桃李萼华新,洒脱鲍园自在身。
闭户何半来俗客,见山恍若遇佳人。
折腰莫学随风柳,可口堪尝依涧莼。
百岁光阴容易过,何如花木日相新。

《鲍园诗集》续编卷十五

鲍园赏花有咏

滟滟倾城姿,合贮黄金屋。
约客选胜来,奈以小园黩。
花神施轻绯,映日秀偏独。
绛纱蒙素肤,静好风前祝。
粉黛日相对,恬然婉清淑。
东风扇微和,阳春烟景郁。
园纵小如匏,花能团以簇。
林木结仙侣,裙裾袭芳馥。

点缀亦偶然,山禽毋相逐。

《匏园诗集》卷二十四

北窗晚眺

闲眺夕阳亭,兰生室亦馨。
蝉嘶杨柳岸,鹭立蓼花汀。
云水三篙碧,烟岚万里青。
开轩宜远望,秋气爽疏棂。

《匏园诗集》卷三十

郊　望

几日南风大麦黄,香吹饼饵水云乡。
朝飞雉雏蚕登簇,羽拂鸠呼鸳降桑。
草阁闲依杨柳岸,匏园予制芰荷裳。
陇头云气成苍狗,绿色针分是插秧。

《匏园诗集续编》卷十四

闲　居[1]

时难年荒举室嗟,匈奴未灭曷为家。
东风又绿月潭草,南曝偏红云阁花。
触景生情悲鸟雀,阅人成世叹虫沙。
闲居试读安仁赋,郊外游行傍水涯。

《匏园诗集续编》卷十五

俞楼谒曲园夫子

叨陪杖履倚湖楼,楼外波光若镜浮。
卅里明漪晴翠接,双峰排闼宿烟收。
津梁后学春风煦,金石前朝夏鼎搜。
坛坫湖山留片席,一生著述足春秋。

《匏园诗集》卷二

庭　梅

墙角孤梅疏影斜,严寒独自吐琼葩。

---

[1] 原注:沿月弯潭,经翁家潭览金钩池,上西江塘眺南园,向琚池而归,风景颇佳。

经冬偏有回春力，耐老能开隔岁花。
松竹萧疏三友契，风霜肃杀一庭赊。
高标不与群芬伍，寂寞天教伴我家。

《鲍园诗集》卷二

劝农词（五首其一）

用坡公《山村》五绝韵

村居世事不关情，一望蘼芜春意生。
闲听林间传鸟语，声声布谷为催耕。

《鲍园诗集》卷三

赠三六桥

可园主人好结客，卜居静爱园林宅。
不从空谷采茯苓，好访少文卧游迹。
长歌高唱李青莲，新词学谱姜白石。
挥毫顷刻云烟生，洛阳纸贵连城璧。
亭台花木起山林，辋水烟霞室生白。
梓泽平泉今见之，天为骚人留一席。
词坛诗坛能主盟，风流不愧文章伯。

《鲍园诗集》卷四

讨岳坟前四凶

岳王坟外铁栏杆，千载锄奸杜祸端。
大错六州能聚铸，凶人四罪尽胪欢。
贯盈自尔当遗臭，论定何须到盖棺。
长跪墓门鸮萃止，余辜死有典难宽。

《鲍园诗集》卷四

野　望

秋色郁东迁，苍茫云树连。
有山皆落木，无水不含烟。
霜气珊瑚海，风光玳瑁天。
丹黄迷一片，造物亦呈妍。

《鲍园诗集》卷五

元旦试笔

逝水年华去不留,茫然四十七春秋。
累人衣食妻孥聚,老我云山岁月愁。
卅载光阴经转瞬,半生阅历记从头。
昨宵酒脯精神补,今日新诗又待酬。

《鲍园诗集》卷三一

即 事

兰成枯树景凄然,萧瑟江关动暮年。
一事生平堪慰藉,囊诗赢得数千篇。

《鲍园诗集》卷三二

五十述怀(十四首选二)

其四

半生精力在诗篇,常得偷闲学少年。
江左风徽将歇绝,中原文献几流传。
数茎白发催人老,一盏青灯与我缘。
世俗好言长命术,未知秦汉误神仙。

其六

下笔春蚕食叶还,著书长日稿频删。
一生思虑知虚耗,卅载功名付等闲。
致力为能山可徙,点头终觉石多顽。
何如独坐鲍庐里,尚友千秋到马班。

《鲍园诗集》卷三四

现代·来长泰

来长泰,长河人,清末附贡,曾任临海、黄岩县知事。戊戌变法后,长河办义学,是塾馆到新式学校的过渡形式。来长泰热心教育事业,参与义学的管理。1906年,来长泰又同来裕恂等人筹建"长河来氏国民小学堂"。

归故里

倦鸟思归返旧栖,一生欸乃别苍溪。
清风也是民间物,不敢轻轻两袖携。

摘自《冠山逸韵》

现代·孙祖贤

一九四三年病起偶书三首

一

郊原散乱走妖魔,荆棘铜驼可奈何。
且把金钱聊问卜,灯花似觉有情多。

二

原上平芜草绿时,天涯归计正迟迟。
闲来怕对青鸾镜,憔悴潘郎两鬓丝。

三

故园松竹已全消,客里云山慰寂寥。
可怜卅年劳案牍,依然旅况感萧条。

摘自《冠山逸韵》

(二)文赋

公 文

何御史舜宾复入县志揭

[明]何世复

故父何竞,邑诸生也。故祖御史以清复湘湖水利,为县令邹鲁扼绝道路,湖恢本境,身沉异乡。故父力为报仇,置鲁重辟。百年史录,已载实事。三修志书,均为立传。今蒙本县重勒县志,而妄者阴肆刊落。至于湘湖之下,则书曰弘治十二年邑人奏闻云云。夫复祖之死,死湖也,公之讼,讼湖也,此湖之所以复也。不洁书父名而改曰邑人,则用心刻矣。且夫复仇者,虽人子所不愿闻。然君子立教,即当以此为激劝,亦曰奖忠臣所以教忠矣,奖孝子所以教孝矣。故李唐张瑝、张琇、梁悦,为父报仇,《纲目》书云:邑人朱恭明,父为乌伤长陈颉所杀,而刺杀颉子,史册不去。凡以为人理所在,不可泯也。彼独无人理耶?原其设心,但以为忤长吏耳,不知《春秋》之义,父不受诛,子复仇可也。是以楚平王君也,子胥鞭其尸而后世不以为非;

赵师韫，县尉也，元庆刃其首，而先儒以为得礼。若父之与鲁，以礼为不共之仇，以律为谋故造意首论之恶。况鲁已去任，非本管也。父执其仇，非推刃也。岂以殴长吏而非之哉？夫不忘仇，仁也；能报仇，义也。居心积虑以剖仇人之胸，勇也；束身归罪而不奸擅杀之律，智也。一举而四德备焉。父诚君子所许者，故大理评之为报仇，司寇题之为孝子。藉曰不然，则使伊人者身处其地，将忘亲以事仇乎？抑犹未乎？不容缄默也。[1]世复揭曰：故祖何舜宾，监察御史，久入县志，屡修不刊。而赎官罢闲，妄以其父冒滥搀入，思名臣行数，方幅有限，遂刊去复祖，益入伊父。殊不知伊父以贪暴去官，计典昭然，未可涸也。若复祖为诸生时，却补廪饩；及登科甲，两辞坊银；其为行人，则著声蜀府，曾建皇华清节亭于成都。其为御史，则抗节京畿，复树南台风宪碑于白下。徒以忤勋戚而致谪，撄豪吏以杀身，岂尝有纤微之迹，可为国法简稽者耶？是以屈平沈而楚户哀思，范滂死而汉人陨涕。且其所为杀身者，非无利于邑人者也。百室享其利，而一行不使存其迹。以情而言，固为刻酷。若夫是君者，又名教所难容也。父既丛憝，子复贷恶。昔者狄梁公为魏州刺史，人已立祠。及其子景晖作魏州参军，稍行污虐，而梁公之祠顿为人毁。今其父之行羞比梁公，是君之恶浮于景晖，纵有故载，亦应芟薙，况本无是也。《孟子》云："杀人之父者，人亦杀其父。"于此缄默，非人子矣。痛予孝之不终，每顾名而思义，复名具在，尚其鉴之。

民国三十七年《萧山县志》卷十三

小甲夫公书

阙　名

敝县之有小甲夫，原名纤夫，盖缘地当冲繁，上台经临，用以扯纤，东至蓬莱驿，西至西兴驿而止。藩司《赋役全书》所载："萧山额设纤夫一百三十六名，给银九百七十九两二钱。"是每一名每年得七两二钱，每日得薪水之费二分。萧山即冲繁，岂遂日日有上台经临，日日用纤夫一百三十六名哉？闲日多而忙日少，除闲日不算外，仅以忙日计之，则每日得银二三钱不止矣。只缘鼎革之初，里长不敢控想小甲夫，遂硬坐于里长。以县有一百四十里，比额设加四名，每里坐小甲夫一名，虽名止要银十五六两，孤弱之家有索至二十两不止者，反将朝廷额设之银游移别用，额设内听银七百两与西兴驿站帮差夫。西兴驿于国初稍繁，今则功令甚严，宪禁煌煌，

---

〔1〕原注：时嘉靖二十三年，郡下滕县学训导杨锐等，执结云：故御史何舜宾，恢复湘湖，一人杀身，九乡受惠，故生员何竟为父报仇，洒恨已往，垂名将来，允合补传，无忝作册。

设有循环簿，经临者不敢滥支夫役，又新撤去道厅等衙门，则西兴驿站银额设有二千七百二十五两六钱五分零之银，不为不多，何须帮贴哉？盖萧山之有小甲，即山、会之有厅夫，俱为里长之害。山、会厅夫业已奉宪禁革，不累里长，则萧山之必不可累及里长也明甚。兹奉宪状批发老公祖，总之小甲自领额设纤夫之工食银，此朝廷所设官募之夫，非里长私募之夫也，在官给则为额设，在里长则为私派。伏乞遵依经制赋役书覆宪，将小甲夫银归于官给，则小民得苏，戴德无穷矣。不尽。

《固陵杂录》

江塘公书

阙　名

萧邑三面滨江，而又处山、会之上流，故西江之塘约二十里，以御水而卫三县之庐舍田园，关系至重。曩特修筑成例，萧山为主，而山、会协助之。新朝鼎创二十余年，中经绅耆督理数次，颇有实济。其余则每年循沿故事，水利衙官监修，里长逐假分认，近塘奸民包揽，具文而已，匪徒无益，而又害之。目下连雨，合徽、金、衢、严之水奔怒冲击而下，势可拔山，江塘坍口数处。县父母暂令附近居民以松椿蓑箬支吾补苴，所谓争则治其标也，邀天之祐，幸不决溃，三县民命保安。因而本邑绅衿黎老公议从田亩分派，每亩出钱六文，兼请山、会照例协助，择诚实乡耆监筑，以为永久之计，其理势不得不出于此。合应仰请老公祖主持指挥，批允详文，且命该经承毋得屡催报工。盖工程既起，自然日夜无懈，坐差下县，未免监工者费一番料理耳。老公祖为三县民命计，其必精心密虑而督成之也。临启可胜合吁之至。（《倘湖遗稿》）

《固陵杂录》

公吁勘详永禁官河筑簖呈文

[清]黄云

窃惟萧邑，低洼素称泽国，全赖官河水道畅流，出西小江至山阴三江闸宣泄，田禾始无淹没之患，讵土棍肆将官河水道，筑簿畜鱼，重重隔截，节节阻障。《水利志》云，大凡竹簿截水，每一竹簿，阻水三寸，各乡水口数十余簿，阻水何可胜道。且土棍筑簿，只用中间丈许软簿，略容行舟，其两旁水底，俱钉厚竹硬桩密排，每坝一遇淫雨泛溢，宜泄纡回，田成巨浸，频年水灾，职是之故。查康熙庚午水溢，蒙郡守李铎督令舟人尽拆竹簿，载在山阴程鹤翥《闸务全书》。五十四年，蒙郡守俞卿拆拔城河水关，并督拆官沙簿簖在案。乾隆九年，蒙郡守周范莲拆拔渔簖，详奉各宪勒石永禁碑。摹呈电是列宪,民瘼恫瘝,无不家尸户祝。乾隆十一年,御史汤某条奏内称:山麓池塘种树畜鱼,部议有宜于树畜之处,勒令业主树畜。夫筑土遏水曰坝,宜于种树;停水曰池,宜于畜鱼。并非官河大港,许人筑簿。即十二年督宪喀准支河小港,听民签簿畜鱼,亦无官河大港就民筑簿之示。无如奸徒试图一己之科,罔顾通邑之害,借影池塘、小港畜鱼,不论官河水道,公然分界分段,筑簿作簿。我萧西北两乡之水,一由运河,一由山北陆家闸,二处出水,会于新坝,直抵钱清三江闸。东南两乡,最要水口,在大通桥,各路来水俱会于此,从此东注,出于螺山闸等处,入西小江而至三江闸,是各处官河行水之道,犹人身血脉,三江闸犹人身尾闾,血脉淤滞,尾闾不通,虽有扁鹊,不能医矣,是筑簿畜鱼之利在一家,而筑簿祸稼之害遍万姓,孰小孰大,各宪父台,自必洞然。况现据二十三年夏,淫雨淹没田禾,蒙府宪飞节委员拔簿,水得畅流,被坏田禾尚得补种,不致十分成灾,则拔簿之效,又近有明验。今查土棍筑簿如鳞,是以乡民沈应华等,于二月间控奉藩宪,批发府宪查禁,乃有为首筑簿之韩再侯,以事犯案山积,挽出恶棍韩英侯、韩圣佩等,于本月初十日,诳案词称:向在纳课、支河小港、签簿畜鱼等语,但伊等筑簿之处,俱属通流大道,并非支河小港,台勘立明查鳞册,民间浜沥,有课岁,有字号亩分,有户额印册,而河泊征银十五两,另派于通县各图,全书亦载栽菱人户出办,每图或派一二钱四五钱,系地总纠纳,并无业主户名印册,棍等岂得冒认纳课,以蒙上听,即棍纳些须河税,亦止许两旁近岸栽菱,岂容广占河身,筑簿畜鱼,关碍水利。夫农田全赖乎水利,霉雨秋霖,灾宜预防,若簿簿不除,则水溢难退,必害田畴,农号野哭,乞叩俯顺舆情,亲勘各路出水咽喉要处,逐一开载地名,详请上宪永禁筑簿,永除大患,阖邑衔恩。

署萧山县知县胡粤生批:官河水道有菱税而无鱼课,是以奉宪勒石禁止筑簿,今采菱之户,何得违禁截流,现在奉宪饬议,候即委员,押起鱼簿仍亲勘详议可也。

查此案具呈黄云等十四人有胡、梁两令覆府详文各一通,永禁碑文一道,分别录后。

乾隆二十五年四月二十一日
民国三十七年《萧山县志》卷十三

禁筑鱼簿覆府详文节略

[清]胡粤生

本年五月十七日,奉宪牌,内开云云等因,下县该卑职遵。即扁舟改从,带同画工、弓手人等,亲诣韩英侯等签簿处所,逐一查勘。勘得韩英侯等,在官河大通桥之东北阮家埭,又东至上洋,东南至王家桥,北至范家河等处,各拦筑一簿,东西约长三里,南北约长二里,每簿俱宽有十七八丈不等,中畜鱼蟹,并栽菱芡。勘毕即查询,各供在案。据此,该署县胡粤生勘议得萧邑地方,依山凭海,地势低洼,若遇淫雨之时,山水陡发,易于泛溢,全赖各处河港分流宣泄。伏查通县之水发源三处:一自正西而来,发源于排马湖、湘湖诸山,由盛家港、金鸡桥分流会于新坝。其水七分流入运河,三分流入范家河至韩家大桥等处。其入运河者直抵山阴,出三江闸归海;入范家河者分流出螺山闸入西小江,亦归三江闸入海,此水自正西而来之源流形势也。一自西南而来,发源于横筑塘,支港有八。其最大者会聚西山之水,由十字港会正南之水,出大通桥,分流张家河及董家桥二处。其分流于张家河者抵张家堰入西小江,分流于董家桥者抵螺山闸入西小江,亦统由山阴三江闸而归海,此水自西南来之源流形势也。一自正南而来,发源于白露塘,支港有七,而十字港为最大,入西小江之处有六,而螺山闸、张家堰为最低,是以大半从十字港会西南之水,亦入大通桥流抵西小江,出三江闸而归于海,此水自正南来之源流形势也。只缘各处河港,向被民间横截河身,签筑簿籪养鱼,每遇水发之时,冲入泥草,壅塞簿籪脚底,其水面虽属通流,而河底实同筑坝,以致宣泄迂回,不免泛溢,是鱼簿有妨水利,确有明征。是以民人沈应华等上控藩宪,批送宪台,饬议下县。业经卑职查明,请照完粮之科,则分别办理等由,议禀宪台在案:兹缘簿户韩英侯等上控藩宪,批送宪案,饬勘到职。卑职遵即亲诣韩英侯等签簿处所,逐一查勘。勘得该处实系大通之河,西受西南西北诸水,东出螺山闸入于西小江,为西南西北诸水之要道。今韩英侯等在董家桥之下,螺山闸之上,四处筑簿。其自西徂东,则由阮家埭抵韩家桥,及东京前上洋等处,筑有四簿;其自南至北,则有王家桥至范家河,筑有两箔。在此时水平之候,原无阻碍,若遇水发之时,势必停污积垢,宣泄纡迟,涨溢之患,势所不免。再查一都韩庄各户,每年仅完河课五钱六分,为数甚微,而所管河面,东西南北,计共有五里余路,似未便借此轻微之课,而任其占据数里之河身也。况河课一项,全书开载系栽菱人户出办,并未征有鱼簿课税,似应仅许其两旁近岸处所栽菱,以抵办课。其拦河筑簿,永行禁止。至此外如有别家签簿筑籪之处,凡属通河,并请俯照卑职原禀,一律办理。其有向来管业浜溇,照依池荡渎沥科则完粮者,原非通达之河,本无碍于水利,应听其在于浜内,按照完粮亩分丈量,签簿畜鱼,以资生计,不必概行禁止。再查陆巡、黄云、蔡钧等,讯无勒献不遂,遣丁上控情事,沈应华、龙禹成亦讯非听唆越诳,应请均免置议,缘奉饬勘,理合勘议,绘图详覆。

府批节略:官河设簿畜鱼,阻遏水道,实于民田有害,戊寅秋涝,本府亲驻萧山,委员拆拔,水始遄消,是渔簿之应拔,已无疑义,自应及时押拆,以防秋霖泛溢,未便藉轻微之课,任其占踞也。但该县地势最低,易潦而难泄者,南乡为最,应将某某处为泄水要道,现有鱼簿若干,应行拆拔。先行查验,绘图造册申送,以凭委员押拔。其余旁流小港,无关水利者,不得滥及,致伤小民谋生之计。如只笼统定议,将来奸书蠹役,借此又有一番需索:有钱者虽阻水道亦可不拔,无钱者无碍水利亦概拆去。该县务须率领丞尉各官,亲行查验,不得假手书役,致滋弊端。此缴。

乾隆二十五年六月十四日
民国二十四年《萧山县志稿》

禁筑鱼簖申府详文节略

[清]梁世际

本年六月十四日,蒙本府正堂张批发前署县申详,卑邑民人沈应华等呈请饬禁官河筑簿养鱼一案,当经署县胡令详议奉批在前等因。蒙此,该萧山县知县梁世际查勘得卑邑民人沈应华等请禁鱼簿以救田禾,并簿户韩英侯等指称绅士陆巡等勒馈不遂、唆越上控一案,前经署县胡令勘明水源河道,其拦截河面筑簿者请永行禁止,并讯明陆巡等并无勒馈不遂;沈应华等亦非听唆越诳,均请免议。绘图议详,蒙宪台批饬前因,署县旋即卸事,未及办覆。卑职回任,怀遵宪示,率同典史亲往四乡河道周巡遍勘,不敢假手书役。查通县共有鱼簖四十处,内计某庄浜兜筑簿九道,俱系在于完粮浜沥内签簿畜鱼,内不通舟,亦无去路,外无阻碍水面,应请存留,其余某某庄韩圣佩等,共筑簖三十一道,俱系拦截官河,并非完粮浜沥,实属阻塞水道,应请拔拆,先行查验,绘图造册申送,以凭委员押拆。其余旁流小港,无关水利者,不得滥及,致伤小民生计等因,仰见宪台既通水利,复顾民生之至意。卑职身任地方,敢不悉力查察,务期办理平允,使完粮守业之良民,得以资生,而垄断占河之狡棍,无复鸥张。备查萧邑地方,江海环抱,境内之水,发于西南,泄于东北。其发源于西南者,即胡令前详所称一自排马湖湘湖诸山而来之水,一自横筑塘而来之水,一自白露塘而来之水。周流河道,经络四乡,分入运河,并西小江,东达山阴,出三江大闸,北出本邑之长山闸而归于海,惟是长山闸虽在县城之北,而以通邑正河论之,实属西北方。萧邑地势,西北地高,东南地低,长山闸在于西北之肩,逆吸下流,出水不多,全赖东流山阴之山西闸,并三江大闸,以资宣泄也。夫运河以及西小江二条,乃受西南分流之水以达东北,固属汇归之要道,犹人之有身体也。而四乡各河道,纡回重复,遍绕各都图,若非来源经由,即属宣泄去路,以通舟楫,以济田畴之水道,犹人身之有四肢也。肢体血气相通,经脉联络,呼吸无所沮滞,人则无恙。若一处血脉窒碍,则此处受病,安得不去其阻碍之病,求全体通利乎。况萧邑东南三乡,地方广阔,西北二乡,河道流通,既利田畴,亦便舟楫,惟低洼之处甚多,是以雨水一过,贵乎速泄,非浜沥池荡不通舟楫之区,断未便听射利之徒,横截河道,垄断畜鱼,致有阻碍水利也。是以先有宪禁,实为因时制宜之良法。即乾隆十一年御史汤某,有山麓池塘,劝民树畜,无失地利一奏,奉准通行,并未尝许民堵截官河,阻抑水道也。至于乾隆十三年,前督宪喀准于支河小港签簿畜养鱼虾者,乃指行旅不通之支港,非指舟楫往来要道而言,抑亦无义宣泄之地方,或可从权。若夫萧邑,每多水患之区,自应禁止篊截河面,庶通县田畴,得减淹没之患,而收宣泄之利。卑职历年查禁,并奉宪台檄行拆拔之后,在贪利愚顽,不免仍蹈故辙,且借劝民树畜,准于支河小港签簿之文,未免咀唔违犯。今蒙宪饬查,议永定章程,正有益田畴、无碍水利之善举,卑职查明簿篊,分别去留,谬议详情。窃以除现在完粮浜内,筑簿九处,并不横截河道,亦无阻碍水利,与池荡畜鱼无异,相应存留外,其余三十一篊,皆属堵截河面而碍水利,均应拆拔,永行禁绝,无可再行区别,转滋口实者也。余悉胡令原禀原详,无庸多赘,缘奉批饬事,理合将查明簿户,分别去留处所,遵照绘图,造册详送。

府批:既据查勘明确,分别去留,仰即委员拆拔,仍候转详,此缴图册存送。

乾隆二十五年五月初五日

民国三十七年《萧山县志》卷十三

湘湖水利图记

[清]张懋

湘湖西去县治仅二里,四面多山麓,地势高广,筑塘汇水而成湖,周围八十余里,所以蓄水而防岁旱者也。水利可及者凡九乡,溉田一千四百六十八顷有奇。以所溉田验其远近高低,均派湖税,则湖水之尺寸,皆入贡赋矣。湖塘自宋绍兴间,县丞赵善济缮治始完,至淳熙时,邑宰顾冲立法始备,度地势之高下,议放水之先后,时刻分毫,各有次第,勒记于石,以示久远。自宋历元,迄今几三百载,民守其规,无少间焉。予忝民社之寄,来治斯邑,首询风土,躬历湖岸,视其放水之穴甚均,独顾公所立碑石毁裂无存。旁求得其善才,所载九乡放水之穴十有八所,班班可考,其立约束之法尤明,诚有不可易者,予特虑旧碑既没,愈久而失其真,奸民得乘隙而更变,或通私泾以泄水,或倚堤而田,或汇岩而渔,培高抑下,适己自便,必致害湖之利,九乡之田,一遇旱虐,得无忧乎。于是乃述顾公旧制约束之记,谋及丞簿,重镌于石,以垂不朽,仍诫饬居民,增筑堤防,以御泛滥,并去私泾,以除盗泄,禁遏请佃,以杜侵夺民利,务使九乡之田,均受其溉,而无旱荒之虞,上不失公务,下可厚民生,则湖之为利博矣。既而邑之士庶,复请绘图刻石以为民鉴。吁!予虽不敏,尝闻为政之道,要在事约而施远也。昔郑子产以其乘舆济人于溱洧,孟子讥其惠而不知为政,为其施之不能远尔。若夫我邑前贤约束水利之法,其庶乎得为政之要矣。予故重复斯言,具为民劝,宜尔九乡之人,追昔会计之功,视今缉绘之意,永示约束之法云。

民国三十七年《萧山县志》卷十三

邑令刘俨断毁湘湖筑堤记

[清]任辰旦

邑西之有湘湖也,周八十里,溉夏孝、安养等乡一十四万六千八百亩有奇。先是湖未创时,萧固瘠土也,雨则涝,旱则涸,歉多而丰少。宋政和间,文靖杨公知萧事,视崇化等乡,有高阜数十顷,倚山为障,度地可圩,奏为湖水得畜而不泄,旱得灌而不枯,九乡无旱干之患,放水先后,不无异同。淳熙间,邑令顾君冲定水利约束,先柳塘,最后黄家霫,其间高低相等者同放,至今为则。湖之四际,以金线为限。金线者,黄土也,黄属民,青属湖,少有侵占,置于法,故明孙吴二姓有犯者,邑文靖魏公大创之,载在志书,可考也。康熙二十八年八月,旱久湖涸,奸民孙凯臣等,不鸣官,不谋众,纠聚族党,筑堤架桥,南自柴岭起,北至湖岭,巧借僧人萃弘名色,以便行旅往来为辞。典史刘炯职司水利,谓湖主蓄泄,不主行走,牒文到县,邑令刘以事关重大,责令合县绅衿呈递公议,是否有利无害,公而慎也,日久未覆,会涝湖居民蒋械等,以恩循旧例事吁公,盖谓涝湖为东流之极,湘湖放水,必由石家湫穿城而始达。湖堤一筑,水势迟缓,他乡虽受其害,为害尚浅,独涝湖之为害最深。其词切直,争之甚力。公乃上其事于府,略云:湘湖创自先贤,设施必有深意,千百年来,历无增损,突今僧人萃弘及奸民孙凯臣等,未经呈禀,竟尔筑堤。此一举也,或系民便,而先贤立法,恐从斯紊,事干地方制度,关系民生,应否任其所便,或仍旧制云云。府宪檄行,咨询父老,踏勘妥详,公遂单骑至堤,相其形势。但见新堤自南至北几三里许,南北皆山,非商贾必经之道,况多筑一堤,则少蓄一堤之水,而放泄亦加迟缓,允属有害无利,勒令铲削。案未结,孙凯臣等又买亲属杨升等扮作九乡居民,以披沥公鸣恩留万代事吁公并控府。府发覆勘,构审间,邑绅毛奇龄等,以公吁事具呈,内称孙凯臣等不遵先制,私自筑堤,如鬼如蜮,奸党百出,以孙吴二姓之人而驾为九乡,以在俗之人而驾为僧人,以孙氏所建之桥而驾为先贤,以两姓相通之路而驾为通衢,以姻娅贿赂之党而驾为公呈,具有五害四不可之论,词甚恳挚。又有去虎村居民张尧等,以公吁毁塘事来告,其一都三、四、五图居民亦如之,其二都一、二、三、四图居民亦如之。公乃奋奋然曰:"为民上者,利则行之,害则去之,毋偏听,毋姑纵,惟其当而已。今湖堤之筑,不过孙吴二姓称便耳,任一二姓之私,何如合九乡之公,今九乡多称未便,其事非可游移也。况此堤筑后,青山石岩,将有观望而起者,抚此湘湖,不至瓜分瓦裂不止,'履霜,坚冰至',其渐不可不杜也!"于是严行铲削,按律定罪。一覆府,一详藩,臬二宪,蒙宪檄行永禁,且勒之石,于是九乡之民,踊跃欢呼,相谋树石以垂久。余值家居,且夙受湘湖之利者,不辞鄙拙,爰为之记,窃思为治之难,在明与断,明则见事确,审利害而所虑者远;断则毅然行之,独立而不回。当此堤之未毁也,有曲为调护者,有执两可之说者,此阳奉阴违迁延岁月者。今不顾情面,不持两端,兢兢先贤恪守,而九乡均受其利,一何明也!一何断也!自兹以往,奸民不敢坏法,而古制犁然,于以追踪杨顾遗规,万世不亦康乎?公讳俨,号巨夫,顺天景州人,由官监莅萧十余年,百政兴举,于湘湖西北两塘水利,尤所加意云。

民国三十七年《萧山县志》卷十三

股堰庙全案

[清]徐行

乾隆六十年七月十七日,奉本府正堂高宪牌,本年七月十二日,奉巡抚部院觉罗吉批。本府具禀该县西兴石塘股堰王氏庙请赐额联入祀用酬保障等缘由,奉批"如禀速行,饬县通详办理。此缴"等因。奉此,合行飞饬。为此,仰县官吏宪批来文事理,立即遵照,速行通详办理,毋任迟延,并发原呈下县内开具呈。职员杨宗干举人戴沅藻、贡生杨德成、生监杨屺、杨尚瑞、王震、徐朱永等呈称,萧邑滨海,屡遭冯夷肆害,全赖捍海塘堤,是以志称。后五代时,武肃钱镠筑塘,以万弩射潮。自宋、元、明各朝,历有纪茸。是塘自东浙北直至龛山等处,谓之北海塘,自西至闻堰等处,谓之西江塘,其二塘多系石砌。惟县西十里西兴地方有石塘,长二里许,地当冲要,是以纯用巨石实叠,于明季万历年间,冲卸殊甚,伤害山、会、萧三邑民命田庐。时邑主刘会据民人张本滔、沈良臣等呈勘申请,内于万历十四年十月间,沿江采石经始,越六月而告成。其制先沟土三尺,每丈以松桩径七寸长九尺者五十根,花碇没土,寻以岩石广三尺厚八寸者两块,连接丈有六尺,鳞次直压桩上为脚石,叠至十六层,高一丈二尺九寸,每层缩五寸,至塘面广一丈用统石。盖下自官巷西至永兴闸,用此制,自闸南至官埠,俱因旧塘基,不用桩脚。惟石用八尺者,实叠十六层,自官埠至股堰北偏,仍用桩石,一如官巷制,惟官巷塘外又有荡浪桩二笢,共长六十余步。计筑修新石塘三百三十二丈,并造永兴闸及增修镇海楼,统计工费一万六千一百六十八两。时照旧制,萧邑独任一半,山、会半之。抚宪温公统作记,内有

"及时则事半功倍,逾时则事倍功半"之句。又官巷东北一里许忠隐庵地方尚有万历以前之老石塘一段,其时因无坍卸,刘侯不经修葺,近系年远,间有损伤残屈,并申察夺。惟是西兴之石塘与西边之西江塘及北边之北海塘,统谓之捍海塘,明绅罗万化、来宗道等各有碑记。谨按志载,石塘自官埠至西北尽处,地名股堰,即系元季至正间,潮冲一潭,水物所窟,潮汐入内,山、会、萧三邑受累。时着里正杨伯远堵筑此堰,任倾土石,犹雪投汤,以致填赔无底,且受督官棰楚。其妻王氏痛之,常于月夜向潭泣祷,一夕刲股投潭,告水物曰:"如不肯徙,愿以身殉。"越夕而潭涨堰成,时邑侯尹性为之记,其堰遂以股名。自统志及县府二志均各详载所以,县志"古迹"内有股堰之迹,"坛庙"内有股堰之庙,"烈女"内载王氏之烈,"水利"内载王氏之利,功德昭然,班班可考。第先朝未沐题旌,久湮名节,宗等以一堰之成,利关山、会、萧三邑,是所谓"蚁穴不塞,将成江河"矣。今蒙各宪情切民瘼,承议请修石塘之便可否,望外邀恩,并申大宪,予以题请扁额,以表王氏。当时一念之诚,氏如有灵,沐恩不朽,其能永保斯土矣。谨此上呈等情。嗣奉巡抚部院觉罗吉批,卑县具禀西兴渡口老沙情形陆续坍卸已悉,该县务须不时往来查勘,加意防护,勿稍疏忽。再先据绍兴府具禀,西兴股堰有王氏庙,颇著灵应,请给额联悬挂,并请编入祀典,业经批饬通详办理,并候先给匾额,此缴等因。并奉饬发西陵保障匾音下县,经卑职敬谨赍送悬挂,具禀抚宪在案。卑职随查《萧山县志》,"坛庙"条下载开:"王氏庙在西兴股堰,元时里妇王氏割股投水,事载《烈女志》。"按《礼祭法》:"能捍大灾,御大患,则祀之。"匹妇一念之诚,至格天地,捍灾御患,至今堰以股名,东与曹娥比烈,祀之宜矣。然虽有乡民之祀,殊缺当事之旌,或有待后举者尔。"烈女"条下载开:"杨伯远妻王氏,西兴人,性聪敏,善事夫。至正间,江塘决害田禾,伯远充里正,筑堰不就,日受棰楚。王氏痛之,割股投水中,沙涨堰成,因名股堰。知县尹性为之记。""水利"条下及"古迹"内皆各有"股堰"名目,惟《股堰王氏记》不载。志乘年远无稽,卑职谨考得元时里妇王氏名垂,志乘庙镇江干,抒一念之血诚,作中流之砥柱,胥涛怒息,泽国欢呼,固宜秋报春祈,用酬灵异,乃以世远年湮,尚无旌表。兹蒙宪恩,俯顺舆情,匾音持赐,并令详请载入祀典,以答丰功。泛兹灵爽式凭,万姓被安澜之福;馨香来格,千秋垂食报之隆。岂惟仰荷神庥,抑且永怀宪德。理合查明县志,遵核具详,伏祈宪台察核示遵,除详三宪暨藩、臬、道、宪外,为此备由,另册具申,伏乞照详施行。案申宪。

《股堰备考》

萧山县饬详西兴镇股堰王氏庙请封详文

绍兴府萧山县为吁叩特题等事,嘉庆元年四月十一日,蒙本府正堂高宪票,嘉庆元年三月廿九日,蒙布政使司汪宪牌,嘉庆元年三月十九日,奉巡抚部院觉罗吉批萧山县绅耆戴益谦等呈"元季里妇王氏割股救夫,堤成捍患,请准题封"等缘由。奉批,仰布政司确查事迹、核议详夺等因。奉此,合行饬查等因。蒙此,合亟转饬,为此仰县官吏立即查明实在事迹,确核妥议,并签同府县二志,详候察转,毋得迟延,计粘内开,具呈萧山县绅耆戴益谦等为吁叩特题请封以光潜德事。切惟人有名义足录及功德在民者,皆可传之不朽。若下至闾巷之妇,当危急存亡之际,有能不二其志,捐躯以殉,而使名义可嘉,功德烂然,远过奇男子之所为者,尤足令人忻慕于无穷也。萧邑西兴江塘,即昔日固陵城旧址,西逼钱江,东卫山、会、萧三邑民命田庐,实为东浙塘堤之最要者。元至正时,有里正杨伯远者堵筑是堰,至石堰塘西北尽处,潮冲一潭,潭踞怪物,屡筑屡坍。伯远不惟填赔无底,又受督官棰楚,刻难存活。其妻王氏痛之,每夜向潭泣祷,愿以身殉。一夕,先割股投潭,而怪物潜逃,须臾潭涨堰成,堤获筑竣,夫命得苏,三邑生灵可保。维时县令尹性碑记表之,名其地曰股堰,后人德焉,为立庙尸祝。事载县府二志及国朝《一统志》内,班班可考。谨按县志详述,救夫名义,载在列女,保堤功德,载在水利,惜元季未经请封,久湮潜德。骇今江势南趋,外沙坍卸,逼近江塘,恐有其鱼之厄,因追慕王氏成堤古迹,于上年五月间,监生杨岜倡众呈请邑主据志通详,荷蒙宪天躬亲告庙,并锡扁额。迄今庙逼江干,仅离百步许,坍渐渐止,而江潮到此,浪静波回,一切海舟均可停泊,此系王氏生前捍患之英灵不灭海隅,身后御灾之魂气犹在人间,悉由宪天卫国卫民,祈救诚感所致也。惟冀特予请封,得邀睿鉴,幸获钦褒,将救夫名义上可与曹娥媲美,而保堤功德亦堪与同里之张护堤侯并垂不朽,灵爽凭依,应无不效力前驱,以仰副回天之力,庶宪天惠爱斯民之至意德泽,与浙水长流矣。环吁宪天大人俯念潜德久湮,恩准特题请封,则谦等渴望灵祠显应,保此塘堤,护兹三邑,庶濒海黎民讴歌载道,尸祝靡涯,望光上呈等因,下县蒙此。卑职遵查是案,先于乾隆六十年八月廿九日,经前县徐令为一件敬述捍海塘堤略节吁恩申请以垂不朽事,奉宪台禀,奉抚台批示"请将股堰王氏庙赐给额联,载入祀典"等因。由奉批"如禀速行,饬县通详辨理"等因,转行下县。当经查明县志,确查王氏救夫捍海实迹,备文通报各宪,谨奉巡抚部院觉罗吉批"如详,载入祀典"等因,并蒙各宪准饬载入祀典在案。

兹奉前因,卑职遵查卑县县志,"坛庙"条下载开:"王氏庙在西兴镇股堰,元时里妇割股投水,事载《烈女志》。"按《礼祭法》云:"能捍大灾,御大患,则祀之。"匹妇一念之诚,至格天地,御灾捍患,至今堰以股名,东与曹娥江比烈,祀之宜矣。然虽有乡民之祀,殊缺当事之旌,或有待后举者尔。"烈女"条下载开:"杨伯远之妻王氏,西兴人,性聪敏,善事夫。至正间,江塘决害禾苗,伯远充里正,筑堰不就,日受棰楚。王氏痛之,割股投水中,沙涨堰成,因名股堰。知县尹性为之记。""水利"条下亦载有"股堰"名目,惟查前尹令所撰《股堰王氏记》不载。志乘年远无稽,除签明县志呈送外,该卑职核看卑县永兴股堰王氏庙,查系元季至正间,卑县石塘官埠西北尽处,潮冲一潭,汐入内河,山、会、萧三邑田庐受害。时着里正杨伯远堵筑,任倾土石,漂没难成,以致赔垫囊空,日受督官棰楚。其妻痛夫念切,每夜泣祷,顾以身殉。忽一夕向潭哀告,割股投潭,越夕潭沙倏涨,堰遂筑成。邑令尹性嘉其诚烈,遂名曰股堰,历载志乘。嗣于乾隆六十年间,经前县令徐据,绅耆杨屼等倡众呈请入祀详,蒙宪台转详,各宪批饬县额入祀在案,兹又据该绅耆戴益谦等以悬额入祀,而后庙逼江干,江潮恬静,神灵愈著,更冀特予请封等情呈,蒙抚宪批饬"确核妥议"等因,转行下县。卑职查王氏生前格物,以精诚救夫,因除夫水患,身后效灵于弈祀,民生久荷夫神庥。乃力勷神禹,既享食报之隆;而德比曹娥,未获钦褒之逮。久宜俯顺舆情,转恳请封,以垂不朽,以昭诚典。且氏出车里名门之女,夫系西兴望族之人,合将确切查明缘由,签同县志,备文具详,仰祈宪台察核转详,为此备由具申,伏乞照详施行。今申送县志二本,案申本府。嘉庆元年四月二十日。

萧山县方行布政司使照详,申抚浙江布政司使汪详,请抚宪具题事。该本司查看得萧山县西兴镇股堰王氏庙,系元季时杨伯远之妻精心所结,感激神明;坚志攸通,用成功业。痛生民之莫保,视若切肤;矜夫命之难全,竟为割股。怪物有灵,宛似鳄鱼之徙;修防可藉,恍同精卫之填。不惟一邑田庐足资捍卫,亦且千秋德业悠久生灵。是宜题请褒封,以光潜德。兹据该绅吁请,行拘该府县确查事迹志乘,具详前来,本司核查无异,拟合请详,伏候宪台察核具题,除呈督学宪外,为此备由,呈乞照详申请。嘉庆元年五月廿二日。

抚宪题本浙江巡抚臣吉庆谨题为吁叩请封以昭灵显事,该臣看得萧山县西兴镇股堰王氏庙,系元季该里正杨伯远之妻诚可格天,精能动物。割股投江,保夫命于垂危;沙涨堰成,登斯民于衽席。合邑咸歌,乐利潜德,宜沐褒封。前据该绅耆呈请,当经批司确查事迹,议详去后,兹拘布政汪查明详请具题前来,臣覆查无异,谨会全署福建浙江总督臣魁伦合词具题,伏乞皇上睿鉴,敕部议奏施行,谨题,嘉庆元年六月十六日。

奉旨该部议奏。钦此。

《股堰备考》

碑 记

萧山潭头碑记

阙 名

康熙六十年,台湾朱一贵作乱,浙兵赴闽会剿,六月间,浙抚屠沂檄县,为军务事,照得奉旨兵马不许入城,则经由路途,必须酌定。昨同将军面议,云地方官既有向导,兵马自随着行走等语。查萧山马路,原有两条:一由西兴渡入城,出小南门至临浦,路之两旁,皆是田禾,计四十余里,其路窄狭,马匹难以并行;一由杭州闸口横渡萧山潭头塘堤,一直大路,内河外江,田禾无碍,其路宽平,五马可以并行,且省二十里之路。康熙十三年,大兵即由此行走。合行饬查,牌仰该县官吏遵照,飞查明确,即日具覆,以凭行知。引道之官须至牌者,令铉文成遵查飞覆。邑绅何锡田、丁乾学等,以潭头至临浦皆大路,惟其间碛堰一处,山足贴江,计有数丈路稍窄狭,因将山足之石,先用糠火煤脆集工开凿,立成阔路,兵马坦行。七月,公立《屠公饬禁兵马经临碑记》于西兴关口,记曰:"辛岁之夏,闽台匪类窃发,镇浙将军移杭城,满汉甲兵,暂驻三山,资弹压焉。艅艎溯江而上,而马骑迤行,厥由陆路。吾萧为入闽必经之地,一由潭头至临浦,一由西兴渡入城至临浦。其由潭头者,外江内河,无妨种植,且塘堤宽坦,五马可以并行,计程尤较近。若由西兴进发,则田间胜埒,窄狭难行。遍处田园,马匹不无蹂躏,农民患之,况兵马不得入城。久奉恩纶,其谁敢违。兹值大中丞屠公节钺东南,民瘼念切,严饬所司查勘明确,仍遣文武僚员为之导引,遂由潭头渡江,循塘而行,一路履道坦如。至于邑城内外,自西陵渡口以暨县南之田畴,蔀屋熙然,获衽席之安,更不知师旅之经临者。邑人感公之德,敬将宪檄勒之贞珉,匪特岘首丰碑,颂公明德不衰,且嗣今以往,永著为例,则其利益无穷矣。"

民国二十四年《萧山县志稿》卷三二

萧山县程公重修儒学记

[明]王三才

夫士宗道,道宗儒,孔圣之外,无道焉。由则其正路也,居则其安宅也,出入则其礼门也。进而升堂,深而入室,即欲顷刻离之不可。则吾徒之仰视圣宫,不啻宗祠堂宇。然顾可视其倾圮,而恬不知怪乎? 自世道丧而邪害正,习染智昏,学士编氓,往往弁髦礼义,究析虚无,故望而连甍画栋,垩壁丹垣,赫然辉人耳目,必缁林梵宇也。其颓于风雨，鞠为茂草，而环堵萧然不蔽，必吾夫子之宫也。入者宗之，出者仇之。以此较彼，判若苍素。舍吾宗而仇是崇，甚相轧而反不能相敌，此无他故，父兄之教不先，子弟之率不谨，正学晦灭，而人心莫知向方耳。萧之有学旧矣，改修自正德癸酉迄今，多历年所旧贯相仍，随废随葺，大都补苴罅漏，粉饰观美而止。久之坚者瑕，隆者挠，正者欹，不治将崩，崩难图也。诸士子振惧相视，而莫可谁何。海阳程侯筮仕斯邑，祛左道，崇正学，慨然以作新斯文为己任，周览而太息曰："此吾名教之宗祠堂宇也，何忍一圮至此？且庙者貌也，貌不肃则心玩；学者肆也，肆不扃则心放。玩而放，安论教化？此非可苟且应故事已也。"遂与司谕郑君，司训张君、陈君，谋鼎新之助。其费且不资，而府藏又告匮，则酌拨帑金若干，不足因各捐俸金佐之。鸠工聚材，择吉经始，计且次第调停，不给不欲，妄有征发。而乡之绅衿暨耆老之好义者，靡不翕然向风，争效铢两。凡费四百余金，历工半载而告成。适余奉命回，祇瞻庙宇，焕然一新，因为感焉。夫吾夫子之道平平无奇耳，非有三途四智之说鼓动人心也，非有德水福田之征忻艳人心也。而以程侯之躬先若此，都人士之响应若彼。视若辈之捐宅、沈宝修果人夫者，大有径庭。不亦见善教入人深，而正道之在良心者，果未尝一日泯耶。试令诸士子仰视榜题，俯视筵几，灿而青黄，穆而庄严，焕然如接道德之容，而闻金玉之声，前日之玩心得无启而肃，放心得无敛而戢乎？即此心也可以证圣，充此心也无难入圣矣。君子以是知程侯之能为父母也，其崇正也，善作人也。博士之能为师也，其树表也，尊吾道也。吾乡人之能为弟子也，其不惑也，知向方也。今圣天子广励学宫，申饬诸士，异说有禁，左道必诛，欲揭圣学于中天，而一轨乎正则。是学也，未必非风教之一助云，故为之记。

民国二十四年《萧山县志稿》卷十

浩然楼记

［明］黄猷吉

西兴，越要津也。万历丁亥秋，潮啮其堤，与楼且尽。郡守萧公良干、邑令刘公会，心共禹思，才胥说济，堤益而坚，楼增而壮。开府温公、御史大夫赵公各有石，第详于堤而略于楼。以故有客侈言于余曰："客也窃慕主人之好楼居矣，则亦闻夫西兴之有新楼乎？夫其党天都，压水府，鹄峙鸾樗，鹏搴风举。右睇而海门日月晃曜，左吟而富春烟树苍茫。控越则万壑千岩，后拥而杂沓，引吴则龙飞凤舞，前拱而昂藏。遥瞻五云，辉映眉宇，俯瞰四野，森罗目眶，帆樯锦绮，鱼鸟镜悬，潮吞汐吐，风雄月光一是故杰乎雄据，则海国江天若可超也；迥乎特立，则吴郛越廓若可挟也。斯无论海上之十二矣，况人间之百尺哉？"余谛而听，仰而答曰："楼信美矣。而客以为美,游乎仙者也;余以为美,游乎天者也。游乎仙者,下则流,上则连;游乎天者,大则圣,小则贤。余其谓斯楼为浩然,而客也择焉。"客曰:"斯楼之古一名玩江,再名镇海。浩然谓何?厥义安在?"余曰:"镇因乎势,玩取诸景,望海、横江,凡楼可命,曾是江楼,专奇擅胜。大都江水东注,未有挽而西者若潮也;海潮暗生,未有奋而起者若浙也。则其竟八万之由旬,涵三亿之输灌,凭元气以载浮,应月精而引蒲,驾海若以前驱,望江门而中贯。涨斯溟矣,既束以吴越巨防,浪而骇焉,又激以鼋赭峭岸。以是天吴气决,阳侯怒赫,奇相鼓轮,冰夷转轴。倾倒雨师,发扬风伯。维裂柱欹,江掀海立。远若雷轰,近若霆击,天地愕眙,山陵辟易。何言悬水,何言流沫?何钱镠敢射,何王闳敢叱?何六龙之斗喻其猛,何万马之奔喻其疾?由前观之,江声泯泯,若虚若实;由后观之,浪花沄沄,若失若得。息以根动,动以效息。故其来也,似凌节而倒施,实行险而不失;似任情而肆志,实时行而不迫。斯造化之浩然,讵海鳅之出没?乃有苍水使、河上公,鞭石陆海,悬居凿空,戴以六鳌,夹以两龙。望之缥缈,即之穿窿。堑江为险,射潮为雄。若登彼岸,宛在水中。倒壑排山者,重门吞而洞达;掀天揭地者,八窗吸以玲珑。树百尺之高标,当九街之要冲。倚棹如蚁,凭栏接踵。谓观海无如江左,问水穷乎浙东。当夫春流滚一色桃花,秋水净两岸芙蓉,增长因一阳初动,贾壮以三伏蕴隆。夕渡明于渔火,晨应响乎梵钟。触者神王,逆者胆勇。梦幻者大觉,沉冥者神通,可以发舒华夏,可以开辟混蒙。可以激昂天地,可以鼓荡心胸。岂伊烈士贞臣,慷慨赴难,羁孤迁客,倜傥固穷?亦彼蠢蠢者手舞足蹈,奄奄者发指骨疏。或激为雄文而光焰万丈,或发为浩兴而世界一空。或勇猛精进而历劫不退,或坚固究竟而百折必东。想夫岩岩而孟,浑浑而孔,火烈而姬发,鹰扬而太公。类振古之豪杰,建不世之勋庸,微大勇其几馁,则是气之所共。夫子长探奇禹穴而文雄汉史,道济多助江山而诗迈唐风。非彼一重一掩皆吾肺腑,而况夫一阖一辟直肖洪蒙。且夫客不观夫川上乎?夫其山如培娄,水如瓮口,尼父亟称,子舆深取,矧是鲸波拨地而襄陵,龙涛拍天而撼斗。放之则汨汨万顷,掬之则盈盈一手。彼尸子以沐浴喻仁,激扬喻义;韩子以重下喻礼,不遗喻智。类因物以善观,亦观物而妙契,独何异夫驱海涛于砚滴,揭木天之标致,关世教以立言,赞神明之伟制。指造物之秘藏,若江河之行地。盖尝论之:吴楚乾坤,少陵夸其汗漫;落霞秋水,盈川表其佳丽。孰与此楼?美占天南,滕王失色;壮观江表,岳阳短气。故余不为寄兴感慨若仲宣赋,不为陶情琴弈若禹偁记。人亦毋为披襟称快,若楚王风;毋为据床遣兴,若庾公月。夫是之谓作者意也已。"客乃矍然起立抗手而称曰:"遐哉,邈乎!清浊始判,乾坤乃位。爰有此江,即有此潮;既有此潮,宜有此楼。命曰'浩然',敢不敬听?"

又诗:"到处行游郁未开,独凭高阁思雄哉。平生最爱居临水,此地真宜石作台。任使潮声翻地轴,不妨山影落吟杯。药鳌易展任公手,纪胜难逢杜老才。楼门直望海门开,扶醉登临乐快哉。两掖挟飞吴越国,六鳌齐戴水云台。廓寥天地掸吟笔,感慨沧桑问酒杯。万古东流谁是主,挽回尽属使君才。"

乾隆《萧山县志》

西兴茶亭碑记

[明]王世显

西兴,浙东首地,宁、绍、台之襟喉,东南一都会也。士民络绎,舟车辐辏无虚日。及其涉颠险、历风波,触炎蒸而病暍,冒严寒而阻饥,喘息须臾,几填沟壑者众,前此未有济之者。嘉靖甲辰,天目僧道能至自杭,目击其患而悲之,计施以茶汤,患不得其所。邑民毛玠等议以沙岸铺隙地可止且便也,具情请于郡侯苏公而筑之,委耆民吴谧、韩承文、傅良董厥役。僧乃捐衣钵,力营建,不越月而落成。公喜题曰"茶亭"。自是往来获济。僧以苟济弗给,事必中废,复出赢资,于铺之西南里许置田三十亩,每计所入以充费。又思云游靡常,冀有所托。知灵峰院僧德恺雅有戒行,倩为住持,使主其事。阅四载,而其来未艾也。八月之吉,余偕沙源戴公谛视。公曰:"事则美矣,所少者井耳。"乃戒童仆具畚锸,助僧穿其地而甃焉。井成,水易汲而济益广矣。噫!无住相而好施,固士君子之所愿闻。使吾民皆若道能推其慈爱之心,则于人何所不济?为民父母皆若苏公之作兴,乡士夫皆若戴公之左右,且观义兴起又皆若诸耆民,则志士孰不敏于为善乎?夫慈爱者仁也,作兴者义也,观感者化也。余于斯亭斯井之举,深有所感焉,因给券以蠲僧田产之役,且勒石以垂世守云。

乾隆《萧山县志》卷三七

西兴茶亭碑记

[明]姚文熊

西兴,吴越之通衢也,行旅往来殆无虚日。渴者求饮,命悬呼吸,不有茶亭,事何以济。夫一人不能给而必仰给于众,众或有时不给,缺一日之费即废一日之茶,茶不可一日或废,而薪水之资不能保其一日不缺也。杨树村徐义士廷凤目击其故,遂捐田四十亩,永为茶亭薪水之资。噫,善哉!善哉!不必仰给于人,亦不必仰给于众,施茶不忧其无资,往来者可无伤于烦渴矣,功德岂不茂哉!余莅萧山最久,熟闻徐士好义乐施,其他焚券、济贫、矜孤、恤寡,种种善行不可殚述,即此捐田济渴一端,便长流福泽于无穷也。用为数言以志不朽。

乾隆《萧山县志》

西兴塘记

[明]刘会申

为海潮突变,急救生灵事,万历十四年七月十八日,据通县人民张本滔、沈良臣等呈称:"本镇坐临海口,民居稠密,自赵宋至今,原有石塘捍御。虽坍没已久,然未及内地,人皆安堵。近因钱塘沙涨,海潮冲激而东。入秋以来,风浪滔天,沙地洗荡者千余丈,室庐冲坏者数百间。即今灌入内河,势在咫尺。恳乞拯救民命,并查钱王建塘旧基、山、会协助故事,以垂永久。"等情。知县闻之,随即傍徨走视,果见沿江一带波震浪击,石卷土崩,其旧塘以内桑田入于沧海,民居没为污池,悲号满前,流徙载道。且隔运河仅仅丈余,万一潮势涌进,岂惟萧山为长浸之区,即山、会皆吾邻国之壑矣。计今要害去处,旦暮宜为石堤者约有五十余里,灰石桩木不知当若干具,工匠徒役不知当若干人。变生仓卒,即欲一一遥度之,未易也。但访之故老,谓此塘始建于钱镠氏,用百万缗乃成。又询国初两经修筑,洪武间曾遣工部主事张杰,宣德间复遣都御史周文襄公忱。当是时,特以重臣奉命亲督,岂非以此事重大,既关百里生灵之计,又保千百年长久之规,必德位隆重者理之而后能胜其任哉?自古徒杠阙而郑侨刺,川梁隳而单公讥,知县闻之矣,僭食兹土,目击民艰,乌敢自逭?第萧山疲敝之邑,每岁钱谷几何?以此兴作责之一县,力小任重,未有不仆者也。合无依昔海盐筑塘旧例,以各郡佐之;或依三江筑闸近例,以各县佐之。则庶几事可济耳。主持力议周文襄公之事,此惟有台台在。若知县,则奉令惟谨,不敢不殚厥心力也。合用工费,候计定另行上裁。

乾隆《萧山县志》卷十三

西兴塘记

[明]温纯

塘在绍兴郡萧山县西十里许,为西兴镇,镇被钱塘江,江被海,而起镇以达于郡者,运河也。钱武肃王镠故建塘其镇。海潮日再至,岁久,浸决浸修。丙戌大决,民居漂数百家。江且及河,害且及郡。郡守萧良干、邑令刘会上状,因集众议。大略言:越盖东南一都会也,西兴实其门户,故名固陵,以可守故。越生聚教训廿年,竟以沼吴,以此镇也。汉买臣称"一夫守险,千人不得上",晋元帝称"浙,今之关中",亦以此镇也。无塘无镇,无镇无越,为塘而庶几其有越乎,一利也。江入河即萧山、西兴，以水不可居；山阴、会稽，以卤不可田。为塘而萧山、西兴安于居，山阴、会稽安于田，二利也。余于是同直指使者傅公好礼、李公天麟请于朝，而各括赎锾佐之，发郡若邑仓粟半，不足取于山、会稽、萧田亩。不满升，量工授食。以卜判锃总领，郡幕陈束、县丞王箕、典史徐冈分任其事。六阅月而工竣。又复故镇海楼。余渡江中流而观，塘壁立，楼峰峙，而榜人则指中流谓余："此钱氏故塘所也。"余怅然低徊，叹而不忍去者久之。既登岸，还武林署，会有客过余，言："塘自武肃，历宋守吴黄氏而来，畚锸之役，略可得而言。洪武中，遣尚书郎暨藩大夫治，而周文襄公功最著。于宣德间至于今，波流极矣，石非因于故也，而下木以为楗，朝下则潮夕推之，夕下则潮朝推之。虽鞭之长，不及马腹。毋论武肃举一国力，捐数百万缗，集强弩射潮；即洪武之役，取材他郡，借力他邑，而文襄周公便宜，括赎锾，数莫可诘难矣。皇上神灵，挟岳渎而左右相之。宜祭潮，潮退，判令幕丞身橇樏经营，费不盈二万，工不及三时，人力不至于此。岂禹陵庙苗裔在越，而阴以浚川刊木之烈导耶？何成之易也！越自是有裨，而公中流叹者何？"余应之曰："若谓越而有此塘乎，胡不求钱氏塘以观之也？今天下大患在失时，在逶事。孔子曰：'使民以时。'其以农隙解者语时，一端耳。及时则事半功倍，逾时则事倍功半，不待知者而后知也。而事半功倍或不以功名，事倍功半则以其劳苦费多而功之矣。是以汉廷有曲突徙薪、焦头烂额之喻。今之守令无能名一钱，费以万计，不效则有文法，效则亦有唇吻，以故事即不可已。苟可缓目前，即遗大费于后日，后之人之责也。文法唇吻，我无与耳。今日之役，盖迫于江且及河害，且及郡而为之也，亦会今之守若令皆任事人也。语曰："蚁穴不塞，将成江河。"夫人而不蚁穴忽也，费或无事于万，而钱氏塘与西兴数百家居在今，以往有不蚁穴忽者，而越庶几其有此塘乎？不然，余恐后之视此塘，亦犹今之视钱氏塘也。而越奚裨？余故不能不临流而叹。"客曰："善。"故记此以告后之守令，而因以自警。事固有类此者，其味孔子时使之言，鉴失时逶事之弊，察蚁穴江河之戒，毋若此役之迫于江且及河害且及郡而为之也。

康熙《萧山县志》卷十三

西兴塘记

[明]赵锦

越，负海之郡也。东起勾余，历虞、会、山，西抵于萧，凡五邑，地皆濒海，未有不恃堤以为固者。然其墟地尚广，民居未迫，海无大故，尚为安流。至于萧之西兴，则海折而南，与江接矣。江之流至此渐以大，海之委至此渐以狭，盖江海之交。而西直武林，路当孔道，两涯之民栉比以居。海之潮汐自龛、赭二山而入，激于沙滩而

225

起,其势之来,比之他处独猛,若山岳之为崩而雷霆之为吼,不西撼于武林,则东啮于西兴。盖以会省之孔道、栉比之民居,而当江海之交,会孔棘之潮汐,苟非有以捍之,则其害之大,陆阻于行,水阻于运,民不可田,萧固受害,而山、会并罹其灾矣。其所恃于堤,盖又有甚焉而不可缓者。堤之始治,传自钱氏,嗣而葺之,代有可纪,然皆未尝无得失其间,而不能历世以滋久也。万历丙戌九月,堤复大坏,淹民庐舍以百计,不治将害于田。于是郡县亟上其事。抚按辅闻于朝。作石塘三百三十丈有奇,又作镇海楼,益弘于旧,以为一方之观,阅六月而告成。吁!其可谓成而速也。巡抚温公自为文以记。而郡守萧公、萧令刘君复属言于余。盖温公推言司议执事者之劳,而不自以为功;郡县之意,以为非三台力主率作于上且出赎锾以为之先,则今日之功何由以成?成亦何由以速?间尝诵韩愈氏之言曰:"天下之事成于自同而败于自异。"今一方之病,一役之兴,而主其议者能洞悉利害而持之力,任其事者能曲尽隐微而美其成,此成之所由以速而善也。而上下不自以为功,济济相让如此,此尤足为后来作事者之式。抑古人有言:"千丈之堤,坏于蚁穴";又曰:"涓涓不塞,将为江河。"盖古今善御患者,未尝不在于立防;而善为防者,未尝不在于能守。故能守则瑕者亦可以为坚,不能守则坚者亦未免复于瑕。况兹塘之成,不在旷野而在廛市,则于守为尤易。试为之法,使分任而责成,随隙而辄补,则更千百年犹一日亦可也,若成之后,漫不加意,坐视其既极,徐起而更张之,岂惟于计为左,民之受其患者亦必多矣。此温公所以惓惓于事半功倍之说,而不佞亦再以申言于末,俾后之有事兹土者,思前人缔造之维艰而所以防其微渐者,不可不谨之于平日也。

康熙《萧山县志》卷十一

永兴闸记

[明]刘会申

  为恳恩建闸、救民水患事。本县自莅任以来,间尝召长老问图籍,以知民所疾苦,则具言邑最苦水患。盖其西接长江,北通大海,内有运河四十里,外有诸湖数十派,以故稍稍遇雨,辄成巨浸,庐舍倾圮,田畴淹废。本县盖四载于兹,而萧之没于水者屡矣。今日修西江,明日筑北海,又今日则筑土坝,又明日则筑石塘。邑无宁民,民无宁岁,至于今日,为苦极矣。此职所目击心痛,蚤夜焦劳,欲为萧民一拯而未能者也。近据通县人民徐渊、戴和等呈称:"邑有西兴大堰,昔尝于此建闸,前基虽废,遗迹尚存。往三十年前,曾一开泄,水患立消。今望救民陷溺,垂恩再建,万姓幸甚。"本县闻之恻然,遂复召邑中长老,按故道询之,则各言所可以建闸状,大都以水势直浚,入江最便。职犹未敢遽信,复询之诸缙绅,询之通学诸弟子员,则又人人言便如前,为保百无一失。且云此闸一建,不惟本县可免鱼鳖,而山、会既无萧山上流之增注,则三江之水亦可分杀其势,是一举而数邑俱受其利也。愿建必然之画。夫有司职在为民,民有一利,则当兴之;民有一患,则当恤之。借使利多而害少,犹当断在必行,况百利而无一害者乎?今见剩海塘银两,原为萧山题请以筑塘之余者,取为建闸之用,则上无困于公帑,下无苦于私征,惠之而不费,劳之而不怨,此真千载一时也。伏乞俯从民愿,特俞县请。倘有利害,本县愿以身为百姓甘之。

乾隆《萧山县志》卷十三

万历十四年修西兴塘记

[明]罗万化

萧之西兴,外扼浙潮之冲,内为鉴湖八百泄涝之一道,故有石堤里许。堤之缺为龙口,塞以大堰。堰左有楼,曰镇海楼,楼前沙渚弥望。盖西兴虽越之鄙、江之堧,实浙东第一关隘也。嘉靖壬子,沙渚坍及石堤。甲子,堤亦尽,且及内地,楼亦寻圮,而龙口猥塞,无知乡民私建淫祠。万历丙戌,秋潮大作,漂毁田庐无虑数百,水几与鉴湖为一。尹刘侯泫然曰:"是谁咎耶?"夜即烧烛草移文十道,告灾于上官。翼日,通判卜公镗至邑亲勘,郡守萧公良干议筑石堤。侯曰:"堤固宜石,顾何所藉手?如探旧基筑起,则浩漫靡就;如堑内地则易就,而弃地转多。其筑水涯乎,费则取之丁,萧独力难任,得与山、会利鉴湖者共之乃可。"郡守曰:"山、会固当助,不足则以府锾足之。"于是巡抚温公,巡按傅、李二公,据牒以闻。既得请,檄侯亟堤。侯乃合山、会助费,并本县派征,分委照磨陈策、县丞王箕、典史徐闵督工。役以十月三日告江经始,顾榱木出他境不易得,石在数百里外采运维艰,开土夫丁既不易募,而潮过则土涨难开,冒风雪,候潮平,不可以时日计,以故议卒难定。巡抚温公亦难之,乃遣参将假兵力为助,然前已檄委府判矣。府判卜公知侯之能,遂具文请止参将,恐其中挠也。侯亦自以为功不辞难,昕夕淬励,拊循工匠,每听政于撑撬间,人用是不敢玩,六阅月而功成。侯笑指新堤曰:"堰蜿若游龙,顾可复使无首乎?"于是葺旧石台加隆四尺,架楼三楹其上,重檐阁道,回廊柱石,翼以碑亭,屹立江表,以压怒潮。已复为内涝备,易堰以闸,闸门丈有四尺。又撤龙口淫祠,改为闸渠,两涯叠石十层,底石二层,横丈有六尺,纵五十步,又闸以补堤之缺。闸外左右各石级十二丈,石底十余步,插入江防,放水冲窦,计费八百七十四两。堤事竣,温公来视,遍犒诸在事者。寻与两院交章荐侯,复勒碑记守令绩。同年丈王泰征谒余曰:此刘侯所为绩也,顾所由然者有四美焉:隆冬兴作,天气转燠,美一;千一百人役再更冬,无一人蹉跌失事,美二;给费若干,榜诸通逵,监督丞尉辈皭然毫无所染,美三;神光屡现,若照夜作然,美四。敢乞文以志其事。

乾隆《萧山县志》卷三八

王侯均差德政碑记

［明］张博

萧山,古永兴之地,而西兴则萧之重镇也。镇之西南滨钱塘,溯衢、严为八省通衢。东北达宁、台,际溟渤,逼倭夷诸寇。迩者鲸鲵猖獗,猾我东夏。当宁轸念,特遣重臣总制,而濒海诸司巡督尤悉。有警则调官军,募骁勇,檄外省简练介胄之属,烽屯攻讨,而轴舻接济,日不暇给。嘉靖戊午间,先任魏侯岘山以西兴镇为停舟要会,编立八埠船总,董率厥差。法制虽立,犹歉于草创之未备也。盖船户多山、会人,去留靡定,计可丛出。故强者往往驾劳于弱,临济则百而一。卒之兵扰村落,老羸供载,商旅沮抑,船总受责,并之辜戍戍罹行役之遯敝也,滋蔓岂浅浅乎哉!万历改元初,泰和王侯以名进士筮仕萧山,事制曲防,动立良法。询知镇船必投店户,贸易识认,此非专有所属,何以能稽其弊?爰立一十四家以管摄之,令其公报船户姓名,编著号薄贮县,仍置木牌一十二面,居民九十六名,轮班总率。县以号票给之驿,驿给之总,总给之店户,店户给之各船,按月轮差,照票验证,听其生理,否则禁之。调停均节,咸有定则,永绝前弊。夫邑令父母乎民,庭拊而郊循,兴利而祛蠹,父母之道也。今法立而船便于差,差均而民乐于役,舟济无亏,居民安业,欢腾遐迩,德厚流光,谓之召父杜母,非耶?侯行,将陟由谏,历台鼎,辅圣天子父母天下,固侯之凤心,亦侯之余裕也。而萧之赤子亦安能一日忘情于侯也哉?甘棠遗诵,非碑弗永镇。民戴思德、戴午星等谓予辱侯年雅,奏币恳记。予不佞,敬书以志不朽云。

乾隆《萧山县志》

兴胜塔记(节录)

［明］张瀚

罗刹故洪流恶道,自鸥夷革浮而怒涛益汹涌。自武肃奋临,安强砮而潮日徙而南,薄于西陵。西陵旧有镇海楼厌潮水冲,颇得消飓浪鲸波之警,顾楼址不固,积圮成墟。万历初,水益南奔为祟,田庐民畜,漂溺万千,一时无可如何。而兴胜浮屠,肇自署丞来君焉。来君故江南右族,乡父老方拟募材鸠工,君梦巨锥神授,视其锥,修广类浮屠,君喜甚,旦起,悉谢群力,独麾其箧绪千金,当楼址之墟,扼江湍之要,高舍利之表,备七级之形,挟形家之奇,擅厌胜之秘。自丁丑夏五迄秋季,塔成。塔初以楼故名镇海,继以上官旌异,更名兴胜云。复于塔下立护塔祠舍若干楹,文昌书院若干楹。

乾隆《萧山县志》卷三八

兴胜塔记(节录)

[明]吴兑

万历丁丑,余舅氏龙岩来君端操议创镇海塔,谋于余。时余奉命总师上谷云中,无暇悉其议。迨癸未南还,舟渡西陵,偕来君揽湖山之胜,见长江绕山,惊涛拍岸,浪花隐隐作轻云,中插鳌山,高凌霄汉,俨若应龙之欲吞噬蛟鼍然者,则兴胜塔也。问其制,曰:"高以七十尺有奇,以象七十二候。广三之一,以象二十四气。筑基则下布松桩,上施巨石,厚十有二尺,以象四时。基之广竟一亩有奇,基之方以象地,而其圆以象天,而其最高一级,冠以承露石盘,以象天一生水。下连六级,亦傍水涯,则地六成天也。"问其所以作之利害,自镇海楼倾圮,江流东徙,万姓之居几于沦没,建塔将以镇海而卫民社也。问其所给,则石以万计,工三年而成,亦万计,费溢千缗,皆来君一身任之。问其谋始,则父老上其事于邑,邑上其事于监司,监司酌定其议而下之邑,邑侯诹日躬祭告以兴事。事成,则监司嘉其义,隆之以礼,命其名曰"兴胜"。余因为之说曰:古今人创造,始患其难成而终防其易毁。贤智之士每为民捍灾兴利,乃遗迹多无存。富厚之家为穹台广厦以贻后,而子孙或不能守。岂以存心非厚而上天难孚用意?非公则人心难协,无惑乎虑始之难而虑终之不易也。今来君起大众而捍民之灾,动大事而兴民之利,费不仰给于公家,值必溥酬于众力,备此四善,以经营当世之务,举艰大裕如矣,讵一塔之虔始虑终云乎哉。

乾隆《萧山县志》卷三八

西江塘条约碑记

[明]来宗道

浙潮东注,患莫大于西江,山、会及我萧,为西江下流之冲,每春潮涨发,则怒啮奔溃,迄无宁岁。萧邑派户抽丁,税亩征役,累年费以数千计,然耗于侵渔者十之三,没于包揽者十之五,核计工料,十不得二三。夫以不赀之财,饱侵冒之腹,塘仍虚也,患坐是益甚。海沤余侯,来令萧,亲往勘,周阅者再四,喟然曰:"患不在塘,而在筑也。"于是尽革总管塘长与夫头雇役各名目,选召邑耆老蔡三乐等监之。时潮溢塘,不绝如缕,侯先捐赀,买竹箍磊石以捍水患,亩科银四厘,为箍石之需,皆取诸田之系塘者,他乡不及也。三乐等督工役唯谨,每箍用土石实其中,稍疏则罅漏,虑夫役之欺也,躬往侦之。又插柳箍侧,使柳根与土石绾结,岁久而根益固,堤益坚。

每一夫磊一篰石,即毕一工,有不用命者,令以法绳之。始于天启七年三月廿四日,毕于六月二十日,又相度濒塘项家缺、大门曰、小门曰等处,坍地十亩五分,捐货五十金买土,悉填为田,以田租募长夫二名,给以饩,使守塘,三乐所造义渡船兼令撑驾,不得索渡人钱,并志之。

乾隆《萧山县志》卷三七

萧山县重建政事堂记

[清]来集之

夫县之有堂,所以发号施令,非若茅檐蔀屋,可听其或兴或废也。予邑县公座视事之堂,历元明至今,阅岁既久,渐就倾颓,境当孔道,屡值军兴,水陆舟车之所辐辏,桢干刍茭之所供输,应接不暇,莅兹土者,非不眷顾兴慨,未遑命工也。今非庵姚侯以世家名进士莅事兹土。鲂鱼无赪尾之咏,黍苗有阴雨之膏。今兹己未为三年有成之期,百废具兴,而公堂片地犹鞠为茂草,虽为政者心闲物闲,仰看往还之飞鸟,俯视翻阶之蝴蝶,然闻巫马期戴星以出入,不闻其露霜以质成也,宓子贱鸣琴于堂上,不闻其调弦于草棘也。于是进父老之练事达识者相与谋之,曰:"此工甚巨,恐难就绪。"父老曰:"吾侪小人尚遮一把之茅以庇风雨,顾令父母我者,并无召伯之一棠可倚乎!"于是交相劝谕,彼此输将,中孚之信,格及豚鱼,大壮之观,取为栋宇,遂相其阴阳,鸠工庀材,手无停作,畚锸如云,功成不日。其基址则比旧增而高之,其规模则比旧恢而大之,皆周君名世之所禀成于侯而经之营之者也。自始作以至终事,天则相之以时,无疾风暴雨之侵凌;人则饮之以和,有趋事赴功之实迹。侯于是于某月日举酒,于(与)绅士父老,落之余沥,沾于匠胥。堂之既成,吾知侯且片言折狱,判笔如山,胥吏立堂楹而步履层冰之上,小民趋堂阶而陈情青镜之中矣。

乾隆《萧山县志》卷三八

萧山邑侯凤雍王公捐俸修学碑记

[清]来集之

学宫者,所以正人心而厉风俗,自国学外,凡郡县皆有之。顾其盛衰废兴之故,则莫不由乎其人。汉高祖过鲁,以太牢祀孔子,《纲目》大书于册,于今为烈。夫以霸王之略,屈师傅英分之主,皆然。而独推美汉高者,谓其推嬴蹴项,于干戈甫定之初,既兴礼义文章之化,知所先务,故终西京之世,文学彬彬,吏治循美也。吾萧江海汇灵,湖山竞秀,为之宰者,自杨龟山先生开其道源,居是邦者则魏南斋先生振其学脉,虽蕞尔荒陬,而文物声教雅与诸郡邑相望。去岁江上环兵,而介胄遍于闾里。

一时彦秀之士,即不无山居而僻处,而不免势之所驱,或挂小司马之虚衔,或就大将军之揖客。青青者衿忘其步趋,而明伦堂之鞠为茂草矣。□兵东渡,与以更始。而我邑父母王侯,应运来宰是邑。方侯下车之日,则正烽火彻天,戎马四驰之日也。城闉之内巷无居人,死亡载道,残烬腾烟。侯眷焉四顾,为之招抚流移,为之收瘗骸骼。萑苻之啸聚者有剿,而白丁之冒伍者有禁。宽征额以释无辜,剔奸弊而药有病。吾闻頍尾之歌若如毁者乐,孔迩,彼君子兮,民之父母,宜乎归之若流水。不数日而市墟如故,巷辙相摩也。爰念学宫既荒则学殖俱落,如在其上,如在其左右之谓何？居其肆,以成其事,利其器以善其事之谓何？岂以至圣栖神之宇,及帝王所立,教明伦之地,而顾俾之庭庑莽塞,俎豆尘封乎？又曷怪乎士无恒居,邦有奇衺之民哉！侯首捐俸金为之经始,属学博林柱天、袁元生两先生董之率之,命茂才蔡良钺、任腾蛟、蔡成已、蔡景魁等匡之翼之,阅日而美哉轮,美哉奂,翚斯飞,鸟斯革,汉官威仪忽焉再睹,盖惟佚使而劳不怨,故身先而成不日耳。余窃惟唐李华之言曰："文教失宣,武臣用奇。"汉司马相如之言曰："父兄之教不先,子弟之率不谨,则是兵革之与弦诵,虽运数相为循环,而教育之与诛督,功效相去天壤。中工治病,药石针砭,兼施并用,而民之死者过半。上工察于无形,提其脉络,养其营卫,而康宁无阴阳之眦,故以刑戮化盗贼,不若销刀剑以归之牛犊也。以令甲绳子弟,不若饬泮林而宗之以诗书也。今而后,萧之庶士,睹宫墙而知圣贤之路之有在,即萧之黔首,习礼容而知格门驰骋之习,不可一朝居矣。潜移默夺,非我侯其谁与归？夫斯民何常之有方？其罹水火也,求脱水火已耳,他复何求？既脱水火矣,俄而思衽席焉。既登衽席矣,俄而思揖让文饰焉。上焉者亦复施有次第,宽以岁月,渐且生之,渐且安之养之,而又渐且教之。有如斯之甫脱水火即享衽席之安,方给衣食又兴揖让文饰之美,侯真春风之吹万汇,元气之行百昌乎。由前言之,萧之遭祸害为诸邑最,由今言之,萧之返治学为诸邑先。去其乱以抵于长治,则又非我侯其谁与归？侯之治邑也,视黄金白壁(璧)若将浼焉,畏四知而严,一介侯之清其可及与？侯之为治也,星而出星而入,西江之水恐其啮堤而入,湘湖之水恐其啮堤而出,皆冒风雨巡筑,俾勿坏。四郊多事,匹马周行,无间钟漏,侯之勤其可及与？侯之为治也,听断片言,吏胥莫敢上下其手,课士殿最莫失铢两。邑当孔道,痛定之余,驿邮辚辚不绝,调而理之,环而应之,民若不知有过客也者,侯之明而公,其可及与？至于缮修城堡,防卫封疆,其为萧民桑土绸缪之计,衣袽复隍之戒,又何识之卓而虑之殷？与惟清故施之有绪,惟勤故行之无倦,惟明且公故应之曲当,惟卓且殷故,防之最豫。美固不胜书,而事莫大于兴学也,是以工成而为之记。

民国二十四年《萧山县志稿》卷十二

萧山邑令王伯宁修学碑记

[清]来集之

学校者,所以正人心而励风俗,凡郡邑皆有之,顾其盛衰废兴之故,则莫不由乎其人。汉高祖过鲁,以太牢祀孔子,《纲目》大书于册以推美之。以霸王之略屈尊于师傅,英分之主皆然,而独于汉高推美云尔者,谓其摧嬴蹶项,于干戈甫定之中,即兴礼乐文章之化,知所先务,故终西京之世,文学彬彬,吏治循美。吾萧江海襟带,湖山净秀,为之宰者,自杨龟山先生开其道源。居是邦者,则魏南斋先生振其学脉。虽蕞尔荒陬,而文物声教与诸郡邑相望。去岁,江上环兵卫,介胄遍于闾里,而明伦之堂鞠为茂草矣。大兵东渡,与以更始,而邑宰王伯宁先生下车之日,则正烽火彻天、戎马四驰之日也,城闉以内,巷无居人,死亡载道。先生睠焉四顾,为之招抚流移,为之收瘗骼骼,萑苻之啸聚者有剿,而白丁之冒伍者有禁,宽征额以释无辜,剔奸弊而药有病,民之父母,归若流水,不数日而市墟如故,巷辄相摩也。爰念学宫既荒,则学殖俱落,以至圣栖神之室及帝王立教明伦之地,而顾俾之庭庑莽塞,俎豆尘封乎?首捐俸金为之经始,其命学博曰:"尔其董之率之。"命茂才弟子员之司事者曰:"尔其匡之翼之。"阅月而美哉轮,美哉奂,翚斯飞,鸟斯革,盖佚使而劳不怨,身先而成不日耳。予切惟唐李华之言曰:"文教失宣,武臣用奇。"汉司马相如之言曰:"父兄之教不先,子弟之率不谨。"则是兵革之与弦诵虽运数相为循环,而教育之与诛督功效相去天壤。中工治病,药石针砭兼施并用,而民之死者过半。上工察于无形,提其脉络,养其荣卫而康宁,无阴阳之毗。故以刑戮化盗贼,不若销刀剑以归牛犊也;以令甲绳子弟,不若饰泮林而示之以诗书也。今而后,萧之庶士睹宫墙而知圣贤之路之有在,即萧之黔首,习礼容而知格斗驰骋之习不可一朝居矣。夫斯民何常之有,方其罹水火也,求脱水火已耳,他复何求。既脱水火矣,俄而思衽席焉,既登衽席矣,俄而思衣食焉,既足衣食矣,俄而思揖让文饰焉。上焉者亦复施有次第,宽以岁月,渐且生之,渐且安之,养之,而又渐且教之,有如斯之甫脱水火即享衽席之安,方给衣食又与揖让文饰之美,我侯其真春风之吹万汇而元气之行百昌乎!由前言之,萧之遭乱害为诸邑最。由今言之,萧之返治学为诸邑先。去其乱以抵于长治,则又非我侯,其谁与归!工既成,因为之记。时顺治四年丁亥五月。

乾隆《萧山县志》卷三七

萧山雇役厚案碑序

[清]来集之

宋元祐间，雇役之法，不独司马氏与王氏异议，即苏氏亦与司马氏异议，岂同为君子而意见不同与？盖利在一时，弊在千古；利在千古，弊在一时，此不可以口舌争也。吾萧地居江海之界，路当南北之冲，其民苦水旱，苦寇盗，而最苦于徭役。天启年间，邑宰刘憺星始行雇役，通详上台批允勒石。顾便于民而不便于胥役，不便于胥役即不便于官也，久之遂格而不行。而民且重足而立。盛朝定鼎之初，军兴浩繁，物力踊贵，上下其手者，择人之肥而食之。于是无恒产者，上之为胥役，下之为寇盗；有恒产者，上之为缧绁，下之为敲扑。嗟乎！萧山之为士为民者，身其无完肤矣。于是有邑宰以计亩雇役为便民而议行之，又有邑宰以雇役已载成书，今更计亩雇役是为加派而议禁之，岂同为君子而意见不同与？审于时变，束于功令，要其为爱民之心，则无不同者。同社诸子慨然念之，以为此不可以口舌争而亦并不烦口舌也，胪其士民呈告之词并前后批详之语，汇编付梓，一开卷，而孰为利，孰为弊，孰为千古之利弊，孰为一时之利弊，一一了然，岂独吞舟之鱼无所容上下之手哉。

乾隆《萧山县志》卷三七

永禁渔临关私税碑文

[清]金缙 等

绍兴府萧山县为斩除大害勒石永禁恩救万民事，蒙本府票文，该蒙浙江等处提刑按察使司分巡宁绍台道副使许，蒙浙江等处提刑按察司使按察使金，蒙浙江等处承宣布政使司布政袁，奉巡抚浙江等处地方都察院右副都御史范，奉总督浙江等处地方军务兼理粮饷兵部尚书兼都察院左副都御史加从一品刘，奉巡抚浙江等处地方提督军务兵部右侍郎兼都察院右副都御史加一级田，奉督抚二院批发，呈人王维桢等呈控，前任绍兴府正堂张，看得渔临一关，内统山、萧、诸三邑，实商贩大起竹木，过关照例输税，凡民间自采自用，与此过关，不同前经费工部，勒石永禁，刊入志书。内称有"居民采取本山竹木修葺房舍，非贩卖者可比，岂一例起税"等语，则随山起税之例，立禁已久。兹三县士民王维桢连名公吁，王钰、徐明等接踵具呈，词称渔临关总孔宗六等蔑视碑禁，于山乡竹木随地征课，及至过关，又另报抽，一木两税等情控。宪奉批查，讯提审问，随有各犯亲友金敬、沈元等公同议处。本山竹木，照旧碑志，各商贩木至渔临、碛堰二关抽税，长江之竹本照例抽税，不损朝廷之税额，而又洽三县之舆情，诚为至公平永禁无弊者也。应否再行勒石申禁，总甲之名应否再革,是在宪台酌夺,非卑职所敢擅便也申详。督抚二院批,仰布政使覆议通详报,仰布政使并查报。又为恳天移文迅速还乡事,奉总督部院刘宪牌,据绍兴府牟本移称,前事到院,合行并查,为此票仰司照牌事理,即查渔临关税向系何征收,其本山竹木、修葺房舍竹木应否一例起税,果否无一木两税之例,务其不亏课、不病民,逐一确议,以凭移夺等因。蒙此奉巡抚都察院范批,前申合行确查为此票,仰布政司使查照来文,帖抄事理,即便确查渔临关地方民间砍伐竹木应否赴关纳税,有无成例可考,确查具详,以凭移夺等因。蒙此行司到府下县该前任正堂邹勘得设关收税,凡一应商贾过关自行输税,不特竹木然也,若王维桢所控呈词,云本地所栽竹木就地取用者,不应起税,以勒石县门为据,前蒙宪台审革申详,无庸卑职赘一词矣等因申详。复蒙绍兴府正堂胡勘得萧山为渔临关税,向来竹木过关,照例报单纳税,至若附山居民取本山竹木修葺房舍,及造纸等竹木不过关者,悉听自便,原无报税。若在地砍伐起税,过关又一例起税,是一木两税之累也。兹奉宪檄行县确查,据邹知县申,据士民王维桢等具呈,并原勒石前来,卑府考之,碑专为坐税设也。嗣后凡商贾大起竹木过关发卖,照例报单纳税,其近山居民自取本山竹木修房造纸不过关,悉听宽免,不许关役串通奸棍,沿山指服,诈扰乡愚,庶良民得以自全,而造福地方非浅鲜也。具申布政司使袁,随蒙藩宪勘得竹木过渔临关照例报税,是无容议矣,其本山竹木民间自采自用不过关者,应否不税,以从民便,事在榷关主政,本司未敢擅议,伏候宪台督批、该关酌夺可也。具详。巡抚都察院范批,本山竹木民间自行采用、原不由经过关者,概令起税,则远近土产之物皆应报税矣,殊与设榷之义有悖。至于孔宗六等互讦各词,如娄诈勒费,既有证,自应质讯,岂得含糊牵结。仰按察使提审确议,据实通详,报行司,仰府通提一切犯证到官,加覆讯解,司以凭亲审通详等因。绍兴府正堂张审得孔宗六、孔宗七、孔忠廿九等,皆渔临关之总甲也,而陈廷策与未到之刘凤则又俱关差也。渔临一关,自故明万历年间蒙院、道、关、部合议,凡富商巨贾大起竹木过关者,照例报单起税,其附山居民取本山竹木修葺自己房屋并造纸等用不过关者,不拘多寡,悉行免税,勒石县前,照然具在。岂孔宗六等一门盘踞,纠亲率友,倚总甲为射利之役,视乡懦若几上之肉,凡民间于本山自伐根竹株木修葺住房,每竹一根,必报税二三厘,每木一根,必报税二三分不等,如纳税三分,则纳票一纸,用费三钱,始行照用,是借有凭之国税,以填无穷之溪壑,已匪朝伊夕矣。第愚民自伐竹木,原供家用,与贸易不同,而孔宗六等,非牵党饱诈,则捏诬漏税,乡愚畏其枭张,真不啻如鬼如蜮,横行若此,愚民其何以自全哉?但议禁虽系前朝,而生民成例,则亦所当遵照古志勒禁,似再无容议矣。且严、衢等府既无本山竹木之税,何独山、萧、诸三县士民有向隅之泣也?具详。本司复蒙驳府,又蒙按察司使金吊取本卷案,转发杭州总捕厅王,审得关役差出,鱼肉小民,地方饮恨,所在皆然,查渔临关竹木一税,过关征输,乃正理也,夫何木山长养之物,本地取用修葺,差役沿山科索,匪朝伊夕,是诚当为严禁者也。具详。枭宪仍驳杭州总捕厅习,审得王钰所控孔宗六一案,事逾三载,谳经数次,其渔临关竹木之税,悉照旧例定议,业经前谳,备详请示,勒碑在案,无容再议,连人具详解司。随蒙按察司使金审得孔宗六等皆渔临关之总甲,而陈廷策与刘凤皆渔临关之差役也,其渔临一关,系商贩竹木之孔道,凡有竹木过关,照科纳税,县志昭然,其来久矣。其本山竹木,居民采为修葺房舍之需不过此关者,原无纳税之例。岂孔宗六等恃为总甲,瞯有砍伐,必为索税,致生员王钰等具呈绍府请厘革。而宗六等以王钰首揭其弊,即以阻挠关税为词禀报该关,遂尔通详绍兴府。藩司推勘,情已悉备矣,惟在计孔宗六等勒索之费,未经质实,致烦宪台驳司覆究遵行,反覆刑鞠,始据孔宗六承认止得王钰银二十两,内分六两与陈廷策,又得王盛德银二两,祝文宇银三两,孔宗七亦得徐明银五两,即据过付之孙美十二与童可思,咸供甚详也。孔宗六、孔宗七受赃明确,分别首从,律杖允宜,陈廷策衙役犯赃,例徒不移,孙美十二、童可思过付情真,并杖以徽,遇蒙热审,俱应减等。其民间竹木,应照古志勒石永禁,伏候宪夺。具详覆。巡抚部院田批如详发落,取领状,仍将孔宗六等各犯枷号一个,月放查报缴,随以恳勅勒石等事具控。督院批府确查,仰县该本县正堂加二级聂,勘得关税之设,原为大起商贾贩卖觅利者经关抽税,若本地近山居民取本山竹木修房造纸,则非求利者比,且不经由关隘,故向例免其抽税,碑记昭然可考。止因孔宗六等罔知法度,每瞯民间有一砍伐,遂肆狼贪,民甚不堪。是以王维桢控。蒙宪电鉴,然恐法久废弛,具词呈宪,仍请勒石永禁。蒙票仰卑职确查,将奉宪批始末缘由详覆,至勒石一事,出自宪裁,非卑职所敢擅便也。具详。绍兴府正堂许勘得绍兴所属地方萧山县有渔临一关,系南新关司榷之小关也,向有委官巡役,奉榷部之檄,于此收税巡查,恐其竹木不至大关,或有支河小港从此而偷税,故设巡察之耳。康熙二年间,遭光棍孔宗六、孔宗七夤充渔临关役,交通关蠹,陈廷策创立小票,沿村骚扰。夫设关收税,必竹木由其关者而抽之,未有家中砍伐自己之竹木而造作之用,乃亦逼其完税,从无此事。即如杭城造织绸绫缎绢者比比,及至发出北关,方计匹报税,未有即下机而即报税,过关而又报税,是一物而两税者也。且以阻挠大题斑禀前榷部,至受大累,以至三邑士民于九年间公呈各院司审、府审。蒙各宪电鉴,以赃未足蔽罪,叠驳叠审,将宗六等拟杖枷,具详勒石,况明季之碑。萧山县禁约炳炳,岂我圣明宽大之朝而反有一物叠税之事,使小民无以为生也?今蒙宪台追赃,律拟三县,士民无不以手加额者。止因未行勒石,恐鼠辈复蹈前辙,故复惶惶具呈耳。卑府细读前案,前臬司原有"应照古志勒石"之语,奉宪如详发落之批。况明季之碑,现在必得本朝之真珉,始为不刊之典也。具申详覆。奉总督部院李批如详永禁,不许蠹棍再蹈前辙,有犯即行拿解,以凭重治缴等因。行府随有三县士民王钰、徐明、倪道等以号宪给示、预活难民事具呈。分巡宁绍道管本府事许批,宪案赤据,谁敢再行速催勒石缴,蒙本府信票备,蒙仰县官吏查照原行遵奉。宪批随即勒石永禁,取具遵依,送府以凭,查核转报等因。蒙此拟合,勒石为此,仰示军民人等知悉,凡商贾竹木过关者,照例报单纳税,其近山民民竹木自砍自用修房造纸,遵照古制,宪批悉听民便,一概宽免,毋许前项棍徒指,漏税名色,沿乡索诈,如敢故违,许被害人等指名呈。县以凭拿究申详,各宪重治施行,各宜恪遵,毋违须至碑者。

　　金缙 陈可畏 章平事 来集之 周生大 赵之鼎 陈邦教 来尔昌 周之麟 张际龙 王先吉 蔡佳 任辰旦 来之奇 来垣 邵士 王廷彩 王逢春 朱懋文 来光被 丁克扬 周国龙 蔡龙骧 张文达 何文炳 张际鹏 余一耀 来燕雯 钱宏襄 钱廷灿 余育堂 赵以昌 吕之允 傅宗 朱锡嘉 倪涵 韩日昌 寿龙 陈昌言 赵文璧 李日耀 来孙谋 来式钰 来咨匡 章斌 任乘龙 杜廷宪 蔡彰彪 冯劝

康熙十四年十月　日山萧诸三县绅衿公立
《固陵杂志》

永禁渔临关私税碑记

　　康熙二十四年,绍兴府萧山县知县刘俨,为遵旨奉宪勒石永禁关蠹横征私税扰害地方等事,蒙本府转奉巡抚部院赵宪牌,案据山阴、萧山、诸暨三县士民张子英、王维桢、王钰、孟启贤、孟若豪等呈称,关蠹孔宗六等构串关役内丁,遍地设关,私票横征等因,随批该府立刻严提确审,招拟解夺。本府正堂胡审得孔宗六等,土著中之蠹棍,狐鼠中之虎狼,一日不可容于地方者也。查得渔临一关,内连山、萧、诸,外通金、衢、严,其南新榷关之分设小关于此者,本为大起商贾编筏成簰之竹木,额取什一之税,无扰于民,有补于国也。若内地市镇乡曲民间自种竹木,业已照产输粮矣,况取供本地之动用,原不与富商巨贾兴贩者概论也。兹孔宗六等恃一方之土著,冒称总甲,呼奸引队,盘踞于临浦街、麻溪坝、谢尖闸、和尚桥等处,凡小民置买一竹一木,必指关冒部名色,抑勒抽诈。及民间自种竹木自取用者,亦必需索。少拂其欲,即借漏税驾陷,烹肥入腹,毫不上库。不特城方之蟊贼,且为关部之蠹虫,被累纷纷,命词控告,今宪台发职详审。再查渔临一关,自故明万历年间立有碑文,凡富商巨贾大起过关,照例收税,其民间自取本山竹木修葺房屋并造纸等项,不论多寡,悉行免税,勒石县前。顺治五年,巡按秦奉旨概行停止。又于康熙十三年,三邑被害士民王维桢、王钰等控告孔宗六等私增关税。叠奉院、司、道、府批行禁免，案卷可稽，勒石示禁，刊入志书。将孔宗六父子等定罪枷革，不许复入。今恩蒙督院王、抚院赵、督关李宪批，绍属商民人等知悉：嗣后商贩成簰竹木过关者，照部刊定则例输税；其本山竹木民间自取修造并做纸等料，留贮家用，便民砍斫，概不起税。敢有奸棍指称关部名色，分踞勒诈，乘轿驾舟，下乡抄害，进山越索，许被害人等据实呈控地方官，拿解本部院军前，即违灭等情，立时正法不贷！康熙二十四年季秋之吉，三县士民公立。（以上碑刻拓本）

《固陵杂录》

湘湖水利永禁私筑碑记

[清]毛奇龄

萧山湘湖，宋邑令杨公所开湖也。公据熙宁大观间，县民殷氏等有请筑湘湖之奏，而下议未决。公决议成之，遂开此湖，用以灌九乡田一十四万六千八百余亩。历南渡高、孝两朝，邑令顾公讳冲者，以九乡争水，度地势高下，定诸乡放水之则，算毫厘，酌多寡，勒石县门，因有划堤断臂、穴水釱趾之令。而其后，郭公渊明于嘉定之末来宰斯邑，则益加疏浚，凡湖傍山足尺寸皆湖，所谓以金线为界者，谓山足黄土外皆湖水也。自明弘治间，湖豪孙全等渐起侵占，乡官、致仕尚书文靖魏公力为恢复，而御史何公舜宾继之。不幸御史被害，孝子伏阙。孝宗皇帝亲遣给事李举、郎中李时、大理寺曹廉，同外镇巡官，反复审理，置孙全于辟，敕邑令杨公铎勒石湖口，毋侵毋佃，毋私筑，毋蚀水涘，毋倚圩傍岸以渔以草、以栽以畜。犯则重者辟，轻者钉发辽东卫永远充军。载在实录，播诸志传，彰彰也。今康熙二十八年，距向勒石时几一百八十余载，恪遵旧制，无敢越者。乃忽以秋暵湖涸，湖豪孙凯臣等纠集畚锸，一麾而千人聚，不鸣官，不暴众，筑堤数里，自湖西至东，两山之间，横跨湖面而拦截之。邑令刘君据水利衙报文申请，而无如阻之者之众也。夫湖职蓄泄不职行走，况两山陷塞从非五达，揣其用心不过为风水计耳。夫两山坟墓下有关沙，可以动势家巨族相助之心，而实则倚圩而栽，汇岩而渔，正曩时侵占所由禁也。夫湖分为三，其于上湖下湖，不无偏曲，然且放水早晚限有时刻。堤截水缓，则于限刻最少者，每有水未出堤而即行闸止之患。然而九乡泄泄，独涝湖蒋棫等争先控告。会郡伯李君初下车，时惑于阻挠，屡饬集议，而卒之用予末议，始饬令划削，榜杻示众。而豪党多力抗拒官法。府复据县申之藩臬二宪司。藩臬二宪司仍下之府县，铲削按律，且为之永禁，以勒之石。

夫创始之难不如守成。开之者一时而争，而守之者乃在万世。第宋代敕法，皆当事主之。故洪武祀功，尚有杨、赵、顾、郭之祠建于湖滨。而入明以来，则藉乡官为力持,故弘治赐祠特敕名德惠,以祀杨、魏,而其后何氏父子得祔其傍。今乡人委蛇,动多退诿,筑堤变制,无一人为之争执。而一二州县守令倪惑于豪强,而动多变法。此则生斯土者之一大患事也。夫以宋世侵牟,虽郡王之尊、招讨之贵,一丞尹持之而有余。而孙氏一占,即极之尚书、御史门生数世之恢复而犹不足。今遗孽复兴,几坏大事,及此不戒,将何底止!因为布诸石而禁之如右。若其禁条,则具见宋淳熙十一年、嘉定六年,明正统五年、景泰四年、弘治十三年、正德十五年,今康熙二十八年禁罚各例,载《湘湖水利志》中。

乾隆《萧山县志》卷三七

两浙巡抚金公重修西江塘碑记

[清]毛奇龄

　　浙江自姑蔑导坎,历婺州、睦州以迄章安,而陡作一折,谓之浙江。萧山西南偏,则折流之冲也。其水北注浩汗,抵所冲而诎而之西,于是筑塘以捍之。以其地之在县西也,名西江塘。明正统间,魏公文靖躬修之。历一百余年,逮天启改元,秋潦水暴涨决塘而奔。民之骴衣漂漂者相望千里,顾随决随筑,不致大坏。今则五年之间,且两决矣。先是二十一年,决二百余丈,山、会、萧三县尽成泽国,乡官姚总制捐赀修之。至二十六年[1]六月,决二十余丈,急奋壅间,复决三十余丈。非前此障坚而今障疏也,又非障之者不力也。前此北注湝湝以渐而杀,其折也勾而不矩。勾而不矩则水少力,水少力则增防易固。今则折流之西抱者,有沙生胁间,水之循沙而折者,沙转出则水转猛,水转猛则向之挽强以西者,今径矢而东。而于是承之者以横亘尺土,当长江径矢之冲,初如撞閗,继如捣匼,下穴而上颓,欲其障之久难矣。大中丞开府金公,视犹己溺,一日檄三下,举三县民生嘻嘻处堂者,而公悉惊为灼体刮肤之痛,先审料形势,若潭头,若张家堰,若上落埠,若诸暨溃,若於池,若大小门曰,历求其受患之故,且务极根柢,必以筑老塘,勿仅筑备塘为断。曰:"不见夫塞河者乎?河之患未有减于江。然而先之以石䨄。石䨄者,石甬也。继以梎。梎,杙也。下淇园之竹,以为梎是也。而后加之以箔。箔者,捃木而横之者也。而后填之以竹落。竹落者,河堤使者刳大竹为落,实以石,夹船而沉之是也。夫如是而工亦几矣,徒以老塘柢深,虚掷民间金,仅筑备塘,此黄叶止啼耳。且弃民田,弃庐舍,何益?自今伊始,毋怙旧,毋惮烦,毋补苴目前而戮弃永久。"牍十上十反,甚至集官民里老共议可否,必各使心伏,令画押上。乃众议嚅然,反谓筑备塘便,何也?以为河

---

〔1〕原注:旧志作二十五年六月。

堤无正冲者,旁决易补而正冲难塞,一也。且河身高于堤,其决也堤耳。此则江深而堤高,堤亘于地,抵冲者以地不以堤,故当其冲时,先啮其堤地,而后堤随之以倾。方春水发,堤地如蠔潭,不特捧土难塞,即填以巨舟,投以篾石,随涛而卷,等于飘蓬。故蓄楗之设,但施于堤而不施于筑堤之地,所谓不与水急地。其说二也。且水能决堤,不能决地,地藉堤以御涨水耳。能逊地于水,地不即泄,则堤不即坏。其说三。夫江流有定,而沙之迁徙有定乎?沙徙西则西冲,徙东则东冲。筑一定之塘,不能抵数徙之冲;保无东向之沙,不仍徙而之西乎?其说四。要之皆非公意也,是何也?则以公意在久远,而顺民之情则仍近于补苴也。乃塘工所需,有云得利民田者,民利之,民自筑之。萧山得利田计十六万亩,而山、会二县计一百万亩有奇,则其利六倍于萧。然且萧山地高,而山、会地下,倾荡之害亦复不啻数倍。天下未有利寡而功悭、祸重而救反轻者。考之嘉靖间三县通修,曾无低昂。今则山、会合金,仅足抵萧山之一,似乎畸重。乃公复如伤为念,惟恐民力之或不足,既已议输四千金,萧山半之,山、会二县共半之,而公特倡率司道捐金二千,却三县之半。计程立簿,犹恐董之非人,则其工不固,且或来中饱之患,复简属吏之廉能而勤慎者,共推郡司马冯君。会冯君以清军兼摄水利,遂董其事。塘距水五丈,底七丈,额二丈,高一丈五尺,长二百一十丈有奇,余悉增庳培薄,内桓而外杀,鏖之椓之,谅工役勤惰而亲为之犒。计楗若干,土若干,篾与石若干,自二十五年十月至二十六年三月,凡六阅月工成。夫方州大臣,兴利除害,固属本分,然往往视为故事。遇修捍所关,一委之都水,听其便宜,从未有己溺己饥如公者。且民利民筑向有成例,而公以冰清之操,却苞绝匦,然且惟恐民力之或竭,为之割朒而剖腊,以资于成。继此者可风已。公讳铉,字冶公,别字悚存。壬辰进士。由翰林起家,改祭酒,历按察、布政二司使,进兵部侍郎,巡抚福建,调烦为今官。

颂曰:于越同利,有如三江。北流而折,在余暨旁。冯修匋匋,江娸洄湟。缦地逆阞,民为鲤鲂。我公仁爱,宛如身创。负土作埭,捐金捍防。前者策堰,龟山仲房。我公嗣兴,以颉以颃。公之功德,煌煌版章。衹此泽闾,一何汪洋。沙漫可泐,江颓可挡。公恩荡荡,千秋勿忘。

乾隆《萧山县志》卷三七

永兴道藏椟碑记

[清]毛奇龄

尝考《周官》蜡氏掌除骴者,遇客死道路则埋之,而置楬于其旁,大书岁月,且县其衣服,任器于有地之官,以俟其人。而汉制阔略,亦复有给椟还乡之令。自世之渐降,重生轻死,于是有暴骼不藏者,有徙梓不得归、弃不及埋、捐不能恤其灾者。王政之多亡,亦仁情之不备也。永兴道多往来暴梓,自望京门楼以达江浒,平沙斥略而蜒蜿道左,其为无主者累累焉。尝念此木中人亦即夫道之骖騑车毂人也。行营出户,每多疾病,一旦之事,而黄口牵衣、白首倚闾者,仰视沧浪天,未知死生。乃复骨肉堕地,渐渍草木,衣裳绞袜,悉化为尘埃野马。其幸而就木,犹且见弃斯土,寒风野火,宁无怨伤? 夫道多疵疠,天之行也;殪于其地,而不使之有所归,邑大夫以下之责也。长河来孝廉,义士也,捐资百金,将聚诸梓为藏俟之计,而邑侯黄公割俸成之。但其事须次第举也,画地坦衍,覆上而填下,区以五楹,累令辟若梁,周四楹,中置楬梓其上而鳞次之,中供大士,募僧者守焉。大略已成,然而启闭畜发,或以时修撤,且为盖藏,而油燎漆木,旁及钱钣,日辽而月长,皆有费也。夫邑大夫创之于始,而乡缙绅士民各承之于后,情也。昔者文王作灵台,掘得陈骨,王命瘗之,而六州以诵。唐节度使刘昌瘗泾原将士,奏之于庭,给衣赐冢,夜梦将士者各谢焉。邑大夫有地之官,或不应求报,而报之自至,人不得辞。夫济人者得福,神道也。鬼则近神矣,能济鬼不更得福乎? 夫王政何常,予仁以全,而以余者予福报,无不可也。因合具二石,磨其一,以俟登士民之第,月与日车守之,而以稍任其诸所费者乃为颂。

颂曰:维永兴之道有露其梓,藏之俟之,以均载尔福。

乾隆《萧山县志》卷三七

钱塘江义渡碑记

[清]应宝时

钱塘义渡,古未之有。同治三年,粤匪初退之后,杭绅胡君光墉,时方主善后事,垂念钱塘江中渡船,以多得钱为利,人众载重,又不论潮涨风大,黑夜贪渡,往往至倾覆,虽悯之,无法可拯也。于是请于制府中丞湘阴左公,有义渡之设。其时尚无常费,惟有义桥、钱江两榷局之钱,月资其用。同治八年,前都转高公卿培,思永厥事,劝胡绅光墉捐钱一万千,诸绅商继之,集捐钱二万千有奇,益以榷局钱三万千,发杭州府属典,月以八厘起息,至同治十二年,遂成十万之数。不足,又于光绪二年更定为十二万千。设需次官一员、绅士二人董察之:夜不得渡,风大不得渡,潮来不得渡,人满不得渡,去岸远不得渡;一舟即数人亦渡,无取分文钱者。南北交驶往来如掷梭,非日落不停歇。水浅而舟不能及处,为车驾以牛,使抵舟而登。南岸沙涨日甚,涉而行者苦泥泞,乃于达西兴驿沙涂之涂,广十尺,长一千余丈,坚筑而以活草护其左右,天雨则以砻糠布之。司其事者,皆缘涂茸茅以居,外为棚凡六所,夏以茶、冬以姜汤饮渡者,民多德之,迄于今十有八年矣,从未有倾覆致伤一命者。事隶杭州府日久,府隶因缘为奸蚀息钱。光绪六年,中圣谭公钟麟廉治之,遂以其事隶于同善堂。同善堂者,会垣诸善举总汇之所也。又加出榷钱三万千,并发宁、绍两府属典,月以八厘取息,总计其钱则为数十五万。其人自员董以至舟子牧人,为数一百三十六,其舟则为数三十七,其车则为数八,其牛则为数十六,其月需则为数率一千千有奇,其修费则为数率三千千有奇。舟阅一年即修,最旧者则拆去,易以新。每舟率以十四年为一周。他物称是所不能尽善者。凡舟三人,限于费不能增,遇潮盛风逆,或山水骤发,辄呼渡之强有力者助之,其不能强,无强也。所不能尽去者,归葬之柩,担粪之桶,鱼苗之贩,向有小费,裁之则设有留难,非司事耳目所能周。此三者之渡转滋累,虽闻物议,亦无可制也。嗟乎!今人事事不及古,独此渡之善,似非古人所能及。今人事事不能无弊,独此渡之弊,又似非古人所能除。或后有能者起,踵其善而悉祛其弊,岂非善堂同人之大幸哉!余不能文,谨记其颠末如此。时光绪八年嘉平月。

民国二十四年《萧山县志稿》卷二

岩将军庙碑记

[清]汤金钊

  道光十二年十一月二十四日,礼部谨题,为遵旨议奏事,礼科钞出浙江巡抚富疏称:据布政使程矞采详,据萧山县绅士翰林院庶吉士王端履等呈称,邑南岩将祠管氏兄弟三人,长名张实,次名张耀,三名张圣,暨其舅氏董戈,刚方勇烈。唐时山林为虎豹之巢穴,神以舅甥四人同心治患。清泰中土人周段青以妖术聚贼,神等设计入穴,奋勇剿灭,民物害除。乡人利赖之,建祠并祀。立有碑记,载在志乘。国朝初年,土寇石仲芳聚众肆掠,一日寇过岩将祠,忽见神等四人挥刀追捕,众寇溃散。嘉庆二十五年,洪水泛涨,塘堤莫保,虔祷神祠,水势渐退。道光九年,时遭瘟疫,奔告于神,其患遂消。又境内猝遭火灾,赖神力庇护。神之佑良殛暴,笔准尽述,应请敕赐封号,以答神庥而光祀典。谨会同兼署闽浙总督魏,合词具题,奉旨:"该部议奏,钦此。"钦遵钞出到部,该臣等议得定例,各省庙祠,凡有功德于民,能御灾捍患者,准该督抚查明疏请敕封,以彰崇报,历经遵办在案。今据浙江巡抚富等疏称,萧山县旧有宋时岩将祠神管氏三人,长名张实,次名张耀,三名张圣,与其舅氏董戈,笃生唐代,托处越岩,志切救民,功隆济世。昭生前之伟绩,显殁后之英灵,捍水患而力护沙塘,追土寇而威显榆岭,以及驱瘟逐疫,灭火返风,资呵护于群黎,效灵庥于盛世。臣等核与御灾捍患之例相符,应如该抚所题,请旨敕赐封号,以答神贶而顺舆情。恭候命下臣部，移交内阁，撰拟各神封号字样，进呈钦定，经大学士长龄等，谨援雍正三年大学士马齐等奏请，敕封明代绍兴府汤绍恩加以伯爵封号之例，谨议伯爵字样，各缮清单，恭呈御览，当奉朱笔圈出，董戈绥佑伯，管张实保惠伯，管张耀昭灵伯，管张圣普佑伯。礼部于道光十三年二月初五日钞录原奏，移咨浙江巡抚，当钦遵办理。宗等谨照阁部颁发字样，刊碑纪封，以昭国恩而崇祀典。

道光十三年，岁在癸巳季秋月，祠下司俞会宗纪。

按是碑在河上镇岩将庙。

民国二十四年《萧山县志稿》卷三一

萧山会馆碑记

[清]汤金钊

吾萧人文蔚起，来试礼部者，不下五十人，向无会馆。下车逆旅，事杂言庞，到稍迟辄人满，价益昂，寒士苦之，同人议筑馆久矣。岁辛卯醵金集费，买得西河沿房屋一区，新其坚完，葺其颓败，增其不足，整其规模，沈君青士谙练工程，实董斯役，逾年落成。凡用白金五千九百两，计东西两院，为房四十五间，又西偏两所，房共二十四间，出赁为岁修费。草创粗就，属当壬辰会试，朱君桐轩以第二人及第，为吾邑未有之科名，虽会逢其适乎，亦吉事有祥也。总继自今登鼎甲掇大魁者，当不乏人，后之君子，尚同心保护，随时振兴，扩而充之，理而董之，俾桑梓公车，永得宁宇，是所厚望也。夫捐助衔名银数，依捐到先后，勒于碑阴。

民国三十七年《萧山县志》

临浦文昌宫新建回澜阁碑记

[清]汤金钊

治南三十里，有巨镇曰临浦。浦畔有山曰峙山。山下有平地，横亘数里，直接麻溪。居民不下数千家，商而行者，贾而居者，读书而掇科第者，里相接、邻相比也。惟地当浦阳北流之支，水势泻颇直，方流圆折，资人力焉。岁戊戌，蒋君三锡，倪君周木诸人，议有以障而曲之，上仪文昌财禄司命之星，于山之麓、浦之涯建阁祀之，培地脉亦答神庥。一时商者、贾者、从事于诗书者，咸踊跃乐施，鸠工庀材，新猷式焕，神其相之矣。是役也，经始于道光十八年三月，越百日而落成，名曰"回澜"。居其地者，其将登斯阁而颂安恬之福也。夫是为记。

今将捐田亩分开列于后：人字壹千玖百柒拾伍号，田壹亩玖分陆厘；人字壹千玖百叁拾贰号，田壹亩陆分捌厘肆毫；人字壹千玖百陆拾伍号，田叁亩叁分；人字贰千叁百号,田贰亩柒分贰厘玖毫;人字贰千叁百拾柒号,田捌分陆厘。案捐田亩分数目,有关该阁产业,因牵连录入。

民国三十七年《萧山县志》

村口闸碑记

［清］来杰

　　距邑之西门三里余,有村口闸焉。其闸附近官塘前,有一峰高峙,望之蔚然而深秀者,蒙山也。右有巨浸潆洄,聆之浩然而澎湃者,湘湖也。由闸而迤逦西行,更有大小排马二湖,潴水甚夥。更西则流分二派,一通长安乡,浦沿之曲,闻堰之镇,其间滨江而处,村落交通者,十余里焉;一通长河乡,冠山之秀,塔院之幽,其中聚族而居,守望相助者,数千户焉。而要皆赖此闸以为锁钥也。相传此闸昉自宋季,为吾来氏二世祖师安公创建。前明万历间,桥闸倾圮,族先达后江、龙岩二公,修筑完善,名遂显著。闸为三、四、五三都农田保障,藉蓄长安、长河两乡之水,灌溉田禾,泽被万户。故时逢立夏则闭,秋分则启,选择闸夫专司其事。而闸夫之选,则专归来氏宗孙,不可谓非良法美意矣。顾闸而以村口名也,何哉？或曰斯闸也,地居冲要,为各村之门户,故曰村口;或曰闸当各村上游,如人之有口然,故曰村口。而不知此皆非也。盖闸之左近有一庄曰杜湖村,村中皆为赵姓,而闸则适当其村外,故名之曰村口闸。清咸丰间,村民赵良焕等勾觅无赖,朦示开牙,计图渔利。经族先达衡峰公等禀请前中丞何公,县令倪公出示勒石永禁,厥后启闭不愆,赵氏不敢有异议。迄今六十余年,相安无事。嗟乎！水利者,利民之本,亦利国之源也。无水利则何以利民,民不利则焉能利国。故古先哲之谋国,自大禹疏瀹决排,而后或穿渠,或筑堤,或设堰,或治河,皆汲汲于水利而不惮况瘁者,良有以也。村口闸之为水利,虽与天乐乡之茅山闸,陡亹乡之三江闸,大小悬殊,而其为民利、攸关农田保障则一也。鳅生不才,今年甲寅,因闸损而集资修筑,实董其事。而适当修志之时,族人曰是不可以不志,遂援笔而为之记。

民国二十四年《萧山县志稿》卷三三

古塘缺记

［清］来寿田

　　长河镇迤西三里,土名破塘缺,古塘缺口也。有桥一座,未详所自。道光季年,众姓集款重修,长十二尺,阔十三尺,比大路略高,有闸门可用板束水。桥上可造神堂镇风水,后以众议不合而止。每逢大雨时行,路北来水俱由此桥下落衙塘河,汇山南百丈江、赵婆湖等水,源头渐大经白马湖出村口闸。闭闸后潴以灌溉田禾,洎秋湘水接济。闸上田称膏腴。以此今岁甲寅春夏间,喜任事者将实行开垦湘湖之说,坝之启闭不时,湖水已泄,何以备旱旷。观七十年来苦岁旱者,以咸丰壬子为最,今岁尤甚。前次尚有湖水可挹注,今则莫沾一滴,致我长兴一乡又无收获,几等石田。且不惟一乡然,余乡亦皆受害。幸贤知事虚心访问,众士绅协力维持,湖得不废。倘异日天不悔祸,旱魃为虐,将湖坝一启,依旧源源而来,不大慰农人之望哉。虽然,犹有虑。曷虑乎?尔孔家坟以内,河道浅狭,非随时疏浚不为功。仆生长于斯,粗知利弊,因志桥并及之,俾此中人弗谖云。

民国二十四年《萧山县志稿》卷三三

湘湖记略

[清] 来翔燕

邑之湘湖,灌溉九乡田一十四万六千八百余亩,非燕所私有,亦非燕族所私有也。慨自癸卯季春,湖心定山之北,筑塘图占,日计百人。闻之既久,缘随叔氏江皋讳起峻,买棹进湖。至时雨下如注,余族诸兄弟多不及上。燕且跣足,挟叔氏勉跻厥塘,长约三里,望之不能竟其尽处。徘徊长久,痛恨实深,仍扶叔氏下舟,几不知马蛭之缠,股血之流踵矣。傍晚入城,与在城诸君子商之,咸以湘湖于吾乡有益,为吾乡切肤之灾,各萦私臆,观望不前。燕思湘湖水利,县尹专司其事,即嘱衙差名老珑者,连夜往拘坝夫王良千、韩圣如二人,先为密押,不特图占者所不知,即同事诸绅俱不之知也。次日遂同叔氏公呈,县主刘公特视,大堂两旁观者如堵,具呈者数十人,具禀者数百人。当提王良千责问,供招傅学明等四人发钱挑筑。又次日,即蒙诣勘铲平。此乾隆四十八年四月十五、六两日事也。二十一日,又蒙刘主庭讯,将吴士达、周登山、王良千、韩圣如等分别杖枷。而为首之傅学明,任其托病鬼避,并不追求,固巨猾之狡谋,实燕等之疏虞纵之,其谁咎哉!人佥曰图占斯亦已矣,独不思罪名未正,湖害未除。傅学明身为库书,虽威焰一时,为无耻辈之所畏怯,迎奉之不遑。而吾侪布衣,读书何事,必不敢以一时威焰,忘九乡活命之源,为千万人之所嘲笑。嗣是不避寒暑,偕族兄禹尚即大夏走蠡城,往来省会,控之南塘,分府申详各宪,兼且历控藩司。迟至秋,傅学明业经拟杖发落,此案已稍稍有定结矣。乃适燕束装游闽,叔氏江皋旋又谢世,茕茕孑立,惟禹尚一人。其间翻覆孔多,内难自问。幸赖前贤之烈,竭力挽回;荷蒙藩宪恩裁,罪名咸正。呜呼!回思流血至踵之初,越今三载,前与叔氏江皋,后与族兄禹尚,正不知几费经营者矣。诚以案不成,碑不立,上恐有负于杨魏诸公,下恐无颜以见九乡望理之人耳。湘湖一泓,岂真燕之所私哉？岂真燕一族之所私哉！兹已奉宪裁定碑文，拟将竖诸德惠祠中，以惩久远。爰述其颠末如此。乾隆五十年，岁次乙巳长至后三日。

民国二十四年《萧山县志稿》卷三三

股堰庙碑

［清］朱珪

　　萧山县之西十里，曰西兴镇，即西陵也。右临钱塘江，有塘曰股堰，所以櫺萧及山会之决隘，而保障亿兆生灵于世世者也。前元至正间，江湖荡析，官督所在，分工筑防。有里正杨伯远者，分直西堰。其下潭深，水怪所窟，筑辄圮。伯远破产，被棰楚不可活。其妻王哀之，夜泣祷于江，誓以身殉。先夕割臂肉投潭中饲怪物，曰："愿怜而他徙。"越夕潭沙涨，堰竟成。越人为立庙，报其烈。知萧山县尹性刻石记之。事载各志，由来有据。越五百年，讹为龙图庙，几不知有杨王氏矣。乾隆六十年，江水南坍啮堰，镇人杨巩倡于众曰："王氏有大造于萧而忘其绩，宜神之，不祐吾萧而剥肤将及也。"乃呈其事于县，由郡达之大府，聿新其庙。是秋，潮不为患。嘉庆元年，抚臣吉庆疏闻，赐额曰"精诚屹卫"，赐封号曰"烈彰恬显"。于是王氏之贞灵妥而奇烈，曜于无穷矣。萧之人将书其事于碑，而请珪为之文。珪惟曹娥一家之孝女也，遂以名其江而传不朽。若杨王氏之事，救其夫于颠沛，何其烈也，以匹妇舍身之诚，蛟鼍为之迁窟，塘堰巩于金汤，保三邑亿万人之生，捍数百年无疆之患，其功德休烈，浩浩乎与江海无量矣。荷圣世之表扬，歆血食于终古，岂不韪哉！铭曰："滔滔江流，海涌潮怒。撼摇西陵，蠔冈穴据。里正罹尤，妇急夫忧。刲肉矢死，精卫血流。天神鉴诚，漱移堰成。亘五百载，屹于金城。庙祀考实，阐扬御笔。春秋祈赛，馨香烈馥。保障万家，捍御百祀。光于曹娥，厥功更崇。"

《股堰备考》

股堰王烈妇传

［清］毛际可

　　越郡多烈女，其最著者，汉曹娥尚矣。下此若晋公孙夫人、宋余姚莫氏女之流，亦足有可称谈。后千百年有元，而有王氏焉。氏萧山儒家女也（父永明，任儒学），为西兴杨伯远之室。伯远家富，而巽懦不事。夫人王氏，素娴妇德，于内助有功，志称其"性明敏，善事夫"，盖古孟德耀、桓少君之俦云。元时准前代役法，推资产之殷者为里正，以趋走其里之事，伯远充里正。当是时，有刘程甫者，世居奉化连山乡，性纯孝，多才略，试进士不利，得有司待补国学生。及充任里正役，过西陵渡，见伯远而谓之曰:"子怯而役繁,恐不任使令也,盍已乎?"远辞,不果。至正间,江水大决,堤尽圮,萧山均被害,而山阴、会稽势必连类及之。当事者饬里正筑堰,堰西穿一潭,潭之深窅冥莫测,木石不受。筑吏责远不力,日受棰楚。远尽粥其产而筑之,事卒无成。夫人痛之,乃于夜静泣,祷海神,拔鞘刲左股肉,君然投水滨。黎明,沙忽涨,堰自此落成,当时以为神助。里人号其堰曰股堰,感其德,立庙于地,享祀不忒。县令尹性闻而异之,记其事,而并易其名曰股堰(记载旧志)。事见《统志》,而详记于邑乘也明甚。考萧地濒海,秋后多飓风,居民每患苦之,当事者亦未有上策也。夫人激于大义,忍而为此举,一投之后,而江神效灵,其始愿不及此,其及此者,岂非天耶?割肌肤之爱,以动神明之格,以全所天之刑,以为三邑群黎之福,盖精卫衔石填海之意,而夫人深远矣。方曹娥之痛哭于江滨也,以十四龄女子而毅然知大义,然此犹一身一家之孝耳,后以借潮之应,代有褒封,孰若夫人之德兼民事者哉!彼以拯死父而身殒名显,此以济生夫而功成名遂,并可以息民罢役,畎尔田而宅尔宅,其精诚一也,其功则有间矣。惜时当乱离,无有能表而出之者。《记》曰:"能御大灾则祀之,能捍大患则祀之。"夫人不已当于御灾捍患欤?嗣因陵谷变迁,沧桑非昔,好事者有肖像包孝肃,而庙中并不知有夫人矣。昔漂母以饭韩信而名传世,遂有祠,论者以为施义之报,宜其然也。何夫人之功德烂如,有裨风化,而竟若此耶?王梅溪《咏曹娥庙》云:"怀沙为谁死,翻愧是男儿。"不禁欷歔太息,为夫人感也。

《股堰备考》

股堰庙纪恩碑

[清]龚廷煌

仁宗睿皇帝建极之元年,诏天下有司,凡前代功及民而事未显者,叙实以闻。浙江巡抚吉以元至正间萧山里正杨伯远妻王氏割股筑堰事上,敕封王氏"烈彰恬显"庙号,并颁御书"精诚屹卫"扁额,崇祠时祭。其裔孙定海县学训导杨德成嘱华亭学生龚廷煌为文纪恩,固辞不获,请谨端笔以记曰:

娲皇女后,曾炼石以补青天;夸娥帝姨,爱移山而入碧澥。良由坤贞载物,嫠曜躔元武之宫;水德资生,飓母列巨鳌之宅。是以精能激日,诚自动天。蔡三玉灵爽不昧,投竿绝水面之衣;胡妙端弱质怀清,题诗啮指头之血。凡元代之清风亮节,备载于国史野乘,求其节励况渊,志存障土,不惜发肤之夷,自效鲸鲵之戮,卒之金汤永固,银宇奠安。若夫人者,其志苦,故成功大;其绩伟,故后报隆也。夫人氏王,萧山西兴里正杨伯远之妻。大雅吟习,林下风高。布裳甘隐,挽来少君之车;椎髻前行,投去老莱之畚。无何东海潮腾,西陵溜蛰。城凭三版,一军且化为沙虫;堤逼千涡,万灶将游夫鱼鳖。伯远则朝集人夫,锄锸交筑;暮椎牛豕,囊橐空悬。官符火急,争加伍伯之鞭;逻隶星驰,谁代亭长之杖。家真似磬,命直如丝。夫人于是仓黄鹿舍,涕泣牛衣。拔剑呼天,椎心踊地。刳肠泻苦,剔目分伤。恨决摩笄,冤深衔木。手无强弩,射以三千;身作坚城,卫以十丈。断一指于雳云,怒冲犀炬,斧半臂于李季,痛碎鲛珠。水纵无情,天难终梦。俄焉沙随血涌,堰和石成。以视王尊之请身填水,此则身先自糜,徒狄之负石赴河,此更石应不烂者也。然而贞魂长逝,岂冀赏于重泉;帝德日新,宁蕲施于幽壤。我仁宗睿皇帝泽被群生,利济万类,诚以能御大灾、捍大患之谓烈,彰于后者,胜彰于前;四维廓氛、千里安流之谓恬,显于今者,犹显于古。叠沛殊恩,锡予旷典。捧红云于璇阙,青骨当神;起碧血于镜台,丹心如铸。嗟乎!苍生百万,桑田利赖于闺帏;黄土一抔,沧海回澜于巾帼。岂徒孝比曹娥,庶几功侔天姥。名当与夫人城以并垂,绩早同娘子军而俱壮。爰树丰碑,同光伟烈,永传盛典,不忘恩荣。

道光三年癸未五月
云间后学龚廷煌顿首拜撰
《股堰备考》

股堰义烈庙碑记

[清]傅学灏

兄弟之急难也,父子之迫穷祸患害相收也,虽天属,犹或难诸,况妇之于夫,固人属,以灏所闻杨王氏,呜呼,其遗烈不綦挚欤!萧山西濒浙江,外捍恃堤防,不者氓为鱼,波及山阴、会稽成泽国。元至正中,堤防坏,官令所在修筑,固陵关以南步二百,而遥湍激不受筑。吏笞里胥杨伯远督役不力,日取棰榜。妻王氏惨悴叫号,无救解,囗自啮股,刳之投湍渊,血淋漓沫面,仰天悲呼曰:"以分夫痛!"行道为涕零,湍俄平,渊俄涌涨,民夫随而筑之,功辄成,殆有神助然。故命其筑曰股堰,知萧山县尹性为文纪之志书中。王殁,人龛像以祀。万历辛丑,邑宰来文德题其额曰"闺阃英风"。乾隆乙卯,里人杨屺缅怀遗烈,呈县,达大府,斥讹像,昇新其庙,专祠社之,即股堰所也。嘉庆丙辰,巡抚吉以疏闻,天子曰俞赐封号,曰"烈彰恬显",祠春秋,御笔又大书其额,曰"精诚屹卫"。

傅学灏曰:在《易》屯之比曰:"有孚比之,无咎;有孚盈缶,终来有他,吉。"诚哉言也!方伯远罹急难时,工筑久不就,连比问酷刑法,人曰:"吏不枉远,即死不惜怜。"天高莫诉,嬛妻王氏冤郁哀嗷,泣尽血继。藉弟(古通第)令身死,远祸害,得解脱,无辞为之,非所谓"有孚比之,无咎"者与?势穷力蹶,刳股投湍渊,自分万无济,然而鬼神格之，筑随成，三邑迄受赐，而后乡里私立像尸祝之，余五百年，大吏上其事，天子嘉其义烈，赐号、祠，此皆非民念所及也，非所谓"有孚盈缶，终来有他，吉"者与？呜呼！移氏之为，事兄则悌弟，事父则孝子，不宁惟是，苟利国家，不顾躯命，妻道固臣道也。精诚可以孚豚鱼，义烈足以悬日月，则岂非名教之功臣也哉！灏谨志之，以谂风起。至如江潭窟怪，割臂饲之，怪物徙而工役完，传闻异辞，非所以表扬王氏尽伦之诚也，不重著。

《股堰备考》

新修股堰庙记

［清］江毓荃

　　萧山县之股堰塘，有股堰庙焉，祀元里正杨伯远妻王氏。割股投潭，沙涨堰就，越人立庙报之。肇于至正，修于国朝乾隆之六十年，赐额暨封号于嘉庆之元年，镇人倡之，大府成之，灵妥烈彰，永永勿替。窃维神之受祀，有无其人而灵爽赫弈者，有有其人而祠祀寂然者，盖山川灵气之所聚，物怪之所居，人心之所结厉，公厉之所凭依，皆足以悚乎人民，而生其精爽，此不必有其人者也。然胚蜪未久，荒落随之，与有其人而祠祀寂然者同归泯灭。至于历久弥光，馨香罔废，惟有功德于民者为然。然予窃有疑焉，古今忠孝节义之人何限，著在史册，炳炳麟麟，或无一祠宇，或荒祠寥阒，泥马藤萝，而生前无赫赫名者，一念救民，躯捐而神不泯。窃尝推之而得其说焉。盖人而受百世之崇奉者，必禀天地之异气，浩浩落落，塞乎寰区，而忠义侠烈之事，又有以激励发扬之，使其气愈不可遏抑，而又死于非命，其英灵不散为异物，凝聚于杳冥恍惚之中，掩郁久而不能无呈露，雨露霜雪之所濡，洪涛澜汗之所啮，皆若有神以主宰其间，如杨王氏之绩远神威、食报于越是也。庙已五百年矣，新之复数百年，神灵之赫濯，岂系乎庙之存亡，而越之人思其功，必隆其祀，况蜿蜿蜒蜒，来飨饮食，神之飒爽，又有以阴驱而潜率之哉！此固宜肃将之罔坠者也，是为记。

《股堰备考》

钱烈女记

［清］来凤翔

　　向者，往义桥镇经蒋家山，其地故冢累累，荆蒿满目，为欷歔者久之。路旁数十武一冢，高仅盈尺，大如三斗器，志曰"烈女钱大姑墓"。窃意烈也者，必其存万不获己之心，处万难自全之势，而捐其生以死者也。吾观古今来之为勇将，为忠臣，为孝子,为悌弟,为义士,为仁人者,皆先抱一塞天地、御江河之志气,而幸而时当其顺,则勇焉,忠焉,孝焉,悌焉,仁义焉,及势不可为,其志气亦终不自灭也,烈而已矣。若恃其血气之勇,激于旦夕以就死者,初何烈之足云。烈之时义大矣哉!即其在巾帼中,若曹娥,若高愍,孝而烈者也。若冯婕妤,若费宫娥,忠而烈者也。若梁嫒,若封氏,节而烈者也。命殒一朝,流芳千古。挽红粉之狂澜,励香奁之气节者,不恃有区区一二人哉!幸相去数十里而得此伟人焉,是不可以不考。乃询其土人,罕有识者。归而问诸里党,亦卒莫得其详。越三年,表兄倪远楼来(名承志,新坝人),始言姑嘉庆间人,为义桥富室某家婢。貌甚都,富室屡欲犯之。始以义拒,继以死抵,虽鞭朴交加,卒不动。富室知其终不可干也,恚益甚,乃送于素所狎昵之妓船,率多人强舁之去,意务欲夺其节,而后遂其私耳。既下船,众妓为之改妆,教之逆客。姑泣而不答,誓以必死。众妓逻守之,不获间。居半月,有荡子饮于船,众妓尽醉,姑乃破窗出,落水死。经宿,尸逆流而上,面如生,异香四散。土人怜之,敛而瘗诸道左之义冢。同邑韩生为之立一小碑,故其墓犹仅仅可识。至其生之里居,死时日,则遗老尽矣。呜呼!世之好色如狂,趋美若鹜,而于虎丘之真娘,钱塘之苏小,往往涕泣之,歌咏之,馈奠之。好事尤甚者,又恐其坟不保也,亭以覆之;恐其名不传也,碑以记之。而卓卓如大姑者,无复过而问焉,徒令黄土一抔,旦夕不保,其名其节,可信可疑。九原有知,泪与血迸。孔子云:"吾未见好德如好色者也。"人心世道即此,不重可忧耶?且夫造物之生一伟人也,岂偶然哉!节愈苦者报愈隆,事愈奇者名愈播。是故古今来之为勇将,为忠臣,为孝子,为悌弟,为义士,为仁人,而捐生以死者,虽其存万不获已之心,处万难自全之势,而未尝不为死后之为鸿毛、为泰山计也。而独此大姑者,上之不克膺朝廷旌表为泉壤光,下之并不获铭词诔语挂齿颊于搢绅先生;大之不克与曹娥高愍诸人争辉史册,次之又无从于春露秋霜享灌地者一卮酒。是何造物者之遏姑于生前,而并抑姑于死后也?岂不痛哉!虽然,今富室已就衰矣,或者冥冥之偿报乎?且人以富室故,不敢言姑冤,后必有扬其墓而表其闾者。谨为之记,以俟夫修女史者得焉。

民国二十四年《萧山县志稿》卷三三

序

《萧山儒学志》叙

[明]来宗道

自两都省会,州郡卫邑,莫不各有志书。至如名山古刹,亦多邀灵于巨公韵士,以彰厥美。而学志则罕觏。或以学统于邑,不烦再见。夫山川土田,宁不具载郡邑中,乃灵异之境,辄加标识,岂其济济贤士发迹之所,顾不得比于一丘一壑之奇耶!夫亦居是官者,志意摧沮,才情亦若有限,率优游岁月,而鲜所发明尔。萧山之有学志,始自闽忠庵王先生,而成于豫章张君。方余执经于王先生之侧,聆其议论该洽,扬摧古今,不失针锋。少暇辄召弟子班坐,课学业进止,时出酒醴相劳左右,秩秩如也,谢绝修脯,岁时无及门者。居二载余,出所手编学志数卷,以示诸生。大约于人物独详,他如建置沿革不无挂漏,盖义取于立风范、昭劝惩,意各有所重也。当日亦未及梓行。历三十余年,而有张君。张君之持楷模也甚严,其博雅高峻一如王先生,而精专过之。既得王先生旧本,欣然曰以竟此,则鸿裁也。遂搜访考证,用力既勤,而又冠以高皇帝卧碑,肃皇帝《敬一箴》及《注心箴》《视听言动箴》。夫干戈甫定,洋洋圣谟,所诰诚于学宫甚晰,岂其熙洽而忘之?而贵为天子,犹兢兢不敢怠皇,何况子衿!开卷及此,若明范人于规矩准绳之内,处则硕士,出则名卿,端必赖之,又岂徒详略有体、华质兼长,称鸿裁云尔。昔王先生时,令兹土者白下沈广乘先生,以清节著,能加礼庠序,以成王先生之志。今日锡山陈侯为政,一如沈先生;其遇张君,一如沈先生之于王先生。机若相待,抑何其符合也欤。维时学训阮君、江君,咸赞厥成,法得备书。

按《萧山儒学志》,万历时教谕王学孝撰,天启时教谕张汝醇修。是叙作于天启五年乙丑三月廿八日。所称学训阮君名梦日,江君名养潜。

万历己丑岁夏五之望
知萧山县事温陵刘会书
民国二十四年《萧山县志稿》卷末

《古永兴往哲记》序

[明]戴文明

高疆曰:"三折肱为良医。"谓饶于疗也。顾达人无以肱废心,无以身蔽邑,无以弱草遗不朽,洵善疗者哉!蔡君可中年患左疲,戴某往问疾。君可出《古永兴往哲记》若干卷示曰:"闲中为此,若何?"某曰:"检古方书,合饵调滋,专气育神,病者当业。若搜忆强著,无乃勾火而佐之,风得瘳乎?"君可曰:"若能期我于疗之中,不能期我于疗之外。嗟,顾世独余病哉?丰病贪,约病忮,有力病骄倨,文者病儇狯,而椎鲁者病鄙无礼。方彼巷集闾议,各谈其技,靡不自以为得计。时则吾举耳目邑中一二名迹示之,若破其所恃而触其所忌,竟不觉相与咋舌,俯首丧气,以怵其中者。较余孰疴愈?心孰无觉?傥此记行睹者,或中怵而奋,易故而新,曩所为咋舌俯首丧气者，咸与疗之膏肓上下，令其开颜道实，意气扬诩，若所谓合饵调滋，专气育神，顾独余一人耶？其倍检古方书千百矣。"某辗然曰："子又以疗谑也。"长卿病浊渴文园，赋《上林》《子虚》，书《封禅》，此文士得志者之搜罗瑰玮，后人尚诮其献溲导佞。君可世文学，读父书，不得志而病气，虽凌霄而迹不掩枌榆，乃记顾倍古方书足疗入膏肓耶？韩退之尝谓子厚穷不极，必不能自力于文辞，以致必传。君可雅志博综，好为古文辞，凡所著为必传计，亦坐贫病极中来耶？且余尝与君可纂邑乘，彪炳在人物志中，而《往哲记》乃余琐也。有迹若芒忽而系则千钧，即有非常瑰瑰而卒不诡于窍理，诸皆土风俗稗之是谐，而非创见。且提其端，竟其说，而又可证道听，讵独微阐哲懿，询足合灵蒙而砭其癖，以中之慧者。嗟嗟君可即不自疗，亦庶几达人之善疗者哉！

万历癸巳腊月望后立春日
西陵友人戴文明撰
《古永兴往哲记》

《古永兴往哲记》序

[明]蔡大绩

余患左瘫，病中无以消遣，偶得张比部玉亭所撰《谑史》，读之时为解颐，不数日终卷。予右手无恙，能书，乃据闻见，不分时之先后，地之远近，事之雅俗，人之善不，遇可捧腹者，兴至辄序次一二条。阅月，积有三帙，约可得二十卷，名曰《续谑史》。出示友人丁生文统。丁生曰："史以谑名，非正也。且多讦隐事，未免招衅。以君之才，曷不为吾邑记往哲乎？"余曰："曾见吴人杨君谦《吴中往哲记》，其类目凡例颇佳，恨未得其书耳。"丁生乃携是编诣予，相与商榷往哲名例，一准诸杨：曰名德，得四人；曰忠节，得二人；曰刚介，得二人；曰孝义，得七人；曰高隐，得四人；曰艺文，得十一；曰风雅，得十人；曰博雅，得二人；曰丹青，得二人；曰方伎，得三人；曰衲子，得四人；其因事附见者若干人。大都据邑志者十之一，删述墓志传闻者十之九。以予邑百里之广，历年二百之大，而所记者仅止于斯焉。盖潜德隐行、埋玉韬光于渊林邃谷之间，不蕲彪。著者不敏，限于睹闻，固不克旁搜而细剔之。若富贵高明之士，文采表见于当时，誉望隆施于存日者，又多不协于乡评，贻讥于月旦，以故不得具列焉。然一念之衷，无私好恶，真可揭日月而表天地，自谓传信踰于邑志矣。王元美先生曰："国史人恣而善蔽真，然其叙典章，述文宪，不可废也。野史人臆而善失真，然其征是非，削忌讳，不可废也。家史人瘦而善溢真，然其缵宗阀，表官绩，不可废也。"又曰："野史之弊二：一曰挟隙而多诬，二曰轻听而多舛。舛者无我，诬者有我。无我者使人创闻而易辨，有我者使人轻入而难格。"呜呼，史岂易言哉！邑

251

志,国史也,墓志,家史也,予所记者,野史也,本之国史而参之家史者也。典章以叙,文宪以述,宗阀以缵,官绩以表,是非以征,忌讳以削,舛讹而失真,予固谅其无是矣,庶几乎史之倪哉！如其笔削,以俟君子。不曰萧山而曰古永兴者,萧山在魏晋之间名古永兴者,不忘始也。

万历二十一年岁次癸巳八月中秋之吉
西陵病叟蔡大绩撰
《古永兴往哲记》

萧山来氏族谱序

[明]张经

亲亲之恩,莫切于父子兄弟,由父子兄弟推而上之,高远其情,则一而无二也。世远亲尽,情斯离矣。此途人之哀以兴而谱图之作,志存尊祖敬宗敦族者有不容自已也,孝悌之心油然可见矣。凡为人后者可不思所务乎？虽然,惟贤者能思而行之,未有不贤而能思能行者也,予谓来氏之子励其殆庶几矣乎！励悼宗统之湮晦也,支裔之流异也,以远祖曾四府君始来居萧山,迨今八世,而宗人欣戚不通者不少矣,惧夫愈远而愈疏也。故自府君以上为五世大户,府君为第一世,宋殿中侍御史落职知英州者为第二世,仕授承议郎袁州通判者为第三世,而梁叔则第四世也,至若龙图阁兼运使调知绍兴府,卒于萧山之祇园佛寺,今葬于湘湖方家坞者为第五世。谱其可谱也,下至励之子阜为十三世,通为一谱,以著宗统。况励之曾大父宣教公正三暨厥大父提举公元护,咸不乐仕元,弃官归隐,其志尤足嘉者。诗礼一脉相传,章章明甚。谱既成,告于其从叔父元吉翁来请序其首简。呜呼！世降俗偷,习尚偏驳,私溺戾常,性反所天,日趋于薄,孰知厚俗先义之为当务,刻意于谱图者乎？夫物末有不齐必端其本,水流有不通必浚其源,此理昭著众目,而昧者不知察为,若励之用情可谓深,知其要而得继述之旨矣。且俾后励之子孙目是图也,得原其尊祖敬宗之心,兴其永慕追思之孝,不徒各亲其亲,而得亲其所以亲,则途人之哀可释矣！

永乐十三年青龙集乙未春三月乙亥朔
迪功郎国子监助教曲江张经撰
《来氏家谱》

萧山来氏族谱序

[明]陈仍颜

族之有谱，犹网之有纲也。纲举则目张，谱修则族睦，此理之固然，而人事必至也。昔老泉尝作《苏氏族谱》，后世尊祖敬宗著孝之谱之修乃益盛，以其有裨于世教也。萧山来宗谅氏，其拳拳谱牒之修著盖以此欤！

宗谅为邑大姓，恒念其谱牒未修，无以合族属、序昭穆，故自远祖曾四府君从萧山以来，凡八世而族之，欣戚不关，庆吊不通，而相视如途人者已不少矣。宗谅惧夫久而愈甚也，于是取曾四府君以上讳大户者为始祖，递至其子阜，凡十三世，其昭然可考者编次为图，其不可考者缺之，而不敢诬也。族之昭穆由是若网在纲，有条而不紊也。凡来氏居萧山者咸知保族宜家，国子助教张先生孔升尝为之序，而宗谅复征言于予。

叹夫水木本源之念，此天理民彝有不容泯者耳，其不然者，特以谱牒不修故也。谱牒既修，则人知溯流寻源，尊祖敬宗之念油然而生。春秋集于家庙，则昭穆有伦而不紊；冠婚会于家庭，则亲疏有等以相接。蔼蔼乎思念之隆，怡怡乎情爱之笃，虽百世犹一日也，尚何至视如途人也哉？谱修则族睦，不其然乎？宗谅洞知是理，则谱牒之修，安得不拳拳致意于斯欤？且宗谅二世祖之邵公，宋哲宗朝尝为殿中侍御史，三世祖时授承议郎袁州通判，五世祖廷绍直龙图阁兼运使调知绍兴府事，卒于祇园，葬于方家坞，赠宣奉大夫，奕叶相承，何若是其列也？宗谅厥子孙，暨族之人，览斯图而思所以绳其武焉，将见有如之邵其人者出，书香芬馥而簪缨蝉联，其有不自兹谱之修始乎？《礼》曰："尊祖故敬宗，敬宗故收族。"宗谅其有焉！

是为序。

宣德六年岁舍辛亥五月望前二日
浙江绍兴府萧山县儒学教谕卢陵陈仍颜撰
《来氏家谱》

重修谱族序

[明]叶式

巨室大家，所传非一世，所统非一人，会须以礼为之纪纲也。礼为纪纲，则在乎续修谱牒，百世同乎一世，万人同乎一人，始可以称为巨室大家矣。予尝观夫世之倏起而忽灭者，但知以土木衣冠伶优轩冕炫人耳，目于一时，若齐庆封不识相鼠之讥，方以空桑视其所出，途人遇其同气，三纲已绝，九族更何属焉？故曰，不修谱牒为不孝。今萧山来氏，时冲甫仰，惟始祖太守公自宋嘉泰中税驾萧山，所遗旧物累失于郁攸之变，文献固不足征矣。至高祖讳励者，掇拾于煨烬之余年矣。吾又可缓而不补乎？于是旁求采访以成其书，且寓劝惩于笔削，禆方来者有所持循，将以纪纲百世，则又非止为百年计矣。噫！若时冲者，诚来氏之尊祖敬宗者矣。古称闾史，此书近之，予缔观之，叙其意于前云。

嘉靖七年新集戊子春二月望日赐进士出身中宪大夫广东按察司副使奉勅提督学校前翰林编修永嘉叶式撰

《来氏家谱》

重修谱族序

[明] 何鳌

余往年伏拜两山翁于萧山，见其仪容洁整，议论英发，虽家食已久，慨然有忧世泽民之心，真可谓奇伟不群者矣。因是以知来氏为萧山巨族，盖有望而不可及者焉。戊戌秋，余得缔姻于后江子，遂同舟北上，益闻所未闻。乃今年春，余谪官南闽，便道过家，复谒后江子，出所修来氏族谱以示余。余秉烛而卒读之，见其秉宪肃僚、除暴发隐、威行全峡，有若两山翁者矣；见其奇词异句、以文名海内而魁礼闱，有若菲泉子者矣；见其积财冠邑、厚而能施、惠及六姻、为万石长，有若裕齐翁者矣。仰而叹曰："此三者人杰，以三杰而聚于一门，则来氏者岂止为萧山巨族而已耶！"

后江子请余作序。余亲且厚，又素知来氏之深遂，为之序曰："若知夫修谱之意乎？"宋儒程子有言曰："欲收拾人心，厚风俗，莫先于明谱系。"其殆为是耶！余窃惟凡人之生，莫不本于祖，源远而末益分，则因而忘之，忘之则疏之，疏之则害之，视若仇人者有矣，盍思其本出于一身者乎！今夫岷江之水，出于灌口，注而为江，汇而为泽，分而为沟渠，千流万派，而皆出于一源；扶桑之木，曲直长矩不一，千枝万叶，而皆本于一根，人亦何异于是乎？故不爱其祖之遗体，荡析其祖之遗业，贼其祖者矣；不爱其祖之子孙，乏不能助，急不能扶，又从而害之，是亦贼其祖者矣。孟子有言曰："中也养不中，才也养不才，故人乐有贤父兄。"故凡族之贤者，有财者宜分之；愚而拙者，贤者宜教之；有过而陷于罪者，达者宜救之。是何也？其源本于一祖。本于一祖，则一身也，人之一身，其有不爱乎知乎？此则亲爱之心油然生矣，是程子厚风俗之意也，后江子续谱之意也。来之先河南鄢陵人，宋龙图公从驾南迁，遂家萧山，历生潭居公分为二宗，又析而为六子，姓繁衍，盖亦中原盛族，其在萧山彬彬多俊伟道义文章，冠于浙东。来氏之盛，宁有既乎！

嘉靖二十七年戊申秋八月既望

赐进士出身福建等处承宣布政使司右参议前都察院右副都御史奉勅巡抚山东地方山阴何鳌撰

《来氏家谱》

《萧山县志》序

［清］来集之

邑之有志也，归于摭实征信，一以备太史之采辑，一以备贤有司之顾问，一以备后来之居兹土而莅兹土者，有所则效，而有所考证，非可取乌有先生、亡是公之论，以铺饰楮墨、夸多斗靡也。萧邑蕞尔一区，顾乃分吴界越，右海左江，发脉引源，遂成千岩万壑。逼处省会，每见虚往实归，似宜英材之蔚起，物产之殷繁矣。然东西隔而舟车辏，应接之冲疲为艰；壤地高而巨波环，旱涝之生灾最易。具经世之略者，岂无深虑而却顾者乎？此志书之不可不辑也。

考之有明，凡三四更定矣，况今者乾坤朗辟，云雷满盈。夏商周之损益可知，汉唐宋之遗踪具在。天禄石渠之间，方修胜国之正史，纂新朝之实录。轺轩之使，采风四出，安在下邑可不具有成书？于是郡伯张禹翁先生率先而倡议，邑侯邹扶皇先生殚力以图功，某遂得从诸君子之后，搜辑编次，旧者删润之，新者增缀之，阅数月而毕。其赋役之新式特详者，以为事在利民，可垂永久也。

嗟乎！大禹会计，执玉帛者必由萧以达越，斯王风之遗也。勾践入吴，临水祖道，军陈固陵，斯伯业之盛也。一钱投于西小江，片石载于钱塘之浒，清风袭人，今古一辙，萧虽蕞耳，亦足以雄矣。

《来氏家谱》

来氏家谱序

［清］来集之

古今之浩博而不可纪极者，莫国史若矣。古人有云："头白有期，杀青无日。"至于家之有谱，非有千聚万落之纷纭，爱恶高下之错杂，而又无所用其是非褒贬，似亦甚易。然而古之作家谱者仅一二见，其故何哉？一则以寻常视之，若曰甘其食、美其服，长长幼幼于徐徐，如是其相亲相睦相友相助，则相忘以入于化，又何必支离于文字之中，界书于粉墨之际乎？一则以艰重视之，若曰祖宗自一再传，以后世远事湮，子孙之贤者必存其大纲，若未必皆贤，则委诸草莽。或血脉统系之失其次，或群从行辈之缺其称，求其八元八恺一一专对，了不可得，则整理稽访之未可卒办矣。然而读步天之歌，则九野三垣历历在目，考禹贡之书，则名山大川井井连贯，安在人以类聚、物以区分,而独不可绳穿而线引之乎？

余族自有宋南来,卜居越滨,左江右滨,环族而处,生齿日繁,人文日盛,颇称为两浙巨宗。历考家谱,则前人亦多修辑之者,而不精不详,良多疏漏。且手录之本流传阅视,鼠蚀虫穿,茫茫莫可辨识,若及今不辑,则亲疏无统,长幼无序,人人而途人视之,求其孝友爱敬之心油然而生也,乌可得哉？宗子伯高同予儿侄辈从而访之,订之,又参考之。宗共一本,派分六支,而系有图,而世有纪,而六支外之原属同宗分居各地者附之卷末,勒成全书,付之厥氏。世次统绪之必详,昭穆尊卑之有别,朗朗乎,绳绳乎,如繁星之丽天,百川之归海矣。后之读是谱者,有不蒸蒸然共起而讲敬宗睦族之道也乎？爰盥手而为之序。

康熙壬戌七月既望
裔孙集之顿首拜撰
《来氏家谱》

族谱序

[清] 来大章

尝观苏明允族谱引云:"服始于衰而至于缌,而至于无服,无服则亲尽,亲尽则情尽,情尽则喜不庆,忧不吊,喜不庆忧不吊则途人也。"吾所以相视如途人者,其初兄弟也,兄弟其初一人之身也,悲夫！夫以一人之身而渐而至于相视如途人,则庄生所谓肝胆楚越也而可哉。然其所以致此,则有由矣。源远而流益分,本大而支益繁,以一族而至千百万人之众,面目之不相识,称谓之不及详,亲疏远近之无所考,则亦何怪乎其漠然如秦人之视越瘠也？是故谱不可以已也。

我来氏之有谱,自大章之十世祖康顺公始,其时为明永乐之乙未年,至嘉靖戊子六世祖襄义公复修之。越二十一年,嘉靖戊申曾祖后江公复修之。暨崇祯戊寅,山下一支之后有赤城公讳伸者复增修之,颇为详备,然已前四本俱未付梓,久而风燥雨湿,蠹蚀虫穿,纸多漫漶磨灭,残缺失次,不可辨认。且食指倍增于旧失,今不修则宗统湮晦,支裔错杂,其弊将有如苏氏所云相视如途人者矣。

大章忝为大宗子,有尊祖敬宗收族之责,其可已乎？壬戌请命于宗长叔氏元成公,合族中之能文者取旧谱参互考订而斟酌之。首为河南四代世系之图,则首大户公,以可知者为祖,不敢妄扳也。次为萧山合族世系之图,则首平山公,以始迁者为祖,不忘所自也。又次为六支世系之图,则首潭居公,以所承者为祖,著分支之所自始也。其六支世系则以子系父、以妻系夫,冠名于端,而字行号谥及官位赠荫与夫子女之嫁娶生卒之年月葬之地咸具。为其六支之外者,则亦别载而附之于后。凡阅数月，勒成全书若干卷，若网在纲，有条不紊，一开卷而了然矣。族之读是谱者，等而下之，自一人而十而百而千以至于万，溯而上之，自其初皆出于一人也，则亲睦之意油然而生，德业相劝，过失相规，礼让相先，患难相救，疾病相扶持，如昔所传江州之陈、浦阳之郑者，将再见焉。于以复一家之三代也，不难矣。此则作谱之意也。

苟徒以族大宠多为可恃，指而数之，若曰某也贤，为吾之高曾，某也达，为吾之祖父，某也富若贵，为吾之伯叔兄弟，志得意满，以阀阅为夸人之具，犯法干纪，以门第为护身之符，则是谱之作，徒为不肖之资矣。不知栾却胥原降为皂隶，崔卢王谢显止晋唐，富贵岂可常保？子姓岂能长盛？王公之孙而饿莩，衣冠之后而盗贼，适足贻祖父之羞，抑亦为宗族之忧，则其弊又不止于相视如途人而已。大章惧夫昔人作谱之意不明也，为序于篇端，以告夫族之人，亦因以自勉而自警云。

康熙二十一年壬戌季秋之月
宗孙大章薰沐拜撰
《来氏家谱》

来氏家谱跋语

［清］来学礼

修谱之难，人人知之，人人言之，而要未有如来氏今日之难者也。先祖康顺公、襄义公、后江公前后三谱，仅属手抄，岁久蠹烂，几几漫灭而不可识。故宗长倘湖公锐意搜讨，与先君子续修而梓之，限以癸亥年止，独二房世系缺三四世，因不得为完书。不幸倘湖公与先君子相继即世，其板遂束之高阁近一纪，而稍稍蠹朽矣。甲戌五月，拂云叔氏与予议修宗祠，言及谱事，慨然念先业之不竟也，遂请止鱼叔祖、庶凝叔、羽上叔挽予共足成之，开局宗祠，纠工庀材，乃并甲子以后，合族生卒嫁娶之实悉增入。前之缺漏者补之，讹谬者正之，逾一年而始竣事，然缺漏讹谬者亦并不少，仍未得为善本，而予共事数人之心力亦几殚矣。况乎各房襄事如仲徽隐南木，臣永生硕功，互相考订，亦非一朝一夕之劳也。甚矣，修谱之难也！族大枝繁，住居星散，或习于农圃工贾樵渔之业，三五世不读书识字，则子孙而不识高曾之名字者，多矣！且彼固不以谱为急，或征之慢而不应，或应之略而不详，宜不免于缺漏讹谬之失也。然继是而修者为力必较省矣，其亦取先人创刻家谱之苦心而一念之乎！

康熙岁次乙亥五月榴花正开之日
宗孙学礼顿首谨跋
《来氏家谱》

来氏重修家谱序

[清]来珏

万物本于天,人本于祖,故言氏族者往往远溯乎厥初生民之始。子长自叙原于程伯休父,孟坚自叙出于斗谷于菟,正则《离骚》谓高阳之苗裔,子云作赋云鼻祖于汾隅,此后来叙谱者之所仿效也。然世趋日下,夸诞恒多,好攀附显人,侈言地望,李必陇西,赵必天水,张必清河,郑必荥阳,崔卢必博陵范阳,王谢必琅琊阳夏,岂不或信,而影响附会不少矣。

我来氏旧谱,以始迁之祖宋龙图阁学士知绍兴府平山府君为始,详其可知,阙其所不可知,最为得体。康熙壬戌方有刊本,其凡例为族伯氏羽上者手定,颇为详整,靡有渗漏,距今庚子三十有八年矣,同事者落落如晨星,而族伯犹存,乃不食之硕果矣。闻其步履虽已艰难,耳目不甚昏聩,设使操觚,必能奋董狐之笔,无所屈挠,必不索丁仪之米,有所沾染,第不知尚能勉强从事否也。然而大纲既举,细目亦张,非不调之瑟,何必更弦,造合辙之车,止须闭户。倘能因其奋而修之,芟繁补缺,亦易为力也。独自珏一官鞄系,留滞闽南,不获奔走赞襄,以底成功,有愧于任劳任怨诸君矣。

因念壬戌岁先大人本臣府君往来宗祠,与有劳焉,兹者手泽如新,而墓木已拱,抚今追昔,不觉涕零。树欲定而风不宁,子欲养而亲不在,斗升之禄,仅饱妻子,季路之伤,其何能已?逐念修谱诸君子父母具庆者,其融融泄泄之乐为何如,爱日之诚,必有不能自已者,而深恨予之不逮也。谱成伻来索叙,远宦自当以王事辞家事,无足道者,聊陈感奋之情以志予之悲,以塞众之请。

康熙庚子八月中秋
裔孙珏顿首拜撰
《来氏家谱》

续修家谱序

[清]来谦鸣

余自束发受书,见先君子尝与伯叔辈言及元成公所修之谱为天下大观,余时方总角,未能深知其义。稍长成人,研穷经史,惟日不足,至于宗谱,略观大意已耳。自登第以后,宦游二十余年,由都中以至滇南,王事鞅身,任大责重,家事漠不关心。今天子龙飞五载,余以澄江知府课最入觐,给假归里,告庙之余,捐俸银一千两以开义学,因与宗老修明家法,教子弟以孝悌忠信。细玩元成公所修之谱,与玉峰兄两次增修者,反覆翻阅,见其纲纪秩然,规模宏远,足为望族仪刊,亦以谱系之作,所以联宗睦族，自一世以至百世，毋容略，自有服以至无服，毋容紊。立法整严，详审精密，书某世著代也，书某子不忘本也，书名临文不讳也，书字示冠也，书行别长幼也，书爵贵贵也，书配重人道也，书子女示有后也，书生卒书月日纪年也，书葬某地取其过墓而思也。无凌杂，无遗漏，一举而众善备焉，伟哉盛矣！

盖吾族世居冠山之阳，左江右湖，绵亘十余里，钟山川之灵秀，代有人文，浸昌以炽。于乐璧雍者，俊士也；升之司徒者，选士也；升之司马者，进士也；登兰署而读秘书者，翰院词林也；历清华而秉钧衡者，天官铨部也；司献替而振台垣者，御史科臣也；膺民社而风移俗易者，刺史县令也；振肃纪纲者，廉使也；保厘旬宣者，方伯也；调元赞化者，宰辅也；歼厥巨魁者，将谟也。继继绳绳，后先相望，为两浙巨宗，故其谱亦为天下巨丽也，后知先君子之叹赏为不虚。

然自壬子以至于今，十有三年矣。其间生齿浩繁，簪缨接武，黄耇之饮于乡，节义之表于闾，与夫孝子仁孙、高人逸士不知凡几，若不亟为续补，详始而略后，有愧前贤矣。然而老成犹在，尚有典刑，无俟余之耿耿也。夏五吉日，从弟德吉自萧至滇，询知族谱已经开局主事，则有若宗子、甸封总理，则有若宗义、卫瞻分任，则有若翼上、万嘉等赞襄其事，以今证昔，知诸君子之必能步武前人，辉映后先也。

乃以便鸿索序，余虽不工文章，但以睦族联宗、修明谱系为一族中要事，亦一族中盛事，余何敢辞，爰谨缀数语于篇端焉。

乾隆十年岁次乙丑正月
裔孙谦鸣顿首拜撰
《来氏家谱》

子湖许氏家谱意

[清]许森天

余尝读书，览国史，而知家谱之不可亡也。夫国与家一理，而家犹国也，既有史，而家可无谱乎？虽然，此可与知者道，未可与愚者言也。论之少知孝思者，无有不反本而追先，近而问世一修，否则数世修之，奚至散亡无统，同姓以胡越视之，共宗以途人问之。嗟嗟人皆如是，不思祖宗之所自，竟无一人起而问之者，良可悼叹。吾渔浦云经章三支系，元度公之裔也，迄今盖千有四百余岁矣。考之祖功宗德，其历朝敕赠及名贤序赞，具见之于谱系，总之不出忠孝两端，而裔孙似不容赘一词者，因吾族之谱失修已久，源流无可追讨，幸而余之祖父伯兄历历载诸蠡城谱内，乃知钱清史村巫山皆吾同族一行所派，而吾族则自萧而暨又自暨而萧，裘山实为同谱之族也。屡欲偏恳同宗襄成此事，而一身不能遍及，姑自溯其由来，述其支派大略，不外乎此。有伯四府君者，乃元度公之二十八世孙，居渔浦，生五子，千一、千二、千三、千四、千五，共尊朝奉于时。宗祖千一者即徙钱清，子孙繁衍数世。而后讳通，字达之，慕萧山子湖山水之秀，遂定居焉。又三世，孙讳国宾，号左桥子，若孙知千二系吾之始祖，每相往来。今余既续宗谱，安得以此置之不问？且君平兄踵予叩清即为纂修，定其世代之远近，别其各分之尊卑，由是以往，虽千万祀亦一以贯之矣，慎毋以谱帙为故物也。谨序其意。

龙飞岁次己酉戊辰曰戊午日
四十六世孙森天撰
《子湖许氏家谱》

续修宗谱序

[清]来杰

吾族谱牒，自前清康熙壬戌始有刊本，至乾隆壬午而一修，嘉庆壬戌而再修，纪纲秩然，规模宏远，高文典册，信足为望族仪型。顾自嘉庆壬戌续修后，延至光绪甲申始复重修，其间相隔九十余年，丁口愈繁，修辑非易，故其时历寒暑六周始得蒇事，且尚多遗漏之憾。后至光绪己亥，四支族叔祖雪珊公倡议续修，与二支族叔翊卿公分任其事，集经费司笔札，则雪珊公独任其劳，并将甲申未刊之祖制诰、勅行、述传、赞义、田册、墓图等一概补刊，且继马湖公、元成公之家乘而为家乘，三编阅一载余而告成，然其时校雠未能详，审故多亥豕鲁鱼之病，且世系中生卒年月讹误殊多，得无以速则不达故耶。

民国八年己未五月，余与先大宗尔盈公商议续修，即于大宗祠邀集诸绅长。会议公推余为总编纂，午生再侄为总经理，育英族叔、仲生再侄为司事调查，分纂校对，诸事属焉。自己未八月起，先从校正旧谱入手，并登各报，招呼远方同族来局报告。至庚申正月起、设局于镇巷内余之慕陶别墅中，房屋不出租金，其异乡别省各支派有住址名号可稽者，均发公函采访。即嘱育英、仲生二君调查各房世系并陆续分纂，以己亥所修旧谱一册为底稿，有以世系报告者，即于旧谱上陆续增入，此实简便之一法。惟自己亥迄今又隔二十余载，其中生卒人数复不可胜计，诚如旧谱十八世宗子学礼公所云："族大枝繁，住居星散，或习于农圃工贾渔樵之业，三五世不读书识字，子孙而不知高曾名字者多矣。且彼固不以谱为急，或征之慢而不应，或应之略而不详，故不免缺漏讹谬之失。"真老成阅历之谈也。

余自民国纪元后，感沧桑之变，杜门却扫，无意世事，尔盈大宗暨族绅等以余为老马识途，谬举斯任，奈年来景迫桑榆，气血亏耗，时而胃病，时而足疾，重以族事世务造庐请谒者接踵不绝,实未能专心谱事,惟既受族众公举,则付托之重,自不敢不竭力尽心,况先君子于同治间倡议修谱,其时舆论不一,力不从心,余今忝司此任,益思勉力从事,以遵祖训而慰先灵。乃午生再侄自承认总理后,或沪或杭,有事公出,后复在县议会为参议员,更无暇与闻谱事,故一切支款供应及购备纸笔墨等事皆余一身兼任,是总纂而兼总理,益觉力不能胜。幸仲生、育英二君相助为理,因得相与有成。计自庚申正月起至壬戌十二月止,历三年之久,其前二十年之达人贤士德行文学卓然可传者辑为家乘四编,以承前三编旧制,又增订绅宦录义田册交盘册,并补刻续刻墓图一本。经费则取诸瑞生房捐入谱田二十亩,以二十年之花息,合计得洋蚨一千三百元有几,益以诰勅、传赞、墓图等费数十元。又大支会六房二十四世水生兄捐洋二百元,京都内务部二支二十三世荫农房捐洋五十元,不足则由四司值垫付。谱成后,凡殷实家各送全谱一册并各房房谱,每领一册各须缴纸张印费,以偿还司值垫付之款。此谱悉心校核,似较前谱益加详审,然吾族丁口实繁,并多散处四方,遗漏仍不能免,且远方世系辗转传写,亦仍未免讹误。自世系印就后,间有陆续交局者,另订补遗一本,俾下次修谱时可以增续。区区之心,自问可谓慎密,惟耳目难周,精力未逮,是在阅者之鉴谅而已。

中华民国十一年夏正十二月

大支二十四世孙总编纂六十四叟菊如甫杰谨序

《来氏家谱》

杂　志

后唐化度禅院经幢

佛顶尊胜陁罗尼经序(序文不录)

佛顶尊胜陁罗尼经(经文不录)

建化度禅院宝幢记

夫真如演化,以广大慈悲,济度沙界。其有达微妙之旨,弘胜善之缘,尽孝思之心,创清净之业,靡不回慧炬而昭烛,乘法力以津梁。超彼龙天,证菩提之因果。窃以自恭遵诏命,虔禀遗言。承制两浙,□驭藩阃,事有益于显晦,功有合于祯休。皆许□□鼎新,用光积庆。昨以西兴城垒之内,曩岁曾别置狴牢,虽宰断至明,固无枉滥,而縻絷稍滞,或有沦亡。念兹绵历重泉,何由解脱。于是变圜扉而崇梵宇,开绀殿而立晬容。仍建宝幢,镇兹土地。磨砻翠琰,刊般若之文;辉焕禅扃,集庞洪之福。所有前后幽暗魂识,一一咸冀在生。然愿以此功德,资荐皇考武肃王,升七觉之法身,耀千光之瑞相。其次保安壃境,兵火无虞,以子以孙,永永蕃盛。长兴四年癸巳三月二十六日,起复吴越四面都统镇海镇东等军节度使检校太师守中书令钱元瓘记。

都勾当厢虞侯姚敬思上随身十将□□。

右幢在萧山县西兴镇明化寺。石高三尺二寸,八面,周广四尺一寸六分。前七面九行,后一面十一行,俱正书,字径五分。按化度禅院,今改明化寺,在西兴镇,后即古之西陵城也。《舆地纪胜》云:钱王以西陵非吉语,改曰西兴。其地屡为武肃屯兵,曾置狴牢,以系叛众。迨后文穆嗣位,始为改建禅院。此二事,《十国春秋》皆不载,是吴氏未见此幢矣。后题名都勾当厢虞侯姚敬思,已见皮光业《武肃王庙碑》。盖彼时营造,皆令监工,故称都勾当也。《两浙金石志》》按:是幢左一字迹尚显,右一残蚀莫辨。

民国三十七年《萧山县志》卷十三

重建接待院记[1]

[宋]陈益公

本院乃唐安国禅师道场,隶越之萧山西兴镇。据钱塘要冲,实两浙往来一都会。迅风驾涛,日夕澎湃,阻未得渡者,于兹憩焉。接待之名,遂昉于此。中更兵焰,化为埃尘。乾道三年,雪僧德休相废基而兴之,寺得不灭。淳熙间,实老聿来斯宇,经久是图。挥衣钵,募众缘,获田七百余亩,以供斋粥。然土壤洼瘠,水涝频仍,每岁所入,仅了科役。继者交病,相率逃去。堂寮鞠草,香积无烟,僧不遑安,于人奚望?故憧憧之徒,风帆浪泊,倏不相值,则相顾失色,无所寄足。是名为接待,实安在哉?寺之废兴,利害所关,抑可知已。逮我前宁,肇新大化,君相明良,蠹弊俱饬。百司庶府兴淄黄之官,在在处处,易旧而新。矧毓德鄧水,朝觐所从,寺之亲衮绣蒙光辉者再世,顾瞻凤址,恢拓经营,讵容以汗漫视之?嘉定十四年,慈觉大师宗明来自剑津,游会稽,探禹穴。偶经斯寺,讯崇兴之巅末,慨废坠之繇元,发慈悲心,作根固力,罄己囊橐,为法栋梁,增至高田余六百亩。越二年,今丞相鲁国公闻之,曰:"嘻!吾志也。尔能探吾赜,良足嘉尚。尔其为山主人。"因大出余金,俾竟其事。宗明奉命惟谨,善念孚感,人竞乐输。度土裁基,鸠工伐木。门廊庑观,不日而成。独正殿择方巨栋,尚缺其二,凡材莫有。工师旁午,茫然无所措。忽寺旁浑水闸现起肤寸,视之则木。引而裁之,二栋天成,径围尺度,不爽毫末。自非阴畀神授,奚以获此?吁!亦大异矣。殿既崇成,复建坊于寺,前扁曰"施水",供行客以汤茗。祁寒盛暑,劳者获息,渴者获饮。大慈道场,善事具焉。宗明谂于众曰:"斯寺创于唐,煨烬于兵革,兴于休与日,中又衰绝,及是复新。揆厥所元,皆今大丞相圆

---

[1] 明化寺:在西兴镇,唐长兴三年,吴越王建,名化度院。宋景德三年,改今额。

成之力也。曩寺之废,实弊于征敛之繁。宗明因闻诸府,自府而部,自部而省,朝旨既颁,州家奉行。每岁征税,所输绢一十二匹二丈五尺二寸,䌷二尺五寸,绵一十二两二钱,苗米六十石五斗六升。其诸科役折变,敷借夫脚僧,正司差拨。非时骚扰,及过往官吏需索,一切禁止。寺成而人安,法具而弊绝。居者行者,各适其欲。又今大丞相外护之赐也。此恩此德,宜如何报?晨香夕灯,惟祝寿祺,与国同休,吾徒职也。"众曰:"善。"请以寺为史鲁国公府功德寺,接待十方云游僧。宗正得以董正而主张之,顾不伟欤?求志其实。余谓佛以济人利物为念,虽投身割肉以喂饥饿,犹所不靳,矧兴废植僵,开方便门,使人天境界庄严振起,独非国王大臣所为动心乎?令丞相现宰官身,正法眼藏,分粟布金,了此一大因缘。宗明心领意会,慨然承当。振颓纲,作佛寺,踵遗规而增大,植胜果于将来。寺成之后,遂举明化,付越僧净连,略无顾惜。如孤云出岫,来非有意,去亦何心?善始善终,可书也已。

乾隆《萧山县志》

客越志

[明]王稚登

西兴买舟,已在萧山境上。此地舟行如梭,卷篷蜗居,不可直项。插一竹于船头,有风则帆,无风则纤,或击或刺,不间昼夜。十里抵萧山听潮楼,甚伟。日暮过耶溪,山川映发,水木清华,陂深堰曲,清波荡漾,数十里皆作碧琉璃色。新田绿涨,若佛衣参差,十树一村,五树一坞,门扉隔竹,人面半绿。忆吾乡义兴罨画溪,长若衣带,游者比之武陵桃源,而此处居人意殊不觉,所谓司空见惯耳。吾宗子敬谓应接不暇,良非过称,宜乎晋代名流,考槃相望。今其遗墟尚在,精灵何之,不知可能骑鹤翩翩,云中下来也[1]。

乾隆《萧山县志》

致傅分司书

[清]来集之

恭惟老公祖台台四海龙门,九霄凤翼,偶移玉堂之华选,暂为浙右之福星,士民俱切来苏矣。敝省满营马匹,往时牧放仁和、许村两场,突于顺治十五年间,仁、许民灶捏称蠹马相妨,于三四月间暂移西兴,六月以后复归,渐而年复一年统放西兴矣。驿马路繁冲,行李之攘夺,田园杂处,禾麦之食践,所不堪矣。屡经哀控各台,

---

[1] 原注:按此志吐属凡俗,乃明人之糟粕也。以旧志所载,姑存之。

蒙前任刘公祖申详上台，今复批公衙门会议，此则西兴场有幸，而值老公祖新任之期，为斯民主张大事也。旧时公议，三四两月放西兴，六月以后归仁、许，缘未题定，故转恋西兴。兹蒙绍兴府议详，仁和、许村、西兴附省三场，分年轮牧，事虽至公，但西兴隔江，与仁、许连省不同，且顺治十五年以后，陷累西兴场者十二年于兹，若轮牧，尚是偏亏西兴耳。老公祖重望高才，主持造福，在此举矣。临楮主臣。（《倘湖遗稿》）

《固陵杂录》

致张府尊书

［清］来集之

西兴场受牧马之累十二年于兹，千秋之幸，荷蒙老公祖一力主持议详，仁和、许村、西兴三场轮年牧放，事属至公，而仁、许之民妄称西兴宽阔。查考《鹾规》一书，仁和场延袤百里，西兴场二十五里，仁和场容一万六千九百九十六丁，许村场容三千五百九十三丁，西兴场容四千六十六丁，载在成书，非可强饰，安得谓西兴宽阔耶？又妄称贝勒王合诸官会议造马船专放西兴，时方征讨闽广，故造马船，岂专牧放西兴而造船哉？设果如此，又何待十五年后而始渡西兴？今又何马船竟不修哉？老公祖明察未形，兹于十二月初旬会议，当必力为一方之民请命而治，弟等亦不能已于公言也。临启瞻悚。

《固陵杂录》

致石盐道书

［清］来集之

营马牧放，鼎革之初，原放于附省仁和、许村两场。及顺治十五年，驾称蠹马相妨，飞渡西兴，遂尔久恋不返，为害不可胜言。屡经告控，前蒙老公祖台台申请各上台，而将军批语，甚是公平，云"营马放青，本将军屡经禁饬，不许扰害良民矣"。至于马匹所放，西兴历十有余年，仁、许两场亦已皆然，两相无致推诿缴，是将军已洞瞩下情矣。若三场轮牧，则一场受害，两场休息，庶可少办课税，乃仁、许奸民，妄称场地狭窄。顾《鹾规》一书，开载甚明，仁和场延袤百里，西兴止二十五里，仁和场容一万六千九百九十六丁，许村场容三千五百九十三丁，西兴场容四千六十六丁，今且逃亡，故绝止二千六百丁矣。何谓西兴独阔哉？又妄称马船为放马西兴而设，岂知马船为征讨闽广而设哉？均是老公祖之赤子，彼此应无异视，独困一方之民，亦仁人之所不忍也。特此公陈下情，临启瞻悚。

《固陵杂录》

辞征博学鸿词书

[清]来集之

昨闻老公祖台台以某应博学鸿词之选,深感知己之恩,而又窃疑老祖台之未尽全知也。某自通籍以来,尝一试明刑,再经考选,徒有寸心,莫展材略。既而退耕一丘,深幸可以藏拙,荷锄驱犊外,暑则北窗,寒则南窗,破书数束,拥案披吟,消磨岁月,感荷盛世之开天,使风调雨和,闲作太平之民,与田夫野老果腹高卧于桑阴之下。稍或见之笔,不过出蚯蚓之窍,发苍蝇之声,初无经纶康济之英略,身心性命之精微也。无叔夜之才,而有其懒;无渊明之高,而同其退。老公祖误信道路之言,而登之荐刻,他日蹶张败露,则举之者与应之者同见讥于当世矣。朝廷爱贤若渴,求士以诚,发明诏设特科,逼搜州里之选,广求岩薮之奇,正当削平祸乱、廓清六宇之时,须得王佐之材、匡时之杰起渭莘之野,出其抱膝扪虱之所蕴,以黼黻皇猷,劻勷艰大。若某者,岂堪厕其间哉?樗栎误收,则匠石失藻鉴之名;驽骀在枥,则伯乐得糊目之诮。老公祖其见及此耶?至于发脱齿摇、蹒跚疏脱之状,老公祖所亲见,怜其衰残,而不责以苛细。老马知涂,微蠓识水,稍备座右之顾问,叨窃已过矣,岂堪以塞明诏而仆仆于软红尘中耶?马牛之呼,无间人我;麋鹿之性,不惯长缨。万乞收回成命,俾某得从长松茂林之下,高枕石头,清茶数啜,听松风之谡谡,与涧水之潺潺,梦入曦皇,不知天之已晓,歌残黄竹,不知岁之云暮,斯则朝廷清晏之余福,老公祖政治之洪庇也,不亦休乎?容当面布,不一。附有启者,弟所著《樵书》八卷,分为二编。初编目下已就,即当驰上请正,仰藉老公祖锡之嘉序一通,非比三都之赋,但仰托玄晏以不朽耳。(《倘湖遗稿》)

《固陵杂录》

四、方略篇

(一)概述

白马湖

越王城山之北麓荡漾着一片碧水,这便是白马湖。全湖周长10余千米,水面1800余亩,中建白马湖桥,桥之东称东白马湖,之西称西白马湖。湖中有大小不等的绿洲12块。

白马湖又称排马湖,乡民叫跑马湖。相传2400多年前的春秋末期,吴军于此排马布阵,猛攻被困于越王城山山顶的越军,未克而退,因此得名排马湖,后称白马湖。清来圻圣有诗云:

空碧净无尘,和风应小春。

当年征战处,日暮寂无声!

这首五言绝句写出了白马湖环境的宁静、优美,还说到了吴、越两军在此鏖战的史实。北魏郦道元《水经注》云:"固陵有西陵湖,亦名西城湖。"清代毛奇龄《萧山县志勘误》作了诠释:"即白马湖,以地近西陵(今称西兴),则名西陵湖,以其在(越王)城山之西,则名西城湖。"

白马湖湖畔原有石姥祠,祀石瑰。唐长庆二年(822),江潮为患,石瑰奋力筑堤,以抗水势,不幸丧生,唐咸通中(860-873)受封潮王。此后,他被立庙湖畔、江边,享受人间香火。

长河镇境内的槐河、浦沿镇境内的大浦河等水汇入白马湖,白马湖又通过两河与湘湖、浙东运河相通。白马湖在水利上可解旱涝,在交通上可通舟楫。白马湖周边有山北河,石荡河、龙塘河等20多条河道,有冠山、狮子山、回龙庵山等景观山体,还有湿地、老街等丰富的自然景观和人文生态景观。

这些年,白马湖虽因湖面缩小,生态环境也受到影响,但若伫立堤岸向湖中眺望,依然可见烟水朦胧、玉镜空浮。近年,白马湖的开发与保护已开始,原有生态环境尽最大限度地保留,这里将建白马湖生态公园、动漫公园、风情渔村、影视后期制作中心、生态度假村和郊野公园等,将把白马湖打造成"宜业、宜居、宜游、宜文",以动漫产业为特色的综合性文化创意产业区。

来源:马时雍主编,《杭州的水》(第二版),杭州出版社,2012年。

杭州湘湖(白马湖)研究院

杭州湘湖(白马湖)研究院于2010年5月成立。

杭州湘湖(白马湖)研究院是湘湖(白马湖)学的专门研究机构,主要承担湘湖(白马湖)学研究总体规划编制,开展湘湖(白马湖)学理论研究,从事《湘湖(白马湖)全书》《湘湖(白马湖)文献集成》《湘湖(白马湖)通史》《湘湖(白马湖)辞典》《湘湖(白马湖)研究报告》的编纂,以及学术交流、信息发布和人才培训等职能,并承担湘湖(白马湖)学研究理事会的日常组织协调工作。

湘湖(白马湖)研究院通过特聘客座研究员、吸收研究会成员、委托研究项目等方式,整合国内外与湘湖(白马湖)研究相关的研究机构和大专院校的专家学者参与以上项目的研究。也欢迎社会各界参与湘湖(白马湖)研究。

湘湖是浙江文明的源头之一,距今8000年的跨湖桥遗址出土的独木舟,是迄今为止世界上考古发现最早的舟船。这里还曾演绎过吴越争霸、越王勾践"卧薪尝胆"的悲壮故事。湘湖风景秀丽,被誉为杭州西湖的"姊妹湖"。在清乾隆时期就有龙井双涌、跨湖春涨、越城晚钟等"湘湖八景"。2003年启动的湘湖保护与开发,总规划54平方千米,一期工程恢复湖面1.2平方千米,建成了五大景区十六大景点。自2006年开放以来,湘湖累计接待游客820万人次,2008年被评为国家4A级旅游景区。

通过研究湘湖(白马湖)学,可以传承和提升湘湖文化,指导湘湖的保护与开发建设,最终把湘湖建成历史文化、自然生态、休闲度假为一体的大型旅游度假区。

来源:《浙江学刊》,2010年第4期。

杭州白马湖会展中心

白马湖会展中心位于滨江区白马湖生态创意城,由滨江区政府投资,总建筑面积7万平方米,室内可使用展览面积4.5万平方米,于2010年4月18日正式启用。2011年,该会展中心设立第二届世界休闲产业博览会主题馆,展馆分为5层,展示面积约4.5万平方米,为各国特色城市搭建展示休闲风情的舞台。来自世界各地近160个城市、地区和组织应邀参展。今年举办动漫设计展、全国剪纸大赛获奖作品展等展览,展出总面积40.5万平方米。

来源:许保水主编,《杭州年鉴2012》,方志出版社,2012年。

水 域

据1954年全县水产资源调查,本县除钱塘江、浦阳江水域外,内地水域总面积为77201亩,其中外荡(指通外江的河流湖泊)44749亩,内塘32452亩。后由于围垦地区面积增加,开挖人工河渠,水面相应增多。同时期,为发展粮食生产,部分地区围湖造田、建设工厂、填河建房等,水面相应减少,致使水域结构起较大变化。

据1984年《萧山县渔业资源调查和区划报告》记载,本县除钱塘江、浦阳江水域外,共有内地水面79853亩,其中外荡653处,60656.6亩;内塘12389处,17434.3亩;山塘水库167处,1762.2亩。可养鱼面积66309.7亩,占内地水面的83%;1979年已养鱼面积55225.5亩,占可养鱼面积的82.6%。1952—1986年内地水面面积及利用情况见表。境内水域大多分布在东北部沙地区(包括新围垦区)和中部平原稻区。

1952—1986年内地水面面积及利用情况

单位:亩

年 份	全县水面				已利用			
	合 计	外 荡	内 塘	山塘水库	合 计	外 荡	内 塘	山塘水库
1952	65002	40744	24258	—	36000	14500	21500	—
1954	77201	44749	32452	—	45842	25352	20490	—
1958	77501	44749	32452	300	59826	36237	23289	300
1965	67200	41100	25000	1100	28198	21742	5808	648
1976	—	—	—	—	39798	29693	8915	1190
1982	66330	49777	15000	1553	50182	36188	12441	1553
1996	82988	60656	20513	1819	58260	35928	20513	1819

沙地区:包括北海塘以北的义蓬、瓜沥和城北区的沙地。该地区靠近钱塘江,

多为长江口浅海沉沙由海潮移入沉积而成的沙质土壤。中华人民共和国成立以前,人工河渠稀少,较大的只有瓜沥湾(瓜沥镇至头蓬镇,长15千米)、坎山湾(坎山镇至赭山镇,长12千米)。由于其易受干旱,故不宜养鱼,农家养鱼多在草舍附近的池塘。1954年,沙畈池塘养鱼面积约11507亩。1958年以来,大兴水利,至1984年开掘人工河渠151条,总长701.2千米,为发展渔业开辟了宽阔的水域,其中新围垦区(即南沙大堤以北)就增水面15681亩,建有国营和集体渔场14个。

平原区:包括临浦区、城南区和闻堰、长河、昭东等乡(镇),天然河湖较多,有西小江、萧绍运河、南门江和白马湖、湘湖等,素称"鱼米之乡"。西小江,自麻溪流经临浦峙山至钱清,县内长33千米,水流平稳。从杨汛桥至螺山南3.5千米,1951年由省水产公司开辟养鱼,建立国营绍兴养鱼场;螺山至来苏乡丁家蓬长7.5千米,原由城北区渔业生产合作社养鱼,1955年5月1日归萧山县第一农场经营,1959年3月,划归城南人民公社经营。萧绍运河,境内长21.5千米,由城东、衙前等乡(镇)养鱼。南门江,总长20千米,由城南、来苏、通济乡养鱼。白马湖,现有水面1724亩,其中东湖约1000亩,西湖约724亩。湘湖,民国四年(1915)由巡按使派员测量面积为22042亩,据1966年县水利部门查勘只剩水面3040亩,现为国营湘湖渔场养鱼。中部平原各乡以昭东乡水面最多,有5102亩。

低山丘陵区:有永兴河、凰桐江、七都溪、径游江和进化溪等。这些河流因水位随雨量涨落,水流湍急,都不宜养鱼。1949年至1984年先后建水库125座,山塘793处,增加养鱼水面1700余亩。该地区13个乡中,水面最少的是欢潭乡,仅207亩。

本县淡水资源丰富,气候温和,年日照2071.8小时,平均气温16.1℃,常年水温10~30℃。年无霜期224天,降雨157天,雨量充沛,水生浮游生物繁生很快,适宜鱼类生长期约8个月。

50年代以后,水利设施不断改善,常年汲淡引水,以调节境内水位。内河水位,保持在5.75米(吴淞标高)左右;水流稳定,水深1.5~2.5米;河宽多数在20~80米。上述因素,为发展淡水养殖、网箱养鱼和珍珠生产,创造了十分有利的条件。

来源:楼天育,章耀承主编,《萧山县农业志》,浙江大学出版社,1989年。

固陵港　西陵渡

固陵港

固陵港是钱塘江入海口最早的渡口,固陵港由固陵渡附近江湾形成,是有史料记载的我国最早的组合港口渡口之一。《越绝书》卷八:"浙江南路西城者,范蠡敦兵城也。其陵固可守,故谓之固陵。所以然者,以其大船军所置也。"固陵,即越国两城,建在今萧山越王城山。固陵港,即当时固陵周围的渔浦湖,通浙江(钱塘江),因由范蠡主持兴建,故又名范港,位置在越王城山北麓。白马湖北侧一带历史地名范港村,西北距西陵约6千米。春秋末叶,吴越交战凡三十余年,战役频繁,较大的战争有7次,舟师战于笠泽(今太湖)、夫椒(今太湖中之洞庭山)、陆战在姑苏(今苏州)、槜李(今嘉兴西南)、会稽(今绍兴平水),由于主战场多在钱塘江以北的太湖流域和杭嘉平原,越国从钱塘江以南的中心区域山会发兵出征,无论舟师还是陆师,钱塘渡都是必经之地。

西陵渡

在今萧山西兴镇,是历史时期钱塘江南岸的主要渡口之一,因位于固陵之西,故名;五代末,吴越王钱镠以陵非吉语改为西兴后,称西兴渡。虽然固陵与西陵分处两地,属不同时代形成的城堡与镇邑,但由于两者地域相近,又各系历史时期钱塘江南岸的重要渡口,还存在前后的演变传承关系,因此很容易产生混淆,以致足迹未涉南方的郦道元也认为"谓之固陵,今之西陵也"。事实上,西陵开设渡口应在晋代,晋人贺循疏凿两兴运河,之所以将运河入江口选在西陵而非固陵,很可能是当时固陵港已淤涨成滩涂,固陵渡已经被西陵渡所取代。

来源:邱志荣、陈鹏儿著,《浙东运河史(上)》,中国文史出版社,2014年。

(二)政治

1.省政策法规、规划计划

浙江省文化产业发展规划(2010—2015)(节选)

(二)重点发展八大产业。按照发展特色文化产业群的要求,重点发展文化创意、影视服务、新闻出版、数字内容与动漫、文化会展、文体休闲娱乐、文化产品流通、文化产品制造八大重点产业,明确八大产业的发展导向和发展载体,全面构筑我省文化产业的新优势。

1.文化创意业。

发展导向。文化创意业主要包括艺术创作、艺术设计、咨询服务、文化科技等重点领域。加大对文艺精品创作生产的扶持力度,努力推出一批体现国家和浙江文化精品创作水准,在全国产生重大影响的文化精品。加大对工业设计、环境艺术、服装设计等创意产业的扶持和引导力度,着力发展品牌设计、包装设计、产品设计、时尚设计、多媒体设计以及手工艺品设计等行业,不断增强产业渗透力和辐射带动力,推进"浙江制造"向"浙江创造"转变。加快广告策划业的优化升级,加强创意和创新,提高专业化服务水平,培育一批具有全国影响力的综合性广告公司。引导和鼓励咨询服务创新,重点发展市场调研和策划、企业咨询、商业策划、金融咨询等行业。培育和规范艺术品交易市场,鼓励发展艺术品经营机构,努力促进艺术品经营业繁荣发展。鼓励发展乐器、棋艺、书法、绘画等社会文化生活教育服务。

发展载体。重点培育杭州、宁波和温州三大创意能力突出、辐射能力较强的综合性创意城市,以及嘉兴、台州、义乌三大专业化水平较高并具有地域经济文化特点的特色化创意城市。全面推进白马湖生态创意城、之江文化创意园、西湖创意谷、杭州山南设计创意产业园、宁波和丰创意广场、温州学院路创意产业园、绍兴中国轻纺城纺织创意中心、丽水万象创意产业园等基地建设。大力扶持西泠印社集团有限公司、思美传媒股份有限公司、浙江南方建筑设计有限公司等优势企业。重点推进天泇山书院及配套设施建设项目、ADA国际设计中心项目、嘉德威工业设计园项目等建设。

2.影视服务业。

发展导向。影视服务业主要包括广播、电影、电视的拍摄、制作、传输、播映和集成等领域。影视服务业发展要坚持社会主义核心价值观,关注重大历史和现实题材,重点抓好主旋律电影、电视剧、纪录片、动画片、网络视频的创作生产,努力使我省影视业走在全国前列。加快发展电视剧产业,推动电视台电视剧制作机构在完成转企改制的基础上,进一步建立健全现代企业制度,面向市场做大做强。积极推动国有电影发行放映单位转企改制,积极组建集电影制作、发行放映、电影频道、新媒体业态为一体的省级电影集团,着力培育发展一批国有或国有控股的骨干电影发行放映企业。大力推进电影院线和城镇数字影院建设,着力发展品牌院线、特色院线、数字院线和跨区域院线等,做大做强浙江时代、浙江横店、温州雁荡、浙江星光等院线,形成覆盖全省城乡的影院终端网络。加快改造建设数字化多厅电影院,大力推广运用数字化电影放映技术。推进和优化横店国家影视产业实验区产业链,形成影视拍摄、后期制作和院线发行紧密结合的产业链体系。大力推进有线广播电视网络数字化整体转换和双向化改造,加快网络广播电视、手机电视、公共视听载体、移动电视等新媒体发展,加快推进通信网、广电网和互联网"三网融合",形成较为完整的数字广播电视产业链。

发展载体。影视服务业拍摄与制作应以浙江横店影视产业集聚区为核心,西溪创意产业园、"中国坞"文化创意产业园、南浔文化创意产业基地、安吉竹海(影视)创意园等为支撑,大力推进影视基地建设。做大做强浙江广播电视集团、浙江省电影有限公司、杭州文化广播电视集团、华数数字电视传媒集团有限公司、浙江华策影视股份有限公司、浙江横店影视城有限公司等龙头企业。加快推进浙江影视后期制作中心项目、象山影视城(二期)项目、嘉兴国际影视与文化创意制作基地项目等建设。

3.新闻出版业。

发展导向。新闻出版业主要包括新闻业、书报刊出版印刷发行业、音像及电子出版物出版印刷复制发行业、网络出版和数字出版业,以及与新闻出版相关的版权服务业。进一步做优新闻业,积极探索新闻媒体分类改革,按照中央部署,扎实推进非时政类报刊社的改革,加快推进党报党刊发行体制改革,探索建立面向市场的发行公司。以建设新闻出版强省为目标,做强做精书报刊等传统出版业,大力发展网络出版、数字出版、手机出版等非纸介质现代新型出版业态,推动新闻出版业转型升级。积极促进印刷复制业转型发展,加强印刷复制园区建设,积极发展数码印刷、特色印刷、绿色印刷。积极发展现代出版流通、物流产业,大力发展出版物连锁经营、物流配送、电子商务等现代分销形式、流通业态,构建"高效、便捷、有序"的现代出版物流通体系。加快培育版权交易服务机构,加大版权保护力度,促进书报刊音像及电子出版物版权贸易的健康发展。实施图书"走出去"工程,构建海外发行渠道和平台,扩大浙版图书影响力。

发展载体。以浙江日报报业集团、浙江出版联合集团、浙江在线新闻网站等为龙头,积极推进新闻宣传加强创新,进一步提高舆论引导能力,同时积极推进产业经营与发展,进一步增强发展活力,为增强新闻出版影响力提供坚实基础。以杭州为核心,宁波、温州、金华等为结点,整合新闻出版物流基地,形成"高效、便捷、有序"的新闻出版网络体系。重点推进杭州国家数字出版产业基地、浙江新出版数字传媒研发中心和中国移动杭州手机阅读基地、中国古代造纸印刷文化村、百步文化印刷创意园、绍兴印刷产业创意园等基地建设,逐步把杭州、宁波、苍南、路桥、义乌五大特色印刷产业区块打造成为国内乃至国际知名的印刷产业基地,加快扶持衢州印刷集聚区和台州路桥横街印刷产业集聚区发展。做大做强新雅投资集团有限公司、曙光印业集团有限公司等行业龙头企业。重点推进浙江日报报业集团新闻印发基地项目、浙江新出版数字传媒研发中心项目、图书销售与文化服务网点建设项目、杭州数字出版印刷产业园项目等建设。

4.数字内容与动漫业。

发展导向。数字内容与动漫业主要包括动漫业、网络游戏业、互联网信息服务业和无线网络服务业。数字内容与动漫业发展要充分利用3G时代与三网融合的技术趋势,以杭州高新区国家动漫产业基地、西湖区国家数字娱乐产业基地为载体,依托浙江大学、中国美术学院、浙江传媒学院等国家动画教学研究基地的科研力量,坚持自主创新和引进品牌相结合、民族文化和现代时尚相结合、创意内容与数字科技相结合,加大动漫、网络游戏及衍生产品的开发力度,全面推进数字内容与动漫产业发展。鼓励创办综合性或行业性的电子商务网站、文化信息服务网站,创作生产以移动通信设备为终端的多媒体广告、影视音像文艺作品、手机游戏及衍生产品等文化产品,开发关键网络技术、应用无线网络技术和相关设备。努力将浙江打造成为全国领先的以动漫游戏、数字内容服务为特色的数字娱乐基地,国内具有重要影响力的动漫游戏产业中心。

发展载体。以杭州为龙头,以杭州高新区国家动画产业基地、西湖数字娱乐产业园等数字内容与动漫产业基地建设为重点,集聚专业创意人才和数字内容与动漫企业,加大杭州"中国国际动漫节"的宣传和推广力度,打造产业带动能力突出、辐射能力强、具有国际影响力的中国"动漫之都"。加快推进宁波国家级动漫游戏原创基地建设,培育全国重要的原创动漫产品生产、创作基地。以湖州科技创业园、嘉善浙北动漫基地、绍兴动漫产业创意园区、浙中网络文化创意产业园等文化产业基地建设为依托,着力将湖州、嘉兴、绍兴、金华建设成为在全国具有一定知名度的数字内容与动漫产业发展集聚区。加大对数字内容与动漫企业和项目的扶持力度,重点培育浙江中南集团卡通影视有限公司、杭州漫齐妙动漫制作公司、宁波成功多媒体通信有限公司、浙江海利控股集团、金华比奇网络公司等一批具有全国性影响力的数字内容与动漫龙头企业,建设阿里巴巴·淘宝城项目、迪斯尼动漫项目、盛大网络全球首家互动娱乐产业示范基地项目、浙江省动漫衍生产品交易中心等一批具有重大引导和带动效应的示范项目。

5.文化会展业。

发展导向。文化会展业主要包括文化会展服务、文化艺术体育商务代理服务等行业。文化会展业发展要以打造国际知名会展目的地、全国重要的会展中心及会展强省为目标,加快浙江会展业专业化、市场化、国际化进程,加快培养和引进会展业专门人才,完善会展中介机构体系,培育一批具有国际竞争实力的会展市场主体。在已有的文化用品、轻纺产品、五金制品等传统会展品牌的基础上,结合浙江文化产业的发展趋势,加快培育文化创意产品、工艺美术品、文体休闲娱乐产品等新型会展产品,积极打造浙江会展强省。加快推进展示工程资质认定、展览品牌与会展活动评优、会展统计等工作,扶持文化艺术体育商务代理企业。

发展载体。加快构建以杭州、宁波为中心,以嘉兴、绍兴、义乌等特色会展城市联动发展的会展业体系,在全省范围内合理布置和整合会展场馆资源,建设一批高档次、多功能的现代化会展场馆,在以上海为中心的长三角会展业体系中发挥重要功能。以中国杭州文化创意产业博览会、杭州"西湖艺术博览会""中国国际动漫节"等为依托,打造一批优势文化展会;以杭州西湖国际博览有限公司、中国国际动漫节会展有限公司为依托,打造一批知名文化会展企业。

6.文体休闲娱乐业。

发展导向。文体休闲娱乐业主要包括生态文化业、文化旅游业、演出业、体育服务业和文化娱乐业。生态文化业要充分挖掘全省生态资源优势,按照建设生态文明的要求,积极发展森林生态文化、水生态文化、湿地生态文化、海洋生态文化等多种领域,实现文化与区域生态、休闲旅游的融合发展。文化旅游业要做优做特民俗文化、水乡古镇、海洋文化等文化旅游区块,积极开发宗教、美食、丝绸、影视、修学、科技等特色文化旅游,积极举办具有丰富文化内涵的文化旅游活动,打响"诗画江南、山水浙江"的文化旅游品牌。演出业要切实推动国有文艺院团改革,加大对民营院团的扶持力度,支持其与国有院团平等竞争、共同发展,不断完善演出市场网络体系,推动浙江演艺市场向多元化、品牌化方向发展。推进文化演艺与旅游的深度融合,实现全省4A级以上风景区都有一台特色文化演出项目。体育服务业以运动休闲、健身服务和体育竞赛表演为发展重点,打造特色运动休闲基地,积极培育大型体育产业集团。文化娱乐业要引进、开发新的娱乐形式,提高娱乐产业的整体层次和文化品位,鼓励建设经营面向老年人和中低收入居民的休闲娱乐场馆设施,加大行业监管和市场开拓力度。

发展载体。以城市为中心,充分整合文化资源,加快构筑杭州国际文化休闲、宁波滨海都市文化、温州山水文化、浙北古镇文化、绍兴古越文化、浙中商贸影视文化、舟山海洋文化、台州山海文化和浙西南生态文化等九大文体休闲娱乐业发展板块,形成地域文化特色鲜明、优势互补、区域联动的文体休闲娱乐业发展格局。重点推进杭州创意良渚文化产业基地、黄龙体育中心体育文化创意中心、宁波梁祝爱情文化产业园、嵊州中国民间越剧城、景宁全国畲族文化发展基地等文体休闲娱乐基地建设,培育区域性文体休闲娱乐产业发展集聚区。以浙江新远文化产业集团、浙江旅游集团、宋城集团、杭州金海岸有限公司、长兴百叶龙演出公司等企业为重点,培育文体休闲娱乐产业发展的大企业和企业集团。以杭州奥体中心项目、西湖文化广场浙江文化艺术中心项目、径山禅茶文化旅游综合体项目等建设为抓手,促进全省文体休闲娱乐业的发展。以中国国际钱江(海宁)观潮节、中国网络音乐节、舟山群岛·中国海洋文化节、舟山·国际沙雕节、中国金华·国际黄大仙文化旅游节等会展活动为重点,培育具有浓郁地方特色和丰富文化内涵的会展活动。

7. 文化产品流通业。

发展导向。文化产品流通业主要包括文体用品销售、文体设备销售、相关文体产品销售、艺术品经营等行业。文化产品流通业要以建设文化产品大流通格局为目标,进一步加强文化产品实体市场建设和文体产品网络销售平台等现代化商贸平台建设,加强仓储、物流、海关、金融、商检、保险、信息网络等配套服务设施建设,带动全省艺术创作及文化产品制造业的发展。积极推进文化产品流通业现代化改造,以阿里巴巴等网上交易市场为重点,加速文化产业电子商务体系开发,构建行业性、综合性、多领域的B2B、B2C、C2C电子商务模式,推动文化产业流通渠道创新。

发展载体。以义乌文化产品市场及各地文化产品专业市场为依托,构筑以浙中为中心,以全省快速交通网络为支撑的文化产品实体市场体系。加快义乌文体专业市场提升改造,进一步巩固其在全国的文体用品流通中心、信息中心、展示中心和出口基地的地位。加快杭州、温州、台州等地文体用品专业市场区块的建设培育。以西泠印社集团"江南艺术品交易中心"项目、东方卢浮宫文化艺术品展示中心项目、衢州奇石交易市场建设项目、宁波书城建设项目等为依托,推进一批文化产品流通体系建设项目。加快培育和发展博库书城、淘宝网、好易购家庭购物等新兴文化产品流通平台。

8. 文化产品制造业。

发展导向。文化产品制造业主要包括文体用品生产、文体设备生产、演艺设备制造、工艺美术品制造、包装装潢印刷品和其他印刷品等行业。文化产品制造业要抓住我省加快建设"大平台大产业大项目大企业"的机遇,利用已有产业集聚优势,推动文化产品制造块状经济向现代产业集群转变,加快文体用品、木制玩具、体育休闲用品等领域的转型升级,推动工艺美术品、演艺设备等领域的高端化发展,大力提高文化产品档次和技术含量,培育若干个区域品牌,不断提高产业高新技术含量和产品附加值,提升在国内外市场的竞争力。

发展载体。充分依托浙江块状经济基础,加大制造业文化含量,培育文化制造业品牌。大力推进南浔善琏"中国湖笔之都"产业基地、江山羽毛球产业基地、温州桥下教玩具产业基地等建设,重点扶持浙江华鹰控股集团有限公司、宁波音王集团有限公司、宁波海伦乐器制品有限公司、衢州醉根艺品有限公司、华宝斋富翰文化有限公司等骨干企业。加快推进杭州临安昌化国石文化城项目、中国衢州莹白瓷研制中心、中国印章产业基地项目等建设。

来源:《浙江省人民政府关于印发〈浙江省文化产业发展规划(2010—2015)〉的通知》(浙政发〔2011〕3号)。

2.市政策法规、规划计划

杭州市"十二五"文化创意产业发展规划(节选)

一、现实基础

(一)主要成就

4.人才队伍持续壮大。截至2010年底,已成功引进潘公凯、余华、约翰·霍金斯、刘恒、邹静之、赖声川、朱德庸、蔡志忠等一批国内外文化名人以不同方式入驻西溪创意产业园、之江文化创意园、白马湖生态创意城等园区。认定10家大学生创业孵化基地和14家大学生实训基地,共实训大学生5148人次。每月1次的"西湖创意市集""酷卖街·动漫市集""创意力量大讲堂"等活动,已经成为青年设计师、大学生创新创业和学习交流的重要平台。

四、空间布局

(二)空间结构

11.白马湖生态创意城。该园位于杭州高新开发区(滨江)南部区块,规划总面积约20.5平方千米,主要依托区域高科技产业优势,注重保护利用自然生态和文化资源,推动动漫艺术与信息科技、旅游休闲业相结合,重点发展动漫游戏产业,兼顾信息服务业、设计服务业、文化休闲旅游业等,打造"宜业、宜居、宜游、宜文"的综合性生态文化创意城。到2015年,园区集聚企业数量450家,营业收入50亿元,利税5亿元,就业人数1万人。

来源:《关于印发〈杭州市"十二五"文化创意产业发展规划〉的通知》。

杭州"十二五"动漫产业发展规划(节选)

三、重点工作

(十一)加强园区建设工作。发挥现有西溪创意产业园、西溪数字娱乐园、之江文化创意园、高新区国家动画产业基地的产业集聚效应,推进白马湖生态创意城、漫画村、动漫创意街区、动漫主题公园建设工程,以龙头企业为核心,利用动漫基地(园区)的集聚效应,带动中、小型动漫企业形成动漫产业集群,推动动漫产业整体发展。

来源:《杭州"十二五"动漫产业发展规划》。

关于深入推进文化创意产业与相关产业融合发展的实施意见(节选)

三、落实主要任务

(一)培养一批专业人才。继续实施"青年文艺家发现计划""中国杰出女装设计师发现计划",抓好"杭州市十大产业文化创新团队""白马湖文创讲堂""杭州影视业国际化青年人才培养计划""青年设计师发现计划"等项目,进一步加大对优秀文创人才的引进和支持力度,持续推进文创产业人才专场招聘会和大学生创业实训等工作。进一步推进"杭州工艺与民间艺术薪火传承计划",鼓励发展非物质文化遗产传承人才的职业化教育,培养一批具有创新能力的技能人才。

来源:《杭州市人民政府办公厅〈关于深入推进文化创意产业与相关产业融合发展的实施意见〉》(杭政办函〔2015〕51号)。

杭州市国民经济和社会发展第十三个五年规划纲要(节选)

第十八章　发展"1+6"产业集群

专栏8:"1+6"产业集群培育行动

文化创意产业集群	发展目标	增加值(老口径)突破2800亿元,年均增长10%以上。
	重点领域	重点发展数字内容、影视、动漫游戏、设计服务、艺术品、教育培训、文化休闲旅游、文化会展等行业。
	重点平台	国家级文化和科技融合示范基地、国家数字出版基地、国家广告产业园、两岸文化创意产业合作实验区、西湖艺创小镇、滨江创意小镇、余杭梦栖小镇、余杭好竹意小镇、桐庐妙笔小镇、中南卡通动漫云平台等。
	重点项目	之江创意产业园、白马湖生态创意城、运河天地文化创意产业园、中国移动手机阅读基地、杭州创意设计中心、中国(浙江)影视产业国际合作实验区杭州总部、华数数字电视产业园、浙江影视后期制作中心二期工程、数字出版基地上城园区等。

第二十九章　多措并举综合治理环境

第一节　持续推进"五水共治"

加快推进工业污水、城镇生活污水截污纳管和达标排放,实施城市河道综合整治和生态治理,消灭城市断头河,全面消除黑臭河和省市控劣Ⅴ类水质断面,确保实现县(市)全域可游泳、城区污水零直排、农村生活污水治理设施全覆盖。实施强库、固堤、扩排工程,加快钱塘江、苕溪流域干流治理和海塘加固,推进钱塘江两岸城市排涝工程及管网建设,实现城区十年一遇、重点区域二十年一遇防涝标准。强化饮用水源安全保障,严格控制钱塘江、苕溪上游地区重污染高风险行业准入,完成杭州第二水源千岛湖配水工程,开展城区分质供配水管网建设,完成闲林水库和湘湖备用水源扩建工程,推进滨江白马湖备用水源工程建设,加速供水管网改造提升,继续实施农村引水安全提升工程,改善城乡居民饮水条件。贯彻"渗、滞、蓄、净、用、排"六字方针,建设自然积存、自然渗透、自然净化的海绵城市。

来源:《杭州市人民政府关于印发〈杭州市国民经济和社会发展第十三个五年规划纲要〉的通知》(杭政函〔2016〕63号)。

杭州市旅游休闲业发展"十三五"规划(节选)

四、重点举措

(三)打造国际化旅游龙头产品。

2.国家级旅游创新产品。

(2)国家文创公园。

杭州是全球创客的创新创业新天地。依托杭州旅游创意中心,联合在杭各大高校、研究机构和相关企业成立杭州旅游创意联盟,为杭州创意产业提供智力支持和管理平台。以打造杭州云栖阿里巴巴创意旅游综合体为核心,整合杭州市现有工艺美术、动漫、国茶、丝绸等特色文化资源,提升文化与创新艺术交融的良渚文化创意综合体、白马湖生态创意城、千岛湖姜家影视文化创意旅游综合体、杭州艺尚创意旅游综合体和"城市之星"国际旅游综合体等多元文化创意园区,建设成为对接国家文化建设的重大抓手——"国家文创公园"。

六、附录:杭州市旅游休闲业发展"十三五"规划项目库

(二)重点项目。

单位:亿元

序号	名称	功能定位	选址	性质	建设时序与建设内容	计划投资额
15	白马湖生态创意城	文化休闲	滨江区	续建	近期,完成白马湖旅游集散中心、动漫广场、动漫创意集市、创意休闲农业园、环湖绿道、SOHO风情小镇、创意生活左岸和右岸等初期建设。2018—2020年,完善动漫创意区、生态创意区、乡村创意区、文化休闲区建设。	20

来源:《杭州市人民政府办公厅关于印发〈杭州市旅游休闲业发展"十三五"规划〉的通知》(杭政办函〔2016〕104号)。

杭州市会展业发展"十三五"规划(节选)

一、发展基础

(一)发展成就

4. 场馆建设实现突破,办展能力进一步提升

"十二五"期间,杭州着力加强会展设施建设,提升办会办展条件,积极打造"一主五副多馆"。一直困扰杭州会展业发展的大型场馆不足问题取得了突破性进展,总规划建筑面积84万平方米、设5000个国际标准展位的杭州国际博览中心已基本建成,满足举办高规格的国际会议和大规模综合性展览需求。同时,新建了云栖国际会展中心,对已有的杭州和平国际会展中心、浙江世贸展览中心、杭州市国际会议展览中心、白马湖会展中心、浙江展览馆、杭州海外海国际会展中心、浙江美术馆、新农都会展中心、浙江省博物馆、浙江工艺美术博物馆等展馆的硬件和软件设施进行更新、完善,进一步增加了可用展览面积,提升了会展承接能力。

二、指导思想与发展目标

(三)发展目标

会展设施实现新提升。杭州国际博览中心在杭州会展业中的核心地位得到充分体现,浙江世贸中心、和平国际会展中心、白马湖会展中心等会展场馆得到进一步提升,大、中、小三级场馆分布合理,一核五心多板块的空间布局基本形成,会展设施的智慧化、科技感进一步增强,承办国际、国内高规格会展的硬件和软件支撑能力大幅提升。

三、主要任务

(三)打造产业市场化

3. 推进场馆市场化运营

加快推进已建成投入运营的大型会展场馆(杭州和平国际会展中心、浙江世贸展览中心、云栖小镇国际会展中心、浙江展览馆、杭州市国际会议展览中心、浙江新农都会展中心、杭州海外海国际会展中心、白马湖会展中心以及杭锅杭氧和新天地工业遗存等)的市场化运营,引进国内外实力强的专业会展机构对杭州国际博览中心运营管理。设立管理机构或委托专业管理公司开展日常管理工作,进一步接轨市场,创新经营理念和运营机制。充分发挥自身优势,依托现有会展场馆以及各类文化创意园区,社会化运作场馆,打造会展创新创业基地,为会展企业孵化、项目培育和人才培养服务。引进专业管理人才,完善内部激励约束机制,加强运营管理队伍建设。建立健全相关的业务考核量化标准,制订合理的收费标准,努力提高场馆服务的经济效益与社会效益,实现企业化、市场化、多元化经营。注重场馆品牌建设,提升配套服务水平,实现从场馆运营到品牌运营的转变。规划、建设、交通、城管执法、商贸等部门采取必要的引导、扶持措施,完善会展场馆的配套设施和周边环境,进一步提升会展场馆的综合服务功能。

(五)优化会展设施空间布局

2.五心——白马湖国际会展中心、和平会展中心、浙江世贸国际展览中心、云栖小镇国际会展中心和杭州国际金融会展中心。

——白马湖国际会展中心。"十三五"期间,将围绕文化创意、高新技术等重点产业,打造集创业宜居、休闲旅游等功能为一体的会展集聚区。

来源:《杭州市会展业发展"十三五"规划》。

杭州市现代服务业发展"十三五"规划(节选)

(一)文化创意产业。

2.重点举措。

(3)壮大人才队伍。加大高层次文创人才及团队引进力度。积极培育本土优秀人才,继续实施"杭州青年文艺家发现计划""杭州青年设计师发现计划""杭州影视业国际化青年人才培养计划"等。继续开展"工艺与民间艺术薪火传承计划——大师带徒学艺"等活动,大力推进工艺和民间艺术传承人培育。依托杭州文化创意产业研究中心、杭师大文创学院等平台,打造"白马湖文创讲堂"和"创意力量大讲堂"品牌,建设文化创意产业智库,造就一支具有全国影响力的文化创意产业研究队伍。

来源:《杭州市人民政府办公厅关于印发〈杭州市现代服务业发展"十三五"规划〉的通知》(杭政办函〔2016〕125号)。

杭州市工信经济发展"十三五"规划(节选)

五、空间布局

(一)突出"一区"引领发展。

1.杭州高新开发区。依托物联网产业园、智慧新天地、互联网产业园、白马湖生态创意城平台,建设智慧e谷,打造创新高地。重点围绕新一代信息技术,突出发展信息经济,着力建设全国物联网产业中心和全国数字内容产业中心。促进网络基础、物联网、互联网等一批主导产业高端发展,以智慧产业化和产业智慧化为重点,进一步细分完善产业链。推动生命健康、节能环保等一批优势产业集聚发展,努力形成新集群优势和新增长极。引导科技服务业等一批配套产业协调发展,优化产业结构,提升和完善区域产业体系。

来源:《杭州市人民政府办公厅关于印发〈杭州市工信经济发展"十三五"规划〉的通知》(杭政办函〔2016〕136号)。

杭州市文化创意产业发展"十三五"规划(节选)

一、现实基础

(一)发展现状。

3.产业集聚扎实推进。目前,全市共有西泠印社集团有限公司、浙江中南卡通股份有限公司等国家文化产业示范基地7家。截至2015年,依托工业旧厂房、旧仓库、旧建筑、农居等资源,打造了西溪创意产业园、之江文创园、运河天地文化创意产业园、白马湖生态创意城等市级文创产业园24个,建成面积636.3万平方米,集聚企业5399家,实现营业收入557.52亿元。认定了LOMO创意谷、数娱大厦等市级文创特色楼宇35个。艺创小镇等一批文创特色小镇建设加快推进。

4.人才队伍有效壮大。出台《市委办公厅、市政府办公厅关于加快文化创意产业人才队伍建设的实施意见》(市委办发〔2011〕109号),大力实施"青年文艺家发现计划"等专项工程,着力打造文创人才高地。通过采取人事调动、合同聘用等多种形式,先后引进了麦家、余华、赵志刚、蔡志忠、朱德庸等30余位文化名人。实施"青年设计师发现计划"等重点项目,共选送160多位本土优秀人才赴国外深造。开设"白马湖文创讲堂",先后举办20多期"文创企业家孵化工程培训班""成长型文创企业高端培训班",共培训了1000多名文创企业经营管理人员和相关行业管理人员。

三、产业发展

(一)信息服务业。

1.发展目标。以建设全国数字内容产业中心为依托,重点发展互联网文化创意产业、数字电视业和文化软件服务业,到2020年,产业增加值达到2500亿元,行业总体实力全国领先。

2.重点方向。

(1)互联网文化创意产业。充分发挥杭州现有的产业优势,依托阿里巴巴、网易等一批行业领军企业,深入实施"互联网+"行动,做大做强网上新闻服务、网上信息发布、网上音乐服务、网上影视服务、网上图片服务等行业,进一步壮大杭州互联网文化创意产业的实力与规模。借势中国(杭州)跨境电商综合试验区建设和

"一带一路"战略,发挥浙江华麦网络跨境交易服务平台作用,推动有实力的文创企业"走出去",抢占国际市场。

(2)数字电视业。加大对数字化关键技术、专有技术的攻关力度,积极抢占广播电视、通讯及宽带网络三网融合的技术高地,以互动电视、互联网电视、移动媒体为主线,发展全国性新媒体业务,推动华数集团真正成为以视频业务为核心,多网、多屏、多种内容及服务的提供商,进一步提高杭州数字电视业在全国的首位度。

(3)文化软件服务业。以多媒体、动漫游戏等领域为重点,充分发挥杭州软件业的基础优势,认真贯彻落实国家、省、市有关政策,大力推动软件类公共技术服务平台建设,鼓励企业加大技术创新力度、增强创新能力,加快发展文化软件服务业,为提升全市文创产业核心竞争力提供支撑。

(四)动漫游戏业。

1.发展目标。以数字化为方向,培育一批行业领军示范企业,进一步提升全市动漫游戏产业的综合竞争力和在全国的首位度,打响中国动漫之都品牌。

2.重点方向:

(1)提升动漫产业竞争力。坚持内容原创和科技应用并重,推动虚拟现实技术、计算机CG技术、复制仿真技术等在动画设计、制作领域中的集成应用,大力发展手机动漫、网络动漫等业态,以高科技手段提高杭产动漫的附加值和竞争力。进一步支持玄机等一批优势企业做大做强,加快推出一批知名动漫作品,形成一批具有市场影响力的知名动漫IP,带动衍生产品开发。加快杭州中国动漫博物馆建设步伐,打造一个集展示交流、科普教育、学术研究、实践互动、产业促进等功能于一体的公共文化空间。

(2)大力发展数字游戏业。以网易、电魂科技等知名企业为引领,深入挖掘优秀文化资源,促进文化内容与现代技术相结合,以互动化、社交化、多屏化为方向,进一步增强网页游戏、网络游戏、手机游戏的自主研发和运营推广能力,鼓励发展电子竞技游戏和电视游戏,不断拓展完善产业链条,培育一批行业领军企业,提升全市游戏产业的综合竞争力和在全国的首位度。

(3)加强国际交流与合作。以杭州市全面提升国际化水平为契机,进一步夯实与构建一批平台载体,积极开拓海外市场,强化与国际知名品牌机构的业务合作,推动杭州动漫游戏作品"走出去",拓展产业发展空间,提升国际市场竞争力。

来源:《杭州市人民政府办公厅关于印发〈杭州市文化创意产业发展"十三五"规划〉的通知》(杭政办函〔2017〕45号)。

杭州市重大建设项目"十三五"规划(节选)

一、过去五年积蓄新动能

(二)重大项目建设成就斐然

3.产业创新发展形成杭州模式。淘宝城、软件生产基地、支付宝等一批阿里巴巴项目建成使用或基本建成,中兴、华为、海康威视等一批信息产业基地投入生产,推动信息经济成为全市经济转型升级的强劲引擎。福特、纳智捷、长江汽车和比亚迪新能源汽车整车生产陆续下线,西子航空一期投产,华东医药大江东基地一期正在开展GMP认证,推动全市制造业向高端化迈进。白马湖生态创意城核心(启动)区块初具雏形,华数数字产业基地一期基本建成,西溪天堂二期、湘湖商务旅游综合体、城西银泰城等旅游设施项目建成使用,武林广场地下商场等综合体进展良好。

来源:《杭州市人民政府办公厅关于印发〈杭州市重大建设项目"十三五"规划〉的通知》(杭政办函〔2017〕48号)。

关于加快推进钱塘江金融港湾建设的实施意见(节选)

二、落实重大任务

(二)着力构建钱江私募基金走廊。

1.构建私募基金生态圈。以玉皇山南基金小镇、云栖小镇、白马湖创意小镇、湘湖金融小镇、黄公望金融小镇、健康金融小镇、新安江财富小镇、秀水基金小镇等为主要载体,串联形成以私募基金集聚和特色金融服务创新为主要特征的金融集聚带。积极发展私募基金及特色金融服务产业,重点做好各类私募细分行业龙头企业的招引培育工作,吸引高端金融投资人才,形成完整高效的财富管理产业链,构建独具特色的私募基金生态圈。

(四)发展钱江新金融众创空间。

1.推动新金融众创空间建设。重点建设钱塘智慧城、望江智慧城、滨江科技金融服务中心、海创园科技金融聚集区、西溪谷互联网金融小镇、运河财富小镇、湘湖金融小镇、白马湖创意小镇、金沙湖商务区,以及以梦想小镇和未来科技城为重点的杭州城西科创大走廊等新金融众创空间,大力建设和推广各类新金融众创空间和新型孵化器,将其建成杭州建设全国互联网金融创新中心的重要平台之一,把杭州打造为在国内具有影响力和代表性的互联网金融创新中心。

来源:《杭州市人民政府〈关于加快推进钱塘江金融港湾建设的实施意见〉》(杭政函〔2017〕79号)。

3. 区政策法规、规划计划

杭州高新技术产业开发区、杭州市滨江区
国民经济和社会发展第十一个五年规划纲要(节选)

第五章 积极推进城市建设 不断完善城市功能

一、完善规划，优化城市空间结构布局

科学合理安排空间布局，精心设计沿江景观和城市建筑，坚持城市规划与产业规划统盘考虑，优先保证科技创新和高新技术产业发展需要。加快铁路以南区域的规划建设，重视专项规划、生态历史保护规划、重点区域控制性规划的编制工作。形成西、北部沿钱塘江边为公共服务设施、研发居住综合带，中部为产业园区带，南部为研发居住带和生态保护带，呈沿钱塘江平行发展的"一城四带，平行结构，沿江发展"的城市空间形态。在布局上形成"一心、四轴、六片、三基地"的结构，即以行政、办公、商务、金融、文化为内容的区级综合服务中心，形成沿钱塘江、江南大道、时代大道、彩虹大道四条发展轴线，打造西兴、中兴、之江、长河、浦沿、东冠六大居住片，以及之江主区块、江陵路以东区块和白马湖区块三大研发基地。根据不同的地理位置、环境条件，合理安排开发强度与模式。通过规划的先导作用，充分发挥城市的创新创业功能、现代服务功能和生态绿色功能，提升城市的集聚效应，努力把科技城建高、建新、建绿。

二、全力实施重大项目，优化人居环境和创业环境

加快推进"创新体系建设工程""百姓居住工程""社会保障工程""社区建设工程""城市基础设施完善工程""商贸服务设施建设工程""沿江生态景观建设工程""文教卫体设施建设工程""白马湖综合开发工程""西兴、长河历史街区保护工程"等十大工程，把高新区(滨江)建设成为布局合理、功能完善、环境优美、居住舒适、充满活力的花园式生态城区。

专栏4：部分重点建设项目

白马湖综合开发工程：在白马湖概念性规划、控制性详细规划的基础上完成编制白马湖区域保护性规划，将白马湖区域开发与软件、动漫等产业发展相结合，将其建设成集研究开发、人才培训、观光度假、休闲娱乐等功能于一体，人与自然协调发展的示范工程。

专栏6：社会事业主要项目

白马湖小学：学校规模为36班小学，总建筑面积17000平方米，总投资6500

万,2009年建成。

来源:《杭州高新技术产业开发区、杭州市滨江区〈国民经济和社会发展第十一个五年规划纲要〉》。

杭州高新技术产业开发区、杭州市滨江区国民经济和社会发展第十二个五年规划纲要(节选)

一、开创科学发展新局面

(一)发展基础

城市功能逐步完善。五年政府累计投入基础设施建设资金65.77亿元,新建成城市道路64千米,日供水能力15万吨的滨江水厂建成投用。奥体博览城、滨康综合体等重大项目开工建设,地铁、道路、立交等取得较大进展。白马湖生态创意城建设有序推进,环境治理和保护进一步加强,城市生态环境日益优化。

二、优化产业结构

(一)优化产业布局

进一步加快"双城双园"建设,以江南主体区块的滨江新城和白马湖生态创意城为重点,强化江北创新园孵化功能,抓紧启动江东科技园建设,加快先进制造业向江东科技园集聚,促进区域间产业优化配置。

1. 滨江新城

重点发展优势高新技术产业集群和战略性新兴产业,打造成为以新一代信息技术为主体的创新发展引领区。加快高端产业发展载体建设,充分发挥已有技术平台作用,加强研发设计、信息咨询、产品测试等公共服务平台建设。以"退二进三"为契机,拓展多种类型高端产业发展空间。

2. 白马湖生态创意城

重点发展软件、数字电视、动漫、设计等大文化产业,打造成为国家级文化创意产业园区、国家级旅游休闲度假区、杭州城市美学和建筑美学示范区、杭州和谐创业示范区。

(三)创新发展现代服务业

4. 加快发展休闲旅游业

依托钱塘江、白马湖和冠山等山水文化资源和产业特色,构建以文化创意游、产业游、会议会展游、休闲购物游等为主体的现代城市休闲旅游体系。加快推进重点旅游景区景点规划建设,与全区商贸业发展相结合,完善各类酒店、餐饮、购物等配套旅游服务设施。加强区域旅游项目营销合作,加大滨江旅游宣传力度,努力打造 2—3 个知名的滨江旅游品牌。

三、提升城市功能

（一）提高城市建设和管理水平

1.完善城市道路网络　　加快彩虹快速路、西兴互通立交、白马湖路、沿山北路、浦乐路、东信大道跨铁立交等主干道路建设，完善"井"字形快速路网。同时做好白马湖生态创意城、物联网和互联网园区的配套支路建设，加快启动江东科技园基础设施建设。加快与萧山区道路路网的衔接，打通断头路。

六、建设生态文明

（二）改善生态环境

2.加强自然资源保护和修复　　积极推进生态林地建设，结合冠山、回龙庵山等自然山体，建设丘陵生态绿地。加强城市公园、小区绿化、道路河道绿化带等建设，提升城市绿化面积和质量。进一步改善水环境，加强白马湖湿地保护，遏制水系富营养化趋势。至2015年，建成区绿化面积达到45％，人均公共绿地面积达13平方米，水功能区环境质量达标率达到80％。

杭州高新区（滨江）"十二五"重大建设项目规划表

单位：亿元

序号	项目名称	建设性质	建设内容和规模	规划总投资	已完成投资额	"十二五"计划投资	备注
一、社会民生总计15项				234.2	87.4	146.8	
13	西兴北单元中小学	新建	72班中小学，总建筑面积42000平方米。	1.6		1.6	争取实施类
14	市民中心（滨江）	新建	包括图书馆、办事中心、青少年活动中心等总建筑面积约11万平方米。	3		3	争取实施类
15	滨江区文化活动中心	新建	文化馆、老年活动中心、培训中心、非遗保护中心。	3		3	争取实施类
二、基础设施总计15项				123	17.1	100.9	
1	彩虹快速路（滨江段）	新建	全长约8340米，双向六车道，设计时速为80千米/小时，其中高架段长5080米，宽度为25米，下穿段长3260米，宽度为27.7米。	37	2	35	实施类
2	杭州白马湖生态创意城配套基础设施	新建	包括信诚路铁路以南段、沿山北路等道路及长河污水泵站、白马湖污水泵站、白马湖小学、110KV冠山输变电工程等及石荡河、龙塘河等16条河道整治。	8	4	4	实施类

续表

序号	项目名称	建设性质	建设内容和规模	规划总投资	已完成投资额	"十二五"计划投资	备注
15	滨江水厂备用水源工程	新建	对白马湖及长河水厂进行改造。	1.5		1.5	争取实施类
三、产业发展总计15项				229.8	60.9	146.81	
2	杭州高新区中国互联网经济产业园	续建	总规划面积约3.77平方千米,集互联网企业总部、IT产业、电子金融、商务办公、商业服务、会议会展、SOHO、居住等主要功能为一体的国际领先、国内一流的互联网经济示范区。	30	15	15	实施类
3	白马湖生态创意城	续建	规划面积20平方千米,建设成为国家级文化创意产业园区、旅游休闲度假区、杭州城市美学和建筑美学示范区、杭州和谐创业示范区。	100	19	60	实施类

来源:《杭州高新技术产业开发区、杭州市滨江区〈国民经济和社会发展第十二个五年规划纲要〉》(杭高新〔2011〕71号)。

关于加快会展业发展的若干意见

为加快推进产城融合的创新型城区建设步伐,充分调动专业团队和社会力量参与会展经济,促进我区会展业持续、快速、健康发展,努力打造"会展天堂"品牌,特提出如下意见:

一、扶持政策

1.鼓励来区举办展览活动。凡在我区白马湖动漫广场会展中心举办展览展会,单次布展(展期三天以上,下同)面积达到1万、2万、3万、4万和5万平方米以上的,分别给予承办企业或机构5万、10万、15万、20万和25万元资助,用于场馆租赁补贴等,单个企业或机构当年最高资助额不超过100万元。

2.鼓励重点展览项目连续来区举办。对从2012年起已在我区白马湖动漫广场会展中心连续举办3年、每年单次展览(展期三天以上)面积达到或超过3万平方米的重点展览项目,最高可给予承办企业或机构一次性50万元的奖励。

3.鼓励品牌展会入驻。对在我区白马湖动漫广场会展中心组织承办国际展览机构(如UFI国际展览业协会)认证的品牌展会,经认定,一次性给予会展承办企业或机构20万元奖励。

4.鼓励会展企业入驻。对新引进我区的会展企业(注册资金在300万元及以上)给予办公用房房租补贴。从设立(或引进)年度起,给予500平方米以内第一年1元/平方米·天、第二年0.8元/平方米·天和第三年0.5元/平方米·天的房租补贴。

5.鼓励知名企业入驻。年组办会展营业收入超过5000万元的知名品牌会展企业注册落户我区的,一次性给予30万元的奖励。

6.鼓励会展企业做大做强。对区内会展业前三强,且当年对区贡献100万元以上的独立法人企业,其对区贡献比上年(最高年份)新增部分按照60%的比例资助企业发展。

7.激励突出贡献者。当年对区贡献首次突破100万元以上的独立法人会展企业,给予其主要经营者10万元的奖励,对区贡献每增加100万元,相应增加10万元奖励,最高奖励不超过50万元。

8.组织承办超大规模、有突出影响和发展潜力的展览活动可采取"一事一议"的办法,单独实施奖励政策。具体由白马湖生态创意城管委会提议报区主任区长办公会议确认。

二、资金来源

区财政每年从文化创意产业专项扶持资金中安排会展业发展专项,用于会展活动、会展企业及会展品牌的引进、培育和奖励。

三、附则

1.会展类企业从设立(或引进)年度起,三年内对其全部奖励(资助)额度(白马湖动漫广场会展中心租赁补贴除外)原则上以其三年内对区贡献总额为限。

2.本意见自2013年1月1日起实施,施行期三年,由白马湖生态创意城管委会负责解释。

来源:《关于加快会展业发展的若干意见》(杭高新〔2012〕356号)。

关于进一步深化改革创新,建设世界一流高科技园区的若干意见

为深入贯彻落实十八大和十八届三中全会精神,以及市委、市政府《关于实施"聚焦高新、促进创新"战略,支持杭州高新开发区争创国家自主创新示范区核心区的若干意见》(市委〔2013〕14号)精神,进一步解放思想,改革创新,全面增强杭州高新区高端聚集、示范引领和辐射带动作用,实现从"天堂硅谷"向"智慧e谷"新跨越,建设世界一流高科技园区,特提出以下意见。

一、目标任务

紧紧抓住国家实施创新驱动发展战略的重大历史机遇,围绕科技第一生产力、人才第一资源,以网络信息技术等新兴产业为重点,以"五大平台"为主载体,以营造优质的创新创业环境为主线,深化改革,扩大开放,充分激发各类创新主体活力,促进创新资源要素集聚,培育一批具有国际影响力和竞争力的企业和产业集群,把杭州高新区打造成为杭州建设创新型城市的核心载体、浙江省网络信息技术产业核心区、国家战略性新兴产业示范区,建成具有全球影响力的技术创新中心,力争到2020年建成世界一流的高科技园区。

二、基本原则

坚持深化改革。改革是最大的动力源泉,改革开放是高新区的本质特征。始终将全面深化改革贯穿于发展的各个重点领域和全过程,先行先试,勇于首创。充分利用省、市综合配套改革试点优势,充分发挥市场在资源要素配置中的决定性作用。分类制订扶持政策,鼓励企业经营模式和产业发展模式创新,落实"非禁即可"原则让社会资本在更多领域发挥更大作用。完善政府服务体系,推进科技金融、人才激励、市场拓展、工商登记、信用体系等改革,更好发挥政府引导、企业主体和市场决定"三力合一"的作用。

坚持产业引领。产业是城市的内涵和特质,发展战略性新兴产业是高新区的立区之本、发展之要。坚持以网络信息技术产业为支撑,同时大力发展文化创意、先进制造以及健康生物医药等产业,推动产业链创新和延伸。坚持引进和培育相结合,加快工业化与信息化深度融合,着力培育大产业大平台大企业大项目。注重对不同类别、不同模式、不同阶段企业发展规律与特征的研究,通过规划引导、园区承载、项目带动、政策扶持、服务优化,打造特色优势新兴产业集群,努力形成全球产业链制高点,进一步构筑"2+1"现代产业体系。

坚持创新驱动。创新是可持续发展的内生动力。加快建设创新载体,吸纳创新要素,集聚创新资源,做强创新主体,加大创新投入,提升自主创新能力。积极支持鼓励原始创新、集成创新和引进消化吸收再创新,培育一批核心科研团队,催生一批突破性创新成果,实现一大批创新成果产业化。坚持科技创新与管理服务创新并举,坚持企业创新与政府创新协同推进,全面优化区域创新体系。坚持将科技、人才、资金等资源优势转化为创新优势、产业优势和发展优势,依托创新不断培育新的增长点,不断增强核心技术、关键技术攻关能力。

坚持产城融合。城市是产业发展的支撑和平台,产城融合是城市建设和产业发展的理想状态。始终把"做产业"和"做城市"并举并重,以产业高端化带动城市现代化。全力推进"三改一拆"工作,加快建设"五大平台",完善城市功能配套,提升城市环境,以城市现代化进一步集聚高端产业资源,实现生产与生活、商务与商业、生态与文化融合发展,打造宜居宜业、安居乐业的现代化城区。

坚持推进国际化。国际化代表着世界眼光和水平。坚持以国际视野完善国际化生活创业环境,努力在诸多领域体现国家级高新区水平,参与国际竞争。积极推动企业国际化发展,支持在全球范围内有效吸引和整合技术、人才、资本等要素,支持本土企业设立海外研发销售基地,鼓励开拓国际市场。开展国际社区示范区规划试点,积极推进教育、医疗、养老等公共服务领域国际交流与合作,建设与国际化相适应的城市环境和设施,努力提升城市国际化程度,通过国际化的城市,吸引国际化的创新资源和要素,打造国际化的产业,形成国际化的热点和聚焦点。

三、政策措施

1. 设立区产业扶持资金

全面落实《杭州高新技术产业开发区条例》规定,区管委会、政府每年从财政支出中安排不低于百分之十五的比例设立产业扶持资金,用于鼓励支持企业创新活动和促进高新技术产业发展。

2. 足额配套各级各类项目资助

大力鼓励企业自主创新,积极支持企业申报国家863、核高基及其它技术攻关和创新项目。凡企业申报国家级、省级、市级的重大研发、产业化、技术改造等各类项目,按所申报项目的配套要求,区级财政原则上均予以及时足额配套。

3. 促进领军企业跨越发展

积极实施领军企业发展战略,进一步发挥大企业在区域经济社会发展中的重要作用。凡列入"领军企业跨越发展计划"的企业,以入选年度上一年企业对区贡献为固定基数,按企业三年内每年对区财政实际贡献新增部分的50%安排资助,用于企业加大产业投资、提升技术创新能力、开拓海内外市场和引进新项目等。支持领军企业领衔组织在本区范围举办国际性专业会议和论坛,经事先认定可给予一次性不高于200万元的专项补助。加大对领军企业自主创新产品首台套支持和示范应用支持,有计划实施政府投资项目的示范应用工程,鼓励企业在本区率先建设重点示范项目。

4. 鼓励成长型企业发展

加大对成长型企业的培育,支持企业做大做强。凡认定为区重点培育企业(瞪羚企业)的,当年对区贡献超上一年(最高年份)部分的100%用于支持企业研发投入、融资、市场开拓和租用生产经营用房等。对年营业收入超过3亿元(或税收超

2000万元)且从业人员超过300人的瞪羚企业,可优先提供其产业发展用地。对瞪羚企业参加国内外重大展览展销活动,可给予展位费的50%补贴。加大对瞪羚企业自主创新产品首台套应用支持力度,对区管委会、政府投资项目,同等条件下优先采购,经区管委会、政府批准可以实行邀请招标。对区内企业应用瞪羚企业自主创新产品,政府可经约定给予风险补偿。

5. 培育发展科技型初创企业

全区每年新增企业数量稳定在1500家以上,着力发展科技型初创企业,促进全区创新梯队体系建设。鼓励高校教师、科研院所专家及团队创办科技型企业,列入市启动资金资助项目计划和市种子资金项目计划的,可给予10—50万元资金配套资助。列入"青蓝计划"的企业,可按银行基准利率的50%给予三年总额最高50万元的贷款贴息。继续鼓励大学生创业,支持大创企业吸纳大学生就业。

6. 全面推进孵化器建设

孵化器是推动企业创新的重要平台。进一步加大对孵化器和在孵企业的扶持,积极引导社会资本参与孵化器建设,政府资产要向孵化器倾斜,促进孵化产业快速发展。经认定并考核合格的科技企业孵化器,该孵化器内经备案的在孵企业区贡献25%资助孵化器、25%资助在孵企业,对在孵企业孵化期间给予房租补贴支持,孵化企业毕业后3年内对区贡献的20%奖励所在孵化器。科技孵化器成功升级为市、省和国家级孵化器的,给予20—100万元奖励。政府给予孵化器的奖励资金应安排一定比例用于直接奖励孵化器管理团队。鼓励投资建设面向我区重点产业领域的公共技术服务平台,可按年度新增投资额给予20%补贴,年最高补贴200万元。

进一步规范孵化器运作,加强在孵企业契约合同管理,积极探索实施孵化企业市场化交易新模式,对孵化毕业企业确因发展需要转移到区外发展的,实行由企业负责的转移培育补偿机制,促进孵化产业健康发展。

7. 鼓励企业开展研发创新活动

突出企业在创新活动中的主体地位,积极鼓励支持企业加大研发创新投入,不断提升企业竞争能力。全面落实企业研发费用加计扣除政策。鼓励企业发起设立产业技术创新联盟,联合开展技术攻关。对经各级认定的研发中心、技术中心等各类创新载体可给予企业最高100万元的奖励;对新认定的国家级、省级创新型示范(试点)企业和国家重点扶持的高新技术企业,给予企业经营者10—20万元奖励;对企业取得国家、省、市技术发明奖、科技进步奖的,可给予最高100万元奖励。

深化国家知识产权保护示范区建设,促进区域知识产权创造、激励知识产权运用、强化知识产权保护、提升知识产权服务。支持企业和科技人员积极申报专利，支持牵头制订和参与制订具有自主知识产权的国际标准、国家标准及行业标准，鼓励企业创著名商标。企业（个人）在专利、标准、品牌等方面获得成果的，单项奖励可达100万元。

8. 完善科技金融体系

进一步完善科技金融服务体系，充分利用资本市场加快培育战略性新兴产业，大力引进各类基金、保险、信托、风险投资、财富管理机构以及中介机构，促进优质资源和要素通过市场机制向优势企业集中。积极创建以科技金融服务为重点的"创新大厦"，对入驻创新大厦的金融投资服务机构予以政策支持。加快做强区创业投资引导基金，积极做大小贷公司、担保公司。

鼓励商业银行设立科技型中小企业服务专营机构。区财政按该专营机构对区内科技型中小企业年度日平均贷款余额的0.5%给予奖励，单一专营机构最高奖励人民币300万元。大力发展股权投资，对区内股权投资企业给予年度对区贡献50%的资助；对区内高新技术企业股权转让单笔交易金额在500万元以上的，给予企业该项交易新增对区贡献50%的资助。继续大力支持企业改制上市。

9. 鼓励发展开放型经济

始终坚持招商引资"一把手"工程，以招商引资增强发展后劲、调优产业结构、完善城市功能。对世界500强、国内民企500强企业、注册资本达1亿美元以上的外资和5亿元人民币以上的内资产业项目，可按一企一议政策安排产业用地、专项资助和人才激励。新引进世界500强企业、全球100强服务外包企业直接投资项目，给予三年内对区贡献全额资助，并可给予三年全额房租补贴。注册资本1000万美元以上生产型项目或200万美元以上研发型项目、市外注册资本1亿元以上的内资项目，给予三年内对区贡献的80%资助；增资分别达到以上规模的，给予三年内区贡献新增部分的50%资助。

新引进（含增资）符合高新区产业导向项目，经认定可给予入驻企业两年内50%的房租补贴；注册资本100万美元以上外资企业或1000万元人民币以上内资企业，可按投资规模分档给予两年60%—100%的房租补贴。鼓励专利、知识产权等无形资产出资或增资。鼓励创投机构吸引外来投资并参股，可给予创投机构最高50万元的奖励。对外经、外贸、外包上规模、上等级企业和新开展跨境贸易电子商务的企业，可根据贡献情况给予10—30万元的奖励。

10. 发展总部楼宇经济

大力发展总部经济，积极实施浙商回归工程。新引进并经认定的企业总部，按其注册资本可给予最高 1000 万元补助;购建自用商业办公用房的,按办公部分建筑面积给予每平方米 1000 元补助,最高可达 1000 万元;租赁自用办公用房,给予 5 年房屋租金补助,最高可达 1000 万元;总部对区贡献,按前三年 80％后二年 50％比例给予资助。对原有总部,给予当年比往年最高对区贡献的增量部分的全额资助。经区认定的楼宇,给予楼宇业主或管理团队招商奖励,对税收上规模楼宇给予一次性奖励,具体按杭高新〔2012〕263 号文件执行。鼓励原有工业园区改造升级。

11. 鼓励海外高层次留学人才创新创业

实施海外高层次留学人才"5050"计划,加大对海外高层次人才来区创新创业的扶持力度,提升区海创基地建设,完善"海归之家"运行,吸引和聚集世界水平的科学家和研究团队来区开展重大创新研究。对"5050"计划的入选项目,最高可给予 1000 万元产业发展资金资助、1000 万元的股权投资资金以及三年内 1000 万元银行贷款贴息和三年全额租金补贴。同时对社会引才、产业联盟、会展参展、平台建设等方面给予系列配套扶持。具体按区办〔2012〕37 号文件执行。

12. 大力吸引人才构筑人才高地

区财政每年安排预算 1.5 亿元,作为人才激励专项资金。优化人才薪酬贡献奖励机制,以激励对象工资薪金收入所形成对区贡献的 60％为基准,结合企业对地方经济的贡献大小、发展速度分类分档奖励。加大资本贡献奖励力度,对股权转让、未分配利润转增注册资本等所形成的对区贡献,按 50％给予奖励。加大企业分配自主权,对政府给予的人才激励专项资金由企业自主制订具体分配方案,用于企业改善创新创业人才的生活和工作条件,以更好引进、培养和留住人才创新创业。入选省千人计划、国家千人计划、万人计划专家的,可给予一次性 80—100 万元奖励,国家两院院士、国家杰出青年科学基金获得者、长江学者、"百人计划"杰出人才等领衔以其科技成果来区创办企业的,经审核,可给予一次性 100 万元创业资助。加快建设人才公寓和人才专项用房,对国家、省千人计划专家等各类高层次创新创业人才,符合区相关条件的,给予区人才专项房配售和公共租赁房配租政策,或按规定给予首套购房款 30％(最高不超过 60 万)的一次性补贴,给予三年内每人每月 1000—3000 元的个人住房租金补贴。

13. 鼓励发展文化创意产业

大力加强杭州文化创意产业核心区建设,加快文化创意产业集聚发展,重点发展动漫游戏业、设计服务业、现代传媒业、文化会展业,积极促进文化和科技融合发展。发挥国家动画产业基地优势,利用好动漫节、文博会等大型会展。经备案的文创企业自设立或引进年度起三年内对区贡献 100％用于支持企业发展,对年度成长型企业、上市企业、年度区贡献达1000万元且年增长率保持10%以上的企业,可自符合条件年度起再分别给予1年、2年、3年对区贡献比上一年(最高年份)新增部分的100%资助,符合供地条件的,优先安排产业发展用地。对经批准首播的原创动画作品,根据频道级别和播放时段可给予500—1000元/分钟的奖励,最高150万元;对在省级卫视和中央台首播的电视连续剧、纪录片可分别给予每集2万元和5万元的奖励,最高150万元;对票房收入达到1000万元以上的电影作品,可分档给予50—150万元奖励。鼓励出精品佳作,对企业精品佳作进行直接奖励的,可不与对区贡献情况挂钩。

14. 鼓励发展商贸服务业

大力提升商贸服务业发展水平,加快推进产城融合。鼓励开发建设大型商业综合体项目,对以市场公开出让方式取得土地、达到一定投资规模、且自持商业面积10万平方米以上的,可按自持商业建筑面积给予每平方米200元的建设扶持,开业后给予开业部分一年的市场培育补贴,开业三年内按其统一运营管理的商业部分形成对区贡献给予100%奖励。鼓励在区设立独立法人商贸服务企业,对大型超市、购物中心按照经营面积规模可给予一次性50和100万元开办资助,其三年对区贡献可给予全额资助;租用房产的,可按实际营业面积给予三年一定比例的房租补贴。鼓励农贸市场提升水平,支持特色餐饮发展,完善社区商贸配套服务。

15. 全面优化政府服务

继续发挥两区合一体制机制优势,全面落实现有"办事不过江"体制,积极争取更多审批(授权)权限。积极推进工商登记制度改革试点,实行"一门受理,六部门联合办理",试行注册资本认缴制、"先照后证",放宽企业名称核准,简化企业登记程序。压缩和简化行政审批手续,推行项目代办制、限时办结制和化零为整报批制,强化中介机构管理,提高行政和服务效能。强化节约集约用地,对不同项目用地实行差别化地价,建立亩产效益评价体系,推行产业项目合同契约管理,对工业用地容积率放宽到3.0左右。深化政务公开,全面推行阳光政务,按年度及时兑现产业扶持政策,形成开放、诚信、务实型的商务环境。主动接轨国际惯例,努力按照国际通行规则提高服务水平,提供城市配套和生活设施,营造宽松、高效、国际化的创业环境。

四、组织实施

1. 加强组织领导。成立区产业政策实施工作领导小组,负责统一协调政策实施过程中相关重大事务。对具体政策《实施意见》的制订和实施,按照职能和职责分工,原则上由一个职能部门牵头,会同相关部门具体落实。

2.健全认定制度。各具体政策《实施意见》印发后,应在一定范围予以公布,各产业主管部门应加强政策宣传。对政策实施中明确要求认定的,企业应按规定进行申报,并经规定程序予以认定。应认定未认定的,原则上不予兑现相关扶持政策。

3.规范兑现程序。企业申报政策兑现,须向各专项政策主管责任部门提出申请,并提交相应证明材料。各专项政策主管责任部门收到企业资助申请后,应会同区财政及其他相关职能部门进行审核,经审核无异议的,报区管委会、政府同意后予以及时兑现。

4.加强资金管理。区各产业主管部门应按照财政预算管理的要求,加强年度产业扶持资金的预算编制。所涉企业应对申报材料内容的真实性、准确性和有效性负责。企业收到财政资助(奖励)资金,应按国家相关会计制度进行账务处理,做到专款专用,并接受区财政、审计部门对资金使用情况进行监督和检查。

五、附则

1.所有政策资助(奖励)均应为财政收入级次在高新区(滨江)范围内的企业,所涉项目须符合区鼓励发展类产业导向。除有约定外,均以独立法人计。

2.企业从入区年度起,一般三年内对其全部资助(奖励)额度原则上以其三年内对区贡献总额为限,以后每年对其财政资助(奖励)额度原则上均以其当年对区贡献总额为限。另有特殊约定的,从其约定。

3.同一产品、项目、标准获得多项资助(奖励)的,按"从优、从高、不重复"原则进行资助(奖励)。同一奖项在低等次已作资助(奖励)的,晋升到高等次时,补足差额部分。房租补贴具体执行的单价标准,由区管委会、政府另行明确,房租兑现原则上按企业人员总数和实际租用面积双指标确定。

4.本意见中涉及区贡献的财政资助(奖励),原则上可按照以下方式予以资助:(1)研发资助:对研发类项目按实际研发投入最高25%予以资助。(2)投资资助:对企业银行贷款按照同期银行贷款基准利率最高100%予以贴息补助;新引进或新增注册资本1亿元人民币或1000万美元以上项目,予以注册资本5—10%的补助。(3)项目资助:对产业化、信息化、重大科技、技术改造等项目最高按照投资额20%予以资助;对承担市级以上重大工程(项目)的,最高按合同金额的1%予以资助。

5.本意见自2014年1月1日起执行,施行期暂定三年。原杭高新〔2011〕179号文件同时废止,其他已发文件如有与本意见不符的,以本意见为准。本意见施行后,政策兑现按各相关具体政策的《实施意见》执行,各《实施意见》由区管委会、政府另行研究制订并实施。

来源:《中共杭州高新技术产业开发区工作委员会、杭州高新技术产业开发区管理委员会关于进一步深化改革创新,建设世界一流高科技园区的若干意见》(区党委〔2013〕30号)。

关于扶持文化创意产业发展的实施意见

为进一步推进文化创意产业发展,根据《关于进一步深化改革创新,建设世界一流高科技园区的若干意见》(区党委〔2013〕30号)等文件精神,特制定本意见。

一、扶持范围

本意见适用于在我区注册并经区文创办备案的从事动漫游戏、设计服务、现代传媒、文化会展业等的文化创意企业。

二、着力培育,扶持企业加速发展

1.企业自设立或引进年度起三年内对区贡献100%用于支持其发展,主要用于企业房租补贴、贷款贴息、参展补助、项目配套、销售(或播出)补助、专利授权补助等。

2.对企业租用办公用房给予自设立或引进年度起三年房租补贴,补贴面积不超过500平方米。

3.对企业为发展文化创意产业所发生的银行借贷资金,按银行同期贷款基准利率给予贴息,每年贴息不超过50万元,单个项目贴息期限不超过三年。

4.鼓励企业参加省、市、区组织的重点文化创意产业会展,给予展位费用50%的补助。

5.对企业申报国家、省、市级文化创意扶持项目和获得特别奖励的作品按规定予以配套。

6.鼓励动漫、影视企业发展。经国家新闻出版广电总局批准并通过销售播出的原创动画作品,在中央电视台及全国各大卡通上星频道黄金时段(每天15:30—21:30)首次播出的,每分钟补助1000元,非黄金时段(每天9:00—15:30)每分钟补助500元;在省级卫视频道(每天9:00—21:30)首次播出的,每分钟补助800元。每部动画作品补助总额不超过150万元。

在中央台、省级卫视首次播出的电视连续剧、纪录片,分别给予每集5万元和2万元补助,上限150万元。电影作品(必须是第一出品方)在国内外院线首映的,每部补助50万元。

7.鼓励游戏企业发展。游戏企业自主研发的游戏产品获得国家新闻出版广电总局批准并正式上线运营的,年度销售总额达到3000—6000万元的部分按1.5%给予补助,6000万元以上的部分按2.5%给予补助,补助总额不超过200万元。

8.鼓励设计企业发展。给予设计企业获得国内外观设计专利、实用新型专利和发明专利授权的,分别给予每件500元、1000元和1万元的补助。对当年专利申请量在20件以上的企业,再给予2万元的补助,每增加10件,追加补助1万元,最高不超过20万元。

9.鼓励会展业发展,具体按杭高新〔2012〕356号文件执行。

三、大力扶强,鼓励企业做大做强

10.对年度区贡献首次突破100万元、300万元、500万元的独立法人企业,分别给予其主要经营者10万元、30万元、50万元奖励。

11.对已享受三年扶持的企业,被确定为年度成长型企业的,当年对区贡献比上一年(政策期内最高年份)新增部分100%用于支持企业研发、扩大投资,以及鼓励企业加强节能降耗、加大人才技能培训和促进就业。

12.对在境内外上市的企业,上市当年起两年对区贡献比上一年(政策期内最高年份)新增部分100%用于支持企业研发、扩大投资,以及鼓励企业加强节能降耗、加大人才技能培训和促进就业。

13.年度区贡献达到1000万元且年增长率保持10%以上的企业,其符合条件年度起三年内对区贡献比上一年(政策期内最高年份)新增部分100%可再用于支持企业研发、扩大投资,以及鼓励企业加强节能降耗、加大人才技能培训和促进就业。

14.对重点成长型企业、大企业和大项目发展的资助可根据产业分类、投资额度、产业预期等给予重点扶持,并可给予优先供地。

四、强力扶优,鼓励企业精品创作

15.文创精品佳作。获得全国、浙江省、杭州市"精神文明建设五个一工程奖"的作品分别给予100万元、50万元、10万元的一次性奖励;对获得国际级、国家级、省级重大奖项的动漫游戏、传媒影视、工业设计等原创作品,分别给予50万元、30万元、10万元的一次性奖励;被国家新闻出版广电总局推荐为优秀国产动画片、纪录片,被国家文化部或新闻出版广电总局认定并推广的民族优秀网游,一次性奖励10万元。

16.票房突出的电影作品。我区企业出品的电影(必须为第一出品方)在全国院线放映,票房达到1000万元以上的,奖励50万元;票房达到5000万元以上的,奖励100万元;票房达到1亿元以上的,奖励150万元。

17.品牌文创活动。由我区文创企业主办,举办地设在我区的,在浙江省乃至全国有较大影响的特色文化创意活动,经区文创领导小组专题会议研究可给予最高200万元活动资助。

18.公共服务平台。鼓励企业设立或与院校合作设立动漫游戏、工业设计、影视传媒、数字出版等产业研发(技术、创作)中心、公共服务平台,凡被认定为国家级、省级、市级的,一次性分别奖励100万元、50万元、30万元。

五、附则

1.本意见中"对区贡献"特指企业实现的增加值、营业收入、利润总额所形成的地方财力部分。"以上"均包含本数。

2.本意见中用于企业节能降耗方面的资助,可根据企业节能降耗的投入最高给予全额补助;用于企业员工技能培训方面的资助,可根据企业规模给予每人次1000—5000元补助;用于促进就业方面的资助,可按每吸纳一名就业人员给予1—3万元补贴。

3.鼓励企业入驻白马湖生态创意城,对入驻创意城的文创企业可给予政策倾斜,具体由创意城管委会会同区文创办提出意见后报主任区长办公会议审定后实施。

4.对新设立或引进的单户企业三年内全部资助总额原则上以该企业三年内对区贡献总额为限。以后每年对其资助额度均以其当年对区贡献总额为限(企业精品创作奖励类例外)。受资助(奖励)的企业如要迁出高新区(滨江),应事先书面报告区财政局,原则上应进行财政、税务结算,所享受的财政资助应退还区财政。

5.本意见自2014年1月1日起执行,施行期暂定三年,由区文创办负责解释。原杭高新〔2011〕181号文件同时废止。

来源:《杭州高新技术产业开发区管理委员会关于扶持文化创意产业发展的实施意见》。

杭州高新技术产业开发区、杭州市滨江区国民经济和社会发展第十三个五年规划纲要(节选)

一、发展基础和发展环境

(一)发展基础

产城融合显现阶段性成果。"十二五"期间,"三改一拆"扎实推进,15个行政村基本完成整村拆迁,累计完成旧住宅区、旧厂区和城中村改造371.8万平方米,拆除违法建筑230.6万平方米。"五水共治"成效明显,基本消除黑臭河和垃圾河,城市排水系统经受了考验。"大城管"格局得到构建。奥体博览城主体育场主体工程基本完工,彩虹快速路等一批重点项目建成投用,地铁一号线开通运营。公交布局更加完善,商贸配套明显改善。白马湖生态创意城、奥体博览城、物联网产业园、互联网经济产业园、智慧新天地五大平台格局形成,产业发展和城市建设相得益彰,走出一条城市功能融合互促、彰显科技新城特色的城市发展之路。

三、主要任务

(一)坚持产业引领,实现高端发展

2.推动一批优势产业集聚发展。

(3)文化创意产业

动漫游戏:大力发展动画和漫画业、网络游戏业等数字娱乐类相关产业,积极推动智能终端游戏研发,鼓励游戏运营服务平台、游戏开发团队与游戏服务外包协同发展。时尚设计:重点发展以工业设计、包装设计、建筑设计、园艺设计等为重点的设计服务业,将我区打造成中国重要的时尚设计研发基地。现代传媒:大力推动从传统电视媒体、网络互动娱乐平台、搜索引擎、移动内容平台到衍生品电商开发等多元跨界发展模式,加快广播、影视、出版、发行等现代传媒业的创新发展。会展服务:构建多样化展会经营模式,用好中国国际动漫节、中国文博会、奥体会展等展会平台,着力承办国际化、专业化程度高和区域辐射较强的品牌展会项目。促进我区特色产业与展会经济的融合发展,打造全省会展中心。

(四)坚持产城融合,推进城市建设

按照生产空间集约高效、生活空间宜居适度、生态空间山清水秀的原则,科学规划空间发展布局,提升城市综合服务功能,实现产业发展、城市建设和人口集聚相互促进、融合发展。

1.优化产业空间布局。

按照"强北、兴南、拓东"的发展思路,规划合理的产业空间布局,充分发挥"沿江产业带"中的示范引领作用。"强北":强化江北创新阵地,大力提升政府服务能力,以特色产业园为基础,依托高校科研院所的创新资源,吸引更多的创新创业团队、科技型企业、投资机构、产业资本入驻,发展成为我区战略性新兴产业策源地和"大孵化器"。"兴南":兴盛江南核心阵地,重点打造智慧新天地、物联网产业园、白马湖生态创意城和互联网经济产业园,大力培育和建设创新创业载体,打造成为以网络信息技术产业为主导的战略性新兴产业集聚区。"拓东":拓展江东发展阵地,调整完善控制性详规,加快落实建设用地指标,加快启动基础设施配套工程,保障产业化项目落地,建设成为高端制造集聚的示范园区。

2.强化平台支撑作用。

加快重点产业平台建设步伐,聚集创新创业要素资源,提高产业集聚水平和产城融合度,打造未来滨江发展的战略高地。

(1)强化五大平台

以白马湖生态创意城、物联网产业园、智慧新天地、互联网经济产业园、奥体博览城为核心区域,打造我区产城融合主平台、创新创业主空间。物联网产业园和智慧新天地重点布局物联网、信息安全、智慧医疗、智能装备、云计算和大数据等智慧产业。智慧新天地完成主要路网建设及沿江景观工程,智能产业发展初具规模,打造地标性建筑,商业设施配套初具形象。白马湖生态创意城打造成为以动漫游戏、文化会展、设计服务、休闲旅游为特色的文化创意产业集聚区。推进互联网经济产业园成为全球互联网经济的战略节点,成为移动互联网产业的核心区。推动奥体博览城建设成为体育产业特色鲜明、联动效应显著的综合产业发展集聚区。同时,突出五大平台的文化、旅游、社区等配套设施的开发建设。

(2)创建特色小镇

依托五大平台,整合存量资源,因地制宜,打造以创新创业为主题的特色小镇。按照特色小镇的"产业、文化、旅游、社区"四大功能定位,规划和建设物联网小镇、创意小镇、互联网小镇等一批特色小镇。通过创建、培育和谋划特色小镇,实施分类规划建设,在产业集聚和规划建设上打造成杭州市样板特色小镇。同时,利用区内滨水景观资源、创新创业活力资源、历史文化传承资源,培育和谋划一批极具滨江特色的品质小镇。通过特色小镇建设,促进创新要素集聚,加快产城融合步伐。

(3)提升特色园区

发展壮大一批特色产业园区,提升改造一批特色产业楼宇,引进培育一批创新型孵化器和众创空间。高起点、高规格地推进特色园区的规划和建设,优化资源配置,改善投资环境,增强承载能力。加大对楼宇经济的支持,优化完善扶持政策,通过"腾笼换凤""退二进三",推动街道工业园区企业与社会力量联合兴办各类专业特色产业园区,向专业功能区和众创空间等方向改造升级,力争形成一批产业特征明显的特色楼宇。加快实现产业园区和城市社区的交织融合,形成一批以人才为本的产业社区和知识社区。充分发挥特色园区的产业集聚功能和创新创业服务功能,使之成为我区产业实现跨越式发展的重要载体。

3.加快智慧城市建设。

以举办"智慧亚运"为契机,坚持以应用需求为导向,以示范项目为突破口,加快推进智慧城市建设。加快国家下一代互联网城市建设,互联网带宽水平达到国内一流。实现宽带无线网络全覆盖,构建"大众创业、万众创新"零成本的网络信息基础设施。推动智慧云基础设施建设,强化政府数据资源的整合、开放和共享。通过加快智能型商务、城市管理、交通组织、环境监控、公共服务、居家生活等领域的应用示范,形成一批可复制可推广的智慧城市解决方案。至2020年,把我区打造成智慧产业与智慧城市高度融合的新型城区,最终实现"智慧e谷、美好生活"。

4. 完善城市路网体系。

重点推进快速路、过江隧道、立体交通、断头路等的建设,全面建成骨干路网,形成"东西畅连、南北畅通"路网体系。建设江南大道地下通道工程,打造城市横向快捷通道。新建江虹路、江陵路、建业路跨铁路立交,增强铁路南北两侧的交通联系。建成江晖路过江隧道,推进火炬大道过江通道前期研究。贯通冠山路、映翠路,增加南部东西向联系通道。基本完成"五大平台"路网建设。东部、南部对接萧山区路网建设,打通断头路。推进建设地下通道和过街设施建设。通过江岸和河岸的修复建立散步和跑步空间,打造宜人的慢行环境。

5. 优化公共交通体系。

改善区内公共交通网络,加大人流密集区域的公交线路密度,进一步提高公交站点的覆盖率。2020年前建成地铁4、5、6号线及沿线站点与配套设施。启动白马湖轻轨或地铁5号线白马湖支线前期研究。积极推进快速公交以及公交枢纽站、公交停保场、公交中心场站等基础设施建设。完善公共自行车布点,改善公共自行车的出行环境。加快建设社会停车设施,鼓励社会资本开发地下空间用于停车场(库)建设。推进杭州汽车南站重新选址和建设工作。基本建成以轨道交通为骨架、常规公交为网络、公交自行车为延伸、慢行交通为补充的"公交都市"。到2020年,实现公交分担率达到35%以上。

6. 增强市政设施配套。

加快电力设施规划建设,完善物联网产业园、智慧新天地等重点新建区域电力保障,推进白马变、江虹变、浦沿变、文教变等开工建设,形成较为健全的电力保障体系。扩建浦沿排灌站,新建石荡河闸、新浦河闸等5座节制闸,构建区域水循环体系。建成投用滨江水厂二期扩建工程和滨江源水备用工程。按省市部署,推进千岛湖配水工程建设,及时向全区居民提供优质水源。启动高新区(滨江)江东污水处理工程前期。加大地下管网设施建设和改造力度,新区建设积极引入"共同沟"。提升改造街道工业园区基础设施。建成天然气供应第二通道。

7. 破解发展空间制约。

探索制定土地资源节约集约利用新机制。充分发挥土地综合利用效能,鼓励建设项目向空中发展,推进城市地下空间合理开发利用。推行政府引导、统筹规划、多元投入的建设方式,充分发挥土地资本、产业资本与金融资本的整合作用,提升土地利用效率。以"亩产效益"为导向,细化操作办法与流程,加强产业项目的土地利用考核评价和履约监管,鼓励引导低效利用土地再开发。整合我区优质资源,推进街道工业园区"腾笼换凤"。积极主动加强与其它县市的协作,探索推广"总部研发＋生产基地＋结算回区"的生产组织方式和合作模式,开拓城市经济新版图。

(七)坚持绿色发展,建设美丽滨江

积极开展美丽滨江工程,美化城市空间形态,推进环境综合整治,实施循环低碳发展,打造人与自然和谐共处的绿色发展先行区。

1.美化城市空间形态。

构建"一轴、多带、两山、一湖"生态景观系统,完成闻涛路钱塘江景观带建设,启动之江大桥段江滨公园建设,建成17千米沿江景观带。建设亲水之城,实施水系贯通工程,打造河道景观带,恢复河道良好的生态功能,形成管网畅通、水清岸绿和景美人悦的良好水系。依托白马湖景区、冠山公园景区和回龙庵山景区,创新生态带保护举措,规划建设城市集中绿地,打造城市生态公园。利用废弃矿坑、道路交叉口、河道、组团内部空间,通过消纳建筑渣土营造城市山水景观。提高城市空间的美学设计水平,推进天际线规划,协调建筑天际线和自然山体山际线融合,加大城市夜景的美化力度。推进城市有机更新,加大西兴、长河、浦沿旧城改造力度。加快制定城市地下空间和城市留白专项规划,引导城市空间的合理开发。明确滨江区生态廊道,发挥城市风道效应的空间布局和建筑布局。至2020年,城市生态景观系统基本建成,"山清、水秀、地绿、城美"的城市风格更加凸显。

2.实施环境综合整治。

加快环境全域整治,努力扮靓科技城。拉高城市管理标杆,实施高标准、最严格管理,推进管理重心下移,实现城市管理网格化、智能化、精细化、综合化。全面完成"五水共治"整治工程,创新实施河道管理PPP模式。建立"五水共治"长效机制,提高公民的亲水、爱水、节水和保水意识。探索"海绵城市"的规划与建设,提高城市综合防灾能力。全面完成"三改一拆"工作,全面建成"无违建区"。切实加强对已征未用土地的管理和使用。加大绿地养护管理力度,切实保护城市公共空间。集中整治居民小区的脏、乱、差现象,加大物业管理规范力度。推行环卫标化管理,完善城市小区垃圾分类收集与分类处置。狠抓大气环境改善,严控建筑工地扬尘和污染物排放。建立地下管线档案管理机制。至2020年,治水、治乱、治废和治气等工作取得明显成效。

3.推进循环低碳发展。

积极推广和运用绿色节能、低碳运营和循环发展新技术,推进新能源替代化石能源,加强重点领域全过程节约管理,大幅降低能源、水、土地消耗强度。通过互联网推进能源生产和消费模式革命,推进合同能源管理,提高能源利用效率,实施节能减排。提高绿色出行的比例。推进建筑节能步伐。实施垃圾焚烧技术改造提升工程。鼓励企业参与碳汇市场,推动循环经济模式由企业内部向企业之间扩展,打造循环经济产业链。实施近零碳排放区示范工程,打造节能低碳示范园区,控制温室气体排放,增强城市适应气候变化能力。至2020年,节能、环保、绿色、健康和可持续的生产生活方式得到充分实践。

(八)弘扬精神文明,提升人文滨江

激励弘扬"两创"精神,加强公共文化建设,传承本土文化精髓,规范公共空间文化礼仪,加强社会公德、职业道德、家庭美德、个人品德建设,引导市民加强学习,提高文化素养,培育融合型创新创业文化,切实提升"智慧e谷"文化软实力。

1. 弘扬创新创业精神。

牢固树立"求真探源、敢为人先"的创新创业理念,不断求真、求新、求变、求发展,以每个人的卓越追求完成共同发展愿景,发扬"尊重人才、崇尚创新、服务科技、支持创业、引领发展"的高新文化。充分发挥政府引领作用,定期举办创业者沙龙、论坛和创业大赛,搭建孵化器及创业者的互动合作平台。鼓励各类学校开展创新教育,开设特色课程,激发学生参与创造,营造创新创业的良好氛围。

2. 强化公共文化服务。

建立公共财政对文化建设投入稳定增长机制。推进一批重大文体设施建设,构建布局合理、功能齐备、运营高效的公共文化服务体系。区文化中心全面开放,建设国家一级图书馆。探索"互联网+文化"新内涵,完善区、街、社图书馆(室)网络,全面开通图书"一证通"服务。大力支持群众开展丰富多彩的文化活动。进一步健全高效快捷的文化市场动态监管网络和文化市场信用制度。完善配套体育健身设施,充分利用城市绿带以及白马湖、钱塘江周边空地,大力建设健身场所。至2020年,公共文化服务的居民享有率高于主城区平均水平,部分文化设施建设达到省内一流水平,人均体育场地面积达到1.85平方米,公共文化服务能力显著增强。

3. 传承本土特色文化。

完善历史文化保护体制机制,深度挖掘具有地方特色的历史文化资源。规划保护日渐消失的农耕文化。规划开发固陵港、西陵渡、冠山寺等历史遗迹或文化公园,规划保护西兴、长河历史文化街区,传承老街文化。注重传统手工艺、民风民俗、家谱家训等非物质文化保护。设立集学术研究、文化传播、素质教育等功能于一体的白马湖研究院,发展动漫与本土民间故事结合等特色文化产业。鼓励支持社会力量兴办博物馆、美术馆，建成并投用"杭州群众文化活动中心""杭州非物质文化遗产保护中心""中国印学博物馆新馆"。结合产业创新发展，适时展示最新设计、工艺、设施、产品等，适时展现我区科技创新成果。

4.规范公共文明礼仪。

加强公民道德建设，弘扬传统美德，传承现代文明礼仪，践行社会主义核心价值观。发挥现代传媒作用，着重宣传公共空间行为、国际商贸和旅游文化的基本礼仪。实施政府资金引导，借助重大国际峰会论坛及赛事活动，大力提升承办重大会展和赛事活动的服务能力。着力提升"窗口"单位的文明服务水平，充分展示高新区形象魅力。挖掘宣传滨江"最美现象"，提升市民文明程度。

5.开展家庭文明建设。

认真贯彻落实习近平总书记关于"注重家庭、注重家教、注重家风"的重要讲话精神，通过组织开展"最美家庭""好家规家训、好家风故事、好家教案例"等系列活动，大力弘扬"尊老爱幼、男女平等、夫妻和睦、勤俭持家、邻里团结"的家庭美德，引导父母"为国教子、以德育人"，重视学习科学的家庭教育知识，加强自我约束，重视言传身教，帮助孩子提升精神境界、增加人文素养、提高文化品位。

附件

杭州高新区（滨江）"十三五"重大建设项目规划表

单位：亿元

序号	项目名称	建设内容和规模	规划总投资	"十二五"计划投资	建设性质
	全部项目（合计：113个项目）		1268	816	—
	一、基础设施项目（小计：19项）		148	89	—
9	白马湖生态创意城路网工程	新建道路21条，总长15000米	11	11	新建
18	白马湖轨道交通	以地铁5号线白马湖支线或轻轨形式连通白马湖与主城区的快速交通	19.0		预备类
	二、生态环保项目（小计：10项）		75	43	
7	白马湖湖区整治二期、井山湖整治工程	绿化整治面积257亩	1.0	1.0	新建
	三、社会民生项目（小计：17项）		363	178	
3	中国动漫博物馆	规划用地2.77公顷，总建筑面积30382平方米	6.0	5.0	续建

续表

序号	项目名称	建设内容和规模	规划总投资	"十二五"计划投资	建设性质
8	浦沿街道社区卫生服务中心扩建	用地面积3.5亩,建筑面积6000－8000平方米	0.4	0.4	新建
10	老街提升改造工程	对西兴老街、长河老街进行旧城改造,历史建筑修缮	4.0	4.0	新建
11		区政府市民广场改造、区公安分局反恐刑侦指挥中心、区城市管理指挥中心(区交通指挥中心)、民兵训练基地危房改造工程、西兴特勤消防站、特殊教育学校、非物质文化博物馆等7个项目	8.0		预备类
四、商贸配套项目(小计:10项)			337	215	
7	白马湖商贸综合体	建设用地50亩,总建筑面积7万平方米	8.5	8.5	新建
五、智慧城市项目(小计:12项)			12.0	9.0	
1		智慧安防系统、智慧社区融合服务平台、免费无线WIFI二期、智慧城市照明系统、智慧医疗信息化系统、智慧教育系统、智慧交通、智慧能源监测系统、智慧城管、智慧河道管理系统、消防安全远程联网平台系统、食品安全智慧管理系统等12个项目	12.0	9.0	续(新)建
六、产业发展项目(小计:45项)			334	283	
19	西兴街道村级三产留用地开发	11个项目开工建设,用地面积268.5亩,建筑面积77.7万平方米	42.2	35.0	新建
20	长河街道村级三产留用地开发	15个项目开工建设,用地面积364.8亩,建筑面积112.9万平方米	78.05	70.05	新建
21	浦沿街道村级三产留用地开发	12个项目开工建设,用地面积294.56亩,总建筑面积83.81万平方米	27.5	24.05	新建
22	西兴工业园区提升改造工程	8个项目开工建设,总用地面积168.8亩,总建筑面积31.5万平方米	14.6	14.6	新建
23	长河工业园区提升改造工程	5个项目开工建设,总用地面积286.3亩,总建筑面积60万平方米	22.7	22.7	新建
24	浦沿工业园区提升改造工程	3个项目开工建设,总用地面积41.9亩,总建筑面积8.7万平方米	4.08	4.08	新建

来源:《杭州高新技术产业开发区、杭州市滨江区国民经济和社会发展第十三个五年规划纲要》(杭高新〔2016〕11号)。

关于建设国家自主创新示范区核心区打造世界一流高科技园区的若干意见

为深入贯彻落实党的十九大精神和习近平总书记"秉承浙江精神,干在实处、走在前列、勇立潮头"的要求,进一步解放思想,深化改革,深入推进三次创业,全力建设浙江省高新产业重大集聚区和杭州国家自主创新示范区核心区,打造世界一流高科技园区,特提出如下意见。

一、目标任务

坚持以习近平新时代中国特色社会主义思想为引领,坚定不移沿着"八八战略"指引的路子阔步前进,强化改革、创新、开放、人才四个工作导向,聚焦"互联网+""中国制造2025""一带一路"等,抢抓杭州拥江发展战略机遇,以更宽视野、更高格局定位高新区(滨江)发展,大力集聚高端人才,主动抢占前沿技术,积极扩大招商引资,着力提升产业层级,把杭州高新区(滨江)打造成为具有全球影响力的创新创业中心,建成快乐创业幸福生活的世界一流高科技园区。

二、政策措施

杭州高新区(滨江)每年从财政支出中按不低于百分之十五比例安排产业扶持资金,用于支持高新技术产业发展和鼓励企业从事创新创业活动等。坚持把培养和引进高端人才作为经济工作的首要任务,把高新技术研发作为政策支持的最关键着力点,把创新型企业作为持续关注支持的最重要对象,把高新技术产业化作为高新区的最重要使命,把体制机制创新作为创造新优势的最重要法宝,把产城人深度融合作为城市建设的最基本原则,构建适应高新技术产业快速发展的创新创业生态系统。

(一)实施人才强区战略

1.鼓励海内外高层次人才创新创业。每年安排预算不少于1.5亿元,实施新一轮"5050"计划,加大对海内外高层次人才来我区创新创业的扶持力度,重点引进和集聚一批能够突破关键技术、发展高新产业、带动新兴学科的创新创业领军人才和具有国际视野、通晓国际规则、能够参与国际事务和国际竞争的国际化人才,努力打造人才生态最优区。对"5050"计划的入选项目给予研发经费补助、创业发展资助、银行贷款贴息和房租补贴,对各级人才计划入选者给予创业创新资金资助和生活补贴,加快国际人才社区建设。

2.引进、培养和留住人才创新创业。每年安排预算不少于5亿元,作为人才专项资金用于支持企业改善创新创业人才的生活和工作条件。对入选国家"中青年科技创新领军人才""科技创新创业人才",入选市"521"、省"千人计划"、国家"千人计划""万人计划"等给予奖励。对新引进到我区企业工作的全日制硕士研究生及以上学历的各类人才(含归国留学人员),分层分类给予人才安居保障。对区内高新技术企业和重点企业的人才骨干给予住房、交通、教育等补助。鼓励大学生创新创业,给予创业支持。

(二)实施产业引领战略

3. 促进领军企业跨越发展。每年安排预算不少于5亿元,进一步实施领军企业跨越发展计划,支持在关键技术领域拥有核心自主知识产权、技术水平处于国际领先或行业领头地位的领军企业衍生发展、整合发展,充分发挥其在区域经济社会发展中的引领、带动、辐射作用。对列入"领军企业跨越发展计划"的,支持企业持续创新、扩大投资、提升国际化水平、引进人才、拓展发展空间,并以入选年度上一年对区贡献为固定基数,按企业每年对区实际贡献新增部分的50%安排资助,用于支持企业研发投入、扩大生产、产业投资、拓展市场、国际交流、绿色发展。

4. 鼓励成长型企业发展。每年安排预算不少于2亿元,用于支持瞪羚企业加快发展。对经认定的瞪羚企业,支持企业创新投入、保障发展空间、降低融资成本、开拓市场,并以认定年度对区贡献超过上一年的部分专项资助企业用于研发创新、扩大投资和绿色发展。对年营业收入超过3亿元(或税收超2000万元)且从业人员超过300人,有明确上市计划的瞪羚企业,可优先安排产业发展用地。

5. 鼓励科技型企业创新发展。每年安排预算不少于1.8亿元,用于科技型企业的培育。鼓励高校教师、研发团队创办科技型企业,对认定为市雏鹰企业、青蓝企业的给予创业资助。鼓励企业开展研发创新活动,全面落实企业研发费用加计扣除政策,支持企业加大研发投入。鼓励企业设立研发中心等各类创新载体,不断提升企业竞争能力。鼓励军民融合发展,对获得军工资质或国家、省级军民融合示范基地(企业、项目)称号的给予资助。

6. 鼓励发展文化创意产业。加强杭州文化创意产业核心区建设,加快文化创意产业高水平、规模化、特色化发展,促进文化和科技、文化和互联网的深度融合。重点鼓励动漫游戏、设计服务、现代传媒、数字内容、网络文学、影视产业、文化会展等文化创意企业。对落户文创企业给予房租补贴、贷款贴息和研发补助等支持,鼓励风险资本投资文化创意产业,支持中国网络作家村建设。鼓励打造文创品牌,对文创精品佳作和文化出口重点企业给予奖励。加快发展会展业,当好中国国际动漫节、杭州文博会东道主,将白马湖生态创意城打造成杭州重要的国际会议展览中心,创建国家级文化产业示范园区。

(三)实施创新驱动战略

7.全面推进孵化培育体系建设。集聚优势资源,扶持和引导创投机构、专业团队等社会优势资源创办或参与众创空间、孵化器建设。鼓励创建国家、省、市级孵化器和众创空间,对其报备的在孵企业给予资助。支持孵化器、众创空间搭建投融资等公共服务平台,开展创业服务活动。探索建立海外—境内协同孵化培育机制。完善"创业苗圃—孵化器—加速器—产业园"的创业路线图,健全企业培育孵化体系。

8.提升知识产权创造、运用、保护和服务能力。全面推进国家知识产权示范园区、国家标准示范园区和国家专利导航产业发展实验区、国家知识产权服务业集聚发展试验区建设。支持企业专利申请,鼓励申报专利奖,引导培育知识产权优势企业;支持企业主导制定和参与制定具有自主知识产权的国际标准、国家标准及行业标准;鼓励企业创建驰名商标、著名商标;支持企业依法开展知识产权维权;鼓励知识产权服务业集聚发展,注重培育引进国家级知识产权服务品牌机构和知识产权领军人才,构建知识产权创新生态系统。

(四)加大科技金融扶持力度

9.建立科技创新产业扶持基金。区财政分三年投入30亿元建立政府科技创新产业扶持基金,重点支持高新产业、高端技术、高端人才和重大产业项目。通过战略合作模式支持企业解决重大技术研发期资金问题;通过非同股同权投资模式支持企业解决发展阶段性资金困难和兼并重组问题;通过同股同权直接投资模式支持企业解决初创期融资问题;通过合作基金投资模式支持企业解决专业领域产业基金筹资和投向问题。

10.鼓励推动企业上市。创新性落实好省政府"凤凰行动",力争到2025年实现100家上市公司。支持企业上市融资,对拟上市企业进行分阶段、按进度奖励400万元,对在全国中小企业股份转让系统(简称"新三板")和浙江股权交易中心挂牌的企业分别给予100万元和25万元的一次性奖励。鼓励上市企业再融资和并购重组。建设上市企业培训基地,每年安排500万元的专项培训经费,做好上市企业服务工作,形成上市后备企业梯队。上市企业可优先提供产业发展用地,确保每家上市公司在滨江都能拥有自己的楼宇物业。

11.支持科技型企业融资。鼓励创投机构入驻高新区(滨江)并投资我区科技型企业。鼓励金融机构开展金融创新业务,鼓励银行给予区内科技型企业信用贷款(含知识产权质押、订单贷等)。鼓励担保公司积极为区内科技型企业提供融资担保。鼓励区内科技型企业发行公司"双创债""绿色债"。着力降低科技型企业融资成本,切实解决科技型企业融资难、融资贵问题。

(五)推动全面开放

12.着力推进招商引资。每年安排预算不少于 6 亿元,用于鼓励企业来我区投资发展。鼓励国内外知名企业直接投资,对新引进符合高新区产业导向的项目,按照实到注册资金规模,可分档给予三年房租补贴和对区贡献奖励。鼓励区内科技型企业增加投资和新设科创企业,可根据企业增资规模和新设企业新增对区贡献情况给予一定资助。支持企业加大研发创新投入,经认定并签订合作协议,可对企业研发投入给予最高 15%的资助,对重大技术投资项目或生物医药、集成电路等前期投入大、周期长的技术创新项目可给予重点支持。对符合条件且具有全国性或区域性研发、营运、结算、管理等功能的总部项目,可根据其对区贡献给予资助。

13.大力推进产业国际化。提升企业国际市场拓展能力,支持区内企业开展研发、生产、销售的全球布局和境外投资并购。大力引进国际优质企业和人才,增强国际创新研发能力。鼓励高科技公司、高等院校、科研院所在我区设立研发机构,支持举办有助于提高我区国际影响力的大型会议、论坛。充分发挥各部门和各类社会组织力量,打造有利于企业开展国际业务的支撑服务体系。鼓励企业投保出口信用保险、海外投资保险等,降低企业国际化风险。

(六)继续深化改革

14.推进产城人融合发展。推进空间布局和发展模式创新改革,扩大产业用地规模。节约集约利用土地资源,鼓励充分利用地上地下空间,进一步提高土地"亩产效益"。探索产业项目供地模式和建设模式创新,实施工业综合体开发建设改革。加快全面完善城市功能配套,提升公共服务综合能力,为高新产业集聚和人的全面发展提供保障。

15.全面优化政府服务。深化"最多跑一次"改革,扩大政府服务的范围和领域,打破数据孤岛,建设数据共享平台,打造围绕企业全方位服务、线上线下一体化的综合服务平台。深入推进商事制度改革,深化"一照一码"应用,推广"商事登记一网通"应用,进一步优化营商环境。

三、附则

1.本意见的具体实施意见和操作细则,由区各相关部门根据本意见制订,报经区管委会、政府决定后组织实施。各牵头部门应认真编制相关预算方案,规范申报、结算和兑现流程,具体实施中接受区财政、审计部门对政策落实及资金使用情况的监督检查和评估。

2.所有政策资助(奖励)对象均应为财政收入级次在高新区(滨江)范围内的单

位,所涉项目须符合区鼓励发展类重点产业导向;除有约定外,均以独立法人计。

3.鼓励发展类重点产业是指信息技术、生命健康、文化创意、节能环保、高端装备制造、人工智能、新能源、新材料等战略性新兴产业和高新技术产业。

4.新企业从入区年度起,一般三年内对其全部资助(奖励)额度原则上以其三年对区贡献总额为限,以后每年对其财政资助(奖励)额度原则上以其当年对区贡献总额为限。另有特殊约定的,从其约定。"对区贡献"指企业实现的增加值、利润总额所形成的地方财力部分。

5.同一产品、项目、标准获得多项资助(奖励)的,按"从优、从高、不重复"原则进行资助(奖励)。同一奖项在低等次已作资助(奖励)的,晋升到高等次时补足差额部分。房租补贴具体执行标准,由区管委会、政府另行制定。

6.本意见中涉及财政资助(奖励),除直接兑现外,可按照以下方式予以兑现:(1)研发资助:对重点创新项目,可按实际研发投入最高30%予以办理。(2)投资资助:对企业银行贷款按同期银行贷款基准利率给予最高100%贴息资助;新引进或新增注册资本1亿元人民币或1000万美元以上重大项目,可按实到注册资本5%—10%予以办理。(3)项目资助:对重大产业化(技改)项目,可按投资额最高20%予以办理。(4)市场拓展资助:对企业在境内、外设立营销网络发生的经营费用,按最高不超过实际发生费用的20%、50%予以办理。

7.本意见自发布后30日施行。2017年度符合本意见扶持条件的,可参照执行。原杭高新〔2015〕62号文件废止,其他已发文件如有与本意见不符的,以本意见为准。

来源:《关于建设国家自主创新示范区核心区打造世界一流高科技园区的若干意见》(区党委〔2017〕15号)。

关于扶持文化创意产业发展的实施意见

为进一步促进高新区(滨江)文化创意产业高水平、规模化、特色化发展,加快文化创意产业与科技创新的深度融合,积极打造白马湖生态创意城"国家级文化产业示范园区",根据《关于建设国家自主创新示范区核心区打造世界一流高科技园区的若干意见》(区党委〔2017〕15号)等文件精神,特制定本实施意见。

一、扶持范围

本意见适用于在高新区(滨江)注册并经区文创办备案的动漫游戏、设计服务、现代传媒、文化会展类文化创意企业,以及其他属于互联网平台型、科技创新型或创投机构参与投资的文化创意企业。

二、扶持政策

(一)鼓励文创企业落户

1. 房租补贴。对企业租用办公用房给予自设立或引进年度起三年内最高 500 平方米 80％的房租补贴；实到注册资金 1000 万元以上或入驻白马湖生态创意城的，给予三年 100％房租补贴。租用 SOHO 创意园工作室的，每年每幢房租补贴不超过 12 万元。

2. 政策补助。自企业设立或引进年度起三年内，支持企业加大研发投入，开拓国内外市场，包括：

(1)研发补助：对经认定的重点研发类项目按实际研发投入最高 15％予以补助。

(2)贷款贴息：对企业为发展文化创意产业所发生的银行借贷资金，最高按银行同期贷款基准利率予以贴息补助，每年贴息不超过 100 万元。

(3)参展补助：鼓励企业参加省、市、区组织的重点文化创意产业会展，给予展位费用最高 50％补助，单个企业每年补助总额不超过 50 万元。

(4)播出补助：在中央台、省级卫视首次播出的电视剧、纪录片，分别给予最高每集 6 万元和 2 万元补助，每部作品补助总额不超过 150 万元。在中央台、省级卫视(含卡通上星频道)首次播出的原创动画作品，分别给予最高每分钟 800 元和 500 元补助，每部作品补助总额不超过 100 万元。在全国院线首映的电影作品，票房达到 5000 万元以上的，最高奖励 50 万元；票房达到 1 亿元以上的，最高奖励 100 万元。

(5)销售补助：自主研发的游戏产品获得国家新闻出版广电总局批准并正式上线运营的，年度销售总额首次达到 1000—5000 万元的部分按 1.5％给予补助，超过 5000 万元以上的部分按 2.5％给予补助，补助总额不超过 200 万元。

上述政策补助总额以企业当年对区贡献为限。

(二)加快文创产业发展

3. 扶优扶强。设立或引进三年以上的文创企业，年营业收入 500 万元以上且同比增长不低于 20％的，认定为年度成长型文创企业，并给予认定年度 50％的房租补贴，单个企业补贴面积一般不超过 3000 平方米。

年营业收入 5 亿元以上的重点骨干文创企业，给予当年度最高 80％的房租补贴，单个企业补贴面积一般不超过 5000 平方米，当年对区贡献比上一年新增部分 100％用于支持企业发展。

落户白马湖生态创意城三年以上的文创企业，年营业收入首次超过 1000 万元的,再给予三年房租扶持,每年扶持额度以其当年对区贡献为限。

4. 鼓励创投机构投资文创产业。对获得创投机构投资额累计达 1000 万元以上的文创企业,经研究,可最高给予三年房租补贴,并以上年度对区贡献为基数,对企业三年新增贡献部分给予资助。

5. 加快会展业发展。凡在白马湖国际会展中心举办,符合高新区产业导向的展览展会,单次举办展览(展期三天以上,下同)面积达到 1—5 万平方米及以上,经审定后给予主办企业(或机构)5—25 万元资助,用于场馆租赁补贴等,单个企业或机构当年最高资助额不超过 50 万元。经认定为国际性展会的,可再给予 10—30 万元奖励。对同一主办企业(或机构)在我区白马湖国际会展中心连续举办 3 年、每年累计展览(展期三天以上)面积达到 3 万、6 万平方米以上的重点展览项目,经审定后最高可再分别给予主办方一次性 25 万、50 万元的奖励。

(三)鼓励文创平台建设

6. 支持网络作家村建设。网络作家签约落户白马湖生态创意城网络作家村的,给予三年房租补贴,并给予其三年版权授权补助,年度版权收入不足 500 万元的,最高给予版权收入 1% 的补助;年度版权收入 500 万元以上的,最高给予版权收入 2.5% 的补助。

7. 支持创办文创特色园区(楼宇)。经区文创办备案,文创企业承租面积超过 10000 平方米且占园区(楼宇)总面积 60% 以上,授予"区级重点文创园区(楼宇)"并给予 50 万元奖励。

(四)鼓励文创品牌打造

8. 支持文创精品佳作。获得全国、浙江省"精神文明建设五个一工程奖"的作品分别给予 100 万元、30 万元的一次性奖励。对获得其他重大奖项的动漫游戏、影视节目、工业设计、网络文学等原创作品,最高给予 20 万元的一次性奖励,同一企业当年奖励总额不超过 30 万元。列入国家、省级文化出口重点企业的,一次性分别给予 50 万元、20 万元的奖励。

9. 支持文创品牌活动。由我区文创企业主办,举办地设在我区,在浙江省乃至全国有较大影响的特色文化创意活动,经审核备案,可给予 50% 的经费支持,资助总额不超过 100 万元。

10. 鼓励名家大师落户。文化创意领域知名大师在我区投资设立企业或工作室的,经备案后给予自设立年度起三年房租补贴。

三、附则

本意见自发布之日起 30 天后施行,2017 年度符合本意见扶持条件的,可参照执行。具体由区文创办会同区财政局负责解释。

2017年12月29日

来源:《杭州高新技术产业开发区管理委员会、杭州市滨江区人民政府关于扶持文化创意产业发展的实施意见》。

(三)经济

白马湖生态创意园区产业转型调查研究——基于产业生态链视角

李屹　叶思瑶　章帆

【摘要】 创意产业作为朝阳产业已逐渐吸引了世界的目光,它是实现经济发展转型,产业结构升级,建设低碳型社会和环境友好型社会的希望。白马湖生态创意园区作为杭州创意园区的转型之作,将生态和创意有机结合,建立了属于自己的"白马湖模式"。本文通过实地调查和问卷调查,构建了白马湖产业生态链并分析了目前白马湖当地居民与入驻企业和谐共生的关系。

【关键词】 生态创意园区;产业生态链;农居SOHO;调查

一、引言

自1998年创意产业首次作为一个产业类别被提出以来,"创意产业"已成为知识经济时代的一个热词。本课题以杭州白马湖生态创意园区为例,通过问卷调查、访谈、实地调研等方法,运用创意产业理论,从产业生态链的视角,分析白马湖生态创意园区创意产业链的构建如何有效地把创意更有效地跟终端市场紧密联系起来和"白马湖模式"如何实现原住民与创意人和谐共生。希望可以为中国其他城市创意产业的建设发展提供借鉴。

二、创意产业形成机理

关于创意产业的形成,有些学者认为创意产业来源于文化产业,是从文化产业中分离出来的新产业类型。如荣跃明(2004)也认为从创意产业与文化产业的关系来看,创意产业脱胎于文化产业。创意产业是在文化产业的基础上进行了丰富,完善了人们对其的理解,它是一种服务于生产需求的新产业,是需求下的产物。而冯子标、焦斌龙(2005)认为创意产业和文化产业是相互支持、相互补充的组合,即内容的创意是文化产业的起点,其余的所有环节——生产、再生产和交易环节——仍然主要依赖于知识和创意。还有些学者认为文化产业化和产业文化创造了创意产业。如厉无畏(2006)认为在社会分工不断深化和技术不断进步的大背景下,文化产业化和产业文化不断发展,创意逐渐从原有的经济活动中分离出来,独立为产业,其标志或分水岭是创意活动不再仅仅是某个产业或行业内部的从属活动,而是脱离了原有的行业,成了为不同行业提供创意服务的第三方。

三、白马湖生态创意产业链探索

(一)白马湖模式

白马湖生态创意园区以其独特的视角和全新的方式树立了完全不同于往常的创意园区。白马湖模式,以城市有机更新为主导、以生态保护为前提、以文化创意产业为基础、以提升原来居民的生活品质为宗旨、以和谐创业为动力、以农居SOHO为特征。白马湖生态创意园区的规划设想为"一核、二业、三带、四种生活区、五园"。

(二)白马湖创意产业生态链的构建

(1)产业生态链的概念。产业生态链是建立在产业分工的供需关系这一基础上的一种产业生态图谱,分为垂直的供需链和横向联合的协作链。纵向关系是产业生态链的主要结构,即把这种垂直分工划分为产业的上、中、下游关系;横向协作关系则是我们经常提到的产业配套问题。

(2)白马湖产业链构建及产业集群。从纵向上来看,白马湖以动漫游戏产业为主,兼顾信息服务业、设计服务业、现代传媒业、艺术品业、教育培训业、文化休闲旅游业和文化会展业,构建了一条较为完整的创意产业链(图1)。以动漫产业为例,动漫工作室形成一种动漫创意,然后把他付诸实践做成动漫玩偶、动漫书籍、动画片等,动漫工作室就是产业链中上游产业的内容创意,而制造厂商、印刷厂、动画片制作商则属于上游产业中产业制造部分的公司;然后把实际的产品进行营销推广加大影响(中游产业),如产品推广公司、广告公司、文化会展业,最后进行传播发行(第三产业),网络公司、传媒公司等。从横向来看,白马湖创意园区按照"一主多副"要求,以文化创意产业为主,兼顾大旅游产业、信息服务与软件业、中介服务业、房地产业。特别是当地旅游产业的发展,如白马湖渔村迎来国际青年旅社的入驻。

四、农居 SOHO 满意度调查实证研究

(一)调查过程

本调查针对柴家坞及周边村落进行了白马湖创意产业入驻对当地居民影响的问卷调查,旨在了解创意产业和当地居民是否能够和谐共生。本调查一共收回有效问卷63份。其中女性37人,男性26人。45岁以上的中老年人居多,共40人,占63.5%。调查中,受访者的年收入较高,基本在5～10万。

四、方略篇

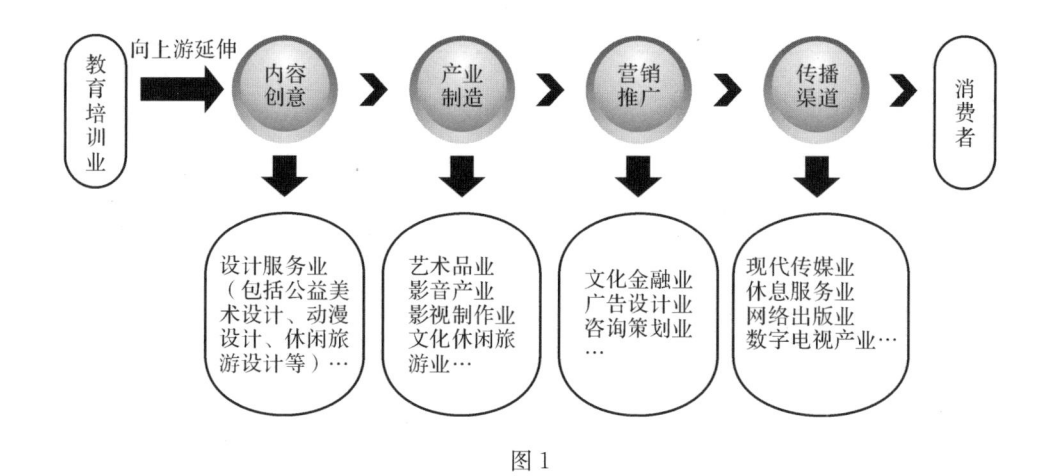

```
教育培训业 →(向上游延伸)→ 内容创意 → 产业制造 → 营销推广 → 传播渠道 → 消费者
                              ↓          ↓          ↓          ↓
                          设计服务业    艺术品业    文化金融业   现代传媒业
                         （包括公益美  影音产业    广告设计业   休息服务业
                          术设计、动漫  影视制作业  咨询策划业   网络出版业
                          设计、休闲旅  文化休闲旅   …         数字电视产业…
                          游设计等）…  游业…
```

图1

（二）问卷结果分析

（1）具体分析。

①村民对白马湖创意生态城的总体认知。对于创意产业，原住民基本不太了解，仅34.9%的村民比较了解，而对于农居SOHO，则大都比较了解，98.4%原住民认为改造后的房屋非常漂亮，支持改造。

②居民满意度均值比较。本文采用单一样本T检验，令检验值=3（在量表中3代表一般），对9个指标进行了分析，以判断居民对企业入驻和环境改善的满意度，并进行均值比较sig=0.05的显著性水平（见表1）。由表显示，9个指标的均值都大于3，sig均小于0.05，说明居民对企业入驻和环境改善大都表示满意，无论是总体满意度还是大部分的逐个满意度都超过了一般水平，并基本表现出显著差异。

金融设施和给水排水设施的满意程度相对较低，其中给水排水设施，有15人选择"比较不满意"和"很不满意"，占全体的23.8%。经调查，这和15号的一场大雨有关，柴家坞及周边村子排水不畅，导致路面积水，据一原住民反映，其储存商品的仓库都进水了。而目前村子里还没有银行等金融设施和休闲设施，虽然有篮球场，但这些大多为创意人使用，原住民几乎从未使用过。居民认为改善得最好的是固体污染，其次是废水污染。

表1 居民对企业入驻和环境改善满意度均值比较

	N	Nean	Std. Deviation	Std. Error Mean
道路交通设施	63	4.43	0.893	0.112
电力通信设施	63	4.90	0.928	0.117

续表

	N	Nean	Std. Deviation	Std. Error Mean
健身设施	63	3.52	0.800	0.101
环卫设施	63	4.21	0.765	0.096
休闲设施	63	3.84	0.601	0.076
商业金融设施	63	3.02	1.114	0.140
给水排水设施	63	3.40	1.062	0.172
环境质量满意	63	4.52	0.715	0.090
环境质量变化	63	4.41	0.496	0.063

③居民满意度与年龄和收入的方差分析。为进一步了解满意度在不同特征的居民之间的差异,将9个满意度因子与年龄和收入进行单因素方差(ANOVA)分析检验。在检测中,任何因素的显著性水平低于0.05就被认为存在显著差异。

结果显示,除对休闲设施的满意度大于0.05之外,其他均小于0.05,说明不同年龄段的居民满意度存在明显差异。由多重比较检验表可得出,在存在差异的选项中,34~45岁、45~55岁和55岁以上的年龄群之间未存在显著差异,而这些年龄群与25~34岁及25岁以下年龄段存在显著差异。在调查过程中了解到,这可能是由于在此次改造中亲身感受的大多是年纪较大的村民,而34岁以下在改造地有居民房的比较少,所以相应的切身感受也较小。不同收入群对满意度的影响除了在健身设施、给水排水设施方面没有显著差异之外,其他部分存在显著差异,且三个收入层次的差异较大。

④经济收入状况调查。在整个改造过程中,当地村民收入都有所提高,除了政府的补助外,25.4%的居民接受了入驻创意公司的就业机会,主要分为两部分:为闲赋在家的中老年妇女提供烧饭、打扫卫生等工作机会;为较年轻且专业对口的青壮年提供在公司工作的机会。除此之外,村民最大的收入来源于房屋的出租,房屋面积较大的年收租10万以上,相对较小的收入7~8万。据统计,此次改造后,42.9%的被采访者年收租增加了5~10万,33.3%增加了10万以上,房屋出租获得收入的年龄层集中于中老年,35岁以下的被采访者较少以租房增加收入。

⑤对白马湖其他产业的影响。从创意产业入驻和中国国际动漫节入手,了解其对白马湖旅游和经济等方面的影响。首先,在92.1%的被采访者中,共计58人认为创意产业对当地旅游的增长产生比较大的影响,特别是创意产业入驻之后当地环境的改善,是旅游发展的最大功臣。其次,中国国际动漫节对当地旅游也产生

了一定的影响,扩大了当地的知名度,增加了政府收入和商业投资力度,对白马湖居民来说,中国国际动漫节带来了颇多的益处。

(2)小结。总而言之,生态创意城的决策还是获得了广大村民的认可,大部分村民对当地的大部分改造表示满意并且认为这为本村居民提供了不低的收入。调查发现,白马湖创意园区的原住民和创意人是和谐共生的关系。但这种和谐共生不是我们之前认为的和睦地住在一起。事实上,基本所有的原住民都选择外迁至政府给他们建造的居民楼内,他们和创意人很少沟通。

因此,我们对这种和谐共生有了新的诠释。这里的"和谐"是指原住民自由选择外迁或自保,且政府均有相应的安置模式;创意人入驻可享有政府的房租补贴,同时,政府对农居SOHO的整治为创意人对建筑改造的自我创作留下了空间,再加上白马湖原生态的美丽的自然环境。从而造就了这样一个和谐的局面:原住民乐意外迁,创意人乐意入驻。这里的"共生"是指,创意人和原住民都得到了妥善的安置,政府为原住民建造的居民楼也离原来的农居不远。此外,创意公司也为部分原住民提供了工作机会。总之,原住民和创意人是和谐共生的,而这种和谐共生是政府主导促成的。

五、结束语

白马湖生态创意园区支持创意和生态相结合,为创意园区的构建提供了一种全新的理念。这一理念有利于推进杭州文化名城的建设,有利于满足居民日益增长的多层次的精神文化需求,保证了群众的基本文化权益,也促进增强了杭州的文化"软实力"。白马湖这一生态和创意产业相结合的产业生态链对加速杭州构建社会主义和谐社会的进程产生了非常积极的作用。同时,创意产业和当地居民这种全新形式的"和谐共生",也为当地的发展带来实质性的进步。

来源:李屹,叶思瑶,章帆,《白马湖生态创意园区产业转型调查研究——基于产业生态链视角》,《知识经济》,2011年第4期。

中外会展场馆管理的比较研究——以中英会展场馆的个案为例

郑舒顾

【摘要】 以中国杭州白马湖国际会展中心和英国伦敦Earls Court会展中心作为中外会展场馆管理比较研究的对象,从物业管理、经营管理、场馆营销和品牌塑造等方面进行了对比分析,揭示了中国杭州白马湖国际会展中心的优势与不足,并就杭州白马湖国际会展中心的提升发展提出了若干建议。

【关键词】 中外会展场馆管理;比较研究;杭州白马湖国际会展中心;英国伦

敦 Earls Court 会展中心

一、引言

会展业作为商贸交流的重要平台和城市影响力的重要象征，在众多新兴产业中脱颖而出，已成为现代服务业的重要支柱，且发展势头十分迅猛。

杭州是中国最早举办大型会展的城市之一。早在1929年，杭州就举办了首届西湖博览会，在2000年恢复举办一年一届的西湖博览会之后，杭州已具备了发展会展业的先发优势。近年来，杭州加快推进会展场馆设施建设，以会展业推进杭州现代服务业的发展，为打造最具潜力的中国展览城市做出了积极努力。英国是世界会展业的发源地，英国政府在20世纪80年代至90年代加大了对会展业基础设施建设的投入，并在场馆建设方面给予资金支持，自此，会展业成为了英国各行业发展的助推器，在缓解英国金融危机中也起到了不可忽视的作用。本文选取了两地有代表性且规模相当的两个会展场馆，即杭州新建设的白马湖国际会展中心与英国伦敦 Earls Court 会展中心，旨在从两国会展场馆个案的比较分析中提出杭州白马湖国际会展中心提升发展的建议。

二、中英会展场馆个案的基本概况

(一)中国杭州白马湖国际会展中心

杭州白马湖国际会展中心以举办第八届中国国际动漫节(2012年4月28日至5月3日))而闻名。该中心位于杭州高新区(滨江)南部区块，北至彩虹大道，西至浦沿路，东、南至萧山界，依山傍水，自然景观优美。人文积淀深厚，其中所属的动漫广场是杭州白马湖生态创意城核心区块的标杆项目。白马湖国际会展中心分两期建设：第一期总建筑面积达21万平方米、展览面积达4.6万平方米，建有会议厅、休息厅、动漫影视厅、会议中心、信息中心、新闻中心、临时餐饮保障系统及医疗场所、商务酒店、服务配套用房等配套功能的系列设施；第二期包括中国动漫博物馆、2万平方米的标准展馆以及 IMAX 影院等建设项目，作为一期的配套和补充。第二期工程建成后，杭州白马湖国际会展中心的展览面积可达6.5万平方米，可设置近2000个国际标准展位，约占杭州市全部会展场馆面积的1/3。

杭州白马湖国际会展中心的配套设施比较完善，不仅有标准展厅、会议厅、贵宾厅、信息中心、休息室，还配有餐饮、停车等服务区，可满足国际国内展览、专业会议、企业年会、商业演出等各类活动。同时，杭州白马湖国际会展中心所属的白马湖生态创意城内建有白马湖建国饭店及办公创意中心等商业配套设施，会展中心周边还有5家专业商务酒店。公共交通也十分便捷，会展中心邻近杭州主城区及萧山国际机场，且有10余条公交线路穿越白马湖生态创意城。杭州白马湖国际会展中心无论从规模上还是影响力上,都已是杭州最大的会议展览场所,可以举办一些高规格的、大型的展览活动,可以作为国际创意设计展、世界休闲博览会、国际创意产业化永久论坛等展会承办地,可重点承接动漫、设计、创意类大型展会。

(二)英国伦敦 Earls Court 会展中心

英国伦敦 Earls Court 会展中心是一个集展览、会议和活动场地为一体的场馆,位于英国伦敦西部的肯辛顿和切尔西皇家自治市镇中,是伦敦市中心最大的展览场地。周边交通条件优越,地处华威路和老布朗普顿路的对面,邻近伯爵法院地铁站和西布朗普顿站,还可选择其他不同类型的交通工具直达场馆。英国伦敦 Earls Court 会展中心与奥林匹亚展览中心共享 1 个开放式停车场与 1 个多层停车场,其周边餐饮住宿配套设施完备。该中心和其毗邻的奥林匹亚展览中心都属于 EC&O 展馆集团,EC&O 会展综合体拥有 9.7 万平方米的展览面积,每年举办 300 个会展活动,接待 3 万个会展公司和超过 250 万人次的观众。

英国伦敦 Earls Court 会展中心最早被遍布田野和花园的农村地区环绕,在这片开放场地举办展览的历史也十分悠久,如 1896 年的印度帝国展、1897 年的维多利亚时代展、1901 年的军事展等等。Earls Court 会展中心作为展览场馆首次对外开放是在 1937 年 9 月 1 日的巧克力和糖果展。2012 年,英国伦敦 Earls Court 会展中心还作为伦敦奥运会的排球赛场馆对外开放。

英国伦敦 Earls Court 会展中心由 3 个展览场馆、1 个博物馆和 3 个会议中心组成,展览面积约 6.7 万平方米。具体参见下表:

英国伦敦 Earls Court 会展中心场馆基本情况

场馆	面积(m^2)	最大容量(人)
Earls Court One	41 811	30 000
Earls Court Two	17 000	12 000
Brompton Hall	5 295	6 000
Museum Hall Earls Court	1 802	500
Earls Court Conference Centre	516	250
Cromwell Suite	267	400
Thames Suite		300

资料来源:笔者根据伦敦 Earls Court 会展中心官方网站(http://www.eco.co.uk/)的资料整理而成。

三、杭州白马湖会展中心与伦敦 Earls Court 会展中心的比较分析

(一)物业管理

会展场馆作为展会举办的场地,其经营活动中的物业管理分为展会期间和非展会期间两个阶段,既包含一般物业管理的常规性服务管理,又包含展会举办期间筹展、布展、撤展过程中的公共事务服务管理。

本文所选取的两座会展场馆在物业管理方面,均构建起展会期间和非展会期间之间的合理关系。然而,在两座场馆的实际管理过程中,也存在着各自的特点。

杭州白马湖国际会展中心采取公开招标的方式将会展中心的物业管理工作进行外包,实施专业化管理模式。同时,将环境管理工作放在突出位置,专门委托浙江大学对杭州白马湖生态创意城动漫广场建设项目展开环境影响评估,分析展会活动及设施运转对环境的污染影响,指出了建设期和运营期对环境可能造成的影响并提出相应的环境管理要求,实现了展会环境管理工作的规范化。

伦敦 Earls Court 会展中心也相当重视环境保护工作的开展。该会展中心站立足会展业可持续发展的高度,突出可持续发展的重要性并实施一系列有效举措,Earls Court 也因此荣获了多项环保大奖,并且每年会出具一份对上一年可持续性发展工作的总结报告。同时,Earls Court 会展中心重视在撤展过程中展览材料的回收与再利用。Earls Court 将其大型地下室改造成为面积巨大的废物回收场,根据材料性质的不同将展厅中的废物直接分类送入地下废物回收场,经过压实处理后,送往废物转运站进行进一步整理并提取可回收材料。

(二)经营管理

中国内地的会展场馆大部分都由政府投资建设,个别场馆采取其他投资形式。而经营管理模式主要分为两大类:投资方设立管理机构直接管理和委托专业管理公司管理。英国采取的是"民营公助的纯场馆经营模式",但政府的财政补贴并不是无条件的,英国政府在确定补贴项目和规模时,主要考虑的因素是就业安排。

2009 年,杭州市及滨江区政府投资逾 12 亿人民币建造动漫广场城市综合体,设立杭州白马湖生态创意城管理委员会对场馆的投资开发与经营进行直接管理。杭州白马湖国际会展中心的经营目标是立足会展业,发挥动漫吸引力,打造全国第一个动漫产业中心,从而形成白马湖会展商圈,带动周边产业协同发展。杭州白马湖国际会展中心建有五星级动漫主题酒店、产业创意孵化中心等一系列配套设施,该中心日常作为经营国际会议中心、国际展览中心、动漫科普馆的场馆,其中永久性的动漫科普馆将设有动漫主题展览区、动漫科普教育区、动漫实践体验区、动漫游乐休闲区 4 个分区。在大型展会期间,全馆将举办诸如国际动漫节、国际旅游小

姐大赛等大型展会。在用作会展时段,杭州白马湖国际会展中心计划每年举办16个原创品牌主办展,引进100个国际展会;在用作会议时段,该中心计划每年引进200个国内外会议。

杭州白马湖国际会展中心制定了明确的战略目标,计划通过前三年的经营,树立展馆形象,带动周边区块发展;面向全球,成为国际知名会展中心。具体战略目标见下表。

杭州白马湖国际会展中心战略目标

近期目标展会主题	第一年(2012) 辐射范围:杭州市	第二年(2013) 辐射范围:浙江省	第三年(2014) 辐射范围:全国
国内外展览、会议	250多万人次	350多万人次	500多万人次
动漫科普	80多万人次	200多万人次	400多万人次

资料来源:笔者根据调研资料整理而成。

伦敦Earls Court会展中心在经营管理过程中,强调企业社会责任,制定并实施反腐败、反贿赂政策和举报政策,以确保员工和客户之间的合作遵守良好的商业守则。同时,为了提高场馆的利用率,伦敦Earls Court会展中心增加了场馆的分隔功能,许多中小型的展览可以同时在一个展馆内举行而互不干扰。为提高经营竞争力,伦敦Earls Court会展中心针对展览场馆经营还制订了各种分期收费的优惠政策,展览组织者只需支付5%的场租押金就可以使用场地举办展览,而95%的馆租余额可以在组织部门收到参展商费用后再行交纳,这就大大减轻了组织者的经济负担,加快了参展商资金周转。另外,伦敦Earls Court会展中心重视会展场馆及设施的更新,哈默史密斯、富勒姆行政区和肯辛顿、切尔西皇家自治市,计划在2013年6月拆除会展中心现有部分场馆及设施并进行重建,以形成一个全新的、更为现代化的会展中心。

(三)展览中心营销

杭州白马湖国际会展中心除了举办第八届中国国际动漫节外,也已承办了不少其他展览,包括上海多米诺骨牌博览会、中国建筑学会室内设计分会年会颁奖典礼及若干商业会展活动。接下来,杭州白马湖国际会展中心将在国内外相关专业会展杂志上进行推广;向浙江省内1000余家会展、广告公司发布信息及专业宣传手册;与优秀项目的主办方保持信息沟通;与场馆合作过的项目主办方保持联系;向长三角地区知名场馆方递送信函,进行交流互动;并联系国内外著名展览公司前来推广洽谈,以进一步扩大知名度。

伦敦 Earls Court 会展中心充分利用其官方网站信息平台，一方面，展示会展中心概况、设施设备明细信息、优势地理位置、会展专业动态数据等信息；另一方面，还展示展会案例研究结果及客户推荐的项目内容，通过发布以往满意客户的推荐项目内容等扩散口碑效应，有效提升宣传推广价值。同时，伦敦 Earls Court 会展中心通过 AEO（Association of Events Organiser）专业协会发布信息，形成多路径营销会展场馆的推广模式。

(四)品牌塑造

杭州白马湖国际会展中心旨在打造白马湖会展商圈主品牌及动漫科普中心品牌，依托国际动漫节效应，带动周边配套设施的深度开发利用与协调发展；依托展馆效应，提升五星级动漫度假主题酒店入住率，促进相关联动消费；吸引商家入驻创意产业孵化中心，带动创意产业升级发展，最终实现杭州白马湖国际会展中心与白马湖生态创意城的和谐发展。

伦敦 Earls Court 会展中心在打响国际品牌的过程中强调服务理念的重要性，在实际经营过程中认真践行"我们创造环境以满足客人的梦想"的先进理念，强调卓越的顾客服务是会展业务的驱动力，并用关怀、信任、尊重、承诺四个核心价值观巩固会展中心的服务精神。伦敦 Earls Court 会展中心利用自身优势，提供展会主办方一站式服务、免费市场营销服务、展会项目可持续发展评估服务等能为顾客带来全方位体验与价值的产品。事实上，伦敦 Earls Court 会展中心因其硬软件现代化、技术服务娴熟且周到健全、服务人员专业且经验丰富、管理规范且高水准等已获取了丰厚的回报，该中心的全球认知度现已达到90%，并拥有1850万名潜在顾客。

(五)比较分析结论

1.杭州白马湖国际会展中心的优势

(1)政府驱动明显。根据杭州市会展业"十二五"规划，杭州市政府致力打造"一主五副多馆"的会展场馆布局结构，杭州白马湖国际会展中心是杭州市会展业"十二五"发展规划中的重点项目，其所属的动漫广场是杭州白马湖生态创意城核心区块的标杆项目，且杭州白马湖国际会展中心是中国国际动漫节的永久性场馆，场馆单以每年举办国际动漫节就能有效地提高国际知名度。

(2)展馆定位明确。杭州白马湖国际会展中心的场馆品牌塑造定位十分明确，旨在打造具有国际影响的白马湖会展商圈主品牌及动漫科普中心品牌，同时，在其周边打造五星级的动漫主题酒店并培育动漫创意产业孵化园。

(3)场馆营销方式多样。杭州白马湖国际会展中心除了运用传统平面媒介手段营销外,还利用其产业链中的主体开展一些合作性营销,如注重与长三角知名场馆的互动交流。同时,注重与国外知名会展公司的营销合作。

2.杭州白马湖国际会展中心的劣势

(1)缺乏专业的管理团队。杭州市政府和高新区(滨江)区政府下设杭州白马湖生态创意城管理委员会对杭州白马湖国际会展中心的日常经营活动进行管理,致使运营过程的风险过于集中,且目前该管理委员会缺乏高水平的管理人才和举办国际大展的管理经验。

(2)场馆信息化程度不高。杭州白马湖国际会展中心作为新建场馆,场馆的信息化水平却低得显而易见,如场馆未建造现代化的门禁设施,在动漫节期间还是采取人工检票的方式,不得不加大了人力成本的投入。同时,除场馆内的配套服务设施不够完善,缺少观众休息区、医疗服务区及设施外,顾客还难以获取相关信息。

(3)周边配套服务设施不完备。由于杭州白马湖国际会展场馆正式运营不到2年,周边的住宿、餐饮配套设施还不够完善,不能满足顾客的多种需求。除在国际动漫节期间可乘坐由杭州、萧山各大站点提供的直达公交抵达场馆外,其他日常出行线路需要多次换乘,存在诸多不便。

(4)服务品质与 Earls Court 会展中心存在明显差距。如前所述,伦敦 Earls Court 会展中心除了注重会展硬件建设与管理外,更加注意服务品质与品牌,非常看重优质服务理念的重要性,强调提升顾客价值的服务,并贯穿了业务活动的各环节;而杭州白马湖国际会展中心目前的主要精力则放在展馆建设与服务产品推销方面。

四、推进杭州白马湖国际会展中心发展的建议

(一)提升政府驱动力度,完善场馆设施与基础设施的配套建设

政府应继续发挥在杭州白马湖国际会展中心场馆设施与周边配套设施建设方面的引领作用,应重点关注场馆信息化建设及与周边区块的融合。基于会展场馆现代化的发展趋势,今后场馆必将是集展馆、会议中心为一体的综合会展中心,而现有的杭州白马湖国际会展中心仅利用白马湖建国饭店的会议中心作为自己的会议场所,因此,在今后的发展过程中,应加快推进专业会议场所建设。此外,应尽快开辟市区直达场馆的交通线路,并推进周边餐饮、住宿等配套设施建设及信息化建设。

(二)聘请专业化团队,提升会展事务管理水平

建议在杭州白马湖生态创意城管理委员会下设管理机构,同时也可聘请专业的会展公司履行管理职能,既可以弥补举办国际展览和管理经验的不足,又可以在降低基本收益风险的同时,利用专业团队的品牌和经验的优势,带动杭州会展业专

业化管理水平的提升。

(三)拓宽场馆营销渠道,提高场馆出租率

除了通过电视、广播、报纸、专业杂志、移动传媒等营销手段宣传自己,杭州白马湖国际会展中心还应尽快建立会展中心的门户网站和网络营销平台,以满足展会主办方、参展商、观众等不同群体对专业信息的需求,并在网站上提供展会主办方与展会的链接,提高网站的点击率;利用IP地址对网站点击者的区域进行分析,获得访问网站人群的区域性,构建起网络营销客户专业数据库。其次,可采取高端营销的手法,加大市场环境的调研与落实举证,继续采取传统的营销手段拓宽市场,与长三角知名会展场馆进行联业深度合作,并推进与国外知名会展公司的专题性交流与合作。同时,充分利用杭州作为休闲旅游城市的优势,联合杭州优秀的旅游企业参与城市整体营销,在城市的推介活动中推销自己。另外,还应尽快加入UFI(Union of International Fairs)、IAEM(International Association for Exhibition Management)等国际知名会展协会,利用国际性组织的影响力提高自身的知名度,提高吸纳国际性展会项目的能力,提高场馆出租率。

(四)强化服务,提升顾客价值

应强化服务人员的培训,增强企业员工的责任心,将始终服务顾客的理念贯穿于场馆的日常经营活动中。并充分借鉴伦敦Earls Court会展中心先进的服务理念,着力推出能为主办方办展和参展商参展的一站式服务项目,确立以高品质服务打响场馆品牌的策略。

(五)提升对企业价值的认知,努力担当社会责任

企业在获得盈利、提高知名度的同时,塑造了企业价值,同时,在担当社会责任的过程中也进一步提升了企业价值。杭州白马湖国际会展中心应尽可能地吸纳就业人员,并努力参与福利事业回报社会。另外,应切实履行企业所担当的环保责任,对展会撤展后的材料进行分类回收与再利用,以实现场馆的可持续发展目标。

五、结语

在与世界知名的英国伦敦Earls Court会展中心的对比中发现,杭州白马湖国际会展中心在拥有自身优势的同时,也存在着诸多不足之处。作为新建场馆,杭州白马湖国际会展中心在提升发展的过程中,应着力完善场馆信息化设施和周边配套设施建设,强化展会专业团队建设,有效拓宽营销渠道,提升服务意识并努力承担企业责任,以培育起场馆品牌的国际影响力与场馆经营的国际竞争力。

来源:郑舒颐著,《中外会展场馆管理的比较研究——以中央会展场馆的个案为例》,《经济研究导刊》,2012年第26期。

走产城融合创新之路　发展生态文化创意产业

在高新区(滨江)的南部,有一座孕育美丽湖山文化、融合了无限创意生机的新城——白马湖生态创意城。

六载建设,几度春秋,这里已不再是昔日的小渔村,而是正在成为一座宜业、宜居、宜游、宜文,富有文化创意特色、生态环保、功能完善的综合型生态创意城;这里是中国国际动漫节的永久举办地,这里是杭州的城市"绿肺",这里,在白马湖的美丽"妆容"下,还怦然跳动着一颗产业发展的"心"……

今年伊始,白马湖生态创意城建设指挥部正式改名为白马湖生态创意城管理委员会,这不仅仅是名字的改变,更是发展重要性和管理理念的一次提升。

"要充分利用这一片好山好水,走生态、产业、城市融合并举的特色发展之路,为我区产业发展拓展新的空间。"在滨江区委四届四次全会上,白马湖生态创意城与智慧新天地、物联网产业园、北塘河畔和奥体博览城一并被列入该区重点打造的五大平台。

建设进行时 优化完善配套设施 推进湖区二期整治

白马湖自然风光优美,不仅有数千亩水面,周围还有冠山、越王城山、美女山等山体。这既是白马湖生态创意城不可多得的天然禀赋,也是打造美丽白马湖的优势所在。来到白马湖,你不仅可以看一场动漫盛会或者展览,还能停下脚步,放下思绪,漫步湖区,在未来,甚至可以坐船到达湘湖……

根据功能主体化的建设思路,经过前几年的持续规划建设,如今的白马湖生态创意城雏形展现,桥岛相连,水系密布,风光迤逦。创意城已经基本迈过了先前的大建设时代,正在由一座产业园向城市功能区转变。在这座新城内,不仅仅要有产业用房来招商,还要有餐饮、住宿、交通、商贸、旅游、娱乐、文化、生态等各种配套,这便形成了一个休闲服务业集聚区。

今年4月,白马湖湖区整治一期工程顺利完工,千余亩灵山秀水串珠成链,湖岛风光相映成趣,使之成为了第九届中国国际动漫节上的一大亮点,也成为了周边居民和市民游客平日里纳凉健身的生态公园。清晨,太极拳、瑜伽等晨练爱好者慕名而来;夜幕降临,来湖区纳凉、跳舞的市民群众络绎不绝,广场上人头攒动、热闹非凡。

"除了可以散步游览外,白马湖畔还将会有个登高望远、聚餐休闲的好去处。"白马湖生态创意城管委会相关负责人介绍说,日前,白马湖湖区整治一期配套建筑设计方案正式出炉,其中包括了白马湖游客服务中心在内的配套服务建筑将于今年年内投入建设,明年动漫节前会竣工亮相,以进一步完善湖区内的商业服务配套工程,提升湖区景观效果和服务功能。

湖区配套建筑风格简洁明快、功能实用,总建筑面积约4000平方米,屋顶还设置了观光平台。建筑采用轻便易行的钢筋混凝土框架柱结构,以最大程度地减少施工对建成路面和绿化景观的影响。

完善湖区一期工程,加快整治湖区二期。白马湖生态创意城管委会目前正在进行白马湖单元规划修编和报批工作,计划对湖区二期相关地块公开出让,走市场化开发之路。从正在修订完善中的二期整治方案中了解到,二期将在优美环境中融入更多产业项目,让环境与人才、产业优势叠加,创造出更多的社会和经济效益。同时,在二期整治中还有一个新设想,那就是疏浚拓宽塘子堰河,使其具备通航能力。届时,游客可以在白马湖区游览后,坐船经过塘子堰河、井山湖,进入湘湖,打通白马湖与湘湖的旅游网络,让白马湖生态创意城山体、水域与湘湖真正连成一片。

今后几年,按照人"有地方住、有地方游、有地方创业、有地方购物、有道路出行、有地方上学"等要求,白马湖生态创意城将加快推进美女山路、塘子堰河、沿山北路东伸段、16－19地块支路、马湖村支路、华数数字电视产业园支路等"五路一河"建设;加快白马湖湖区一期部分建筑物、动漫广场西侧美食广场的建设,力争明年动漫节前建成;加快做好海山公园配套管理用房招商引资工作,力争今年年底前全部投入运行;加快商品房、人才公寓建设,力争4－6、4－7号地块年内挂牌出让,早日建成投入使用;年内动工建设民办学校、阳光家园项目;加快旅游设施建设,为人们提供休闲旅游的场所。

产业发展进行时 以节庆带动会展招商 以平台集聚文创企业

杭州首个地铁商业空间——凤起商街前不久开业了,其中有两家名叫"跑码场"的二维码移动购物体验中心人气相当旺。"跑码场"内,网商通过向"跑码场"提供商品实物陈列,供"跑码客"直观体验、触摸与了解商品。顾客用智能手机扫描展示区的二维码,就能登录网店咨询和购买。

"跑码场"开创了一种新的模式即反向"O2O"(offline to online 的营销模式,以线下推广营销促进线上贸易),网商花费少量的钱把商品实物展示给顾客,顾客也能亲自体验到商品而放心购买。而这两家"跑码场"商铺,是滨江区白马湖生态创意城动漫广场研发楼内的杭州动众广告传媒有限公司开发和经营的。

目前，在白马湖动漫广场研发大楼内，像动众传媒一样，富有创意和前景的文创企业，已经有45家，注册资金2亿元，租赁面积达1.35万平方米。其中5号楼已招租完毕，3号楼出租率超过75%。码客信息、一力文化创意、孚德品牌管理等一大批极具发展前景的企业为创意城增添了新的活力。

出台扶持政策，助推研发楼招租；做优区域环境配套，以地块招商引进一批龙头型、支撑型的企业项目，实现产业发展和经济产出的双丰收；与专业团队合作，加快农居SOHO招商；与中博展览公司合作，走市场化专业会展之路……一条条措施的出台犹如"强心剂"刺激着白马湖生态创意城内每一个产业发展的"细胞"。

除了研发楼招租，在加快推进千亩产业园建设方面，目前产业园内已落点项目5个，总用地面积170.8亩。其中华数白马湖数字电视产业园占地89亩，目前正在进行土建施工，预计2014年底基本完工。冯锐科技、亚卫通项目即将挂牌出让，最葵园、艾斯弧项目正在进行方案审批。长400米、宽20米的华数数字电视产业园支路（海福路）项目已获批，计划今年10月开工建设。SOHO创意园新签约入驻企业11家，入驻企业总数达到120家。

中国国际动漫节主会场连续两年落户白马湖动漫广场，对白马湖的文化会展业也带来积极影响。国际车展、文博会、农产品博览会、科技成果展、集成建筑展……从金秋九月一直到年底，白马湖生态创意城将全面进入"会展黄金期"，展会活动一个紧接一个，甚至是一天内多个会展同时举办。

将于10月中旬开幕的"2013杭州文化创意产业博览会"成为今年下半年创意城承接的规模最大的展览活动之一。白马湖作为主会场将设9个主题展区、3个论坛专区和2个活动专区。此外，由浙江省科技厅主办的"2013浙江省技术成果拍卖交易暨网上技术市场活动周"，以及浙江省农业厅主办的"2013浙江农业品牌博览会"，也都是在相关领域具有号召力和影响力的高端品牌项目，展览面积均在1万平方米以上。

另外，在白马湖下半年展会日程表上，"短平快"的商业类会展项目所占比重较往年有显著增加。水利水电展、服装订货会、艺术品展等各类展会琳琅满目，且在办展面积、展期、营收等方面都呈现出了赶超政府主导的公益性展会的趋势，将对白马湖会展进一步打响品牌、提升服务、拉动消费，形成完善的会展产业链起到推动作用。

来源：杭州网，2013年8月15日（原载于《杭州日报》）

杭州动漫旅游的IPA分析与发展对策研究

王 玲

【摘要】 在国家文化产业蓬勃发展的背景下,动漫旅游作为一种新兴的产业融合形态,市场吸引力日益增强,成为创意旅游发展的代表之一。杭州作为中国国际动漫节的主会场,动漫业和旅游业实现了强强联合,动漫旅游彰显出巨大的发展潜力。文章以杭州白马湖动漫广场为例,引入重要性—满意度分析(IPA)方法,对杭州动漫旅游发展存在的突出问题、业态体系的构建和具体开发对策展开全面论述。

【关键词】 动漫旅游;旅游满意度;杭州白马湖动漫广场

一、引言

动漫旅游是动漫业和旅游业发展到一定阶段后,逐步走向融合所形成的一种新的旅游形态与旅游形式。黄雪莹、陈能等(2008)较早提出动漫旅游的概念,即以动漫资源为基础,进行深度综合开发的新型专题旅游活动,是一种以动漫产品作为亮点来吸引游客的文化旅游形式。目前,发展动漫产业,培育新的经济增长点,已被国家列入文化产业的重点发展规划,其作为创意产业的典型代表,对旅游业的发展具有广泛而深刻的经济文化渗透力。

以日本、韩国、美国为代表,国外的动漫旅游发展相当火爆,各种动漫观光景点吸引着世界各地的动漫迷和旅游者前往,动漫文化产业发展水平较为成熟,在不同程度上推动了旅游业的发展。山村高淑(2008)提出日本的动漫旅游活动主要分为展馆式、节会式、物品式等多种形式,体验式旅游产品类型丰富,动漫旅游不仅能够获取良好的经济效益,而且是宣扬日本文化的一种重要途径。Carson charles(2004)以美国的迪斯尼公园为例,分析了其以动漫式主题乐园为平台,已经拓展至广播、杂志、电影、电视、出版、玩具、服装等文化产业的诸多领域,从而建立起一个全球性的旅游文化创意产业发展模式。国外的理论研究普遍认为,动漫产业是一项潜力巨大的无烟产业,先进的动漫技术和产品在主题公园、博物馆、体验型旅游景区中已经得以广泛的应用,对旅游体验经济的发展有着重要的贡献。

在动漫文化产业得到较快发展的基础上,我国的动漫旅游逐步兴起,目前的学术研究尚处于起步阶段,相关文献主要关注了动漫产业与旅游业之间的融合发展问题。向丹等(2010)提出动漫旅游的主要类型是动漫观光体验旅游、动漫节事体验旅游、动漫角色体验旅游和动漫整体情境体验旅游。李美云(2008)总结了旅游景点业与动漫业相融合的几种模式,即动漫主题公园式、旅游景点动漫化、动漫产业园区景点化和动漫节会式。动漫旅游作为一种专题式旅游,具有极强的体验性、趣味性、文化性和明显的市场吸引指向性,加之旅游的弱季节性等特点,动漫旅游的未来发展潜力巨大,其学术研究的空间也十分广阔。

近年来,杭州借助"中国国际动漫节"这一国际化平台,实现了动漫旅游的快速发展,旅游形式已然多样化,市场规模也日渐庞大,目前已经形成白马湖动漫广场、中国动漫博物馆(在建)、杭州动漫节、中南卡通城、杭州烂苹果乐园等旅游景点,在助推城市旅游转型升级发展方面显现出巨大的正面效应和潜力。本文将以杭州白马湖动漫广场为例,引入重要性—满意度分析(IPA)方法对杭州动漫旅游市场的满意度进行调查,并基于此提出今后动漫旅游发展的针对性措施。

二、研究方法

此次问卷调查,共设置了 15 项满意度评价指标,分别在 2015 年 5 月和 2015 年 10 月于杭州白马湖动漫广场向 300 名旅游者发放了问卷,回收有效问卷 286 份,有效率 95.3%,信度测算 0.802,达到较高的可信度。在对问卷进行数据统计的基础上,主要形成了两个方面的研究:一是旅游满意度的因子分析,从中获得动漫旅游市场满意度的影响因子;二是满意度指标的重要性—表现性评价,从而对各项满意度指标进行等级划分,并通过 IPA 象限得出具体的动漫旅游开发策略。

三、研究结果分析

(一)人口统计特征结果分析

游客的人口统计特征主要包括性别、年龄、文化程度、职业、月可支配收入和来源地等 7 个方面。在被调查者中,女性占 57.2%,男性占 42.8%;20 岁以下占 33.4%,21~30 岁占 31.0%,31~40 岁占 20.5%,其他年龄段占 15.1%,主要的市场群体为学生、青年和家庭;与年龄调查相符,职业和文化程度方面,高中生和大学生占据显著份额,且游客的普遍文化程度在大专以上;月可支配收入方面,学生群体相对偏低,而家庭游客则相对较高,调查结果显示,月可支配收入在 1001~5000 元范围的占了绝大部分,达到 61.7%;游客来源地集中于杭州本地,同时包括一部分其他长三角地区的游客。其中,杭州本地游客占 63.1%,浙江省内其他地区的游客占 19.0%,上海、江苏、安徽三地的游客占 17.9%。

(二)旅游满意度因子分析

本研究对旅游满意度的 14 个变量进行了因子分析,累计方差贡献率为 65.783%,用于检验因子分析的首要准则条件的 KMO 值为 0.928(KMO 样本测度越接近于 1,越适合做因子分析),此外,巴特利特球形检验(Bartlett test on Sphericity)的 Sig. 统计值的显著性概率是 0.00,小于 0.05,表明统计数据具有相关性,适宜做因子分析。

其中,旅游满意度的14个因子变量,经因子分析后共得到3个公因子,分别命名为旅游环境满意度、旅游设施与服务满意度和旅游活动满意度。一般采用克朗巴赫系数(Cronbach)α值来验证量表信度,如果α系数在0.8以上,表明量表具有较高的信度。经测算,3个公因子的克朗巴赫系数(Cronbach)α值分别为0.937、0.936和0.935,说明本研究的数据具有非常好的一致性,确保了公因子的信度。

(三)旅游满意度的重要性—表现性(IPA)评价

IPA(Important-Performance Analysis)模型是对产品期望和产品表现两个方面的消费者满意度的函数体现,能够客观地评价各因子的满意程度,该方法由Martilla和James于1977年提出,近年来,国内学者也较多的将其运用于旅游景区或旅游目的地的满意度测评。旅游满意度是旅游期望与旅游体验之间的对比结果,可进一步通过重要性—表现性评价和IPA指数予以技术呈现,其中满意度因子的重要性代表了游客在出行前的期望值,满意度因子的表现性则代表了游客在游玩过程中的实际感知与满意水平。IPA指数的测度公式为:

$$IPA=(I-P)/I\times 100 \tag{1}$$

杭州动漫旅游满意度因子分析

变量	均值	标准差	公因子	累积方差贡献率%	克朗克赫系数 Cronbach' alpha
动漫旅游主题突出	3.49	1.44	旅游环境满意度	60.749	0.937
动漫旅游文化氛围浓厚	3.53	1.48			
周边景观舒适怡人	3.28	1.58			
交通便利	3.30	1.52			
总体消费价格合理	3.31	1.53			
餐饮、休闲等设施齐全、经营规范、价格合理	3.43	1.58	旅游设施与服务满意度	62.368	0.936
旅游智能化管理和信息服务水平高	3.40	1.52			
旅游服务人员素质高、服务好	3.26	1.56			
安全性强,环境卫生条件良好	3.22	1.58			
旅游公共服务设施配套合理、服务全面	3.42	1.48			

续表

变量	均值	标准差	公因子	累积方差贡献率%	克朗克赫系数 Cronbach' alpha
动漫体验项目丰富	3.07	1.68	旅游活动满意度	69.622	0.935
有适宜的水上娱乐项目	2.92	1.74			
动漫节主题突出,活动内容丰富	3.21	1.75			
有其他相配套的休闲活动项目	2.93	1.71			

注:累计方差贡献率(%)=65.783　KMD=0.928　巴特利特球形检验=10894.65　Significance 0.00

其中,IPA 代表重要性—表现性分析指数,I 代表重要性,P 代表表现性。IPA 指数越低,则旅游满意度越高。通过对前文中满意度评价的 14 项指标因子进一步进行重要性—表现性的评价,可得出各项因子的 IPA 指数,具体评判标准为:≤3.0 为很满意,3.0—6.0 为比较满意,6.0—10.0 表示一般满意,10.0—20.0 表示不满意,≥20.0 表示很不满意。

IPA 指数分析结果显示,杭州动漫旅游的满意度指标可分为四个等级,其中,很满意的有 3 项,分别为周边景观、交通、安全与卫生;比较满意的有 3 项,分别为动漫旅游主题、旅游公共服务设施、动漫节主题活动;一般满意的有 5 项,分别为总体消费价格、餐饮休闲设施、旅游智能化管理和服务水平、水上娱乐项目;不满意的有 3 项,分别是动漫旅游文化氛围、动漫旅游体验项目、其他休闲活动。

杭州动温旅游满意度指标的重要性—表现性评价与 IPA 指数

序号	旅游满意度指标	重要性(均值)	表现性(均值)	IPA 指数	满意程度
1	动漫旅游主题	4.0	3.8	5.0	比较满意
2	动漫旅游文化氛围	4.2	3.5	16.7	不满意
3	周边景观	3.6	3.5	2.8	很满意
4	交通	3.8	3.7	2.6	很满意
5	总体消费价格	3.6	3.3	8.3	一般满意
6	餐饮休闲等设施	3.5	3.2	8.6	一般满意
7	旅游智能化管理和服务水平	4.0	3.6	10.0	一般满意
8	旅游服务人员素质与服务水平	3.7	3.4	8.1	一般满意
9	安全与卫生	3.6	3.5	2.8	很满意

续表

序号	旅游满意度指标	重要性（均值）	表现性（均值）	IPA 指数	满意程度
10	旅游公共服务设施	3.5	3.3	5.7	比较满意
11	动漫旅游体验项目	4.2	3.5	16.7	不满意
12	水上娱乐项目	3.6	3.3	8.3	一般满意
13	动漫节主题活动	4.0	3.6	10.0	比较满意
14	其他休闲活动	3.9	3.2	17.9	不满意

根据上述分析结果，运用IPA矩阵图将对动漫旅游满意度因子的重要性和表现性二者之间的差异做出更为直观深入的研究。根据14个指标因子的重要性和表现性程度划分IPA象限，以重要性的平均值3.8为纵坐标，以表现性的平均值3.5为横坐标，划分出四个象限，如矩阵图所示。

其中：

A象限所包含的满意度指标有：2.动漫旅游文化氛围，11.动漫旅游体验项目，14.其他休闲活动，均为评价的重要指标，但实际调查结果显示满意度偏低。

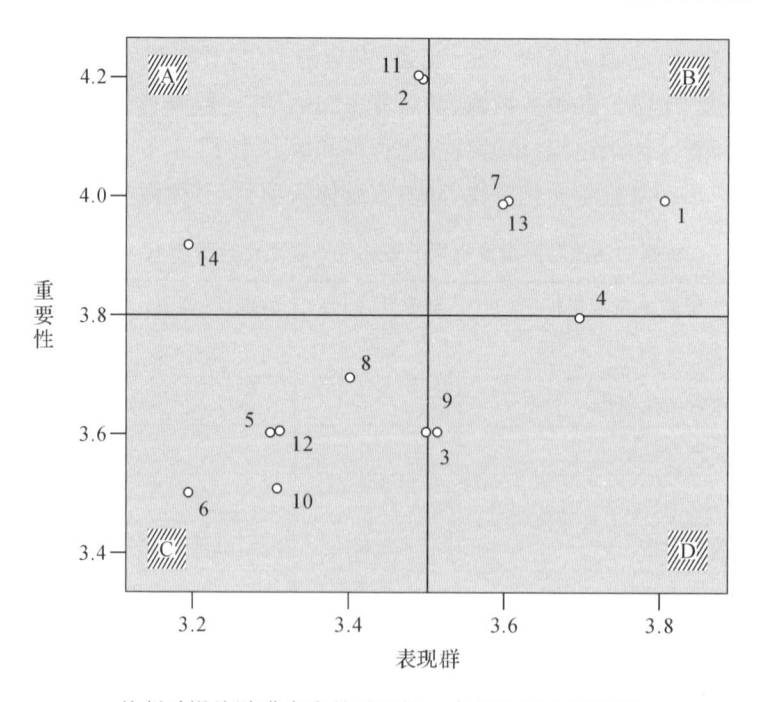

杭州动漫旅游满意度的重要性－表现性IPA矩阵图

B象限所包含的满意度指标有：1.动漫旅游主题，4.交通，7.旅游智能化管理和服务水平，13.动漫节主题活动，均为评价的重要指标，实际调查结果显示满意度较高。

C象限所包含的满意度指标有：5.总体消费价格，6.餐饮休闲等设施，8.旅游服务人员素质与服务水平，10.旅游公共服务设施，12.水上娱乐项目，均为评价的辅助性指标，实际调查结果显示满意度较低。

D象限所包含的满意度指标有：3.周边景观，9.安全与卫生，均为评价的辅助性指标，实际调查结果显示满意度较高。

四、研究结论与讨论

本文以杭州白马湖动漫广场为例，分析了动漫旅游市场满意度的影响因子，在完成因子分析的基础上，重点进行了动漫旅游的重要性—表现性（IPA）评价，主要可得出以下结论。

（一）杭州动漫旅游发展的突出问题

综合上述分析，杭州动漫旅游发展的突出问题主要表现为以下几点：（1）以静态观赏为主，休闲与体验参与功能不足；（2）动漫节会的发展后劲不足，影响力偏弱；（3）配套服务设施和项目建设滞后；（4）动漫业与旅游业之间的融合碎片化，没有形成有效的互动连接。以白马湖动漫广场为例，周边交通、景观、公共服务等方面已经较为成熟，形成了一定的旅游开发基础，但是内在的主题产品和项目相对单一，动漫与旅游融合发展的乘数效应远未体现出来。

（二）杭州动漫旅游发展的体系构建

以白马湖动漫广场和中国动漫博物馆为载体，以中国国际动漫节为平台，以产业融合与业态丰富为目标，构建杭州动漫旅游发展的基本框架体系（如图所示），将有助于推动动漫文化产业的深入发展。通过产业融合的不断深入和产业链的拓展，在提升核心产品吸引力的同时，将有效地提高整体旅游满意度，一是改善目前的配套设施与服务建设水平，构建完善的旅游休闲功能；二是积极拉动直接关联产业的发展，丰富动漫旅游的体验内容，提高旅游消费水平和内涵，使杭州的动漫旅游产业具有扎实丰厚的基础和高水平的开发效果。

（三）杭州动漫旅游发展的具体对策分析

通过图1的IPA矩阵图，可以获知动漫游客的旅游期望和实际感知间的差异，将有助于提出各象限的改进策略和优化措施。针对白马湖动漫广场，应重点改进A象限的指标，积极扩大B象限的优势，努力提升C象限的辅助性指标满意度，同时，稳步提高D象限的指标满意度。在此基础上，提出以下三点具体的发展对策：

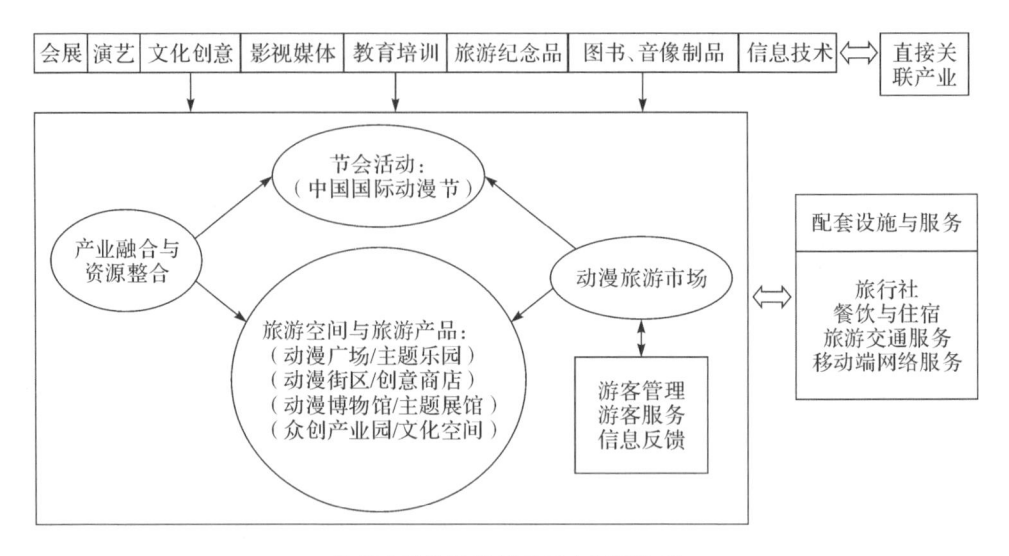

杭州动漫旅游发展的基本框架体系

(1)充分发挥中国国际动漫节的节会品牌效应,凭借完善的旅游服务设施、优质的自然生态环境,让更多的动漫爱好者能够转化为现实的旅游者。(2)开发系列化的动漫主题活动,营造持久性的动漫主题空间,开发大众化的动漫衍生产品,吸引更多大众休闲游客参与到动漫旅游活动中,获得意外的旅游体验,并形成一定的宣传效应。(3)避免动漫旅游的孤立式开发,要将动漫文化与周边的白马湖、湘湖等生态文化有机融合,创作更多富有杭州地域人文特色的原创动漫,同时在广阔的城市旅游空间中体现更多的动漫元素。

来源:王玲著,《杭州动漫旅游的 IPA 分析与发展对策研究》,《经济师》,2016年第 5 期。

(四)文化

白马湖景区

白马湖又称排马湖、石姥湖,是全县现存最大的湖泊,距离县城 4.5 千米,与湘湖一山之隔。总湖面约 1720 亩,分东西两湖,以马湖桥为界。湖中有岛,岛中有湖,大小岛屿 10 多个,大者达 180 亩,小者仅 10 亩。环境清新静谧,湖东边为越王城山,山体的岩石亦是西湖组坚硬的白色石英山岩,为此地发展疗养业提供优质水源。湖水甘冽,湖中珍珠养殖丰茂,菱角鱼虾鲜美。山麓有茶叶水果。

相传伍子胥为夫差所杀,抛尸钱江,后为潮神,"时有见子胥乘素车白马在潮头之中",所以钱塘江别名白马江。白马湖,因古时潮处白马江边,故名。《萧山旧志》记载白马湖一带"水仙伍郎"的传说,系"潮神伍相"变异而来。

来源:萧山市文化局编,《萧山文化志》,中国卓越出版公司,1990年,第226页。

"放湖灯灯"的由来

在萧山、滨江方言里,有句俗成语叫"放湖灯灯"。它通常被用来喻指这样两种情况:一是指某个人在茫茫人海中,不知不觉地脱离了同行的队伴,失去联络,于是处在一个完全陌生的环境里,陷入孤立无援的窘困状态;还指缺乏生活自理能力的小孩或老人走失。对于这种情况,老滨江人往往会说:"啊呀,葛(这)个人放湖灯灯喋(哉)。"二是指借出去的财物,因手续不全,无抵押等防范、约束措施,债务人赖账逃遁,借去的款物难以追回。对这种事,人们往往也会说:"葛(这)笔钞票(或物品)放湖灯灯喋(哉)!"此话有点像时下流行的一个词:打水漂。此外,还有一些类似的引申。

对"放湖灯灯"的上述喻义,不少滨江人都知道,但由于对典源不甚了解,一到记录书写时,也有按照方音写成"放湖墩墩"或"放湖顿顿"的。笔者以前在进行方言调查工作时,就曾用过后者作记录。其实,正确的写法应该是"放湖灯灯"。

"放湖灯灯"源于历史上的一种习俗。古人为了祭先祖、驱野鬼,超度那些所谓想"找替头(代)"的溺鬼,往往要在夏历七月十二、七月半举办盂兰盆会(亦称兰盆胜会),其中的一个活动内容,就是"放湖灯灯"。清顾禄所著的《清嘉录》中记载:"(其时)或剪红绿纸灯、状莲花,焚于郊原水次者,名曰水旱灯。"还转引江宁等地方志:"(七月)中元夜,沿河放灯,谓之照冥。"《盂兰盆歌》云:"声隆隆,灯烂烂,千盏万盏莲花散。莲花散成般若台,欲泛慈航登彼岸。"说的就是放水灯。《清嘉录》还收录了有关七月三十地藏王生日的一首民谣,其中就有"水灯放后地灯红"的歌词。这说明,(焚)放水旱灯、水灯、河灯、莲花灯、荷花灯,跟萧山、滨江方言里的"放湖灯灯",是同一回事。据载,这种灯通常用纸扎成,用少量豆油浸灯芯草或用小蜡烛点燃,放在湖河水面上,让其漂流自灭。以上说的是属于一种节日性的"放湖灯灯"。从前还有一种某家某户为超度亲人溺水者而"放湖灯灯"的习俗,即在其亲人溺水出事处的湖河水面上,放置一盏盛着菜油点着灯芯的碗灯,让其在水面上漂流,任其自生自灭。如果油尽灯灭而碗还没沉,谁也不能去捞这只碗,直到此碗因风吹雨打等原因沉入水底或不见为止。正是在"湖灯浮荡荧然照,原地难回任水漂"这一点上,生发了本文开头的喻意。

来源:来小钦著,《杭州滨江区历史文化丛书·乡音土语》,西泠印社出版社,2007年。

茫茫白马湖

空碧净无尘,和风应小春。
当年征战处,日暮寂无声。

——(清)来圻圣《舟次马湖》

今日白马湖一带,春秋末期是江海相连的浅海湾,被称作"海"。《重修浙江通志稿》载:"昔(萧山)县北浩浩沙地当为大海,故历史记载'浦阳、曹娥等江,皆曰入海,不曰入钱塘江'。"因海湾上承山洪,下纳海潮,故海湾口有大量泥沙淤积,形成沙嘴,沙嘴扩大延伸,堵塞了海湾与外海的通道,海潮出没的沙洲就渐渐形成陆地,沧海变桑田,出现了滨江大片沙地;沙嘴以内则形成泻湖,即今天的白马湖、湘湖、井山湖等。

白马湖在西兴、长河南端,越王城山北麓,碧波茫茫,俗称白茫湖,又叫排马湖。全湖周长10余千米,据文献记载:南宋时,白马湖水面约有3000亩;到1984年,净水面缩至1720余亩,时为萧山地区最大湖泊。湖中有马湖桥,桥东称"东白马湖",约720余亩,桥西称"西白马湖",近1000亩。正常水位吴淞标高6米左右,平均深度约3米,最深处4米,蓄水量约300万立方米。湖中有大小不等天然绿洲12个,如西渡墩、天香炉、大鼻头等,最大绿洲"疙包墩",约有180亩,小的也有十几亩。岛上绿树环抱,一片清凉世界。

关于白马湖名称的由来,说法不一,主要有三。《会稽地志》载:"汉周举乘白马游而不出,以地为仙,故名。"清人毛奇龄《九怀词·水仙五郎》云:"有兄弟五人事母至孝,湘湖水仙花开时,其母思鱼羹,五人便入江取鱼,被潮水卷去而成水神;次年水仙花开时,五人骑白马回家望母,'上湘湖旁白马湖是其迹',故名。"亦有后人称湖形酷似一匹白马,湖水白光浩淼,故据其形而名之。

古人还称白马湖为"西陵湖",《水经注》载:"固陵有西陵湖,亦名西城湖。"毛奇龄《萧山县志勘误》诠释:"(此)即白马湖,以地近西陵,则名西陵湖;以其在(越王)城山之西,则名西城湖。"

白马湖也叫"排马湖",相传此处原系低洼旱地,2500年前的春秋末期,吴国十万大军在此排马布阵,攻打被困于傅家峙山顶(今越王城山)的越军,久攻未克而退,后经岁月变迁而成湖,遂称"排马湖"。20世纪90年代,白马湖底还曾出土过印纹陶器什和穿甲胄的武士。白马湖又名"石姥湖",因湖边有祭祀唐代献身治江的英雄石瑰的石姥祠(西兴庙后王村南,已废)而得名。

整个白马湖地区环境宁静优美,空气清新,具有浓郁的田园气息。民国《重修

四、方略篇

白马湖捕鱼 选自沈青松《湘湖》

浙江通志稿》称这里"三面环山,波光岚影,风景极佳"。白天,沿湖农民的数百只小渔船在这烟波浩淼的湖上捕鱼捉虾,网起网落,渔歌悠扬;傍晚,渔船回村,湖畔又呈现出"灯火万家城西畔,星河一道水中央"的奇妙夜景。故历代歌咏极多,如元代河北廉访经历萨都剌的《夜过白马湖》,描绘了白马湖落日前后的美丽景象:

春水满湖芦荻青,鲤鱼吹浪水风腥。

舟行未见初更月,一点灯火落远汀。

又如明代太常寺少卿、长河先贤来集之的《沁园春(上阕)》,表达了对当年吴、越排马湖争战中英雄人物的追忆和缅怀:

排马湖边,越王城下,长河远村。览江庐许刹,思量六代;桃源渔浦,追忆虞秦。东吊蠡谋,西凭胥怒,还溯桐江觅钓纶。扁舟去,访六千君子,倘有遗人!

现代著名史学家、诗人来裕恂先生的《过白马湖》,歌颂了白马湖的天然图景,抒发了热爱家乡山水的真挚感情:

石姥祠前石姥湖,湖形腰细似壶卢。

波光一片白于练,山色千重绿若芜。

断岸可将桥作锁,临流只觉水平铺。

四围苍翠如屏列,满目天然好画图。

长河境内的槐河、浦沿境内的大浦河等水皆汇入此湖,又有河道与萧山湘湖、浙东运河相通,故水利上可解旱涝,交通上可通舟楫。渔业资源极为丰富,盛产白鲢、青鱼、草鱼、鲤鱼、鲫鱼、鳊鱼、河鳗、鳝鱼、鲇鱼等。白马湖的河蚌、螺蛳,体大、肉肥、味鲜美,很有名气。白马湖四周青山苍翠,果树成林,盛产茶叶、杨梅、橘子等食品。

今天的白马湖,虽然湖面有所缩小,但伫立堤岸眺望,依然可见烟水朦胧、玉镜浮空、绿洲点点的美丽景象。湖边有家"白马湖渔村",这是一家既从事水产、果树种养,又经营休闲观光生意的农庄。湖边、岛上还有10多个鱼塘,鱼塘四周种有大片的花果,已然成为了休闲、观光的好去处。

来源:来小钦著,《杭州滨江区历史文化丛书·古镇图说》,西泠印社出版社,2007年。

越王城山北麓的白马湖

滨江区的东南角,越王城山之北,荡漾着一片碧水,这就是白马湖。北湖畔是滨江区西兴街道马湖村,南和西湖畔是滨江区长河街道传家埭村,东湖畔是萧山区城厢街道东湖村。全湖周长10余千米,水面1800余亩,中建马湖桥。桥之东称东白马湖,桥之西称西白马湖。湖中有大小不等的绿洲12块。

白马湖又称排马湖,乡民叫它跑马湖。相传这里本是钱塘江的江湾,口(西兴西)狭、内大,有由越国建立的大军港——固陵港,是钱塘江北移后留下的内湖,东接湘湖,西连长河,北通运河。2400多年前的春秋末期,吴国军队于此排马布阵,猛攻被困于越王城山山顶的越国军队,未克而退。后来越王为报亡国之仇,卧薪尝胆,苦身劳心,训练强兵,复国称霸。他在越王城山屯兵,在白马湖边造船、屯兵、跑马、练兵。在西兴古渡、长河冠山、浦沿鸡鸣山驻军防守。特别是在白马湖处,日夜不停地训练水兵、步兵,不是练兵就是练操,常常排马布阵,天天尘土飞扬,终于练就了一支强大的军队,一举击败了吴国,成为一方霸主。据考证:春秋末期越国尚无马匹,白马湖是军港,造船练兵确有其事,但排马跑马这一传说不实。

随着岁月的变迁,此地成了湖。清来圻圣有诗云:"空碧净无尘,和风应小春。当年征战处,日暮寂无声!"这首五言绝句写出了白马湖环境的宁静、优美,还说到了吴越两军在此鏖战的史实。北魏郦道元《水经注》云:"固陵有西陵湖,亦名西城湖。"清代毛奇龄《萧山县志勘误》做了诠释:"即白马湖,以地近西陵(今称西兴),则名西陵湖,以其在(越王)城山之西,则名西城湖。"

白马湖又称石姥湖。湖畔原有石姥祠,祀石瑰。唐长庆二年(822),江潮为患,石瑰奋力筑堤,以抗水势,不幸丧生。唐咸通(860—873)受封潮王。此后,他被立庙湖畔、江边,享受人间香火。

长河镇境内的槐河、浦沿镇境内的大浦河等汇入白马湖,白马湖又通过两河与湘湖、浙东运河相通。所以,白马湖在水利上可解旱涝,在交通上可通舟楫。白马湖水面辽阔,水上交通十分便捷。西达闻堰潭头,过坝进钱塘江;南下临浦,过峙山闸进浦阳江;东往萧山城区,进浙东大运河直达绍兴;北上长河、西兴两镇,经沿江几处船闸进入钱塘江。在陆上交通尚不发达的那个时代,萧绍各地的货船大多经过白马湖,往闻堰、潭头两处卸货,再翻过江塘将货品装入外江船,因此,白马湖可以说是当时的水上运输枢纽。

《白马湖一角》(王福明摄)

今天的白马湖因湖面缩小,生态环境也遭到不同程度的破坏,但若伫立堤岸向湖中眺望,依然可见烟水朦胧、玉镜空浮的美景。近期经过整治,特别是两个砖瓦厂的搬迁,环境好了不少。近来,杭州市政府已作了规划,准备开发白马湖周围土地建造超大卡通城,预计占地6.61平方千米,投资200亿元,划分五大区块,其中白马湖为娱乐活动区。不久之后,一个崭新的杭州动漫产业的集聚地、旅游休闲的好场所即将呈现在我们面前,成为能与国际接轨的大平台。

来源:马时雍著,《杭州文化丛书·杭州的水》,杭州出版社,2012年。

白马湖——从农居村落到动漫之都

在中华人民共和国成立初期,大多数杭州人对"白马湖"这个地名感到很陌生。这个位于滨江一隅的小地方,那时只有一片水稻田、麻秆地和陈旧的木门民居,村落一片荒凉。

几十年里,这里一直默默无闻;但现在,白马湖已经蜕变成中外闻名的国际动漫文创基地,一座新崛起的令人瞩目的动漫城,不仅杭州人、浙江人,甚至不少外国人士,都对"动漫之都白马湖"如雷贯耳。

是什么力量,让这个曾经的"小村落",实现了如此巨大的变迁?

一切还要从头说起。

旧时记忆，过往的岁月

历史上的白马湖，早在春秋末期就有先民活动的痕迹。据说越王曾在这里排兵布阵，所以又叫"排马湖"。千年过去，沧海桑田，历史遗迹慢慢从白马湖远去。到 20 世纪 20 年代，白马湖回归到了最初的淳朴、素淡的样子。

今年 56 岁的翁法荣在白马湖畔生活了一辈子，他出生在湖边一个叫山一村柴家坞的地方，一直没有离开过这里。当我问起从前的白马湖是怎样情景的时候，翁法荣的眼睛里忽然显出一种追忆、感慨、惋惜与庆幸交织的复杂神色："我记得那时候白马湖还是农田、茶园和村落，比较陈旧、闭塞，但自然风光比现在好，我家附近就有 20 多条河道，水都很清很亮。湖边还有几座不高的山，在距离杭州这么近的地方，这样的风景是难得见到的。"

翁法荣说，他小时候经常在白马湖边钓鱼、戏水，春天是最美的时候，满眼都是绿油油的稻田、茶园，周围农民不少以炒茶为业，空气里还飘着淡淡的茶香。"虽然和现在相比，当初的白马湖有太多原生态的东西，但风景却非常美丽。"

"其实，当时专程跑到我们这儿来玩的人还不多，主要原因就是交通不方便，从我们这儿进杭州市区，要摆渡，要走路，走到现在钱江大桥的附近，才有车坐。当时的票价是 5 分钱，坐到今天的南星桥那里，再换车进城办事。这么一趟折腾下来，就得半天时间。"

翁法荣至今还记得，1996 年，原萧山长河镇、浦沿镇、西兴镇合并成立新的滨江区并划归杭州管理，当时，乡亲们开玩笑说："我们也是杭州人了！"

两年后，大家就感受到了时代的变化：1998 年，联合国环境规划署的官员来到翁法荣的家门口。当村支书热情地介绍这个位于钱塘江南岸的村落"完好无损"并出落得"天生丽质"时，他们惊呆了，于是，这个村获得了"全球生态 500 佳"的殊荣，并登上了当年浙江省不少报纸的头版头条。

翁法荣说："自那以后，我和乡亲们出门都不笼统地说自己是滨江人了，习惯于骄傲地说自己是'白马湖人'。"

几年后，浙江省社会科学院出版的一本名为《观察与思考》的杂志，这样描写世纪之交的那几年白马湖的变迁："无论是人文景观还是自然景观都堪称一流的白马湖，多年来一直保持着她的那份独有的'矜持'，似乎是在静静地等待着一个从遥远飘忽而至的美妙的姻缘……"

动漫之都，美妙的变迁

冠以"全球生态500佳"后，越来越多的目光开始聚焦白马湖，而白马湖发展的最大契机，则在2005年来到。

那年6月1日，由国家广播电影电视总局、浙江省人民政府主办，杭州市人民政府、浙江省广播电视台、浙江广播电视集团承办的"首届中国国际动漫节"在杭州举行。虽然那几年，杭州连续拿下了中国茶都、休闲之都等几个称号，但因动漫节带来的"动漫之都"还是分量十足。原因在于，这不仅代表了一种文化的积淀，更是一个产业的集聚和城市活力的表现。

在那一年的《杭州日报》上，有这样一段评论："没有金刚钻，不揽瓷器活"，杭州既然能在众多竞争对手中取得"首届中国国际动漫节"的举办权，就一定有它的优势。首先，从产业方面来看，杭州动漫产量占全国动漫产量的一半。其次，杭州有动漫产业培育体系，动漫产业是知识密集型的新兴文化产业。最后，民营资本和国际资本涉足杭州动漫游戏产业。

有了这样的追求和底气，杭州在接下来的九年里，连续办了九届动漫节。地址从吴山广场到休博园，再到黄龙体育中心，规模一届比一届大，影响力也一届比一届广。

但是，因为没有固定的专业场馆与基地，所以导致在前几届动漫节上，参与的普通市民比专业的动漫爱好者和从业者要多得多，体现出市民互动性较强但专业性不足的特点。

这一切，在2007年改变——那年冬天，一份名为《杭州国家高新技术产业开发（滨江）区白马湖区块概念规划》的汇报材料，出现在杭州市委、市政府领导的办公桌上。一张"宜居、宜业、宜游、宜文"的生态文化创意城的蓝图徐徐展开。

2008年，杭州市领导率领由众多部门负责人和专家组成的调研组，一次又一次地踏上这块面积达20平方千米的土地。从那时开始，把白马湖区块打造成"国家级文化创意产业园区、白马湖旅游休闲度假区、杭州城市美学和建筑美学示范区、杭州和谐创业示范区"，成为一座全国少有的"生态创意城"……成了经常出现在报端和挂在杭州人民嘴边的话题。

又一年后，白马湖的周边景色开始变美，翁法荣的家，也是这种变化里的一份子，他们家的三层农居变得焕然一新。在政府的支持补助下，背靠青山的小庭院自成一体，暗红色的外立面，洁白的茉莉花，浓郁的田园气息扑面而来……2009年4月，家里多了一位新"房客"——从事动漫设计的杭州某公司。因为这个，家里每月能收到上千元的房租。

在与"房客"的交流中,翁法荣知道他的家有个新的名字SOHO。他非常喜欢这个"洋气"的名字,觉得这是"文化",这是"时尚"。

SOHO,即英文small office home office的简称,意为家里办公、小型办公,也是人们对自由职业者的另一种称谓,同时还代表一种富有弹性的新型工作方式。

"白马湖生态创意城的农居SOHO则是结合社会主义新农村建设工程,在保留部分原住民的原则下进行农村整治改造,将农居改造成具有杭州城市美学特征和文化创意内涵的创意建筑这样一种做法。文化创意人士通过租赁的方式来使用农居,作为画廊、油画作坊、书画经营门店以及其他创意工作室。"负责改造设计工作的中国美术学院创意产业发展公司总经理余伟忠告诉我。

正是翁法荣所在的村庄,一年之内引来了国内有较高知名度的"创意大腕"网易总裁丁磊、中南卡通公司董事长吴建荣、宏梦卡通公司总裁贺梦凡以及台湾漫画家朱德庸等入驻。各类艺术家们来到农家SOHO"插队落户",营造了浓浓的"文化艺术氛围"。昔日只知道"面朝黄土背朝天""日出而作,日落而休"的农民,正在潜移默化地接受着文化的熏陶。白马湖"生态创意城"的名号,开始打响。

2009年4月29日,对白马湖来说是一个应该被永久载入史册的日子——在"创意城"举行的"永久举办地—动漫广场启用倒计时"仪式上,第五届中国国际动漫节组委会宣布,从2010年起,中国国际动漫节将永久落户杭州白马湖生态创意城。

次日,慕名而来的世界动画协会秘书长芙丝娜·多尼科维奇在参观白马湖时,一路上赞叹不已。她认为,白马湖生态创意城将会是世界一流的"创意产业基地"。

创意之城,无限的可能

对于白马湖来说,中国国际动漫节是"创意城"一块突出的"高地"。中国国际动漫节是目前国内最高规格的国际性动漫节,主要包括中国国际动漫产业博览会、动漫产业项目投资洽谈会、中国国际动漫产业高峰论坛、国际动漫节杭州峰会等活动项目。白马湖生态创意城引进中国国际动漫节这一平台,不仅能够集中展示中外最新动漫原创作品,推广最新动漫理念和高新技术,促进动画原创、制作、发行、播出、衍生产品开发、营销机构的交流与合作,还成为中华文化与世界各国文化相互交流的高端平台。

决心在"创意城"扎下根的"中南卡通"董事长吴建荣,带领的是中国动漫产业的代表性企业。2009年,中央一位领导在考察"中南卡通"后对其从传统行业一步跨越到文化创意产业的魄力和远见十分赞赏,夸奖其很有战略眼光,并勉励吴建荣把企业做强做优做大,加快"走出去"的步伐,努力使之成为我国动漫产品出口的龙头企业。

2010年4月,白马湖创意城的核心建筑——动漫广场会展中心落成启用,这是滨江区单体面积最大的展馆,占地238亩,建筑面积21万平方米,总投资12亿元。当时落成的一期包括会展、酒店、研发办公三大功能组团,占地154亩。当年的动漫节,就围绕着这块土地进行,创造了空前的规模——有"创意系列""体验系列""竞技系列""狂欢系列""发展系列"五个板块,分设静态展馆区展示、动感广场区活动,还吸引了朱德庸幽默馆和"中南卡通"率先落户。

时光荏苒,到今天,四年又过去了,但白马湖的进步远未停歇。就在最近,杭州市规划局的网站公示了白马湖生态创意城动漫广场二期工程——中国动漫博物馆的建设方案。从效果图来看,博物馆就像一朵飘在白马湖上空的白云,造型圆润、饱满。一楼凌空而起,就如博物馆的客厅,可供人们休憩。整个博物馆建筑面积达3万平方米,集展陈、收藏、教育、学术等多功能于一体。

杭州市节展办的工作人员告诉我,今后动漫博物馆内将设:常规展示区,主要展示动漫的发展历史和名人名家作品;临时展示区,主要引进国内外的一些动漫展览,譬如机器猫专展等;互动体验区,人们可在这里通过各种声光电体验动漫的制作过程;剧院影院区,定期演绎放映动漫剧和动漫片;动漫餐厅,这也将是杭州第一个以动漫为主题的餐厅,今后小朋友肯定会喜欢在这里吃饭。

这座博物馆今年就能动工,3年内建成投入使用。

与此同时,白马湖还依托动漫节的资源,继续努力做优生态资源,在创意城指挥部的日程表上,可以清晰地看到未来白马湖区块的总体布局——20多平方千米的用地共划分为"一核、二业、三带、四种生活区、五园"。

其中,一核指冠山城市核;二业指文化创意业、生态旅游业;三带指紧缩城市带、田园城市带、山水城市带;四种生活区指生态示范特色居住区、农居改造特色居住区、高端生态特色居住区、新建特色居住区;五园指设计公园、文化创意公园、动漫公园、白马湖生态旅游度假公园、大地生态产业公园。

一张充满无限可能的蓝图,展现在大家的眼前,而"白马湖生态创意城模式",作为一个创业创新的样本,也越来越鲜明地呈现出它的示范魅力。

来源:戚永晔著,《白马湖:从农居村落到动漫之都》,《文化交流》,2014年第9期。

基于生态技术视角的吴越地区民居改造创新
——以杭州滨江区陈家村177号民居改造为例

陈裕夫,李建勋,郑锐锋,王梓懿,华超楠

(浙江科技学院土木与建筑工程学院,杭州 310023)

【摘要】 传统的地域乡村建筑,居住环境差强人意,热舒适性远未达标,并且民居的地域风格日趋减弱,因而难以应对不断加剧的能耗压力和文脉传承的文化需求。采用生态技术对杭州白马湖自建现代民居进行建筑节能和风格改造,以明晰传统吴越文化和现代建筑生态技术的平衡支点,总结吴越区域性民居生态节能改造的设计思路和应用方法,以期为推广浙江一带"美丽乡村"建筑的生态改造提供借鉴。

【关键词】 吴越文化;建筑生态技术;浙江自建现代民居;美丽乡村计划

针对乡村经济的快速发展和城市化进程加快的现状,城乡一体化是人类发展进步的必然趋势。为此,浙江省提出了"美丽乡村建设行动计划"。然而,目前部分乡村改造依旧存在建筑风格模糊、热环境较差、传统建筑文化流失和生态污染等问题。因此,本研究在遵循传统吴越文化与借鉴传统民居被动式调节经验的基础上,利用生态技术对民居进行实际项目改造,以探讨传统吴越建筑形式与生态技术之间的结合与创新,探索区域性建筑不断加剧的能耗压力和中国传统建筑文脉不断流失的问题的解决办法。

1 研究背景、意义及已有成果

1.1 研究背景

近年来,随着社会主义新农村建设的快速发展和建筑技术的稳步提升,浙江省委、省政府提出了新一轮新农村建设计划,即"美丽乡村建设行动计划",美丽乡村建设由此上升为省级战略目标。然而在实施的过程中,一些问题也随之显现了出来:一部分传统乡村建筑被拆除,建筑的地域性特征被较大程度地削弱了;新建建筑的热环境不稳定,建筑能耗大。这些问题加剧了中国乡村建筑能源紧张的形势,导致建筑本身所根植的历史文化也逐渐流失。

1.2 研究意义

根据发达国家的实践经验,当个人经济收入达到一定水平后,乡村建筑的能耗量将非线性增加。尽管目前乡村建筑的热环境差,但能耗量普遍较低,能耗问题并不突出。但是,当乡村建筑热环境的质量达到城市建筑的水平时,其采暖和制冷等设备运行的能耗量将大大超过城市建筑,此时就急需一套适合乡村建筑发展的完善的生态技术去支持和解决相应的问题。

乡村建筑具有鲜明的地域性特征,根植于悠久的历史文化和丰富的自然环境之中,是文脉传承的重要标志。而在近年来的乡村建设项目中,乡村文化流失现象十分普遍,较多的新建建筑往往只单纯地模仿欧式建筑或者商业化的外衣,致使新乡村建筑不能很好地与区域文化融合。

考虑到地域性乡村建筑是中国的一种基本建筑类型,是居民根据自己的生活习俗、经济条件、生产需要、审美观念,并结合当地的环境与资源,因地制宜、因材致用而设计和营造的,具有相当大的历史文化价值,并且中国的能源问题日益严峻,解决能源问题刻不容缓。因此,本研究通过对实际参与项目的分析、思考及总结,以谋求传统吴越建筑形式和生态技术相统一的新原则,从而达到传承中国传统建筑文脉和缓和地域性建筑能耗增加的目的。

1.3 国内外研究成果

1976年,生态建筑运动的先驱A·施耐德强调通过利用自然采光和通风,以及使用天然的建筑材料,来倡导一种有利于人类健康和生态效益的建筑艺术,并在西德成立了"建筑生物与生态学会"(Institute for Building and Ecology)。Ryn等在1993年揭示了以生物界与人类作为设计基础,如何运用生态学原理探求其融合共生的方法和途径。以设计具有独特建筑形式的"热带摩天楼"著称的杨经文,在其著作《设计结合自然——建筑设计的生态学基础》中展示了他在生态建筑理论探索方面作出的尝试,陈述了设计与生态的关系。在新卡里多尼亚传统的海边棚屋中找到设计灵感的建筑大师伦佐·皮亚诺,用现代建筑材料模仿传统棚屋的通风技术,建造了传统与技术、自然与人工、回忆与创新达到临界平衡的新卡里多尼亚的吉巴欧文化艺术中心。

中国学者顾孟潮先生在20世纪80年代就提出了"未来的世纪是生态建筑学时代"的观点,90年代随着可持续发展思想的深入人心,建筑界已经认识到:可持续发展思想将推动建筑学的新发展。1998年国家又将"可持续发展的中国人居环境研究"列为重点资助项目,对推动生态建筑的研究提供了有力的支持。在理论探讨的同时,生态建筑的实践探索也相继展开,例如,在上海地区的高层生态建筑、北方地区的建筑节能及西北地区的传统窑洞改造等方面,都进行了一些有益的尝试。

从国内外理论研究及实际案例中可以看出,国外的生态理论体系和技术应用已经相对成熟,而中国虽然取得了初步成绩但依旧处于起步阶段,建筑生态技术尚存在不足,主要包括:建筑生态技术整体优化研究不足,仅有简单的技术堆砌;生态技术与地域性建筑文化缺乏融合;生态建筑的技术应用复杂,影响其推广效率。

2 绿色乡村民居建筑改造项目背景及要求

2.1 吴越文化及吴越乡村民居建筑特点

2.1.1 吴越文化特点

从这些年出土的春秋吴国大墓的玉器、青铜器和良渚文化时期的玉器中可以看出,吴越人已具有从粗犷中追求精雅的审美心理和实践创造力。唐宋时期,杭州作为浙东唐诗之路的起点,李白、杜甫、白居易等文人墨客及高士名流都曾经游此地,并留下众多脍炙人口的诗文,使得吴越文化愈发向文弱、精致的方向发展。随着明清手工工商业的发展,吴越文化除阴柔、精细之外,又平添了奢华之习。到康熙、乾隆盛世之时,苏杭已成为人们心目中的天堂,其间不论是经济、教育、科技,还是文学艺术、学术思想,都成为这一文化走向高峰并在全国领先的标志,影响一直延续至今。

而吴越一带作为古时农业及手工业最发达的地区,其水稻种植的成功,使民众得以饱食安居,子孙繁衍;蚕丝业的发明,是吴越族人民对人类物质文明的巨大贡献,体现了吴越人民的智慧;印陶纹的制作,体现了吴越族人民对美的追求和艺术的初探。这些都是吴越文化的瑰宝,是人类发展的巨大进步。

2.1.2 吴越乡村民居建筑特点

吴越民居建筑属于江南民居建筑中较有代表性的一个分支,另外一个分支是皖南民居。吴越中的"吴"是指江苏地区,"越"是指浙江地区,本研究的重点是浙江地区的民居特点。

由于吴越地区水网交错,夏季闷热多雨,古人在建造时会充分考虑环境因素,争取建筑与环境的融合和平衡,所以吴越民居建筑(图1、图2)有以下特点:屋顶坡度大,檐部出挑大,利于夏季遮阳和疏导雨水;采用可拆卸的落地长窗,在夏季将它拆卸,利于室内通风;门窗以木材为原料,其形式由直棂窗演变而来,展现了古代的木工艺术;沿水网建游步长廊,廊内单侧或两侧布置美人靠,并由斜撑或立柱架起屋顶,长廊或与住宅相连,或独立而存,展现了古人游刃有余的园林技艺。

图1　吴越民居

图2　浙江黄南乡林坑

2.2 项目概况及区位分析

2.2.1 项目概况

绿色乡村民居建筑改造项目为国家级大学生创新训练项目，是学生在教师的指导下进行的美丽乡村创新改造项目。旨在遵循吴越传统文脉和运用本土材料的前提下，将课堂教学的生态技术及建筑设计技能作为核心技术，以解决地域乡村民居建筑乱、居住舒适性差等综合问题，打造新时代生态乡村改造的样板。

项目周边已有部分民居改建完成，开发商计划将乡村原生态景观与创意文化结合到整体设计之中，以更新产业和生活服务功能，提升乡村聚落生活环境质量。但经调查发现，改建仅仅美化了原民居建筑外立面形态，落于表面工程，且地域性特征不强，风格模糊，而生态技术的运用也微乎其微。经详细测量，项目建筑高度13.88m，一层大厅高3.5m，标准层高3.3m，局部4层，建筑面积424.8m²，框架结构、功能空间单一(图3)。

图3 项目原貌

该项目建筑保留了传统的木结构屋顶，但整体建筑造型又采用了西式做法，建筑风格模糊。其窗墙比远高于夏热冬冷地区的节能规范要求，且建筑围护结构的蓄热性能较差，易造成冬夏两季室内热环境不舒适，以及建筑能耗过大等问题。业主希望该项目能够在遵循当地吴越文化的基础上，结合生态技术的应用，使之能够传承当地文化并缓解建筑能耗压力，为全村推广美丽乡村计划奠定基础。

2.2.2 项目区位

该项目位于浙江省杭州市滨江区长河街道陈家村177号。该地区为吴越文化发祥地之一，属于平原地貌，夏热冬冷，降水丰沛，雨热同季，深受太平洋东南季风的影响。项目地块周围自然景观极佳，南邻公园，西临白马湖，有丰富的绿地资源及湖泊，为项目营造了良好的微气候(图4)。

图4 项目区位图

2.2.3 项目内容及要求

该项目在设计中沿用吴越地区优秀的传统建筑的元素,在营造、装饰等方面对其有所借鉴,通过汲取民间优秀的传统文化符号,从中提炼出与当下设计契合的素材,并运用到新的建筑中去,从而使新建的乡村建筑体现出对传统文化的传承。由于土壤、水文等因素的差异,建筑需要考虑与自然的结合,以免造成对自然的破坏。该项目运用当地生土、木材、卵石等本土材料,将现代建造工艺与环境融合,减少了工业材料和木材的用量,降低了建造活动导致的环境负荷。项目在实施过程中强调采用自然采暖、制冷、通风的方式,进一步降低环境负荷,通过生态节能技术对实际项目进行改造,并对方案施工后实用效果进行数据测算。最终项目组成员将提炼总结示范性被动式节能技术,尽可能将建筑能耗下降到最低限度,使建筑物的功能更加符合人类生活需要,并将核心技术在整个白马湖陈家村推广普及,从而使之成为浙江省生态建筑的示范村落。

该项目以浙江吴越文化乡村民居改造实际项目为载体,以生态技术实施为研究对象,理论和实践结合,创造性地激发学生主动性、创新性、积极性研究。

3 乡村民居建筑改造及生态技术实践措施

通过实地调研和分析,并结合业主的要求,将生态技术融入传统建筑中,让居民在保留历史文化记忆的同时能享受生态技术所带来的优良品质生活(图5)。该项目在研究设计过程中注重创新设计,综合考虑地域性建筑的历史文化因素与生态节能核心技术。并通过屋顶太阳能技术、秸秆等乡土建材、垂直绿化、屋檐的结构改造、雨水收集系统、沼气转化系统等方面在安全性能、环境效益、经济效益上的检验和计算,为生态技术在地域性乡村建筑上的应用提出了可推广的方案。

图5 方案最终效果图

3.1 建筑形式与生态技术的融合

在遵循地域文化的基础上,将生态技术理念融入到建筑设计中,谋求技术和建筑形式之间的统一性。

3.1.1 双坡屋顶与太阳能技术的融合

调查中发现,周围大部分民居采用的是立体式太阳能热水器,破坏了建筑整体外观形象。通过对现有太阳能技术应用案例的查阅,笔者认为太阳能瓦片不仅在太阳能利用方面表现优越,而且能很好地与传统坡屋顶结合。

数据表明,在相同的气象参数下,双坡屋顶的太阳辐射的热量比平屋顶的太阳辐射的热量少,所以在设计中保留了建筑原有的坡屋顶,并在双坡屋顶的基础上安装太阳能供暖系统。

用太阳能光伏发电瓦片(图6)代替原有的屋顶瓦片,该瓦面能将太阳能转换为电能,为建筑供暖和照明。与真空集热管相比,它能与传统吴越建筑更好地融合。这种瓦片吸水率只有普通瓦片的 1/10,具有优越的耐热耐寒性能,所以寿命比普通瓦长。发电装置装配在瓦件(绝缘体)当中,能够确保居民雨天使用时的安全。

图 6　光伏发电瓦片屋顶

若是 100m² 的屋顶,只有 50m² 向阳面需要装太阳能屋顶,每平方米装 9 块太阳能瓦,剩下的面积铺设与光伏瓦相似的普通瓦。光伏瓦每块市场价 100 元,安装和接入电网成本约 14 元,总安装费用在 5 万元上下。并且国家电网公司推出的新政策明确指出,6000kW 以下的小型太阳能发电设备可接入国家电网。这意味着居民瓦房上发的每一度电都送入社会电网,居民用电和普通家庭一样,由国家电网提供。在少云的白天,每栋有光伏瓦屋顶的房屋都是一个发电厂,在阴雨天和夜晚,它又变成了电力消费者。比如一栋房屋一年发电 3000kW·h,所有发电量都送入电网供大家使用,若是这栋房子一年的耗电总量也恰好是 30000kW·h,那么就能实现自给自足,而国家电网的庞大供电网络就相当于屋顶发电站的蓄电池。

在浙江,一块瓦片的发电功率是 8W,平均每瓦功率的太阳能瓦片一年可发电 1kW·h,50m² 的屋顶有 450 块瓦片,一年大致发电 3600kW·h,足以满足浙江多数家庭的用电所需。光伏瓦的寿命约 25 年,25 年可发电 9 万 kW·h,节约电费 6 万元左右,能保证建设成本的回收并且有盈余(普通瓦屋顶的建设成本也在 1 万元左右)。

3.1.2 保温墙体

项目建筑原本用红砖砌筑,热工性能极差,且红砖的生产工艺不环保。但为了降低改造成本,最终决定保留原有红砖,通过对废旧轮胎、当地的玉米秸秆和一些环保材料的利用来改善墙体的保温性能。首先在原有砖墙的外侧50mm处架设木龙骨,并在上面铺设废旧轮胎作为保温层。砖墙和保温层中间的空隙作为空气间层,这种方式既节约了成本,也进一步提高了墙体的热惰性。最后,选择使用玉米秸秆、水泥及表面改性材料(聚合物乳液)混合而成的秸秆水泥复合墙体材料,将它涂抹在砖墙的内侧和保温层的外侧(图7),既增添了墙体的纹理感(图8),也为室内营造了更加舒适的热环境,同时还对秸秆等废弃物进行了再利用。

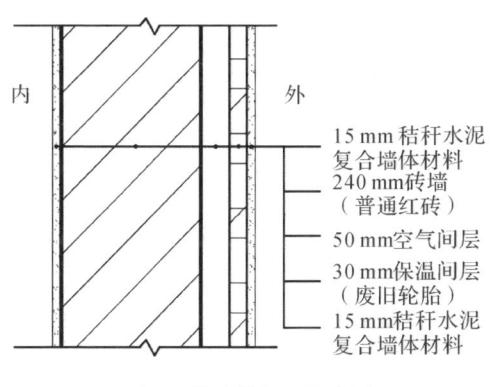

图7 外墙外保温构造图　　图8 预期内墙效果图

就建筑院落的围墙而言,采用由吴越文化中印纹陶的纹饰演变而来的青砖与石块的砌筑方式(图9),对这些材料进行重新堆砌,使之反映出乡土材料在传统工法下的形态与肌理。

3.1.3 外立面与立体绿化的融合

绿化对小气候调节起着十分重要的作用,它能调节气温,减轻大气污染,降低噪声,遮阳隔热,节约建筑能耗。选用当地的紫藤、木香和多花蔷薇等植物进行组合,利用棚架将绿化固定在距集装箱立面150mm处,增强集装箱内部与立体绿化之间的空气流通换热。

该组墙面绿化从早春到夏秋会变换不同的花色,大大提高了建筑观赏效果(图10)。夏季植物通过对阳光的遮挡和蒸腾作用,降低了立面的热负荷;冬季植物凋谢后,既能使室内得到太阳辐射热,同时枝茎又形成了一层保温层,减少室内的热散失。由于植物的光合作用,住户还可以获得更多的新鲜空气(图11)。同时,在集装箱顶部种植水稻,既为集装箱顶部增加了一层生态隔热层,又促成了吴越文脉中水稻文化的再现(图12)。

图9 印纹陶及该纹饰式样围墙

图10 立体绿化效果

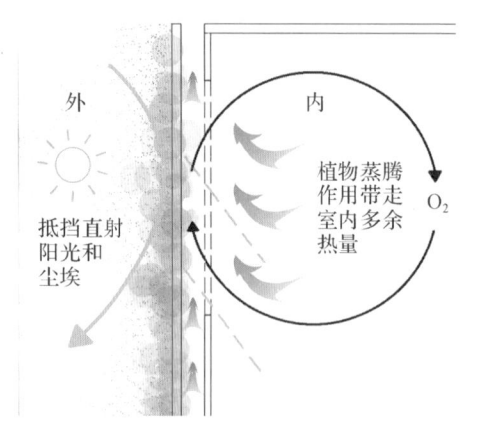

图11 立体绿色化系统

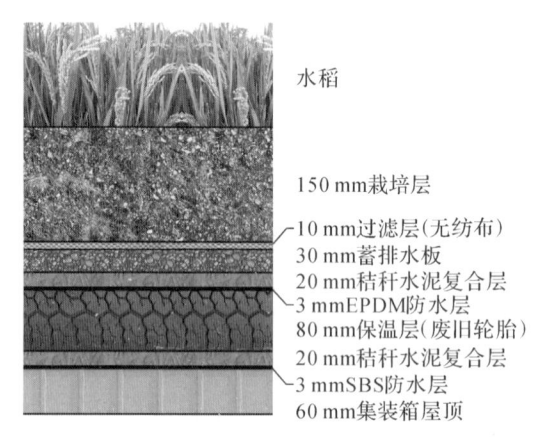

图12 水稻种植屋面构造

3.1.4 传统屋檐与遮阳的融合

传统吴越建筑的屋面弯曲较其他地区幅度更大,屋脊高耸,屋檐远挑。一方面体现了"上溜急而出水远"的物理原理,有利于建筑物在多雨的气候条件下疏导雨水,并且避免了雨水对地基的侵蚀;另一方面,檐口的反翘能在冬季加强采光,根据当地的太阳高度角,在保持屋檐基本样式不变的前提下,计算得出最适宜当地夏季遮阳、冬季采光的屋檐曲率,尽可能遮挡夏季(6—8月)直射室内的太阳光,同时又让冬季(12—2月)室内获得更多的太阳光照(图13)。

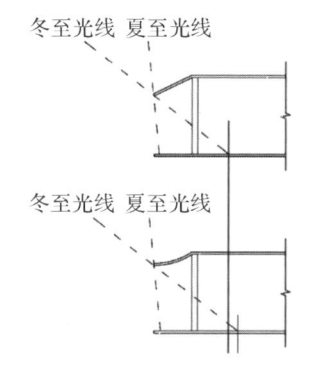

图13　不同曲率屋檐日照分析图　　图14　坡屋顶雨水收集系统

3.2 雨水收集系统

雨水收集系统是一项资源循环利用的生态技术，该项目使用了两种雨水收集系统。

3.2.1 坡屋顶雨水收集系统

利用该项目具有多个坡屋面的形式特性，在每个屋檐处装配水槽，以达到最大化收集雨水的目的，并在水槽一端设置集水斗，将雨水导入一个配有沉淀池和消毒装置的蓄水池，然后通过砂石过滤等程序使其变成中水，可用于花园浇灌、厕所冲洗，如图14所示。

整套污水处理系统约1万元，一户人家按3个人计算，每月节水3t，每年节约100元。虽然污水处理系统投入成本较高，并且收益较少，但是中国的人均水资源相对比较匮乏，所以市民应当具备节约用水的意识，承担起保护水资源的责任。

3.2.2 集装箱顶部雨水收集系统

该系统(图12)由多块蓄排水板组成，装配在防水层和过滤层中间。雨季时可在顺利组织屋面排水的同时存储一部分雨水在蓄排水板中，屋顶绿化土壤层一般都较薄，温度高，水分蒸发快，因此独特的蓄水槽设计，可保证多余水量蓄在凹槽里。这部分收集的雨水将在非雨季时通过渗透作用(水分子从低浓度的溶液通过半透膜进入高浓度溶液中的现象)被植物吸收。并且蓄排水板具有双层架空空气层，可使土壤更透气，利于植物生长。通过它的架空功能，也能够将热气阻隔在外部，使温度无法传导到屋面上，从而降低室内温度。蓄排水板的价格为20元/m^2，铺满15m^2集装箱屋顶的成本为300元，与普通防水层的价格相同。

3.3 沼气转化系统

沼气是一种清洁环保能源，可用于炊事、照明、采暖，还可以用于农业生产中，如发电、烧锅炉、加工食品等。修建一个 6m³ 的发酵池,每天投入相当于 4 头猪的粪便发酵原料,每年大约能产生 12960m³ 的沼气,就可以基本解决一家三口一年四季的燃气和照明问题。修建 6m³ 发酵池的成本大致为 5000 元,预计 2 年能收回成本。人、畜的粪便,以及各种作物秸秆、杂草等,通过发酵后,不仅产生了沼气,发酵剩余物还可作为肥料,用于花草培育、家禽养殖,而且由于腐熟程度较高,肥效也更高。同时,粪便等沼气原料经过发酵,携带的绝大部分寄生虫卵已被杀死,可以有效改善农村卫生条件,减少疾病的传播。

把发酵箱安置在民居室外花园内(防止沼气泄漏意外发生时影响居民的生命安全),将每层厕所管道与之相连(图 15),使原料方便补充。并通过煤气管道将产生的沼气运输到厨房,用于日常炊事。发酵的最终产物可用于屋顶水稻的种植和培育,以及用于家禽的养殖。

图 15　沼气转化系统

4　结语

在传统意识逐渐淡薄和生态环境日益严峻的今天,世界各国建筑师都不约而同地在传承文化与保护生态环境方面做出努力,力求将传统符号与生态技术整合纳入到自己的创作理论体系中。无论建筑师的设计风格是什么,在实践中尊重当地文化并应用适合的生态技术已经成为现代建筑发展的必然趋势。

从文化效益和环境效益的角度出发,通过对传统建筑的研究和对生态技术的分析,研制出一套适应中国传统建筑发展的生态技术来指导实践是相当必要的,有了正确的方向才能使浙江民居乃至中国民居走上真正的美丽乡村之路。

本研究以浙江吴越文化乡村民居改造实际项目为载体,以建筑生态技术和传统建筑形式的融合为研究对象,理论与实践相结合,研究了 6 种适用性生态技术的应用。由于本研究意在探讨技术和建筑形式的结合与创新,在仔细调研原民居现状和吴越文化后,提出了将生态技术与吴越元素相结合并应用到建筑改造中的设计思路及方法,从而使改造后的乡村建筑体现出对生态环境的尊重和对传统文化的传承。通过这样一种技术与建筑形式的结合和创新,试图将陈家村的实际改造项目打造为示范性民居建筑,将陈家村打造成为白马湖示范村落,并为推广适用于浙江一带"美丽乡村"建筑的生态改造提供一定的借鉴。

来源:陈裕天,李建勋,郑锐锋,王梓懿,华超楠著,《基于生态技术视角的吴越地区民居改造创新——以杭州滨江区陈家村 177 号民居改造为例》,《浙江科技学院学报》,2016 年第 1 期。

(五)社区

论新都市主义的社区感——以杭州白马湖农居 SOHO"柴家坞"为例

王 洁

【摘要】 文章通过新都市主义取代现代主义的现状来引出什么是最适宜居住的环境,也就是可适宜居住性的问题。通过理论与实例并举的方式来简单介绍新都市主义的基本内容和原则,新都市主义强调的是社区感,而这正是城市和现代住宅最缺乏的。文章以杭州白马湖创意产业园的柴家坞为例,旨在强调社区感是创造最佳居住环境的重要特性。

【关键词】 新都市主义;现代主义;适宜居住性;社区感

一、新都市主义取代现代主义

今天现代主义带给人们的全是负面的印象,简而言之,现代主义产生的是:住宅小区(公园中的高楼)、大马路(导致街道的彻底消失)、郊区的无序蔓延以及大板楼社区。

随着现代建筑普鲁伊—埃戈住宅区的拆除,人们开始研究居住区,究竟什么是最适宜居住的环境,如何提供更舒适、更温馨、更节约和更有社区感的美好社区来取代无序蔓延。(原因是英国建筑师和建筑评论家查尔斯·詹克斯在其《后现代建筑的语言》一书中宣称现代建筑在这一天已经死亡。)

二、新都市主义的基本内容

(一)新都市主义的理论体系

新都市主义建立了完整的理论体系,这就是阿瓦尼原则和新都市主义宪章,同时它还有一个组织严密的机构——新都市主义大会。依据阿瓦尼原则和新都市主义宪章的理论,还创建了新都市主义社区,包括传统社区开发(TND)和公共交通导向开发社区(TOD)。

(二)新都市主义的基本思想

新都市主义思想的核心,是以现代需求改造旧城市市中心的精华部分,使之衍生出符合当代人需求的新功能,但是强调要保持旧的面貌,特别是旧城市的尺度。新都市主义的宗旨是重新定义城市、社区的意义和形式,创造出新一代的城市和住宅。

三、新都市主义社区与社区感

(一)新都市主义社区

社区是组成城市的基本元素,新都市主义社区模式与现代主义的住宅小区模式完全不同,新都市主义社区是紧凑的、步行友善的和混合使用的;相互连接的街道网络应该设计为鼓励步行,减少机动车的出行次数和距离,节约能源等等。而现代主义的小区是单一的住宅功能分区,单调和呆板的布置方式,从形式到内容上完全不同,产生的结果也是大相径庭。

(二)创造社区感与地方感

1. 社区感

社区感指社区成员之间及其同团体之间的相互影响与归属感,通过彼此承诺而使成员需要得以满足的共同信念,并且以社区历史为基础所形成的情感联结。社区感是对社区的认同感,是一种归属感,是与社区成员具有共同的社会感情。社区感包括地域感、标志感、安全感、连接感等。

2. 地方感

(1)地方感

地方感包含于社区感,它代表了人们对某地域的认知,对某些地方有特别的感情,这些个人的情感升华为某种人们共同的感觉,成为一种社区感,形成一个与众不同的特别的地方。

(2)创造地方感

创造一个有地方感的社区就是要建设一个独特的环境,需做到以下几个方面:

图1 "柴家坞"农居改造建筑外立面 　　图2 "柴家坞"农居改造建筑外立面 　　图3 创意企业的标牌,无不充斥着艺术感

1)居民之间友好和善,文明相处;

2)有卓越独特的自然、人文景观和建筑;

3)有丰富的地方历史、传统和传说,且公众尊重历史文化,并建立与过去的联系;

4)能保护社区独特的文化,举办具有社区感的展示展览;

5)合理安排公共空间和街道的公共活动,营造公众乐于参与的活动;

6)建立与其他社区和市镇的四通八达的道路系统;

7)确定某些能代表社区地方感且有意义的社区标志性建筑和景观;

8)创造步行友善的街道。

四、新都市主义社区在杭城的实例(白马湖农居SOHO"柴家坞")

(一)白马湖农居SOHO"柴家坞"

"柴家坞"位于白马湖生态创意城范围内,它是通过新建、改造村落独立住宅,引入创意工作室和团队,从而形成集动漫展示、酒吧、休闲餐厅、画廊、旅社等功能于一体的混合社区,打造成为全国第一个千人规模的农居SOHO示范点。

作者调研了解到,"柴家坞"农居SOHO尚在建设中,但目前已吸引了二十多家创意企业入驻,它的建设使得原本朴实的村庄变得更加优美、更加艺术。王建国教授在他的《现代城市设计理论与方法》第二版中曾写道:"保护和改造涉及所有的建筑和空间场所,无论是暂时的还是永久的,只要它们还具有文化意义和经济活动,就有保护的价值。"作者认为在新都市主义盛行的今天,"柴家坞"的改造恰好符合了新都市主义社区的特征,具有其独特的地方感,而这正是现今国内诸多住宅区所欠缺的重要特性。

(二)"柴家坞"具有独特的社区感

1. 强烈的地域感

地域感是形成社区的一种情感标识。地方的特性对人们的心理可以产生重要的安全感、愉悦感和舒适感等作用。"柴家坞"在建设的过程中,非常注重当地的地域特色,在外建筑表皮的改造中融入了本土的地域感。

比如利用毛竹装饰外立面,毛竹在江南应该说是非常普遍的,尤其是在"柴家坞"这样的小乡村,更是代表了浓浓的乡土气息。如图1~2,虽然是同样的毛竹材质,但却发挥着不同的作用,体现了建筑的多样化。简·雅各布斯在她的《美国大城市的死与生》一书中曾指出:"一个地区的建筑物应该各色各样,年代和状况各不相同,应包含适当比例的老建筑。"同理,在"柴家坞"这样的村庄中,利用本土的毛竹来形成各色装饰的墙面,能够强烈地映衬出当地的地域特色。

2.艺术氛围的文化感

文化创意企业入驻"柴家坞",不仅为这里带来了丰厚的经济效益,更为农村植入了文化的种子,在交流中,新的文化和新的观念也传播开了。同时,入住"柴家坞"的创意企业也是多样呈现,有中国美院创意产业发展有限公司、百乐,还有"网易兰亭"陶瓷工作室等等。这些文化创意企业为这个小村庄带来了浓郁的艺术氛围。(图3~4)

3.人性化的公共空间和便捷的交通

在"柴家坞"社区中,有一系列各种功能的开敞空间,有小型广场和社区开敞绿地,有供休息的露天空间等。这些空间有机地结合起来,发挥了创造社区、加强社区感的作用。并且经过调查,一开始以为"柴家坞"区位不好的入驻创意公司员工说:"柴家坞的区域位置优势很明显,一下高架就直通这里,比交通拥挤的市区更方便。"

4.适宜的、经济的和位置优越的住宅

在农居SOHO模式中,企业入驻"柴家坞"时享受了充分的政策支持,如前两年的免房租政策、支持大学生创业等等。据了解,也有很多公司布置了员工宿舍,这足以说明"柴家坞"打造出了属于自己的社区感,具备了适宜居住性。

5.丰富的、整齐的社区景观及清洁的自然环境

经过一番实地考察,发现"柴家坞"的道路蜿蜒曲折,道路两旁环境优美,整座村庄背靠青山,被环在一个满是苍翠的怀抱中。街道干净整齐,一幢幢极富艺术气息的农居错落有致,院落门前还间或摆放着一两件雕塑,也为视觉效果增色不少,这恰好形成了"柴家坞"独特的地方感。(图5)

6.强调当地文化、历史和生态

在"柴家坞"的改造中,感受最深的就是保留了当地浓郁的文化气息,无论是公共空间的设计、景观设施或者是农居外立面装饰,都结合了本土的文化元素,这也正是"柴家坞"最成功的改造之处,既运用艺术的手法,又融入了当地的特色,形成了它的独有文化。"柴家坞"是由农居改建的住宅,它本身具有浓厚的杭派农居特色,再加以艺术的改造,融入了它的文化性,营造出具有社区感、地域感、标志感的新社区。(图6~7)

具备以上特征的SOHO农居"柴家坞"已经可以称之为新都市主义社区,当然因为其刚刚发展,所以还有待成为一个成熟的社区。相信"柴家坞"可以凭借它的活力和独特的社区感让居住在此的居民有更好的生活质量,享受自然生活。

图4 创意企业的标牌，无不充斥着艺术感 　　图5 道路景观 　　图6 创意企业的大门 　　图7 把手的设计最具地方文化特色

五、结　语

通过上述的实例分析，进一步说明了社区感对于一个社区的重要性。随着近年来城市压力的不断增大，新都市主义已是一种新型的生活理念。享受高品质生活，追求和谐自然的生态环境，是每个人的梦想。通过对"柴家坞"实例的调研，深刻地感受到一个社区是否具有活力、是否具有适宜居住性、是否具有社区感对于生活在社区的每一个居民是如此的至关紧要。而在国内的绝大多数住宅区都没有达到这个要求的情况下，作为城市规划的设计者，我们更有责任和能力去改变现状，应积极与政府合作，努力改变这一局面，带领居民真正走进新都市主义生活。

来源：王洁著，《论新都市主义的社区感——以杭州白马湖农居SOHO"柴家坞"为例》，《艺术与设计（理论）》，2010年第11期。

杭州市考评办2010年度特色创新项目《山一村农居SOHO改造》

农居SOHO改造是高新区（滨江）贯彻落实科学发展观、加快社会主义新农村建设、打造低碳经济、实现产业转型升级的重点项目，工程共分三期完成。其中，一、二期工程位于长河街道山一村，北起冠山南麓，南到湘湖北路，东起长江西路，西达时代大道，总用地面积为1.73平方千米（2595亩），包括章苏村、柴家坞、陈家村和孔家里等四个自然村。该区域是杭州白马湖生态创意城的核心区块，根据白马湖生态创意城概念性规划，以"城市有机更新"为主导，以生态环境保护为前提，以文化创意产业为基础，以提升原住民生活品质为目标，通过大力实施三年行动计划，区域内已初具宜居、宜业、宜游、宜文的雏形，并呈现出产业集聚的类型特色，先后荣获"中国最佳创意产业园区奖""社会主义新农村建设'风情小镇'创建奖""杭州生活品质展评会年度最具品质体验点""2010年当代城市化项目杰出蓝本""中国低碳旅游示范地""2010华人住宅与住区生态住宅设计奖"等荣誉。

一、项目主要特点

经过一个阶段的建设，山一村农居SOHO改造已取得明显成效，并呈现出以下几个特点：

（一）创新了社会主义新农村的发展模式。与其他地区新农村建设一样，白马湖农居SOHO改造按照"生产发展、生活宽裕、乡风文明、村容整洁、管理民主"的标准和"整体规划、分步实施"的原则，推进以村庄整治为主要内容的各项建设，但白马湖农居SOHO又具有自己独特的发展模式，属于"农居＋艺术家（设计师）＋产业＋市场"的开发模式，在政府、市场、企业、农民"四方合力"的共同作用下，立足自身资源禀赋，形成了具有核心竞争力的特色文化创意产业集聚区。一是首倡农居SOHO理念，发展起点更高。与其他地区发展"农家乐"不同，滨江区提出全国首倡农居SOHO概念，将农居改造与文创产业发展进行了有机结合，把过去的自发行为变为政府自觉行为，在文创产业发展、城市有机更新和新农村建设方面进行了创新探索，起点更高，更具普适意义。二是突出政府主导，村庄规划更科学。白马湖建设之初得到了市委市政府的高度重视，通过实地调研、专家论证、群众认可，编制了《杭州国家高新技术产业开发（滨江）区白马湖区块概念规划》，出台了各项扶持政策，完善了服务平台建设，为白马湖农居SOHO的有序发展提供了保障。三是重视产业集聚，产业结构更合理。其他地区新农村建设虽然有一定的业态，但产业结构略显单一。白马湖农居SOHO现有入驻企业已涉及动漫游戏、信息服务、设计服务、原创艺术、文化会展等多种行业，这些行业大多互相渗透、互为依托，能形成合理的产业结构和完备的产业链，同时借助名人名院效应吸引更多的创意团队与公司入驻，形成文化创意人才规模集聚场所，为白马湖农居SOHO实现产业集聚和发挥辐射效应奠定了基础。

（二）体现了杭州城市美学、建筑美学的特征。农居SOHO改变了以往"千城一面"的城市发展"老路"，"一期"改造由中国美院担纲方案设计，以"还原、唤醒、融合"的方式，为每幢农居量身定制改造方案，并利用区块内良好的山水资源和丰富的农耕文化内涵，将原生态景观与创意文化结合到整体设计之中。改造中，引入"城市有机更新"的理念，坚持以"路（河）有机更新"——带整治、带保护、带改造、带建设、带开发、带管理——"六带"方针，带动环境综合整治、自然和人文生态保护、土地开发利用、城市"四化"长效管理，从而延续了原有村落的自然肌理和场所记忆，美化了原住农居外立面形态，更新了产业和生活服务功能，提升了农村聚落生活环境。"一路一景观，一河一公园，一桥一文化，一房一业态"，农居SOHO形成了具有时代特色、杭州特点、钱塘江特征的"城市美学、建筑美学示范区"的雏形。

（三）营造了和谐创业的浓厚氛围。农居SOHO最大的特色亮点是文化人、知识分子和农民一起创业，产业、城市、生活互相融为一体，展现出杭州和谐创业模式的生动局面。主要体现了"五个结合",即:生活与创业、文化价值与经济运行、个人创业与整体发展、政府与民间、对外开放与内生创新的有机结合,形成了"大脑经济""智慧经济"、文化型经济、生活型经济互相融合的"和谐创业"的新模式。

(四)探索了城市化发展的新方向。农居SOHO改造避免了大拆、大建、大搬,减少了开发建设对环境的干预和破坏,突破了以往"拆迁—重建"的固有模式,在保留农居特色的基础上进行改造,大大降低了更新成本,盘活了个人和集体资产,提高了农村土地利用率,减少了征地拆迁带来的诸多问题。农居SOHO改造工程同时引导原住民从原来从事第一产业变为从事现代服务业,有效解决了城市化推进过程中失土农民的就业问题,将原来是城市化进程中需要拆迁解决的负担,通过"SOHO进农居"变成了一种难得的比较优势,真正实现了可持续科学发展的目的,是生产方式、生活方式的革命,是对新农村建设和城市化推进的全新探索。通过农居SOHO改造,城市化推进过程中的"资源"问题、"城市病"问题、"就业"问题和"利益协调"等问题都将得到有效解决。

二、主要做法

自2008年8月起,我区先后投入1.8266亿元,完成了柴家坞一期39幢农居示范点及陈家村、孔家里、章苏二期500幢农居改造任务,傅家峙、塘子堰、汤家井、张家村三期1000幢农居改造工作也已启动,在农居SOHO"拆、迁、建、改、造、招"工作过程中,形成了许多有益的经验做法。

(一)深入调研,确保规划科学可行。农居SOHO改造工程的前提在于改造规划的科学性与可行性,为使总体规划符合城市有机更新、保护生态环境、提升生活品质、推动产业发展的要求,滨江区委、区政府做了认真思考:一是蹲点调研,统一思想。滨江区主要领导多次深入山一村,开展蹲点调研,为SOHO进农居问诊把脉,统一思想,统一认识。二是学习考察,明确思路。先后组织到梅家坞、凤凰国际创意园、西溪文化创意产业园、北京798艺术区、长城脚下的公社等创意园区学习考察,逐个了解创意园区基本情况,掌握农居改造的运作模式和SOHO发展动向,明确改造思路。三是精心规划,确保可行。按照白马湖生态创意城产业定位和总体规划要求,坚持高起点规划、高标准设计;先后组织召开村委会、男女组长会、党员大会、老干部会、户长会、村民代表大会等进行座谈,广泛征求群众意见。在此基础上完成了山一村创意园、柴家坞农居示范村、南部四村农居SOHO改造规划方案设计工作,确保改造工程科学可行。

(二)制定政策,推动工程顺利开展。农居SOHO改造工程的关键在于各项政策的平衡性与执行力,为使征迁安置和农居改造既不打乱全区的征迁部署,又能最大程度激发原住民的积极性,滨江区委、区政府做了思路创新:一是坚持一种征迁政策。为做到整个村落农居错落有致、疏密适宜,部分农居因为道路等基础设施建设需要征迁拆除,对于这些农居,区委、区政府坚持全区的征迁、安置政策不变,执行统一的评估补偿标准,即符合购房条件的拆迁户,按照现有多层住宅安置方法,除享受 $50m^2$/人(独生子女 $90m^2$/人)的农转居拆迁安置房外,还可享受每人 $15m^2$ 的物业股权(村级三产用房),对农居外立面改造给予每户 100 元/m^2(主房实测面积)的补助,实现了全区拆迁政策及改造与征迁户之间的利益平衡。二是推行两种安置模式。考虑到要原住民突然改变自己固守了几代的生活环境十分困难,区委、区政府推行了"鼓励外迁、允许自保"的两种安置模式。原住民既可以把农居产权全部售让给国家、举家搬走,也可以保留自住;既可以一半出租一半自住,也可以全部出租给创意团队。这种灵活多变的安置模式,在山一村村民代表大会上得到全票通过。三是提供三种创业途径。即农民自保房屋出租、村级经营性用房出租、政府投资适量配套用房出租经营三种途径,原住民通过这三种途径实现各自的经济丰收。

(三)全力动员,获得群众广泛支持。农居 SOHO 改造工程的基础在于获得群众的认可与支持,为使农民群众从了解改造到盼望改造最终到支持改造,滨江区委、区政府做了大量细致工作:一是组建队伍,合力推进。区委区政府抽调区、街、村精兵强将组成"百人工作组"进驻山一村,指导工作组成员对相关政策进行详细解读,并开展改造相关工作。二是广泛宣传,营造氛围。制作发放《山一村农居 SOHO 改造政策指南》与《改造问卷调查表》,广泛宣传政策;在改造现场开辟宣传阵地,设立咨询办公室,举行现场咨询会,建立服务热线,接受来电咨询;精心设计载体,通过各种形式广为宣传,营造良好氛围。三是主动对接,获得支持。在做好宣传员的同时,工作组成员主动做好服务员,积极协调农户与设计单位、施工单位、监理单位各方间的复杂关系,做好改造图纸对接、改造质量监督等工作,确保每一幢改造农居都达到设计要求。四是对照方案,开展整治。山一村新埋设燃气管道,电力、电信线路实施上改下,统一新装电表、电信交接箱。其中,市政道路约 10000 余米、绿化 $44534m^2$、排水 $57845m^2$、电力 19344 米,完成围墙和庭院改造 530 余个。

(四)同步招商,引进创意团队入驻。农居 SOHO 改造工程的前景在于招商工作的顺利推进,为此,区委、区政府做了诸多努力:一是外出组团招商。由区委主要领导带队前往北京、上海、香港、深圳等地开展专题招商推介活动。二是注重宣传推介。利用中国国际动漫节、"中国杭州文化创意产业博览会""天堂硅谷·总部经济投资说明会"等契机,开通白马湖考察专线,策划举办"白马湖周"系列活动,加大对农居SOHO的宣传推介,创意城的美誉度、知名度、影响力得到了进一步提升。三是完善配套服务。在柴家坞建成青年旅舍、员工宿舍,为入驻园区的团队提供生活配套,引进餐饮中心以及羽毛球场、篮球场等综合服务中心,开通了柴家坞到象山美院、吴山广场、萧山三条公交专线,组建物业管理公司,设立白马湖区域治安警务室,使创业生活环境日趋成熟。截至2010年12月底,白马湖生态创意城共接待来访团队1000多批120000余人次(包括第六届中国国际动漫节10万人),招商部门超额完成近300个创意团队的招商任务。

三、主要成效

通过一段时期的改造,白马湖农居SOHO以其宁静而未遭破坏的独特乡村氛围、优越的区域位置迅速吸引了国内、外知名创意团队的关注,也为怀揣梦想的大学生创业、就业提供了更多的机会和选择,原住民的生活品质得以大大提升,经济效益和社会效益不断彰显。

(一)企业集聚初步实现。农居SOHO一期,柴家坞39幢农居SOHO已被中国美院、网易陶瓷等30多家创意团队一抢而空;二期,已有海润影视、中国山水画院分院等200多家创意团队排队入驻,并与朱德庸、紫竹玄石创意公司等签定了合作框架协议,中国动漫博物馆、宏梦创意园等"三馆三园"已经落地,与香港梦马集团、台湾艺墨集团、西泠印社、法蓝瓷博物馆、中天模型等50多家国内外知名创意企业达成进一步合作意向,丁磊、崔永元、姚非拉等一大批海内外创意名人、团队和企业计划投资并入驻白马湖,企业集聚效应初步实现。目前,入驻柴家坞的创意团队(企业)引进资金近3000余万元,2010年完成产值11000万元。

(二)创业成本明显降低。针对文化人初创期间成本过高的问题,滨江区委、区政府制定了各项扶持政策,大大降低了大学生和文化人个人的创业成本:一是对于新设立(或新引进)的文创企业入驻农居SOHO工作室,经认定、考核,三年内给予每年不超过10万元的房租补贴,非新设立(或新引进)的文创企业迁入农居SOHO工作室,经认定、考核,两年内给予每年不超过5万元的房租补贴;二是鼓励文创产业领军人物和优秀团队入驻,经评定,为其提供名家工作室或SOHO工作室五年的免费使用权;三是对带项目、带技术、带资金的,经审核,给予50～100万元的项目资助;鼓励知名文创企业入驻、做优做强,对原创影视、动画、出版作品及有突出贡献的优秀文化创意人才给予奖励;四是降低大学生、文创团队创业成本,房租仅为0.66元/m^2/天,并提供种子基金、低息贷款等扶持政策。

(三)生活品质不断提升。通过农居SOHO改造,有效地解决了农民就业问题,40多位村民在一期创意园里找到了工作,出租农户均按时收到房屋租金(其中,"一期"柴家坞38户SOHO工作室已全部出租,租金在10万元以上的农户有5户,租金在8~10万元的有7户,租金在5~8万元的14户,5万元以下的12户),村民人均年收入有了极大提高,农居SOHO已经成为村民群众发家致富的"摇钱树"。更重要的是,通过SOHO进农居,从根本上改变了原住民沿袭千年的生活方式,生活环境得以显著改善,硬件设施得到满足。特别是创意团队的入驻,营造了浓浓的"文化艺术氛围",使村民潜移默化接受着文化的熏陶,对原住民素质和子孙后代教育水平的提高创造了良好条件,走出了一条提升原住民生活品质的新路子。

（四）生态环境得到改善。通过村庄整治、道路河道及配套工程建设,一个亲水、清洁、绿色、无视觉污染的白马湖生态格局已基本形成,创意城的生态效益取得明显成效,山一村"联合国环境保护全球500佳"的牌子进一步得到巩固深化。

四、下一步打算

利用农居SOHO发展文化创意产业,是我区在文化创意产业园区开发模式上的一大创新。为进一步推动与完善这项工作,下一步我们将做好以下六个方面的工作。

（一）坚持规划引领,打造城市标杆。在南部1000幢农居拓展改造中,我们将进一步突出规划的引领作用,兼顾好长远利益与眼前利益、全局利益与局部利益之间的关系,统筹兼顾,谋定后动,整体规划、整体设计,明确各区块农居SOHO的目标定位、产业选择、功能区划、项目设计、实施步骤等,促进各个基地之间的空间与产业结构优化、基础设施的合理布局及创意要素的合理流动。同时,依托高新区（滨江）强劲的产业优势、独特的生态环境和丰厚的人文底蕴,进一步营造"和谐创业"氛围,促进"创业、生活、休闲"相融合,进一步突显"白马湖特色",努力把白马湖农居SOHO创意园打造成为杭州文创产业发展、城市有机更新和新农村建设的标杆区域,驱动白马湖生态创意城逐步实现从产业园区向创意社区、创意城区的历史嬗变。

（二）树立"原创精神",培育特色产业。自主创新是园区兴旺发达的不竭动力。白马湖生态创意城是全市十大文化创意产业园区之一。农居SOHO文化创意产业基地作为整个园区的重要组成部分,将在未来一段时期形成自身的产业竞争优势,关键是要加快形成具有自身特色的产业形态和链条。鉴于此,在借鉴国内外同类园区发展的经验基础之上,白马湖农居SOHO将突出"原创"要素,重点发展原创艺术、动漫游戏、设计服务等行业,带动餐饮、商业、旅游等相关产业,通过重点行业的产业化经营,加快形成"上下联动、左右衔接、一次投入、多次产出"的特色文化创意产业集群。

（三）加大政策扶持，完善配套服务。农居SOHO建设，重在服务。在政策方面，积极落实《关于加快文化创意产业园区建设的若干意见》《高新区关于进一步鼓励和扶持文化创意产业发展的若干意见》和针对白马湖生态创意城的有关政策意见。加大对农居SOHO园区周边的道路、交通、餐饮、休闲等服务设施的配套力度，对园区在网络、绿化、咖啡吧、书店等方面的投入优先考虑予以资助，不断改善农居SOHO园区的发展环境与条件。引进国外先进理念、技术和管理，为入园企业提供"一站式"服务，并通过政府牵头、企业参与、中介组织运作的市场化方式，协调解决企业遇到的各种问题。

（四）保护开发并重，实现互利多赢。农居SOHO地处城市郊区地带，文化原生态的保护问题十分突出。必须强调保护文化原生态，尊重文化多样性，遵循资源整合原则、有机更新原则，使农居SOHO在发展新型产业的同时，使"文化创意新村"保持原有的乡土风味与气息。对传统农居进行科学评价，着力处理好农居SOHO和周边村落的关系、生活创作功能区和展示交易功能区的关系、新建项目风格与村落特色的关系、近期建设与远期规划的关系、管理和服务的关系，把文化原生态保护体现在行动之中，加快形成文化创意产业园区科学开发、文化创意产业持续发展、新农村建设和城市化进程有序推进的多赢局面。

（五）注重多方联动，形成发展合力。区、街、村、指挥部及各个职能部门将进一步加强协调沟通，加快形成多方联动、"组团式服务"的工作格局。积极整合中国美术学院、传媒学院等在杭高校的优势资源，加快建立大学生实习、写生基地，开辟"青年艺术家村落"。充分发挥新闻媒体及其他宣传舆论阵地的作用，通过定期、定量、专刊、专访、专载等多种形式，大力宣传利用农居SOHO发展文化创意产业在高新区（滨江）城市与经济发展方式转变中的重要推动作用，提高社会各界对发展农居SOHO重要性的认识。同时，结合城市国际化进程，做好整体营销和形象推广工作，创新招商模式，积极引进高端文化创意企业和团队；做好与中国国际动漫节系列活动的互动，积极举办创意设计大赛、文化艺术展览、文化创意讲座等，拓宽宣传渠道，不断提升基地的知名度与美誉度。

（六）构建农居SOHO集群，打造"白马湖模式"。文化创意产业不仅是经济发展的重要驱动力，对整个城市和社会的改造与更新才是它的最高境界。实践表明，农居SOHO是实现文化创意产业发展、社会主义新农村建设和城市有机更新的有效结合点。因此，下一步，我们在做好白马湖农居SOHO改造利用的同时，按照"因地制宜、循序渐进、以点带面"的发展思路，通过规划引导、政策扶持等方式，加快南部1000幢农居改造,做好农居SOHO的拓展工作,通过农居SOHO集群的构建,努力走出一条具有时代特征、杭州特色的社会主义新农村和创意城市建设的新路子。

来源:杭州考评网,2011年4月27日。

杭州市滨江区农居SOHO改造

(一)问题的提出

杭州市是浙江省的省会城市,受钱塘江、西湖及西南山地和西溪湿地的制约,杭州的城市空间定位于江湖之间,使城市空间的扩展始终处于背山、临湖、倚江、面野(面对广阔的平原)的大格局中,塑造了"三面云山一面城"的城市地域结构。改革开放20年后,杭州市的社会经济迅猛发展,但杭州市区的行政范围没有任何变化,至1995年底市域面积只有430平方千米,市区面积在省会城市中列倒数第七,而1997年底杭州市区每平方千米国内生产总值在非农业人口超过100万的城市中处于第四位,市区人均GDP排名第一。杭州市城市发展远远滞后于经济发展,使杭州市难以承担地区经济中心的职能,无法发挥中心城市对区域经济的带动和组织作用。迫于当时杭州城市基本没有扩展空间的形势,杭州市在1996年,第一次对杭州市行政区划作了局部调整,调整的区域一是跨钱塘江发展,将原萧山市(县级市)的西兴、长河、浦沿三个乡镇划入杭州市区,二是将杭州东北部余杭县的三墩、九堡,下沙等三个乡镇划入杭州市区,这样的行政区划局部调整后,杭州市市域面积由430平方千米扩大至683平方千米。

由于调整幅度小,只是解决城市扩展过程中的燃眉之急,并没有从根本上解决杭州市行政区域面积过小,长期以来制约城市空间扩展的问题。杭州市在2001年2月,经国务院批准,第二次对行政区划作了重大调整,将原属的萧山市、余杭市(县级市)变为区,划入杭州市区,第二次重大调整后的市域面积由683平方千米增至3068平方千米,至此长期以来制约城市空间扩展和行政区域面积过小的问题才得到根本解决。

在快速推进的工业化城市化过程中自然伴随着城市建设区和工业发展区的大规模扩展。从全国来看,20世纪90年代中期以来,全国城市郊区的农地征用面积就开始大幅度增加。城市郊区土地征用规模越大,失去土地的农民群体也越大。在现有土地征用制度下,地方政府征地行为容易侵害农民的土地权益,表现在实践中,即是地方政府往往低于市场价格征用农地,再以市场价格转手获得级差地租,或同时低价出让土地吸引投资,而失地农民却无法得到合理补偿。随着农民维权意识的增强,前一时期,各类有关土地征用的投诉呈逐年上升的趋势,曾经还出现过土地征用事件引发的农民与企业对立、农民与政府对抗的恶性事件,严重威胁着社会稳定,征地问题成为地方政府感到重大、艰难而棘手的问题,中央政府甚至在2011年3月召开的第十一届全国人大第四次会议的政府工作报告中,要求各地方政府要"加强信访、人民调解、行政调解工作,拓宽社情民意表达渠道,切实解决乱占耕地、违法拆迁等群众反映强烈的问题"。因此,在我国市场经济走向成熟、民主法治建设日益完善的大环境下,地方政府如何既促进经济发展,又有效保护农民土地权益、生产和生活权益,成为地方政府管理创新必须面对的新课题。

在杭州市工业化城市化及城市行政面积扩大过程中,有三大主体——地方政府、企业、农民。地方政府承担着产业导向和大规模征用农地等统筹、协调、构建区域经济社会发展的重要角色,发挥着独一无二的作用。企业是市场经济中的微观主体,受政府政策引导,从事生产活动,提供就业岗位,贡献GDP和财政收入。农民则在这个过程中,被征用耕地和拆迁宅基地,由乡村分散居住转向城市集聚居住,生产活动从一产向二、三产业转移,农村土地集聚为大城市的一部分。工业化城市化的过程,同时也是地方政府、企业、农民三方合作、博弈的过程。一方面,地方政府征用农村土地后以不同方式进行土地出让,为了要保证地方GDP增长率,提高本地在"同行"中的相对位置,往往通过协议出让方式以低价、零低价甚至亏本价格出让工业土地,以吸引外来投资和优质企业,如笔者多次调研滨江区政府,询问阿里巴巴企业入驻滨江区的土地价格,至今不得而知。另一方面又通过拍卖、招标、挂牌等市场化方式尽量高价出让商、住用地,以获取更多的土地出让金,进行城市建设,结果是推高了地价和房价。在地价和房价高涨之后,进一步的工业化和城市化的用地成本就变得十分昂贵。同时又要使农户的土地权益得到有效维护并参与经济发展活动,达到政府行为、经济发展与农民土地权益维护五者之间的良性互动,从而保障人民安居乐业、促进地方经济社会的和谐发展。

杭州市郊区的宅基地拆迁成本很高,其原因有三:一是杭州市可耕地与建设用地高度吻合,是耕地与建设用地矛盾最为突出的地区;二是杭州市是最宜居的地方,商品房价格高居全国前列;三是杭州市郊区是经济发达地区,农户宅基地房屋建筑基本上都超大、超豪华。以上所述构成了杭州市进一步工业化城市化的土地要素瓶颈问题。如何在既有体制下通过有效的管理政策创新来化解发展瓶颈,在实现经济发展的同时维护农户宅基地权益、促进失地农民就业、保持社会稳定?为此,滨江区政府通过农居SOHO改造、基础设施建设、村级三产开发、文化创意企业引进的探索实践,创建了具有杭州特色的"三一村"模式。

(二)杭州市滨江区(杭州国家高新技术产业开发区)白马湖创意城个案描述

1.杭州市滨江区(杭州国家高新技术产业开发区)

杭州市滨江区在工业化城市化的背景下诞生。1997年底,杭州市在先后建设了六座钱塘江跨江大桥后,才使杭州城市空间得以跨江发展。1996年和2001年,在杭州市行政区划作了两次调整后,市域面积增至3068平方千米。2002年杭州市委市政府决定,把原位于杭州老城区的杭州国家高新技术产业开发区合并给滨江区,并对管理体制进行整合,滨江区实行"两块牌子、一套班子",既按开发区模式运作,又行使地方党委、政府的职能。

滨江区政府(高新技术开发区)的产业导向是"构筑天堂硅谷",形成"两强两优两新"的特色产业格局。滨江区的城区建设导向是"建设科技新城",即推进滨江新城和白马湖生态创意城建设。

2004年,滨江区政府就确立了发展文化创意产业的战略部署,2008年滨江区政府主导编制了《杭州国家高新技术产业开发(滨江)区白马湖区块概念规划》,以期通过白马湖生态创意城建设,加快构建区域高新技术产业、文化创意产业、现代服务业为内容的现代产业体系。

2.白马湖生态创意城

在2008年滨江区政府主导编制的《杭州国家高新技术产业开发(滨江)区白马湖区块概念规划》中,白马湖生态创意城规划面积约20平方千米,占滨江区总面积的27%。白马湖与杭州西湖、萧山湘湖类似,为海湾潟湖,湖区还有湿地、老街等丰富的自然景观和人文生态景观。但由于白马湖区域水网密集(有二十多条河道),山体较多(山体、水域约330万平方米),可用建设用地比例低。并因为前期经过较大规模的农村土地征用,建设用地的潜力很小,以土地作为经济发展的支撑要素已经难以为继。对此,滨江区政府提出重点发展占用土地资源少、技术含量高、市场前景好和宏观制约小的文化创意产业。

在白马湖生态创意城规划中,根据土地资源本身的独特性、唯一性和不可再生性,农居SOHO改造是其显著的特色之一。

2008年2月,滨江区政府先后成立了白马湖生态创意城工作领导小组、白马湖生态创意城建设指挥部、白马湖生态创意城管理委员会。并根据白马湖区域的土地利用、交通、生态、自然景观、文化等资源,先后编制了《白马湖生态创意城三年行动计划》《产业发展规划》《白马湖整治与保护开发项目实施性方案》《农居创意SOHO示范村规划方案》《动漫广场设计方案》、柴家坞农居SOHO改造和森林公园等方案。2008年4月,白马湖生态创意城建设正式拉开序幕。

(三)三一村农居 SOHO 改造

1. 政府主导的农居 SOHO 改造

SOHO 意为家里办公、小型办公,也是人们对自由职业者的另一种称谓,同时代表一种自由、弹性而新型的工作方式。随着全球化与知识经济时代的到来,随着文化建设和娱乐消费需求的升级,文化创意产业受到世界各国的高度重视,如创意产业中的动漫产业,美国的出口量仅次于计算机,日本销往美国的动漫产品是其钢铁出口量的四倍,这些数据给中国政府带来非常重要的启示:创意产业在中国势在必行,它甚至在一定程度上决定了中国经济发展的方向和前途。在此背景下,杭州市政府适时提出了"打造全国文化创意产业中心"的概念,而这个中心的建设重任又具体落在滨江区政府。滨江区政府立足自身资源禀赋,坚持差异化发展,突出原创要素,重点发展动漫游戏、设计服务等文化创意产业。政府确定了产业导向,但区域经济的发展不是政府定了就能发展的,还涉及市场、企业、原住民各方面的力量,涉及人才、资金、土地等生产要素。如何形成具有核心竞争力的特色文化创意产业集聚区?滨江区政府创新了"五个结合",即生活与创业、文化价值与经济运行、个人创业与整体发展、政府与民间、对外开放与内生创新的有机结合,以形成"大脑经济"、文化型经济、生活型经济互相融合的"和谐创业"的新模式。文化创意产业适合于 SOHO,杭州市滨江区政府在长河街道三一村首倡了农居 SOHO 改造,将农居改造与文化创意产业发展进行了有机结合。

杭州滨江区长河街道山一村,由柴家坞村、章苏村、陈家村和孔家里四个自然村组成,在白马湖生态创意城规划中,被确定为"文化创意风情小镇",总用地面积为 1.73 平方千米(2595 亩)。山一村曾被联合国授予"全球生态 500 佳"的荣誉称号,是白马湖生态创意城的核心区块,农居每幢的建筑面积在 250~450 平方米不等,建筑层数 2~4 层。政府如果要拆迁农居的话,拆迁成本很高。农居 SOHO 改造最大的核心利益问题是农居的所有权问题,滨江区政府切实维护农户宅基地和房屋的合法权益,即不改变农村宅基地的权属,也不改变农居的权属。

滨江区政府主导的农居 SOHO 改造工程,在对外深入调研、专家反复研究论证、确保改造规划科学性的前提下,针对如何把农民的愿景统一到政府的思路上来、如何具有操作的可行性等问题做了许多的创新,重塑了政府与社会的关系,实现了从传统的"强政府、弱社会"模式向新型的"强政府、强社会"模式转变,构建了政府、社会、农民协同共治的新型社会发展模式。

如何把农民的愿景统一到政府的思路上来,对此,政府的具体做法:一是组建工作队伍。由滨江区区委常委牵头,区农办、宣传部、发改局、财政局、长河街道、山一村等多个部门参加,组建创建领导小组,领导小组办公室设在区农办。滨江区委区政府在全区抽调人员组成"百人工作组"进驻山一村。二是开展蹲点调研。先后组织召开村委会、男女组长会、党员大会、老干部会、户长会、村民代表大会等进行座谈,广泛征求群众意见。在此基础上完成了山一村创意园、柴家坞农居示范村、南部四村农居SOHO改造规划方案设计工作,确保改造工程的操作可行性。三是协调好农户与设计单位、施工单位、监理单位各方复杂的关系,做好改造图纸对接、改造质量监督等工作,确保每一幢改造农居都达到设计要求。四是广泛宣传政策,统一思想。制作发放《山一村农居SOHO改造政策指南》《改造问卷调查表》,在改造现场开辟宣传阵地,设立咨询办公室,举行现场咨询会,建立服务热线,接受来电咨询,对相关政策进行详细解读,化解矛盾,营造良好氛围。

如何使农居SOHO改造工程顺利实施下去,对于农户的具体操作:一是政府推行了"鼓励外迁、允许自保"的几种安置模式。农户既可以把农居产权全部售让给国家、举家搬走,也可以保留自住;既可以一半出租一半自住,也可以全部出租给创意团队。这种灵活多变的改造模式,在山一村村民代表大会上获得全票通过。二是坚持一种征迁补偿政策。政府坚持全区的征迁、安置政策不变,执行统一的评估补偿标准,即符合购房条件的拆迁户,按照现有多层住宅安置方法,除享受50平方米/人(独生子女90平方米/人)的农转居拆迁安置房外,还可享受每人15平方米的物业股权(村级三产用房)。三是对自保农居改造补偿方式的创新。围绕农居"一房一景"的要求,量身定制改造方案,采取"民办公助"的补偿办法,即政府给每户农居外立面改造给予100元/平方米(主房实测面积)的补助,既节约了财政资金,又调动了户的积极性,农居外立面的改造以村民为主完成。政府着力于做好基础设施和生态环境等优化工作。如2008年7月份开始启动的第一期的柴家坞村改告工程,占地面积70亩,有农户39户,人口170人,建筑面积14000余平方米。农居SOHO改造主要由中国美术学院负责设计,每幢农居量身定制改造方案,并利用区块内良好的山水资源和丰富的农耕文化内涵,将原生态景观与创意文化结合到整体设计之中。滨江区政府为柴家坞村工程总投资1000余万元,完成了农居外立面、围墙庭院、道路、燃气管道、电力、电信线路等改造工作。

政府主导的任何产业要想健康、快速地发展,都离不开大量的企业来支撑,企业是市场经济活动的主体,是产业发展的最重要的核心组织。尽管三一村农居SOHO有秀美的自然环境、深厚的人文环境,但真正地进入运转的轨道,还必须以优惠政策引进一批优质高产的龙头企业、优秀人才和品牌产品。为此,滨江区政府在2009年出台了一系列的利益优惠、税收优惠政策,吸引企业进场。现在,滨江区白马湖农居 SOHO 已成为文化创意人才规模集聚场所、产业集聚和发挥辐射效应的区域。第一期的柴家坞村 39 户农居在 2009 年投入使用,有网易、百乐城市设计、中国美术学院、西湖博览有限公司等 36 家团队入驻办公。第二期的陈家村 176 户、孔家里村 156 户、章苏村 109 户总计 400 多幢农居的改造工作目前基本完成,道路硬化、路灯亮化及自来水入户率均已达 100%。拆除附房约 250 间,围墙 4500 余米;雨、污水管实现完全分流,埋设给、排水管约 45600 米;埋地敷设电力管线 16500 米,强、弱电等架空线路正在"上改下"。至 2011 年底,已审批核准入驻企业共计 249 家,71 家名人名企已签约入驻二期园区,33 家文创企业已通过审批即将入驻。笔者深入农户调研发现,原住民从心里拥护农居 SOHO 改造。

滨江区政府首倡了"农居+艺术家+产业+市场"的开发模式,对改造后的农居房统一租赁,招商引入动漫游戏、设计服务、文化会展等创意团队,并鼓励文化人、知识分子和农民一起创业,充分发挥政府、原住民和创意团队三方各自的优势,将生态环境、基础设施、农居改造做到极致,将效率发挥到极致,将创意团队的个性张扬到极致,实现了政府、村民、创意团队利益的"多赢"。目前在产业布局上,柴家坞村为文化创意衍生产品展示一条街,章苏村以动漫游戏产业研发为主,陈家村重点发展影视后期制作,孔家里村主要涉及工业设计及收藏业,形成"一村一业,一村一品"的特色格局。三一村先后荣获"中国创意产业最佳园区奖"、市级"项目推进年活动先进集体""社会主义新农村建设'风情小镇'创建奖""文化创意产业博览会优秀展示奖""2010 年当代城市化项目杰出蓝本""中国低碳旅游示范地(山一村)"、2010 年华人住宅与住区生态住宅设计奖等荣誉。

2. 农居 SOHO 改造述评

三一村农居 SOHO 改造的成功运转首先得益于地方政府执政理念的创新。滨江区政府(高新区)贯彻落实科学发展观,既以经济建设为中心,加快推进经济发展,加快促进产业转型升级,加快社会主义新农村建设,又以人民政府为人民的执政理念,积极维护农民的土地权益,营造了和谐的创业社会环境。

其次是地方政府以强大的经济实力作为后盾,使三一村农居 SOHO 改造的实践得以实现。改革开放以来,滨江区经济发展突飞猛进,创造了巨大的物质财富,取得了令人瞩目的经济成就,为农居 SOHO 改造和引进企业提供了物质基础。三一村农居 SOHO 改造项目,至 2011 年底,滨江区政府先后投入 2.1577 亿元,完成了柴家坞村一期 39 幢农居示范点及陈家村、孔家里、章苏二期 500 幢农居改造任务。

三是农居 SOHO 改造避免了大拆、大建、大搬,减少了开发建设对环境的干预和破坏，突破了以往"拆迁一重建"的固有模式。在保留农居特色的基础上进行改造，大大降低了更新成本，盘活了个人和集体资产，提高了农村土地利用率，减少了征地拆迁带来的诸多社会经济问题。

四是农居SOHO改造，扩大了农民就业，增加了农民收入，提升了农民的精神文化素质。农居SOHO改造，企业就地招收农民从事现代服务业的辅助性工作，有效解决了城市化推进过程中失地农民的就业问题，四个自然村初中及以下学历的劳动力占人口比例达43.2%，原以从事第一产业及传统加工、服务业为主，就业率及劳动收入水平都不高。自风情小镇建设以来，通过成立物业公司向入驻团队提供餐饮、保洁、保安、绿化等配套服务，仅柴家坞一个村就落实了41位村民的劳动岗位，二期三个自然村还可解决就业人员170人左右，从业人员平均收入2000余元/月，就业率达到91%。农居出租，农民收取房租，增加了收入，以柴家坞村为例：2008年山一村人均年收入为1.2万元，柴家坞村在2009年有38户SOHO工作室出租（其中有29幢全部出租给企业，有9幢部分出租，只有1幢未出租），大部分农民搬出村子租住到附近租金便宜的居民小区。38户SOHO工作室出租后，租金每年10万元以上的农户有5户，租金8～10万元的有7户，租金5～8万元的有14户，租金5万元以下的有12户。2010年户均年房租收入达到8万元以上。农居SOHO已经成为村民发家致富的"摇钱树"。更为重要的是，通过SOHO的创意团队入驻农居，生活环境显著改善，营造了浓浓的"文化艺术氛围"，使村民潜移默化地接受着文化的熏陶，提升了农民的精神文化素养。

五是农居SOHO改造为白马湖生态创意城在国际上增加影响力，在国内文化创意产业中占据举足轻重的地位起了示范引领作用。柴家坞农居SOHO创意空间实践项目，获得2010年世界华人建筑师协会"华人住宅与住区生态住宅设计奖"。目前，入驻柴家坞村的企业引进资金近3000万元，2010年完成产值11000万元。2010年在滨江区举行的第六届中国国际动漫节上，白马湖生态创意城动漫广场作为2010年会场之一，承担了5大块20多项系列活动，迅速扩大和提升了杭州动漫产业在全国动漫产业中的影响力。

白马湖创意城、三一村农居SOHO改造的成功实践，证明了地方政府主导的管理创新，能够达到政府行为、经济发展与农民土地权益维护三者之间的良性互动，进而保障人民安居乐业、促进地方经济社会的和谐发展。

来源：石婷婷著，《杭州市滨江区农居SOHO改造》，《农村土地制度演进与浙江省的实践创新》，杭州出版社，2014年。

创造性破坏下的村庄重建——杭州柴家坞的案例研究

薛莹

【摘要】 都市村庄是一种半城市化地区,既包含着发展不足,也有成为产业高地的发展机遇。杭州柴家坞是杭州城市新区的一个自然村,在政府主导力量下获得产业重构和空间重建的机遇,创造性破坏的概念能够形容这个村庄重建的创新过程。创造性破坏的已有研究涉及乡村农业生产空间向多功能经济空间的演变,但对村庄重建的创造性破坏机制的揭示尚且不足。本文旨在对创造性破坏的已有研究进行综述,并对杭州柴家坞案例村庄重建的创造性破坏动因和过程进行初步分析,包括村庄内源与外源的动因,政府、村民、企业的过程角色等。

【关键词】 创造性破坏;村庄重建;杭州案例

一、引言

改革开放以来,中国城镇化经历了一个起点低、速度快的发展过程,在城镇人口、城镇数量、城镇化率方面取得了显著增长,但在这个快速城镇化的发展过程中,也出现了一些突出的矛盾和问题。随着内外部环境和条件的深刻变化,为了消减过去粗放式城镇化所带来的风险,城镇化建设必然以提升质量为主进行转型发展。中共十八大以来,创新驱动、新型城镇化已成为关系到国家发展全局的核心问题。在这一背景下,创新驱动的城镇化道路尤其值得探索。"都市村庄——城市里的乡村"是中国快速城镇化进程中出现的一种半城市化地区,这类地区的发展,与新型城镇化建设息息相关,虽然有一些纠结着利益矛盾的现实困境,但也有成为产业高地的发展机遇。

国际风景旅游城市——杭州的都市村庄变迁,有着自身的一些演化特征。特别是当文化创意、风景旅游、休闲娱乐等新兴服务产业普遍侵入这些"城市里的乡村"后,都市村庄地域的功能和空间发生了"创造性破坏",有了新的产业形态和空间形态。为了探索这种创造性破坏的源起和机制,本文以文化创意产业侵入的都市村庄——杭州柴家坞为例,来认识这种新兴产业活动给都市村庄带来的产业和空间重建。

二、文献综述

在经济学发展史上,熊彼特(Schumpeter)1934年试图从经济系统内部找到导致经济变迁的因素。他把这种内在的力量归结为企业家实施的供给上的"新组合",即创新。在熊彼特后期的著作中,他1942年进一步阐述了创新的性质,提出"创造性破坏"(Creative Destruction)的概念,即创新不断地从内部破坏旧的经济结构而代之以一种新的经济结构。在凯恩斯主义占主导地位的年代,熊彼特的经济思想一度沉寂。直到20世纪80年代以后,演化新熊彼特主义经济理论和新古典熊彼特主义增长理论从不同的学术传统出发相继发展了熊彼特的内生经济变迁理论,使熊彼特的基本思想以现代的形式复活。随着全球范围内创新机制的深刻变化,创造性破坏的过程对经济结构的变迁及经济的发展有更迅猛的推动力量,相应之下,国外研究一直密切关注创造性破坏问题,近年中国的创造性破坏研究也在逐步跟进,但理论和实证研究仍相对匮乏,这与中国缺乏创造性破坏的现实有一定关系。

创造性破坏思想相继植入管理学、社会文化等学科领域,分别关注了企业对创造性破坏的管理(Foster)、全球化下社会文化的创造性破坏以及对创新和创造力的影响(Cowen)等。在地理学研究领域,20世纪80年代中后期到90年代初期,创造性破坏与企业家精神(Entrepr'eneurial-ism)、商品化(Commodification)的概念出现在有关城市演变(Harvey)、街区演变(Santos et al)和非都市地带的社区演变(Barnes et al)研究中。20世纪90年代后期,加拿大地理学者米歇尔(Mitchell)把创造性破坏思想用于对乡村旅游地的影响与演化研究,提出了五阶段(初级商品化、高级商品化、初级破坏、高级破坏以及后破坏阶段)的创造性破坏模型,并利用不同阶段下的商业投资构成、旅游者数量与消费、地方居民对旅游的态度变化等多因素来分析阶段的演进特征。米歇尔先后将模型应用于加拿大安大略省圣雅各布斯、滨湖尼亚加拉(Mitchell etal)与埃洛拉(Mitchell et al)的案例研究。进入21世纪后,尤其是2007年以来,这个创造性破坏模型又先后被研究者应用于澳大利亚布里奇顿(Tonts et al),中国朱家角(Huang et al)、甪直(Fan et al)、大圩和阳朔(Qin et al)、加拿大盐泉岛(Halpern et al)、纽芬兰和拉布拉多(Sullivan et al)、日本北海道(Chang etal)等旅游地的变迁研究。2009年,米歇尔与合作者对原模型进行了修改,将"前商品化阶段"加进去,修改为创造性破坏的六阶段模型。2013年,米歇尔在创造性破坏的概念基础上又进一步提出了创造性增强(Creative Enhancement)的概念,用于分析某些乡村从原有的农业生产空间向多功能经济空间的演变。

在中国,"都市村庄"(Urban Village)的概念最早出现在"城中村"的研究中,"都市里的村庄""都市里的乡村""城市里的乡村"是20世纪90年代中期中国学者们(如李增军、田莉、敬东等)对城中村地域的一种概括。进入21世纪后,城中村问题受到城市规划、城市地理、社会学、公共管理等领域更多学者的关注,也在相当长的一段时间里成为"都市村庄"的一个代称,其社会治理问题、社会变迁问题以及城中村改造问题等都成为研究中的热点。

城中村问题,仅是都市村庄问题的一部分。中国都市村庄的变迁,至少发生了两种取向,一是村庄的消失或解体,二是村庄的再造。在这两种取向下,又有不同的变迁形式。村庄消失或解体的形式有两种:①城中村和近郊村落受到工业化、城市化和非农化影响,血缘和地缘关系逐渐淡化与消解,边界消融,村落走向终结。②大量青壮年外出谋生,村庄内部组织和结构趋向解体,成为"空壳村"。村庄再造的形式有:村民采取集体化行动,发展非农产业与集体经济,村庄形成政治、经济、社会一体的"利益共同体",村政功能不断增强,社区结构不断完善,村庄整体实现"重建"和"创新"。从中国更大范围的乡村实际来看,村庄再造的发展模式更值得借鉴和研究,这种模式是一种基于村庄内源与外源驱动的创造性实践。但从已有研究来看,在这种创造性实践的背后,对村庄场域内精英人物及其创新行为的研究尚显不足。

对于都市村庄的概念,国外的相应研究主要集中在城乡过渡地域的研究上,这主要包含了对城市边缘区(Urban Fringe)、城乡融合区(Rural-Urban Areas)、城乡交错带(Rural-Urban Fringe)和城乡接合部(CityVillage Combination Section)等地域的研究。近年,以"半城市化"为主题的研究逐渐增多,"半城市化地区"开始逐渐取代城市边缘区、城乡交错带和城乡接合部等概念,尤其是研究对象为发展中国家时,"半城市化地区"这一概念更为常见。

都市村庄是半城市化地区的一种类型和分布。西方半城市化地区的驱动机制是以人口居住外迁为主要推动力而自发产生的,中国半城市化地区的驱动因素主要有经济开发区的建设、乡镇企业的发展、较多的土地供给能力(相比城市中心)和政府鼓励企业迁往半城市化地区的政策。近年来,半城市化地区形成的驱动机制研究更加侧重于经济全球化和大都市区的影响。也有学者认为大部分研究关注经济全球化带来的影响,却忽略了地方公共政策的影响。已有研究表明半城市化地区形成的驱动力量可以归结为市场力、政府力、社会力的作用,但形成半城市化地区的驱动机制是复杂的,其影响因素也是多方面的。特别是中国幅员辽阔,区域发展不平衡,处于不同区位的半城市化地区有地方特殊性,同一地区在不同发展阶段的影响因素和力度也会不同,因此未来仍然需要进行大量实证研究来佐证认识。

综上所述,创造性破坏概念是对创新含义的一种解释,创造性破坏推动经济社会变革引致了经济学、管理学、文化社会学、地理学等研究领域的关注。创造性破坏模型在地理学对乡村旅游地的变迁研究中,将创新内化在变迁体系中并反映了演变的过程性,模型中多元影响因素的分析也使演化阶段的判断较为综合。但创造性破坏模型也有局限和不足,其应用范围还有待进一步拓展,创造性破坏机制也有待进一步揭示,这些不足,都需要融入更多学科和视角的综合研究。

既往国内对都市村庄变迁问题的研究更多的是关注城中村的改造、社会变迁以及社会治理问题。村庄的消失和解体现象虽已引起较多研究关注,但落家到村庄再造的发展变迁还有很大的探索空间。国外对都市村庄问题的研究主要分布在城乡过渡地带的研究上,近年这一领域开始被半城市化地区的概念所占领,已有研究对半城市化地区的空间识别和驱动机制也进行了大量探讨,但国际研究关注北美、南亚、拉丁美洲和非洲的较多,对东亚的研究较少,也缺乏对半城市化地区多年演变情况的追溯,亟须进行大量的理论和实证研究。

因此,本文认为,在针对都市村庄类型的半城市化地区展开的研究中,更有意义的是立足于村庄再造模式进行案例研究,有必要挖掘出具有典型性、独特性和代表性的案例村庄,从创新驱动角度展开研究。

三、研究案例概况

柴家坞,现隶属于杭州市滨江区长河街道山一村,位于钱塘江南岸。除柴家坞以外,山一村还有陈家村、章苏村、孔家里三个自然村,全村北依冠山、朱家山、南边山、前山、麟麒山五个小山丘(海拔为 50~161m),村落的土地类型分为平川、丘陵山地和水域,水资源丰富,山地的植物资源也很丰富。

柴家坞世代以农业、渔猎为主业。2008 年,柴家坞的村庄整治和改造,在全国首创了"农居 SOHO"(Small Office Home Office,意为小型办公)的开发模式,通过"农居+艺术家(设计师)+产业+市场"的发展方式,形成了村庄整体上的形态创新和产业重建。这次村庄改造的成果,先后获得"中国最佳创意产业园区奖""社会主义新农村建设'风情小镇'创建奖""杭州生活品质展评会年度最具品质体验点""2010 年当代城市化项目杰出蓝本""中国低碳旅游示范地""2010 年华人住宅与住区生态住宅设计奖"。柴家坞村庄改造的模式,是中国城市化过程中村庄重建和创新的一个新路径,是在空间、产业、制度上的一次改革。如果要精确地来形容这种创新,则"创造性破坏"的概念较为合适。

改造前的柴家坞,基础设施相对落后,民房形态各异,风格杂乱。在改造规划上,按照新农村建设和"城市美学、建筑美学示范区"的要求,强调"细节为王",以"嫁接、还原、唤解、融合"的方式,为每幢农居"量身定制"改造方案,通过建筑空间和人在空间里的活动,在柴家坞营造出了强烈的乡村地域感和现代都市社区的艺术文化感(图1、图2)。

图1　改造后的柴家坞SOHO创意图 　　图2　改造后的柴家坞村落形貌远景

经过整治重建的柴家坞,环境优美,整座村庄背靠青山,苍翠清新。村内道路蜿蜒曲折,农居错落有致,富有艺术气息。公共空间的设计、景观设施或者是农居外立面的装饰,都结合了本土的文化元素,既运用艺术的手法,又融入了当地的特色,形成了独有的地方感文化。村庄的开敞空间,包括小型广场、社区开敞绿地和供休息的露天空间等,使通过步行尺度的交通道路有机地联系起来,实现了创造社区、加强社区感的目的。柴家坞的农居,本身具有浓厚的杭派农居特色,加以艺术的改造,融入了新的文化,因而成了一个有着社区感、地域感、标志感的都市村庄(图3)。

图3　改造后的柴家坞村落形貌细部

四、文化创意产业侵入都市村庄——创造性破坏下的村庄重建

(一)村庄自身寻求突破与破坏——创造性破坏的内源动因

柴家坞的创造性破坏,是由山一村的发展进程决定的。山一村祖辈以农业为主,在国家改革开放政策的引导下,村庄自身一直有进行改革的想法并做了一些尝

377

试。1984—1994年,山一村成立了村民小组,发展村经济和农民家庭经济。这一时期,在生产建设上重点抓了两件事,一是建设生态村,二是调整产业结构、发展村办工业。生态村的建设成绩突出,1988年,山一村的生态村建设被联合国环境规划署评为"全球500佳"。村办工业的成果却相对有限,虽然办过数十家工厂,但由于生产技术、市场渠道、环境污染等制约因素,这些企业后来或停或迁,因而一直没有真正实现以现代产业经济为基础的农村产业结构转型。

1997年以来,山一村认识到村庄的生态环境仍然是发展的重要因素,因此开始大力推进新一轮的生态村建设,在村庄绿化、生活设施建设、生态能源建设、河道整治等方面进行了全面改善,从而使"全球500佳"的生态村成果得以持续发展。2008年,在杭州打造"动漫之都"以及"全国文化创意产业主平台"的机遇下,山一村寻求并获得了发展机遇,成为文化创意产业园的选址地。柴家坞又在山一村内被选作试点村庄,进行"农居SOHO"的改造示范。改造完成后,从2008年底开始,文化创意类企业开始入驻柴家坞的农居SOHO,柴家坞逐步成为一些设计、影视、广告、会展等第三产业服务企业的集聚地。可以说,由于山一村自身具有寻求突破和破坏的内源动力,柴家坞才有条件获得这次的创新发展平台。

(二)城市新兴产业的选址与孵化——创造性破坏的外源动因

2008年,杭州获得"全国文化创意产业中心"的发展机遇,文化创意产业成为杭州重点发展的新兴产业,因而需要进行新的产业布局。杭州中心城区土地有限,办公场所有限,交通拥挤,但杭州的城乡过渡地带却有较大的拓展空间,有条件承接产业转移,因此,这一轮文化创意产业的拓展开始向这一地带转移。

滨江区是杭州的城市新区,城市空间的拓展腹地较为充足,建有白马湖生态创意城,而柴家坞地处白马湖生态创意城的核心地带,作为试点建设,具有明显的区位优势。因此,在外源动力上,正是这一轮杭州城市文化创意产业的大发展给柴家坞的村庄重建带来了机会。

(三)政府规划与组织——创造性破坏的主导力置

柴家坞进行农居SOHO的改造,是在杭州市政府、滨江区政府、白马湖生态创意城管委会的领导下进行的。政府既是政策制定者,也是投资者和建设实施者,是柴家坞村庄重建和实现创造性破坏的主导力量。

杭州市政府直接参与制定的政策,包括农居改造政策、村民搬迁过渡政策、农居SOHO租赁政策等。对建设实施的领导,包括柴家坞村庄整治规划方案的委托、组织与设计、论证,村庄重建资金的投入,村庄基础设施的整治及新建设施的建设与监管等。

滨江区政府和白马湖生态创意城管委会则执行具体的管理过程。在村庄重建的过程中，从滨江区政府、长河街道、山一村村委会抽调109人成立了"百人工作组"，再根据任务分解出更多的工作组，针对任务去执行管理工作。因此，在柴家坞村庄整治改造的创造性实践中，正是由于自上而下、自下而上的各级政府通力协作，共同推进，才得以在短时间内实现了这项创造性的改造。

(四)村民外迁与共住——创造性破坏的支持力量

柴家坞农居SOHO的改造，是以村庄原住民的住房为依托进行的原地改造。在统一的征迁政策下，实行"鼓励外迁、允许自保"的模式，村民既有将农居产权全部售让给国家、举家搬走的，也有全部保留自住的；既有一半出租一半自住的，也有全部出租给入驻公司的。村民可以通过"自保房屋出租""村级经营性用房出租""政府投资适量配套用房出租经营"三种途径，实现获利。

文化创意企业通过租赁方式进驻农居SOHO后，给村庄营造了浓郁的文化艺术气氛，昔日"面朝黄土背朝天""日出而作，日落而休"的农民，身处这种村庄氛围里，与文化创意企业的"新村民"交互共生，潜移默化中受到文化熏陶。因而当地村民的支持，是在村庄重建过程中实现"创造—破坏—再创造—再破坏"的重要力量。

(五)企业关联性集聚——创造性破坏的创新主体

柴家坞农居SOHO改造完成后，提交租赁申请的企业远远超过村庄能够入驻的数量。很多企业选址于柴家坞的原因，主要是受到村庄环境的吸引。村庄的自然景观优美，生态良好，环境幽静，村庄内部活动方便，步行即可通达。农居SOHO的建筑多为2~4层的楼房，面积为250~450平方米)，有家庭庭院，既相对独立，又能和村里其余农居SOHO的院落保持联系，关起门可创作，打开门可交流，提供了一种"归田园居"的工作和生活意象，在很大程度上为这些文化创意工作者提供了一种理想的工作生活方式和氛围。有些入驻企业的员工，以往在钢筋水泥的"方盒子"里工作，心理上对单调逼仄的城市空间产生了厌倦，而柴家坞的农居SOHO，能够迎合创意人才的审美取向和心理期待，也能够迎合创业者发散性思维的自由性。

已经入驻的企业，以设计服务业和动漫游戏业的企业为主，这与白马湖生态创意城的功能定位有关。柴家坞与白马湖国际会展中心相距较近，该会展中心是杭州国际动漫节的主会场，也是滨江区和白马湖生态创意城的重要产业区，因此，会展中心的集聚交流，促进了动漫企业、设计服务企业、会展企业的近距离选址，促进了这些企业入驻柴家坞的办公场地。

五、结语

柴家坞的都市村庄重建,是一种创新实践,用创造性破坏来形容较为准确。这种村庄重建,是半城市化地区在城市化过程中,受到内源性动因和外源性动因的共同激发而促成的,是在村庄自身寻求突破和创新以及城市新兴产业寻求新的拓展空间的共同作用下的结果。在柴家坞的创造性破坏过程中,政府发挥了主导性的作用,村庄积极参与和支持了这次创造性破坏,入驻的文化创意企业则对村庄的产业重构和场所氛围的重建起到决定性作用,但更多的企业创新、更深层次的创造性破坏还未能实现。

创造性破坏对创新的实现,是通过"创造—破坏—再创造—再破坏"的机制来发生作用的。创新,永远是发展的动力源。柴家坞的未来发展,也只有建立在创新基础上才能实现更大的突破。空间的创新、产业的创新,在前期都是通过政府的主导力量得以实现,但接下来的后续发展,企业应当成为最主要的创新作用主体。因此,怎样激发、构建出企业的创新机制,怎样利用市场机制来促进企业创新的实现,应是柴家坞下一步发展探索的主要目标,而这又是与杭州城市发展总体以及柴家坞所在的半城市化地区的发展总体密切相关的。

来源:薛莹著,《创造性破坏下的村庄重建——杭州柴家坞的案例研究》,刘君德,林拓主编,《中国行政经济与行政区划——理论与实践》,东南大学出版社,2015年。

(六)环境

中华人民共和国城市地质综合调查报告

白马湖景区

西兴的南边,紧邻湘湖,有一泓碧水,清秀、幽雅,犹如恬静的淑女。湖中多岛,岛中含湖,这就是又一颗明珠——白马湖。

(一)风景资源特色

白马湖分为东白马湖和西白马湖。东白马湖呈北东向展布,西白马湖近方形(见《白马湖交通位置图》)。两湖相连,湖面宽广,清清的潮水映着青山,微风泛起阵阵涟漪。绿色的荷,繁茂的草,给水面平添几分色彩。湖中的稻田被绿水包围,分割成大小岛屿。湖中有岛、岛中有湖是本景区的特色。岛屿大小不一,大者达180亩,小者仅10亩,大小岛屿十多个。岛上田畴纵横,阡陌交错。每到春天,庄稼抽出绿藻,与湖中碧水组成斑斓的图画。湖边盛产茶叶,满坡茶地,散发出阵阵芳香。湖东边为越王城山，山势蜿蜒，组成山体的岩石是西湖组坚硬的白色石英砂岩。湖水水质甘纯，为此地发展疗养事业提供了优质水源。

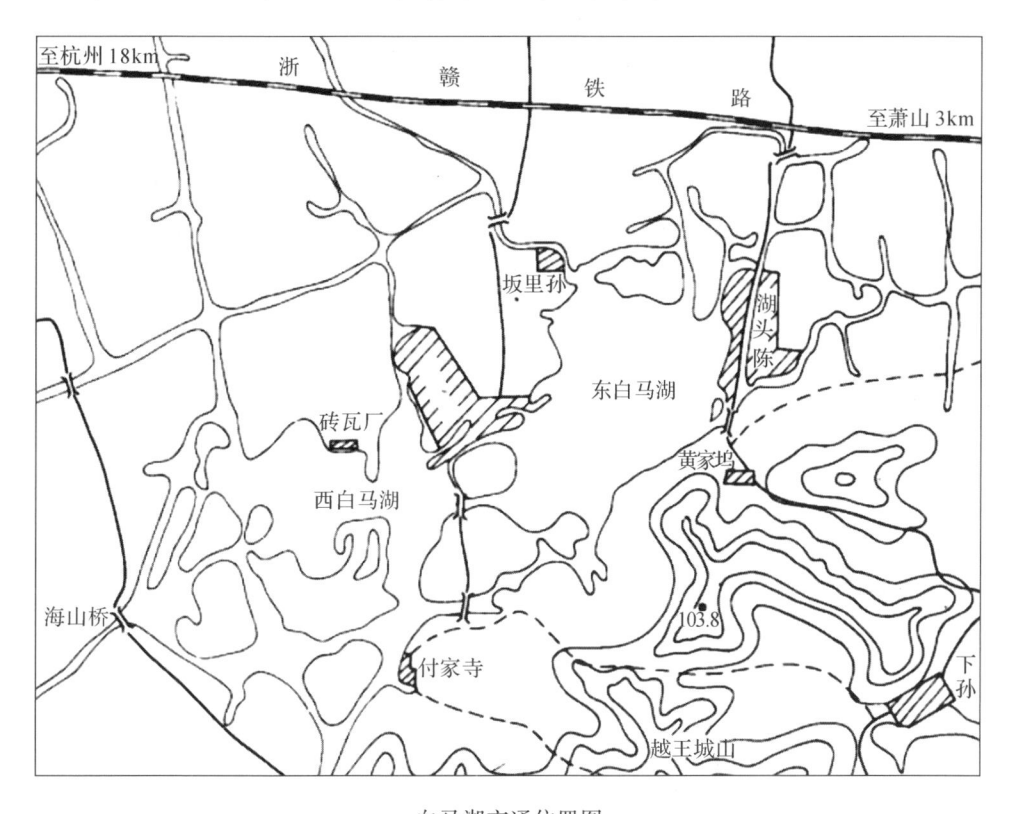

白马湖交通位置图

整个白马湖空气新鲜，一到那里，浓郁的田园气息、幽美的湖光山色、静谧的环境，会使你留连忘返。相传这里本是旱地。当年，吴王夫差排马布阵以排山倒海之势，猛攻被困于越王山的勾践，终因越王坚守而未成。后随岁月变迁，此处成了湖泊。是故俗称"排马湖"，现名白马湖系由谐音变化而来。

本景区以自然秀丽为特色，宜开辟为休养、疗养、别墅式景区，并可开展垂钓、小型水上运动、现代游乐和体育运动。

(二)开发条件

白马湖区近临杭州，毗邻湘湖。本景区北有三级公路通西兴镇，西北离长河镇仅1千米，南部已有碎石路通湘湖，湖东有水路通湘湖和萧山市，有较好的地理交通条件。

水域面积大，保存好，环境优良，水体清澈，污染少；乡村、古树、田野、围在湖中的岛、含在岛中的湖共同构成了白马湖的秀丽景色,是得天独厚的风景资源。

湖中有珍珠、菱、藕;山麓有茶叶、水果和优质泉水。

总之,优越的地理交通条件,清新朴实的自然风光,丰富的物产,是开发白马湖的条件和依据。

(三)规划设想

交通:近期要将白马湖至长河镇、西兴镇至白马湖这两条主要公路逐步拓宽修整;拓宽白马湖至湘湖跨湖桥的简易公路,与外部主要路线相通,使本区北接萧杭公路,南通钱塘江。后期修建白马湖中部的付家奔到余家的公路;新建东白马湖的环湖公路;扩建与湘湖相通的水路;开辟越王城山游道。以使交通内部自成体系,又向外部连成网络。

绿化:首先要进行环湖绿化,种水杉、柳、桃、梧桐等,使白马湖处在绿色环抱之中,既可以防止外界干扰,又能衬托出自然旖旎的景色。山坡大力发展茶叶和水果种植,近湖边种植观赏林木,岛上农作物种植结构要围绕景区合理规划。划出油菜、棉花、水稻等种植区域,使之组合成美丽的画卷。

景点:湖中诸岛根据各自的大小和周围环境,因地制宜。无论从基建上考虑,还是从美学上构思,总的原则是以低平建筑为主,较高层宜建在东南面的山麓地带。湖中各岛的建设要各有特色,可分别建成民族、仿古、游乐、体育运动、商业购物、垂钓等多种功能和风格的小岛,但可保留一块作为模范农业岛。各岛的建筑、设施、绿化、道路都要与其中心内容相协调;每岛有胜景,各有千秋,并组成一个有机的整体。各岛之间可设天桥、浮桥或游船连结。

物产:白马湖中广泛种植荷、菱、莼菜、睡莲,养殖鱼、虾、珍珠,以湖养湖。

疗养设施:在湖的东南西,依山傍水,建造疗养院。利用石英砂岩的优质水源,开辟疗养地。

(四)保护及措施

目前要保护好现有资源。白马湖的水质为萧山市区附近最好的天然淡水,应严禁景区内兴建有污染的工厂。湖北俞家已建砖瓦厂,西白马湖区遭挖掘,有关部门要加以制止。为保护水体免遭生物污染,水中养殖、种植要有限度,要科学地进行容量计算、规划,保持生态平衡。要逐步处理好钱塘江的引水,使之变成活水。建议有关部门将白马湖列为风景区,进一步制定详细规划,争取国内外投资而得以早日开发。

来源:浙江省地质矿产局编著,《中华人民共和国城市地质综合调查报告(第6册)》,1987年7月。

城乡一体化进程中的乡土保护思考——杭州白马湖景观实践

【摘要】 结合从城市规划到村落区域改造的两次景观设计实践体会,本文从土地利用、产业定位、场所保护等方面,探讨城乡一体化进程中景观规划层面的乡土保护出路,及景观设计层面的新乡土语境。

【关键词】 城乡一体化;地方性;保护;新乡土景观

一、背景

杭州高新技术产业开发(滨江)区始建于1990年,经过十余年的建设,已成为浙江省最具影响力的科技创新基地。由于历史原因,中部浙赣铁路的横贯,在地理空间上有形地把滨江区分为南北两个部分。也算是因祸得福,南部区块多山多水多湖泊,与村落田园共存的格局被完整地保留下来,其独特性、唯一性与不可再生性,已经成为场地资源的最大优势。2007年11月,杭州市委领导亲临现场,审时度势,提出了打造"国家级文化创意产业区、白马湖休闲旅游度假区、杭州城市美学和建筑美学示范区、杭州和谐创业示范区"的四区理念,并将滨江南部命名为"白马湖生态创意城"。

滨江南部区域1891公顷,其中山林水面共计约340公顷。杭州较具规模的历史文化古镇就在冠山脚下,目前还保有较为完整的水乡古镇格局,历史建筑较集中。此外,12个自然村落依山傍水,炊烟袅袅,一派山水田园风光。这里的区域优势日益凸显,距西湖9千米,距杭州市中心武林广场12千米,随着交通条件的改善,城乡一体化进程的加速,将白马湖地区建设成为杭城又一重要特色景区成为可能。

2008年2月,中国美院完成了《杭州滨江区白马湖生态创意城概念规划》,提出了城市可持续发展的"白马湖模式",指出和谐创业是创业发展与生活品质、文化价值与经济运行、个人创业与城市整体发展、政府与民间力量、对外开放与内层创新的完美统一,强调了产业发展与生态环境间的良性互动,把产业培育与地方文化建立相结合,把城市意义上的美学理解为一种城市总体尺度上反映出来的社会生活品质美学,为白马湖地区的乡土景观保护规划做好了铺垫。2008年7月,我院又参加了白马湖1.36公顷的湖区整治与改造的景观方案设计,提出了演绎该区文化与生态自然过程的目标,把以经济性为目的农业景观转化为以观赏、体验为目的新乡土景观,使该区的乡土保护又向前迈进了一步。本文结合这两次设计,就乡土保护策略的思考作一概述。

二、土地利用的先决条件

纵观近30年中国的城乡一体化进程,大多表现为城市向周边土地无序蔓延与扩张的过程,其代价是大量的农民成为城市边缘居民,失去了曾经养育他们的土地。更为严峻的是,城市发展对土地利用的单一化、均质化、网格状的"开发大道",只有技术的解决,缺乏人情,逢山砍山,遇水断水,使土地生态系统面临崩溃。2008年10月,在北京大学景观设计学教育大会上,庞伟先生关于太湖流域近30年土地变得满目苍夷的视图以及"江南已死"的演讲,让人触目惊心。

在白马湖生态创意城的概念性规划中,如何利用好土地成为乡土景观保护成败的第一步,也是最关键的一步。由于较早介入到城市总规,景观规划也有了较大的作为空间。面对白马湖地区宜人的山水田园的开发问题,规划期望从城市发展的历史中找到借鉴,经过比较,城市的紧缩模式和有机疏散模式的理论给予了我们方向,即两者并非对立,甚至可以相互补充。欧洲学者研究发现,城市按照类似村庄的团块分散布局,中间由轻型轨道交通连接,可以极大地提高总体能效,从而保持城市环境的优势和形态的吸引力,在每个团块内部紧凑性开发的方法,兼有紧缩模式和有机疏散模式的优点。事实上,很多欧洲城市都采用了混合的形式,形成了自身的空间特色并保持了优美的乡土景观资源。受此启发,我们将北部规划为紧缩型城市生活和产业密集带,以达到总体开发要求,借此释放南部田园山水的土地利用,降低密度,使大量生产性农业用地得到保护,形成北部紧缩型城市与南部田园城市的有机平衡,从而有效地保持了南部山水"茶苗阡陌,湖山带水"的生态特征。可见,土地利用是生态系统保护的前提,关系到我们田园牧歌式生活能否延续和新江南水乡的诗意能否再现。

三、产业定位的推动

产业发展对环境的影响是显而易见的:历史上,英国风景园的形成也是基于新产业背景,由于当时的牧场主乐于表达对新经济形式和新生产环境的赞美和炫耀,追求开朗明快的自然风景;负面的例子更是不胜枚举,工业革命的种种城市问题所带来的生态代价难以逆转,今天,发展中国家仍在延续水能载舟、亦能覆舟的发展老问题,产业的选择就像把双刃剑。面对白马湖地区这样一片山水田园的乡村景观时,规划既要保守又要超前,保守是宁可产业的启动慢,也不能以牺牲乡土生态为代价,这也体现了在应对当前的生态危机时,政府对产业选择的一种自信。

杭州是座历史文化名城,历史人文积淀深厚;滨江区北部是高新技术产业园区,动漫产业和网络游戏产业在全国处于领先地位;现有通信设备制造业和软件业的高新技术产业优势明显;中国美院的设计、影视等专业教育形成人才支撑;加之浙江省的制造业市场急需产品升级的巨大市场背景,诸多文化创意产业条件日趋成熟。在分析了自然、历史、产业等综合因素后,找准了比较优势,文化创意产业的出现水到渠成,"生态创意城"对杭城散落的创意园吹响了"集结号",这也预示着生态保护规模化的可能。

文化创意产业既以空间与生态的优势为前提,又起到推动环境的作用,生态旅游也同样如此。首先是一种保护性开发,其发展可以起到保护现有乡土景观资源和乡村文化资源的作用,使环境景观资源向城市文化和地方生活转化,与文化创意产业一样具有文化和产业塑造的双重作用。这两种产业本身具有高度相容性和相互促进作用,两者结合又能够衍生出一系列新型的特色旅游资源和休闲度假方式,例如会展旅游、会所经济、文化主题旅游、动漫体验等,有利于引导园区向生态友好型和资源节约型方向开发建设,使乡土原生景观的保护拥有了良好的基础。

四、村落"地方性"的保护

白马湖地区的大部分民居都是20世纪80、90年代农民致富以后建造的,宏观上时代印记明晰,虽然在房屋造型上流露出本土文化与外来文化的混合,但缺乏美学上的基本引导,因此总体上是朴素的。深入场地内部,则表现出在各自建造过程中留下的极其丰富的痕迹,那种民间自发的和有组织的微妙平衡过程依然清晰,场地的构造关系也极其生动,生长的树木与日渐褪去的木色表现出村落整体的生命感。

倘若出于简单的经济判断而将它们夷为平地,转换为居住用地,那么以杭州目前的房价来推算,其当前价值也许是最大化的,然而其结果是使城乡一体化沦为"全面城市化",高耸的大楼将使山水的尺度盆景化,宜居的美学也将是一纸空谈。在规划中,我们制止了只顾土地"效能"而无视"地方"的做法,积极探寻村落的生命意义,以及保护后的种种可能的设想,并且也算了一笔村落保留的经济账,获得了多数的认同。白马湖生态创意城的12个自然村落,由山脚向田野伸展的簇状特征,最后出现在土地利用规划的总图中,显得格外生动。

白马湖地区文化的历史特征和地方性特征来源于白马湖的一方水土,而村落作为最重要的人居场所,其"场地"的内涵就包括了自然山水、历史遗存、文化习俗、生态关系等等。"它有一种关乎存在的意义,因为它见证了我们在土地上的生活",或许是30年后的返乡记忆,或许是笃定从容的一种生活姿态,那些曾经的事与物都讲述着"地方"的语言。因而维护村落场所,就是维护这个地方的乡土文化和生活,是至关重要的一项举措,12个自然村落保护的出发点也都是基于此。

当然,保护只是基础,真正的目的还在于如何让村落有机更新,既强调曾经生活的记忆关联,也要"活"在当下,满足原住居民生存、生活的便利,也包括对当代都市生活的向往,呈现出一种真实的、不脱离根基的、可持续发展的生命力。

五、农业抑或服务业?

产业的选择可以做到尽可能地在一定范围内提高土地的利用,做到减少原场地构造关系的损坏及生态系统的破坏,但土地征用的现实也是不可避免的,原生产型的农业用地也将受到较大程度的影响。如何使保留下来的农业用地既有系统的意义,又能给当地农民带来效益,实现价值提升,也是景观设计中值得探讨的一个方法性的问题。白马湖湖区景观规划的一个出发点是把这片土地上农业的生产性转化为农事的体验性。对于新居民,那些都市创意人员,他们慕田园乡土而来,乡野间的徘徊、土地的气息乃至泥土的芬芳都是创意的源泉;对当地村民而言,每分土地都有其意义,土地保留带来的不仅仅是几斤几两的蔬果,也许还有常年劳作感受的延续,以及劳作过程中与新居民的交流带给他们的都市感受,他们也许转变为农业生产过程中的服务者,或是农事体验的指导者、土地的管理者,四季安乐于此;对于旅游者而言,这两种不同诉求的人群融合所带来的丰富而特殊的体验,将博得他们很大的关注,吸引他们自然而然地掺和进来,或者掺和到田野间的创意活动当中去,让我们隐约感受到了一种和谐社会的气息。想象着这样的一幅幅场景,让我们感受到了一种浪漫主义美学的气质,一种城乡生活的整体幸福感,农业抑或服务业已不再重要,重要的是我们身在其中。

湖区的景观设计采用的一个重要的方法就是以审美的方式构造乡间田野的生活形态和生活体验,重新挖掘农业景观的美学价值,认识第二自然的友善与真实。同时,乡土的基底中融入了都市人的时尚情节,融入了几代返乡人的儿时记忆,融入了清洁能源的利用技术,融入了大地艺术,我们视其为新乡土。

当然,这种新乡土农业景观的转型应该基于一种前提,那就是原生态系统的维护与保持,其中也包括了文化生态。对于今天的城乡一体化进程而言,这种农业景观的转型应是一种有意义的积极探索,在实际操作中已受到当地农民的接纳与支持也足以说明。若更积极些看,至少应是保护乡土生态系统的一种途径。

六、后记

乡土性保护关乎一个地区的生态系统,不是被动的事后补救,不是在限定的范围内打转,更不是异乡美景的传移摹写。乡土景观的保护应始于源头,应尽早参与到不同层次的规划中,参与政府决策的过程乃至相关政策的制定,参与越早,收效越大。

从白马湖生态创意城的概念规划开始,本人有幸作为景观规划的负责人,与我院城市设计参与人员关于乡土维护进行了大量讨论。大家一开始就目标明确,过程中通过大量的调研和相关理论的研究,征求村民的意见。从不同角度说服决策者,使得概念性规划阶段就从土地利用、产业定位、村落保护等方面打好了基础。控制性详规阶段蒙政府信任,参加滨江区规划局组织的每周一次的例会,在道路系统、水系、植被等专项中就乡土性保护与杭州市城乡规划院作了很好的沟通,亦不惜据理力争,使之落到实处。

乡土景观亦关系到"地方性"保护,关系到城乡一体化进程中的文化延续。我们尊重历史、尊重乡土,但不是要回到以前,强调乡土景观的保护更应顺应其"历史性",是建立在循着乡土的内在求变基因寻找出路这一前提下的。白马湖生态创意城景观规划中的乡土性保护,体现了一种健康、可持续的发展方向,最终将推进具有杭州地方美学特色、"宜居、宜游、宜业、宜文"的生活品质之城的实现。

来源:北京大学景观设计学研究院著,《城乡一体化进程中的乡土保护思考——杭州白马湖景观实践》,《景观设计学·第3辑·湿地景观设计》,黑龙江科学技术出版社,2009年。

2012年重点水功能区水资源质量通报

一、水资源量

(一)降水量

2012年全市平均降雨量2022.0mm(折合水量为335.6亿 m^3),比多年平均值(1553.8mm)偏多30.1%。

降水量地区分布:钱塘江流域年平均降雨量2052.6mm,比多年平均值偏多27.9%;苕溪流域年平均降雨量1933.2mm,比多年平均值偏多27.7%;杭嘉湖平原年平均降雨量1692.5mm,比多年平均值偏多29.1%;萧绍平原年平均降雨量1826.5mm,比多年平均值偏多34.7%;全市实测年降雨量最大出现在淳安白马站,雨量为2768.0mm,最小出现在杭州市七堡站,雨量为1580.4mm。

降水量年内分配不均:其中3~4月份、5~6月份、7~8月份总量较常年偏多;其余月份较常年偏少。详见下表。

降水量年内分配表

降雨量月年分配		1~2月	3~4月	5~6月	7~8月	9~10月	11~12月	4~10月	全年
2012年	降雨量(mm)	272.6	464.6	511.2	355.0	203.6	215.0	1069.8	2022.0
	占全年比例%	13.5	23.0	25.3	17.6	10.1	10.6	52.9	100.0

续表

降雨量月年分配		1~2月	3~4月	5~6月	7~8月	9~10月	11~12月	4~10月	全年
多年平均	降雨量(mm)	159.8	304.7	441.7	333.9	203.9	109.7	1138.5	1553.8
	占全年比例%	10.3	19.6	28.4	21.5	13.1	7.1	73.3	100.0
	与同期多年平均比%	−45.1	70.7	53.5	15.7	6.6	0.5	95.9	−5.9

今年我市6月17日入梅,比常年偏迟4天(常年6月13日入梅);6月29日出梅,比常年偏早8天(常年7月7日出梅);梅汛期13天,梅汛期间过程性降水明显,比常年梅雨量略偏少。今年台汛期台风影响频繁,8月份连续受09号苏拉、11号海葵、14号天秤、15号布拉万4个台风影响,历史少有。受台风"海葵"等影响,全市普降大到暴雨,局部地区特大暴雨,影响程度较大。

(二)水位、流量

2012年全市河川径流量218.9亿 m³(不含过境水量),折合径流深1319.0mm,比多年平均值偏多52.6%。

钱塘江流域:新安江水库年平均出库流量347m³/s,比多年平均值偏多12.3%;富春江水库年平均出库流量1230m³/s,比多年平均值偏多42.0%;分水江站年平均流量118.0m³/s(分水江水利枢纽蓄水量还原后),比多年平均值偏多20.5%;闸口站年平均水位3.79m,比多年平均水位低0.34m。

苕溪流域:青山水库年平均出库流量21.1m³/s,比多年平均值偏多40.7%;瓶窑站年平均水位1.79m,比多年平均水位高0.03m,年平均流量48.4m³/s,比多年平均值偏多47.6%。

杭嘉湖平原水网:运河拱宸桥站年平均水位1.54m,比多年平均水位高0.19m。

萧绍平原水网:南门江萧山站年平均水位4.07m,比多年平均水位高0.15m。

(三)水库蓄水动态

全市共有4座大型水库、13座中型水库、73座小(一)型水库。2012年初蓄水总量140.2亿 m³,年末蓄水总量为154.7亿 m³,年蓄水量增加了14.57亿 m³。4座大型水库:新安江水库年初蓄水量132.3亿 m³,年末蓄水量146.1亿 m³;富春江水库年初蓄水量4.451亿 m³,年末蓄水量4.304亿 m³;青山水库年初蓄水量0.3493亿 m³,年末蓄水量0.4073亿 m³;分水江水利枢纽年初蓄水量0.6682亿

m³,年末蓄水量 0.7381 亿 m³。13 座中型水库年初蓄水量 1.803 亿 m³,年末蓄水量 2.519 亿 m³。73 座小(一)型水库年初蓄水量 0.6272 亿 m³,年末蓄水量 0.6821 亿 m³。

二、水资源质量

(一)水功能区水资源质量状况

杭州共有 151 个水功能区,2012 年度参与评价的重点水质控制站点 95 个,涉及的水功能区共 85 个,其中达到Ⅲ类标准的水功能区 53 个,占监测功能区的 62.4%;达到水功能区目标水质的水功能区 38 个,占监测功能区的 44.7%。其中:

钱塘江流域参与评价的水功能区 46 个,全年均值达到Ⅲ类标准的水功能区 38 个,占 82.6%;达到水功能区目标水质的水功能区 27 个,占 58.7%,分布在新安江及其库区、富春江干流上游河段、兰江、劳村溪、清绪溪、寿昌江、胥溪、长宁溪、东关溪、天目溪、昌北溪、昌化溪(除昌化电站)、分水江乐平大桥和分水、芦茨溪、大源溪肖岭水库、渌渚江、凰桐江等河段上;非汛期均值达到Ⅲ类标准的水功能区 36 个,占 78.3%,达到水功能区目标水质的水功能区 27 个,占 58.7%;汛期均值达到Ⅲ类标准的水功能区 38 个,占 82.6%,达到水功能区目标水质的水功能区 25 个,占 54.3%。未达标水功能区主要分布在富春江干流桐庐及其以下的河段以及三都溪、上马溪、虞溪、昌化溪昌化电站、分水江水利枢纽和桐庐大桥、大源溪出口、葛溪、壶源江、苋浦港、永兴河、浦阳江等河流上,主要超标项目为总磷、氨氮。

苕溪流域参与评价的水功能区 14 个,按Ⅲ类标准评价,全年均值和非汛期均值达标的均 11 个,占 78.6%;汛期达标的 14 个,占 100.0%。按水功能区目标进行评价,全年均值、非汛期均值和汛期均值达标的分别为 8 个、7 个和 9 个,分别占 57.1%、50.0%和 64.3%。未达标水功能区的主要超标项目为总磷。

萧绍平原水网参与评价的水功能区 7 个,按全年均值、非汛期均值、汛期均值评价,所有水功能区均未达到Ⅲ类标准和水功能区目标要求,主要超标项目为氨氮、总磷、化学需氧量等。

运河流域参与评价的水功能区 18 个,按Ⅲ类标准进行评价,全年均值达标水功能区和非汛期均值达标水功能区均为 4 个,占 22.2%;汛期均值达标的 5 个,占 27.8%。按水功能区目标进行评价,全年均值、非汛期均值和汛期均值达标的分别为 3 个、3 个和 5 个,分别占 16.7%、16.7%和 27.8%。主要超标项目为氨氮、总磷、溶解氧等。

(二)行政分界水体水质状况

本次评价的行政分界水体水质站点 16 个,按全年均值评价符合Ⅲ类标准的为

9个,占56.3%。其中:

省界1个站点,新安江街口站点(安徽－浙江),水质各时期均值评价均为Ⅱ类。

市界8个站点,兰江三河(金华－杭州)水质非汛期均值为Ⅳ类,全年均值和汛期均值均为Ⅲ类;浦阳江临浦(绍兴－杭州)水质非汛期均值为Ⅴ类,全年均值和汛期均值均为Ⅳ类;壶源江汤家(绍兴－杭州)水质年均值、非汛期均值和汛期均值均为Ⅱ类;东苕溪奉口(杭州－湖州)水质年均值、非汛期均值和汛期均值均为Ⅲ类;运河五杭大桥(杭州－嘉兴)水质全年均值和非汛期均值均为Ⅴ类,汛期均值为劣Ⅴ类;上塘河临平铁路桥(杭州－嘉兴)和萧绍运河衙前(杭州－绍兴)水质各时期均为劣Ⅴ类;西小江江桥(杭州－绍兴)水质非汛期均值为劣Ⅴ类,全年均值和汛期均值均为Ⅴ类。

县界7个站点,新安江水库坝前铜官灯塔(淳安－建德)和分水江乐平大桥(临安－桐庐)2个站点水质各时期均值均为Ⅱ类;富春江窄溪大桥(桐庐－富阳)水质汛期均值为Ⅱ类,全年均值和非汛期均值均为Ⅲ类;富春江里山(富阳－主城区)水质各时期均值均为Ⅲ类;南苕溪汪家埠(临安－余杭)水质汛期均值为Ⅲ类,全年均值和非汛期均值均为Ⅱ类;中苕溪冷水桥(临安－余杭)水质年均值和非汛期均值均为Ⅳ类,汛期均值为Ⅲ类;运河义桥(主城区－余杭)水质非汛期均值和汛期均值均为劣Ⅴ类,年均值为Ⅴ类。

(三)重要饮用水水源地水质状况

本次评价的供水水源地站点共12个,按年均值评价,符合Ⅲ类水质标准的12个,占100.0%。其中淳安水源保护区水质年均值、非汛期均值、汛期均值均为Ⅰ类;临安里畈水库、水涛庄水库和四岭水库等3个水源地水质各时期均值均为Ⅱ类;桐庐、富阳、萧山区老鼠尾巴闸和闻家堰、主城区珊瑚沙、闸口和贴沙河南星、余杭区奉口等8个水源地水质各时期均值均为Ⅲ类。主要污染物为总磷、铁、锰。

(四)重要湖库营养化状况

参与评价的湖库14个,按汛期(4～9月)均值进行评价:

新安江水库、青山水库、水涛庄水库、四岭水库、青山殿水库、华光潭水库、湘湖、白马湖等水体为中营养。

富春江水库、分水江水利枢纽、里畈水库、肖岭水库、岩石岭水库、西湖等水体为轻度富营养。

(五)2012年与2011年主要河段水质对比状况

与2011年相比,新安江水库港口断面年均水质评价类别不变,仍为Ⅰ类,污染物氨氮和总磷浓度分别下降32%和35%;新安江水库铜官灯塔水质评价类别不变,仍为Ⅱ类,污染物氨氮和总磷浓度分别下降23%和22%;新安江白沙水质由Ⅱ类转好为Ⅰ类,氨氮浓度下降18%,总磷浓度下降34%;干流富春江段水质评价类别保持不变,均为Ⅲ类,氨氮平均下降34%左右;钱塘江水质评价类别保持不变,仍为Ⅲ类,氨氮浓度平均下降38%左右,总磷浓度平均升高32%左右。

钱塘江支流,兰江水质与2011年相比水质类别由Ⅳ类变为Ⅲ类,氨氮浓度略有上升,总磷浓度下降32%;分水江水质类别不变;浦阳江水质类别由Ⅴ类变为Ⅳ类,氨氮和总磷浓度均下降18%左右;昌化溪水质类别仍为Ⅱ类,氨氮和总磷浓度均下降30%左右。

南苕溪水质类别有所好转,上游长桥和下游汪家埠,水质均由Ⅲ类变为Ⅱ类;青山水库水质类别保持不变,仍为Ⅳ类。氨氮和总磷浓度下降明显,分别下降60%和21%。

运河干流义桥水质由劣Ⅴ类转为Ⅴ类;拱宸桥水质类别保持Ⅴ类不变,但总磷和氨氮浓度均略有下降。余杭塘河杭三大桥水质类别仍为Ⅳ类,污染物氨氮和总磷浓度略有下降。

西湖水质类别较2011年有所变差,西里湖水质类别仍为Ⅲ类,湖心亭水质类别由Ⅲ类变差为Ⅳ类,主要由于总磷浓度上升。西溪湿地水质保持Ⅲ类不变,氨氮下降44%,总磷上升18%。

北塘河水质恶化,由Ⅳ类转为劣Ⅴ类,氨氮、总磷浓度均明显上升,升幅分别为79%和55%;南门江萧山水质类别未变化,但氨氮、总磷浓度均略有下降。

来源:杭州林水局著,《2012年重点水功能区水资源质量通报》,2013年3月。

杭州滨江水厂备用水源工程取水分析

刘行知　朱栋华　刘晓鹏

【摘要】　为应对水源突发水质污染事件,满足钱塘江咸潮期间水厂避咸蓄淡需要,须建设备用水源以保证供水安全。为此,本文分析了区域水资源概况、水源选择可行性、区域需水量预测、供需平衡分析、取水规模确定,并结合取水对区域水资源影响、对其他用水户影响、退水影响、水资源保护目标和措施的分析进行了工程取水分析。

【关键词】　水厂;备用水源;取水分析

近年来,国内河流地表水水源突发性污染事件屡有发生,如2004年沱江重大水污染事件、2005年松花江重大水污染事件、2007年5月底太湖蓝藻爆发、2009

年赤峰市水质污染事件、2011年新安江水质污染事件、2014年兰州自来水污染事件等突发性水源水质污染问题对经济社会和民生均造成恶劣的影响。城市供水安全问题已经引起人们的高度重视,实施水源保护工作和备用水源的建设已经成为供水领域的两项重要内容。

杭州滨江水厂位于钱塘江南岸滨江区,是华东地区乃至全国最早一批采用臭氧一活性炭深度处理工艺设计的自来水厂之一。因取水水源位于钱塘江,属单水源供水,安全性较差,对水源污染尤为敏感,且水源点位于钱塘江感潮江段,按区域水资源配置规划和水资源论证,遇不利年份滨江水厂取水口水质氯度超标时间达0.4~0.5天,所以,在此不利条件下需通过调蓄措施避咸。滨江水厂一期工程(15万 m^3/d)于2005年建设,利用在水厂东侧的二期预留空置地上临时建设了总容积4.2万 m^3 的避咸塘(长310m,宽41~57m,设计水深2.5~3m)来进行调蓄避咸,并兼顾景观作用。随着近年滨江区经济社会的快速发展,区域用水量不断增长,滨江水厂制水规模已接近一期的设计负荷,二期扩建迫在眉睫。按照用地规划,二期建设需要挖除现有避咸塘,而周边用地已不具备实施大面积避咸设施建设的条件,因此亟须进行滨江水厂备用水源的建设,以应对水质突发事件并进行蓄淡避咸。

1 区域概况

1.1 流域水文

钱塘江平均低潮位3.74m,平均高潮位4.35m,水量丰富,水质优良,是杭州市城市用水和农业用水的主要供水水源;滨江区属钱塘江冲积平原,地势平坦,区内河流纵横、湖池密布,主要内河有小砾山输水河、北塘河、七甲河、永久河、解放河、建设河、新浦河、浙东古运河等37条河道,南部有白马湖,通过水系与各河道沟通;区内地下水位随内河道的水位而升降,水位标高约4m,无侵蚀性。

1.2 水资源概况

钱塘江发源于安徽省休宁县六股尖,是浙江省的第一大江,在海盐县附近注入杭州湾,干流全长583km,流域面积49900 km^2。钱塘江(杭州段)由周浦至下沙,江段长约43km,是一条集防洪、灌溉、航运、游览、城市供水、城市排水及水产养殖等多种功能于一体的重要河道,水利资源十分丰富,是杭州乃至浙江省的重要资源。滨江区内钱塘江岸线长约14.9km,江面宽1200m,水深4m左右;钱塘江流经滨江区的江段为感潮江段,潮位最高8.27m(1997.7.11),最低1.25m(1954.8.11)。滨江区的主要内河纵横密布,南部白马湖,水域面积约1.147 km^2,储水量约为140万 m^3。

2 备用水源选取的可行性

从地理位置来看,引取钱塘江之外的第二水源并长期使用,就现阶段而言显然是不现实的。有鉴于此,立足区域实际水域资源情况,通过钱塘江下游内河与湖泊的整治和水质改善来建设调蓄设施,以备短期突发性应急之需,则较为可行。

白马湖是滨江区内唯一的湖泊水系,河网密布,水域面积较大。从水质分析结果来看,白马湖的水质良好,尽管目前白马湖尚未做水源地保护,COD及氨氮尚未达到 III 类水体,但在下一步紧抓水源地保护及湖区整治工作,水质达到 III 类水体是可以实现的。因此,白马湖作为滨江水厂的备用水源是较为可行的。

白马湖与钱塘江通过水闸连通,可在紧急条件下隔断钱塘江内污染源,钱塘江发生突发性水质污染期间滨江水厂可取用白马湖备用水源,缓解供水压力。随着远期水量的不断增长,白马湖较大的调蓄容积也能满足咸潮期间抢水蓄水要求。

因此,将白马湖作为滨江水厂水源的调蓄设施,在经济和技术上均存在可行性。

3 区域需水量预测及工程规模

3.1 区域需水量预测

按不同用地性质的分类用水量指标法、人口综合用水指标法、年递增率法分别进行预测,至2020年的用水量预测结果差别不大。其中按不同用地性质的分类用水指标预测值近期略大于人口综合用水指标预测值,主要原因是近期滨江区经济发展速度较快,大量工业企业入驻,不同用地性质的分类用水指标取值上升较快。由上述用水量预测方法测算,2020年高新区(滨江)最高日需水量分别为30.5万 m^3、26.6万 m^3、30.2万 m^3。取均值后,可得到将高新区(滨江)2020年的最高日需水量确定为29.1万 m^3。

3.2 供需平衡分析

目前滨江区供水总能力为17万 m^3/d,其中滨江水厂供水规模15.0万 m^3/d,浦沿水厂供水规模2万 m^3/d。至2020年供水缺口为12.1万 m^3/d;如果将浦沿水厂作为备用水厂,则至2020年供水缺口为14.1万 m^3/d。因此亟须在2020年前增加15.0万 m^3/d 制水规模,使滨江区的供水总能力达到30.0万 m^3/d。

3.3 工程规模的确定

根据区域需水量预测,滨江区2020年城市需水量为29.1万 m^3/d,滨江水厂二期扩建完成后,供水规模为30万 m^3/d。

本工程属于备用水源建设,根据水资源论证报告结果,参照《太湖流域管理条例》(中华人民共和国国务院令第604号)要求,作为备用水源,备用水供水能力需要达到保证 7 天应急水量的要求。根据白马湖正常蓄水量 140 万 m^3，首先应保证主要用水（如居民生活用水）取水，限制其他取水，充分发挥其备用水功能。因此白马湖作为备用水源日供水规模最大为 15 万 m^3。

4 水资源论证

4.1 区域主要取水户及其分布

滨江区境内共有 37 条河道，主要有永久河、北塘河、新浦河、建设河、官河、西兴后河、花园徐直河、西兴直河等，整治长度 67km；规划新开 4 条河道，分别是铁路河、时代河、四季河和彩虹河，共 9km。

根据杭州市水资源公报调查统计，2011 年滨江总用水量 8278 万 m^3，其中生活用水 1345 万 m^3，工业用水 5418 万 m^3，农业及林牧渔用水 465 万 m^3，生态用水 550 万 m^3。滨江水厂供水量中生活用水占 60%，工业用水及第三产业用水占 40%。由上述统计分析可知，滨江主要用水行业为工业和生活，而工业用水中水厂供水的比例较高，符合以科技创新、高新技术开发、动漫、电子信息为主导产业的区域定位。

目前白马湖水域没有其他取水户，今后由于白马湖生态创意城发展和白马湖综合整治的需要，原则上不予审批白马湖湖区的新建取水口。

4.2 建设项目取水对区域水资源的影响分析

滨江区属亚热带季风性气候，位于萧绍平原上游，多年平均降雨量 1452mm，多年平均蒸发量 1235mm，区域降水量较全省多年平均偏小约 10%，而蒸发量则比全省平均偏大约 30%，由此导致由本地降水形成的可资利用的水资源并不丰富。但由于滨江区位于钱塘江河口区，具有特定的区位优势，长期以来除生活及重要工业用水直接取自钱塘江外，其他生产及河网生态用水主要依靠钱塘江引水。根据小砾山输水河闻堰塘河站历年资料统计，多年平均水位为 6.04m，年内最低的 1 月份水位也可维持在 5.7m 以上。白马湖正常水位时蓄水量为 140 万 m^3。因此，在上述引水工程正常运行的情况下，滨江水厂自白马湖备用水源应急取水 15 万 m^3/d 不会对区域水资源产生影响。

4.3 建设项目取水对其他用水户的影响分析

目前白马湖湖区无取水用户，且今后由于白马湖生态创意城的规划和发展，湖区原则上不予另行审批取水项目，因此，滨江水厂采用白马湖作为备用水源取水对其他用水户无影响。

4.4 退水的影响分析

白马湖备用水源主要为滨江水厂在钱塘江主水源遭遇超保证率枯水或受潮流

影响导致原水水质(氯离子)严重超标及突发水质污染事件时提供应急水源,正常情况下备用水源配备值班人员5~6人,应急情况下由水厂临时调派人员。因此,该工程退水主要为平时值班人员生活用水的排污水。通过管道排入已建市政污水管网,对周边水环境无影响。

4.5　水资源保护目标

根据《区域水功能区、水环境功能区划分方案规定》,白马湖水域按使用功能划分为饮用水源区,水功能目标水质为Ⅲ类。

4.6　水资源保护措施

4.6.1　湖区整治

按照湖区项目规划,项目总占地面积132.1万 m^2,与湘湖风景旅游度假区一山之隔,总体布局形成以中心湖区为主的绿色核心,功能分区按内、外环协调布局,内环区三大功能区块分别为动漫创意丘、白马渔村、田园漫风;外环区共安排五大功能区块:乡韵漫画、创意漫游、白马湖路公共绿带、长江南路公共绿带、沿山北路公共绿带。

通过整理水系,挖湖堆岛,水岸主要采用自然水景,湖区驳岸处理采用自然生态驳岸、草坡缀石驳岸、人工亲水硬质驳岸,强调生态与野趣,兼顾景观与防洪功能。合理培育植被,促进白马湖环境保护和生态恢复,体现湖泊湿地的功能与特征和符合景观美学的城市大型自然开放空间。

4.6.2　明确(或重新划定)饮用水水源保护区

根据白马湖饮用水源保护区的划分情况,遵照《中华人民共和国水污染防治法》有关饮用水水源保护区划分和保护的要求,明确(或重新划定)滨江水厂备用水源保护区和相应保护措施,加强对白马湖水质的保护。

4.6.3　加强水源地水质监测

加强对水源地水功能区的目标管理。目前,白马湖水域主要是水利部门就水功能区进行常规水质监测,监测频次为6次/年。白马湖备用水源保护区经政府批准实施后,按国家相关规定要求,其监测频次应增加为12次/年。水源保护区的水质监督管理应结合地方实际情况,成立行政主管部门与水司联合管理机构,建立白马湖水质资料共享和联合监管执法机制,为白马湖水源保护提供组织和制度保障。

4.6.4　控制保护区范围内的污染物排放

根据白马湖的水质现状和水功能区目标水质来核定污染物总量目标,结合白马湖生态创意城对湖区的综合整治工程推进白马湖水源保护工作,在水源保护区区界设立警示牌,根据《中华人民共和国水法》和《中华人民共和国水污染防治法》,

严格依法监督管理。

4.6.5 完善制水工艺、确保应急供水安全

白马湖水质年内季节性变化较大,一般在枯水期水质较差;实施上述保护工程和相关措施后,全年平均水质将会得到改善,但丰、枯季节的水质差异在所难免。滨江水厂可根据白马湖水源的年内变化特点,从水厂制水工艺着手,在现行深度处理的基础上,增加高锰酸钾氧化有机物和活性炭吸附等工艺,作为水厂启用应急备用水源的辅助工艺,以确保水厂出厂水的水质达标。

4.6.6 水源取水控制

钱塘江主水源发生事故时,需要隔断白马湖与主水源的通道,利用白马湖的库存容量作为备用水,由于白马湖与湘湖联通,湘湖的库存可以额外补充调入。当备用水源使用完毕,钱塘江主水源恢复供应时,应尽快将白马湖存量补充至正常蓄水位,补充时间不应大于3日。

钱塘江主水源正常供水时,白马湖备用水源亦不应长期停止供应,湖内存水过久易导致水质变差。应定期启用备用水源,每月至少使用7日,强化存量湖水的更换,以备应急。

4.7 结论

白马湖位于滨江区区域内,湖区内河网纵横,山体丘陵星罗棋布,自然景观优美,生态环境良好,水域面积约 $1.147 km^2$,储水量约为 140 万 m^3。水质有良好的保证。由于钱塘江历年来为满足咸潮期间避咸的要求需要抢水蓄水,以及应对主水源发生突发污染事件,白马湖与钱塘江通过水闸联通,可在紧急条件下隔断钱塘江内的污染源,利用白马湖较大的调蓄容积作为备用水源,缓解供水压力。同时,备用水源工程需相关职能部门加大协调、整合资源、协同保护,将白马湖备用水源的保护目标和任务纳入白马湖生态创意城保护规划及湖区综合整治工程,为白马湖水源保护筑好基础。

来源:刘行知,朱栋华,刘晓鹏著,《杭州滨江水厂备用水源工程取水分析》,《城市建设理论研究》,2014年第16期。

建设美丽滨江都市生态家园的几点建议

【摘要】 城市生态环境与城市居民身心健康息息相关,本文旨在对杭州市滨江区都市生态环境建设方面存在的问题进行剖析,并提出打造美丽、生态、宜居生活环境的相应对策。

【关键词】 美丽滨江;生态环境;屋顶绿化;垂直绿化

随着城市人口的增长和城市化进程的加快,城市人口越来越密集,道路、建筑占据大量的城市空间,由此带来的生态环境问题也日益严重与突出,如热岛效应、空气质量下降、噪声污染、光污染、人均绿地减少等。为改善逐渐被污染的环境,促进生态园林建设,构建都市生态环境就势在必行。建设杭州滨江都市生态环境,不仅能具有除尘、净化空气的功能,还可以减轻和治理污染,具有良好的经济效益、社会效益和生态效益。建设滨江可持续发展的城市生态环境,在为滨江市民提供一个美丽、生态、宜居的生活环境等方面均具有重要意义。

1 主要问题

1.1 滨江特色景观有待延续

滨江区西起钱江四桥,东至钱江三桥的钱塘江南岸沿江景观,全长达3.8km,面积约为42.3hm²,呈现人地和谐、水滨筑步、钱塘帆影、钱王射潮、艺术家园、十里枫林、古韵官埠、异情映景等8大主题,可以称得上是滨江区的特色滨水景观。该景观经过一期、二期的建设,现已经成为滨江区居民休闲观光的好去处。然而,自钱江四桥以西的滨水景观却突转风格,体现8大主题的特色景观消失了,取而代之的是存在于任何一个城市景观的、没有特色的常规绿化带。

如何将滨江特色景观继续自钱江四桥向西延续,将是我们下一步努力的目标。

1.2 屋顶绿化尚处在"襁褓"阶段

随着近年PM2.5、雾霾天气等对环境的影响,增加绿地、保护环境已成社会共识。但在寸土寸金的城市,可供建绿的空间有限。而在建筑物的屋顶进行绿化,可以让绿化与建筑共存,向天空要绿地不再是梦想。屋顶绿化具有改善城市景观、降低屋顶温度、净化空气、增加空气湿度、缓解城市热岛效应等功能。根据科学测算显示,屋顶绿化平均滞尘量可以达到12.3g·m⁻²,平均滞尘比率31.13%,可以有效地改善空气质量。屋顶绿化下的室内,夏天的温度会大幅降低,最大能降低10℃左右,冬天还可以保暖,对节能减排也起到了非常好的作用。世界各地的许多经济发达城市对屋顶绿化十分重视,应用也十分成熟。目前,日本、新加坡、德国等发达国家,新建筑已实现100%的屋顶绿化。在国内,屋顶绿化也引起了越来越多城市的高度关注,北京、上海、成都、张家港以及浙江的舟山等城市都在该方面出台了相关政策。而杭州市滨江区的屋顶绿化尚处在"襁褓"阶段,"屋顶花园"屈指可数,并且这极其少量的屋顶绿化多半还属个人行为,未得到规范化的施建。如曾被推荐为2012年世界屋顶绿化示范作品的钱塘春晓"屋顶花园"因占用一部分公有面积而被强拆,这虽然在一定程度上挫伤了市民绿化屋顶的积极性,对屋顶绿化的推广和普及也有不利影响,但它同时也提醒我们,光口头上提倡屋顶绿化还远远不够,相应政策、规范化的专业指导不能欠缺。

1.3 垂直绿化观念亟待更新

植物墙垂直绿化是近年来新兴的壁面绿化技术,有别于传统的利用攀援植物垂直绿化,植物墙垂直绿化完成壁面绿化是利用地面植物培养植物模块,然后垂直安装在建筑物立面的方式。人类的活动环境分为室外和室内2类,室外进行植物墙绿化,满足的不仅是视觉冲击,更重要的是改善城市生态大环境,滨江区已在中兴立交桥、火炬大道和东信大道立交桥以及少量建筑物的墙壁上进行了尝试,但绿化量还远远不够。室内进行植物墙绿化,更贴近人类健康的需要,因为人类每天的基本活动如工作、学习、休息、娱乐、就餐等,平均有16~18h的时间待在室内,大约占到整个生命周期的70%甚至更多。传统的室内绿化是在室内摆放绿色盆栽植物,但事实证明,常规的室内绿化净化空气的效果远远赶不上植物墙的净化效果。

如今,滨江区采用的室内绿化却还是传统的绿化方式,如在酒店、写字楼、医院等大厅摆放一些盆栽植物,选用的植物种类也都是一些诸如绿萝、万年青、常春藤、一品红、红掌、凤梨类的常规品种,但终究因空间有限而不尽人意。目前蕨类植物已成为塑造植物墙的新宠,该类植物因喜阴、对光照要求不高而非常适合室内环境,不管是室内哪个区块,餐厅、卧室、客厅或是卫生间,只要是有墙壁的地方都可以一展它的风采。然而在滨江高新区,却极少看到植物墙在室内环境中出现,就连白马湖建国饭店这种高档消费区都看不到植物墙的影子,可见我们的绿化观念亟待更新,观念更新了,前进的步伐也就加快了。

1.4 休闲农业尚待完善

近年来,滨江区休闲观光农业发展势头良好,目前已拥有2个比较规范的精品亮点——杭州晶星都市村和杭州白马湖生态创意城。晶星都市村开展了垂钓、观赏、采摘、品果、游览、棋牌、会议、餐饮、住宿等休闲娱乐项目,取得了较好的经济效益和社会效益,也吸引了诸多游客。被定为生态建设区的白马湖区块,有着优美的自然风光,而且周围还有"全球500佳"的山一生态村、越王城遗址、冠山寺等,但却很少看到有游客光顾。究其原因,恐怕要归结于以下几点:首先是休闲观光农业的档次有待提升,如观光的项目单一、创新与特色较少,尤其是可供游人参与和体验的活动以及娱乐活动都很少,缺乏吸引力;其次是宣传意识不强,宣传力度不够,较少运用网络、报刊等工具进行宣传,休闲观光人员还基本上以本区居民为主,主城区尤其是外来游客不多;再者,缺乏管理经验,滨江区的休闲农业由于地点较分散,农业企业相互学习的机会较少,加上农业企业对管理人才的引进力度不大,休闲农业的管理缺乏经验。

2 几点建议

2.1 优化完善绿色滨水长廊

钱塘江南岸沿江景观工程经过一期、二期的建设,为进一步打造沿江滨水生态带奠定了基础,也是一个非常成功的滨水绿化案例,使得我们更加有信心继续完善和提升钱江滨水景观。在现有的基础上,以钱江四桥为主轴,以滨江历史文化为背景,进一步整合资源,发挥江、潮、湖、岸、桥、景等特色,将钱塘江南岸景观继续往南北2个方向延伸,根据沿江不同区段,营造出水岸楼盘、滨江夜市、沿江绿化、湿地风貌等既各具特色又体现生态化的景观走廊。同时借鉴香港、上海、广州、深圳、武汉、南京等地的成熟经验,在区委、区政府的领导下,主动争取相关职能部门更多的支持,建立综合协调机制,加快推进沿江景观带建设,从而推动城市生态文明建设、优化居民生活环境。这将不仅成为滨江居民期待的未来滨江,也是全杭州市民所期待的。

2.2 做好屋顶绿化工作

世界各地的许多经济发达城市在屋顶绿化方面做得非常成功。如"花园城市"新加坡,美国的屋顶花园,西班牙、法国、英国的立体绿化等。国内如北京、上海、成都、张家港以及浙江的舟山等城市都在屋顶绿化方面做出了一些尝试,这些都值得我们借鉴和学习。

根据不同的建筑类群如办公楼、居住楼、酒店、厂房、医院、学校等,选择不同的绿化方式和不同的植物种类进行屋顶绿化。如在居民楼屋顶主要采取简易草坪式绿化,选择耐干旱、耐贫瘠的佛甲草和绿景天;在政府办公楼和大型酒店的屋顶可以采用花园式屋顶绿化,选择小型乔木、低矮灌木和地被植物,建植复层结构的植物群落,设置园路、亭、座椅和园林小品等,作为游览和休憩活动的空间;在厂房屋顶建立"空中农庄",种植蔬菜瓜果,不仅可以起到绿化美化的效果,而且还可以降温、省电,收获的果蔬还能发给员工当福利;在学校的屋顶则本着科普进校园的理念进行屋顶绿化,使屋顶绿化成为学生科普教育的第2课堂,成为校园中的新亮点。实施屋顶绿化一方面要强化区绿化委员会的综合协调功能,积极拓展办公楼的屋顶绿化建设,统筹做好屋顶绿化的规划;另一方面要加强绿化调整、建设的技术指导服务和行业管理,积极谋求房地、教育、财政等有关部门的配合支持,力争做到组织落实、责任落实,形成各部门齐抓共管的局面。

2.3 做好垂直绿化,室内、室外共建绿墙

植物墙垂直绿化不但占地面积小、省料省钱,而且在绿化、美化市容市貌、改善环境、减噪防尘、净化空气、调节温度等方面效果格外显著,颇受人们欢迎。因此,

在当今环境条件逐年恶化的情况下,应大力推广植物墙代替砖墙、水泥墙的环境保护措施,把森林引向城市,把园林引入街道,把花园带到室内,以满足滨江快速建设生态家园的需要。将植物墙带到室内是未来室内绿化、美化和净化空气的必然趋势。

首先,要更新观念,大力宣传、推广植物墙绿化建设,类似于常规绿化在室外、室内环境中的普及程度一样,推广植物墙在室外尤其是室内环境中的应用。其次,获得政策支持及法律保护是不可或缺的。再者,高度重视墙面绿化新技术,支持植物墙专业公司的发展,促使其建立多层次的技术支撑体系,产品逐步标准化、工业化,以降低建设和维护成本。最后,加强与国外成功案例的交流与合作,欧洲、美国、加拿大、日本等发达国家的墙面绿化技术目前处于较发达的地位,通过学习、借鉴、引进甚至合作,可以缩短我们与其的差距。相信通过努力,在近几年内,植物墙将走进滨江的住宅小区、办公楼宇、医院、学校、酒店、商场、书店等各个场所。

2.4 开发综合型都市生态观光园

生态观光园是一种将园林和生态有机结合起来的新的园林形式。农业部颁布的《全国休闲农业发展"十二五"规划》中提到,到2015年,休闲农业将成为横跨村、乡、镇、县一二三产业的新兴产业,成为促进农民就业增收和满足居民休闲需求的民生产业,成为缓解资源约束矛盾和保护生态环境的绿色产业,成为发展新型消费业态和扩大内需的支柱产业。坚持生态化、绿色化、节能化发展,使景观设计走向产业化,这将成为今后休闲观光园发展的主要方式。

要想让白马湖景区成为江南休闲观光农业的一颗明珠,需要我们打破观念,以新的理念来进行完善。在白马湖景区可以设置不同类型的观光区,如向日葵、薰衣草、杜鹃、月季、牡丹等特色花卉专类园和奇花异果专类园、芳香植物专类园、特色蔬果采摘区等,让人们一年四季都有花可赏、有果可食。每年定期举办一些观光活动,如牡丹花会、杜鹃花展、兰花展、菊花展等,和一些体验活动,如杨梅节可以采摘杨梅、品杨梅酒等。还可以与学校挂钩,成立生态教育基地,开展特色生态教育活动,让学生充分认识自然、亲近自然、感受自然。总之,要做到让白马湖景区的休闲旅游浪漫化、景区休闲农业高端化,将采摘蔬果、吃农家饭、住农家院,与池中捉鱼、竹林探险、花间扑蝶等丰富的参与性的体验项目相结合,从一个单纯的休闲农庄深化、延伸为兼具生态型休闲、养生旅游、现代农业高新技术示范、技术培训、科普教育、参观学习等功能的综合型都市生态观光园。

来源:刘慧春,朱开元,马广莹,周江华,邹清成著,《建设美丽滨江都市生态家园的几点建议》,《浙江农业科学》,2014年第10期。

浙江白马湖地区硅藻记录的早－中全新世海平面上升事件

吴燕妮　李冬玲　沙龙滨　舒军武　王伟铭　徐晓群

【摘要】 通过对浙江萧山白马湖地区 BMH 全新世钻孔沉积物中硅藻及其主成分进行分析，揭示研究区 9600—7230cal a BP 期间与海平面相关的沉积环境变化。结果显示 9600—8950cal a BP 期间，硅藻组合以淡水种为优势种，未出现海水种，反映研究区为淡水沼泽环境，没有受到海水的影响；8950—8600cal a BP 期间，硅藻组合中半咸水种出现且含量逐渐增加，但仍以淡水种为主要优势种，表明研究区受到间歇性潮汐或风暴潮的影响，对应于潮上带的沉积环境；半咸水种和海水种含量在 8600—8300cal a BP 期间显著增加，而淡水种的含量明显降低，说明当时海平面显著上升，白马湖地区处于潮下带；在 8300—7230cal a BP 段的沉积物中未发现硅藻壳体，可能与当时研究区干涸成陆或埋藏条件有关，对应于跨湖桥文化时期(8000—7000cal a BP)。白马湖地区硅藻记录的 8600—8300cal a BP 海平面上升事件，在同时期的长江三角洲、东南亚乃至全球其他很多地方均有记录，可能与该时期劳伦太德冰盖融水事件(Laurentide Ice Sheet)以及阿加西湖和奥吉布韦湖(Agassiz-Ojibway)溢水事件所导致的全球海平面快速上升有关。

【关键词】 硅藻；主成分分析；相对海平面变化；全新世；白马湖

1 前　言

全球海平面变化对人类生存环境的影响是 21 世纪全球变化研究的重点,预测未来先要弄清过去,从沿海地区地层剖面中寻找过去海平面变化的证据成为该方面研究的重要手段之一(Binford et al.,1997；Yu et al.,2000；Zong,2004；王慧,2007)。浙江沿海地区为亚热带季风气候,降水充沛,多为山地丘陵,森林群落结构较完整,该区深受海平面波动的影响,对全球气候变化的响应较为敏感(李黎霞,2011)。众多学者通过孢粉学、地球化学、地磁学等多种指标对地处长江三角洲南部的宁绍平原晚第四纪气候环境演化及其对全球变化的响应开展了研究,认为该区在晚更新世以来经历过多次海侵、海退与冷暖、干湿的气候交替变化,是一个海平面、海岸线及河道系统迅速变化的典型地区(Zhu et al.,2003；Zhang et al.,2004；史威等,2008)。前人研究认为宁绍平原全新世海侵可分为 3 个阶段:第 1 阶段(12000—8000cal a BP)为早全新世快速海侵,海平面从 12000cal a BP 的 -50m 上升到 8000cal a BP 的 -18m；第 2 阶段(8000—5000cal a BP)为中全新世海侵盛期；第 3 阶段(5000cal a BP 以来)是全新世海退期(黄镇国等,2002)。李保华等(2012)通过研究钱塘江冰后期的有孔虫化石记录,认为大约在 1 万年前以来该地区开始受到海水的影响,并在中全新世海水深度达到最大。

连琳琳等(2014)对浙江沿海南部老鼠山遗址、中部灵山遗址及北部河姆渡遗址3个剖面土样的14C测年和孢粉进行了分析,结果表明,15226—5550cal a BP期间大部分的沉积处于有海水入侵的环境或温暖的湿地沼泽环境,期间发生过两次海进[(15226±256)—(13600±130)cal a BP,(9778±77)—(7372±36)cal a BP]和两次海退[(13600±130)—(9778±77)cal a BP,(7372±36)—(5550±48)cal a BP],海平面变化与气候变化规律基本一致。Zheng等(2012)对浙江省余姚市田螺山遗址农耕遗迹剖面的硅藻、植硅体和种子进行了分析,结果显示中国东部全新世最高海平面出现在距今7000年以前。全新世中期海退以后东部沿海地区形成大面积的湿地平原,诞生了以稻作生产为特征的河姆渡等新石器时代文化。全新世中期海平面仍然有过多次波动,其中在6400—6300和4600—2100cal a BP的海水入侵是全新世海退期以后两次较大的海面波动。但这些成果中,尚缺乏利用硅藻来反映宁绍平原全新世海平面变化的相关研究。

硅藻作为单细胞植物,在淡、咸水环境下均能生存,其属种分布和组成,对水体盐度、营养盐等指标变化的反映,比钙质微体生物有孔虫和介形类都更为敏感,不同的属种组合往往指示了不同的沉积环境,因此硅藻被认为是判断三角洲地区古沉积环境演变的有效指标之一(黄镇国等,1995;李家英,2002;王开发等,1990)。Zong和Tooley(1999)通过分析英国沿海6个钻孔的沉积硅藻组合与潮水位之间的关系,建立了硅藻-潮水位转换函数,重建了英国沿海晚全新世的古海平面变化。兰彬斌等(2008)和陈炽新等(2014)利用硅藻组合重建了珠江三角洲晚更新世以来的海平面变化。庄陈程等(2014)曾尝试建立长江口地区硅藻与海平面之间的转换函数,以重建中国沿海全新世海平面变化。

本文通过对白马湖地区全新世沉积物进行系统取样,获得了若干14C年龄测定数据,并对沉积物中的硅藻组成成分及百分含量进行分析,试图在此基础上探讨白马湖地区早中全新世的古环境变化以及相对海平面波动情况。

2 区域概况

宁绍平原地处长江下游地区杭州湾的南岸,为东西向的狭长海积平原,其与杭嘉湖平原隔钱塘江相望,总面积4824km²(见《宁绍平原地理图》)。区内海拔一般在10m以下,地下水位浅而稳定,属亚热带海洋性季风气候。平原依山临海,其南崇山峻岭,自西而东依次有龙门山、会稽山、四明山、天台山等山系,平原南缘为低山丘陵区;与山脉走向基本平行的钱塘江、浦阳江、平水江、曹娥江、姚江、奉化江自南而北流经平原注入杭州湾和东海。宁绍平原全新统厚度大约为10—25m或

50—60m不等,平原地表的形成至多追溯到7000cal a BP左右,全新世的沉积受海平面变化的影响,为"泻湖—浅海—泻湖—湖沼"的海湾型垂向相变(黄镇国等,2002)。宁绍平原以南的浦阳江河谷地区已经发现距今万年左右的浦江上山新石器早期遗址,遗址中发现水稻利用或栽培的证据(蒋乐平、盛丹平,2007;盛丹平等,2006)。曹娥江上游谷地中也已发现距今9000年前后的小黄山新石器早期遗址(王心喜,2006)。

钱塘江是浙江省第一大河,发源于安徽南部黄山地区的青芝埭尖,流经杭州市闸口注入杭州湾。主源有兰江和新安江,两江在梅城汇合后称富春江,经富春江水库后向东北流经桐庐县、富阳市,至东江嘴右纳浦阳江后称钱塘江。整个流域跨越浙、皖、赣、闽、沪五省(市),面积达 55558km^2(林春明等,1999;同帜等,2006)。杭州湾的西部和南部为山丘,东部和北部为冲积平原,并与长江三角洲相连,地势呈西高东低之势,除山丘外,海拔低于6m(Lin et al.,2005;林春明,1997)。

白马湖位于浙江省北部、钱塘江南畔,滨临东海,属于以亚热带季风气候为主的南方温暖潮湿型地区,年平均气温为16.1℃,年平均降水量为1402.5mm,且降水量集中在夏季(Shu et al.,2010)。著名的跨湖桥新石器文化遗址即位于该区附近。早在新石器时代就有人类在白马湖区域繁衍生息,发达兴盛的历史可以追溯到吴越争雄时代。

3 材料与方法

3.1 硅藻分析

白马湖(BMH)钻孔(30°09′50″N,120°12′13″E)位于宁绍平原上的浙江省杭州市萧山区,东距跨湖桥新石器文化遗址(30°08′42″N,120°13′02″E)约6.5km,由中国科学院南京地质古生物研究所于2012年12月钻取,地面标高4m,孔深20.9m,岩性均一,除底部见有粗砾石外,都为深灰色、灰色粘土。采样平均间隔约为40cm,共分析样品52个。

所有硅藻样品的处理均依据Häkansson(1984)的方法进行,主要处理步骤如下:

(1)去钙质。在装有硅藻样品的试管中加入浓度为10%—15%的稀盐酸,待样品与盐酸初步反应后搅拌均匀并静置12—24h,然后用蒸馏水清洗3次。

(2)去有机质。加入浓度为30%的双氧水,待样品与双氧水初步反应后,置于恒温(70℃)水浴锅中加热1—2h,其后将样品从水浴锅中取出,同样用蒸馏水清洗3次。

(3)制片。用玻棒将样品均匀涂于载玻片上,滴上Naphrax胶(d)n=1.73,盖

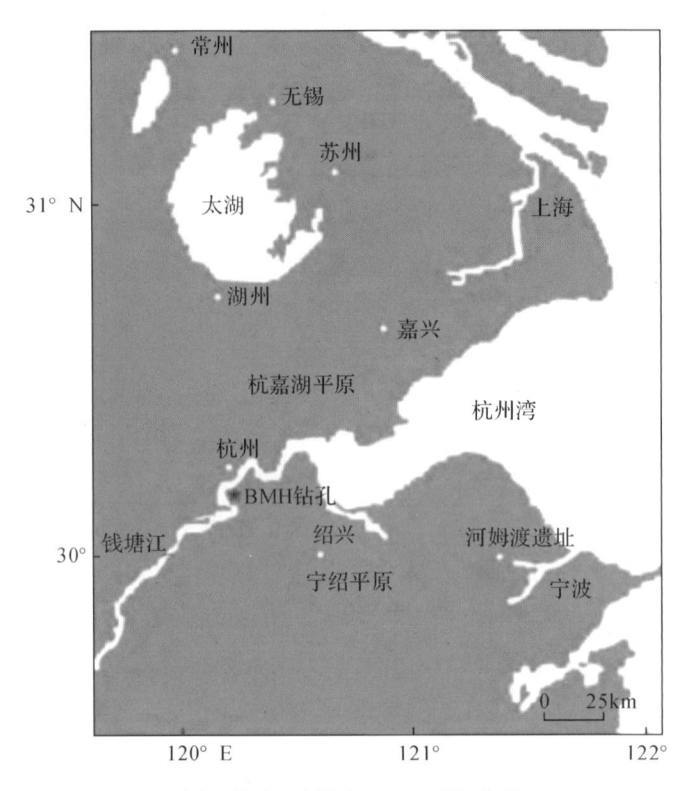

宁超平原地理图和 BMH 钻孔位置

上盖玻片,然后在电热板上加热至 150—200℃,待气泡排出后冷却,保存于样品盒中。硅藻鉴定与计数均在 1000 倍莱卡油镜下进行,大部分硅藻鉴定到种,少数到属。鉴定过程依据相关参考资料进行。

3.2 年代模式

为了获取岩芯的年代学框架,在岩芯的不同深度挑选了 7 个测年样品,送往美国 Beta 测年实验室进行高精度加速器质谱(AMS^{14}C)测年,并利用 CalibRev6.1.1 校正程序进行了年代学校正(Stuiver and Reimer,1993)(见《BMH 钻孔 AMS^{14}C 测年表》)。其中,钻孔 18.98m 和 22.15m 年龄分别为 8110cal a BP 和 8830cal a BP,测年结果相对偏年轻,测试物可能来自植物根系。根据 Wang 等(2012)的研究,距今 8100cal a BP 左右长江三角洲南部海平面已经上升到 -12— -13m,那么研究区当时深度为 -15m,应该处于低潮滩环境。而 BMH 钻孔的沉积硅藻结果显示 18.98m(即黄海高程 -15m)层位硅藻优势种为淡水种,并没有海水种出现。同时,在 18.98m 邻近的 18.51m 层位植物残屑测年结果则为 8890±115cal a BP。以上均表明 18.98m 和 22.15m 的测年结果出现了较大偏差,导致测年数据不理想的原因可能是样品前处理过程不当,也可能是测年过程中出现的问题。因此,BMH 钻孔的年代学框架主要基于 18.51m 以上的测年结果确定,其深度—年代模式图如《BMH 钻孔深度年代模型》图所示。

BMH 钻孔 AMS^{14}C 测年表

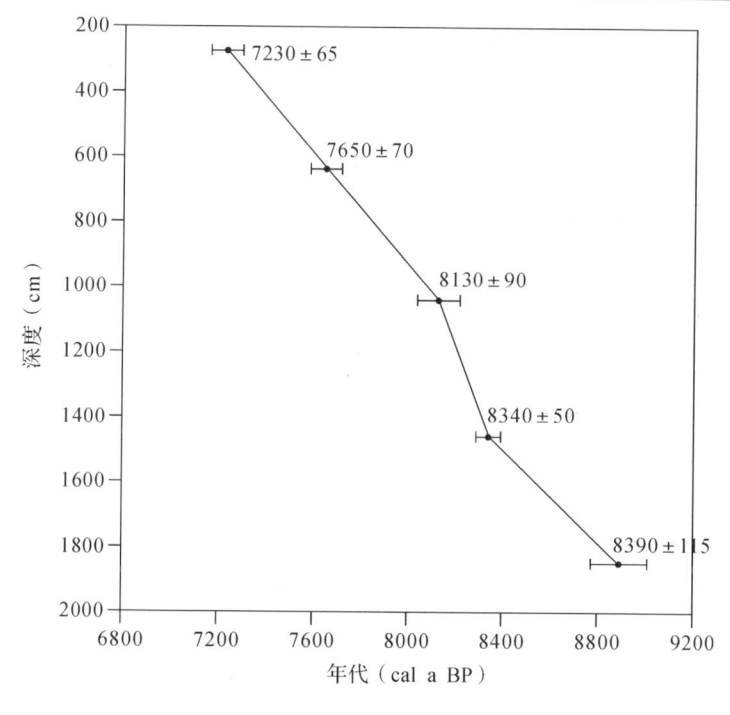

深度(cm)	测年材料	^{14}C 年代(aBP)	校正年代(cal a BP)
275	有机质沉积物	6340±30	7230±65
639	植物木屑	6870±40	7650±70
1043	植物木屑	7360±40	8130±90
1460	植物木屑	7600±40	8340±50
1851	植物碎屑	7720±40	8890±115
1898	植物木屑	7360±40	8110±90
2215	植物木屑	8020±40	8830±140

BMH 钻孔深度年代模型

根据 BMH 钻孔的测年数据,对年代控制点内的年代序列采用线性内插法,控制点以外的采用线性外推法来计算各个深度的年龄,得出所取钻孔的沉积年龄在 9600—7230cal a BP 之间。

4 结果

4.1 白马湖地区常见硅藻属种及生态环境

对采自杭州市萧山区白马湖钻孔的 52 个沉积物样品的硅藻含量进行分析,13.17m(对应沉积年龄为 8300cal a BP)以上的沉积物样品均未检出硅藻壳体,可能与钻孔所在地 8300—7230cal a BP 期间干涸成陆有关(见下文分析)。其他各沉积物样品共鉴定出主要硅藻属种 32 种,优势种为优美曲壳藻 *Achnanthes delicatula*,短柄曲壳藻 *Achnanthes brevipes*,爱氏辐环藻 *Actinocyclus ehrenbergii*,诺氏辐环藻 *Actinocyclus normanii*,颗粒沟链藻 *Aulacoseira granulata*,扁圆卵形藻 *Cocconeis placentula*,盾卵形藻 *Cocconeis scutellum*,舌形圆筛藻 *Coscinodiscus blandus*,蛇目圆筛藻 *Coscinodiscus argus*,辐射圆筛藻 *Coscinodiscus radiatus*,湖沼圆筛藻 *Coscinodiscus lacustris*,条纹小环藻 *Cyclotella striata*,史密斯双壁藻 *Diploneis smithii*,橄榄形异极藻 *Gomphonema olivaceum*,钝脆杆藻 *Fragilaria capucina*,双角缝舟藻 *Rhaphoneis amphiceros*,具槽帕拉藻 *Paralia sulcata*,菱形海线藻 *Thalassionema nitzschioides*,离心列海链藻 *Thalassiosira eccentrica* 和卵形摺盘藻 *Tryblioptychus cocconeiformis*(插图 3)。

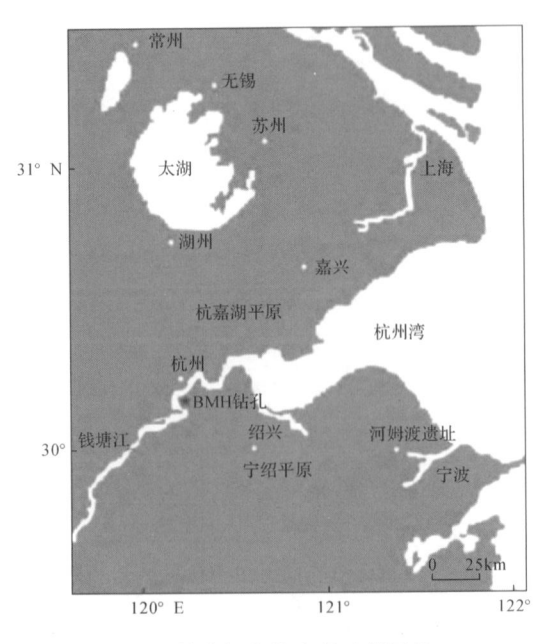

BNH 钻孔沉积物中的硅藻属种

Aulacoseira 属是一种硅化程度高、有较高沉降速率的类型,其生境偏于扰动强烈的水体,以保证其悬浮于水体中(Bradbury,1975)。在已有调查的 49 个长江中下游浅水湖泊的表层沉积物中,*Aulacoseira* 属是大多数湖泊中含量较高的属种(羊向东,2004)。Owen 和 Crossley(1992)发现在上升流强烈的美国 Malawi 湖中,*Aulacoseira* 的含量同样十分丰富。其中,淡水浮游种 *A. granulata* 多在透明度较差的水体中出现(董旭辉等,2004)。已有研究表明,*A. granulata* 在中营养湖泊中占绝对优势,而在富营养至重富营养湖泊中,其含量逐渐减少(羊向东等,2001)。在生态上,附生和兼性浮游的硅藻通常与水体维管束植物的发育有关,其丰度的变化在一定程度上可以反映水生植被的发育状况(HallandSmol,1999;羊向东等,2001)。

　　Fragilaria 属主要生活在光照充足、透明度较大的水体中(Bennion,1994;Halland Smol,1999)。北美一些湖泊硅藻研究显示,在欧洲大移民之前的湖泊贫营养时期,小型的 *Fragilaria* 属种含量明显较高(Fritz et al.,1993)。Brad-shaw 等(2000)通过对挪威 Krakenes 湖的沉积物研究发现,在晚冰期 Allerd 期,*Fragilaria* 属的增多主要与较低的湖泊生产力有关。

　　Actinocyclus normanii 为半咸水种,但也出现在北欧及北美的河流以及湖泊中(Hustedt,1930)。Holland 等(1975)曾对美国 Green 湾 1970 年 7 月浮游硅藻的水平分布特征进行了研究,发现 *A. normanii* 含量的增加与水体富营养化的加剧密切相关。Belcher 和 Swale(1979)通过对比研究英国 Thames 湖及水库里 *A. normanii* 的形态特征,发现在河流(包括河口)中,该种个体普遍较大,而在水库中,该种个体相对较小,并认为 *A. normanii* 能广泛分布于不同盐度的水体这一现象与水体中氯化物的含量无直接关系,而与水体的富营养状态有关。因此,BMH 钻孔中 *A. normanii* 的含量变化可能更多反映了水体的富营养化程度,而不是水体盐度的变化。

　　Cyclotella striata 是常见的半咸水种类且经常出现在河口地区(Hendey,1964)。在中国近海,主要分布于滨海—潮间带区(蒋辉,1987),常在大型河口的冲刷作用下被携带至深海沉积,曾被证明是南海常见的沿岸流指示种(冉莉华、蒋辉,2005)。*Paralia sulcata* 是底栖种,但经常多个连成长链出现于浮游生物群中(Hasle and Syvertsen,1997),因此也可称其为底栖兼偶性浮游种。Hasle 和 Syvertsen(1997)认为该种可能是广布种,而 Zong(1997)对该种在苏格兰西北部众多封闭海盆的分布调查表明,该种常出现于沿岸,尤其在富含有机质的细粒沉积物中,对温度、盐度等环境条件适应范围较广,但在低温环境中生长较差。该种也是中国近海表层沉积物中最为常见的硅藻种类之一,且在深度约 50—100m 的浅海

数量最多(蒋辉,1987)。

Thalassionema nitzschioides 为世界性种类,除南北两极地区以外,自赤道到高纬地区海洋均有分布(Hasleand Syvertsen,1997)。Jousé等(1971)在研究太平洋表层沉积硅藻分布时发现它是亚热带,尤其是 23°—40°N 太平洋表层沉积硅藻组合的主要组成成分。该种广泛见于我国的南海、东海、黄海和渤海以及日本海等海域(黄元辉等,2007)。黄元辉等(2007)分析了西太平洋边缘海表层沉积物中 *T. nitzschioides* 的百分含量分布与冬季海水表层温度(SSTw)的关系,结果亦证实了该种的广温、广布性。

白马湖地区硅藻组合聚类分析根据白马湖钻孔的硅藻组合 CONISS 聚类分析结果,可划分为三个硅藻组合带(见下图):

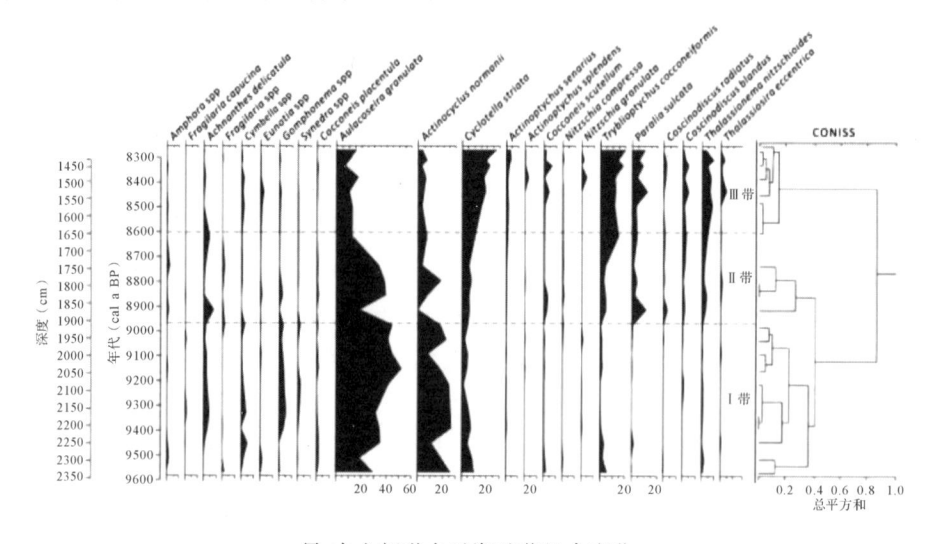

早-中金新世白马湖硅藻组合变化

组合带Ⅰ:(2330—1900cm,9600—8950 cal a BP)

本带优势种为淡水种 *Aulacoseira granulata*(插图 4),其百分含量在 30%～50%之间;*Actinocyclus normanii* 含量也较高,在 10%～26%之间。此外,本带含量较高的还有淡水种 *Cymbella spp.* 和 *Achnanthes delicatula*。因此,根据 8950cal a BP 以前白马湖地区沉积硅藻主要以淡水种 *A. granulata* 和 *Actinocyclus normanii* 为主,可以推断该地区当时没有受到海水影响,为淡水环境,水体营养丰富,其沉积环境为后来人类的定居及文明的发展提供了先决条件。

(2)组合带Ⅱ(1900—1650cm,8950—8600cal a BP)

8950 cala BP 以后,淡水种 *Aulacoseira granulata* 含量在该带开始逐渐减少,

但仍为优势种。*Actinocyclus normanii* 含量在该带也开始波动下降。相反,半咸水种 *Cyclotella striata* 和沿岸种 *Paralia sulcata* 在本带开始出现且含量逐渐上升,海水种 *Thalassionema nitzschioides* 和 *Thalassiosira eccentrica* 的出现,均表明 8950—8600cal a BP 期间白马湖地区虽仍以淡水环境为主,但已经开始受到间歇的潮汐或者风暴潮影响,对应高潮滩-潮上带的沉积环境。

(3)组合带Ⅲ(1650—1300cm,8600—8300cal a BP)

本带优势种为半咸水种 *Cyclotella striata* 和沿岸种 *Paralia sulcata*,二者均达到最高含量,海水种 *Thalassionema nitzschioides*,*Tryblioptychus coc-coneiformis* 和 *Thalassiosira eccentrica* 的含量均在该带达到峰值。淡水种 *Aulacoseira granulata* 的含量在本带相对较少,最低为 7%,*Actinocyclus normanii* 含量均低于 5%。因此,根据 8600—8300cal a BP 期间白马湖地区以半咸水种-海水种为优势种的沉积环境,可推断当时研究区被海水淹没,为低潮滩-潮下带的沉积环境。

5 讨 论

5.1 白马湖地区硅藻-古海平面关系的建立

为进一步确定硅藻属种与环境变量之间的相关关系,对 BMH 钻孔的硅藻属种进行了主成分分析(PCA)。主成分分析结果显示,最大的 5 个特征值分别为 $\lambda_1=0.68$,$\lambda_2=0.11$,$\lambda_3=0.05$,$\lambda_4=0.04$,$\lambda_5=0.02$。其中特征值 λ_1 贡献率最大,可以解释大部分的方差变化,其余特征值相差不大,贡献率均较小。本文选取第一和第二轴作为主成分轴,可通过对第一和第二主成分所代表的环境意义的研究,来获取研究区域主要的环境变化信息。

如插图 5 所示,淡水种 *Aulacoseira granulata*,*Achnanthes delicatula* 及广布种 *Actinocyclus nor-manii* 分布于主成分载荷图的左侧,与轴一呈明显的负相关关系。除此之外,半咸水种 *Cyclotella striata*,沿岸种 *Paralia sulcata* 和 *Actinoptychus senarius*,海水种 *Coscinodiscus radiatus*,*Coscino-discus blandus*,*Tryblioptychus cocconeiformis*,*Thalassionema nitzschioides* 和 *Thalassiosira eccentrica* 与轴一呈明显的正相关关系。

根据以上各硅藻属种与轴一之间的相关关系,不难看出主成分一具有显著的环境指示意义。如《主成分分析属种载荷图》所示,半咸水种、沿岸种及海水种硅藻在轴一得分较高,而淡水种得分则较低,表明轴一可用来反映研究区水体的盐度变化情况,故 BMH 钻孔各样品在轴一上的得分可以作为反映白马湖地区受海水影响强弱的指标,用来指示白马湖地区的相对海平面变化,如插图 6a。

5.2 硅藻记录的白马湖地区早-中全新世相对海平面上升事件及驱动因素

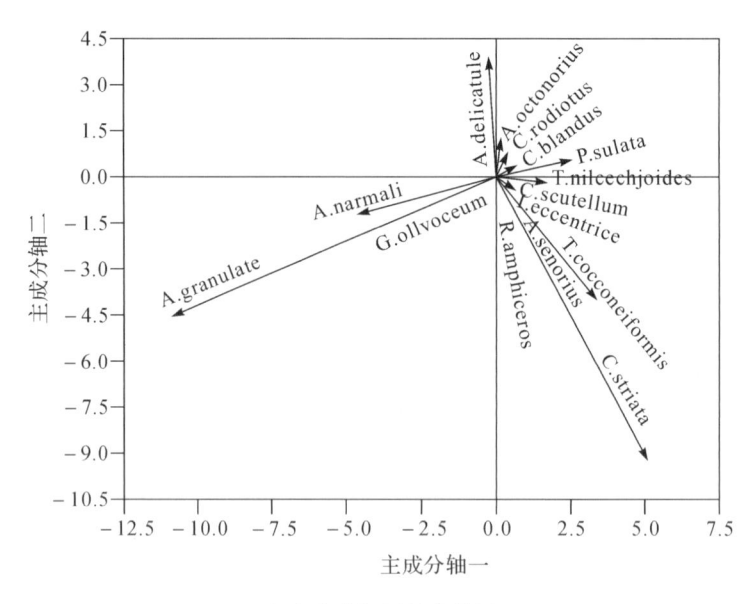

主成分分析属种载荷图

BMH钻孔各样品在主成分轴一上的得分表明9600—8300cal a BP期间，白马湖地区经历了一个海平面波动上升的过程，对应淡水硅藻含量逐渐减少和海水硅藻含量逐渐增加。通过对各样品在主成分轴一上的得分与淡水种、半咸水种以及海水种含量求Pearson相关系数（置信水平为99%），发现得分与淡水种含量的相关系数为-0.973，得分与半咸水种含量的相关系数为0.918，得分与海水种含量的相关系数为0.830，进一步验证了各样品在轴一上的得分作为反映白马湖地区海平面变化指标的可靠性。淡水种含量越高，半咸水种和海水种含量越低，得分越低，白马湖地区水体盐度越低，对应相对低海平面；而淡水种含量越低，半咸水种和海水种含量越高，得分越高，该区水体盐度也越高，对应于相对高海平面。因此，9600—8950cal a BP期间，各样品在主成分轴一上的得分逐渐下降，均低于平均值，可推测白马湖地区当时为淡水环境，基本没有受到海水影响。8950—8700cal a BP期间，各样品在轴一上的得分逐渐增加，但多数仍低于平均值，8900cal a BP处一个相对高值除外，据此可推断白马湖地区当时水体盐度逐渐增加，受到间歇性潮汐或风暴潮的影响，其中，8900cal a BP可能也存在着一次短暂的海平面上升事件。各样品在轴一上的得分在8700—8300cal a BP期间呈显著增加趋势，均高于各样品在轴一上的平均得分，表明白马湖地区当时水体盐度明显增加，受海水影响显著，因此可推测该区当时发生了海平面快速上升事件。Zhu等（2003）通过对长江三角洲新石器时代遗址的考古地层学和钻孔海相有孔虫进行分析,发现在该区各遗址地层中,海相有孔虫均出现在马家浜文化层之下的地层中,这一现象表明,该区全新世海侵应发生在10000—7000cal a BP 之间。此外,宁绍平原在河姆渡文化诞生之前的10000—7000cal a BP 期间,孢粉组合中反映的是一种南亚热带暖热湿润的气候,结合该层出现的大量潮滩相有孔虫指示种毕克卷转虫,可以推论宁绍平原在全新世7000cal a BP 以前应为暖热湿润的高海面(Zhu et al.,2003)。Wang 等(2012)利用基底泥炭、基底盐沼泥炭质泥和高潮滩标志性沉积物重建了长江三角洲南部全新世早中期8600—7800cal a BP 的相对海平面波动状况,发现海平面在8600—8300cal a BP 不到300年的时间内快速上升约6—7m,海平面上升速率高达2—4cm/a,与本文各样品在主成分一上的得分反映的白马湖地区在8600—8300cal a BP 期间相对海平面显著上升这一结果有很好的一致性。Saito 等(1998)通过分析上海崇明岛的两个钻孔发现9000—8400cal a BP 期间,该区海平面快速上升。Hori 等(2002)研究发现长江河口在距今9000—8000cal a BP 前开始后退,长江三角洲沉积中心开始向陆地移动,推断在此期间海平面快速上升。Zhan 等(2012)通过分析长江水下三角洲 ZK9 孔的沉积物,发现在距今9000年前后沉积物的 TOC/TN 和 TOC 值发生明显变化,得出该区在距今9000年左右存在一次海平面快速上升事件的结论,与本文硅藻结果反映的8900cal a BP 左右盐度的增加,海水种含量增大以及淡水种含量的减少相吻合。

沉积硅藻反映的白马湖地区早中全新世海平面快速上升事件不仅在中国沿海有记录,在亚洲其它地方亦有发现。已有研究表明,东南亚在早中全新世存在着一次或多次海平面快速上升事件,快速上升的时间跨度为9000—8100cal a BP(Bird et al.,2010;Hori and Saito,2007;Tamura et al.,2009)。

Bird 等(2007)利用50个生长于潮间带的红树林泥炭数据结合浅海相沉积地层,重建了新加坡9500—6500cala BP 的海平面曲线,研究显示海平面在9500—8000cal a BP 期间快速上升了14m。2010年 Bird 等又利用同研究区另外一个钻孔有机碳同位素,特征有孔虫的 $\delta 13C$ 和 $\delta 18O$ 数据对之前建立的曲线进行验证和校正,并得出8900—8100cala BP 期间海平面上升速率达1.8cm/a(Bird et al.,2010)。Tamura 等(2009)根据位于柬埔寨湄公河低地的3个钻孔沉积物的沉积速率、沉积环境及其与海平面的相互关系,压实因素的影响计算得出在8500—8400cal a BP 的100年时间内,海平面快速上升至少4—5m。

此外,Tooley(1974)发现英格兰法尔德和兰开夏郡西部沿海平原海平面在8800—8400cal a BP 期间快速上升了7m,Zong 和 Tooley(1996)后来发现同时期

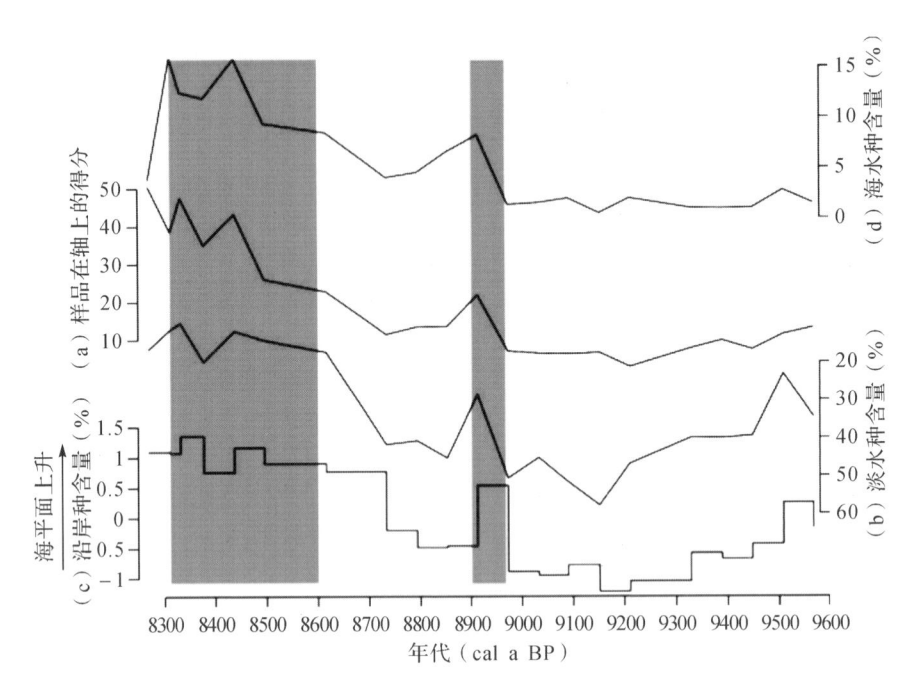

白马湖地区早-中全新世相对海平面的重建及其与淡水种、半咸水种和海水种含量的变化关系

在英格兰莫克姆湾也存在着海平面快速上升事件。美国切萨皮克湾沼泽在8900—8300cal a BP期间被海水淹没,海平面上升速率超过1.2cm/a(Cronin et al.,2007),与本文硅藻结果反映的白马湖地区8600—8300cal a BP相对海平面上升事件有很好的对应关系。

末次冰消期(-18000cal a BP)以来,陆地冰川及两极冰盖融化,海平面开始快速上升,这一过程在全球范围内都有体现(赵希涛等,1979;王靖泰、汪品先,1980;Fairbanks,1989;Hanebuth et al.,2000,2006)。但海平面并非持续上升,而是呈阶段性上升的模式,即海平面短暂的快速上升与相对长时间的停顿稳定交替出现(Liu et al.,2004)。Liu等(2004)所揭示的这种海平面阶梯式上升模式可能与冰川冰盖的活动以及高纬度湖泊溢水事件有关。前人研究显示,8600—8400cal a BP期间劳伦太德冰盖(Laurentide Ice Sheet)融水事件导致全球海平面上升约5m(Carlson et al.,2007;Dyke,2004;Kaplan and Wolfe,2006)。此外,大约在8400—8000cal a BP前后,北美劳伦太德冰盖融化导致Agassiz和Ojibway两个冰川湖的水位暴涨,大量冰川融水沿着Hudson海峡注入北大西洋,造成海平面快速上升,这次事件在全球范围内不同地区都有记录,并给全球海平面带来平均3.0 ± 1.2m的上升幅度(Barber et al.,1999;Teller et al.,2002;Lajeunesse and St-Onge,

2008；Hijma et al.，2009）。白马湖地区早中全新世（8600—8300cal a BP 期间）海平面快速上升可能是对劳伦太德冰盖融水事件的区域响应。

BMH 钻孔 8300—7230cal a BP 期间的沉积物样品中未检出硅藻，反映了研究区当时可能为陆地环境。且该时期近似于跨湖桥文化的持续时间（8000—7000cal a BP）（蒋乐平，2004），暗示了研究区在该时期成陆，而跨湖桥文化也正得益于此。来自跨湖桥遗址的地层、孢粉和硅藻记录也显示，该地区沉积环境在 8250cal a BP 之前由潮滩环境过渡为淡水沼泽环境，而 8250—7400cal a BP 期间则逐渐演变为陆地环境（Zong et al.，2007；Innes et al.，2009；Shu et al.，2010），为最早的水稻种植和新石器文化的发展提供了有利条件。

6　结　论

根据对 BMH 钻孔的沉积硅藻分析，发现白马湖地区 9600—8300cal a BP 期间出现的淡水种主要有 *Aulacoseira granulata*，*Achnanthes delicatula*，*Gomphonema olivaceum*，*Fragilaria spp.* 和 *Cocconeis placentula* 等；半咸水种主要有 *Cyclotella striata*；沿岸种主要有 *Paralia sulcata* 和 *Cocconeis scutellum*；海水种主要有 *Tryblioptychus cocconei formis*，*Coscinodiscus radiatus*，*Thalassionema nitzschioides* 和 *Thalassiosira eccentrica*。*Actinocyclus normanii* 的含量变化则反映了白马湖水体的富营养化程度，而非盐度变化。

BMH 钻孔硅藻组合分带结果显示，9600—8950cal a BP 期间，淡水硅藻占绝对优势，半咸水种含量极少，表明白马湖地区当时基本未受到海水影响，为淡水环境；8950—8600cal a BP 期间，半咸水硅藻出现，但整个硅藻组合中仍以淡水硅藻为主，反映白马湖地区受到间歇性潮水或风暴潮的影响，对应高潮滩－潮上带的沉积环境；8600—8300cal a BP 期间，淡水种显著减少，半咸水种为优势种，海水种也大量出现，表明白马湖地区当时受海水影响显著，对应低潮滩－潮下带的沉积环境。

利用 BMH 钻孔各样品在主成分分析轴一上的得分恢复的白马湖地区相对古海平面变化结果显示，白马湖地区在 8600—8300cal a BP 期间存在着明显的海平面上升事件，该事件在长江三角洲、东南亚甚至世界的其它沿海地区均有记录，其驱动因素很可能与该时期劳伦太德冰盖融水事件以及阿加西湖和奥吉布韦湖（Agassiz-Ojibway）溢水事件导致的全球海平面快速上升有关。

来源：吴燕妮，李冬玲，沙龙滨，舒军武，王伟铭，徐晓群著，《浙江白马湖地区硅藻记录的早—中全新世海平面上升事件》，《古生物学报》，2016 年第 4 期。

滨江区沙地片的形成

陈志根

在钱塘江和杭州湾南岸,有历史上形成的两个半岛,即三北半岛和南沙半岛。前者形成较早,位于旧镇海、慈溪、余姚三县之北。南沙半岛形成较晚,位于萧山区和滨江区北部,即北海塘和西江塘以北、南沙大堤(防洪埂)以南一带,面积为303平方千米。其中滨江区浦沿的新生、联庄村;长河的江三、江二、江一村,西兴的共联、协同、星民、七甲闸村,共九个村,即北海塘、西江塘以外半爿山至七甲闸这块,属于南沙半岛最西边的一部分,面积约30平方千米。

从古地图上看,春秋战国时期西兴三面怀水;冠山、回龙山、半爿山还是水中岛屿,即四面怀水;越王城山(包括美女山、东山头)南、北、东西及东南、西南、西北全部是水,只有东北与西兴和萧山陆地相连。即现在的湘湖、白马湖、渔浦、钱塘江水面当时还连在一起,白马湖是个大港湾。几百年后,由于钱塘江慢慢北移,西兴、冠山、回龙山、半爿山、越王城山、美女山、东山头周围,淤涨成为陆地,被人们慢慢垦种成了良田和村落,湘湖和白马湖变成了内陆湖。为了田野和村庄的安全,人们在西兴外、长河(冠山)、浦沿(回龙山)以西,茬山、坎山、党山以东的区域,开始筑塘扩地,先是一段一段的土塘、柴塘。到唐代开元十年(722)修筑了石塘,即北海塘、西江塘。北海塘从西兴铁岭关开始,往东经过萧山的长山、莫家港、坎山、党山,直到绍兴三江闸;西江塘从西兴铁岭关开始,转南往西经过长河、浦沿,直到麻溪止。此后近千年,从半爿山至三江闸这段海塘,外面是白浪滚滚的钱塘江,里面是富饶美丽的古镇古村和田野山河。直到17世纪中期开始,钱塘江逐渐北移,塘外几经沧桑,最后形成了一个南沙半岛,并开垦种地。

要讲滨江区江塘外这片沙地的形成,先要讲整个南沙半岛的形成开始。

南沙半岛是随着钱塘江下游(浦沿至三江口)的江道北移,江面先后淤涨而形成的。钱塘江河口由于上游洪水和下游海潮的相互作用,历史上钱塘江南北岸线几经巨大变迁,清代有人将它概括为"三门演变"——即南大门、中小门、北大门演变。

从有历史记载起,钱塘江水一直经萧山龛山与萧山赭山之间南大门进出。据宋《咸淳临安志》的盐官县图,此时北岸在杭州、观音堂、赭山、雷山、凤凰山一线;南岸在浦沿、西兴、长山、坎山、党山和三江口一线;浦沿的"飞机圩"(现钱塘江大桥南端一线)、萧山的赭山、文堂山、岩门山、雷山均在江北,通过沙涂与杭州仁和、盐官连成一片。"赭山在仁和旧治东北六十里,滨海产盐,有盐场。"当时杭州与赭山有海塘相连;从杭州经白石、乔司可达赭山,赭山也有河道直通上塘河,并通到杭州。据南宋《咸淳临安志》载:"前沙河在菜市门外,可通汤镇、赭山和岩门盐场。"迨至南宋,江道开始北趋,但北移是一个较长的过程,直到17世纪中期,水流才经禅机山与河庄山之间的中小门进出,南大门淤塞。不久,出现沙洲,并和赭山相连结。至80年代,长广已有五十多千米。北海塘外的南大门,即古河道境域,西起浦沿,东抵三江闸,南在长山、坎山、大和山一线,北至赭山一线,淤涨成陆地,成为南沙半岛的第一个"板块"。

中小门适在南北两岸之中,虽然当时的清政府认为是理想的流道,可保两岸相安无事,但因是一条仅宽2千米的狭长河道,且山根连绵,河床不能深切,门外又有雷山阻挡,潮过沙淤,江流经常趋北。为此,康熙和雍正年间进行了三次挖引河,希图引流从中小门进出,但均未成功。乾隆十一年(1746)十一月至十二年四月进行了第四次开掘,由于此次用切沙之法,乘势利导,以水攻沙,引河挖成后迅速冲刷扩大,宽达1.5千米,终使江水、潮流经中小门出且畅通无阻,两岸相安12年。但至乾隆中又不再道流,尽归北门。中小门淤塞成陆,和南大门成陆相比,东、西、南三界不变,北界则扩伸到赭山、河庄山、蜀山一线,相当于现在的南沙大堤(防洪埂)一线,南沙突出的半岛最终形成。

在江道向北大门迁移的过程中,原海宁南部沙地被潮水冲刷切为南、北两块,隔江相望。位于南块的海宁市、乡六都八庄、南六都八庄与萧山沙地,即钱塘江南大门和中小门古河道相毗连。因被江所隔,由海宁北石塘头至南沙海口,水陆并计20多千米,且风汛靡常、潮汛汹涌,不能径渡,须由陆地绕城杭州渡钱塘江,从西兴而至南沙,水陆并计约85千米。"隔江而治,纳课诉讼均不便。"浙江巡抚蒋廷铊于嘉庆十六年(1811)五月十四日和九月十六日两次向上奏请要求划归萧山,至嘉庆十八年(1813)正式批准改隶萧山,这是组成南沙的第三个"板块",共有田、山、娄4233亩,改隶萧山后"编为二十五都一、二图内"。

南沙的前称叫岩山,最早仅指赭山一地。至此,方演变成钱塘江南大门、中小门古河道和海宁改隶之地的合称。据民国《萧山县志稿》记载:"或谓其海宁之南,或谓其在钱塘江以南故名。"

在南沙平原上,有山8座:赭山位于最南(原名折山),赭山西北0.5千米是弹机山(亦名城隍山),赭山西0.25千米是文堂山(又曰白马山),弹机山之北2千米有葛岙山和河庄山(白虎山),赭山东北5千米有岩门山,岩门山东北5千米是蜀山,蜀山之南、赭山之东5千米是雷山(又称鼓山)。

钱塘江改道北移,改走北大门后,南大门和中小门形成陆地,形成一个南沙半岛,并陆续开垦、种田、住人。南沙半岛的西边,即西兴、长河、浦沿三镇的北海塘和西江塘外面的钱塘江也跟着北移,海涂一点一点往外长,一直到20世纪90年代可垦种。当时这块土地慢慢地从里到外长高、变宽,先是海涂,后变草荡,最后变沙地。先是刮淋煎盐,后牧羊割草,清代做过牧马场,18世纪90年代以后慢慢开垦种地。这片土地从东到西划分为七甲、八甲、九甲、十甲,从里到外一个园一个园围垦出去。几户人家合伙围得的园,叫什么徐家园、王家园、张家园等等。开始几年,在发黄梅大水时,8月大潮常常冲垮围堤,因此每个园有个潮冲潭,是潮水冲进后遗留下来的,有的大一点深一点,有的小一点浅一点。解放后在江边加固了防洪埂,内部挖了横河直河,这块地就越来越好了。此时在江南(原在江北)的"飞机圩"等属仁和县的土地于民国十九年(1930)划归萧山管辖。

在南沙半岛平原上,有很多令人眼花缭乱的地名,其实都是历史文化的沉淀,有的甚至一个地名就是一个真实故事。现撇开萧山的不谈,仅就滨江这一块的地名略谈一二。最东的浦沿新生村,是原西江塘里面居民开垦种地,迁居落户而成的,当地农民就叫新生的村庄——新生村。位于钱塘江大桥南岸的联庄村,是好多村庄的农民垦种外迁而成的,所以叫联合组成的村庄——联庄村。长河北海塘外面的地方习惯叫江边,由于比较狭长,把它编为三个村——江一村、江二村、江三村。西兴北海塘外面的这块土地比较宽阔,又都是东片的农民来垦种的,现有四个村,位于七甲闸边的叫七甲闸村,七甲闸南至北海塘的叫协同村,意思是协力同心开垦。位于九甲、十甲北端的叫新民村,意思是新来生活的农民。新民村南至北海塘的叫共联村,意思是共同联合开垦的。

这块新生不到100年的土地,现在又发生了翻天覆地的变化,天堂硅谷、江南新城的美誉揭示了一个现代化的高科技新城已经崛起,必将成为一个钱塘江时代繁荣美丽的新城。

(原载《追逐理性》)

来源:陈志根著,《滨江区沙地片的形成》,周友潮主编,《滨江区历史文化丛书》,西泠印社出版社,2007年。

五、工程篇

(一)综合

农居房变成 SOHO 办公室
白马湖村民未来可能跟文化创意人士住在一块

到过滨江的人都会留下这样一个印象,以浙赣铁路为界线,北片已经展现出现代化科技新城的风貌,而南片仍然基本保留了原有的江南水乡农村面貌。今后,伴随白马湖区块的开发,将有望改变目前滨江区"北强南弱"的发展格局。再过几年,世代生活在那里的原住民有可能与最富创新精神的文化创意人才做邻居,形成江南水乡的独特新景观。随着昨日《杭州国家高新技术产业开发区(滨江)白马湖区块概念规划》浮出水面,一座城乡一体、宜居宜游宜业的白马湖生态创意城的蓝图已跃然纸上。

高新区(滨江)南部的白马湖区块,北至彩虹大道,西至浦沿路,东、南接萧山界,总面积约 1500 公顷。区块内有 20 条河道,还有冠山、狮子山、回龙庵山等山

体。结合市委、市政府"把白马湖区块建设成为国家级文化创意产业园区,白马湖旅游休闲度假区,杭州城市美学、建筑美学示范区,杭州和谐创业示范区"的精神,上个月,中国美术学院展开了白马湖区块的前期概念性规划,初步确立依据当地自然形成的水网及路网关系,并依托地方的本土特征,有机地梳理未来城乡一体化城市发展的空间构想。

让文化创意者成为"新农民"

在做规划前,美院的规划工作小组做过调查,发现68%的村民希望世代居住在这里,且希望在村里发展产业的村民也非常多。怎样才能避免征地拆迁带来的高成本投入呢?专家建议,以原有村落甚至厂房的改造为立足点,移植西湖风景名胜区"景中村"改造的成功经验,把现有农居点改造成建筑风格满足田园城市美学需求的江南水乡新景观,让一些计划拆除重建的建筑焕发出新的活力。

当然,白马湖区块的"景中村"改造后,可不是像茅家埠一样供游人喝茶的。专家说了,未来白马湖区块最大的亮点,就是以白马湖山水田园风光为背景,以非城市化的、非常规的建造,结合当地动漫产业的需求,打造一个区别于迪斯尼的具有田园特征的可居、可业、可游的真正体验式童话王国。说白了,就是要让农居点成为自由的、富有变化的、个性灵活的空间,成为文化创意者工作和居住的村落。

如果此设想能成为现实,那就意味着今后来自五湖四海的文化创意人士将以租赁等形式,住进改造整治后的农居房,并把它当作"SOHO"工作室,而白马湖村民也将成为这些文化创意人士的房东。

造一个山水田园式的童话王国

在这份概念规划里,白马湖区块将被打造成以江南水乡特有的肌理形态和生活生产方式为背景,引入前沿的文化创意体验、田园动漫体验和生态居住博览等内容的互为资源、互动发展的新型江南生活模式。具体来说,就会依据各种开放型创意以及IT和动漫产业,推出时尚的休闲方式和创意产业模式,而在那时的大片田野里,建设者将通过大胆的想像,使植物种植卡通化、图案化,从而达到奇幻王国般的效果。

所有这些,都将依托于规划组对白马湖区块未来自然生态建设的美丽构想而慢慢实现。如果规划最终得以通过,白马湖区块将通过疏通河道,恢复原有水乡较高密度的水网系统,营造新江南水乡和湿地廊道;结合现状地形和景观大力发展浅水沼泽型湿地;结合景观进行生产,通过大片栽植植物形成纯粹的田园风光,利用植物的色彩和肌理营造景观感；结合村落内现有大规格乔木营造场所感……一个山水田园式的"童话王国"就有可能诞生。

来源：高新区（滨江）报道组余小平、叶春冬，通讯员杨毅栋，记者翁若川，《白马湖将成为杭城休闲新区块》，《杭州日报》，2007年12月15日。

白马湖生态创意城　打造杭州建设全国文化创意产业中心主平台

第八届中国国际动漫节将于2012年4月28日至5月3日在杭州高新开发区（滨江）举行，白马湖生态创意城作为本届动漫节主会场，将携动漫产业博览会、高峰论坛、国际动画片交易会、COSPLAY超级盛典等20多项重量级活动盛装迎接四方来宾，再次成为杭城瞩目的焦点和人气集聚地……

时间回溯到2008年4月，按照中共杭州市委、市政府打造"全国文化创意产业中心"的战略部署，高新区（滨江）围绕"完善北部、拓展南部"、构建"2+1"现代产业体系的发展目标，启动了位于浙赣线以南的白马湖生态创意城建设，全力打造国家级文化创意产业园区、旅游休闲度假区、杭州城市美学建筑美学示范区以及杭州和谐创业示范区，通过四年的开发建设，一座集研发、生产、展示、休闲、居住、商贸等多功能于一体的综合型生态创意城已基本形成。

杭州白马湖生态创意城规划面积20平方千米，地处长三角两小时经济圈，距离杭州主城区和萧山国际机场仅20分钟车程，毗邻地铁1号线，沪杭甬高速、杭金衢高速、绕城高速公路擦境而过。创意城坐拥8000年的跨湖桥文化和5000余亩山林湖泊，并有越王城、秦始皇妃子墓、冠山寺长河老街、固陵港等遗迹。

2012年，白马湖生态创意城建设昂首迈入第五个年头。总建筑规模25万平方米的创意城标志性项目——动漫广场城市综合体会展一期、二期展馆（合计展厅面积63500m^2）、研发办公大楼、白马湖建国饭店先后建成并投入使用，承办第六、第七届中国国际动漫节分会场和第二届世界休闲产业博览会主题馆等大型节展活动。将被联合国环境规划署命名为"全球生态500佳"的山一村农居改造成具有杭州城市美学特征和文化创意内涵的文化创意工作室，动漫游戏、设计服务、现代传媒、文化会展等文创企业除享受房租补贴外，还可申请专项扶持资金，地方财政贡献100%用于支持企业发展。目前四个自然村500余幢农居已引进、签约文化创意企业（团队）200余家。杭州国家数字出版产业基地核心区、中广国际多维影像产业基地、杭州中天模型、艾斯弧国际设计中心、亚卫通科技等产业项目均已落地，朱德庸、姚非拉、夏葽生、朱炳仁、聂俊、沈乐平、曲建方等一大批创意名人正式入驻。白马湖生态创意城先后入选"中国创意产业最佳园区""2010当代城市化项目杰出蓝本""2011杭州生活品质行业点评文娱生活年度区块""首批杭州市级风情小镇"等称号。

来源:《杭州(生活品质版)》,2012年第4期。

王国平在高新区(滨江)白马湖生态创意城规划工作会议上强调破解五大问题打造白马湖生态创意城

农居成为SOHO、农民与文化人共同创业兴业的白马湖"和谐创业模式",通过相关规划的编制与完善,变得日益清晰起来。2月4日上午,高新区(滨江)管委会和中国美术学院向市委、市政府提交了深化后的《杭州国家高新技术产业开发区(滨江)白马湖区块概念规划》。省委常委、市委书记、市人大常委会主任王国平在会上强调,要破解规划、体制、政策、基础设施、资金平衡五大问题,加快推进白马湖地区开发建设,打造"白马湖生态创意城"。

王国平和市委副书记叶明,市委常委、秘书长许勤华,市委常委、宣传部长翁卫军,市委常委孟祥锋,副市长佟桂莉一起,听取了中国美术学院建筑设计院关于白马湖区块概念规划工作情况和高新区(滨江)管委会关于杭州"白马湖生态创意城"建设三年行动计划框架的汇报。

王国平在充分肯定了"白马湖生态创意城"建设前期工作所取得的成绩后指出,要树立新型城市观、环境生态观、生活品质观、新时代条件下的产业观、空间形态有机平衡观,重构社会关系,注重城市文化本土性,坚持"宜业、宜居、宜游、宜文"的定位,培育文化创意和生态旅游两大产业,把白马湖地区建设成为具有时代特色、杭州特色、钱塘江特征的生态新城,打造成为高新区(滨江)乃至杭州经济社会发展的新的增长极,实现生活与创业、文化价值与经济运行、个人创业与整体发展、政府与民间力量、对外开放与内生创新的结合。

王国平强调,推进白马湖地区开发建设,要着力解决好五大问题:一要坚持规划先行,加快概念性规划和控制性规划、修建性详规和城市设计、建筑设计3个层面规划的编制,解决好规划滞后问题;二要坚持政府主导力、企业主体力、市场配置力"三力合一",借鉴"景中村"改造的体制和运作模式,解决好体制问题;三要坚持"全拆全建""鼓励外迁、允许自保"两种模式并举,抓紧制定"SOHO进农户"政策,解决好政策问题;四要坚持"谋定而后动",坚持道路先行、"水陆"并举,率先启动基础设施建设,解决好基础设施建设问题;五要通过创新理念、创新思路、科学定位、打造品牌特别是优化规划,解决好资金平衡问题。

叶明指出,《杭州国家高新技术产业开发区(滨江)白马湖区块概念规划》构建了一个与以往完全不同的创业模式。"白马湖生态创意城"是以动漫产业为重点的文化创意产业园区,要突出"动漫"两字,用好国家级动漫产业基地这一"金字招牌",深化细化"卡通城"规划,并与白马湖区块规划有机结合。要把原住民保留下来,打造一个全新的创业模式。

来源:《杭州日报》,2008年2月6日。

蔡奇调研白马湖创意城建设时强调积极推进白马湖生态创意城建设

市长蔡奇昨日下午调研白马湖生态创意城建设时强调,要从加快高新产业发展、建设现代化新城、打造全国文化创意产业中心角度,积极推进白马湖生态创意城建设。

蔡奇和市人大常委会副主任项勤、副市长佟桂莉、市政府秘书长许小富等一起,实地考察了长江南路、动漫广场、输水河工地、规划软件园和动漫园、井山湖、柴家坞农居SOHO示范点等,并与高新区(滨江)及市级相关部门负责人进行座谈。

白马湖生态创意城按照"一级、二业、三特、四区、五和谐"的定位进行规划,重点培育新兴的文化创意产业及生态旅游产业,要打造成"宜业、宜居、宜游、宜文"的城市发展和园区开发的综合示范区。

蔡奇对白马湖生态创意城的规划建设表示肯定。他指出,高新区(滨江)以白马湖生态创意城作为突破口、重头戏,规划方案有创意、有突破、有水平,白马湖生态创意城完全可以创出新模式。滨江是"天堂硅谷"的主平台,建区以来发展迅猛,现有开发空间渐趋饱和,势必寻找新的拓展区。文创产业作为现代产业体系的重要部分,应当有集聚区,白马湖生态创意城体现了"发展新空间、产业新高地、生态新环境"三大特点,正适应了新的发展趋势。

蔡奇从四个方面对白马湖生态创意城建设提出具体要求。一是加强与中国美院合作,进一步深化完善白马湖生态创意城规划。注重强化产业功能,形成动漫网游、创意设计、软件开发、服务外包、电子商务集群;强化服务功能,以产业为依托发展文创服务业,形成信息发布与展示交流中心;强化生态功能,保持山水田园特色,注重节约集约用地,做好水系开发利用文章。二是积极统筹推进以"十大工程"和"五路四河"为主的基础设施建设。建好动漫广场,做好山一村农居SOHO改造,保护长河老街,按照城市有机更新理念进行路网河网整治,着手进行白马湖综合整治,建成杭城又一新景。三是加大招商引资力度,推进一批重点项目。软件园要相对集聚发展;建设动漫风情小镇,成为新农村建设的样板;打造海归创投谷,加速创投机构集聚;坚持"人才+资本",注重培育新商业模式。四是各部门要大力支持白马湖生态创意城建设。

来源:《杭州日报》,2008年10月30日。

动漫与建筑的邂逅

白马湖生态创意城是国家级文化创意产业园区、白马湖旅游休闲度假区、杭州城市美学和建筑美学示范区、杭州和谐创业示范区,充分体现出了创业发展与生活品质、文化价值与经济运行、个人创业与整体发展、政府与民间、对外开放与内生创新的和谐。动漫广场二期工程,是创意与建筑的碰撞,冥想与建筑的融和,也是动漫与建筑的邂逅。

工程概况

白马湖生态创意城位于杭州高新区(滨江)南部区块,地处长三角两小时经济圈,与杭州主城区紧密相连。距杭州萧山国际机场仅20分钟车程,毗邻城市地铁1号线。

动漫广场二期选址在白马湖生态创意城规划区域内,东连白马湖,南贴动漫广场一期,西接长江路,北为白马湖路。会展二期建筑面积1.5万平方米,设于地下,地面为开敞动漫广场。动漫博物馆地上建筑面积为2.5万平方米,建筑限高50米。我们希望通过本设计向人们展示动漫广场是动漫产业创意展示与交流的平台,是动漫收藏、展览、体验、参与和互动的载体。让观众身临其境地感受到动漫创意的乐趣。

设计依据

1.《动漫广场二期工程设计方案国际性竞赛文件》

2.《动漫广场二期工程设计方案国际性竞赛答疑会议纪要文件》

3.《中国动漫博物馆策划方案》

4.动漫广场二期工程用地红线及地形图电子文件

5.《博物馆建筑设计规范》(JGJ66—91)

6.国家以及浙江省的相关建筑规划条例和法规

基地现状分析

本项目位于长江路、白马湖路交汇口,周边青山绿水、风景怡人。基地呈东西向长条形。从白马湖路园区主入口进入园区,西侧为会展二期用地,东侧为动漫博物馆用地,同时设置4号次入口。沿长江路分别为园区一期1号主入口、3号次入口、人行1号桥,并通过内部道路与动漫广场二期相连接。一期建筑沿白马湖分布,南低北高,宛若一幅亮丽的山水画。动漫广场二期力求融入环境,表达自我个性。

设计理念

1.她是城市的创意细胞

这里是动漫的世界,创意的天地。白马湖创意城一期山岚的剪影与白马湖交相辉映。动漫广场二期是动漫创意的展示平台和源泉。会展广场与园区环境融为一个整体。广场是基座,动漫博物馆利用简洁的立方体,由基座缓慢生长,堆砌成错动的我们称之为"动漫圈"的建筑造型,既似玩具积木,又似动漫摩天轮。博物馆层层叠叠的建筑轮廓巧妙地融入到创意城一期高低错落的背景中,仿若缓缓升起的东方旭日。博物馆中心围合成奇妙的天穹空间,透过天穹,"山岚"若隐若现,创意的空间带来丰富的想象。"动漫圈"将成为该区域的创意性地标建筑,引领人们进入到无限的动漫创意空间。

2.她是功能与形式美的共同体

会展二期的参观流线为从转角下沉广场进入地下会展,并分别通过东西轴向下沉交通体系和地面动漫广场与动漫博物馆直接连通。在动漫博物馆与会展二期有机衔接的同时,沿白马湖路有独立的出入口。动漫博物馆有别于传统博物馆呆板的线条,凭借从入口大厅到中国动画厅等展厅,最终到达临展厅的有层次和循环性的特点,各个不同的层高、面积功能空间被流线串联成立体圈状建筑造型,在各个场馆交错叠加的同时,浑然天成地勾画出建筑体量和形态。参观流线、平面功能、建筑形态,环环相扣,一气呵成。

3.她是开放、体验、参与、趣味的"动漫圈"

开放、体验、参与、趣味是动漫广场二期的设计目标。会展是白马湖创意城的开放性大舞台,直观地展示动漫文化。动漫博物馆不仅是一个向观众介绍动漫的历史、文化、产业的开敞的建筑形态和内部空间,更是一个让观众体验、参与动漫的载体,通过天穹投影、动漫互动空间、声影光电等方式,让观众多方位多层次地了解动漫、喜爱动漫、参与动漫。通过空间细节氛围的营造,让人们在绚丽的天穹下,在动漫的宇宙中肆意翱翔。

4.她是倡导绿色低碳环保的实践者

绿色的动漫广场,绿色的"动漫圈",融入到青山绿水中,自然、亲切、亲和。以常青藤等四季常绿的植物悬挂于外立面上,体现了我们的博物馆是友好型的建筑,是良好通风采光的节能生态建筑。动漫广场二期将是倡导绿色低碳环保社会的实践者。

建筑造型及空间

会展二期位于地下空间,自然而然地形成东西两个下沉集散广场,地面广场是会展的表皮,本着力求简约、实用、可实施性的原则,以绿色生态赋予表皮,同时形成退台状的交通景观体系。建筑形态与博物馆相呼应,是博物馆的基座。动漫博物馆建筑功能、流线以及周边建筑环境的特殊性,我们构筑了以简约立方体错位堆砌的称之为"动漫圈"的博物馆。既似玩具积木,又似动漫摩天轮,令人展开丰富的联想。透过圈状的天穹空间,一期建筑若隐若现。同时,人们可以通过天穹开放空间直接的体验动漫,参与动漫,感受乐趣。这是个创意的建筑,动漫的天堂。

交通流线

外部人流:

@通过转角下沉广场,进入地下二期会展,经由地下会展,与一期会展地下空间连接,同时穿越会展空间,抵达动漫博物馆。

@经地面会展广场通过坡道、空中桥梁与博物馆直接连接。

@沿白马湖路,可抵达动漫博物馆独立出入口。

@内部人流通过园区道路,与一期便捷联系。

内部人流:

@会展人流通过东西2个下沉广场进入,并可通过地面垂直疏散体系进出。

@会展内部人流与一期地下空间通过地下通道连接。

@博物馆依托从入口大厅到中国动画厅等展厅,利用东西各2个垂直交通体系,形成最终到达临展厅的有层次和循环性的圈状流线。

车流:

@沿白马湖路预留2号主入口与4号次入口。

@货车通过4号次入口,就近经坡道抵达地下会展,快速而便捷。

功能区块

北面规划河流,考虑到会展人流穿通过须快捷顺畅,以及整个区块的整体性,同时有利于地下会展的挖深施工,建议回填利用。2号主入口将基地一分为二,东西侧分别为地下会展与动漫博物馆。地下会展利用13米的层高,2边设置配套用房,充分利用土地的同时,完善了会展功能。

博物馆以入口大厅为起点,根据各个展厅的分批分散的人流特点,构筑成圈状的功能构图,并且各个展厅交错叠加,清晰而又有联系,展厅的空隙间,填充了互动灰空间与休闲、产品空间,这是个生动、完善、丰富的立体功能体系。

绿化景观

力求与周边青山绿水的和谐对话,地面会展广场以绿色铺地为主。建筑本身就是绿色建筑,与有机环境融和,也是一道清新的绿色风景线。博物馆层层绿色退台,仿若是白马湖的水景阳台,也是绿色的景观雕塑。视线可及的范围内,充满了绿色景观,似乎置身于人间天堂。

建筑立面

地下会展以绿色表皮而包裹,与环境相融合。"动漫圈"南北立面以通透穿孔铝板为主,辅以可变彩色光带,与动漫理念切合。东西立面以常青藤四季常绿的植物悬挑于外立面上,与基地相呼应,恰似由基地生长而成。建筑立面大气而现代,低调而富有创意。使之成为该区域的创意地标建筑,引领人们进入到无限动漫创意空间。

低碳环保

会展外表皮和博物馆外立面立体绿化的设计。对建筑物进行立体绿化是一种重要的节能方法,即将植物攀缘在建筑外墙上或种植在屋顶平台和空中庭园中,使其成为外围护结构的有机组成部分。据测算,建筑外墙绿化后,可使冬季热损失减少30%,夏季建筑的外表面温度比邻近街道的环境温度低5摄氏度。自然的屏障,使它冬暖夏凉。我们的建筑是友好型的建筑,是良好通风采光的节能生态建筑。动漫广场二期将是倡导绿色低碳环保社会的实践者。

来源:《城市建设理论研究》,2011年第6期。

杭州白马湖生态创意城　田园古韵　生态之洲　创意家园

杭州白马湖生态创意城位于杭州高新区(滨江)南部区块,地属长江三角洲两小时经济圈,交通便利,距离杭州主城区约15分钟车程,到杭州萧山国际机场仅20分钟车程,毗邻城市地铁1号线,沪杭甬高速、杭金衢高速、绕城高速公路擦境而过。总规划面积20平方千米,是杭州建设"全国文化创意产业中心"的最大平台。

随着中共杭州市委、市政府通过科学论证,审时度势地作出规划建设白马湖生态创意城这一重大决策,以及高新区(滨江)"完善北部、拓展南部"战略的实施,白马湖生态创意城走上了历史的舞台。位于滨江区南部的这块20平方千米的山水美地,按照"两年形成框架,四年初具规模,六年基本建成"的建设时序,一座"一城四区"——"国家级文化创意产业园区、旅游休闲度假区、杭州城市美学和建筑美学示范区、杭州和谐创业示范区"——的"宜业、宜居、宜游、宜文"的生态创意城以宏阔的姿态呈现在人们的面前。

一个国内重大的考古发现——2002年在这一带出土了一条新石器时代早期的独木舟,使得世人对杭州钱江两岸刮目相看。这是国内发现的最古老的独木舟,它记载着8000年前原住民的智慧和勇气,将浙江的文明史整整向前推移了1000

年。从此,"跨湖桥文化"便与"河姆渡文化""马家浜文化"以及"良渚文化"一样,成了又一个中华民族的重要的文化遗址。同处跨湖桥一带的白马湖,也因此不断地显现出它深厚而独特的人文底蕴。

20多年前,联合国环境规划署的官员来到白马湖畔的一个叫山一村柴家坞的地方,被这个位于钱塘江南岸保存得完好无损的村落的"天生丽质"惊呆了,于是,这个村获得了"全球生态500佳"的殊荣。

无论是人文景观还是自然景观都堪称一流的白马湖,多年来一直保持着她那份独有的"矜持",似乎是在静静地等待着一个从远方飘忽而至的美妙的姻缘。

2007年年底,严寒未能阻挡中共杭州市委、市政府领导胸中澎湃的热情,当听完设计单位提交的精心策划的《杭州国家高新技术产业开发区(滨江)白马湖区块概念规划》汇报时,他们的眼前便浮现了一张"宜居、宜业、宜游、宜文"的生态文化创意城的蓝图。

2008年4月8日,随着杭州高新区(滨江)党委、管委会、政府"大项目带动三年行动计划"及"完善北部,拓展南部"战略的实施,白马湖生态创意城项目在钱塘江南岸全面启动并开始建设,由此翻开了滨江区"南北双城"建设的历史性新篇章。凭借钱塘江南岸白马湖区域独特的自然生态环境和丰厚的人文底蕴,依托高新区(滨江)强劲的产业优势,白马湖生态创意城将着力打造以动漫产业为特色,集研发、生产、展示、休闲、居住、商贸等多功能为一体的国家级文化创意产业园区、白马湖旅游休闲度假区、杭州城市美学和建筑美学示范区、杭州和谐创业示范区。

二

作为杭州十大文化创意产业园区之一,白马湖生态创意城有着自己独到的文化烙印,促进城市有机更新,要做到"六个带":以"路(河)有机更新"带整治、带保护、带建设、带改造、带开发、带管理,做到资金平衡,实现可持续发展。

坚持生态环境保护。做到"清洁、亲水、清净、绿色、无视觉污染",以一流生态环境引一流人才,以一流人才办一流文化创意产业。

提升原住民生活品质。坚持以人为本、以民为先,使原住民成为白马湖生态创意城建设的参与者和受益者,体现"建设为人民、建设靠人民、建设成果由人民共享、建设成效让人民检验"。

助力文化人"和谐创业"。营造一流的软硬环境,提供最佳的配套服务,吸引知识分子和文化人前来创业,降低他们投资创业的风险和成本,让他们在白马湖生态创意城这片创意的沃土上尽情施展聪明才智、实现人生价值、为社会作出贡献,打造杭州和谐创业的试验田。

彰显"农居SOHO"特色。将被联合国环境规划署授予"全球生态500佳"称号的山一村等共计500余幢农居分批改建为工作室，租赁给文化人进行创作办公，形成了历史与创意邂逅、农居与智脑约会、创业与生活共融的生动局面，开拓了社会主义新农村建设的新路径。

三

2011年，白马湖生态创意城开发建设昂首迈入第四个年头，总建筑面积7万平方米的动漫广场会展中心自2010年4月18日正式启用以来，已顺利承办第六届、第七届中国国际动漫节分会场活动，第八届中国国际动漫节主会场、第二届世界休闲产业博览会主题馆活动也将在此举办；动漫广场研发办公及酒店两大组团竣工在即；农居SOHO改造在柴家坞试点成功的基础上，500幢农居房终破茧成蝶，截至目前已有200余家创意团队已经或即将入驻农居SOHO；中南创意园、宏梦创意园、美院创意园、中国动漫博物馆、朱德庸幽默馆、渔文化博物馆"三园三馆"正式落点；围绕"一路一景观、一河一公园、一桥一文化"的规划定位，长江南路、白马湖路、湘湖北路、小砾山输水河等创意城"十路十河"基础设施框架已经形成。

白马湖生态创意城先后荣获"中国创意产业最佳园区奖""社会主义新农村建设'风情小镇'创建奖""杭州生活品质展评会年度最具品质体验点""2010年当代城市化项目杰出蓝本"、2010华人住宅与住区生态住宅设计奖、2011杭州生活品质行业点评文娱生活年度区块等荣誉。

山水美地白马湖，自古至今都是人文与自然荟萃的风景胜地。

据跨湖桥考古研究发现，早在新石器时代就有人类在白马湖区域繁衍生息，发达兴盛的历史可以追溯到春秋末期吴越争雄时代。周边拥有越王城、秦始皇妃子墓、固陵港、西陵渡、冠山寺、西兴运河等大量历史遗迹，历史上是浙东地区的西大门，南北往来的渡口，也是历代兵家必争之地。

"白马湖平秋日光，紫菱如锦彩鸳翔。"唐代著名文学家刘禹锡游历于此，写下如此优美诗篇。白马湖绝美的田园风光、丰厚的人文底蕴、成熟的生态农业和观光产业雏形，孕育了白马湖生态创意城的崛起；灵山秀水的自然之势，成就了白马湖生态创意城纯正的生态魅力。区块内有被联合国命名为"全球生态500佳"的山一村，有山北河、石荡河、龙塘河等二十多条河道，有冠山、狮子山、回龙庵山等盆景型山体，山林及湖面达4500余亩，还有湿地、老街等丰富的自然景观和人文生态景观，是杭州江南副城的一块"宝地"。

白马湖,这块城市中的山水美地,凭借着优美的生态环境、丰富悠久的历史、独具特色的文化底蕴,已然成了创意机构的最佳栖息地。

来源:《观察与思考》,2011年第7期。

OptiSYS PCS 控制系统在杭州白马湖动漫广场中的应用

庄　严　崔凤勇　颜建国

1 引言

现代化建筑内部的机电设备数量庞大,这些设备分散在大楼的各个楼层和角落,若分散管理、就地监测和操作,将占用大量人力资源。楼宇自动化系统利用现代计算机技术、控制技术和网络技术实现对所有机电设备的集中管理和自动监测,确保楼内所有机电设备的安全运行,提高楼内人员的舒适感和工作效率,使设备长期保持经济运行;还能够在设备出现故障时,及时确定故障类型及其发生的时间和位置,以便管理人员及时采取必要的措施将事故消除在萌芽状态;此外,相关研究报告统计显示,安装有楼宇自动化系统的建筑可降低能耗约25%,减少管理人员数量约30%。楼宇自动化系统的这些优点很好地契合了当今社会在节能减排、绿色低碳方面的要求,因此采用楼宇自动化系统对建筑内部设备进行监控和管理已经成为大型现代化建筑发展的必然趋势。

2 项目介绍

2.1 项目概况

中国国际动漫广场会展中心位于杭州白马湖生态创意城内,是2012年第八届与2011年第七届中国国际动漫节的主会场,也是承办第六届中国国际动漫节的会场之一,建筑面积超过70000m^2,投资额约3.2亿元。为了给广大动漫迷、参展商创造一个安全、舒适、环保、节能的环境,会展中心采用浙江中控自主研发和生产的OptiSYS PCS-300/400控制系统,对内部的楼宇机电设备进行自动化监控管理。其整个控制系统共有1031个监控点位(包括705个数字输入点,59个模拟输入点,239个数字输出点,28个模拟输出点),以及现场联网型冷水机组监控接口、电梯系统监控接口、变配电系统监控接口、消防系统接口、CO监控接口等。该控制系统对会展中心内的所有空调系统设备,通风、排风设备,冷、热源设备,给、排水系统设备,电梯等实行自动监测和控制,并收集、记录、保存及管理有关系统的重要信息和数据,达到提高这些系统的运行效率、满足服务环境的特殊需求、节省能源、节省人力,最大限度延长设备寿命的目的,同时也为会展中心提供了一个健康、舒适、洁净的环境。

2.2 系统硬件配置

本系统由位于一层消控机房内的主计算机(即系统服务器)、分布于大楼各处的DDC分站、通信总线、各种现场检测和执行装置组成,是以满足冷、热源,空调,新风,送、排风,给、排水等设施以及环境空气质量的监控、管理要求为目标的,完整的集散控制系统。具体而言,整个大厦的楼宇自控系统共配置53台OptiSYS PCS－300、OptiSYS PCS－400系列DDC控制器,其中41台位于会展中心内部,另外12台位于地下车库内——它们通过4根总线互相连接、形成网络;同时安装有34个空气压差开关、28个风道温度开关、8个CO传感器、1个室外温湿度传感器、106个液位开关等各种类型的现场传感器与执行器。

OptiSYS PCS－300是中控研究院针对智能楼宇智能照明项目开发的系统,采用了节省空间、方便使用的优化结构设计,实现了模块化,具有以下几个方面的特点:

◆ 采用标准简单的安装模式,背板总线集成在模块上,通过总线连接器装配,端子全部可脱卸,采用分布式或集中式结构皆可;

◆ 采用先进的分布式现场总线设计,符合CANopen DS401标准的通信协议,6种波特率可选,分布距离25~1000m可选,配置灵活,易于扩展,采用电源冗余和模块热插拔设计,以及电源反接保护、防浪涌保护、总线短路保护等多种保护功能设计;

◆ 采用开放的网络化通信,具有多种网络通信物理接口,包括工业以太网、CAN总线、RS485、RS232、EPA、Modbus接口,以及可编程串口等;

◆ 采用标准的程序化设计,覆盖从项目组态、编程、调试到测试的所有功能。

OptiSYS PCS－400是中控研究院针对工厂自动化及大型智能控制项目开发的系统,与PCS－300系统相比,在系统规模、性能以及可靠性等方面具有以下提升:

◆ 可靠性高,硬件本身具有很强的抗电磁干扰能力;

◆ 采用高性能工业级CPU,处理能力高达每1000指令$40\mu s$,一个CPU的I/O点容量在5000个点以上。

本系统共使用了八套OptiSYS PCS－300系统与两套PCS－400系统。

2.3 系统软件配置

在软件方面,本系统采用了中控自主研发且拥有知识产权的OptiView上位机监控软件。该平台具有以下功能特点:

◆ 采用灵活的动态图形操作界面,拥有软功能键、下拉式菜单,支持用鼠标实现大部分功能;

- ◆ 采用面向对象的数据库（Objectivity）；
- ◆ 采用跨平台数据库数据交换（ODBC）；
- ◆ 采用接口与服务器数据交换技术（DDE）；
- ◆ 采用数据采集与管理应用软件；
- ◆ 采用运行参数与状态显示应用软件；
- ◆ 采用运行记录报表打印应用软件；
- ◆ 采用中央调度以及智能远动控制应用软件；
- ◆ 采用故障诊断及报警应用软件；
- ◆ 采用面向 Microsoft Excel 的趋势数据界面；
- ◆ 采用可制定的权限；
- ◆ 采用现地控制单元编程软件。

3 系统规模及构成

本系统主要实现对大楼内部六个子系统，即冷、热源系统，空调系统，新风系统，送、排风系统，给、排水系统和环境监控系统的实时监控。系统在中央工作站上对机组的运行参数进行列表汇报、趋势分析、超限报警，同时在工作站上对机组的连续运行状态进行自动记录，以求达到最佳的节能效果，并对营运环境进行控制。

表1、表2详细介绍了整个系统的点位情况。

表 1　标准客房中的信息点规律表

设备名称	设备数量	数字输出 启停控制	数字输出 蝶阀开关控制	数字输入 运行状态	数字输入 故障状态	数字输入 手自动状态	数字输入 水流方向	数字输入 液位报警	数字输入 滤网堵塞报警
冷水相组	3	3	3	3	3	3	3		
空调机	28	28		28	28	28			28
新风全热交换机	9	9		9	9	9			9
送、排风机	24	24		24	24	24			
排风兼排烟机	30	30		30	30	30			
集水坑	91							91	
生活水池	2							4	
消防水池	2							4	
水泵	142	142		142	142				
合计	331	236	3	236	236	94	3	99	37

表 2　模拟量输入、输出点位表

设备名称	设备数量	模拟输出（回水阀调节信号）	模拟输入				
			CO报警	回风温度	水管温度	水管压力	空气质量
冷水机组	3				6	6	
空调机	28	28		28			8
CO传感器	11		11				
合计	42	28	11	28	6	6	8

3.1　冷、热源系统

大楼内部共有三台冷水机组，每台冷水机组都配有一路数字输出用于启停控制，一路数字输出用于控制蝶阀开关——在预定时间程序和最佳启停程序下控制冷水机组及冷水阀，以免其在无人使用时大量浪费能源；配有两路模拟量输入分别用于监测水管温度和水管压力，四路数字输入分别用于监测冷水机组运行状态、故障状态、手、自动状态、水流方向——在远程工作站上对机组的运行参数进行列表汇报，在出现异常时发出警报。

3.2　空调系统

大楼内部共有28台空调机，本系统为每台空调机都配备了一路数字输出用于控制空调的启停，在预定时间程序和最佳启停程序下控制空调机组，以免其在无人使用时大量浪费能源；配备了一路模拟量输出用于调节回水阀，一路模拟量输入用于监测回风温度，根据回风温度，PID调节冷水（夏季）、热水（冬季）二通阀，使送风温度始终保持在设定范围内；配备了三路数字输入分别监测空调系统运行状态、故障状态、手、自动状态，在机组工作出现异常时立即报警；配备了一路数字输入用于滤网堵塞报警，自动监测过滤网两端压差，在过滤网堵塞时报警，自动提示清洗过滤网，提高过滤效率。整幢大楼装有八个室内空气质量监测点，这些点位将采集到的模拟量输入信号输送给工作站，工作站以此为依据调节空调的开关，从而达到稳定室内温湿度的目的。

3.3　新风系统

大楼内部共有9台新风全热交换机，其中每一台都由一路数字输出控制其运行——在预定时间程序和最佳启停程序下控制新风机组；有三路数字输入用于监测其运行状态、故障状态、手、自动状态——在机组工作出现异常时立即报警；有一路数字输入用于滤网堵塞报警——自动监测过滤网两端压差，在过滤网堵塞时报警，自动提示清洗过滤网，提高过滤效率。

3.4 送、排风系统

大楼内部共有 54 台各种类型的送/排风机以及排风兼排烟风机,其中每一台都由一路数字输出控制其运行——时间程序自动启停送、排风机,可实现任意周期的实时时间控制功能;另有三路数字输入用于监测其运行状态,故障状态,手、自动状态并累计运行时间。中央站显示并且记录各种参数,包括状态、报警、启停时间、累计运行时间及其历史数据等。

3.5 给、排水系统

大楼内部共有 95 个集水坑与水池,142 个水泵。系统采用一路数字输入监测集水坑的水位是否达到警戒水位(消防水池与生活水池中有两个水位报警传感器),并且在超过警戒水位后报警;通过两路数字输入监测水泵的运行状态和故障状态,在中央工作站显示并记录其参数、状态、报警、启停时间、累计时间和历史记录。

3.6 环境监控系统

地下车库配有 11 个 CO 传感器,并且连接模拟量输入模块,用于实时监测车库内的 CO 浓度,确保地下车库的空气质量,并且也可从侧面检验送、排风系统的工作效果。另外,楼内外都装有少量温度、湿度传感器,用以实时监测室内外温度和湿度。

4 功能特点

与传统智能楼宇自动化系统相比,本系统主要具有以下的技术及功能优势:

◆ 中央监控系统软件采用浙大中控最新推出的 OptiView 软件,支持 B/S 方式,为整个大楼的信息化创造了条件;

◆ 充分利用 DDC 控制网络及其扩展网络通信的能力,采用分布式扩展模块,系统设计相对比较分散,使得 I/O 电缆信号布线大为减少;

◆ 根据不同功能区域的划分配置各控制点和设备,结合中央监控系统软件对不同功能区域的设备实行分区管理,做到既可以按照今后管理运行的要求对硬件、软件进行分区,又可以通过网络灵活地将各区域的设备集成在一个 BA 系统架构下进行集中管理;

◆ 运用能量管理软件,为大楼的节能管理提供管理手段,根据大楼内部不同子系统的实际情况及其各自不同的功能特点,收集大楼的能耗数据,进行分析评估,进而采取措施降低大楼的能耗;

◆ 采用了高速硬件平台与先进的 I/O 通信总线技术——PCS－400 系统的 CPU 采用高性能处理芯片,极大地提高了系统的处理速度;在 CPU 与 I/O 机架间采用EtherCAT总线技术(高性能的EtherCAT技术使得总线系统不再是控制理念的瓶颈,使得分布式I/O的运行速度可以比大多数本地I/O接口更快);

◆ 采用了一个充分开放的网络软件体系结构,因而使会展中心的BA系统和外部设备、系统的通信连接和数据交换不存在任何障碍,无论是未来需要将新的楼宇设备接入本系统,还是将现有系统接入更高层次的信息集成系统,都有最方便、可行的解决方案。

5 结束语

中国国际动漫广场会展中心自建成至今,已经成功举办了2010年第六届、2011年第七届并马上就要迎来2012年第八届中国国际动漫节。中控OptiSYS PCS系列控制系统自交付使用以来,以其稳定可靠的功能、简单方便的维护赢得了良好的口碑。系统投入运行后,降低了能耗,节省了人力维护成本,为会展中心提供了一个节能、环保、安全、舒适的环境。

来源:《智能建筑与城市信息》,2012年第9期。

白马湖生态创意城:生态创意的新亮点

"资本和技术主宰一切的时代已经过去,创意的时代已经来临。"这句从美国硅谷到华尔街的流行语,已经引起世界的共鸣。创意产业正以极为迅猛的态势在世界各地发展起来。乘着创意产业的春风,大大小小的创意产业基地随之而来。任何产业园要想在创意产业的大潮中站稳脚跟,得到发展空间,就一定要找到属于自己的发展模式和发展特色。

浙江白马湖就是其中的典范。借助生态旅游的概念,白马湖生态创意城应运而生。在创意城的发展过程中有哪些亮点,有哪些值得借鉴的东西,都是本文研究的话题。白马湖山清水秀、波光潋滟,自然生态环境十分优越。借助这一自然优势,白马湖以生态创意为特色,从生态创意渔村到生态创意产业城,打造出自己的一片天地。

1. 白马湖渔村

白马湖渔村以自然景观为依托,以传统文化为内涵,是集休闲、观光、餐饮、度假等于一体的体验式的农业观光园,其区域面积约13公顷。它是白马湖地区向"生态创意"走出的第一步,用秀美的自然风光作为招牌,以鱼为主题,结合垂钓、野炊等活动,为游客提供吃、住、游、娱、购一条龙服务。白马湖渔村周边人文景观十分丰富,北与举世闻名的西湖隔江相望,东临世界休闲博览园和跨湖桥文化遗址,南接东方文化园,西接世界风情园,居杭州黄金旅游圈的核心地带,所以白马湖渔村取得了较好的经济效益和社会效益。

社会效益是指最大限度地利用有限的资源满足人们日益增长的物质文化需求。白马湖渔村有效地串联了当地的自然风景和人文特色。这里以生态创意为特色,以21世纪都市人向往自然的心理需求为目标,充分利用该地独特的人文地理、资源环境及便捷的交通等优势,大力发展生态型休闲观光业,目前已成为集生产、生态、度假、观赏、休闲娱乐、科普教育于一体的现代渔业示范基地。以生态为基点,为白马湖的生态主题和白马湖创意城的建设与发展奠定了基础。

2.白马湖生态创意城

白马湖生态创意城位于杭州高新区(滨江)南部区块,北至彩虹大道,西至浦沿路,东南接萧山区界,规划面积约20平方千米。这里生态环境优美。灵山秀水的自然之势,成就了白马湖生态创意城纯正的生态魅力。区块内有山北河、石荡河、龙塘河等20多条河道,冠山、狮子山、回龙庵山等盆景型山体,山林及湖面约300公顷,还有湿地、老街等丰富的自然景观和人文景观,是江南小城的一块宝地。

白马湖生态创意城的规划定位为"一极、二业、三特、四宜、五结合"。"一极"就是要把滨江白马湖地区打造成杭州经济社会发展的增长极;"二业"就是培育文化创意产业和旅游产业;"三特"就是建设具备时代特点、杭州特色、钱塘江特征的生态新城;"四宜"就是宜业、宜居、宜旅、宜文;"五结合"就是打造和谐创业示范区所必须做到的五个方面的结合:创业发展与生活品质、文化价值与经济运行、个人创业与整体发展、政府与民间、对外开放与内生创新有机结合。

白马湖跨越千年的人文底蕴,造就了生态创意城独特的创意之源。四通八达的区位条件,造就了白马湖生态创意城独特的开放之利。产业基础厚实的特色产业,塑造了白马湖生态创意城鲜明的个性魅力。白马湖周边拥有越王城、固陵港、西陵渡、冠山寺、西兴运河等大量历史遗迹,这为其开展旅游产业提供了厚重的文化积淀和人文气息。而且由于地处长三角两小时经济圈,与杭州主城区紧密相连,距杭州萧山国际机场仅20分钟车程,毗邻城市地铁1号线,沪杭甬高速、绕城高速公路擦境而过,从而连带产生的潜在经济效益将异常巨大。此外,杭州高新区(滨江)快速集聚的通信设备制造、软件、集成电路设计、数字电视、电子商务和网游动漫等特色产业集群为白马湖生态创意城的发展奠定了厚实的产业基础。杭州高新区(滨江)实施"人才强区"战略,大力开发国内、国际人才资源,构筑人才高地,与浙江大学、中国科学院、中国美术学院等建立长期友好合作关系。白马湖生态创意城将为专业人才提供学习、交流、创业的大平台。

二、白马湖模式

1. 白马湖生态创意城的发展特色

白马湖的发展特色就是其发展规划中提到的"一极、二业、三特、四宜、五结合"。"一极"是生态创意城的发展目标——把白马湖地区打造成杭州经济社会发展的增长极。增长极概念最初是由法国经济学家弗朗索瓦·佩鲁提出来的,他认为,如果把发生支配效应的经济空间看作力场,那么位于这个力场中的推进性单元就可以描述为增长极,具体说来就是要将生态创意城做成一个辐射器,围绕杭州推进性的主导工业部门组织成有活力的高度联合的一片产业区。创意城不仅能自己迅速发展,而且能通过乘数效应推动其他部门的发展。

创意城所带动的产业主要就是"二业"——文化创意产业和旅游产业。发展文化创意产业要依靠创意人的智慧、技能和天赋,借助高科技对文化资源进行改造与提升,通过知识产权的开发和运用,产生出高附加值产品。简单地说,创意产业是一个人才集聚、创意集聚的过程。白马湖生态创意城以"生态"带动"创意",打造一核:冠山城市核;二业:文化创意、生态旅游;三带:紧缩城市带、田园城市带、山水城市带;四区:生态示范特色居住区、家居改造特色居住区、高端生态特色居住区、新建特色居住区;五园:设计公园、文化创意公园、动漫公园、白马湖生态旅游度假公园、大地生态产业公园。

白马湖发展生态旅游是最直接利用环境聚集人气的方法。它是以吸收自然和文化知识为取向,尽量减少对生态环境的不利影响,确保旅游资源的可持续利用,将生态环境保护与公众教育同促进地方经济社会发展有机结合的旅游活动。白马湖除了招揽人气之外还有一个重要的目的就是在旅游地居民个体和旅游地社会、经济、文化整体两个层次上"可持续发展"。旅游地居民是旅游地社会文化的主要组成部分,拥有维护自身良好发展的权利,因此,开展生态旅游必须让当地居民直接参与到管理和服务中去。在经济方面,这样的参与使得他们获得丰厚的经济回报,能有效地促进旅游地经济的发展;在社会方面,旅游业在当地的发展与渗透使得当地居民开阔了眼界,提高了素质,可以更快地融入现代文明;在环境方面,当地居民对自然环境的维护与影响比旅游者更为直接。文化创意产业和旅游产业在发展过程中要符合时代特点、杭州特色、钱塘江特征的三大基调,通过"五结合"打造"四宜"。总体而言就是要打造祥和的生活空间和紧凑的工作环境。

2. 白马湖模式的发展

白马湖模式就是以白马湖生态创意城为平台,从六个方面入手,探索建立创意白马湖特有的发展模式,这六个方面分别是:第一,可持续发展。主要方法是以"城市有机更新"为主导,以"路(河)有机更新"为辅助。根据合理的规划循序渐进,做到资金流动的平衡。这也有利于环境的保护,避免破坏性地开发环境。第二,在保护生态环境的基础上治理城市环境,用"宜居""宜业"吸引游客和人才,发展旅游产业和文化创意产业。第三,以文化创意产业为基础发展旅游产业、设计、动漫、大地生态产业等,谋划好白马湖生态创意城的产业结构。第四,坚持以人为本、以民为先,妥善安置原有居民,使原有居民成为白马湖生态创意城建设的参与者和受益者。这将有利于整个园区的安定。第五,提供优质的服务设施,吸引各种人才"和谐创业"。何为"和谐"?和谐非千篇一律、整齐划一,这样的团队是没有创造力的,所谓的和谐创业是指协调发展、配合得当、各展所长,让他们在白马湖生态创意城施展聪明才智,实现人生价值,为社会作出贡献。第六,以"农居SOHO"为特色,谋划好白马湖地区的生态保护、结构调整、产业升级、新农村建设和城市化推进等各项工作。

园区采取政府、企业、市场三位一体,政府主导力、企业主体力、市场配置力"三力合一"。白马湖产业园借助国家的政策优势享受杭州白马湖生态创意城特殊政策,重点项目实施"一企一策"。为企业提供个性化服务的平台、技术支撑平台、构建公共技术软件硬件服务平台,为区域内企业提供技术支持和平台服务。还有,建立广阔的投资平台,充分发挥政府创业投资基金的种子引导作用,加强对中小企业的扶持,为杭州白马湖生态创意城产业注入强劲的活力。推行政策保障、资金扶持、设施跟进、服务配套等系列举措,逐步完善区域创意文化产业孵化、人才保障、市场培育、投资融资等各项功能。

三、白马湖创意城的亮点

1. 农居变SOHO

SOHO,即英文small office home office的简称,意为家里办公、小型办公,也是人们对自由职业者的另一种称谓,同时亦代表一种自由、弹性的新型工作方式。SOHO,代表一种新经济、新概念。农居是农民的居所,似乎农居和SOHO并没有太大的联系,但是创意城别具一格,将二者巧妙融合,于2008年年底建成了"山一村"农居SOHO工程,包括动漫创意展示及论坛谷、酒吧、休闲餐饮、画廊、油画作坊、书画经营门店等。这是结合社会主义新农村建设工程,在保留部分原居民的原则下进行农村整治改造,将农居改造成具有杭州城市美学特征和文化创意内涵的创意建筑。现在SOHO示范点已经有了更完善的配套设施。

现在的山一村动漫小镇按"七分景三分改"的思路,不断深化完善。这也体现了白马湖生态旅游的发展方向。此外,这里遵循"一房一景、一房一品"的SOHO

创意特色。在山一村的改造过程中,继续坚持了农居 SOHO 改造的"民办公助""四位一体"基本政策,整合区、街、村三级干部力量,这就体现了创意的差异化以及和谐创业,有规划性地循序渐进。

2. 动漫广场

杭州白马湖生态创意城从 2008 年开始动工建设,其中中国国际动漫广场将作为未来动漫节的主场地,成为该创意城的标志性建设群。目前,中国动漫博物馆、朱德庸幽默馆、中南创意园已经率先落户其中。朱德庸等人已经拿到了象征名家工作室使用权的钥匙模型,成为首批入驻白马湖生态创意城的名人。

作为杭州白马湖生态创意城先行启动区块,动漫广场项目是杭州白马湖生态创意城的核心区块。地块位于长河街道汤家桥村,西南紧邻规划长河、长江路,东南紧贴西白马湖,北侧为白马湖路,地形呈三角状,地势基本平整。作为杭州白马湖生态创意城先行启动区块,动漫广场项目包含研发孵化中心、会展中心、商务服务中心三大组团。

2010 年的国际动漫节,白马湖生态创意城是两个分会场之一。从动漫城的发展我们可以看出,动漫是白马湖起步发展时期的支柱产业,因为杭州拥有肥沃的动漫土壤。2010 年上半年,杭州共完成原创动画片时长 7676 分钟,产量比 2009 年同期提高了 15.3%,继续保持全国领先水平。在国家广电总局 2009 年度第一批推荐的 10 部国产优秀动画片中,浙江中南卡通集团的《天眼神牛》和《郑和下西洋》,浙江华人卡通集团的《绿树林的故事》榜上有名,杭州获推荐的动画片数量位居全国第一。从 2010 年起,杭州动漫产业扶持专项资金将提升至 7000 万元。所以白马湖以动漫起步是正确的选择。

3. 辅助建设完善

白马湖生态创意城很大。但随着"十路十河"基础设施建设的加快,它的骨架变得逐渐清晰。在白马湖,每条路都有自己的特色景观。根据"一路一景观、一河一公园、一桥一文化、一房一业态"的要求,景观绿化、路面铺装、市政灯饰、城市小品、慢行系统等都将让人感受到白马湖的创意和个性。此外,在白马湖,每条河都将有公园的衬托,每座桥都将显现出白马湖的文化。而长江中路、井山路、沿山北路等过街道路将打造成为商业文化街区,形成创意居住和创意科技两个支撑点。其中,创意居住是在白马湖创意园区内打造高品质的"创意居住体系",包括创意生态示范特色居住、家居改造特色居住、高端生态特色居住和新建特色居住。

4. 聚集人才

据估计,未来三年全国动漫人才需求量 15 万人,而动漫专业的毕业生仅仅

5000人左右,存在巨大的人才缺口。所以抓住人才就抓住了未来。目前,白马湖生态创意城已成功引进网易陶瓷、海润影视、中国山水画院分院等126家创意企业,并与香港意马集团、台湾艺墨集团、西泠印社、法兰瓷博物馆、中天模型等30多家知名创意企业达成合作意向。白马湖产业的集聚为动漫人才、创意人才的引进提供了就业平台。

未来,白马湖生态创意城将以8平方千米核心区块为主平台,重点围绕文化创意产业发展,招引国内外创意领域知名大企业、大项目和精英团队,加大对国内其余六大美院驻点的招商力度,并超前规划建设"风投谷""创意谷",为文创产业提供配套的生态环境。

四、白马湖创意城的启示

现在有不少地方在发展创意产业,但往往不太注重创意成果的转化。这种转化,就是一定要形成相应的有效的生产链。我们现在的创意存在的问题是,要么停留在低层次的设计上,如某个产品的LOGO的设计、一般的广告设计、包装设计等;要么虽然搞出了好的设计,却"养在深闺人未识""嫁不出去",没有和产业链接轨,结果是放在设计室中留着"自我欣赏"。白马湖生态创意城从一开始就努力使"创意"和生产实现对接。在这方面,除了那些已经进驻到创意城中的创意企业要有强烈的市场意识外,政府部门也要尽可能做好服务工作,让创意产业和产品生产企业实现对接。这样的创意城,才是有活力的创意城。

第一,强调"要形成产业链",因为只有如此,产业才能实现利润最大化。文化创意产业涵盖面很广、产业链很长,但定位要非常明确,入驻企业应该从事创意产业发展、研发、生产及经营业务,而且每年产值必须达到500万元以上,主要是信息服务业、动漫游戏业、设计服务业、现代传媒业、艺术产品业、教育培训业、文化休闲旅游业、文化会展业等八大门类的文化创意产业。

创意产业一定要和高新产业对接,才能凸显它的活力。创意产业是以创意为灵魂的,因为它是智者长期积累突然"灵光一现"的东西;文化则是创意产业的根基;而高新科技则是一种支撑。特别是后一点,产品要想在国际上有竞争的优势,一定是离不开高新科技的支撑的。因为文化创意产业从一开始,就是知识密集型产业。

第二,园区内存在具有创新能力的企业群体和企业家群体,这实际上是熊彼特关于创新学说的反映,即创意与创新是经济发展的原动力而非简单的投资或消费拉动,同时也是集聚效应的延伸,借"名家"带动园区的名气和人气。

第三,必须具有规模经济效应,即发育成为增长极的地区需具备相当规模的资本、技术和人才存量,通过不断投资扩大经济规模,提高技术水平和经济效益,形成规模经济,注重人才的培养和资本积累及运用。

第四,要有适宜经济与人才创新发展的外部环境,它既要有便捷的交通、良好的基础设施等"硬环境",还要有政府高效率运作、恰当的经济政策、保证市场公平竞争的法律制度以及人才引进与培养等"软环境"。

所以虽然白马湖创意城是个成功的典范,但是还有很长的路要走。

来源:李季,范玉刚主编,《中国文化产业园》,社会科学文献出版社,2012年。

城市山水美学规划营造新模式——杭州白马湖生态创意城规划与实施

一、项目背景

杭州白马湖生态创意城所在的杭州市高新技术产业开发区(滨江)建于1990年,总规划面积85.64km^2,为国家级高新技术产业开发区,经过十余年建设,已成为浙江省最有影响的科技创新基地、高新技术产业基地和最具活力的经济增长区域之一。

在2007年高新(滨江)区实施三年行动计划,调整发展战略,提出了拓展南部的计划后,中共杭州市委、市政府针对南部区块地块本身的独特性、唯一性和不可再生性的现状优势,指出杭州至今缺乏一个具有时代特色、杭州特点、钱塘江特征,体现自身城市美学、建筑美学追求的示范区,而滨江白马湖区域恰恰就具备这种可能性。

为高标准、高起点地建设南部区块,中国美术学院在杭州中山路保护与有机更新策划取得阶段性成果后,应邀进行南部区块规划方案的研究设计,以期在新一轮的城市建设中创造一种具有地域特色的和谐城市新模式。

二、区位与用地范围

规划区域位于杭州市滨江(高新)区的南部地区。规划范围为:北至城市快速路彩虹大道与长河街道相接,西面紧临浦沿街道,东、南至滨江区边界与湘湖休闲度假区。区域东西长约6.8km,南北纵深约3.7km,规划区用地面积共约1890.58万m^2,其中山体、水域面积约578万m^2。

三、规划总体目标

白马湖生态创意城社会经济和城市发展规划的总体目标是"和谐创意,城乡一体,生态之都,创意天堂"。

通过彻底整治由水网、山系和农田构成的场地环境,改善村落生活条件,加强配套基础设施建设,使得白马湖生态创意城的各个功能区与村落共同形成城乡一体化的新型空间模式。

四、新型的城市观与规划理念——"白马湖模式"

"白马湖模式"将代表一种新型的开发园区城市类型，城市尺度上园林化的产业区——"总体园林"的诞生。这种新型的城市发展观由生态环境、生活品质、空间形态、产业发展、社会关系这五个方面的内容构成。

1. 环境的生态观

(1)生态环境是一种生产力，对于白马湖园区而言，未经破坏的生态环境是一种最为现成的发展条件，是一种大自然赐予的生产力，这种生产力将成为这个城市的价值基础。

(2)生态是一种基本社会福利。城市对生态的保护和优化使城市中的每一个公民平等地享有这种绿色资源，生态福利应当被视作是一个城市社会民主和公平原则的实际体现，对生态福利的建设，实质是社会资源的再分配，是对社会和谐的建构，更是对城市与自然和谐的建构。

(3)环境的反向控制。本规划倡导一种与传统建设活动完全相反的城市环境观——环境的反向控制观，以生态环境为先导，以环境的生态构成和形态为原则，对城市空间进行全面的控制和组织，把生态环境凝造为城市空间生活的组织结构，将山水内化为空间，使环境的控制深入到城市空间的基层构造当中，以生态与环境容量来反向控制城市的布局和人口分布。

2. 生活的品质观

(1)品质是一种生产力。城市空间和社会生活的品质是对一个城市从宏观到微观、从理性到感性、从经济到文化的总体评价。品质是城市幸福的核心指数，如果说生态环境是城市文明的源头，那么品质就是城市文明终极的评价标准。城市文明的品质，内具着一种吸引各种资源流入、培育城市自我精神的生产关系。

(2)为城市生活建立一种独有的美学。城市的美学是一种在城市总体尺度上反映出来的生活美学，一种整体的城市生活幸福感，是以审美的方式对待生活本身和周边世界，以审美的方式来构造城市的生活形态和生活世界。这是中国传统的工艺文化和工艺社会的基本特征，也是杭州城市文化的历史特征和极大特色。

(3)城市的"漫"生活体系。城市生活是一个过程，只有在舒缓的城市关系和空间节奏中，城市生活才能得到全面的体验，才能与一种生活的优雅相关联。城市空间应当是一种漫游性的空间：慢行交通系统、完善的公共交通系统、发达的非机动车体系、众多值得停靠的公共场所和休憩空间、城市道路的街道化和场地化、细密的社区小场所体系等。

3. 新时代条件下的产业观

(1) 全面建立后工业时代新型产业体系。后工业时代产业和新兴的城市文化及生活时尚相关联，空间不拘一格，能够与各种传统城市空间关系相互融合，倾向于服务业，具备极高的生产附加值、低能耗、无污染、产业形式灵活、与城市文化生活关系密切、注重品质、高科技化等共同特点。

对于白马湖而言，文化创意产业、生态旅游产业和提升后的高新技术产业将形成这个园区的产业基础，并积极构筑新的产业体系与传统制造业和农业的相互关系。

(2) 产业与城市生活融为一体。后工业时代新兴的产业表现出与城市生活融为一体的明显倾向。这些新兴产业，在白马湖表现为文化创意产业、生态旅游产业和高新技术产业中的 IT 业，都有一种"服务业化"的趋势，所有的服务业都与城市的文化生活密切相关，生活与产业的边界区分减弱，产业本身对城市文化有直接的塑造作用，应当强化这种相互融合、相互塑造的循环作用。

(3) 工作场所的结构性变革。由于后工业时代新兴的产业形式皆表现出产业空间与生活空间有融为一体的倾向，这是一种良性的城市互动关系，也是产业的工作场所发生巨大的变革，工作场所逐步与城市的生活空间重叠在一起，出现家庭式办公——产业空间居住 SOHO 化倾向。本规划倡导利用这种趋势，弱化城市功能分区带来的空间割裂关系，使城市空间的各个部分更好地整合起来。

4. 空间形态的有机平衡

(1) 紧缩与有机疏散的平衡。对城市土地进行集约化利用，对城市空间进行复合使用，提高空间利用效率，通过城市紧缩降低交通量对生态环境的压力，综合使用空间紧缩和有机疏散的城市策略，在社区内部包括乡村倡导空间紧缩的政策，而社区之间因地制宜地根据环境决定空间发展模式。

(2) 互动城市观念

在城市用地、产业、人群、社区、阶层之间形成相互的动态关系，提倡城市功能与空间系统的混合模式、产业与居住生活的融合模式。

(3) 动态城市观念

在园区内部各城市区块空间形态上采取同质通用模式，这有利于在城市发展的过程中，动态调配产业用地和居住用地，在白马湖园区内部以生态公园的形式形成内部的土地储备，预留出未来开发和城市再开发的空间，使城市土地开发能够根据发展和变化持续进行。

5.社会关系构造

(1)和谐开发、和谐创业

从国家全面建立和谐社会的总体战略目标出发,园区建设应当提倡和谐开发、和谐创业的原则,使城市开发和产业培育与文化、生活以及环境的改善相结合,强调城市与乡村、个人与集体、政府与民间、对外开放与内生创新的完美结合,使开发和创业形态与各种人群的社会生活有机地结合起来,达到社会效益与经济效益的平衡发展。

(2)城乡一体化观念

城乡一体化旨在使城市社会、城市文化与周边乡村社会、乡村文化整合成为一个有机整体,打破传统的城乡割裂局面,消除城郊的空间无序状态,使城市人群、代表城市新兴文化的创意产业与乡村以及乡镇传统的乡土生活融为一体,使生态旅游产业形态与农、林、园艺副业的空间生活融为一体。

五、城市形态与空间结构

白马湖生态创意城规划园区属于典型的丘陵水乡地貌,空间呈东西向狭长带状分布,区域规划的总体空间布局按照由南向北的方向分成三条城市带,成为平行的"1+1+1"三元城市结构,三条城市带分别是沿彩虹大道展开的紧缩城市带、以南部山际线区域为界向南延伸到地块南端的山水城市带以及两带之间的田园城市带。

1.紧缩城市带

该城市带具有高密度快节奏的现代城市空间布局特征,是以城市居住和新兴文化创意产业园区社会生活为特征的空间系统,以块状(Wock)划分的城市功能布局方式为主导,突出紧凑型城市空间高效和互动观念的特点,直接承接滨江北区的现有城市结构。

(1)一轴两翼 T 形结构

该城市带以南北向城市快速干道——时代大道为轴形成东西两翼,东西长约4800m,南北宽约 800m,依据地形,空间呈东西向带状展开,依据地块北部城市结构路网形成有节奏的划分。

(2)双核

紧缩城市带东西两翼南侧各有一三角地块,分别为西翼的产业制造联盟及东翼的文化创意产业中心,构成园区的双核系统,并通过火炬大道及白马湖路围绕冠山形成勾连,构成双核动态轴,与东西两翼轴线共同形成对冠山的环抱,从而形成一轴两翼双核的空间结构特征。

2. 田园城市带——岛

中间水网纵横的田园城市带,以环水的岛状生态地形特征为依托,形成多个产业主题的文化创意与生态旅游公园,并以生态环境为载体承接部分文化创意业态内容和特色人居内容,体现生态福利观念下的城市环境利用模式。

鱼形结构——田园城市带西侧由回龙庵及廊头山构成的峡谷地带,由沿廊头山体北侧的产业带及峡谷底部生态绿带构成园区自由创意设计谷,空间由西南向东北形成轴线,指向紧缩城市带两翼南侧的产业制造联盟三角地块,形成鱼形结构。田园城市带中部白马湖路以南,湘湖北路以北,由庙前山、后头山、大狼山等一系列小山丘构成的空间序列轴线由西南向东北指向紧缩城市带东翼南侧的文化创意产业中心三角地块,亦形成鱼形结构。

3. 山水城市带——簇

沿南端山际线展开的山水城市带以保留的农居村落和自然生态的山水关系为主体,形成聚落式的文化创意与生态旅游的连续单元,以特有的生态风貌直接与南部湘湖区域形成空间形态与城市风貌上的衔接。

一轴两翼十字形结构——南部狮子山和越王城山两山交汇形成的山谷构成山水城市带轴线,与紧缩城市带相呼应亦形成东西两翼轴线向西北沿长江路与紧缩城市带东西两翼轴线共同交汇于冠山,向东南经幷湖指向湘湖片区,形成一轴两翼十字形结构,从而构成园区南北遥相呼应的空间形态格局。

六、重点区块规划设计实施——白马湖生态创意城动漫广场

白马湖生态创意城动漫广场作为生态创意城核心区域,也与原有规划中注意山水结构的思路是一脉相承的,并在后期的建筑设计中也特别注重城市山水美学和建筑山水美学的相互结合。

1. 区块背景

项目基地位于长河街道汤家桥村,同时也是白马湖湖区与冠山风景区的过渡区域,规划一期占地面积约 $72882m^2$,分为三大组团:研发孵化中心、会议展览中心、酒店服务中心。北面为二期用地,分为 SOHO 和市民动漫广场。

2. 区块规划理念

(1) 地方文脉的传承——山水之城

动漫广场所处的位置是生态创意城中冠山脚下的白马湖水域,是杭州地区典型的山水景观,因此,规划试图在现代社会生活的环境下,继承传统水墨山水画的构造技法和精神意境。营造一座新的山水之城,成为杭州城市美学与建筑美学的示范区。

(2) 形式语言的书写——蓬莱之岛

三角形岛状地貌是本项目的基地特点。因此设计从地貌出发,提取中国传统神话中"海上蓬莱"这一元素。将整个项目的建筑群体与基地结合为有机的整体,在湖区水景的衬托下,营造群山仙岛的意象。

建筑形式与空间布局的创造借鉴山水绘画的构造手段,在"似与不似"之间,对具象山水进行大胆提取与抽象,并在神似于山体地貌的基础上,将拥有属于产业需求的新内涵和建筑自身的语言特征,进行一次山水重建般的提升,营造出超越既存山水环境的"蓬莱之岛"。

(3) 产业面貌的凝聚——排马之境

"白马湖"得名于春秋时期的"吴王排马布阵",属于特定历史时期的核心事件,本项目承载的产业主体是文化创意产业门类下的动漫产业和高新技术产业,具体涵盖的产业功能有研发孵化、交流展示、商务服务与配套服务。

在建筑的总体设计中,建筑组团中的群体排列方式与单体形象特征借鉴了动漫产业中的形象制作方式生成,既再现了群山,也隐喻了"排马布阵"的战船概念形象,借助于动漫形象自身的展示方式,将历史事件注入今日建设之中,营造本区域山水环境中的地景建筑。

(4) 场所环境的关注——生态之洲

本区块的建筑和景观规划设计将关注多层次的生态因素介入。生态福利观念下,注意从人居尺度营造自然环境带来的直接感官体验,通过景观、视线、日照、通风、内外环境渗透的均好性,使生态环境因素真正成为本区块的福利因素。

生态环保观念下,应注意建筑与场地之间实现软性衔接、水岸的软化处理以及相关环保技术的运用。坚持环境因素先导的环境反向控制方法,使本区域真正成为湖山当中的生态之洲。

来源:管娟主编,《理想空间 No.58 创意产业园规划设计与实践》,同济大学出版社,2013年。

论建筑环境与整体设计的可持续发展

李大伟

【摘要】 本文结合杭州白马湖生态创意城动漫广场项目的设计案例,提出对建筑整体设计的理念,围绕结构系统等方面整体设计的要点作出了探讨,也强调了环境的整体(自然环境、社会环境和人工环境)和建筑设计的关系,建筑设计多学科、多层次的整体协作和融合。

【关键词】 建筑环境；整体设计；可持续发展

一、杭州白马湖生态创意城动漫广场项目设计案例

本项目位于杭州冠山白马湖水域，是中国国际动漫节永久主展场，建筑面积约21万平方米。基地是典型的山水场所，设计的主题概念是表现杭州的山水文化气质，试图营造出一座新的山水之城，以建筑形体营造出群山的意象，在湖区水景的衬托下营造出超越既存山水环境的湖中之岛，获得了2012年浙江省建设工程钱江杯优秀勘察设计二等奖。杭州白马湖生态创意城动漫广场项目设计的区块规划理念：

地方文脉的传承——山水之城。本项目位于冠山白马湖水域，是典型的山水场所，因此表现杭州的山水文化气质成为了设计的主题概念，试图营造出一座新的山水之城。

形式语言的书写——蓬莱之岛。提取"海上蓬莱"这一元素，在"似与不似"之间，以建筑形体营造出群山的意象，在湖区水景的衬托下营造出超越既存山水环境的"蓬莱之岛"。

产业面貌的凝聚——排马之境。本项目的产业主体，是动漫产业，涵盖研发孵化、交流展示、商务服务与配套服务。建筑形象借鉴动漫产业的制作方式生成，既再现了群山，也隐喻了"吴王排马布阵"的战船概念形象，借助动漫形象展示的方式来营造本区域山水环境中的地景建筑。

场所环境的关注——生态之洲。本项目关注多层次的生态因素介入。通过景观、视线、日照、通风、内外环境的渗透，使生态环境因素真正成为本区块的福利因素。设计注意组团间的合理布局、朝向和间距，以减低能源消耗，注重建筑材料的选择与节能设施的合理配备、水岸的软化处理以及相关环保技术的运用。使本区域真正成为湖山当中的生态之洲。

二、建筑应遵循的原则

建筑需要人类以可持续发展的思想来反思传统的建筑理念。理性设计的思维方式和科学程序的把握，是提高建筑的环境效益、社会效益和经济效益的基本保证。绿色环境建筑与以往的传统建筑相比较，还应特别遵循以下基本原则。

（一）关注建筑的全寿命周期

建筑从最初的规划设计到随后的建造、运行、改造及最终的拆除，形成了一个全生命周期。考虑到构成建筑的材料，这一周期还应向前追溯至原材料的开采、运输、加工过程，向后延伸到建筑废弃、拆毁后垃圾的处理、降解的全过程。关注建筑的全寿命周期意味着，不仅在规划设计阶段充分考虑并利用环境因素，而且确保施

工过程中对环境的影响最低,运行阶段能为人们提供健康、舒适、低耗、无害的空间,拆除后又把对环境的危害降到最低。

(二)适应自然条件,保护自然环境

考虑建筑设计方案时,应做到以下几点:

1. 充分利用建筑场地周边的自然条件,保留和利用地形、地貌、植被和自然水系,保持历史文化与景观的连续性。

2. 在建筑的选址、朝向、布局、形态等方面,充分考虑当地的气候特征和生态环境。

3. 建筑风格与规模和周围环境保持协调。

4. 尽可能减少对自然环境的负面影响,如减少有害气体、废弃物的排放,减少对生态环境的破坏。

(三)创建健康、舒适的环境

1. 建筑环境应合理考虑使用者的需求,努力创造优美、和谐的环境。

2. 强调高效节约,不能以降低生活质量、牺牲人的健康和舒适为代价。

3. 提高建筑室内舒适度,改善室内环境质量。

4. 保障使用的安全,降低环境污染,满足人们生理和心理的需求,同时为人们提高工作效率创造条件。

(四)加强资源节约与综合利用,减轻环境负荷

1. 通过优良的设计和管理,优化生产工艺,采用适用技术、材料和产品。

2. 合理利用和优化资源配置,减少对资源的占有和消耗,做到节能、节水、节地、节材。

3. 因地制宜,最大限度地利用本地材料与资源。

4. 最大限度地提高资源、能源和原材料的利用效率,积极促进资源的综合利用。

5. 延长建筑物的整体使用寿命,增强其性能及适应性。

三、建筑的整体设计要点

建筑的设计不是简单的某种技术的运用或某几种技术的叠加,建筑需要各专业之间综合考虑、整体协调才能得以实现。建筑节能的综合设计,它涉及到了场地、景观、建筑、结构、机电等各专业的内容。从中可以发现,某一个建筑目标的实现需要相关专业的协同努力。

(一)团队的建立和目标的确立

建立一个项目目标是实现建筑最基础的步骤之一,但在激烈的市场竞争中,由于时间和资金的压力这一步往往被忽视。为了从建筑提供的新机遇中获益,项目

的所有参与者应了解并朝着这一目标努力。为了保证效率，这一过程应是横向和纵向的整合，并且是跨学科的。项目的要求和协作的时机，应通过分享每个系统和分系统的专项技术，以达到高度的综合，实现高水平的建筑功能。项目团队包括业主、建筑师、工程师、咨询顾问、承包商等，传统的设计过程，是由每个成员完成他们的职责然后传递给下一家。而在建筑设计中，焦点应从划区块工作转移到多学科融合的方法，项目成员应协调一致，确保将来有助于项目目标的完整。在开展设计工作之前，可按以下步骤来确立达成建筑的目标：一是提出建议；二是针对建议提出目标；三是确定设计标准；四是区分设计标准的优先次序。我们可以举例说明如何运用上述步骤，例如：第一阶段，业主提出建议，希望尽量减少项目对环境的影响。第二阶段，针对建议提出目标，业主的这一建议可能包含希望使用被动技术和采用自然照明来节省能源的目标。第三阶段，目标要形成定义，以确定采用的设计目标。最后阶段，项目组成员应区分设计标准的优先次序，如果高质量更重要，那么在预算许可的前提下，最终的决策就很容易做出。

建立团队和确立目标的工作要点：一是通过团队协作的方法，仔细研究每个项目的潜在特性；二是如果综合团队决策的方法不适用，那么尽可能地将利益相关者结合进设计过程中；三是如果利益相关者或团队成员没有时间或相关的专业知识，也可以借助当地非盈利社团、大学、其他设计单位或专业设计机构的技术力量；四是利用现有的大量的文献和参考资料，培训员工和参与者了解综合团队设计的工作特点和益处；五是从环境效益到经济效益各个方面对项目进行评估；六是从项目的全过程和建筑的全寿命周期，来考虑建筑方案对外界的影响和副作用；七是确定所有与项目利益相关的人或组织，了解真实的开发成本，包括开发对社会和项目全寿命周期方面的影响；八是如果可能的话，运用计算机模拟和全生命周期成本分析工具。

（二）对于建筑的选址，应关注建筑与周围环境的和谐共处。

首先应避免将建筑建在不适宜的场地，其次应减少建筑选址对环境造成的负面影响。选址整体设计的要点：

1.了解建筑与场地界外的关系以及对其的影响，避免建筑行为造成水土流失或其他灾害。

2.明白地貌景观是相互依赖和相互关联的，充分利用原有场地上的自然生态，减少对场地的扰动。

3.促进生物多样化，应维持城市、郊区和农村与生俱来的植物和动物的生长环境。

4.重复使用已被扰动过的用地，使用贫瘠土地，特别要避免使用可耕地和自然保护区用地;要反复掂量放弃现有建筑的后果,包括场地、基础设施、资源和能源的重复消耗。

5. 评估用地资源以确定所选的用地对项目有益,如所选用地是否有利于最大限度利用太阳能和风能。

6. 将建筑建在对环境影响最小的地方,尽可能减少建筑占地,建筑可相对集中以避免大面积的扰动。如有可能优先选用已开发,具城市改造潜力的区域。强调土地的集约化利用,合理规划用地。

7. 选择最佳的建筑形状和朝向,以充分利用阳光、风等自然因素。

8. 合理利用地下空间。

9. 采用新型墙体材料,严禁使用黏土砖,充分利用矿渣、粉煤灰等工业废料,减少环境污染。

10. 利用园林绿化和建筑外部设计以减少热岛效应。

11. 采用雨水回渗措施、维持土壤原有的水生态系统。

12. 绿地配置合理,达到局部环境内水土保持、调节气候、降低污染和隔绝噪声的目的。

13. 利用市政交通网络,减少个人机动车的使用。

(三)外围护结构系统

外围护结构系统直接影响着使用者的热舒适感和视觉舒适感。外围护结构系统还是能源消耗的主要影响因素之一。室内视觉舒适感主要是通过日照和景观来体现的。外围护结构整体设计的要点如下:

1. 热舒适性。(1)在求助于空调系统进行环境控制之前,应先考虑优化外围护结构的保温隔热性能;(2)如有可能,利用现有的计算机模型,研究各种不同材料和形状的外围护结构的性能;(3)了解辐射表面温度和舒适性之间的关系,高性能的玻璃窗和外围护系统可以提供适宜的内表面温度,从而减少空调系统的运行费用;(4)众所周知,场地和建筑物的朝向对外围护结构系统有影响,可根据朝向来选择墙体和玻璃材料,以适应风和太阳负荷的变化;(5)了解建筑质量与室内热舒适度控制之间的关系,质量大的建筑有助于稳定温度的波动,如可利用夜晚的蓄冷在白天达到冷却的作用;(6)建筑与规划设计一体化的中庭、采光井或与天井和平台相连,可以将自然采光和通风结合起来;(7)合理选择密封材料和建筑装配大样,减少无序渗漏;(8)在采用机械系统之前,尽量依靠外围护结构保温隔热性能和自然空间调节与通风策略;如果室外的条件满足舒适的要求,应使建筑设计尽可能地利用流动的微风,最大限度地实现自然通风。

2.视觉舒适性。(1)提供具有视觉激励的环境,在变化着的照度水平、在光影的舒适对比和愉悦变化中,对人的行为能产生激励作用;(2)尽可能多地提供自然光,将补充光源与可利用的自然光结合起来;(3)考虑将日光、高能效照明和能效控制策略结合起来。

(四)机电系统

机电系统是关系到创造热舒适性和好的室内空气质量的重要环节。机电系统的设计不光要满足用户使用功能和舒适性的要求,同时还应设法降低设备的一次性投资和日后的运行费用。机电系统整体设计的要点如下:

1.热舒适。(1)通过选择最佳的建筑朝向和外围护系统,以减少机电系统的负荷;(2)合理安排室内空间,减少设备的负荷;(3)分析每个空间的冷热负荷需求,根据不同区域的需求选用最适宜的机电系统;(4)使建筑用户能单独控制环境的状态,满足个体的不同需求,以避免过度消耗;(5)使用建筑用能管理系统来监控和优化系统性能。

2.室内空气质量。(1)评估场地和周边区域是否有潜在污染源,仔细研究交通、中转站、停车场的影响和其他有可能对室内产生影响的污染物;(2)特别注意对通风的需求和系统的配置与控制;(3)采用清洁用品和操作程序,进行清洁维护工作。

(五)建筑室内

建筑室内设计要满足功能和舒适性的要求。首先功能和空间的设计应从不同层面上来进行考量,如使用人体工程学应考虑从空间的安排到用户桌子布置;其次声环境的设计应能为用户提供私密的、界线清晰的和免受干扰的环境;最后照明系统的设计应结合建筑采光的设计,以营造出亮度适宜,无眩光和光线的强烈对比。建筑室内整体设计的要点如下:

1.功能和空间。(1)按使用需求来设计空间,使专用的交通空间最小化;(2)允许用户控制和调整他们的私人环境;(3)去除冗余,设计可共享的服务设施;(4)利用人体工程学来决定空间设计和家具、设备的选择参数;(5)通过可开启窗户、日光、新鲜空气等,尽量让用户感受到自然环境,这一策略应与空调系统结合起来。

2.隔声性能。(1)估量场地和周边区域是否有噪声污染源;(2)在设计建筑布局、造型和组团关系时,考虑声音的反射和消散;(3)入口使用风幕或旋转门,以减少声音的传入并有利于节能;(4)在设计机电设备和系统时,首先应考虑声学性能;(5)评估开敞式办公和工作环境的噪声情况,仔细分析所有表面、家具和设备对噪声性能的影响。

3.照明系统。(1)一体化考虑高性能器具、灯具和控制系统,努力降低每平方米的用电量和实际负荷;(2)使用户可以控制每个工作位或小区域的照明,而不是只有大范围、一致的开关设置;(3)将照明系统纳入日常维护工作程序中,以保证优化照明输出和提高用能效率;(4)以有效的自然采光为先导,优化自然光的使用;(5)设计控制系统,平衡可利用的日光和电照明;(6)通过整合所有照明,包括周围环境和工作位照明,营造具有视觉情趣和激励感的环境。

(六)建筑材料

作为建筑,需要对材料的使用进行综合评价。传统建筑项目选用材料时一般只评估一次性投资,而建筑应评估材料在建筑全寿命周期内的花费。重复使用建筑材料、使用对环境友善的材料也是有益处的。好的设计应考虑材料在开采、运输、加工、组装过程中的环境费用,同时也应考虑建成后对使用者的影响。建筑材料整体设计的要点:

1. 重复使用既有建筑、材料和基础设施,以降低对新资源的需求。

2. 对于建设用地内需拆除的建筑,将拆下的可回用、可再生和可循环使用的材料如钢材、木材等进行分类处理、回收与再利用。

3. 考虑全寿命周期的投资,而不仅仅是一次性投资,有助于提高设计和材料的质量。

4. 在工地循环使用废弃物,采用工厂生产的成品,减少现场加工。

5. 通过标准化设计和注重模数协调,减少施工废弃物的产生。

6. 避免使用对环境有害的材料,选用可降解、可回用和可再生的建材。

7. 不使用消耗臭氧的化学物质的设备和材料。

8. 在同等情况下优先选用蕴能最低的材料,以减少建材在开采、加工、运输过程中的能源消耗。

9. 尽可能使用本地生产的材料和制品,减少建材在运输过程中的能源消耗。

10. 减少和循环使用包装材料。

11. 制定施工废物管理计划。

12. 使用不需要频繁维护或含有有害维护工序的材料。

四、结论

任何一个建筑目标的实现,都需要来自项目各利益相关方的努力和多领域、多学科的协同工作。设计师们整体环境意识的形成,特别是对建筑整体设计实践的深入,将有助于建筑业改善和调整人与环境的相互关系,为人类创造适宜的生活环境。

来源:李大伟著,《论建筑环境与整体设计的可持续发展》,《建筑工程技术与设计》,2014年第15期。

（二）规划

20.5平方千米控规总图

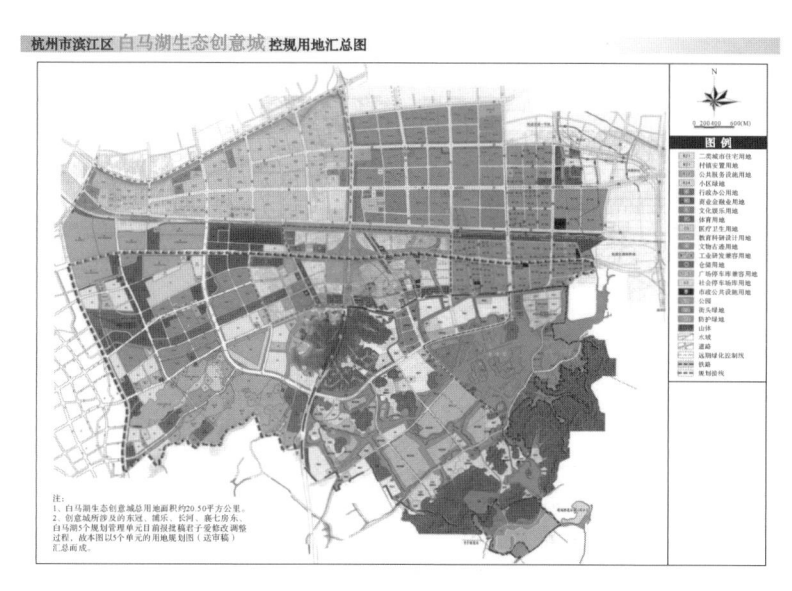

8平方千米核心区控规图

白马湖单元控制性详细规划

2010年5月13日，市政府批准由市规划局组织，杭州市城市规划设计研究院编制的《杭州市滨江区白马湖单元（BJ16）控制性详细规划》。规划范围北至萧闻路与长河街道相接，西至时代大道与浦乐规划单元相接，东、南至滨江区边界与湘湖旅游度假区相接，规划总用地面积约1032万平方米，其中山体、水域面积约362.8万平方米。规划要求建设成为国家级文化创意产业园区、旅游休闲度假区、杭州城市美学和建筑美学示范区、杭州和谐创业示范区。规划布局结构为"四轴四区"，即沿萧闻路、白马湖路、长江南路、时代大道4条发展轴线，形成白马湖生态旅游度假区、生态创意产业园区、冠山文化生态区、新水乡住宅区4个功能区块。

来源：许小复主编，《杭州年鉴2010》，方志出版社，2011年。

杭州市滨江区白马湖单元控制性详细规划

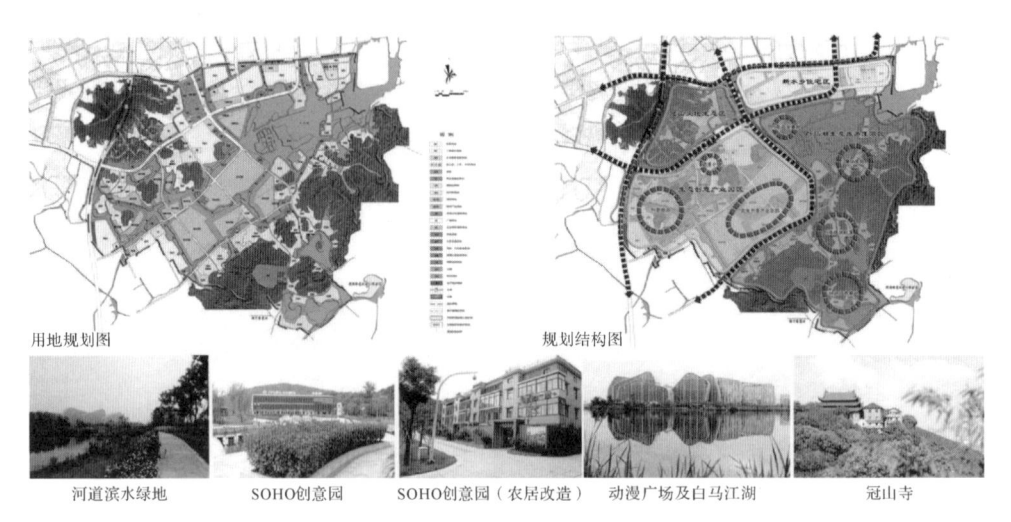

用地规划图　　规划结构图

河道滨水绿地　　SOHO创意园　　SOHO创意园（农居改造）　　动漫广场及白马江湖　　冠山寺

白马湖单元位于滨江区南部，生态环境优越，周边配套较好，是白马湖生态创意城的核心区域。规划以保护优先，形成人文与自然、城市与自然、人与自然和谐共生，山水城交融的环境理念，规划建设环境优势突出的高新技术研发交流中心、创意产业中心，和功能完善、环境优美的集观光度假、休闲娱乐、郊游野趣于一体的白马湖休闲旅游度假。目前，白马湖单元已成为滨江区文化创意、高新科研、会展旅游、休闲度假的重要发展区域。

来源：《城市规划》，2015(S1)。

杭州滨江白马湖休闲度假区概念规划

白马湖旅游度假区位于滨江南部区域，包括规划中的长江路、白马路和北山路与萧山交界线所围合的范围。总用地面积约4.6平方千米。

规划提出了"一心一带四片"的总体结构。"一心"指白马湖生态湿地公园；"一带"指山水间的公共活动带，主要包括信息文化交流中心、康体运动俱乐部、修疗基地、娱乐中心、综合服务中心；"四片"包括生态度假村、跨湖桥郊野公园、白马湖风情渔村、影视后期制作中心。所有建筑均采用清新的本土风格，同时糅合简洁的现代设计手法，并结合先进的施工技术与当地可取得的建筑材料。建筑风貌与高度根据不同内容有不同的控制要求。植被配置上，大面积种植自然生态林，形成富于野趣的风景植物群落。在各功能分区范围内更新现有林相，多植色叶和香花植物，把植物与建筑、水体、草地等有机穿插组合，按三分草坪、二分树林草地和五分密林的搭配变化,形成自然流畅的风景林。

来源:《景观设计》,2005 年第 F11 期。

(三)建设

杭州白马湖卡通城

在广电总局颁布的 15 个动画产业基地中,长三角地区占了 6 个,东北地区 2 个,两湖地区 2 个,广东省 2 个,北京市 3 个,下面将按地域逐一介绍(所有资料、数据截止到 2006 年 5 月)。

一、长三角地区
(1)杭州高新技术开发区动画产业园
地点:浙江杭州　挂牌时间:2004 年 12 月　性质:股份制

基本规模：基地一期现有建筑面积5万余平方米，其中企业的研发制作空间近3万平方米，其余为教学培训、产品展示、交流合作等公共服务平台。在动画产业园区内有动漫游戏及各类相关人才近2000人，其中导演、编剧、原画等中高级创作人才180余人。

（2）经营状况

截至2005年7月，已有中南卡通、盛大边锋、盛世龙吟、渡口网络等50余家动漫游戏及相关企业加盟基地，其中包括20多家规模较大的影视动画生产制作企业，20多家和游戏研发、运营企业，从业人员1万余人，初步形成了比较完整的动画产品设计、制作、运营产业链，开始从加工国外动漫产品向自主原创转型。2005年基地企业共完成动画影视作品900余集，计8000多分钟，2006年度基地企业动画片题材申报已超过30部，达1147集，共计26000余分钟，居于全国前列。其中，《天眼》《童话动物园》《金丝猴神游属相王国》《济公》和《环保剑》等5部原创作品分别获得2005年度第一、二、三、四批国家广电总局推荐优秀动画片，《抗日小奇兵》获得2006年度第一批国家广电总局推荐优秀动画片，可以说基地企业的作品每次都榜上有名。此外，《天眼》还获得首届中国国际动漫节大赛特别奖等多项国内外影视和动漫大奖，杭州三辰卡通公司的《育青号》被新闻出版总署评为国家重点音像出版工程，创网科技的益智网络游戏《数码精灵》则获文化部推荐的首批适合未成年人的优秀网游。

（3）主营业务

目前基地以动画原创生产及相关衍生产品的开发制作为主要业务。

（4）管理结构

杭州高新区成立了"动画产业基地建设领导小组"，牵头负责基地建设和产业发展。同时，高新区还积极组织"国家动画产业基地专家咨询委员会"，邀请国内外知名专家和学者担任专家组成员，为动画产业发展出谋划策。同时，为了加强基地的日常管理，高新区还设立了"动画产业基地办公室"，具体负责基地建设、招商引资和管理协调等工作。

（5）发展计划

未来几年的产业规划所圈定的内容将包括动画制作、数字影视、教育课件、网络游戏与无线游戏、动画游戏衍生产品等。

另外，杭州市提出将高新区（滨江）的白马湖区域作为卡通城的选址区。正在规划建设一座集研发制作、交流展示、娱乐体验、休闲度假等于一体的国际化的动漫天地。据悉，高新区准备辟出约33公顷土地，在两三年内基本完成动画产业园的建设。同时,将在2008年建成规划面积不小于100公顷,总投资达6亿元的中国卡通城。相信在不久的将来,大家就可以在杭州白马湖卡通城体验高新科技带来的动漫乐趣。

(6)政府扶持政策

为推动动画产业发展,浙江省已把动画产品列入全省文化精品工程,每年安排专项奖励基金用以培育浙江动画品牌,杭州市政府对其的重视程度及扶持力度更是前所未有,围绕打造"动漫之都"的战略,推出了15项扶持动漫游戏产业发展的政策,并建立了2.5亿元的动漫产业专项基金。

2005年2月,在全国范围内率先制定出台了《杭州高新区关于鼓励和扶持动画产业发展的若干意见(试行)》,《意见》主要是对动画产业的领域范围、入驻基地的企业条件、扶持政策、奖励办法等作出具体的规定。规定如下:从2005年起,作为杭州国家动画产业基地所在地——杭州高新技术产业开发区——区财政每年应从产业扶持资金中安排不少于2000万元的"杭州高新区国家动画产业基地专项扶持资金",用于动画产业公共服务(技术)平台的建设、动画作品原创以及对动画企业发展的财政扶持;同时,对经批准播出的动画影视作品给予相应奖励,在央视播出的二维动画片每分钟奖励1000元,在地方台播出的每分钟奖励500元,播出三维动画片的在二维的基础上给予加倍奖励;此外,对入驻企业给予第一年全免,第二、第三年减半的生产用房房租补贴,以及对注册资本在800万人民币或100万美元以上的重点动画企业,实行"一企一策",并按三年内该企业对区财政的贡献总额给予综合资助。政府"无形"的手对动漫产业的发展无疑是有力的推动。

2005年10月,杭州市出台了《关于鼓励和扶持动漫游戏产业发展的若干意见(试行)》(杭政外ROO51S号),具体内容如下:为进一步加快杭州动漫游戏产业发展,努力打造"动漫之都",经市政府同意,现就进一步鼓励和扶持动漫游戏产业发展提出如下意见:

一、资金扶持政策

自2005年起,市本级在现代服务业专项资金中单独设立动漫游戏产业发展专项资金5000万元,滚动用于对动漫游戏产业的奖励、资助、贴息等。

1.凡在本市申报、国家广电总局批准的原创动画片,经评审的优秀作品,在中央台播出的每分钟奖励企业1000元;在地市级以上电视台播出的每分钟奖励企业500元;在境外主流媒体播出的每分钟奖励企业1500元。在多个台播出的按从高不重复原则给予奖励。

2.对获国际性重大奖项的动漫游戏原创作品,一次性奖励100万元;获国家级、省级、市级重大奖项的动漫游戏原创作品,一次性分别奖励50万元、30万元、10万元;被国家广电总局推荐为优先播出的优秀动画片,一次性奖励10万元。对经国家文化部或信息产业部批准、正式上线运营的原创游戏,每款奖励5万元;获国家文化部或信息产业部认定并推广的益智类游戏,每款奖励10万元。获多次奖项的按从高不重复原则给予奖励。

3.鼓励企业、院校设立或合作设立动漫游戏产业研发(技术、创作)中心,凡被认定为国家级、省级、市级的,一次性分别奖励30万元、20万元、10万元。

4.建立市动漫游戏产业发展专家评审委员会,每年对本市原创动漫游戏项目进行评审。对专家评审委员会审定的原创动漫游戏精品项目,实行前期资助,资助金额为项目实际到位投资额的10%。

5.对参加由市动漫游戏产业发展领导小组办公室组织参加的国家级以上动漫游戏产业发展的企业,给予展位费50%的资助。

6.对自带大型动漫游戏原创题材来杭创业的企业,一次性给予20万元以下创业资金的资助。同时符合其他相关产业政策资助条件的,按从高不重复原则给予资助。

7.鼓励建设动漫游戏公共技术服务平台,并给予一定的资助。

8.企业因生产原创动漫游戏作品向银行借贷资金的,按照贷款利息给予50%的贴息补贴。

二、税收扶持政策

1.政府鼓励的新办动漫游戏企业,免征3年企业所得税。

2.凡符合国家有关高新技术、电子信息和"双软"企业税收优惠政策的,由税务部门办理减免税手续。

3.动漫游戏产品出口参照文化产品出口,按照国家现行税法规定享受出口退(免)税政策。

4.为创作动漫游戏新产品进口所需要的自用设备及配套件、备件等,按现行税法规定,免征进口关税和进口环节增值税。

三、工商扶持政策

新办的动漫企业,最低注册资金为300万元,如一时不能全额到位的,可在3年内分期到位,其首期到位的注册资金不得低于50万元。注册资金到位前,企业按注册资金总额承担连带责任。

四、土地扶持政策

对入驻本市经认定的动漫游戏企业,3年内需购地建设工业生产用房的,其土地出让价格在现行基准地价基础上下浮20%。

五、人才引进扶持政策

对动漫游戏方面急需引进的特殊人才(经市人事局认定),凡符合我市引进人才优秀购买专项经济适用住房政策条件的,可优先购买经济适用住房,并在子女教育等方面给予优先照顾。

《关于鼓励和扶持动漫游戏产业发展的若干意见(试行)》

本意见适用于在本市纳税的有关动漫游戏作品的原创、生产制作、衍生产品开发和动漫游戏产品的技术研发、市场拓展的企业。具体实施办法由市文化广电新闻出版局、市财政局会同相关部门另行制订。

2005年,杭州市出台的这两个政府性文件使得落户基地的企业享受到了双重的优惠。

(7)搭建平台

一是搭建产业支撑平台。

二是搭建人才培养平台。

三是搭建投融资服务平台。

四是搭建后勤服务平台。

(8)基地特色

人才与科研,成为辅佐动画产业发展的基石。为打造能代表中国动画产业发展顶尖水平的一流基地,杭州高新区先后邀请中国美院、浙江大学和浙江省经济规划研究院组成班子编制了"杭州国家动画产业基地发展规划"。产业规划与地区国民经济和社会发展十一五规划相衔接,与高科技、信息化规划相配套,也与大文化产业规划相结合。建设模式为"政府推动、企业主体、市场运作、分步实施",重点建设作品创意中心、动漫制作中心、教育培训中心、技术研发中心、展示交易中心,投融资服务中心、数字娱乐体验中心和企业孵化中心等八大服务支撑体系。基地正凭借科技创新,人才支撑以及动漫游戏产业的先发优势,努力造就一批具有国际竞争力的规模企业,荟萃一批专业优势人才,形成产学研相结合的动漫产业链,努力建设成为杭州"动漫之都"的产业核心区和示范区。

来源:《中国动画产业年报》,2006年。

杭州市白马湖地区城市色彩规划

规划区域位于杭州市钱江南岸的滨江(高新)区的南部地区,萧山城厢镇以西,长河街道以南。

规划区用地面积共约1890.58万平方米,其中山体、水域约578万平方米。北至城市快速路彩虹大道与长河街道相接,西面紧临浦沿街道,东、南至滨江区边界与湘湖休闲度假区相接,规划区域距北面的滨江高新技术园区较近。

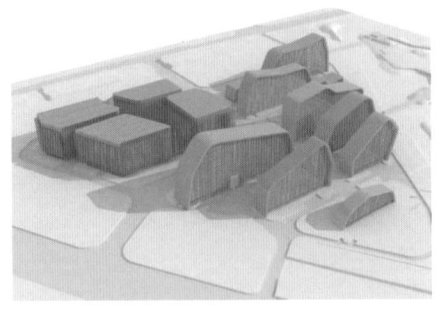

白马湖动漫广场整体三维效果示意图　　白马湖地区城市色彩规划主旋律结构

政府把白马湖地区定位为创意产业生态城。在色彩营造上,整体"淡雅温润、水墨淡彩",临水建筑淡雅水彩,以中高明度中低艳度的暖黄灰色调为主;临山建筑色彩温润含蓄,在山体的映衬下高贵典雅,以中明度中低艳度的暖褐色系和灰色系为主;创意村落建筑用色明快生动,在厚重的江南生态色彩中点出一抹璀璨,使得生态景观与建筑美学相融和、生态创意与城市魅力相辉映。

白马湖长江路节点设计三维效果示意图

白马湖地区城市色彩规划墙面主旋律概念三维效果图

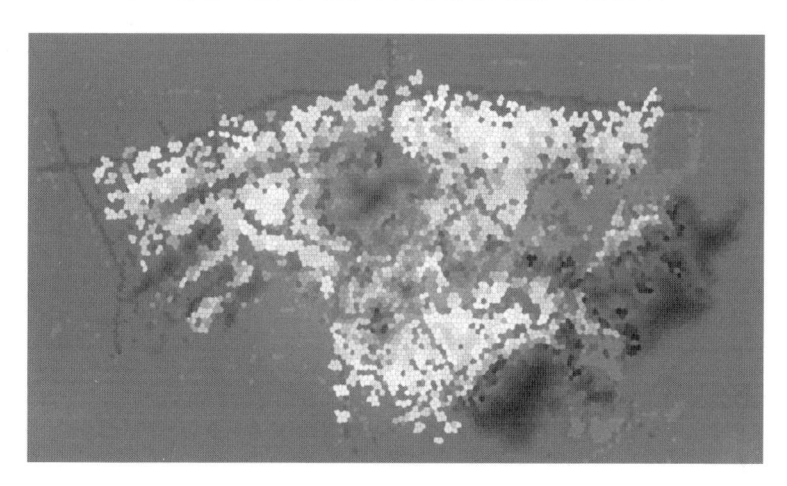

白马湖地区城市色彩规划墙面主旋律概念

来源:《建筑与文化》,2009年第8期。

动漫广场城市综合体

  动漫广场城市综合体是杭州打造全国文化创意产业中心和动漫之都的重大举措,也是白马湖生态创意城的核心区块和标杆工程。其中,项目一期由研发孵化中心、会议展览中心、酒店三大组团组成,建筑面积21万 m^2,投资逾12亿人民币。交通便利,距离杭州主城区约15分钟车程,到杭州萧山国际机场仅20分钟车程,毗邻城市地铁1号线、沪杭甬高速、杭金衢高速、绕城高速公路。展览、会议、餐饮、居住、商业、文娱、购物和交通等配套设施一应俱全。

动漫广场综合体

会展组团

会展中心一期于2010年4月正式投入使用,是目前杭州规模最大、功能最齐的专业性展馆,是动漫节的永久举办地,展馆共分为地上五层、地下两层,层高8～11米,可展示面积约45000m^2。会展中心二期总建筑面积39000m^2,地上三层,面积21000m^2,地下二层,面积17000m^2。动漫广场会展中心将集聚国内外知名文创企业、行业领军人物和各类高端展示、交易、会展活动,并以绿色、节能、亲水的特色成为杭州举办高档专业会展的旗舰性建筑。

研发孵化办公楼群

包括5栋建筑单体,东面毗邻1.36平方千米白马湖水域。总建筑面积70613平方米。功能主要为文化创意产业研发办公、交流展示用房以及管理服务配套用房等。

商业配套

项目规划1300平方米,规划集金融、餐饮、休闲等于一体的高端商业、商务配套设施,将进一步完善和提升动漫广场的配套设施和服务,以高标准的商务环境成为业界抢占商机、争相投资的热点。

来源:《观察与思考》,2011年第7期。

杭州白马湖生态创意城动漫广场

设计理念——山水之城的文脉传承

山无水不美,水无山不秀。"山水城市"是从中国传统的山水自然观、天人合一的哲学观基础上提出的城市构想,也是近年兴起的理想生活模式,旨在把城市营建在自然山水中,让自然山水融化在城市生活里,使城市建筑和自然山水融为一体。

杭州的历史贯穿了中国传统山水文化的精神和理念。"三面环山一面城""杭州以湖山胜"……历代的名人雅士对杭州的赞美无一不是对杭州山水的标榜,因为有了这独揽天然之美的山水地理才造就了杭州的自然、历史、人文,产生了杭州城市特有的园林、建筑、艺术和城市的特质,在杭州的城市文化传统中,围绕山水展开的探讨与营造从未间断。受山水的长久浸濡,使得杭州城市流露出特有的乐山悦水的文人气质。

冠山脚下的白马湖水域,是典型的地域文化山水场所。因此,设计的主题是从视觉形象和空间意向来表现杭州的山水文化气质,试图在现代语境下,营造一座新的山水之城。

以传统山水画理作为构造手法,在"似与不似"之间,对具象山水进行提取与抽象,创造出如山水画的空间境界——"可行、可望、可游、可居"之景,是一次山水重建的提升。

项目概述

本项目位于杭州白马湖生态创意城内长河街道汤家桥村,西南毗邻城市绿化带及长江路,东部紧贴白马湖动漫公园,北侧为二期动漫用地及白马湖路,地形呈三角状,交通便捷,地势平坦。项目占地面积为 72882 平方米,总建筑面积 209641.49 平方米,其中地上建筑面积 145764 平方米,地下建筑面积 63877.49 平方米,建筑占地面积 25653.37 平方米。

布局与功能

建筑群依据三大组团的不同功能特性,分别占据三角形基地的三个角,构成相互支撑的鼎立之势。

研发孵化中心,包括创意动漫产业研发办公、交流展示用房以及管理服务配套用房。该组团位于地块的南部区块,由大小高低不一的五幢楼组成,景观视线良好,离北部城区较远,为地块内闹中取静的区域,相对独立,适宜营造安静的创业办公环境。

会议展览中心,包括展厅、会议、信息中心、新闻中心及服务配套用房。该组团位于地块西北部,两面临街、位置显著、交通便利,符合其会展功能的特性。该组团的功能特性赋予建筑造型以较大的自由度,因此造就了独具特色的标志性建筑。

酒店服务中心,包括产业集团总部、商务宾馆与会所、配套商业与中介服务机构。该组团位于地块的东北角,由大小、高低不一的三幢楼组成,充分利用其与北侧城区接壤的优势,营造便利丰富的服务环境。

结语

作为中国国际动漫节的永久会场,白马湖生态创意城动漫广场因它独特的创意已经成为杭州城市文化的新名片,希望通过本项目的设计,探索地域建筑发展的新方向,在尊重历史文脉、融合现代元素、符合时代精神的同时,构建新的山水之城。

动漫广埠南向实景

动温广场俯视图

来源:《建筑学报》,2013年第1期。

动漫之都——中国动漫博物馆

中国动漫博物馆位于杭州市滨江区白马湖,毗邻动漫广场二期展览馆,总面积有2000m²,于2010年4月正式破土动工。动漫广场二期工程位于白马湖路以南、长江路以东、一期工程以北,建设用地近2.7公顷,主要包括中国动漫博物馆、二期会展、人防工程三大版块。它将成为一个动漫展示中心,全面展示中国动漫的历史进程;它将成为一个动漫学术圣地,收藏海内外最珍贵、最权威的动漫历史资料;它还将成为动漫爱好者的一片乐土,让广大青少年和动漫爱好者体验动漫的无穷乐趣。

　　建设中国动漫博物馆,是杭州继举办中国国际动漫节之后作出的又一项重大举措,标志着杭州在打造"全国文化创意产业中心"和建设"动漫之都"上又迈出了新的步伐。杭州将在国家有关部门和全国动漫业界、学界的关心、支持和帮助下,努力将中国动漫博物馆建设成为传承民族动漫文化、介绍世界动漫发展趋势、展示动漫产业发展成果、普及动漫知识的重要平台,成为国内规模最大、展品最丰富、内容最权威的国际一流的国家级动漫专业博物馆,为大力弘扬民族动漫文化、振兴民族动漫产业作出新的贡献。

中国动漫博物馆效果图

　　博物馆设有动画厅、漫画厅、名家厅、产业厅和体验厅,还拥有国际一流的IMAX影院、多功能表演厅、互动体验室和大型阅览室等配套设施。目前,蔡志忠、朱德庸和黄玉郎等已向中国动漫博物馆捐赠了67件藏品。另外,《大闹天宫》原画、《金猴降妖》的全套台本,以及由严定宪和已故日本漫画家手冢治虫共同亲笔绘制的漫画《阿童木握手孙悟空》等藏品都将成为镇馆之宝。

　　来源:《杭州(周刊)》,2016年第8期。

六、产业篇

（一）动漫文化篇

1. 综述

历届中国杭州国际动漫节综述

刘嘉龙

2005—2012年,中国杭州国际动漫节连续几届成功举办,已经初步完成"世界会展品牌、动漫专业品牌、大众文化品牌"的目标,展会的"国家级、国际化、专业化"水平显著提高,尤其是在传播动漫最新理念、突出动漫文化创意、发展动漫产业链、展示动漫最新成果、推介动漫最新技术方面,为国内外动漫产业发展搭建了广阔平台。

1.1 历届中国杭州国际动漫节概况

1.1.1 国际动漫产业发展的大背景

二十世纪八九十年代,欧美、日韩、港台以卡通、漫画、动画为发端的动漫狂潮席卷中国大陆,尤其是日韩卡通书、动画片等动漫产品对中国年轻一代产生了极其深远的影响,国内也开始出现《西游记》《哪吒闹海》《葫芦娃》等精品动画片,80后、90后都是看着这些卡通书、动画片长大的。进入21世纪,动漫及衍生产品的巨大产值及其迅猛的发展速度,日益受到世界各国的普遍关注,国内也随之出现了以原创动画创作、交易为主要标志的动漫热潮,并积极发展动漫产业的周边产品,包括以游戏、卡通、动漫文化创意为特色的服装、仿真玩具、食品、装饰品、工艺饰品等实物产品,还包括音乐、图片、书籍等文化产品。正是在这一大背景下,国家大力扶持的动漫基地得到了迅速发展,全国动漫行业也紧密团结在一起,共同探索动漫强国之策,并发布了《动画强国》宣言,中国动漫产业也终于有了自己的国际交流平台——中国国际动漫节。2005年,由国家广电总局和浙江省政府主导的中国国际动漫节活动在杭州如火如荼地开展起来。

1.1.2 历届中国杭州国际动漫节业绩

中国国际动漫节由国家广电总局、浙江省人民政府联合主办,杭州市人民政府、浙江广播电影电视局和浙江广播电视集团承办,是国内唯一的国家级动漫专业节展,也是目前规模最大、人气最旺、影响最广的动漫专业盛会,最近还被《国家"十二五"文化改革发展规划纲要》列为重点扶持的文化会展项目、"中华文化走出去"的重要平台(见表)。

历届中国(杭州)国际动漫节一览表

	2005	2006	2007	2008	2009	2010	2011	2012	合计
国家/地区(个)	/	24	23	37	38	47	54	61	284
参观人数(万人)	12	28	43	67	80	161	202	208	801
交易金额(亿元)	8	22	41	41	65	106	128	146	557
展会面积(万 m²)	2	4.6	4.6	6	6	6	6	8	43.2
展商数量(家)	120	130	260	280	300	365	425	461	2341

1.1.3 杭州国际动漫节主题策划

说到现代节事活动,每年四、五月份在杭州举行的国际动漫节更是热闹。国际动漫节是每届参观人数均超过百万人次的动漫盛会,已经成为杭州继西湖博览会、世界休闲博览会后又一个大型节庆活动品牌,在国内外享有极高的声誉和影响力,被中国动画学会评为"中国最具影响力"的动漫节展。杭州国际动漫节围绕"动漫的盛会,人民的节日"这一宗旨,以进一步提升"专业化、国际化、产业化、品牌化"水平为目标,不断深化"动漫我的城市,动漫我的生活"这一办节主题,努力创新办节模式,提升展会效益,提高服务水准,扩大海内外知名度和影响力,取得了令人骄傲的成绩。2012年4月28日至5月3日,第八届中国国际动漫节移师中国杭州动漫产业的重镇——滨江区白马湖生态创意城举行,以"动漫我的城市,动漫我的生活"为主题,内容包括会展、论坛、大赛、活动四大板块,齐聚动漫精英,共襄动漫盛会。

1.1.4 杭州国际动漫节主要内容

中国国际动漫节自2005年首次在杭州举办以来,每年在被誉为"人间天堂"的中国杭州举行。主会场从杭州的西湖,再到萧山的湘湖,最后到滨江的白马湖,分会场从最初的几个,到现在的十多个,国际动漫节的时间、地点、内容、形式策划也越来越有创意。2012年第八届中国国际动漫节共吸引61个国家和地区参与,461家中外企业参展,208万人次参加了包括产业博览会在内的各项活动,签约项目165个,涉及金额104亿,现场成交42亿人民币,总金额达到146亿元人民币,实现了经济效益和社会效益的双丰收。2012第八届中国杭州国际动漫节内容丰富,主会场活动达50项,分会场活动20多项,展会在运作手法上与杭州西湖博览会如出一辙,但国际动漫节"金猴奖"颁奖盛典、COSPLAY秀、声优大赛决赛、动画片展播、动漫彩车巡游等特色赛事、娱乐活动更有看点,更受人民群众尤其是少年儿童欢迎(如表)。

2012年中国国际动漫节主会场分会场活动项目一览表

	主会场活动	
	项目名称	活动地点
一、庆典活动（含开闭幕式）	1. 第八届中国国际动漫节开幕式	黄龙体育馆
	2. 第八届中国国际动漫产业博览会开幕剪彩仪式	白马湖会展中心
	3. 名家漫画作品展暨第二届中国漫画拍卖会剪彩仪式	白马湖会展中心
	4. "中国动漫新锐榜"颁奖仪式	凤凰·国际
	5. "天眼杯"少儿漫画大赛颁奖仪式	青少年活动中心
	6. 中国动漫博物馆藏品捐赠仪式	白马湖会展中心
	7. "酷卖街·动漫市集"开街仪式	滨江星光大道步行街
	8. "烂苹果乐园"形象征集颁奖仪式	杭州乐园
	9. 下城区分会馆启动仪式	下城区中大广场
	10. 第八届中国国际动漫节闭幕式	白马湖建国饭店
二、论坛会议	1. 第八届中国国际动漫节新闻发布会	白马湖建国饭店
	2. 动漫高峰论坛之中国动漫产业八年反思与奋进论坛	白马湖建国饭店
	3. 动漫高峰论坛开幕式暨主论坛——动漫强国之路	白马湖建国饭店
	4. 动漫高峰论坛之中英动漫产学研论坛	白马湖建国饭店
	5. 深圳方块动漫2012(杭州)新片发布会	白马湖会展中心
	6. 杭州——香港双城记暨影视动漫论坛	白马湖建国饭店
	7. 动漫产业项目发布洽谈会	白马湖会展中心
	8. 2012国际动漫节杭州峰会	凤凰·国际
	9. 动漫高峰论坛之动漫产业实战论坛	白马湖建国饭店
	10. 动漫高峰论坛之中日动漫产学研交流会	白马湖建国饭店

续表

主会场活动		
	项目名称	活动地点
二、论坛会议	11. 动漫产业项目发布洽谈会	白马湖会展中心
	12. 动漫高峰论坛之动漫播出发行全媒体论坛	白马湖建国饭店
	13. CG影像技术应用与创新型产业发展论坛	白马湖建国饭店
	14. "动漫理论专刊"发布仪式暨中国动漫理论研讨会	白马湖建国饭店
三、展览展示	1. 第八届中国国际动漫产业博览会	白马湖会展中心
	2. 2012国际动画片交易会	白马湖会展中心
	3. 2020动漫游戏衍生品授权交易大会	白马湖会展中心
	4. 名家漫画作品展	白马湖会展中心
	5. "酷卖街·动漫市集"2012中国国际动漫节专场	滨江星光大道步行街
	6. 国际动画电影周暨"金猴奖"影片展映	影院、广场、社区
	7. 动漫人才交流大会	白马湖建国饭店
	8. 第二届中国漫画拍卖会	白马湖建国饭店
四、赛事活动	1. 金猴奖·声优大赛决赛	浙江传媒学院
	2. 2012中国COSPLAY超级盛典总决赛	白马湖会展中心
五、颁奖晚会（招待酒会）	1. 第八届中国国际动漫节开幕式招待晚宴	黄龙饭店
	2. 第八届中国国际动漫节开幕式暨"金猴奖"颁奖盛典	黄龙体育馆
	3. 2012国际动画片交易会交流酒会	白马湖建国饭店
	4. 中外动漫企业握手酒会	白马湖建国饭店
六、主题活动	1. "法国日"（法国动漫文化艺术周）	钱江新城万象城大厅
	2. "英国日"（中英动漫产学研论坛）	白马湖会展中心
	3. 第八届中国国际动漫产业博览会专业观众日	白马湖会展中心
	4. 中国动漫博物馆主题宣传活动	白马湖会展中心
	5. "王泽、蔡志忠、敖幼祥三人行"暨主题日活动	白马湖会展中心
	6. 动漫名家签售活动	白马湖会展中心
	7. "中南日"主题活动	中南卡通公司
	8. "夏达·夏天岛"主题日	夏天岛工作室
	9. "朱德庸日"	朱德庸工作室

续表

主会场活动		
	项目名称	活动地点
六、主题活动	10.高峰论坛之大师班"眼中的糖果"世界经典动画赏析	白马湖建国饭店
	11.动漫高峰论坛之凤凰卫视文化访谈	文广集团演播厅
	12.第八届中国国际动漫节彩车巡游活动	长江南路·中山北路

分会场活动		
	项目名称	活动地点
中国美术学院	首届中国国际大学生动画双年展、国际动画教育高峰论坛	中国美院象山校区
浙江传媒学院	"金猴奖·声优大赛"决赛	浙江传媒学院 南宋御街
中北创意街	彩车巡游、动漫数字娱乐体验日、COSPLAY俱乐部活动、原创漫画家书迷见面会、文化创意大讲堂、动漫精品展	南宋御街 中北创意街区
凤凰·国际	2012国际动漫杭州峰会,第二届"中国动漫新锐榜"揭晓暨"之江高峰创意人才"颁奖仪式、凤凰创意时尚街区开街	凤凰·国际
湿地博物馆	原创动漫音乐会、第九届全国少儿文化艺术展评等	中国湿地博物馆
杭州乐园	杭州乐园新锐艺术节、"创意设计大赛"——烂苹果乐园形象征集	萧山区杭州乐园
极地海洋公园	海底动漫大串烧、动漫科普、极地海洋明星表演、海洋动漫喜乐会	极地海洋公园
余杭农夫乐园	动漫大巡游、卡通天天乐、乡村旅游嘉年华以及各类节庆活动	良渚镇农夫乐园 杭州青少年
活动中心	杭州原创动漫形象集中展示、衍生产品展示、青少年创意市集、互动游戏、"酷儿"舞台秀	钱江新城市民中心

1.1.5 杭州国际动漫节活动项目组成

由表可知,杭州国际动漫节主要内容由会议、展览、节庆、赛事和娱乐活动项目组成,突出表现了我国"节""展""会""演"的综合性特征,杭州国际动漫节也属于政府主导型节事活动,集中表现为"政府主导、企业主体、社会参与、市场运作"的特色。2012年中国杭州国际动漫节活动分为主会场、分会场项目,参与的国家和地区、机构和企业众多,除了开闭幕式和颁奖晚会等庆典仪式类项目,主要活动由会议项目(15项)、展览项目(8项)、赛事项目(2项)、主题活动(12项)等组成,国际动画片交易会、动漫游戏衍生品授权交易大会、"酷卖街·动漫市集"、动漫人才交流大会、中国漫画拍卖会等尽管以"会"的形式出现,但内容还是以动漫、卡通、漫画展示为主,因此从活动性质上应当列入展览(展示)类项目。各分会场活动主要以动漫普及教育和群众自发参与为主,寓教于乐,尤其是各分会场企业的大力支持,对于普及和发展我国动漫产业具有重大意义。

1.2 杭州国际动漫节精彩亮点分析

1.2.1 中国国际动漫节开幕式

开幕式注重民族文化特色,突出"盛大、精致、互动",融合国际与本土原创卡通元素,将专业展示与群众互动参与、艺术品质与艺术内涵完美结合,又体现了人文与娱乐的共生,为动漫而狂欢,因动漫而快乐。杭州国际动漫节的开幕式也在不断创新和发展,例如第三届中国国际动漫节开幕式采用了狂欢巡游形式,整个巡游活动由文艺表演和彩车巡游两部分组成,文艺表演包含"五福迎宾""时尚旋风""多彩动漫""和谐世界"和"相会杭州"五个篇章;彩车巡游队伍则由 14 辆制作精美的动漫彩车组成,分为《动漫之都·杭州魅力》《多彩动漫·和谐生活》《动漫盛会·世界博览》三个板块,共有 6000 余名演员参加了整个狂欢巡游。后来历届动漫节也都有彩车巡游环节,但一般放在了闭幕式期间进行。2010 年杭州动漫彩车还参加了上海世界博览会会场内巡游,在"杭州日"宣传和推广杭州城市形象,成为 2010 年上海世界博览会上一道最亮丽的风景,深受广大游客好评。

1.2.2 中国国际动漫产业博览会

历届中国国际动漫产业博览会是亚洲规模最大、人气最盛的动画影视、漫画出版及汇集各类卡通产品的博览会,被《国家"十一五"时期文化发展规划纲要》列为全国八大重点扶持的文化展会之一,也是中国国际动漫节最重要的主体活动项目之一。中国国际动漫产业博览会致力于促进中国原创动漫的发展,加强国际交流和合作,推动动漫产业上下游的结合与发展。中国国际动漫产业博览会最早在杭州和平会展中心举行,从 2008 年第四届开始移师萧山湘湖杭州乐园动漫馆(会展中心)举行,2012 年第八届开始再次移师到滨江白马湖文化创意园区动漫广场会展中心举行。2012 年第八届中国(杭州)国际动漫产业博览会展览面积达到 8 万平方米,展位 2000 余个,从单个展会规模上看,杭州目前还没有任何一个展会能与动漫产业博览会比肩。2013 年第九届动博会继续在白马湖国际会展中心举办,从杭州国际动漫节节展办招商招展信息来看,展会规模势必超过上届(如表)。

2015年第九届中国国际动漫产业博览会展馆分布和展览(展示)内容一览表
(地点:杭州市滨江区白马湖动漫广场会展中心)

展馆名称	展览(展示)内容
A1馆 城市基地形象馆	国家级动漫产业基地、国家级文化产业振兴基地、教学基地、国内各城市组团、实力传媒集团
A2馆 城市基地馆	国际品牌馆、国家和境外城市组团、国家级动漫产业基地、国家级教学基地、国家级文化产业振兴基地、国内各城市代表团、国内品牌动漫企业、实力传媒集团
B0馆 杭州动漫馆	COSPLAY大赛举办地
B1馆 品牌动漫馆	杭州动漫企业、国内知名品牌动漫企业、主题日活动、名家签售活动、企业推广活动
B2馆 "动漫+X"产业馆	国内知名品牌动漫企业、婴童类产品企业、文具行政企业、动漫主题公园、动漫产业交易会推介活动
B3馆 动漫嘉年华	动漫衍生品开发授权企业、各类创意潮玩商品、校园社团乐易区、行业展示区
B4馆 乐乐体验馆 洽谈交易厅	第二课堂游乐区、动漫阅览区展示区、名家签售、动漫科技体验区、项目洽谈区

1.2.3 "美猴奖"动漫原创大赛

中国国际动漫节"美猴奖"原创动漫大赛是一项由政府、业界、学界支持的中国动漫界最权威、影响面最广的赛事。大赛倡导"新思维、新艺术、新技术、新产业"的理念,在原创动漫、漫画及相关艺术创作领域设立奖项。积极鼓励原创,通过中外动漫作品的交流评比,挖掘国内动漫优秀作品和人才,促进中国原创动漫的发展。"美猴奖"原创动漫大赛坚持专业化、国际化的评审标准,立足国内、放眼全球。每年一度的盛大赛事评出各项大奖,并向获奖者颁发象征中国原创动漫至高荣誉的美猴奖!历届中国国际动漫节"美猴奖"原创动漫大赛反响强烈,参赛作品数以千计,第三届突破3000大关!参赛作者遍布境外20多个国家、地区和境内30多个省、市、自治区。有人形容"美猴奖"是中国动漫第一奖!2012年以来,中国国际动漫节组委会将"美猴奖"评奖活动从国际动漫节单列,由其承办单位中国动漫协会在中国动漫年会上颁布。2011年第七届中国国际动漫节,由浙江传媒学院主办的"大学生声优大赛"升格为"美猴奖"系列,2012年杭州国际动漫节正式将其命名为"金猴奖·声优大赛决赛",作品向全球征集。

1.2.4 中国国际动漫产业高峰论坛

中国动漫节产业高峰论坛作为中国国际动漫节的重要项目之一,主要邀请国内外动漫行业精英来畅谈最新的产业理念和运营模式,通过理论探讨、经验交流,在注重创新性、兼顾实用性的前提下,深入探讨中国动漫产业的发展模式,加快中国动漫与国际接轨的步伐,推动中国动漫产业健康发展。2012年中国国际动漫节高峰论坛除了举行杭州峰会,还设立了动漫高峰论坛开幕式暨主论坛——动漫强国之路、中国动漫产业八年反思与奋进论坛、中英动漫产学研论坛、杭州香港双城记暨影视动漫论坛、动漫产业实战论坛、中日动漫产学研交流会、动漫播出发行全媒体论坛等多个分论坛,针对不同主题邀请动漫学界、业界专家、学者研讨。

1.2.5 中国国际动漫节 COSPALY 超级盛典

最吸引人们眼球的是国际动漫节 COSPLAY 超级盛典,吸引了来自中国、美国、日本和韩国等地的 500 多个专业社团上万名选手参赛,分赛区扩大到 14 个,现场参与人数超 3 万人。精美的人物造型、精心的舞美编排都让评委赞叹不已!2012 年 5 月 1 日,第八届中国国际动漫节 COSPALY 超级盛典全国总决赛在杭州白马湖 B 馆地下一楼火热开赛!5 月 1 日至 2 日两天,来自国内外 20 个赛区的 48 个团队进行最终角逐,其中 22 个队伍来自杭州。除了来自全国各省份的晋级队伍,此届 COSPLAY 超级盛典还首次开设包括中国台湾、泰国、韩国、日本、意大利在内的分赛区,盛况空前。还邀请了业内多位知名 coser 担任此次决赛评委,以及来自全国 15 个省份的 coser 代言人作为加分评委,参赛团队可谓色艺双绝,不仅演技十分到位,而且服装和道具华丽霸气,确实给人以视觉震撼和感官享受!2012 年第八届中国 COSPLAY 超级盛典的各个获奖社团和获奖剧目令人耳目一新,光看获奖社团和获奖剧目的名称就让人不得不佩服这些年轻人高超、独特、新奇的创意(如表)。

2012 年第八届中国 COSPLAY 超级盛典各奖项得主一览表

奖项	社团分组	奖项等级	获奖社团	获奖剧目
综合奖	15 人以上	金奖	那兰之候动漫社	《被封印的卡片 It's our fate》
		银奖	杭州 99 度动漫社	《女皇回忆录》
		铜奖	成都 DreamLive	《青学 VS 立海 feat. 冰帝四天宝》
	15 人以下	金奖	D 剧团	《中华小当家》
		银奖	广州 QXT 海贼团	《海贼王》
		铜奖	RAONA(ラオナア)	《热血高校》

续表

奖项	社团分组	奖项等级	获奖社团	获奖剧目
分组赛	盛龙组	金奖	浙师大××联盟	《女魅传说》
		银奖	IN 动漫社	《鹿鼎记》
		铜奖	武汉十月公社	《子不语缱绻问梦》
	才艺组	金奖	回散族动漫社	《僵尸新娘》
		银奖	长春 AKB 后援会	《FLYING GET》
		铜奖	福建 3C 动漫协会	《魔卡少女樱》
单项奖	最佳人气奖		西安 Fire 火炎焱	《鹿鼎记 OL》
	最佳剧情奖		重庆三千未来动漫社	《博物志——妖之惑》
	最佳造型奖		桂林极夜	《剑侠情缘 3——江湖总是晴天》
	最佳创意奖		郑州 FLY 暗部	《战国 BASARA 乱世再临》
	最佳台风奖		厦门 TOO	《真三国无双六》

此外，TOUCH 动漫社《小红帽大乱斗》等 12 个动漫社团获得优胜奖，台州叁仟界《震寰宇之刀龙传说》获得特别奖，韩国、日本、意大利、泰国等获得境外友好奖（如表）。

2012 第八届中国 COSPLAY 超级盛典优胜奖、特别奖获得一览表

奖　项	获奖社团	获奖剧目
优胜奖	TOUCH 动漫日	《小红帽大乱斗》
	IN 动漫社逢魔之时	《百鬼夜行》
	烤死破累秘密结社	《羽翼》
	杭州拷瓦排儿 COS 团	《梦幻西游之月光宝盒》
	酷秀动漫社	《最终幻想:纷争》
	Free Sky COS 团	《妖精的尾巴》
	婳羽动漫社	《龙之谷》
	RELAX-COSPLAY 社	《博物志》
	南京潇湘夜雨	《仙剑奇侠传五》
	99 动漫社	《哆啦 A 梦》
	小虫动漫社	《VOCALOID 恶の娘》
	大成实验学校梦之翼	《COSPLAY 进行式》
特别奖	台州叁仟界	《震寰宇之刀龙传说》
境外友好奖	韩国、日本、意大利、泰国等	

1.2.6　中国国际动漫节动漫彩车巡游活动

最激动人心的是动漫彩车巡游活动,2010年彩车巡游以美国迪士尼旗下漫威公司的彩车尤为引人注目,蜘蛛侠、钢铁侠、绿巨人、美国队长等经典卡通形象都在彩车上一一呈现,制作精美,形象生动,巡游现场共吸引20多万人驻足观看。彩车巡游是最吸引人气的活动项目,一般安排开幕式或闭幕式期间在主会场指定线路或特定分会场举行,彩车游行途经路段,一时间万人空巷、盛况空前,由演员们扮演的米老鼠、唐老鸭、阿凡达、喜羊羊等各种动漫卡通形象纷纷登场,热闹、喜庆、狂欢的场面夺人眼球,催人振奋!巡游期间,动漫演员和市民互动,尤其是少年儿童看到自己喜欢的动漫形象更是喜欢得不得了,当彩车或巡游队伍经过,市民群众和小朋友们纷纷与彩车和动漫演员合影,记录下精彩瞬间,盛大的动漫彩车巡游把国际动漫节推向了高潮。所以每年的动漫彩车巡游都是国际动漫节的压轴节目,而且每年的动漫卡通形象都会推陈出新,令人百看不厌。第八届中国国际动漫节彩车巡游活动在滨江区白马湖主会场的长江南路沿线和下城区分会场的中山南路南宋御街、中北创意街区举行,引发了极大的轰动效应。

来源:刘嘉龙著,《历届中国杭州国际动漫节综述》,《现代节事活动策划理论研究与实践思考》,浙江大学出版社,2013年。

盘点历届中国国际动漫节

第一届

首届中国国际动漫节于2005年6月1日至5日在杭州和平会展中心举行。

本届动漫节共推出了中国国际动漫产业博览会、中国国际动漫产业高峰论坛CGCN2005数字媒体艺术高层论坛、经典动画影视周、卡通形象巡游、原创动漫大赛等10多项活动。

世界动画学会创始人、克罗地亚动画大师波尔多·多文考维奇,韩国国际动漫节组委会主席朴世亨,东京国际动画节执行委员久保雅一,美国迪斯尼著名角色设计师张振益,日本Asunaro株式会社总裁石川一郎,以及国内知名动画大师黄玉郎、马荣成、赖友贤、王中元、金国平等参加了本届动漫节,还有20多名国内知名漫画家到博览会现场签售。

展区总面积2万平方米,展位总数780余个。共有13个国家的动画产业和教研基地以及美国迪斯尼、英国BBC、日本小学馆、香港玉皇朝、台湾鸿鹰等知名机构的原创作品参展。中国国际动漫节观众突破20万人次,达成合作交易项目500余项,合同(意向书)成交额30亿元,现场销售额1370万元。境内外200多家媒体1100多名记者共聚动漫节。中央电视台、人民日报等全国各大媒体以及美国洛杉矶时报、日本朝日新闻、NHK电视台等都作了大量报道。浙江卫视、上海炫动卡通卫视、杭州电视台对首届动漫节的相关活动进行了直播。

第一届国际动漫节举办后,北京、上海,以及韩国、新加坡、中国台湾等国家和地区的公司都纷纷入驻杭州,同时杭州市政府出台了15项相应的扶持动漫产业发展的优惠政策。

第二届

第二届中国国际动漫节于2006年4月28日至5月3日在杭州国际会展中心举行。节展以"动漫,让生活更精彩"为宗旨,突出专业化、强调国际化、提高观众参与度,把中国国际动漫产业博览会打造成为"国家级、国际性、专业化"的动漫盛会。

本届动漫节活动分为四大板块:论坛板块、展览板块、大赛板块和活动板块,注重特色化、国际化、民族性、专业化、产业化、大众化。

开创了Cosplay大赛。在全国设立五大(上海、广州、武汉、北京、杭州)赛区,并邀请中日韩顶尖coser参加。Cosplay超级大赛举办地为北京、上海、广州、武汉、杭州五大城市,最后在杭州进行总决赛。赛后出版《中国Cosplay》,两名获奖选手免费赴日本参加世界Cosplay交流峰会。第二届由杭州成诚广告公司主办,邀请日本Cosplay天后椎名朔哉、韩国Cosplay领军人物Cheshire参演。

香港漫画"教父"黄玉郎、"天王"马成荣参加了本届动漫节。香港玉皇朝集团每年销售漫画约1360万册,在展会上推出了黄玉郎各个时期的作品,如《神兵前传》《新著龙虎门》《如来神掌》《大唐双龙传》《神雕侠侣》等,还推出了由黄玉郎任艺术总顾问的动画电视剧《奇幻龙宝》。《哆啦A梦》《犬夜叉》《名侦探柯南》等知名作品的作者藤子不二雄、高桥留美子、青山刚昌等,参加了在杭州西山路西博馆的日本动漫优秀作品展。

展区总面积达4.6万平方米,展位数1500个,参观总人数达到28万,比首届增长了1.33倍。吸引了来自美国、英国、日本、韩国等24个国家和地区的企业和作品参展。组织了盛大精致的开幕式晚会、规模空前的产业博览会、首届"美猴奖"动漫专业大赛、国内顶级的卡通彩车巡游、具有历史意义的"十国动漫节组委会峰会"等10多项影响大、效果好的活动项目。在项目签约仪式上,共签约48个项目,总金额达21.6348亿元。本届动漫节总成交额为37.3亿元。

第三届

第三届中国国际动漫节于2007年4月28日至5月4日在杭州国际会展中心举行。

本届动漫节活动分会展、论坛、大赛、活动四大部分,会展部分主要是举办动漫产业博览会。大赛部分包括"美猴奖"大赛和全国少儿漫画大赛,论坛部分有动漫产业高峰论坛,活动部分包括开幕式暨动漫狂欢巡游、杭州国际皮影周等。

Cosplay业已大赛成为正式项目。第三届增加了两个大赛城市南京和沈阳,5月1日在杭州进行总决赛。

展区面积达4.6万平方米,280余家动漫企业与机构参展,展位1700个,参观人数达43万人次,场内总成交额为6亿元人民币。吸引了来自美国、加拿大、意大利、英国、瑞士、德国、韩国、日本等23个国家和地区的300多名专家和学者参会。在动漫产业项目发布暨签约仪式上,共达成签约项目60项,总金额为40.8亿元人民币。

第四届

第四届中国国际动漫节于2008年4月28日至5月3日在杭州休博园湖畔广场召开,主题是"动漫的盛会,人民的节日"。

本届动漫节活动分为会展、论坛、大赛、活动四大部分,其中包括中国国际动漫产业高峰论坛、国际动画节杭州峰会动漫产业信息发布会暨项目签约仪式、第四届中国COSPLAY超级盛典、"天眼杯"全国少儿漫画大赛、浙江原创动漫作品展评、民间动漫嘉年华等多项活动。本届美猴奖设8项综合奖、9项单项奖、20项提名奖,奖金总额达200多万元。

世界动画协会秘书长芙丝娜·多尼科维奇,美国"梦工厂"影视制作机构导演、《蜜蜂电影》总导演史蒂夫·希克纳,日本动画协会会长松谷孝征等17位国际动漫产业领军人物,以及黄玉郎、朱德庸等著名漫画家参会。

展会共吸引了来自37个国家和地区的嘉宾参与,近300家中外动漫企业参展,共计67.2万人次参加了动漫节各项活动,仅产业博览会参观人数就达40.3万人次。此外,动漫节上签约项目达34个,总金额为48.85亿元人民币和2371万美元。

第五届

第五届杭州国际动漫节于 2009 年 4 月 28 日至 5 月 3 日在杭州休博园举行，围绕"动漫盛会、人民节日"的宗旨，确定"动情都市、漫优生活"主题，实现国际化、专业化、品牌化目标。

本届动漫节活动包括会展、论坛、大赛、活动四大部分。国际动漫交易会是新增项目，拥有近 1800 余个展位和 6 万平方米展示面积。增设了独立洽谈交流馆，用于举办项目洽谈会、动画片交易会等商务活动。其中国际动画片看片会在休博园第一大酒店举行，邀请国内各大动漫基地、企业携动画片到场，并组织央视少儿、湖南金鹰、国内各大卫视、各地电视台少儿频道、电影院线等播出机构及发行商参会集中看片，为双方提供影片推介、片源采购的平台。

中国 COSPLAY 超级盛典经过九大城市（北京、天津、重庆、沈阳、长春、武汉、成都、广州、杭州）的团队选拔，总决赛 5 月 1 日在杭州进行。这届 COSPLAY 超级盛典设置了 4 类奖项，分别是 10 人以上组、10 人以下组、盛龙奖、才艺组，每类设一、二、三等奖各 1 名，另外还设有最佳台风奖、最佳造型奖、最佳人气奖 3 个单项奖和 6 个优胜奖，奖金总额达 7 万元。大赛共收到 1552 部参赛作品，其中包括海外作品 157 部，遍及亚、欧、非、北美四大洲 25 个国家和地区。

中国国际动漫产业高峰论坛以"如何提升动画原创能力"为主题，邀请美国梦工厂《功夫熊猫》导演马克·奥斯本、《指环王》设计总监约翰·豪、《海绵宝宝》编剧肯特·奥斯本，日本著名插画家天野喜孝，国内《天眼》导演吴建荣、《黑猫警长》之父戴铁郎、中国动画学会副会长欧阳逸冰、北京电影学院孙立军教授、央视动画公司总经理王英、《喜羊羊与灰太狼》导演卢永强等，以及中国台湾地区的著名漫画家朱德庸、蔡志忠参加讨论和举办"大师班"讲座，重点围绕中国动漫在全世界金融危机格局下的发展，及当前中国动漫最薄弱的原创思维等话题进行探讨。世界动画协会秘书长芙丝娜·多尼科维奇、世界动画协会理事南茜·丹尼·菲尔普斯、世界动画协会会员常光希等专门组织"动画工场"，邀请国内外动漫界有影响力的导演、制作人为动画爱好者们传授技艺和创作经验，并放映美国安克米电影工作室、法国大使馆文化处、希腊欧洲动画中心带来的各地最新优秀动画片。

据统计，参展的中外企业达 322 家，近 80 万人次参加了包括博览会在内的各项活动。累计成交金额超过 653 亿元人民币，其中，签约项目 35 个，成交额超 553 亿人民币，现场成交额达近 10 亿元人民币，达成意向的动画片超过 12 万分钟。同时，中外媒体累计报道动漫节信息百万余次，极大地提升了中国国际动漫节的知名度和影响力。

第六届

第六届中国国际动漫节于 2010 年 4 月 28 日至 5 月 3 日在杭州休博园主会场及 8 个分会场举行。

本届动漫节组织实施了会展、论坛、大赛、活动四大板块的 40 多项内容。主题日活动以企业为主角,共举办"美国梦工场动画日""中南日""普达海日""深圳方块动画日"等 4 场主题活动。

国际动画片交易大会首次设置准入门槛,共有了 150 部国内外新片和国家广电总局推荐的优秀动画片入围,来自全国 80% 以上的少儿频道、全国各大城市主要院线以及 12 家境外采购商参会。达成意向的动画片共计 10062 集、132754 分钟,相当于 2009 年度全国动画片产量的 77.3%,其中境外采购占 40.7%。

国际动漫节杭州峰会共有来自全球 15 个国家的 16 个国际知名动漫节负责人参加。余杭分会场的国际动漫电影高峰论坛吸引了徐克、黄建新、高希希等中国著名导演。

动漫产业博览会室内外展会面积近 7 万平方米,展位总计 1491 个。全国动漫上星频道中最具实力的央视动画,全国首家动漫上市公司、最大的玩具生产商广东奥飞公司以及全球动画实力最强的美国"梦工场"动画公司,全球最大的漫画出版社日本集英社,全球去年票房最高的动画片《阿凡达》的主创团队纷纷参展。《阿凡达》创作团队从美国空运衍生产品 300 余件,展会前三天即销售一空,价值 49 万元人民币的模型雕塑当天就被人订购。

中国 COSPLAY 超级盛典吸引了来自中国、美国、意大利、日本、韩国和港台地区的 1000 多个专业社团上万名选手参赛,分赛区从去年的 9 个增加到 13 个,上万人次现场观摩。动漫彩车巡游共设计制作了 13 辆形象生动、制作精美的动漫彩车,每天两场巡游,累计表演 20 场,现场观众超 80 万人次。全国首部动漫情景歌舞剧《魔幻仙踪》在杭州大剧院共上演 5 场,7000 余名观众现场观摩了动漫歌舞表演。

据初步统计,会展共吸引 47 个国家和地区参与,365 家中外企业参展。共有 161 万人次参加了包括产业博览会在内的各项活动;签约项目近 200 个,涉及金额 83 亿元,现场成交额 23 亿元,总金额达到 106 亿元。

第七届

第七届杭州国际动漫节于 2011 年 4 月 28 日至 5 月 3 日在杭州休博园主会场

及11个分会场举行,以"动漫我的城市,动漫我的生活"为主题。

本届动漫节组织实施了会展、论坛、大赛、活动四大板块50多项活动。系列活动大师班"禅说动漫"在杭州第一世界大酒店威尼斯厅举行。著名歌唱家朱哲琴、台湾地区漫画家蔡志忠、少林寺方丈释永信出席了该活动。"美猴奖"赛事全面整合,颁奖仪式与动漫节开幕式晚会结合。著名歌星、卡通明星带来的Cosplay表演和动漫歌曲联唱等相互交融,呈现出一台紧扣动漫元素,将动漫、音乐、时尚等多元化艺术完美融合的动漫盛宴。"美猴奖"下设"美猴奖"大赛、"美猴奖·天眼杯国际青少年漫画大赛""美猴奖·我是动漫王少儿漫画大赛""美猴奖·动漫配音大赛"等赛事活动,以品牌整合提升品牌规格和档次,促进动漫业界共同参与,打造动漫赛事的金鸡百花奖。"美猴奖"与专业刊物开展深度合作。动漫节组委会将与国家广电总局下辖刊物《中国电视动画》合作开辟"美猴奖"专栏,全面、深度解析优秀动漫画作品,与中国CG行业的核心权威媒体《CG数字娱乐》战略合作,借助其强大的海外渠道和平台推广宣传"美猴奖"。

首次设立"动漫双城记"高峰论坛。与台北市携手打造"动漫双城记:杭州&台北"高峰论坛。首次启动"寻找中国动漫才俊计划",评选出10位青年才俊,表彰一批近几年做出成绩的中青年动漫企业家和创意人才。

首次举行"动漫游戏衍生品交易会"。大陆及港澳台等15个地区的20家品牌授权机构及企业、3家国内大型衍生品生产厂家、2家国内外优秀销售渠道现场推介,福建、青岛等省市产业园区由政府带团参会。

首次举办"漫画拍卖会"。丰子恺、华君武、方成等老一辈漫画家,蔡志忠、黄玉郎、朱德庸等港台著名漫画家以及夏达、姚非拉、聂俊、十九番、单伟、宋洋等新生代漫画家的作品在动漫节期间公开展出后全部参加拍卖会。

首次与"第二课堂"实践相结合。免费向全市(含萧山、余杭)中小学生发放"第二课堂赠票",总计33万张活动券,现场发放礼品约12万件。

首次实行分场形式举办人才招聘会。中国国内首部动漫蓝皮书——《中国动漫产业发展报告(2011)》正式发布。

休博园主会场的动漫博览会室内外展会面积7万平方米,展位总计1500余个。本届动漫节共吸引了54个国家和地区、400多家中外企业、200余万人次参展,参展企业涵盖了国内除西藏外所有的省、自治区和直辖市,美国、日本、韩国等国家以及港澳台地区的龙头企业,签约项目近50个,涉及金额106亿,现场成交22亿元人民币,总金额达到128亿元。首次吸引超过200部动画片参与交易会。国际动画片交易大会最终达成意向的动画片共计145万多分钟,其中境外发行机构达成意向61万分钟,占总量的42%,成为中国动画片交易的第一平台和境外机构采购中国动画片的最佳平台。

第八届

第八届杭州国际动漫节于2012年4月28日至5月3日在杭州市白马湖生态创意城主会场及9个分会场举行,围绕"动漫盛会,人民节日"的宗旨,以"动漫我的城市,动漫我的生活"为主题,进一步在专业化、国际化、产业化、品牌化上力求突破。

本届动漫节组织实施了会展、论坛、大赛、活动四大板块50多项内容:第八届中国国际动漫产业博览会、动漫高峰论坛、2012国际动画片交易会、名家漫画作品展暨2012中国漫画拍卖会、动漫产业项目发布洽谈会、动漫产业项目签约仪式、2012动漫游戏衍生品授权交易大会、中国动漫博物馆藏品捐赠仪式、2012中国COSPLAY超级盛典总决赛、动漫名家签售活动、中国动漫博物馆主题宣传暨藏品有奖征集活动、中外动漫企业握手酒会、第八届中国国际动漫节闭幕式暨动漫声优大赛颁奖典礼等。此外,在白马湖主会场还举办了英国日,王泽、蔡志忠、敖幼祥之中国台湾动漫日,法国日,中南日,"夏达·夏天岛"主题日和朱德庸日。

中英动漫产学研论坛嘉宾邀请了英国皇家艺术学院动画系主任Joan Ashworth、法尔茅斯大学学院数字动画专业负责人Andy Wyat等嘉宾。风靡全球的游戏"愤怒的小鸟"惊艳亮相本届动漫节。COSPLAY超级盛典在北京、重庆、广州、南京、西安、武汉、厦门、郑州等国内13个城市设立分赛区,并首次走出国门,在日本、韩国、泰国等地设立分赛区。

展会面积突破8万平方米,日本集英社、台湾漫画协会、香港贸发局等境内外行业龙头,中央电视台、上海美影厂、广东奥飞动漫、深圳环球数码等国内知名企业纷纷参展。吸引了美国、法国、加拿大、日本、韩国等61个国家和地区参与,461家中外企业参展。博览会新设的中外动漫教育展、欧洲出版展等专项展区,吸引了英、法、日、加等10余个国家和地区近30家境内外院校和5家欧洲出版机构参展,为促进境内外新型人才的交流与合作提供了广阔平台,其中由英国大使馆教育处牵头组织的近20家英国院校,成为动漫节历史上规模最大的境外展团。国际动画片交易会吸引了150多家国内外企业,参会作品130余部,达成采购意向285个,共计16.3万分钟,比去年增长164%,其中境外发行机构达成意向7.18万分钟,占总量的44%。项目发布洽谈会吸引了境内外100余家动漫企业参加,洽谈项目260余个,较上届增长47%;当场签约项目达24个,总金额近36亿元。据初步统计,共有208万人次参加了包括产业博览会在内的各项活动;签约项目165个,涉及金额104亿元,现场成交42亿元人民币,总金额达到146亿元,比上届增长了14%。

第九届

第九届杭州国际动漫节于2013年4月26日至5月1日在杭州市白马湖生态创意城主会场及10个分会场举行,仍以"动漫我的城市,动漫我的生活"为主题,筑造动漫产业的"中国梦"。本届动漫节本着"节俭办展,讲求效益"的办节思路,取消了开幕式晚会,精简了学术性论坛,但无论是办展规模、参与人气,还是成交金额、节展效益,都取得了新的突破,国际化、产业化、专业化、精品化程度进一步提升。

本届动漫节组织开展了会展、论坛、大赛、活动等几个板块的46项活动,包括动漫产业交易会、动漫产业博览会、高峰论坛主论坛、第九届法制动漫大赛颁奖暨"动漫知识产权保护"分论坛、中国动漫名家视频访谈交流会、中国COSPLAY超级盛典总决赛、动漫名家签售、动漫互动秀、名家漫画作品展开幕暨中国动漫博物馆藏品捐赠活动、名家漫画作品展暨第三届中国漫画拍卖会等活动。

在本届高峰论坛主论坛上,北京电影学院动画学院副院长孙立军、迪斯尼大中华区创意副总裁凯文·盖格、阿凡达特效创作者之一的新西兰动画导演马丁·贝恩顿等数位来自全球各地的动漫界专家,以"创意·品牌·价值"为主题,分别就动漫创意构思、动漫品牌营销、动漫作品价值等方面展开了精彩的演讲与讨论。

本届"金猴奖"共有来自美、英、法等30多个国家和地区的56部作品入围。最终,《喜羊羊与灰太狼之开心闯龙年》荣获动画电影金奖,《熊出没之环球大冒险》获动画系列片金奖及动画形象金奖,《麦兜·当当伴我心》获动画剧本金奖,杭州夏天岛影视动漫制作有限公司的《甄嬛传·叙花列》获漫画金奖。此外,本次"金猴奖"针对未公开放映和未出版发行的动漫画作品,还特别推出了"最具潜力奖",以杭州本土动漫《杭州传奇》《昆虫联盟》《小鸡彩虹》《百玄传》为代表的25部作品获奖。

展会共有68个国家和地区参与,472家中外企业、机构参展参会参赛,123万人次参加了包括动漫产业博览会、动漫产业交易会等在内的46项活动。整个动漫产业交易会共吸引了232家中外企业、机构踊跃参与,推出洽谈项目248个,开展预约洽谈723场,达成交易意向和签约项目171项、购片意向84万分钟。

来源:沈珉,方淳著,《盘点历届中国国际动漫节》,《动漫之都》,浙江人民出版社,2013年。

2. 第八届至第十一届中国国际动漫节[1]

杭城因动漫而美丽

美丽而古老的杭州,因动漫而开始改变。动漫让这个城市更加年轻,更加妖娆多姿。

4月28日至5月3日,首次移师杭州高新区(滨江)白马湖生态创意城的第八届中国国际动漫节在漫迷和孩子们的尖叫声与欢笑声中成功举办。走过了8个年头的国际动漫节在今年继续深化"动漫我的城市,动漫我的生活"主题,共设立了白马湖主会场和9个分会场,组织开展了会展、论坛、大赛、活动四大板块50多项活动,吸引了61个国家和地区参与,461家中外企业参展。据初步统计,共有208万人次参加了包括产业博览会在内的各项活动,签约项目165个,涉及金额104亿人民币,现场成交42亿人民币,总金额达到146亿人民币,比上届增长了14%,实现了经济效益和社会效益的双丰收。

"小鸟之父"所到之处人声鼎沸;十二大国际动画机构汇聚动漫节峰会;梦工厂、集英社前来挖人,"美猴奖"升级为"金猴奖",COSPLAY超级盛典首次在境外设立分赛区……比之往年,今年的动漫节更符合"国际"二字,七大亮点让动漫爱好者们过足了瘾。

亮点一:彩车开道,开幕式绚烂 今年动漫节的开幕式晚会注重动漫艺术本身的规律与传达方式,黄龙体育馆现场首现冰面舞台,成为一大亮点。最受市民欢迎的彩车巡游则首次采用大型彩车与小型卡通车交叉搭配的方式,与身着动漫服装的表演团队互动前行,"与民同乐"的"变形金刚""天眼神童""米奇与米妮"吸引了白马湖主会场和中山北路分会场在内的现场25万人次驻足观看。此外,在白马湖主会场,还设置了多个休闲小木屋、演出小舞台,安排魔术表演、人体雕塑、爵士乐演奏等精彩内容,形成了"一步一景"的风貌。动漫与城市,动漫与生活,就这样变得日渐密不可分。

亮点二:"愤怒的小鸟"赚足眼球 继2010年阿凡达主创团队、2011年美国惊奇漫画携旗下的超级英雄们登陆动漫节之后,今年"愤怒的小鸟"——芬兰Rovio工作室的亮相,再度激起了动漫节现场的热情。"中国是'小鸟'成长速度最快的一个市场,我们这次在上海成立了分公司,也将要在中国的一线城市开零售专卖店,未来《愤怒的小鸟》还会出系列动画作品,这部动画片将专为中国粉丝打造,此外我

---

[1] 第八届起主会场移至白马湖。

们还希望能够在中国开设'小鸟'主题公园。"被杭州热辣的动漫氛围所感染,《愤怒的小鸟》游戏创始人皮特·韦斯特巴卡透露道:"建零售专卖店,杭州或许就是第一站。"

除了Rovio工作室,两年一届的国际动漫节杭州峰会还聚集了美国梦工厂动画、新西兰电影协会、法国昂西国际动画节、韩国富川及首尔动画节等十余个世界知名动漫机构,研讨合作发展,签署合作备忘录。英、法、日、加等十余个国家和地区近30家境内外院校和5家欧洲出版机构参展,也为促进境内外新型人才的交流与合作提供了广阔平台。

亮点三:"金猴奖"走向国际化、品牌化　随着动漫节的火热进行,国内动漫界最具权威的奖项之一——2012年中国动漫"金猴奖"同时揭晓。"美猴奖"大赛今年首次升格为"金猴奖"大赛,首次设立了"最佳新人奖",并与英国大使馆合作推出"英国大学生动画短片奖",在评比上更加强调原创性、故事性。

今年,主办方共收到1100余件作品,来自法、英、日、韩等20个国家和地区的作品占30%,比去年多了一倍。上海美术电影制片厂出品的《少年岳飞传奇》力压《兔侠传奇》等6部入围作品,摘得最佳影院动画大奖;《大闹天宫3D》、电视动画系列片《大耳朵图图》双双获优胜奖,这让上海美影成为本次国际动漫节的大赢家。

亮点四:动画片交易洽谈供需两旺　在本届国际动画片交易会上,150多家国内外企业前来参展,参会作品130余部,达成采购意向285个,共计16.3万分钟,比去年增长16.4%,其中境外发行机构达成意向7.18万分钟,占总量的44%。中国国际动漫节交易网的开通,则推动了动画片交易的网络化发展。项目发布洽谈会吸引了境内外100余家动漫企业参加,洽谈项目260余个,较上届增长47%;当场签约项目达24个,总金额近36亿元。动漫衍生品授权交易大会萧山专场,也吸引了150余家企业借助这个平台来交流洽商。

最有特色的则是漫画拍卖会与酷卖街·动漫市集。漫画拍卖会汇集了国内外漫画名家的224个拍卖标的,单笔成交价高达170万人民币,总成交额达1324万人民币,交易金额再创新高。酷卖街·动漫市集汇聚了十多个城市的近百家创意团队,用个性、原创的各类衍生品集中阐释了"创意改变生活"的理念,现场参观选购人数超过20万人次,现场交易额达110万人民币。

亮点五:才子齐聚动漫节,捐赠馆藏　台湾漫画家蔡志忠是国际动漫节的老朋友,此次跟他一同亮相还有朱德庸、敖幼祥、萧言中,"台湾漫画四大才子"首次齐聚杭州,并且与漫迷共同分享漫画创意之道。台湾漫画家王泽更是在论坛现场向观众连喊3次:"你们希望我留下来吗?我真的好想留在杭州。"

值得一提的是,本届动漫节上,众多国内外的动漫名家还为中国动漫博物馆献上了自己作品。在捐赠藏品活动期间,萧言中献出了为"2012杭州首届动漫春晚"特别创作的龙年贺卡手稿,香港漫画家黄玉郎将创作的《平湖秋月》《曲院争雄》杭州系列漫画献上。动漫收藏家李保传捐赠的万氏兄弟画作,则成为中国动漫博物馆的又一镇馆之宝。

亮点六:声优大赛和COSPLAY超级盛典再升级 4月30日晚,金猴奖——声优大赛决赛在杭州浙江传媒学院圆满落幕,今届声优大赛首次从面向大学生的赛事拓展为全民参与的活动。经过紧张激烈的3轮比赛,大赛最终名次全部揭晓。浙江传媒学院的"冰河四宝"队、新疆艺术学院的尤倩凡分别夺得团体组和个人组特等奖。"周星驰电影中曾有这样一句话'只要有心,人人都是食神'。"总决赛评委、周星驰电影角色的配音演员石班瑜这样点评这些抱着配音梦想而来的年轻人。

与声优大赛一样人气十足的COSPLAY超级盛典,本届则有了新突破——第一次走出国门,在日本、韩国、泰国等地设立了分赛区,这使得这一动漫节的品牌活动真正带有了"国际"范儿。

亮点七:市民参与,让动漫融入城市生活 在白马湖主会场之外,动漫节的分会场同样将精彩纷呈的动漫相关活动带到了其他动漫爱好者的身边。"天眼杯"少儿漫画大赛共邀请了全国各地960余家单位参与,更有来自36个国家和地区的小朋友参赛,参赛作品突破32000幅。西湖区凤凰·国际分会场举办了"中国动漫新锐榜"以及国际动漫节杭州峰会;萧山极地海洋公园主打"海洋动漫喜乐会"的品牌;杭州乐园结合自身特色,推出"创意梦想秀"、涂鸦大赛等活动;中国湿地博物馆举办原创动漫音乐会和第九届全国青少年儿童文化艺术展评活动……可以说,动漫让杭州"动"了起来。

曾经一度缺席动漫节的漫友文化董事长金城说:"放弃是因为我觉得那时候的动漫节还不成气候,但是现在我发现不得不回来了。我边缘不了它,我不来反而会被它边缘。这就是中国国际动漫节的魅力和价值。"

来源:香草咖啡著,《杭州:于创意中重铸天堂》,《创意世界》,2012年第10期。

反思中国动漫产业　推动产业转型升级
——"中国动漫产业八年:反思与奋进论坛"综述

2012年4月28日—5月3日,春意盎然的江南名城杭州迎来第八届中国国际动漫节。在开幕日4月28日上午,白马湖生态创意城建国酒店会议厅内"中国动漫产业八年:反思与奋进"高峰论坛举行。政府官员、业界精英、专家学者齐聚这里,共同把脉中国动漫产业。论坛由中国国际动漫节执委会主办,中国国际动漫节节展办、浙江大学影视与动漫游戏研究中心、《当代电影》杂志社承办。杭州市人民政府副市长陈小平,杭州市滨江区副区长万爱民,中国电影艺术研究中心副主任、《当代电影》杂志主编张建勇,中国电影评论学会会长、中国艺术研究院数字艺术研究中心主任章柏青,中国社会科学出版社副总编曹宏举,北京电影学院中国动画研究院副院长曹小卉,中国电影家协会产业研究中心主任刘浩东,浙江工业大学艺术学院院长常虹,杭州师范大学国际动漫学院院长王钢,杭州师范大学钱江学院艺术设计分院院长冯毓嵩,杭州玄机科技信息技术有限公司总经理沈乐平,浙江普达海文化产业有限公司董事长郑敏,中国传媒大学动画与数字艺术学院博士、北京联合大学师范学院副教授周玉基,《动漫蓝皮书》主编卢斌等莅临会议并发言。论坛由浙江大学影视与动漫游戏研究中心主任盘剑教授主持。

目前,中国动漫产业发展已经到了一个转型升级的关键时期:在产业达到足够大的规模之后,业内、学界都需要冷静下来反思走过的道路,争取从"量多质劣"的动漫大国转型升级为"量质并举"的动漫强国。本论坛即从"动漫作品创作的问题所在与解决之道"和"动漫人才培养的症结所在与疗治之方"两大方面进行深入研讨,以《中国动漫产业发展报告(2010—2011)》的出版为契机,反思中国动漫产业过往八年的发展历程,重点梳理存在的问题,分析其产生根源,并探讨未来发展。

在论坛开幕式中,陈小平发表了热情洋溢的致辞。他指出,中国动漫产业到了一个非常关键的阶段,但也面临着前所未有的发展机遇。杭州动漫产业现状喜人,迄今为止,杭州的动画片年产量已经连续三年蝉联全国各个城市的榜首。中国动漫产业转型升级的终极目标基于两个方面——作品的影响力和产业的产值最大化。但现在大家普遍感到有两个软肋——原创的水平较弱、盈利模式欠缺,而这恰是核心竞争力的两个要素。致辞结束后,曹宏举宣布《中国动漫产业发展报告(2010—2011)》正式出版发行。他肯定了此次盘剑教授的团队撰写的"报告"是全面把握中国动漫产业的发展趋势,综合反映中国动漫产业的整体状况,系统研究中国动漫产业及各分支产业的发展特点,深入分析中国动漫产业的政策及成效,正确引导中国动漫产业的开发与投资,探讨解决中国动漫产业存在的问题的专业性年度产业发展报告,使中国动漫界从此拥有了一个高端的集分析、介绍、预测、引导于一体的动漫生产与发展综合平台。

一、中国动漫作品创作的问题所在和解决之道

(一)政策扶持的"得与失",动漫创作的电影经验借鉴

常虹首先进行了具有冲击力的精彩发言。他指出,近年来动漫产业的发展与

政府扶持密不可分,"得"到不少,但他主要想谈谈对扶持政策"失"的看法。第一,从政府扶持方面来讲,应该尽可能去鼓励动漫的创意和创新。动漫产业现在出现的"重量轻质"现象,主要缘于大家创新和创意热情并不高,这和政府的扶持导向也有一定关系,即如何鼓励大家都去创造一种富有创意的新作品。政府应该扶持创作第一部作品的人,或者扶持那些具有原创价值的人,对他们进行奖励。但现在基本是奖励公司,很少奖励给个人。第二,影视和动漫的"前期"创作是很重要的,目前对"前期"的扶持力度不够,应该重点扶持剧作家们安心写剧本,免于后顾之忧。其实,动漫作品的核心竞争力就是一个创意的过程。第三,政府应该扶持优秀作品,或者是后期取得很好经济和社会效益的作品,而不是按照节目时长奖励,以免造成"作品多而精品少"的现象。

刘浩东从电影出发,建议借鉴电影的一些检讨来反思动漫产业发展中存在的问题。他认为动漫产品的核心其实是一个创意模式的问题。动漫产业从发展到见效,是一个不断研究和开发产品的本质问题,电影、电视、动画这些产品的本质之一就是题材的类型化,比如玄幻等,鼓励大家多定一些框子,在框子内通过不断征集来发现好的创意,打造优秀的动漫作品,并积极拓展相关市场。

(二)发展中的问题探究,扶持政策实施建议

冯毓嵩结合自己参与动漫影视作品审查的经历,分析目前有些作品故事主题直接与社会主义核心价值观不符,可能是因为盲目追求效果、票房,有些低级趣味倾向,对社会和自身发展有害无益;而有些作品犹如白开水,情节故事十分贫乏;有的作品技巧技术幼稚,故事不通顺,影视语言也不流畅;有的作品则是偷工减料,技巧很差……片面追求数量就会产生鱼龙混杂、泥沙俱下的后果。究其原因,是现在某些创作者思想贫乏、创意萎缩。当年中国动画学派之所以能够屹立于世界,是因为它根植于中华民族优秀传统化的思想性、艺术性,老一辈的动画艺术家们充满着理想与激情,以崇高的奉献精神投入到作品创作中。当前,创作者们只有找到思想航行的坐标,才能够迸发出思想火花和创作激情。那么,有责任感的创作者首先要有激情,有仁爱之心,一部有着美好心灵的创作者创作的作品,才能感染别人,才有存在的价值。中国动漫产业的第二大问题就是急功近利。中国有一个不同于国际的规律——动辄就要拍几百集。这种制作方式很大程度上是为了以低成本、大数量来占领市场,靠压低成本取得最大利益。但是,动漫产业一旦脱离市场规律,就必定造成作品粗制滥造,题材过度类型化,风格无特色的不良后果。

关于政府的扶持政策,冯院长提出了三个建议:第一,要鼓励扶持优秀的艺术作品,现在有不少优秀的网络动画艺术,这些作者可以作为提高动画品质的民间源

泉；第二，集中资金，组织重大题材进行工程攻关。第三，加强管理，制定严格的行业制度，加大审查力度，严厉打击那些粗制滥造的产品。

（三）技术性和艺术性，动画创作的重要指标

沈乐平特别强调了目前中国动漫在创作方面存在的两个问题：一是技术；二是如何去选择最好的剧本。沈总首先列举了近期好莱坞导演卡梅隆的3D版《泰坦尼克号》在中国市场获得票房佳绩的例子，指出无论是曾经创造最高票房的《变形金刚》，还是《E.T外星人》《侏罗纪公园》等，都在强调技术的重要性，这几位特别卖座的导演，他们的影片往往也是最早引入最新电影科技的影片，实际上也是强调了技术应用的重要性。同时，他也强调作品的艺术性和思想性，艺术创作其实就是一种内在美的外在显现。而且从相对成熟的环境来讲，有很多的技术研发不一定是从公司开始的。像日本、欧美，技术研发往往是从院校开始，或者是从某个个人开始的，他们专注于研究某一种技术。这些来自大学和研究所的技术，能实现从核心研发到量产，量产之后再运用到商业作品中，形成一个完整的研发链，最终应用到商业渠道的发展路线。而且，技术作为载体，事实上它有一个共通性，即可以跨越地域文化、民族的限制。当然，这其中就牵涉到成本的控制问题，包括周期的把握和实际效果。所以提升竞争力，对于整个技术的运用、研发和包装等环节，都是非常关键的。他强调了艺术性和技术性之间的分工，但艺术创作是作品的灵魂，这里就牵涉到原创优质剧本的选择问题。客观来讲，目前动画、漫画、儿童文学之间基本是脱节的，各自独立发展。为什么有人愿意冒这么大的风险去投资一部新的作品，而不是去把市场上观众已经喜欢、认可的漫画作品转化成动画片呢？这可能与国家的政策扶持有关联，在这种没有针对性、没有一定筛选性、可能不够严格的政策扶持制度下，很多企业并不在意自己的作品是否能得到回报与认可。只有大家对市场的反馈、观众的反馈更加重视，经营者和创作者才会去精心挑选最稳妥的、最靠谱的剧本合作者。

（四）自主研发适应国情的技术，把动漫创作主权还给艺术家

接着沈总的话，王钢谈了几个重要问题。首先他谈到艺术与技术的关系。为什么现在创作不出好的作品？从影片本身来看，中国动画一直在追着外国的脚步，因此大家可能会对那种不断涌现出的超强视觉冲击比较感兴趣，但却忽视了具有中国本民族文化特色的动画电影。其实应该找到一种能够适应中国动画产业技术发展的对策，可以在系统研究中国民族文化的基础上，在研究中国动画特性的基础上，去自主研发出更多能够适用于中国动画艺术的技术，而不是跟随外国的动画电影技术。

其次，他分析了动画精品的缺失，在这一方面，选题的问题比较大。他以日本

的宫崎骏为例,称其像陈年老黄酒一样,人们能通过其作品读懂日本的文化;再言及法国的电影,称它们都是带着明显烙印的现代艺术,并且彰显出本民族文化和人文精神。那么,动漫作品中的中国精神在哪里?回过头来研究道家的内容、儒家的思想,可能会对中国动画在文学创作上有帮助。另外,应该适时地向政府和业内的管理者提出建议,希望能把动画的创作主导权交还给艺术家而不是给企业管理者和商人。如果把创作经费交给艺术家,绝大多数艺术家必然会像对待自己的生命一样对待自己的作品。

二、动漫人才培养的症结所在与疗治之方

(一)理论与创意——优秀动漫人才培养的源头

章柏青从人才培养角度分析了动漫创作中存在的问题,包括创作者的艺术素养和理论素养问题,特别是高层次的动漫人才更需要在理论素养方面有较大提升。动漫涉及诸多方面,有文学的,有美学的,有电影的,有电脑设计的,甚至于角色设计等。动漫美学思想也很重要,在实际创作中,往往牵涉到很多意识形态和美学理论的问题。因此,对于人才培养来讲,更需要用这种理论传承方式来培养人,使理论积极推动创作。既做动漫生产,同时又在从事动漫教育的郑敏,通过自身公司动画产品《小牛向前冲》的案例,回顾了自己从事动漫的缘起,以及该行业可能存在的风险。他非常实在地谈到,一个企业在创作一部具体的动画片时,不缺人才,但是缺乏真正的动画人才。动漫行业人才,目前最缺乏的就是创意能力。大家尚有一些观念和理论的问题没有解决,以后要加强在这方面的人才培养。目前培养出来的人才并不能真正为企业所用,这就导致一方面每年众多动漫专业的毕业生找不到工作,另一方面近六千家动漫企业招不到合适的人。他认为理论与创意,应该成为优秀动漫人才培养的"源头活水"。

(二)情商教育——优秀动漫人才成长的基石

卢斌在发言中指出,现在高校里动画专业教育比较侧重于技术、艺术,比如他们学校侧重于视听语言。他认为这八年来,中国动漫产业发展的核心问题,同时也是全国动画高等学校普遍存在的问题,是忽略或者轻视了大学生的情商教育。"情商"这个概念很大,可以从创作角度,即项目的策划、剧本编写、人物的设计等环节来看,不但要具有艺术性,还要考虑社会化、市场化、大众化、全球化的问题。从生产的角度来讲,动画生产是一个需要团队合作的系统工程,但现在的 80 后、90 后以独生子女居多,他们的集体荣誉感是否强烈,能不能把个人智慧奉献给这个创作团队还需打一个问号,因此情商培养非常重要。从影响力的角度来看,作品生产以后的宣传推广,衍生产品开发,以及投资商资金投入的产出回报,都需要借助高情商来顺利完成后产品系列工作。这些年他一直在关注大学生的心理健康问题,深知问题的严重性。他认为学生的问题归结到老师,取决于老师们的师资培训和师德构建。作为"人类心灵的工程师",老师们也要常常反省自己在自身修养、师德建设方面究竟做得怎么样。

(三)理念、选拔、体系——"三个对接"动漫人才培养机制

周玉基主要对学校在动漫人才培养实践方面的探索进行了分享。她认为,中国动漫教育发展到现在处于一个艰难上升期,大家应该肩负起一种责任。目前动漫教育出现"虚火"状态,但内部实际上并不具备充分条件,全国出现大量动漫院校,有些本身师资条件并不完备,而且招生过热,生源质量又无法保证。作为中国动漫教育的先行者之一,中国传媒大学动画与数字艺术学院为确保能够培养出高质量人才,实行了"三个对接":第一是人才培养的理念,对接专业发展的前沿;第二是在人才选拔上对接优势的生源;第三是人才培养的体系对接业界实务。首先,在选拔机制方面,简化招生的环节并且拓展招生选拔,注重考试质量,再通过考察竞赛等途径,将招生的触角延伸到中学阶段。这样能保证生源是比较优质的,并且为了保证质量,严格控制招生规模。其次,在教学环节上,采取四年制两段式教育,先把基础的能力打通,大三之后再根据课程模块引导,让学生发展自己的兴趣方向。同时,学生的人文素养需要在综合性院校里通过一种渗透性的方式去提升,不能盲目采取速成方式。周老师还介绍说,他们也非常重视教学实践,让学生低年级时就去业界公司认知实习。他们还与国外著名院校联合开展大师课堂,并且通过北京国际动漫节邀请国际大师来学校做讲座、办活动。他们还与国外学院举行互换交流,学生的专业和外语能力都得到了很强的锻炼。学生还参与教师的工作室,并与优质团队合作参与实践。人文素养的培养需要以言传身教、潜移默化的方式,通过教师工作室、大师工作室等交流平台,让学生跟老师在一起朝夕相处,感受他们的艺术修养,促使学生们近年来创作出了很多作品。

点评与总结

曹小卉针对上半场"中国动漫作品创作的问题所在和解决之道"的讨论,指出动画就是应该有生活、有情感、有传统文化,中国动画目前数量已经十分庞大,可是缺精品;中国导演一样很多,可是缺大师。我们的动漫导演作品没有自己独特的想法,我们自己的内功还不够深厚,知识结构存在问题,缺乏高度与深度,具有技巧或是独特的艺术家气质的非常稀缺,所以我们学校的教育,强调的不仅仅是技能,还有艺术气质的培养,否则是不可能成为大师的。

张建勇针对下半场关于"中国动漫产业人才培养的症结所在和疗治之方"的讨

论进行了点评。他指出,当前中国动漫培养教育也跟产业一样空前繁荣,但是正如各位发言者所说,人才培养也存在严重问题——高端人才不足。我们大多数培养的是低端人才,就是艺术、技术方面工艺性比较强的人才,而对创意、策划、产业起到灵魂核心作用的人才非常匮乏。目前人才培养由三方进行,一是北京电影学院、中国传媒大学这样纯粹的专业级培养院校;二是其他学院培养的;三是由企业来培养,包括企业和学校联合培养人才。为了最终能培养出高端人才,三个渠道都要共同努力。

此外,张主编还做了总结发言,他肯定了论坛选题的意义和重要性,会议也反映了学术界对于当前动漫产业的冷静思考。当下的动漫产业可以用"如何反思"这四个字来形容。动漫产业已成为文化产业中的热点门类,相关研究也已达到空前热度。在一片"热"中,本论坛以"反思"为切入点,发出了冷静的声音,传递了理性的思考,透过热闹繁荣的表面深究其存在的问题与症结,探讨破解之道,为今后可持续科学发展提供了一个可供借鉴的视角,也表达了学界的一份责任和热忱。同时,论坛也体现了学术与业界相结合、理论与实践相互动的一种趋向。大家在发言中指出,经过八年发展,中国动漫产业成绩显著,但也存在诸多问题,最主要的是创作水平不高、品牌作品不多、创作影响力和产业规模不相称等,也都指出了动漫产业正处于转型升级时期,关键时期如何提高作品原创水平,培养多种急需人才,尤其是高端人才,发展产业、引领模式是业界所面临的紧迫问题,几位研究者也不约而同地提到了当前动漫产业可以借鉴电影产业的若干经验,只有优秀的创作才是产业发展的未来。

来源:《当代电影》,2012 年第 6 期。

第九届中国国际动漫节十大亮点

备受关注的第九届中国国际动漫节定于 4 月 26 日至 5 月 1 日在杭州滨江白马湖动漫广场举行。本届动漫节都有哪些特色亮点,记者提前为你打探。

瘦身活动 节约成本 注重成效

本届动漫节注重"瘦身节俭、提升成效",以"会展"为中心,辅之以论坛、赛事、活动,精心调整各项活动,在减量不减质的同时,进一步提升服务品质。今后,中国国际动漫节将逐年减少政府投入,在安全有序的前提下,逐步实施市场化运作,做到"以会养会,以节养节",实现展会的良性循环。

COSPLAY 超级盛典规模再创新高

本届动漫节"中国 COSPLAY 超级盛典"在全国设立了 16 个分赛区,在境外赛区上也有所突破,设立了丹麦、日本、韩国、泰国、中国香港、中国台湾等六大赛区,真正将中国COSPLAY超级盛典打造成一场世界性的Cosplay盛会。同时,本届动漫节将首次举办"世界Cosplay活动战略合作联盟研讨交流会",邀请来自欧洲、美洲、东南亚等Cosplay活动发达地区的赛事组织方前来杭州参加,共同探讨全球Cosplay文化现象,探索Cosplay产业模式,形成战略合作联盟,鼓励中国Cosplay文化走出去,参与更多的国际性赛事。

声优大赛新增多语种配音

本届声优大赛首次开放多语种配音,选手可以选择中、英、日三语种配音,这让有外语天赋的选手有了更多展示机会。在奖项设置上也有所增加,共设46个奖项。同时在决赛期间增设动漫企业观察团,现场对选手进行观察、评估,若遇到适合自身动漫作品的选手,还可直接签约,让参赛选手直接转型成为职业配音人员。经过三届比赛,声优大赛已经积累了众多有才华的配音选手,大赛组委会将在声优大赛的选拔基础上,以杭州为基地,建立声优人才库和专业配音基地,为企业培养和输出配音人才,建立健全动漫产业链。

"金猴奖"大赛首设最具潜力奖

本届动漫节"金猴奖"大赛在奖项设置方面进行了科学调整,特别推出"最具潜力奖",使一些未出版、未成片或新的动漫画作品参加金猴奖大赛,专家评委给予评析,并在节展期间专门举行最具潜力奖获奖作品专家评委点评推介会,使这些优秀作品得到更有效的推广和多渠道的拓展,使"金猴奖"的获奖荣誉和后期发展都得到进一步提升。

开幕式首次举办动漫交响音乐会

本届动漫节开幕式暨"金猴奖"颁奖晚会将首次摒弃传统文艺晚会形式,全新采用动漫交响音乐会的形式,紧扣动漫元素,以"金猴奖"颁奖为主要内容,通过演奏、演唱国内外经典动漫作品的音乐和歌曲,并配以高科技视频、灯光技术,为观众奉献了一场动漫颁奖视听盛宴。音乐会将邀请上海交响乐团进行演奏,由著名指挥家杨洋担当指挥。音乐上精心挑选《狮子王》《龙猫》《天空之城》《大闹天宫》等国内外经典动画片的原声音乐进行改编演奏,并加入了《秦时明月》《梦回金沙城》《魔幻仙踪》等一批杭产动画佳作的动画音乐。现场大屏幕还将配合乐曲演奏,播放动画片的经典片段,让观众在视觉、听觉的双重享受中,品味经典。

交易会首次推出整合商务活动

本届动漫节动漫产业交易会是由国际动画片交易会、项目发布洽谈会及动漫衍生品授权交易会三大品牌活动资源整合、全新推出的专业活动。交易会首次在动漫节官方网站推出网上项目预览、展前预约和专区配对洽谈等专业服务,帮助企业精确寻找合作对象并达成交易,让现场洽谈更有针对性、更有成效。此外,交易会还首次设立买家俱乐部,营造舒适轻松的洽谈环境,进一步提高活动的专业性和服务水准。截至目前,活动已吸引法国达高集团、日本东映动画株式会社、加拿大Conundrum Press 出版社、美国 NBM、中南卡通等来自 15 个国家和地区的 200 余家动漫企业参会。

高峰论坛引领产业发展风向标

本届动漫节动漫高峰论坛精简了论坛场次,重点关注论坛成效。今年,国家新闻出版广电总局将首次借论坛平台,进行国产动画发展指导思想、专项资金评审结果、中国动画学会课题报告等权威信息发布。分论坛更加注重产业效应,"动漫知识产权保护"论坛旨在引导、探寻动漫版权保护的最佳模式;"中英动漫教育论坛"邀请到英国皇家艺术学院等海内外知名院校,推进中外动漫艺术在新时代的交流、交融和发展;大师班邀请奥斯卡特效团队,携手带给国内外动漫人一次引领动漫产业发展的思想交锋和技术展示。

博览会新增动漫科技馆等丰富活动

今年动博会新增了动漫科技体验馆、手办展、动漫阅览区等新活动,进一步增加市民参展的趣味性与互动性。首次亮相的动漫科技体验馆是本届动博会为观众精心打造的一次奇幻动漫科技体验之旅。科技馆中将运用多人大型增强现实互动显示屏、裸眼 3D、全息投影舞台、4D 影院等多种科技手段,让观众感受高科技动漫的魅力。首次设立的手办展将展出 1000 余件精美手办,涵盖了国内外影视手办、热门动漫模型、潮流平台玩具等。在动漫阅览互动区,观众将看到约 2000 本精品图书、漫画,还能通过个人电脑和移动设备来体验新颖的漫画阅读方式,体验多媒体漫画阅览的特殊魅力。

首次推出杭州动漫旅游产品

结合本届动漫节,杭州市节展办首次与杭州市旅委推出"杭州动漫旅游产品",共分为两条线路:一条是面向全国家庭的"动漫亲子游",一条是面向动漫节与会嘉宾的"动漫商务游"。亲子游,既有一日游,也有二日游,除了游览动漫节主会场之外,还包括深受孩子们喜爱的农夫乐园、烂苹果乐园,以及 4 月 26 日开业的中南卡通购物中心。游客们可以根据需要自由选择。商务游,将带领来杭参加动漫节的中外来宾参观中南卡通、博采传媒等杭州重点动漫企业,领略西湖、湘湖、运河、西溪等自然风光。

首次推出动漫节手机客户端

本届动漫节首次在苹果和安卓两大手机平台上推出客户端"CICAF 动漫节",

进一步提升展会服务水准。软件定位于服务观众、媒体、展商和嘉宾,旨在提供最准确的官方信息。客户端内含动漫节介绍、活动日程、购票信息、交通指南、园区地图、联系方式等内容,全面提供包括展会资讯、票务信息、公交及驾车路线、场馆及酒店地图等相关服务,为参观者提供全方位的便捷掌上服务。

来源:《动漫报·新闻版》,2013年第12期。

中国国际动漫节要成为动漫产业发展的风向标

第九届中国国际动漫节定于4月26日至5月1日在杭州滨江白马湖动漫广场举行。本届动漫节不仅在时间上进行了调整,而且在办节思路、运作方式、特色亮点等方面都有创新,在动漫节开幕前夕,记者采访了杭州市委副秘书长、中国国际动漫节节展办主任陈卫强。

记者:中国国际动漫节在杭州已经成功举办了八届,请您谈谈举办动漫节的意义。

陈卫强:据国家有关部门不完全统计,全国每年举办的动漫节多达70余个,而中国国际动漫节是办得最好的。不仅因为它是唯一的国家级动漫专业盛会,还是《国家"十二五"文化发展规划纲要》重点扶持的"中国文化走出去"的平台,它代表了国家级的水平,具有国际影响力。每年的动漫节都吸引了大批动漫企业、专家、学者来杭州设展、观摩、学习、交流,进一步了解行业的态势、产业的走势、发展的趋势。借助中国国际动漫节的平台,杭州动漫产业从无到有,由弱到强,逐年壮大,助推了社会经济发展,已经成为了文化名牌,成为了杭州的一张金名片,有效提升了城市的知名度和美誉度。

记者:请您谈谈动漫节与动漫产业的关系。

陈卫强:首先,动漫节要拉动动漫产业的发展。动漫节源自于动漫产业。我们举办动漫节的目的,就是为了加强产业交流、促进产业合作、提升产业效益、推动产业发展。其次,动漫节要成为动漫成果荟萃的主平台。一年一度的中国国际动漫节应该是全国动漫产业一年的成果展示的舞台,在这里可以看到最好的作品、最新的技术、实力最强的企业、最受欢迎的名家。同时,我们也要努力让中国国际动漫节成为海内外动漫展示、交流、交易的主平台,让动漫节成为动漫产业发展的风向标。主管部门在这里发布最新政策,动漫企业在这里发布最新产品,专家学者在这里探讨产业趋势。今后,中国国际动漫节要逐年减少政府投入,在安全有序的前提下,逐步实施市场化运作,做到"以会养会,以节养节",实现展会的良性循环。

记者:杭州在加快动漫产业发展上的思路和做法是什么?

陈卫强：杭州动漫产业正处于转型升级时期，我想要从三个方面来理清思路、加强认识、促进发展。

第一，价值观是动漫产业的最大产品。动漫作为产业，最大的产品不是某部动画作品，而是其蕴含的价值观。动漫产品是精神产品，和物质产品不一样，任何一部精神产品的诞生和培育都离不开价值观的呈现，这是动漫产品非常重要的特点。价值观是任何一部作品的魂。无论是动画还是游戏，最终都体现了一种价值导向。美国的"三片"（芯片、薯片、大片）风靡世界，比如大片《拯救大兵瑞恩》，深层次上输出的也是它的价值观。因此，我们在本届"金猴奖"评选中增设"最具潜力奖"也是缘于这个初衷，要从源头上加强动漫产品的思想性，弘扬真善美、唱响主旋律、传递正能量，在寓教于乐中彰显社会主义核心价值观。

第二，动漫产业到了转型升级的关键时期，其基本路径是从量的扩张到质的提升。从产业发展规律来看，先扩张后规范也是常规路径。产业发展初期需要一定的产量来支撑，但是在具备一定量的积累之后，特别是杭州动漫经过了十年努力之后，重要的是在质量上要有突破。从量的扩张到质的提升，是动漫产业转型升级的主要方向。从质的提升来看，动漫企业不是越多越好，分钟数也不是主要指标，我们需要培育更多的动漫精品，培育一批能够"走出去"的动漫产品。

第三，政府要扶优扶强、创造平台、提供服务。我们将进一步修订产业政策，拓展扶持方式，加大扶持力度。今后，那些指望依靠政府补助生存的企业，日子会过不下去。我们的政策就是要扶优扶强，扶不起的企业，我们就不扶。但是，对于那些具有市场潜力、精品潜质的作品和具有市场竞争力的企业，我们就要大力扶持。比如，我们以联合出品的方式投资了博采传媒的动画电影《昆塔》，即将于今年暑期档上映，这部作品在法国戛纳电视节、昂西动画节参展时，就深受好评。此外，我们还将进一步创造平台。比如配音，这是大多数动漫产品少不了的重要环节。我们举办动漫声优大赛，建立配音人才库，依托浙江传媒学院的平台打造动漫配音基地，为企业提供服务。同时，我们还将整合资源，鼓励高校先进的实验室向企业开放，通过科技动力助推产业升级。比如组织动漫企业参展法国戛纳电视节、东京国际动漫节等知名展会，进一步鼓励企业开拓国际市场。

来源：《动漫报·新闻版》，2013年第12期。

第十届中国国际动漫节产业合作（品牌授权）对接会隆重开幕

4月29日上午，第十届中国国际动漫产业合作（品牌授权）对接会在白马湖建国饭店C座隆重举行。动漫产业合作对接会是中国国际动漫节的重要活动之一，旨在为中小企业提供版权交易、推广、宣传的交流平台,同时也是组委会全力打造的专业品牌商务活动。

本届项目交易合作对接会吸引了百家国内外文化企业前来参加,其中包括动画漫画制作、运营商、湖南金鹰等各省少儿频道、优酷土豆、搜狐视频、央视新媒体、印度 KIYOSHI 等。洽谈会不但吸引了国内外实力强劲的动漫企业的关注,还受到了传统行业企业的青睐,会场气氛愉快,多家企业初步达成了合作意向。这次产业合作洽谈会与往届相比,在会议规模及参会企业实力等方面都有较大的提高,有效地促进了动漫、游戏产业与传统行业的对接与合作。

来源:《动漫报·新闻版》,2014 年第 12 期。

领跑中国动漫——从十届杭州中国国际动漫节看动漫产业发展

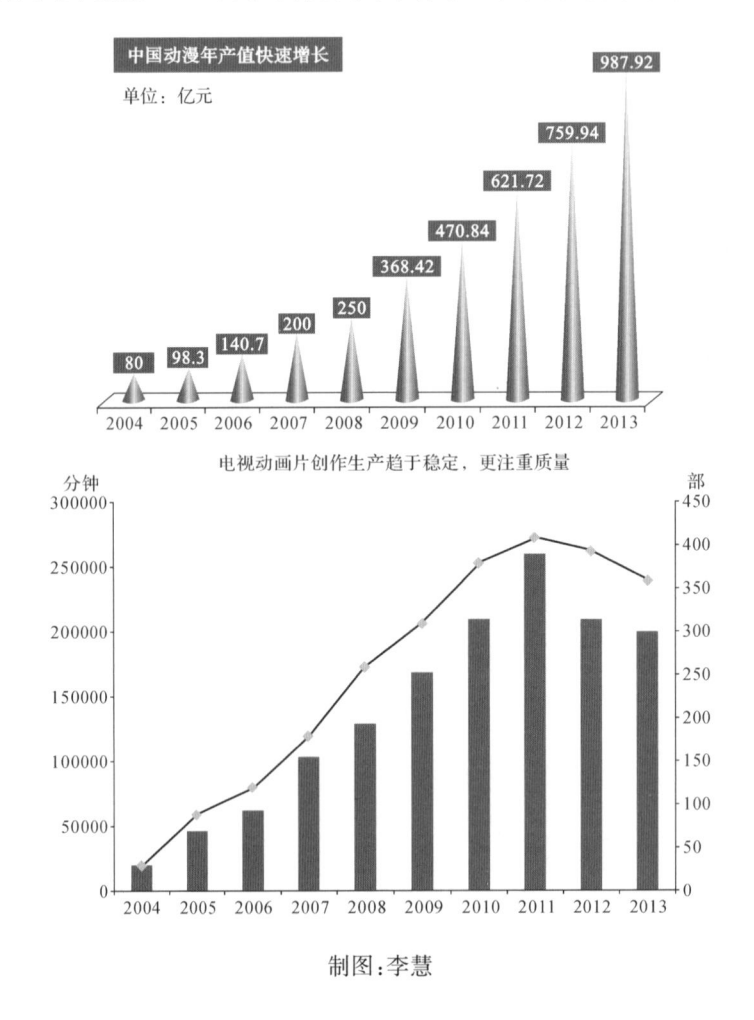

中国动漫年产值快速增长
单位:亿元

年份	产值(亿元)
2004	80
2005	98.3
2006	140.7
2007	200
2008	250
2009	368.42
2010	470.84
2011	621.72
2012	759.94
2013	987.92

电视动画片创作生产趋于稳定,更注重质量

制图:李慧

六、产业篇

杭州中国国际动漫节成为热爱动漫的人们共同的节日（资料图片）

杭州中国国际动漫节"天才杯"动漫大赛现场（资料图片）

"我从第一届中国国际动漫节开始，年年都在动漫节期间来杭州，一晃十年了。"香港漫画大师黄玉郎不仅仅来参加动漫节，还把自己的动漫公司也开到了杭州余杭区的西溪文化创意园，他有一个梦想，就是希望在杭州打造一个能与国外主题公园匹敌的动漫公园。

为何下定决心落户杭州？黄玉郎情不自禁地谈起对杭州动漫节的感受："第一

届动漫节,当时的举办水平和香港比还是有一些差距,到了第二年我觉得差不多了,第三年就完全超越了,到了今年这届,看着众多参与动漫节的市民,我觉得很感动。杭州这十年下了功夫,动漫节办成了世界第一。"

被感动的不只是黄玉郎,陪伴着中国国际动漫节一路走来的人们,心中都有无限感慨:十年,见证"中国国际动漫节"这个品牌的成长和成熟;十年,见证中国动漫产业的从小到大;十年,见证动漫为杭州这个城市所带来的快乐和活力。

A. 杭州人的节日 动漫节的气场

白马湖主会场和 10 个分会场,围绕会展、论坛、商务、赛事、活动五大板块组织了 53 项活动,共吸引了 74 个国家和地区参与,602 家中外企业、机构参展参会,136.2 万人次参加了各项活动。5 月 3 日,在欢快、热烈的氛围中,杭州市委常委、宣传部长、中国国际动漫节执委会主任翁卫军宣布,第十届中国国际动漫节落下帷幕。

一个个数字记录着动漫节的成果,一个个场面定格了动漫节的魅力:

在杭州国际展览馆的动漫"真人秀"中,随处可见打扮得华丽魔幻或简约清纯的年轻人。带上一顶鲜艳的假发,拿上一柄帅气的长剑,简单几下就有了角色扮演的感觉,他们的特立独行和潇洒靓丽,成了动漫节上不能错过的风景。

动漫彩车巡游,令有着千年历史的南宋御街焕发了不一样的生机。道路旁、树荫下、高台上,围观的人群挤满了千年老街,扛着闺女的、举着手机的,姿态各异,脸上却都是一样的喜悦、期盼之情。

动漫节名家签售会上的明星们,也有着不输影星、歌星们的火爆人气。《阿凡达》团队、藤岛康介、天野喜孝、戴铁郎、萧言中……一个个平时只能在电视中见到的动漫界大腕儿们,在名家签售会上让普通人也有机会与他们来个"亲密接触"。动漫节"形象大使"夏达每次签售都被围得水泄不通,蔡志忠的签售曾经延时超过 4 个小时,严定宪、戴铁郎等老一辈漫画家的签售更是吸引了老动漫迷前来追星。

"五一假期逛动漫节"已成为不少杭州市民的节日生活方式,动漫文化走入人们的生活,融合为人们假日生活的快乐元素。人们注意到,一些现象悄然改变:十年前,国外动漫占据中国市场的主导地位,十年后的今天,国产动漫后来居上;十年前,场馆里散布的都是纸质海报,十年后,大家的沟通从扫手机二维码开始;十年前,市民们可能还会抱怨"服务还有些跟不上",参观者连买瓶水都有些困难,经过十年的打磨,现在动漫节的配套服务体系越来越科学健全。

杭州市民可以扫二维码或参加活动得到赠票,能非常便捷地参与动漫节,而且在杭州市各主要交通集散地都会设有动漫节专线停靠点,在这里,除了可以买到动漫节门票,还可以凭门票免费乘坐动漫专线直达主会场。场馆内的餐饮服务和商品配送服务也非常齐全,人们不再是走马观花地看动漫展览,还能去体验和赏玩丰富多彩的动漫活动。

动漫节是大气、开放的盛会,向所有热爱动漫的人们敞开怀抱,践行着"动漫的盛会·人民的节日"的宗旨。以文化品位为基础的生活追求,是动漫发展成为杭州重要经济产业的人文基础,也是文化软实力的核心内容,而休闲中所萌生的头脑创意,又是现代文化创意这棵青春之树的胚芽。为此,杭州市的"动漫之都"似乎找到了量身打造的终极理由。难怪世界动漫学会创始人波尔多·多文考文维奇留给杭州中国国际动漫节这样一句话——"最富想象力的事业,在世界上最美丽的地方。"

专家点评

作家陈祖芬:"打造动漫之都是杭州这座城市的梦想,动漫不仅是一个产业,一种文化,更是一种生活态度。我们能够确信那些虚拟的人物有一天会真正成为我们生活中的事件,生活会朝着想象的世界进发,童年的梦想变得真实可信。动漫确实让城市年轻,有时候,我觉得,看孩子,看这个城市的动漫产业的发展,有共通之处——都显得鲜嫩而蓬勃。"

B. 产业界的盛会 动漫节的血液

"第十届达成签约交易、意向合作项目285个,涉及金额112.4亿元,现场实际成交和消费涉及金额26.2亿元,总计138.6亿元。"杭州市委副秘书长、宣传部副部长、国际节展办主任董悦通报了本届国际动漫节的总体情况,此次参与动漫节的国家地区和企业机构数量创下了历届之最,美国迪士尼、皮克斯、尼克儿童频道、日本集英社和世界动画协会、俄罗斯动画电影联盟等国外知名企业、权威机构纷纷亮相。国内20个国家级动漫产业基地、10余个城市和奥飞文化、中南卡通、深圳华强、完美时空等动漫游戏龙头企业均来设展,西藏自治区首次组团来杭,动漫节参展企业机构第一次实现全国各地区(含港澳台)的"全家福"。

为什么能吸引如此多的参展机构?原因在于十年来,中国国际动漫节坚持不懈、持之以恒,倾力打造的中国动漫专业化会展交易平台。据介绍,动画片交易会给了大家一个相聚杭州的理由,每年有来自全国30多个城市的110多家动画企业、210多部动画作品参加了动画片交易会。其中,2010年获得国家广电总局推荐的81部动画片,有60%报名参会;采购商除国内50多家国内电视台、发行中介、手机新媒体外,更是吸引了来自法国、芬兰、印度尼西亚、摩尔多瓦、香港、台湾等10多家境外买家到场,对意向动画片进行洽谈预约和集中洽谈,现场达成意向的共计14.5万分钟,其中境外发行机构达成意向6.1万分钟,占总量的42%,获得了买卖双方的一致好评。

2011年,杭州首次设立"动漫游戏衍生品交易会",邀请了香港贸发局、美国迪斯尼等知名企业与机构等34家厂商先后登台推介产品,丰富的内容、独特的创意引起了参会代表的浓厚兴趣,共达成6项动漫衍生品授权合作协议,签约总额达5800万元。

动漫节展现出了动漫产业的巨大"商机"和美好"钱景",令中南集团、广厦集团、横店集团、软库香港、创大基金等浙江民间和国际资本纷纷加大对动漫产业的投入,杭州动漫产业的资源集聚和整合效应已充分显现。如今,一个以中国美院、浙江大学、浙江传媒学院等院校为基础的人才培养中心,以杭州高新技术开发区动画产业园为龙头的动画制作生产中心,以义乌、湖州等小商品、玩具、童装及周边产品生产为基地的动漫衍生产品生产交易、运营产业链,构成了杭州动漫产业专业化、规模化的发展格局。十年间,杭州动漫产业从无到有,不断壮大,目前共有动漫企业200余家,2013年,全市动漫游戏企业实现营业收入40.5亿元,利润总额达22.6亿元,并呈快速增长态势,动漫作品质量领跑全国。

专家点评

国家新闻出版广电总局宣传管理司原司长金德龙:交易会的顺利举办为进一步规范动漫版权交易、增强动漫版权保护意识起到了引领和示范的作用。随着动漫产业交易会项目的不断完善,动漫节商务活动逐渐形成了自己的风格,真正为买卖双方提供了专业化的便利服务,无论是办展规模、参加人数,还是交易金额、节展效益,都取得了新的突破,国际化、产业化、专业化、品牌化程度进一步提升。

C. 新一代的人才 动漫节的灵魂

杭州曾是培养漫画家的摇篮,民国时期的杭州漫画界可谓百花齐放、星光灿烂,除了丰子恺、叶浅予、华君武外,还陆续走出了李可染、米谷、沈伯尘、蔡振华等现代漫画人。他们在杭州或求学拜师,或工作生活,先后走上了漫画艺术创作的道路。

进入21世纪以来,杭州动漫事业迅猛发展,吸引了不少外来大家落户杭州,蔡志忠、黄玉郎、朱德庸,这些家喻户晓的漫画大家成了杭州市民的邻居,姚非拉、聂峻、夏达等后起之秀也成为杭州年轻人心中的新一代偶像。

中国动漫不缺好技术,缺的是好故事,尤其是缺会讲故事的人才。可如何留住人才,并激发人才的创作活力呢?创作了《双响炮》《涩女郎》等作品的台湾漫画大师朱德庸先生从2007年开始与中国国际动漫节结缘,对杭州一见钟情,此后还连续参加了八届动漫节,将"朱德庸工作室"落户西溪湿地,杭州深厚的文化底蕴更带给他新的创作灵感。

动漫人才的杭州"落户潮",或许应该归功于中国国际动漫节的号召力与影响力。另一位台湾著名漫画大师蔡志忠先生,在2009年4月第五届动漫节期间第一次来到杭州,就惊艳于这座城市的文化资源和创新活力,随即决定从此落户杭州的之江凤凰·创意国际园区,也成了一名"新杭州人"。2011年,第七届国际动漫节开幕之际,"蔡志忠文化馆"也在杭州正式开馆。

如果说漫画大家的落户,是给杭州的漫画事业锦上添花,那么姚非拉、聂峻和夏达等年轻漫画人的存在,则为杭州的漫画事业添砖加瓦;而惠及更广大动漫人才的专业招聘会,更给动漫伯乐以"赛马、相马"的机会,为动漫产业发展注入源源不断的动力。动漫人才的专场招聘会在首届动漫节期间初次亮相即吸引了2000余人次的动漫专业人才前来应聘,成了动漫节的常驻活动,2013年第九届动漫节更是吸引到动画大鳄迪斯尼公司到场招聘,成为动漫人才的输出通道。

专家点评

中国美术学院院长许江:"杭州市能持续举办十届中国国际动漫节,得益于政府的高度重视,也得益于浙江有很好的创意产业的发展环境,有非常多健康发展、积极向上的民营企业,形成动漫产业发展非常重要的基础。同时,西湖边有中国美术学院,这是中国最早的艺术学府,培养了一代又一代艺术人才,可以提供动漫创作人才。另外,我们今天面对的是一个技术时代,数字媒体已经有了极大发展,浙大等一批优秀学府将在这方面发挥重要作用。"

D. 再出发的起点 动漫节的明天

"经过十年的发展,尽管中国动漫产业取得了长足的发展,十年的产量增加了十倍,但徜徉在展馆中,感觉还是面向低年龄观众的电视片占了大多数,而且衍生品也集中在毛绒玩具、图书、T恤衫、文具'四大件',动漫产业还需转型升级。"浙江大学影视动漫学院教授盘剑冷静地谈起自己的观感。

"动漫产业应从'量'的扩张转到'质'的提升,动漫企业不是越多越好,分钟数也不再是主要指标,而是需要培育更多的动漫精品大作。"国家新闻出版广电总局宣传管理司司长高长力指出,"近两年,动漫电视片的产量在回落,这表明中国动漫业正在从'数量型'向'质量型'转变,从'规模型'向'集约型'转变,说明市场已经在动画电视资源配置中发挥了主导作用,而各级政府的扶持政策也更趋理性。"

从产业外部来说,动漫产业的转型升级,是要实现产业的跨界融合,通过"大动漫"的理念,推进动漫游戏与虚拟仿真技术在设计、制造等产业中的集成应用,也就是说,要让动漫成为一种表现方式或手段工具,要集成融合运用到其他行业中,通过为其他行业创造价值从而也体现出动漫的价值。盘剑表示："以后中国动漫产业的发展和杭州市动漫之都的建设都要体现这种产业跨界融合的导向。"

"IT之后看动漫",这是美国苹果电脑公司创始人史蒂夫·乔布斯生前的一句话,这位始终求新求变的传奇人物不仅用苹果系列产品改变了人类生活,更造就了后来动画界大名鼎鼎的"小台灯"皮克斯动画工作室,又为更多的人带去了充满幻想与童趣的精神食粮。

"价值观是动漫作品的本质内涵,动漫产品是文化产品,离不开价值观的诠释与呈现,这是动漫产品非常重要的特点。"杭州市文化创意产业办公室、中国国际动漫节节展办公室副主任刘长征对动漫产业的内容生产提出期许,价值观是任何一部动漫产品的魂,无论是动画还是游戏,都体现了一种价值导向、一种审美情趣。因此要从源头上加强动漫产品的思想性、艺术性,弘扬真善美,唱响主旋律,传递正能量,在寓教于乐中彰显社会主义核心价值观。

专家点评

中国动画学会会长余培侠:"进入21世纪,各国政府在谈到经济发展时,都关注到了文化创意产业。在经济格局中,动漫产业的跨界运用,有利于提高制造业的附加值,提升'硬实力';同时,动漫产业也将成为一种重要的软实力,凭借创意文化这一润物细无声的传播方式,产生超越国界的影响力。"

来源:张玉玲,严红枫著,《领跑中国动漫——从十届杭州中国国际动漫节看动漫产业发展》,《光明日报》,2014年5月9日09版。

动漫节的文化现象

国际节展,是一个文化现象,是一种生活方式,是一门精彩生意,是一座美丽城市向世界发出的盛情邀约。

每年8月,苏格兰爱丁堡国际艺术节拉开帷幕;每年5月,法国南部城市戛纳总会让全世界的镜头聚焦于这座海滨小城;每年2月,巴西最大的海港城市里约热内卢都会迎来世界上最热情的狂欢节……

每年4月,中国东南沿海地区著名的风景旅游城市杭州都会迎来一年一度的中国国际动漫节。来自全球70多个国家和地区的600多家动漫企业和机构参展参会参赛,1个白马湖主会场和10余个分会场掀起了100多万人次的动漫狂欢,达成意向、签约以及相关涉及金额高达100亿人民币。

这些因节而兴、因节而名的城市都有一些共同的特质:可以不是国际性大都市,却有得天独厚的如画风光、独具魅力的都市文化、热情友好的市民大众、国际影响的节庆节展。通过对国际知名文化节展活动的多年经营,持续提升了城市品牌形象,催化了城市文创经济的快速增长,促进了城市经济结构优化与产业转型,活跃了城市文化氛围。

4月28日,第十一届中国国际动漫节如约而至。本届动漫节以"动漫盛会·人民节日"为宗旨,以"国际动漫·美丽杭州"为主题,以"务实·节俭·文明·高效"为办节理念,围绕"会展、商务、赛事、论坛、活动"五大版块,设置1个主会场,12个分会场,共计57项活动,来自全球78个国家和地区的中外动漫企业和机构纷纷参展、参会、参赛。

近年来,在国际动漫节的驱动下,杭州动漫游戏产业取得了飞速发展。由动漫带来的文化和创意元素已经深深地融入了这座城市发展的各个领域。

从产业发展上看,杭州动漫游戏产业迅猛发展的原因,归纳为一句话——节展带动,创新驱动。

一是顺势作为。从国际国内大背景看,中国经济进入了新常态,经济结构不断优化升级,创新驱动带来高效率、高质量的增长,整个社会呈现出"大众创业、万众创新"的新局面。中共杭州市委、市政府提倡掀起风起云涌的创新创业大潮,突出制度供给、平台建设、环境营造、人才培养,使杭州成为"大众创业、万众创新"的热土。而动漫游戏产业作为文创经济的重要版块和后起之秀,是产业升级、青年创业、文化创造、集成创新的重要领域,具有广阔成长空间。

二是政策领航。2014年中共杭州市委、市政府出台了《关于进一步鼓励和扶持杭州市动漫产业发展的实施意见》。产业新政从以重视数量、扩大动漫生产能力为导向,转为以重视品牌、提升动漫游戏作品质量为导向,鼓励企业增强自主创新能力、提升作品质量、打造动漫品牌、注重产业效益、促进跨界融合,打造全产业链经济形态。这些政策再次走在全国前列,为杭州市动漫游戏产业实现"从无到有"到"从有到优"的转化发挥了积极作用。

三是节展驱动。一年一度的动漫节带来了源源不断的信息流、技术流、资金流和人才流,成为中国动漫业界的年度盛事。2014年,动漫节吸引了全球74个国家和地区共计602家中外企业机构参展、参会、参赛,达成签约交易、意向合作项目285个,涉及金额112.4亿元。这些项目都直接或者间接地推动了杭州动漫游戏产业的快速发展。

四是资本助力。2014年,中国移动、恒大、万达、腾讯、海尔等行业巨头先后涉足动漫游戏产业战略布局。这一大批战略投资者的加入将改变原有的产业生态与格局,杭州动漫游戏产业也因之发生了重大改变。长城动漫打包收购了包括宏梦卡通、东方国龙、新娱兄弟在内的七家公司股权,一举完成了涵盖动漫设计制作、动漫游戏、创意旅游和玩具销售等的完整动漫产业链;美盛文化也收购了浙江缔顺科技有限公司51%股权及用以增资,并从"为他人作嫁衣裳"转变为"自主品牌输出",与美国迪士尼合作研销,与美国JAKKS公司成立合资公司,一起开发自主品牌衍生品并出口国外。

十年磨一剑,如今,杭州国际动漫节已从咿呀学语的孩童成长为英姿勃发的青葱少年,杭州这座城市也因国际动漫而显得更加时尚、更富创意、更具活力、也更显国际范儿。

站在杭州动漫游戏产业发展下一个十年的起点上,中国国际动漫节早已不仅仅是一个专业文化节展,而是产业发展的重要孵化平台。通过动漫节展的带动产生的动漫游戏产业的集聚、培育、创新、融合,正在掀起新一轮产业发展热潮。

来源:《光明日报》,2015年4月30日14版。

动漫,生活因你更精彩

4月28日,第十一届中国国际动漫节在杭州拉开帷幕。作为我国动漫产业发展趋势的"风向标",以"国际动漫·美丽杭州"为主题的第十一届中国国际动漫节亮点纷呈。

从2005年开办至今,中国国际动漫节已经走过了十一年历程。动漫节给杭州和中国动漫产业带来了什么?对城市经济结构优化与产业转型起到怎样的作用?本届动漫节体现出哪些产业发展新趋势?徜徉在第十一届中国国际动漫节现场,我们找寻这些问题的答案。

孵化效应　培育动漫游戏经济迅速发展

数据:2004年,中国国际动漫节举办之前,杭州市动漫游戏企业不足10家,杭州还没有一部像样的原创动画作品;2014年,杭州市动漫游戏企业299家,原创动画片9948分钟,漫画作品1609部,游戏作品199款,实现营业收入65.8亿元。截至目前,杭州已有两个国家级动漫产业基地,3个国家级动漫教研基地,11所在杭高校开设了动漫专业,培育了大量优秀专业人才。

伴随着中国国际动漫节的成长,杭州动漫游戏产业经历了从无到有、从小到大、从弱到强的迅猛发展,培育了杭州动漫龙头企业"中南卡通",已跻身全国动漫"第一阵营"。而玄机科技、博采传媒、阿U文化、定格动画、长城动漫等动漫企业也茁壮成长,网易、电魂科技、畅唐科技、边锋网络等游戏企业更是异军突起,为杭州动漫游戏产业创造了大量优秀作品与经济效益。

据杭州市委副秘书长、宣传部副部长、国际节展办主任董悦介绍，从政府的角度看，动漫游戏产业给城市带来了最直接的经济效益：一是人才集聚与青年就业，二是企业的产值与税收，三是都市经济的结构优化与产业增加值提升，四是文创类相关产业的融合发展及衍生产业的发展。

近年来，杭州动漫游戏产业实现了健康持续发展，在以下三个领域增长显著：一是动画电影异军突起。杭州企业与时俱进，从最初的一年一部动画电影到2014年四部齐发，并涌现出《魔幻仙踪》《秦时明月》《昆塔》等杭产动画电影系列品牌。2013年，《昆塔》票房首次突破千万；2014年，《秦时明月》票房达6000万。二是动漫游戏融合助推产业发展。2014年第十届中国国际动漫节首次在主会场设立AC动漫游戏展区，推出跨界交流的项目发布、业界洽谈、创新论坛等活动。此后，杭州动漫游戏企业不断传来融合互促的佳讯。三是新媒体动漫成热点。2014年，杭州知名手游《燃烧的蔬菜》推出功夫喜剧动画片，在各大新媒体网站创下播映新纪录。2014年戛纳秋季电视节上，浙江华麦接待的30%境外购片商来自新媒体。

长尾效应　促进都市产业转型嬗变

案例：2004年，传统建筑企业中南集团开始涉足动漫行业，浙江中南卡通股份有限公司的成立，率先吹响了产业转型升级的号角。博采传媒、定格动画曾经是知名的广告影视企业；缔顺科技开创初期得到了房地产企业的大力注资；畅唐科技从互联网服务平台转而经营动漫游戏业务；特立宙动画的创办人是从纺织进出口生意转型而来——而如今，它们都已成功转型为品牌动漫游戏企业。

在参加了首届中国国际动漫节之后，世界动漫协会创始人波尔多·多文考文维奇给予了诗意的评价——"最富有创意的事业，在世界上最美丽的地方。"

而最美丽的地方——杭州，抓住了中国动漫产业进入大发展的良机，擦亮了动漫节的"金字招牌"，依托动漫节这一独特平台，点燃了动漫产业高速发展的引擎。

在政策驱动下，产业飞速发展，企业茁壮成长。十多年来，杭州动漫游戏产业作为文创产业的重要组成部分，实现了快速成长和迅猛发展。通过动漫节的成功举办来推动动漫游戏产业的发展，已是业界公认的"杭州模式"。这个模式，在杭州动漫游戏产业发展最初的十年里，成为了产业提速的强力引擎，确立了杭州在全国业界的领先地位。

2014年杭州动漫游戏企业营业收入65.8亿元，同比增长62%；利润总额达到32.8亿元，同比增长45%；上缴税金3.6亿元，同比增长57%；出口、衍生产品和版权三项重要收入组成5.7亿元，同比增长50%，各项主要指标均呈现健康快速增长的良好态势。

顺应"互联网+"的时代风潮,2015年第十一届中国国际动漫节与淘宝合作,首次推出了"智慧节展"。主办方研发了服务于参展商的手机端APP——国漫通,帮助企业实现项目发布、信息浏览、商务社交和洽谈预约的智能化,提高企业商务洽谈的便捷性、舒适度和成功率。同时,围绕"O2O"概念,主办方还与阿里巴巴等电商企业合作,采用二维码、电子门票等新技术,为现场观众提供数字化参观与智能化购物的时尚体验。将动漫产业与移动互联网、云技术、大数据、物联网等相融合,形成了多产业间渗透、融合、聚集、嬗变的化合反应,为"大众创业、万众创新"的杭州创客们提供了走向未来的无限可能。

文化创意、动漫表达、数字传输、信息支撑、智慧应用,将"动漫之都"与"智慧城市"充满想象力地联系在一起。

溢出效应　提升杭州市民生活品质

场景:一年一度的国际动漫节恰逢"五一"小长假,杭州旅行社推出动漫亲子游,吸引了大批长三角地区的动漫爱好者;推出动漫商务游,吸引了海内外观光客考察杭州动漫产业。在动漫节展中度过"五一"小长假,成了许多杭州市民和外地游客的旅游休闲选择。

在杭州,动漫不仅是产业,也是文化,更是时尚的品质休闲生活。

如今,在杭州这座热爱动漫的城市里,人们习惯了用动漫表情互致问候,用动漫人物表达情感,用动漫广告传递正能量;"天眼杯"少儿漫画大赛、西湖漫画明信片设计大赛、"我是动漫王"等漫画比赛贯穿全年,获奖小选手有机会向蔡志忠、朱德庸、黄玉郎等漫画名家拜师学艺;杭州开通了动漫地铁专列,市民"朝九晚五"的出行都可能与卡通形象相遇;COSPLAY超级盛典是年轻人最喜爱的动漫节活动,城市里的22条主要道路的1000多个箱体都用动漫形象进行包装……"在这座城市里,动漫装饰了你的生活,而你装饰了美丽的杭州。"董悦说。

与此同时,动漫节传播了美丽杭州的城市形象。据统计,杭州动漫节每年都吸引全球70多个国家和地区的企业、机构参展、参会、参赛,10多个国际知名的动漫节展代表参观,有效提升了杭州在国内外的知名度、关注度和美誉度,成了杭州的又一张城市文化金名片。

一年一度的国际动漫节拓宽了杭城百姓的国际视野,动漫节上可以聆听《功夫熊猫》的导演、《阿凡达》的技术指导等动画精英的现场演讲;还有美国梦工厂高管来杭选拔人才;今年的"金猴奖"大赛共收到33个国家和地区的1007部参赛作品,这些优秀作品都将在市区影院进行免费展映;COSPLAY超级盛典在国内21个城市和境外9个国家设立了分赛区;"天眼杯"少儿漫画大赛吸引了中国、加拿大、日本、马来西亚等国家和地区的40000余幅参赛作品;继1988年由杭州画家吴山明、卓鹤君参与创作的动画电影《山水情》荣获有动画短片奥斯卡之称的加拿大蒙特利尔电影节最佳短片奖以来,今年由杭州高校师生创作的动画电影《梦幻列车》也荣获美国旧金山电影节优秀动画片大奖、希腊雅典国际动画电影节和德国慕尼黑独立电影节入围影片等多项国际殊荣……在频繁的国际交流中,志愿者每年热情接待上千名中外嘉宾,杭州市民也逐渐拓展了国际视野,熟谙了国际礼仪,深化了国际交往,更加文明、友好、自信、从容。

正如董悦所言:"国际动漫节彰显了动漫节展与城市文化的互动交融,成了推进城市国际化战略格局中的重要一子。"

来源:《光明日报》,2015年4月30日14版。

3. 动漫产业

从加工走向原创——杭州动漫产业的嬗变之路

最近若去杭州,游客会惊喜地发现,一辆与普通地铁不一样的列车从杭州地铁临平站驶出,开往白马湖动漫广场。白马湖动漫广场是中国国际动漫节(以下简称动漫节)的主会场。

这是杭州地铁的首列动漫专列,车身如动漫节LOGO美猴王一般金黄,车厢被各式各样的卡通形象包围。这些卡通形象均由杭州本土动漫企业原创。置身车厢内,好似爱丽丝漫游仙境一般,卡通世界又唤醒了人们的童心。

每年的动漫节,杭州都喊出"动漫的盛会,人民的节日"口号。杭州市民似乎习惯了每年动漫节的陪伴。看动漫花车游行,赏Cosplay,玩动漫游戏,购动漫产品……动漫正在融入杭州市民的日常生活。

以前,说到杭州,免不了谈论西湖。如今,再说杭州,则少不了谈论动漫。自2005年第一届动漫节开始,十一届动漫节不断为杭州注入动漫基因。动漫节好似一辆列车,载着杭州这座休闲城市,奔向动漫之都。

连续11年举办国际动漫节

动漫节前后,杭州动漫生态环境发生了巨大变化。

"2005年以前,杭州只有零星的几家动漫企业,原创动画产量几乎为零。"浙江中南卡通股份有限公司(以下简称中南卡通)总经理、杭州动漫游戏协会秘书长沈玉良对《支点》记者表示,"现在光杭州动漫游戏协会就有160多家会员单位,几乎囊括了所有优秀的杭州动漫企业,而个人动漫工作室则更多,杭州动漫游戏氛围日渐浓厚。"

沈玉良将这一变化归因于动漫节的节展效应。2005年,杭州成功申办首届动漫节,2006年动漫节永久落户杭州,到2015年,杭州已经连续举办了11届动漫节。从第一届只有14个国家和地区参展,到今年有78个国家和地区参展,从第一届只有2万平方米的主会场,到如今白马湖畔8万平方米的固定主会场,动漫节的影响力越来越大。

动漫节节展办公室向《支点》记者提供的资料显示,2015年动漫节参观人数达到了137.29万人次,动漫节期间达成签约交易、意向合作项目325个,涉及金额93.54亿元,现场销售金额达54.92亿元。

杭州举办动漫节的十年,也是当地动漫企业飞速发展的十年。在家门口举办动漫节,对杭州动漫企业的成长和发展不无裨益。"动漫节把国际上最优秀的动漫企业和资源带到杭州,给了杭州本土企业近距离学习的机会。可以说动漫节既是平台,又是瞭望窗口。"沈玉良十分认可动漫节对杭州动漫企业发展的助推作用。

十年间,杭州动漫企业的原创能力逐步提升。统计数据显示,2014年,杭州市动漫游戏企业共生产原创动画片9948分钟,其中4618分钟已取得播出许可证,共完成漫画作品1609部,游戏作品199款。2014年,杭州市动漫游戏企业实现营业收入65.8亿元,利润总额达32.8亿。

杭州动漫企业不仅生产动漫的数量众多,质量也获得国内外认可。比如,杭州盛世图龙动画有限公司制作的动画电影《梦回金沙城》,入围第83届奥斯卡最佳动画长片评选。2014年,杭州玄机科技有限公司制作的《秦时明月之龙腾万里》,在中国动画电影市场上取得了6000多万元的票房收入。

十年间,动漫节也培养了一大批专业观众,许多观众都是伴随着动漫节成长起来的。"以前,家长并不认可动漫专业,认为动漫是不好的东西。但十年动漫节,让动漫为大众所理解和熟悉。现在很多报考动漫专业的学生,深受动漫节熏陶。"中国美术学院传媒与动画学院动画系主任韩晖向《支点》记者表示,动漫节也起到了教育大众的作用。

动漫节就好似蓄水池一般,不断将动漫人才、科技、资金汇聚到杭州。杭州市政府以强有力的政策支持产业,动漫企业以技术创新提高制作能力,高校则源源不断输送动漫人才,共同将动漫节效应放大,从而使杭州动漫产业快速从无到有,从弱到强,欣欣向荣。

每播1分钟,政府最高奖1500元

21世纪是知识经济时代,世界各国都在寻找新的经济增长点以实现经济转型。文化创意作为高附加值产业,受到普遍重视,其中以创意为核心的动漫产业备受推崇。美国和日本在全球动漫市场遥遥领先,迪士尼和吉卜力的动画不仅取得了巨大的经济效益,更是一种文化输出。

正是在此背景下,浙江省提出了"打造全国文化创意产业中心"的概念,动漫产业则成为这一概念践行的方向。

"杭州发展动漫产业有其自身优势。动漫是文化创意产业,最需要人才和智力支持。浙江大学能培养动漫技术人才,中国美术学院和浙江传媒学院则能培养动漫艺术人才。另外杭州又是旅游城市、休闲之都,对动漫人才有吸引力。"沈玉良认为,杭州大力发展动漫产业是找准了方向。

第一届动漫节成功举办后的2005年,杭州市政府出台了《关于鼓励和扶持动漫游戏产业发展的若干意见》,对动漫企业的各项补助奖励作出明文规定。比如规定"凡在本市申报、国家广电总局批准的原创动画片、经评审的优秀作品,在地方级以上电视台播出的每分钟奖励企业500元;在中央台播出的每分钟奖励企业1000元;在境外主流媒体播出的每分钟奖励企业1500元。

"毫无疑问,播出奖励有效增加了动漫企业的盈利,一定程度上冲抵了投入与产出之间的不平衡,在产业发展初期动漫企业的盈利模式还没有建立起来时,具有非常重要的意义。"浙江大学影视与动漫研究中心的盘剑教授,十分认可杭州的动漫补助政策。

2007年、2010年和2014年,杭州市政府又接连在扶持政策上做了细化和补充,保证了对杭州动漫企业持续不断的政策支持。从2010年起,杭州市政府每年安排7000万元专项资金,用于补助动漫游戏企业。

一系列动漫扶持政策,为杭州市动漫产业发展创造了良好条件。截至目前,杭州共有2个国家级动画产业基地,3个国家级动画教学基地,有11所在杭高校开设了动漫专业,共有各类动漫游戏企业299家,从业人员近2万人。蔡志忠、姚非拉、夏达、聂峻等一大批动漫名家落户杭州。

动漫企业竟有博士后工作站

政策只是杭州动漫产业发展的外部保障,企业自身做好内功才能在竞争激烈的动漫市场上立足。

作为杭州动漫的龙头企业,中南卡通是浙江中南控股集团在企业升级需求背景下成立的。2003年,中南卡通成立伊始,集团就做好了五年不盈利的准备。2007年,中南卡通扭亏为盈,之后便持续盈利。沈玉良将之归因于中南卡通强劲的原创能力,其制作的《天眼》《郑和下西洋》等原创动画片,在国内和海外市场都有良好表现。

动漫制作一般分原画创作、动画加工和后期合成。沈玉良介绍,以前杭州动漫加工业比较发达。上世纪90年代,日本动漫风靡全球,像《名侦探柯南》《樱桃小丸子》等日本动画片的动画加工,均在中国完成。

"如果把日本动漫公司比作现在的苹果公司,那么当时杭州的动漫加工企业就是富士康。"沈玉良对《支点》记者如是说。

在动画制作的产业链条上,原创创作处于最顶端,而动画加工主要处于下游。日本动漫公司看中了中国的廉价劳动力,可见当时杭州乃至整个中国的原创动画能力极为薄弱。

在中南卡通的展览室内,一块铜匾让《支点》记者格外惊讶。这块铜匾由杭州高新技术产业开发区人事局颁发,表明中南卡通拥有一个博士后科研工作站。一个动漫企业,居然拥有博士后工作站!

面对记者的疑问,沈玉良解释说:"我们不仅是动漫企业,也是高新技术企业。现在,计算机和互联网技术在动画制作中发挥着重要作用。"中南卡通制作的《天眼》《魔幻仙踪》等动画片,就采用了3D动画技术。

在3D动画制作中,至关重要的一道工序是直染。要想制作出的动画画面呈现三维效果,就需要对每个像素点进行计算,计算其RGB颜色比例分布等。计算的像素越多,渲染效果越好。

考虑到这一点,中南卡通在2012年动漫节期间与阿里云达成合作,双方共建了动漫云。"用云计算来制作动画,最大的优势是提高效率、降低成本。云计算渲染与传统电脑渲染相比,效率高40倍,成本降低40%,以前需要两年多才能完成的任务,现在只需要几天。"沈玉良颇为自豪。

"技术本身不产生创意,但在产业链前端能辅助创意,使创意得以实现;在产业链末端,还能支撑动漫加工制作。"沈玉良认为,技术能对动漫产业链的各个环节提供帮助。

解决创意人才匮乏难题

沈玉良经常开玩笑说:"中国的动漫专业都可以改为动画制作专业。"他其实是在表达对高校动漫人才输出现状的不满,动漫专业培养的人才应该是复合型人才,而不应该只会画画。

"在中国动漫市场上,合理的人才分布应该呈哑铃型,即前端的动漫创意人才和后端的市场人才应占绝大部分。但现在的情况是,中间的动画制作人才占据了绝大部分,市场已经饱和。"沈玉良说。

市场饱和导致的问题是动漫专业就业率低,很多学生毕业后都不从事动画制作。韩晖也向记者坦言:"我们的学生毕业后专门从事动画制作的很少,绝大部分去了腾讯、阿里等互联网公司做设计工作。"

作为国家级的动画产业教学基地,中国美术学院也试图兼顾艺术和市场。韩晖就表示:"我们也在培养动漫综合人才,而不仅仅把动画技巧教给学生。作为艺术院校,我们更强调对学生的美学教育,提高学生的审美能力。"

杭州高校源源不断地向动漫企业输送人才不假,但其中动漫创意人才较为匮乏,这是杭州乃至整个中国动漫行业最大的问题。对此,韩晖希望政府和企业把眼光都放得长远一点,给动漫人才更多的空间。"创意的实现需要资金支持,政府可以牵线搭桥,为优秀的动漫作品找资金、做推广,企业也应放手让有潜质的员工去创造。"韩晖如是说。

面对动漫创意人才不足的问题,企业的解决办法更加务实。沈玉良向《支点》记者介绍了中南卡通的经验:"动漫专业毕业生先来企业试训,我们请了蔡志忠等动漫名家担任企业顾问甚至是某部动画的导演,毕业生以担任助手的方式近距离向大师学习。"沈玉良希望与更多高校达成校企合作,共同培养动漫全产业链人才。

来源:倪伟杰著,《从加工走向原创——杭州动漫产业的嬗变之路》,《支点》,2015年第6期。

第十届中国国际动漫节产业合作(品牌授权)对接会隆重开幕

4月29日上午,第十届中国国际动漫产业合作(品牌授权)对接会在白马湖建国饭店C座隆重举行。动漫产业合作对接会是中国国际动漫节重要的活动之一,旨在为中小企业提供版权交易、推广、宣传的交流平台,同时也是组委会全力打造的专业品牌商务活动。

本届项目交易合作对接会吸引了百家国内外文化企业前来参加,其中包括动画漫画制作、运营商、湖南金鹰等各省少儿频道、优酷土豆、搜狐视频、央视新媒体、印度KIYOSHI等。洽谈会不但吸引了国内外实力动漫企业关注,还受到了传统行业企业的青睐,会场气氛愉快温馨,多家企业初步达成了合作意向。这次产业合作洽谈会与往届相比,在会议规模及参会企业实力等方面都有较大的提高,有效地促进了动漫、游戏产业与传统行业的对接与合作。

来源:《动漫报·新闻版》,2014年第16期。

4. 动漫节

举办动漫节"白马湖动漫周"

2011年4月18日,动漫广场会展中心正式落成启用。4月29日,在2010年动漫节八大分会场之一的白马湖生态创意城,以"动感创意城、漫悠白马湖"为主题的第六届中国国际动漫节"白马湖动漫周"开幕。当天,国内首创、面积达2万平方米的动漫专业博物馆——中国动漫博物馆举行奠基仪式。中国国际动漫产业项目签约仪式上有22个项目签约,总投资额18.7亿元。

来源:《杭州年鉴》,方志出版社,2011年。

杭州白马湖提升配套喜迎动漫节

4月26日至5月1日,第九届中国国际动漫节将在杭州白马湖动漫广场举办。记者了解到,7500平方米动漫美食广场、6000个停车场等配套设施正在建设中,经过改造和完善,杭州白马湖和动漫广场将以崭新的面貌与观众见面。

环境配套更"靓丽"

白马湖动漫广场周边的风景,今年也将焕然一新。目前,白马湖湖区一期综合整治工程正在抓紧实施,绿化工程两个标段已完成70%,连接湖区各岛屿的4座主桥梁计划在3月底完工;107工程建设、白马湖路与火炬大道交接段周边整治工程、SOHO园区的氛围营造及形象提升、动漫广场周边的环境整治等正在抓紧进行。全新的白马湖湖区将在动漫节前亮相。

停车更方便的同时,场馆周边的道路也与去年不同。动漫节前,井山路将全线贯通,白马湖路东段将与江晖路联通。还对周边的长江路、江虹路、江晖路等7条道路都进行了维护,这些路段的路灯也都检修完毕。动漫广场200米范围内已新建6个相对固定的停车场,近4000个车位。广场1000米范围内,今年还保留时代大道和滨文路两个社会车辆停车场,约2000个车位。同时在动漫广场不同方向还设置了3个非机动车停车场。

商贸配套更"周到"

今年,白马湖动漫节主会场将设立餐饮配套广场和售货亭,采用多点分散方式安排好餐饮商贸配套服务。白马湖建国饭店完善了餐饮、住宿、娱乐等配套设施;动漫广场二号桥西面广场将设置7500平方米动漫美食广场,新增海山公园作为动漫节观众的主要餐饮配套,肯德基等知名餐饮品牌和区内大型品牌商家均有意向参加。

在核心区外 200 米范围内,设置 5 个售卖亭,并在白马湖湖区设置两个售卖亭,为游客供应饼干、面包等包装食品及饮料。为了让游客在白马湖游玩得更加便捷,高新区专门落实各专项组设置好指引系统,对场馆方位、公交换乘、用餐地点、主要活动等进行指示引导,方便游客参观;就近安排好医疗、物价、工商等服务点和投诉点;策划开展志愿服务,提供指路等便民服务。

地铁站到动漫广场有免费公交

为了让更方便市民出行,研究并初步确定开通地铁站和临时停车场到白马湖动漫广场的免费换乘公交。今年该区还通过加大投入来推进动漫节智能交通建设,在展馆周边完善高位视频监控。目前,高新区(滨江)已经初步确定,将与往年一样开通免费公交接送线路。

来源:《动漫报·新闻版》,2013 年第 8 期。

(二)文创产业篇

1. 综合

白马湖创意园开园

2009 年 11 月 27 日,由(中国美术学院)建筑学院团队规划、设计,学院创意产业发展公司与白马湖生态创意城指挥部共同策划、运营的白马湖创意园开园。白马湖创意园位于白马湖生态创意城的中心,是文化创意产业与新农村建设的完美结合,"宜业、宜居、宜游、宜文"的农居 SOHO 是白马湖生态创意城最显著的特征。白马湖创意园涵盖了信息服务、动漫游戏、设计服务、现代传媒、艺术品、教育培训、文化休闲旅游、文化会展业等八大门类的文化创意产业,构建出具有杭州特色的文化创意产业群。创意园由学院创意产业发展公司负责日常管理、运营,已有 25 家创意企业入驻。

来源:方展画,吴永良主编,《浙江教育年鉴》,浙江教育出版社,2009 年。

白马湖生态创意城获"2009 中国最佳创意产业园区奖"

11 月 27 日,第四届中国创意产业年度大奖在北京揭晓,白马湖生态创意城获得中国创意产业最佳园区奖。中国创意产业年度大奖是中国创意产业领域最具影响力的全国性公益奖项,2009 年度的大奖评选活动历时 6 个月。入围条件是园区具有良好的创业环境,完善有效的投融资支持,产业相互交融,产业链上下贯通,具有鲜明的特色。白马湖生态创意城位于滨江区南部,规划面积20.5平方千米,建设目标为"国家级文化创意产业园区、旅游休闲度假区、杭州城市美学建筑美学和示范区、杭州和谐创业示范区"。

来源:杭州市人民政府地方志办公室编,《杭州年鉴》,方志出版社,2010年。

丁磊杭州变身"创意农民"

依靠经营网络和开发游戏起步的网易CEO丁磊,前段时间还计划着在浙江经营一座牧场准备养猪,最近却突然出现在杭州。此次,丁磊又变换了一个身份,他在杭州滨江的白马湖边租下了两栋农居,准备在这里主持一个中国陶瓷研究工作室。

白马湖生态创意城是杭州未来创意产业的集聚地,在设计和建设中,创意元素随处可见。SOHO农居便是其中极具特色的标志之一。目前SOHO农居已经吸引了众多艺术家的入驻,其中著名漫画家朱德庸已经将其工作室迁入其中。

据了解,丁磊对陶瓷情有独钟,他一直认为中国的陶瓷流传、发展到今天,研究和创意的力量变得十分欠缺。于是便萌生了亲自开一个陶瓷工作室进行创意研究的念头。近期,该陶瓷工作室内部已经装修完毕。

来源:《大经贸》,2009年第8期。

杭州:创新文化创意产业园模式

在杭州钱塘江边的一个叫柴家坞的小村庄里,目前由传统农居改造而成的39家农居SOHO(家居办公)被中国美院、网易陶瓷等28家创意团队一抢而空,更吸引了台湾著名漫画家朱德庸等入驻。据统计,仅2009年下半年入驻柴家坞的创意团队营业收入就达8000万元。

柴家坞创意农居是"中国创意产业最佳园区"——杭州白马湖生态创意城推出的新型文化创意产业园区的一个分园,是杭州市在文化创意园区建设方面做出的创新探索。农居SOHO改造,是在保留部分原住民的同时,进行村庄整治改造,将农居改造成具有杭州城市美学特征和文化创意内涵的创意建筑,吸引文化创意企业与团队生活创业。白马湖农居SOHO这种新型园区,不仅带动了杭州的文化创意产业发展,且兼顾了原住民的利益,40余户村民在创意园里找到了工作,35户农户因出租住房收到首期租金。

为积极应对国际金融危机,加快文化创意产业发展,杭州市自去年以来提出要打造"产业集聚、投资融资、项目引导、人才开发、展示交易"等五大平台,加快推动全市经济实现转危为机、跨越发展。其中,以文化创意产业园区为主载体的产业集聚平台,是五大平台的重要组成部分。像白马湖生态创意城一样的文化创意产业园区(基地)目前在杭州已有近 40 个,其发展模式被称之为"10+X"模式。其中"10"为西湖创意谷、之江文化创意园、运河天地文化创意园、西溪创意产业园等十个重点文化创意产业园区,"X"为新兴发展起来的文化创意产业园区。据统计,截至 2009 年 12 月底,杭州市十大文化创意产业园区已入驻企业 837 家,涵盖设计服务、动漫游戏、原创艺术等行业,共实现营业收入 31.2 亿元,新兴文化创意产业园区入驻企业 1171 家,实现营业性收入 25.1 亿元。

"过去的文化创意产业分布较散,公共服务等配套建设较难,如今文化创意产业园区的建设,实现了产业的集聚效应和规模经济,有利于资源互通形成产业链,实现一加一大于二的倍增效应。"杭州市文化创意产业办公室有关负责人介绍说。

工业遗产老厂房、新兴楼宇、有特色的农居房和古老历史街区,都是杭州市文化创意产业园区建设的载体,拱墅区运河天地文化创意园中的 LOFT49、滨江高新区国家动画产业基地、白马湖生态创意城和中山北路创意文化商业特色街区分别为其突出代表。

截至目前,杭州已有 2 家国家动画生产基地,3 家国家动画教学研究基地,5 家国家文化产业示范基地,其中国家级动画产业基地总数位居全国第一位。2009 年 1 至 3 季度,杭州市文化创意产业实现增加值 413.10 亿元,按可比价计算增长 15.0%,高于全市 GDP 增速 6.5 个百分点,高于全市服务业增加值增速 1.2 个百分点,文化创意产业增加值占全市 GDP 的比重达 11.9%。

"以园区建设为抓手,将杭州打造成为文化、创业、环境高度融合的全国文化创意产业中心,使'文化融入经济、经济体现文化、经济文化一体化'是我们的目标。"该市文创办有关负责人说。

伴随着文化创意产业园区的建成,杭州市文化创意产业快速发展,更呈现出了一批文化精品。2009 年前三季度,杭州市共生产原创动画片 22 部,产量居全国各城市之首,在国家广电总局推荐的 33 部优秀原创动画片中,杭州有 8 部作品榜上有名,被推荐数居全国第一。中南卡通制作的动画片《郑和下西洋》、宋城旅游发展股份有限公司的大型歌舞剧《宋城千古情》和杭州电台西湖之声的广播剧《为了零点五克的挚爱》获得了全国"五个一工程奖"。浙江华策影视等投拍的《中国往事》获得了 2009 年首尔国际电视节上的最高奖——"最高电视剧大奖"。

来源:《光明日报》,2010 年 1 月。

农村改造的创意产业发展模式——以杭州白马湖创意城为例

余伟忠

【摘要】 世界经济的转型影响着我国经济的发展趋势,根据国家政策的导向与社会经济的发展诉求,创意产业逐渐成为近几年各城市的发展重点。通过寻找创意产业与城乡一体化的契合点,结合浙江省杭州市"白马湖生态创意城"的案例研究,探索引领城乡一体化的创意产业发展模式,为创意产业和城乡一体化提出新的研究视角,为其他城市发展创意产业提供实践经验。

【关键词】 创意产业;城乡一体化;发展模式;农居SOHO

1 研究背景与意义

随着经济快速发展和后工业社会到来,城市发展经历了从工业经济为主转型为服务型经济为主的演进历程。在此转型中,创意产业已经成为一个国家或地区经济发展的重要动力。

作为创意产业的发展模式之一,在城市新旧区集聚发展而成的"创意产业园"推动产业结构升级与发展方式转变,在城市功能空间的切换与提升方面起到重要作用。同时,我国近几年一直在新农村建设与城乡一体化的工作中经历多种实践与探索。

浙江省杭州市的创意产业发展一直走在前列,根据杭州市近几年的实践经验,本文试图寻找杭州市与城乡一体化建设相结合的创意产业发展的经验与模式,为其他城市在城乡一体化建设与发展创意产业的过程中提供借鉴。

2 杭州市白马湖生态创意城案例分析

2.1 产生理念

创意园区建设实践中,在经历定位宽泛、模式单一、产业结构失衡的探索阶段后,寻找符合城市发展诉求、具有强大管理机制与利益链的园区建设模式,成为各级政府的思考目标;城乡一体化建设实践中,在经历大拆大建、偏重形象、模式趋同的"样板建设"时期后,探索符合农民生活实际、具有鲜明地域特色的新农村建设模式,成为各级政府的思考重点。

在利用农居发展文化创意产业方面,北京和深圳都进行了有益探索。但与之不同的是,杭州在全国首倡提出的农居SOHO概念,是把农居改造与现代文化创意产业发展形式SOHO实现了有机结合,把过去的自发行为变为政府自觉行为,在文创产业发展、城市有机更新和新农村建设方面进行了创新探索,更具普适意义。由此,便产生了创意园区与城乡一体化结合的理论视角。杭州市在近几年创意产业的发展与实践中,将这种理论视角转化为现实——白马湖生态创意城"农居 SOHO＋创意旅游、居住、活动"创意产业发展模式,即证明了这种理论视角的可行性。

2.2 实施环节

第一,建设背景。白马湖生态创意城位于杭州高新区(滨江)南部区块,北至彩虹大道,西至浦沿路,东南接萧山界,规划面积约 20 平方千米,其核心区域为白马湖区域。2008 年 1 月,根据杭州市政府与中国美术学院签订的双方战略合作协议,中国美术学院应邀对滨江白马湖区域进行全面规划和设计,正式提出创建"白马湖生态创意城"的理念。

第二,建设目标。白马湖生态创意城的整体产业定位主张"一主多副"方式,以文化创意产业为主,以信息与软件服务业、大旅游业(生态旅游、会展旅游、休闲旅游)、中介服务业、房地产业为副业的综合产业定位;以动漫产业为主业,文化会展、文化休闲、教育培训业、现代传媒业、设计服务业、信息服务业、艺术品业为副业的文化创意产业定位。

第三,调研与思考。(1)白马湖生态创意城的再认识。经过对当地的实地调研,白马湖具有明显的综合优势,具体表现在:占地 20 平方千米,即超大的用地规模优势;以中国美院为代表的资源优势,即人才支持优势;产业基础雄厚,拥有江浙庞大的制造业基础,和滨江区成熟的高新科技产业链;生态环境非常优美,依托杭州的良好人文环境,即生态与环境的优势。同时,白马湖生态创意城也具有一定的不足之处,包括缺乏创意产业的基础、离市中心有一定的距离、缺乏都市生活的基础和氛围等。(2)白马湖生态创意城的再思考。产业联盟式是白马湖最值得借鉴的集聚模式。创意产业本身的全面繁荣有赖于知识产权体系的健全和国内整体创意水平的突破性提高,这些都不是短时间内可以解决的问题,而白马湖地处民营经济最发达的浙江政治经济中心,拥有庞大的产业根基,推动创意文化与传统产业的结盟,将是树立白马湖品牌、让创意产业快速作用于国民经济的有效途径。

第四,特色构建。(1)创意活动。白马湖生态创意城通过举办世界创意产业化永久论坛、举办中国国际动漫节等创意活动推进园区启动和项目推广。(2)创意园区——农居 SOHO。根据杭州市经济社会的发展需求,白马湖生态创意城结合社会主义新农村建设工程,将艺术改造与农居结合,首创农居 SOHO,同时也创造了创意产业发展的独特模式。与其他地区新农村建设一样,白马湖农居 SOHO 在保留部分原住民的同时进行村庄整治改造,将农居改造成具有杭州城市美学特征和文化创意内涵的创意建筑;又在不改变产权性质的前提下,鼓励通过农居 SOHO 空间的租赁、招商引入文创团队创业办公,注入鲜活产业内容和创意理念。它属于

"农居＋艺术家(设计师)＋产业＋市场"的开发模式,在政府、市场、企业、农民"四方合力"的共同作用下,形成了具有核心竞争力的特色文化创意产业集聚区。(3)创意旅游。在白马湖生态创意城的建设中,发展创意旅游也是农村建设与创意融合的重要举措。白马湖生态创意城将打造"旅游休闲度假区",其建设目标为完成历史遗址及文化碎片的改造和保护性开发,形成"五景、一心、三环、四线"的较为完整的旅游格局。(4)创意居住。首先是"城市美学和建筑美学示范区"的建设,其次是"杭州和谐创业示范区"的建设,最后是基础设施和生态的建设。

2.3 经验总结

一是统一型的管理策略。建立高效、统一、创新的管理机制是白马湖生态创意城良性发展的关键,白马湖生态创意城采用的是直通车式的全封闭管理模式。其管理原则为:白马湖生态创意城建设指挥部协调各相关部门并直接向区政府负责。"白马湖生态创意城"的运营模式具有独特性和创新性,各部门以指挥中心为核心,本着整体协调,有所为有所不为的原则,科学决策,突出重点,高效率推进项目进程,真正实现高效的管理"直通车"。当地成立白马湖生态创意城建设指挥部,全面负责生态创意城的建设、运营、推广、招商、管理工作,提出各阶段分期计划,控制建设时间节点。由建设指挥部统一调配资金,控制资金平衡。

二是艺术型的美学策略。以艺术为原则,以城市专项美学规划为指导,以公共艺术专项投资比例为支撑,以艺术委员会为决策机构的"美学策略",是实现白马湖生态创意城城市美学目标的保障。项目设计招投标制造成了当地公共艺术设施缺少统一的风格贯穿,缺乏统一的协调和把握,因此迫切需要编制专项城市美学规划,以指导日后所有涉及的设计招标工作。由全国相关专业的知名专家组成白马湖生态创意城艺术委员会,对白马湖重点建设项目、重要景观改造项目、重要历史遗产保护项目进行美学鉴定。

三是活动型的招商策略。创意产业的招商工作不同于其他,以动人、动情、动心为上,因此,应通过专业性和感召力相结合的活动的组织开展,来达到招商与推广的目的。白马湖模式主张政府主导,制定专业的分类招商计划;遵循创意人"口碑相传"的传播方式,以具有社会感召力的"创意活动"贯穿招商全程。

四是激励型的人才策略。通过候鸟型人才的引进带动人才体系结构性升级,通过原创为先的激励机制推动创意人才的大规模集聚,通过创意土壤的培育和生活态的打造,让创意人在这里生根。创意产业被认为是最具有活力的新兴文化和风尚产业。对于需要大量的机会与厚实"肥沃土地"的创意人群来说,提供全方位的品质生活配套是解决创意人的后顾之忧、探索创意产业快速发展的人才之路。

五是加盟型的和谐策略。"加盟策略"成为原住居民和创意人才的双向利益保障体系。将农居SOHO整体包装成一个农民能够理解的产品——比如"农居办公",并且采用"加盟制",让农民自由选择是否出租和租赁形式。原住居民可以通过租赁、就业、创业等途径,参与到白马湖生态创意城的建设和经济运营中来,政府部门要对原住居民的就业和创业提供相应的鼓励和优惠政策,激发原住居民美化家园、建设家园的荣誉感和动力。创意人才与原住居民是双向互动的,原住居民的质朴、纯正的民风可以使创意人才更加接近生活并激发对原态生活的感悟;而创意人才将最时尚的、先进的思想和行为带到当地,引导原住居民开拓视野,高效、高价值地创业。

3 建立与城乡一体化结合的创意产业发展模式

3.1 前置条件

第一,自然环境优势。绝佳的创意是在休闲、轻松、自由状态下萌发的,而不是在嘈杂的闹市区、工整的写字楼里就能产生。白马湖区域具有清新、秀丽的自然风光,同时拥有着深厚的人文底蕴。这些多元的文化泥土,为时尚创意与旅游休闲产业的陆续进驻奠定了天然的优越性。因此,契合文化创意本质的自然环境,是该模式的必要基础。

第二,靠近城区的区位优势。白马湖位于长江三角洲两小时经济圈,交通便利。与杭州主城区紧密相连,只有15分钟左右车程;距杭州萧山国际机场,仅20分钟车程;毗邻城市地铁1号线;与沪杭甬高速、杭金衢高速、绕城高速公路擦境而过。因此,从区位上看,该地必须离中心城市较近,其社会、人文、经济等资源可与城市保持同步更新,并及时进行资源置换与互补。

第三,具备城市集聚设计力量,如大学、研究所等。白马湖的成功离不开中国美院人才、学科的整合优势。只有城市具备艺术、设计、创意等方面的集聚力量,才有可能为当地储备人才,输送创意事业发展的新鲜血液,才有可能实现当地的产业更新与产业升级。这种设计力量是当地发展创意产业的知识、技术、人才的来源与基础,为当地尝试新发展模式创造可能性。

第四,周边市场与本地市场充足。经济的发展和社会的进步必将带动当地的创意需求,白马湖生态创意城内的入驻企业在滨江区乃至杭州市具有充足的客户群,并且这些客户群在不断地扩大并保持稳定。充足的周边市场与本地市场成为地区发展由农村改造的创意产业的必要前提,而市场的规模又取决于经济的发展程度与发展结构。

第五,政府的支持和重视。农村改造的创意产业发展模式在建设之初必须得到政府的支持与重视,如农户补贴、改造资金、入驻企业的税费减免等各种扶持政策。白马湖在建设之初就得到杭州市政府的高度重视,高新区(滨江)政府给予的政策相当于让文化创意产业享受高新企业待遇,甚至比高新企业更加优惠。

3.2 优势与趋势

首先,它是有利于探索城市有机更新的新模式。城市更新是一种将城市中已经不适应现代化城市社会生活的地区作必要的、有计划的改建活动。农居SOHO改造避免了大拆、大建、大搬,减少了开发建设对环境的干预和破坏,突破了以往"拆迁—重建"的固有模式,在保留农居特色的基础上进行改造,大大降低了更新成本,盘活了个人和集体资产。它真正实现了可持续科学发展的目的,使得城市化推进过程中的"资源""城市病""就业""利益协调"等问题都将得到有效解决。

其次,有利于提升当地文化创意氛围,提高社会生活层次。农居SOHO创意园是白马湖生态创意城的重要组成部分,推动文化创意产业由企业集聚向产业集聚转变。城市周边地区的新型产业结构带动当地生活方式的转变,居民既能保持原有的恬静、自然的生活状态,又能领略创意产业带来的独特熏陶。

再次,转变当地经济发展方式,开发新的创收途径。新型发展模式的首要目标仍然是促进当地经济的发展。通过农居SOHO的改建,创意旅游、创意居住、创意活动的不断推进,为当地吸引注意力,获得更多人前来参与。在提高人气的基础上,盘活周边的配套设施,在当地建立多种创收途径,形成一个充满文化创意氛围的全新的商贸中心。

最后,有利于保护当地的生态环境。该模式得以成功运行的必要条件是当地良好的自然环境。生态优势不容复制,将原生态景观与创意文化充分结合到整体设计之中,大力发展文创经济、旅游经济、低碳经济,避免了工业、手工业发展对环境带来的干预和破坏,使当地自然生态和人文生态得到切实保护。

从各国的发展情况来看,那些已经完成了现代化或正在进行现代化实践的国家和地区更适合创意产业的发展。我国的一些地区已经具备一定的城市化水平,为创意产业的发展提供了必要的保障,特别是北京、上海、南京、杭州、广州、深圳、成都等地市场经济活动比较活跃,历史文化资产比较丰富,有着得天独厚的资源优势。

4 总结

创意产业的实践将在全国逐渐铺开,其发展前景不可估量。各地根据不同的自然、经济、社会、文化特点,均可探索出适合植入本地的创意产业发展模式,尤其需要警惕的是,应避免发展模式同质化现象的产生,盲目效仿固有发展路径,造成国家与地区的资源浪费。

浙江省经济发展速度在全国较为领先,具备发展创意产业的基础与资源,本文结合浙江省杭州市在创意产业建设与发展实践过程中的成功案例,提出城乡一体化的理论视角来选择创意产业的发展路径,这对同类城市在构建创意产业布局、选择区位、挖掘特色、更新产业链等方面起到了开拓思维的作用,对于与杭州市经济社会发展特点、现有政策条件相类似的城市来说,也可尝试创意产业发展的"杭州模式",以加快我国城乡一体化建设与创意产业发展的步伐。

来源:《中国高校科技》,2012年第5期。

文创产业发展的杭州实践

文化是人类的精神家园,是一个民族生生不息的血脉。被联合国教科文组织授予全球创意城市网络"工艺和民间艺术之都"的杭州,近年来,在提高文创产业规模化、集约化、专业化水平,推动文创产业成为国民经济支柱产业的道路上,实现了跨越式发展,摸索创新出一套富有地方特色的文创产业"杭州模式"。

2015年上半年,杭州市文创产业增加值实现991.42亿元,增长19.7%,高于GDP增速9.4个百分点,占GDP比重22.04%。这一发展成绩背后,杭州进行了怎样的实践和探索?如何促进文创产业成为支柱产业?

1. 转型升级,打造文创产业"杭州模式"

2014年杭州文创产业发展成绩亮眼:3183家规模以上文创企业,2842.07亿元主营业务收入,587.32亿元利润总额,33.68万从业人员;其中包括民营企业3023家,5家国家动画产业(教育)基地,11家国家文化产业示范基地,24家市级园区,35家市级文创楼宇……

自2007年杭州提出打造"全国文化创意产业中心"以来,文创产业已成为杭州经济的新增长点,助推着城市经济转型升级。在清华大学国家文化产业研究中心与亚太文化创意产业协会共同研究完成的《2015两岸城市文化创意产业竞争力研究报告》中,杭州文创实力居大陆城市第三。

杭州是没有矿产和港口的资源短缺型城市,但在发展文创产业上,却有着得天独厚的优势。地处我国经济最为发达、最具活力的长三角地区,巨大的居民消费需求和充足的民间资本,为杭州文创产业提供了巨大发展空间。与此同时,作为吴越文化的发源地之一,杭州位列中国七大古都之一,独特的良渚文化、丝绸文化、茶文化等深厚的历史文化积淀,更为杭州的文化创意产业发展奠定了坚实基础。

如果把一系列抽象的数字和人文历史优势落地到具体实践当中,杭州文创产业蓬勃发展的例子比比皆是:"中国电视剧第一股"华策影视、"中国旅游演艺第一股"宋城演艺、"中国数字电视内容原创第一股"华数传媒、"中国民营广告第一股"思美传媒、"中国网吧服务软件第一股"顺网科技等一大批知名文创企业先后上市,领军全国;第十一届中国国际动漫节 5 月在杭州成功举办,来自 78 个国家和地区的动漫企业和机构参展、参会、参赛,达成签约交易、意向合作项目 325 项,涉及金额 93.54 亿元,领跑全国各类动漫节展;"杭州影视业国际化青年人才培养计划"等文创人才重点项目在杭陆续落地,每年投入 3000 万元的"青年文艺家发现计划"更是让蔡志忠、朱德庸、赖声川、黄玉郎、余华、麦家、赵志刚等数十位文化名人在杭州定居。

卓越的成绩背后,是"无烟"文创产业"杭州模式"成功的证明。

如今,在杭州这座历史文化名城的身上,一系列象征出色文创产业发展成绩的头衔正在熠熠生辉:全国首批"国家级文化和科技融合示范基地""国家三网融合试点城市"和全国唯一的"两岸文化创意产业合作实验区",在全国率先提出打造"动漫之都"的战略目标,国家广告产业园、中国(浙江)影视产业国际合作实验区杭州总部等重要项目也落户杭州……

2010 年,在国务院正式批准实施的《长江三角洲地区区域规划》中,将"建设全国文化创意中心"确定为杭州城市发展功能定位的重要内容之一。至此,杭州打造全国文化创意中心的战略目标正式升级为国家级战略。

2. 园区整合,提供优秀产业空间载体

"这里太美了,仿佛空气中都飘荡着灵感,你一抓就有一大把。"六年前,杭州百乐建筑设计有限公司董事长王百乐与朋友相约到白马湖边去"随便看看",哪知道这一看,他就决定退掉了市中心的写字楼,把公司搬进了这个名为"白马湖生态创意城"的地方。

杭州滨江白马湖畔,湖岛环抱,青山叠翠,为文创者们提供了优质的工作环境。这里的农居不再是农居,而是各自改建成独具特色的 SOHO 建筑群,大批以动漫、游戏产业为主的创意团队纷纷入驻,使之成为杭州乃至全国规模最大的文化创意产业集聚区之一。目前白马湖创意园集聚文化创意企业 200 余家,已有华数数字电视产业园在建,艾斯弧国际设计中心等项目即将开工;朱德庸、姚非拉、聂峻等一大批文化名人已经入驻……

文化创意产业园区是杭州文化创意产业发展的主平台,园区的集聚效应和规模效应不断为杭州文创助力。目前,除白马湖生态创意城以外,杭州还有之江文化创意园、西湖数字娱乐产业园、运河天地文化创意园、西溪创意产业园等多家文创园区,为文化创意产业的发展提供了良好的空间载体。

从自发聚集,到集群化发展战略的实施,杭州文创产业的品质得到了有效提升。据统计,目前,杭州共有市级文创园区24家,已建成面积1418.23万平方米,已使用面积达1363.52万平方米,共集聚文创企业4749家,从业人员约15.28万人。

此外,为加快促进文创与相关产业融合发展,杭州市于2012年启动了"文创西进"工程。2014年,杭州还认定了10个环境优越、特色鲜明的文创小镇培育对象,进一步探索文创产业发展新模式。

近年来,杭州市还高度重视展会平台搭建,为全市文创企业对外交流与合作拓展了空间,连续举办了11届的中国国际动漫节被誉为目前国内规模最大、人气最旺、影响最广的动漫盛会,成为中国的文创产业"招牌展会"之一,杭州文化创意产业博览会也跻身全国文化领域四大综合性展会之一。

3. 政府主导,扶持引导文创产业发展

2013年10月,杭州银行文创支行正式成立。它是国内首家文创金融专营机构,针对影视传媒、动漫游戏、艺术品等领域,创新推出符合各子行业融资需求的金融产品。目前已有超过550家文创企业从这里取得贷款超过33.32亿元用于企业发展。同时,杭州市还推动成立了浙江省建行文创专营支行,使得杭州成为全国首个建有两家文创金融专营机构的城市。

融资难近年来一直是制约企业做大、产业做强的瓶颈问题。文创企业更是因为"人脑＋电脑"的特点,难以获得资本的支持。无论是建立文创银行、创新金融产品,还是提供担保贷款,为文创企业做好金融服务,杭州一直处于全国前列。

针对这一问题,2011年,杭州市率先建立全国首个文化创意产业无形资产担保贷款风险补偿基金,目前该基金已经为129家文创企业提供了超过5亿元的信贷支持。此外,杭州市文投公司与市中小企业担保有限公司合作组建文创产业转贷基金,作为无形资产担保贷款风险补偿基金的配套产品,破解中小微文创企业还贷资金瓶颈;"印石通宝"艺术品融资产品、"拍益宝"金融产品及"助保贷"融资平台等专门助力文创产业发展的相关金融产品也已陆续上市。

而金融服务支持只是杭州市政府主导,大力推动文创产业发展的扶持引导政策中的一个步骤。

早上9点,在藏于西湖畔树荫之中的留青美术馆中,董事长杨飚珍藏的中国字画在一楼向游人免费展示。而二楼的办公室内,十几位工作人员已经开始为晚上的金石篆刻艺术品线上拍卖做着最后的准备。改变了传统的线下拍卖模式,通过自主研发的手机APP"艺易拍"进行的线上拍卖十分火热。"今年净利润将超过3000万元,明年,我们作为中国艺术品类电子商务领域的第一股将争取上市。"杨飚对艺术品线上拍卖的未来踌躇满志。

文化艺术搭配西湖风景,留青美术馆的这块场地就是政府考虑到艺术品拍卖的文化性,特地为留青美术馆准备的。

"积极顺应发展趋势,积极扶持、培育文化创意产业发展,成为杭州推进经济转型升级和提升人民生活品质的重要内容。"杭州市政府为此陆续出台一系列政策,给予文创产业发展大力扶持和引导。

2007年杭州市委、市政府提出了打造全国文化创意产业中心的战略目标;2008年杭州市提出构建"3+1"现代产业体系,转变经济发展方式,把文创产业发展提升到战略意义层面;2009年出台《杭州市文化创意产业发展规划(2009—2015年)》;2012年出台《杭州市"十二五"文化创意产业发展规划》……多年来,杭州市对于文创产业发展的支持政策不断,杭州文创的发展方向也在政策的推动下不断明确。

为加强对文创产业的组织领导,杭州市创新制度,专门在市、各区县(市)委宣传部下设相当于当地正局级的全额事业单位"文化创意产业办公室",统筹推进文创产业发展,有效地解决了"有人办事"的问题。为解决"有钱办事"问题,自2008年起,杭州市本级财政共投入了18.6亿元,以公开申报的形式,对全市约3100个文创项目进行了扶持,带动社会投资超过600亿元。

4. 智力支持,壮大文创人才队伍

随着影视产业的高速发展,优秀人才的匮乏问题成为目前国内影视业最关注的话题之一。2013年起,在杭州市委宣传部协同支持下,"杭州影视业国际化青年人才培养计划"正式启动,"华策影视育才教育基金会"作为承办单位,目前已经组织两批近50名影视高端人才赴美学习培训。

有专家指出,文化创意产业关键在于"文化创意",有了人才的"头脑风暴",才可以为产业提供智力支持。近些年,我国文化创意产业进入发展黄金期,然而,伴随自身的高速发展,文化创意产业自身也遭遇了前进的瓶颈——人才短缺。

据相关部门统计,中国游戏人才缺口高达30万,影视产业存在至少20万的人才缺口。在杭州市文创办提供的《杭州市"十二五"文化创意产业发展规划》中提到:杭州文创产业不仅人才总量上仍有不足,而且队伍结构性短缺也较突出,既擅长创意产品开发又精通经营管理的复合型人才仍十分缺乏。

为吸引人才,留住人才,杭州市自2008年起,先后出台了《关于加快文化创意产业人才队伍建设的实施意见》《青年文艺家发现计划》等文件,市财政每年安排4500万元专项资金,从人才的"选拔、引进、培养、使用和服务"等五个环节入手,不断壮大创意人才队伍。

今年1月,杭州还出台了极具吸引力的"人才新政27条"——《杭州市高层次人才、创新创业人才及团队引进培养工作的若干意见》,从加大人才和团队引进培养力度、完善人才创业扶持政策、优化人才生活服务保障、切实加强组织领导等五个方面,用优惠、实在的政策,吸引人才在杭州留下。

目前,余华、蔡志忠、赖声川等一批文化名人纷纷入驻,为杭州的文化基因注入了新的活力。杭州市公开表示,对于愿意来杭定居、居留的文化名人,不会有"每年住满多长时间"之类的硬性要求,也不会要求这些大师级的文化人为杭州创作"应景"的作品,只是希望他们在自由、宽松的环境里收获体验和感悟,为人民群众创作出更优秀的作品。

杭州文创产业缘何成为支柱产业?专家指出,杭州的实践再次表明,要促进文创产业发展,政策扶持要创新、发展规划要创新、金融支持要创新、产业融合要创新,要把"人才"放到杭州文化创意产业发展的重要位置,立足长远,为我所用,都是"杭州模式"带给我们的思考。中国文创的"杭州模式"是经验,更是一种启迪。

来源:《光明日报》,2015年11月26日第13版。

文化创意产业园发展现状调研
——以杭州白马湖农居SOHO创意城为例

【摘要】 杭州市文化创意产业及文创园已经初具规模。本文以白马湖文化创意城为例,剖析文创产业发展现状存在的问题及背后的社会动因,探求解决的途径。

【关键词】 文化创意;调研报告;白马湖

一、引 言

2012年4月,杭州成为中国第一个以"工艺与民间艺术之都"加入"全球创意城市网络"的城市。全球创意城市网络,是继世界文化与遗产保护、非物质文化遗产保护这两项工作后,联合国教科文组织在推进全球文化多样性发展方面推出的又一项重要举措。联合国教科文组织之所以选择杭州,很重要的一点是肯定了杭州对文化创意产业发展的重视,并且已经具备了良好的产业基础。

杭州的文化创意产业始于2002年,发展至今,该产业已经从一开始的民间草创逐渐地转变为政府倡导、科学规划、引导发展的良性发展态势。

二、杭州白马湖文化创意产业的现状

2.1 文化创意产业的定义

英国对文化创意产业的定义:所谓"创意产业"是指那些从个人的创造力、技能和天分中获取发展动力的企业,以及那些通过对知识产权的开发创造潜在的财富和就业机会的活动。

我国对文创产业的定义:指那些主要依靠知识创新带动商品生产和服务提供,通过市场交易和现代生产运营方式创造财富的独立的产业部门。具有较多的文化因素和较高的科技水平,有较强的竞争力。

文创产业必须具备以下条件:创意产品规模化生产,创意商品市场化营销。在市场结构中占有一定的比重。

2.2 杭州市文创产业发展现状

早在2007年,杭州市就提出了加快发展文化创意产业,打造全国文化创意产业中心的战略目标。2008年至今,已经自上而下地重点建设白马湖文化创意城、西湖创意谷、之江文化创意园、西湖数字娱乐产业园、运河天地文化创意园、杭州创新创业新天地、创意良渚基地、西溪创意产业园、湘湖文化创意产业园、下沙大学科技园等十大文化创意产业园区。并提倡以十大文化创意产业园区为主平台带动新兴发展起来的文化创意产业园区的"10+X"模式。统计数据显示,从2007年到2011年,杭州文创产业增加值年均增速,高过全市GDP增速5.7%。

由智力要素、产业基础因素、历史文化因素、交通与公共服务设施因素、环境因素等影响,杭州市文化创意产业园区呈现"大分散、小集中"的分布态势。杭州文创园区的空间载体形式各异,发展状况也各有不同。

在这些文创产业园中,白马湖文化创意城有着文化创意产业园区与城市自然人文环境的融合的特质。

2.3 白马湖生态创意城的状况

白马湖生态创意城位于杭州市钱塘江南岸的滨江区南部区块,地处长三角两小时经济圈,与杭州市主城区紧密相连。区块总面积约1500公顷(约22500亩),其核心区域为白马湖区域,该区域依山傍水、自然景观优美、人文积淀深厚。

自2007年起,杭州市政府将白马湖区域的建设目标为"一城四区"即"白马湖生态创意城;国家级文化创意产业园区,旅游休闲度假区,杭州城市美学、建筑美学示范区,杭州和谐创业示范区"。

杭州白马湖生态创意城的农居SOHO是结合社会主义新农村建设,在保留部分原住民的前提下将农居改造成具有江南地域文化特色和文化创意内涵的创意建筑。文化创意人士通过租赁的方式用作画廊、油画作坊、书画、动漫、制陶、设计以及其他创意SOHO工作室。农居建筑面积250－450平方米/幢不等,建筑层数2－4层,生态创意城范围将改造1599幢农居。

至2009年底,山一村(行政村)首先完成50幢农居改造,其中,山一村的柴家坞自然村第一期完成农居SOHO改造。农居改造完毕后,由政府收购该村的130余幢,服务创意文化发展。这些农居除了提供给文创工作者用作工作室,还设置有后勤服务、会所、餐饮等配套服务设施,在软件上,根据杭高新[2009]214号《关于鼓励文化创意产业发展的若干意见》对入驻创意园区的文化创意团队和艺术家给予相应政策优惠。"柴家坞模式"逐渐在整个白马湖创意城推广。至2011年底,白马湖生态创意城内已有20多家来自于文创行业的公司企业成功入驻,其中包括中国美术学院创意产业发展公司、百乐建筑设计机构、雁南艺术机构、蓝石艺术与设计工作室、青道房设计机构、杭州西湖国际博览有限公司、王嘉庆皮雕工作室、懿塑工作室等,另外,还有浙江美银创业投资有限公司、中国农村发展研究创新发展中心等与创意相关企业等,此外,已经有朱德庸、丁磊、崔永元等知名人物入驻了农居SOHO。

园区内242多家入驻企业的主导产业的分类统计数据如下表1。

表1　杭州白马湖生态创意城主导产业选择情况统计表

序号	产业名称	涵盖范围	数量(家)	所占的比例(%)
1	信息服务业	互联网信息服务业和广播电视传输服务	32	13.22
2	动漫游戏业	动画制作、网络游戏	73	30.17
3	设计服务业	工业设计业、建筑景观设计业及广告业	86	35.54
4	现代传媒业	现代高科技特别是信息、数字技术为依托的广播影视业、新闻出版业、全媒体业	21	8.68
5	艺术品业	绘画、书法、雕塑、篆刻、工艺美术等视觉(造型)艺术	19	7.85
6	教育培训业	继续教育、职业技能培训、社会文化生活教育和考试辅导及其他教育产业	6	2.48
7	文化休闲旅游业	以人文资源为内涵的休闲旅游业	4	1.65
8	文化会展业	文化类会展或富有文化创意特色的会展业	1	0.41
总计			242	

入驻企业的主导产业分类

- 信息服务业 13.22%
- 动漫游戏业 30.17%
- 设计服务业 35.54%
- 现代传媒业 8.68%
- 艺术品业 7.85%
- 教育培训业 2.48%
- 文化休闲旅游业 1.65%
- 文化会展业 0.41%

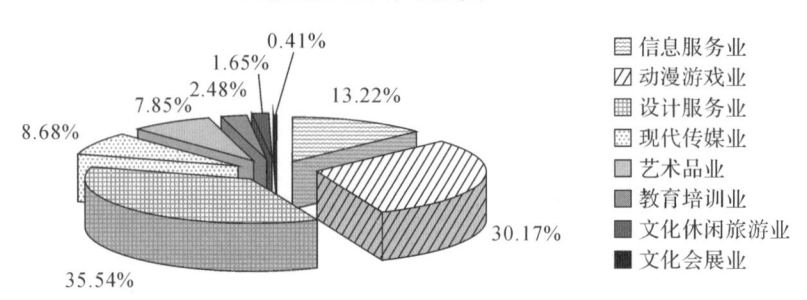

图1 杭州白马湖生态创意城主导产业选择情况图解

从该统计数据显示，目前入驻白马湖创意城数量最多的是设计服务业和动漫游戏业。

动漫游戏业在该创意城的高比例聚集，得益于杭州市政府每年举办的"国际动漫节"产生的产业拉动效应，动漫节的主会场就选在白马湖，将动漫的创意产业直接和市场及消费者对接，无疑成为促进该产业良性发展的引擎。而设计服务业的集聚，也得益于杭州拥有中国美术学院等一批设计类院校的人才辐射。

入驻白马湖的文创产业从业人士也表示，他们之所以选址白马湖，政府提供的优惠政策固然是原因之一，但是与其他创意园的政策相较，其实差异并不大，他们最看重的是这里的环境——首先自然景观优美，环境幽静，步行尺度就有村里的湖水和农田水塘，稍走远点就能走到白马湖，看到远山近水；其次村里每一幢农居SOHO建筑为2—4层小楼，面积适中，而且有自家庭院，既相对独立，又能和村里的其余农居SOHO院子保持联系，关门可创作，开门可交流，这种"归田园居"的工作和生活意象，很大程度上实现了设计创作者对理想工作生活方式的希冀。这些创意工作者以往大多在钢筋水泥的"方盒子"里学习、生活和工作，心理上对那种单调逼仄的城市空间产生了厌倦，这里提供与城市空间截然不同的环境和农居，十分迎合他们的审美取向和心理期待，在他们看来非常适合创业者发散性思维的自由演绎。可见，独特的环境氛围是白马湖创意城相较杭州其余众多创意园，独具魅力之处，已经成为一个有效的引力要素。

三、白马湖文创城存在的问题

白马湖生态创意城以柴家坞村为代表的农居SOHO创意园的创意产业的发展虽取得了一定的成绩，发展势头良好，但仍然存在着一些困难与问题：

1. 发展定位趋同，产业特色不鲜明，存在同质化现象。总体而言，杭州市文化创意产业的门类比较齐全，几大文化创意产业园区根据自身条件和特点，集聚了一定规模的文化创意产业。然而,由于产业基础、依托要素的相似性,同时缺乏前期统一的规划考虑,各园区在发展定位、主导产业选择上出现一定程度的趋同现象,其中将设计服务业、艺术品业作为主导产业的园区最多。白马湖文创城也不例外,由于发展定位趋同,产业特色不鲜明,难以避免出现园区之间不必要的恶性竞争及资源浪费的现象。

2. 渗透和辐射力小,入驻柴家坞村的工作室和企业大多不具备雄厚的资本,带有随意和松散的特点,发展思路不够清晰,园内尚未形成有效的产业链。

3. 缺少资本支持,融资难。文化创意产业属于创新产业,带有高风险,且从事创意产业的往往是中小企业或者个体经济,规模小,融资运作过程所承担的风险也比较大,在企业未形成规模效应之前,想在尚不健全的国内资本市场取得资本支持实属难事。

4. 创意企业招商难,目前通行的手法是利用网络,赴大城市开推介会,或业内人士口口相传等方式进行招商,招商压力大,集聚程度不够。

5. 管理运营模式简单,缺乏园区中长期规划发展的行动计划,缺乏对集聚效益的深度开发。

6. 未形成产业集群,目前园区每家文化创意企业是一个个独立的个体,并没有形成上下游产业链的集聚,也就无从谈起集聚效应。

7. 可达性不佳,由于白马湖所处的滨江长河街道,处于钱塘江以南的区位,属杭州的新区,目前的城市交通基础设施并不完善,从市区直达园区的公交线路目前是空白,园区附近公交有822、354、114、340等,都属于郊区线,导致白马湖与主城区的联系并不方便。每年的国际动漫节都是由公交公司开通从主城到会场的专门公交,服务于那几天的活动人流。平时村里的文创从业者主要依靠自驾车出行。

四、文创园发展的外部环境缺陷

上述白马湖文创城显现的问题,一部分是白马湖文创城个体之难处,比如交通偏远;但其余大部分的现状问题,倒不如说是目前我国文创产业园发展面临的共性困惑。这些共同的问题,体现了文创产业发展外部环境的缺陷。

目前国内文化创意产业集聚区运营模式缺乏成熟的经验和专业的文化创意产业经营管理人才,这两个原因共同导致文创园区管理模式简单。和杭州目前很多文化创意产业集聚区一样,白马湖创意城采取公司化管理运营,即由创意城指挥部与高新区后勤公司共同出资成立杭州白马湖生态创意城物业管理公司,负责对创意城区域范围的物业管理。其管理运营模式比较简单,主要是比较单纯的一般物业运营管理模式,缺乏对集聚效应的深度开发。物业运营管理模式是通过物业租金和服务费用来实现的,从国际经验看,文化创意产业集聚区往往会出现由于物业租金的不断提高而将文化创意人才挤出集聚区的现象。而白马湖文创园目前执行的《杭州高新区关于鼓励文化创意产业发展的若干意见》,在杭州各区中属于出台比较早的文件,在政策制定伊始,形成了一定的政策高地效应。但是,随着其他区及园区政策的陆续出台,本政策的优势逐渐消减,主要是对企业落高新区及白马湖创意园三年内有效明晰的政策,后续年限的政策不明朗。所以三年为一个周期,就将面临着入驻文创企业在合同期满或享受满政策期后,转至另外的园区的尴尬。

划园而治的管理模式,有更多"运营"的操作痕迹,吸引力不如自发集聚的文创园。白马湖创意园是划园而治的文创产业区,创始之初有有专门的规划、建设和运营的主体,是先有园后有文创单元,它不同于自发集聚而形成的文化创意园(如北京的798艺术区),是由人才自发的集聚形成特殊的文化创意区域,并带动和辐射周边区域文创产业的发展。从创意企业的引入而言,自发集聚的文创园比划园而治的文创园有更大的吸引力。

各部门协调的机制欠缺。文化创意产业是跨部门,跨行业的产业,是经济与文化的高度融合,从政府层面而言,这方面的职能分别属于教育文体、经济贸易、发展与改革、科技等部门,在管理机制上应倡导多方参与,统筹协调,整合资源。目前往往没有一个综合性、权威性的协调机制,难以形成合力。

五、对策

人才培养及引进:一方面是文化创意人才,一方面是文创产业园管理人才。两方面缺一不可。杭州拥有中国美术学院、浙江大学等一批院校和科研机构,具备"地利"优势,白马湖文创城应加强与这些艺术院校、科研机构的联系,积极举办和参加各种创意展览,吸引文创人才的加入。同时,要着力培养和引进一大批既懂文化规律又懂经营融资的复合型人才。大力培育创意产业中介机构的发展。注重对园区管理人员的培训,不能把公司或工作团队招进来收租金就完事,更要积极开辟渠道,促使园区各单体的相互沟通,促成产业链的形成。

建立网络化的产品交易平台,即网上的杭州白马湖创意城,白马湖的柴家坞创意园。目前能在网络上搜索到白马湖文创园的主页,但只是一些招商的信息,并没有相关的入驻文创企业的介绍,更不提相关产品的介绍。数字化网上文创市场和数字化的交易平台的建立,能促使网上创意信息的交流、商务交易、科研成果转换、文化产品推介销售等。这样,网上的虚拟文创园与实体园一起协调运作,能突破实体园在地域、资源、信息发布方面的局限。

融资政策的进一步优化。目前,白马湖文创园执行的融资政策主要参考《杭州高新区关于鼓励文化创意产业发展的若干意见》,该《意见》对融资政策做如下规定:对企业为发展文化创意产业向银行借贷资金,给予每年不超过50万元的贷款贴息。对获得市以上的立项资助的文化创意产业公共服务中心和平台项目,贷款利息超过50万元部分,再给予50%的贷款贴息,单个项目贴息期限不超过三年。但是文创产业在创始之初,向银行借贷的担保、抵押等系列程序上并没有相应的扶持政策。建议进一步完善中小企业融资担保机制,可以通过建立政、银、企联席会议制度,积极向银行推介重大项目,增强市场化的项目贷款担保机制,引导银行加大对文创产业的信贷投入,鼓励企业运用资本运作方法引进风险投资,筹集发展资金。

统一规划,错位发展。如何形成功能多样、分布有序、各具特色的文化创意产业园,统一规划势在必行。文化创意产业只有与城市空间布局、城市功能区和城市的自然人文环境融合,才能更好地融入到城市生活中。各创意园更应结合自身优势,强化优点,求差别化的发展,有针对性地发展文创产业的子产业,方能在创意园大争中立于不败之地。城市创意产业园区与城市自然环境的融合应以尊重和保护自然生态为前提,白马湖的特点是优美的环境,深厚的文化底蕴。白马湖生态创意城结合城中村整治改造,将农居改造成具有文化创意内涵的创意建筑,农居SOHO既利用了得天独厚的自然环境资源,又避免了对自然生态环境的破坏。目前的特色园区是错位发展的硬件基础,如果能在产业集聚上再形成自身的特点,将更添软实力。

相关政策的联动:呼吁《公共艺术百分比》政策出台。公共艺术指设置于城市公共空间的艺术品,包括城市雕塑、城市家具、城市景观、文化活动等,公共艺术在城市生活中起着提高全民族审美意识及文化素养的作用。国际上,许多国家和地区都在政策层面实施"公共艺术百分比"政策,即在城市的每个建设项目中,提取总造价的1%作为公共艺术品设置费用。

公共艺术包括城市雕塑、城市家具等设置于城市公共空间的艺术品。通过"公共艺术百分比"政策的出台,可以让更多的公共艺术走进城市生活,有效地带动文创产业的发展。

相关活动支持。尽管杭州市每年举办的国际动漫节,都选择白马湖为主会场,这已经让白马湖走入了大众的视野,但是这样的活动不免让受众以偏概全地地理解为:白马湖创意城就是动漫产业的创作基地,而忽略了其余的文化创意产业,其实文创产业包容度很高。

如何向受众推荐和介绍白马湖文创城,让市民了解白马湖文化创意城的强项是在动漫,但是除了动漫,还有其他类型的文化创意产业。这是主办方包办相关的活动时值得思考和行动的课题。

借鉴文化之都意大利,每年都会有众多的国际性创意大展,如威尼斯双年展、米兰时装周、米兰家具展、灯具展、餐具展,每年都会有各色顶级的文化创意展会,这些展会云集了全世界各路设计从业人员的设计精品,是文创产业提升品牌影响力的极佳途径。各种展也会把年轻艺术家推荐给更广阔的受众。如每届"威尼斯国际艺术双年展"都会让来自全球的很多艺术家们实现自己的艺术灵感。

尽管每个活动的召集者可以是某某行业协会,但是政府是背后的实际导演。提供相关政策的支持,同时遵守艺术的规律,这些国际性活动成果的取得是在制度的建设、制度的公开上做到的。

六、结语

本次以白马湖为切入点开展的调研,只是一个典型案例的深入思考,白马湖文创园显现的各种问题其实也是中国目前各城市的文创园的通病。如何使我国的文创产业健康良性地发展,还有待政府及社会各界的共同努力。

来源:董巧巧,黄杉杉著,《文化创意产业园发展现状调研——以杭州白马湖农居 SOHO 创意城为例》,《中国城市规划学会会议论文集》,2012 年 10 月 17 日。

2. 文博会

杭州文博会亮相白马湖

10 月 17 日,随着首届两岸文创产业交流对接会和首届中国杭州亚太传统手工艺博览会在白马湖国际会展中心的举办,标志着中国杭州文化创意产业博览会正式开展。本届文博会共有 50 余个国家及地区的 2000 余家文创机构及企业参展,其中国外及中国台湾、香港、澳门展商达到 50% 以上。文博会作为杭州文创产业发展的重要平台,推动了杭州文创产品走向世界的步伐,同时也拓宽了高新区(滨江)文创产业发展视野。

杭州白马湖会展中心位于滨江区白马湖生态创意城,由滨江区政府投资,会展中心内标准展示厅、大型集中展厅、多功能厅、会议厅、贵宾厅、休息中心、餐饮、医疗、停车等设施配套齐全,可满足国际国内展览会议、企业年会、商业演出等各种活动需求;会展中心建筑面积近 11 万平方米,分为两个独立展馆,其中 A 馆面积 4.07 万平方米、B 馆面积 6.81 万平方米,可设置近 2000 个国际标准展位,全年举办中国杭州文化创意产业博览会、浙江省技术成果拍卖交易会暨网上技术市场活动周、杭州中国婚庆产业博览会暨第二届西湖国际爱情节等展览活动25个,展览总面积26.2万平方米。

来源:《浙江年鉴2014》,方志出版社,2015年。

休闲城市的盛大节日

婉约、优雅、闲适;饮茶、赏荷、品桂……杭州这个被称为"东方休闲之都"的城市,几乎囊括所有跟休闲有关的词藻。

2011年9月17日至11月18日,杭州举办的第二届世界休闲博览会,以"休闲——提升生活品质"为主题,"共聚休闲舞台、共话休闲盛会"的姿态,喜迎八方来客。第二届休博会将以杭州为主会场,杭州萧山区湘湖、滨江区白马湖、淳安千岛湖为主园区,在杭州各区县(市)及都市经济圈和长三角地区的有关城市和区域设立若干分会场,形成"休闲大杭州"的博览格局。那么,不妨跟随本刊记者,提前感受一番休博会的风情格调。

接轨国际的休闲展览

第二届世界休闲博览会展览板块是为期两个月盛会中最值得一看的部分。其间,以滨江白马湖会展中心和萧山湘湖休博园会展中心为两大核心展馆,邀请来自100个以上国家的境内外城市和休闲企业共同参与,举办休闲领域六大主题产业展,形成"两馆、六展"的展览展示格局。

设在杭州市滨江区白马湖生态创意城会展中心的主题馆是这次休博会的展示中心之一,场馆面积45000平方米,共设五大展区,分别是"休闲主题形象馆""世界休闲风情馆""中国休闲风情馆""特色休闲展示馆""休闲生活体验馆"。这里展示内容包括各参展国家、国内外城市和企业形象及休闲文化的展示和推广,城市休闲产业规划和实践的展示及交流,休闲企业品牌形象的展示和推介,以及休闲特色产品的展示和销售等活动。以生动的案例,深刻演绎休博会的主题,诠释休闲在人类生活中的重要价值,展示休闲产业在城市发展中所扮演的重要角色。

最吸引人的莫过于包括韩国、智利、巴基斯坦、突尼斯、奥地利、斯里兰卡等在内的十几个国家在此设立的展馆。"老外"和国人们在展馆前友好攀谈,深入交流休闲理念和休闲方式。以多种形式展示各地休闲生活方式和休闲文化,并多角度表达对现有休闲模式的深层次思考。"这是一个展示我们国家文化最好的机会。"第一次来杭州的巴基斯坦代表纳西尔说,编织制品、铜器、咖喱食品、烧烤等都是展示的重点,他们要带杭州市民触摸当地文化。

来自韩国丽水市的政府官员朴相善,更是借着休博会开起了推介会。2012年5月12日至8月12日,世博会将在韩国丽水市举行,为期3个月时间,"鲜活的大海、呼吸的海岸"是他们的主题。

声情并茂的休闲活动

萧山湘湖是5年前休博会的主园区,这片烟波浩渺风景如画的湖水,见证了一个休闲品牌的诞生。

这次,它也当仁不让成为了休博会的主园区之一。包括开幕式、闭幕式在内的多项重大活动在这里举行。开幕式在9月17日晚上举行,地点是湘湖城山广场。闭幕式在11月18日晚上举行,地点是湘湖水域或休博园大剧场。

另外,休博园会展中心在湘湖设立了休闲产业馆,举办以休闲文化、农业、旅游、生活、女装、地产、健身等七大门类的系列休闲展览项目。9月24日至11月12日期间,每周六晚上在湘湖进行烟花燃放比赛。休闲大舞台演艺会十分火爆。休博会将邀请50个国外团、70个国内团,在城山广场每天进行2至3场表演。

同时，主办方还在湘湖安排休闲度假、休闲消费、文艺表演、体育健身四大类节庆活动项目百余项。其中的国际休闲狂欢节、休闲大舞台演艺、国际音乐会、啤酒节等10余项大型文化、体育、音乐、美食等休闲特色活动项目都值得参与。游客们纷纷竖起大拇指评价：节庆活动精彩丰富，文艺表演各具风格。

统筹城乡的休闲体验

令人意外的是，还有许多休闲论坛在本次休博会上举行，论坛板块以"突显休闲特色、推进城乡统筹"为目标，促进休闲理念的交流，探讨休闲产业的政策、业态、服务等方面的重要作用。

在这些高端休闲论坛的指导下，一大批休闲体验在杭州地区和周边县市展开。

淳安千岛湖是本届休博会与湘湖、白马湖并列的主园区。这是第一次把休博会放在杭州八区以外的地方举行。充分发挥了千岛湖统筹城乡、突出乡村特色的作用。同时，让"休博会"与每年都在千岛湖举行的"秀水节"彼此互动。主办方充分发挥秀水节在办好休博会淳安主园区上的重要载体和平台作用，紧扣休博会活动主题，组织开展"乐活千岛湖"系列活动。

淳安县县长凌志峰说，在接下来两个月的盛会中，千岛湖园区将要举办18个不同类型的节庆活动，其中包括具有较大影响力的千岛湖国际游艇展、千岛湖有机鱼文化节等传统项目。同时，还将首次举办凸显"休闲千岛湖"特色的汽车运动漂移节、千岛湖国际热气球节、国际户外休闲装备展、央视千岛湖水下千年古城探秘等9个项目的活动。

不止如此，除了杭州以外，这届休博会还第一次在安吉、德清、南浔、诸暨、上虞、海宁、龙泉、武义设立了8个分会场，结合各地不同的特色旅游休闲资源，推出不同的休闲体验内容。

杭州西博办副主任黄峰对记者说，这次休博会的休闲体验主要有10大类型，分别为：休闲娱乐、休闲夜都、休闲美食、休闲文化、休闲体育、休闲养生、休闲民俗、休闲购物、休闲山水、休闲乡村。各区县市、分会场在休博会期间根据自身休闲特色自行安排休闲体验活动，供市民游客体验。

比如分会场中的诸暨，一直有着西施故里的金字招牌，休博会期间，将推出西施故里旅游区开园仪式、西施文化研讨会、珍珠节和四大美女故里联谊会等。

再比如分会场中的武义，是远近闻名的温泉之都，当地为休博会做足大戏，推出开禧廊桥啤酒节、武义养生博览会暨温泉节等十分丰富的节庆休闲活动。

来源：《文化交流》，2011年第9期。

2012杭州文博会首届"白马湖文创论坛"开幕

对一座城市创新发展而言,文化与科技究竟是意味着什么?昨日上午,2012杭州文博会白马湖文创论坛正式拉开帷幕,围绕"文化、科技与城市创新"主题,探讨文化和科技的融合发展之路。市政协主席叶明宣布开幕。副市长陈小平和国家科技部高新技术发展及产业化司副司长胡世辉、高新区(滨江)负责人分别致辞。

科技创新是文化发展的重要引擎,文化和科技加快融合是文创产业发展的必然趋势。近年来,杭州高度重视文化科技创新,大力促进文化和科技融合发展,先后获得了国家首批"三网融合试点城市""国家数字出版产业基地"等荣誉称号,一批园区被评为"国家级科技企业孵化器"。特别是今年5月份,杭州被中宣部、科技部、文化部、广电总局、新闻出版总署等五部委评为首批"国家级文化和科技融合示范基地",为进一步推进文化和科技融合创新发展创造更好的条件和平台。

为加快国家级文化和科技融合示范基地建设,我市研究制订了《"国家级文化和科技融合示范基地"建设方案》,推出了关于促进文化和科技融合的具体政策意见与办法,并决定于本届中国杭州文化创意产业博览会期间,举办首届白马湖文创论坛。作为2012杭州文博会的主论坛,"白马湖文创论坛"围绕"文化、科技与城市创新"主题,采取"主论坛+分论坛"的形式,安排一个主论坛,七个分论坛。主要包括:白马湖文创主论坛、海峡两岸文化创意产业高校研究联盟论坛、中国4A广告设计奖专业论坛、杭州国际设计节国际大师研讨会、2012国际创意纹样展专业论坛、"书的未来VS未来的书"2012数字阅读创新论坛、"以古用今——文化创意的多元面向"论坛以及杭州市文化创意产业投融资洽谈会等。

开幕式结束后,中国美术学院副院长宋建明、中国传媒大学文化发展研究院院长范周、台湾师范大学原副校长、国际著名设计师林磐耸、意大利罗马工业设计学院马西米利亚诺·达蒂(Massimiliano Datti)教授作主题演讲。

来自国内外及港澳台地区文创产业界、科技界专家、学者300余人出席了开幕式并聆听了演讲。

来源:《杭州(周刊)》,2012年第10期。

杭州文博会带动全民创意

10月12—15日,2012中国杭州文化创意产业博览会在杭城成功举办,杭州市在本届文博会上特别采取了"三馆联动"、全民参与的方式,这让杭州市民再次感受到了创意嘉年华的热烈氛围。据悉,本届文博会以"跨界——传承·设计·创新"

工艺美术大师现场一展风采 　　让你看看酒坛上的艺术

把美丽带回家 　　与机器人对话 　　到韩美林艺术馆体验创意杭州

为主题,寓意文化与科技、生活、艺术、旅游相融合。跨界合作为产业发展提供广阔的空间,驱动文化产业转型;跨界融合改变人们的生活方式,激发城市的创意活力,这正是本届杭州文博会举办的初衷。

杭州文博会自 2007 年创办至今已举办了 5 届,成为杭州市加快"全国文化创意中心"品牌建设、大力发展文创产业的特色会展品牌。2012 年,杭州正式加入"全球创意城市网络",成为"工艺与民间艺术之都"。在本届文博会上,和平国际会展中心的非遗精品专区成为了重头戏。泥塑、绸塑、紫砂、黑陶和婺州窑烧制技艺等非物质文化遗产,共计 500 余件工艺美术作品登场亮相。非遗代表性传承人、工艺美术大师一展风采,各献绝技绝活,引得观众流连忘返。

除此之外,文博会还特别设置了主题活动、论坛、赛事和产业洽谈等活动。2012 中国(杭州)第七届印文化博览会、第七届中国 4A 金印奖·杭州盛会、2012 国际创意纹样展、白马湖文创论坛、第三届创意生活节、2012 杭州文化创意体验之旅等大型活动贯穿整个博览会,美丽的杭城因创意而"动"起来。

来源:《创意世界》,2011 年第 11 期。

创意让城市更精彩——2012中国杭州文化创意产业博览会侧记

16个国家以及台、港、澳地区参加,参展商共计2000余家,完成文创产业实际签约项目28项,意向签约项目80项,项目实际成交签约及意向合作签约涉及金额达45亿元,与去年同比增长26%……10月12日至15日,2012中国杭州文化创意产业博览会在杭州圆满落幕。

对于参与者来说,文博会就是一个窗口。透过它,许多海内外文创人看到了杭州文创产业具有的巨大能量和未来,更多普通市民则亲身感受到了创意的魅力——创意改变生活,就在我们的身边。一个统计数据是最好的佐证:参展商与观众对杭州文博会的满意度分别达到了98%和96%。

创意就在身边,传统文化的传承与发展是创意的源泉。本届文博会以"跨界——传承·设计·创新"为主题,专门设置了三个主会场:杭州和平国际会展中心、世贸展览中心和白马湖生态创意城国际会展中心。

在和平会展中心,不仅仅那些充满想象力的设计产品吸引着很多从业者和市民的目光,很多与传统文化、传统技艺传承有关的展示,对于杭州这样一座文化名城、"工艺与民间艺术之都"来说,特别有现实意义:传承和发展,是创意的源泉。

来自竹乡安吉的周文国,带来了线条简洁、颇有意趣的竹制灯饰,吸引了不少人的目光,很多人还表示了采购或合作的意愿。周文国带的厚厚一叠名片,没到会展结束就发光了,"还是预计不足"。

和很多同乡一样,周文国最初开了一家生产竹制品的加工厂,谈不上什么竞争力。几年前,他有了个想法,把安吉当地传统的竹编技术运用到灯具设计中去。没想到,那些当地竹编老艺人做出来的灯具受到了海外市场的热捧。如今,很多欧洲设计师主动和周文国联系参与竹灯设计,周文国已拥有了数十项专利。

和平会展中心二楼展出的一把纸椅子,很多人都为它的材质啧啧称奇,却不知道它其实是一件老玩意的衍生产品———几乎消失在现实生活中的余杭油纸伞。

一个由中外设计师组成的杭州设计团队,看到了让它重生的可能。他们不光重新设计了油纸伞的外形和颜色,还运用油纸伞的相关材质和制作工艺,设计出了灯具、收纳器以及纸椅子。在今年米兰设计周卫星展上,包括这把纸椅子和其他一系列和传统有关的"来自余杭"展获得了最高奖。

创意中重生的不仅有古老的技术或产品,也可能是城市建筑或传统文化。

在台湾文创精品馆,来自我国宝岛台湾的王惠娟向大家介绍台北"丽水街38

号"。那里原来是闲置20多年的台铁老宿舍,三年前还几乎是废墟。设计师们没有把它改造成上海新天地那样的"时尚街区",反而从中国传统武术中的养生文化入手,将那里改造成了一个文化社区。

如今"丽水街38号"已经成为当地的一个文化地标,参观者可在其中品茶、用膳、观展、学习养生术及各种才艺。这个开放的空间,因其浓厚的文化氛围,甚至成为当地旅游局推荐的景点之一。

台湾商会的刘守仁告诉记者,这次组织获奖者来杭州参加文博会,推介产品自然是一方面,另一方面则是因为杭州丰富的历史文化资源,"我们希望可以找到合作的机会"。

世贸展览中心也是有得看、有得淘的好地方——一楼的印文化博览会和文房四宝艺术博览会,来逛的人和展出的笔墨纸砚印一样多,指望着能捡个漏寻到宝,当然也要开开眼界。尤其是朱关田、韩天衡二位老先生拿来展出的一百四十方墨砚收藏,看得人心神荡漾。

二楼的"生活与艺术"杭州首届居室版画艺术展和三楼的"淘"瓷生活杭州当代陶瓷器物艺术展,生活味儿很浓。能看,也能直接买回家。

两百余幅版画作品,有的来自中国国家画院版画院、省内外及都市版画公社,还有12位来自日本的版画家,像草间弥生、小林敬生等响亮的名字赫然在列。

当代陶瓷器物艺术展,讲究的是手工的情调。各个陶瓷器皿可说是参差多态,每一个制作环节都由艺术家亲历。策展人、著名陶瓷艺术家刘正说,手工制作的陶艺,魅力不仅在于以双手取代机器的细致做工,更多了一份人情味和创作者嵌进去的故事百态。

据了解,文博会期间,三大场馆参观总人数19.8万人次,比去年增加52.3%。其中专业观众12.52万人次,占参观总人数的63%以上,比去年增加60.5%。此外,杭州创意生活节各项活动及51家文创体验点市民参与人数26万人次,其中专业观众达5万人次。

触及文创产业精神内核掀起一场专家级"头脑风暴"

展览很好看,论坛更有"营养"。位于杭州高新区(滨江)的白马湖,在10月13日掀起了一场专家级"头脑风暴"———在这里举行的白马湖文创主论坛,把主题定为"文化·科技与城市创新"。

对台下听众来说,论坛或许是整个文博会中最能触及文创产业精神内核的部分。600多位国内外文创业界、科技界专家学者在论坛上各抒己见,论道交锋。主题看上去很宏观,专家们的发言却很具象,很多观点在深入浅出的案例中被阐释。

譬如,为什么"愤怒的小鸟"取代诺基亚成为令欧洲骄傲的产业?有专家就这个问题进行了剖析,得出了"新的生活方式、生活状态呼唤新的创意和科技"的结论。

一些比较尖锐的问题也被提出来,我们城市发展到底出了什么问题,GDP在上涨,而我们的生活状况却并不理想。为什么"黄金周"出现大拥堵?为什么国人喜欢在国外近乎疯狂地购买奢侈品?因为我们城市发展片面注重GDP,而缺少对文化的关注。文化产业要发展,要创新,需要我们重塑价值观……

论坛上还有许多如何推动杭州文创产业发展的声音:

要"旧瓶装新酒",对传统文化产业用科技进行新的包装和开发;要"巧手破新橙",敢为天下先,创新文化生产的内容;

要"好风凭借力",善于借助杭州自身历史文化和经济金融的优势,推动文创产业发展;

……

整个论坛就像一场专家级的"头脑风暴",不同的角度、不同的观点、不同的思路,却指向同样的方向。

同时举行的分论坛则有7个之多,研讨内容围绕创意设计业、新媒体产业等领域进行。

比如"书的未来和未来的书——2012数字阅读创新论坛",话题就挺有意思:书的过去是石崖、是龟壳、是竹简、是绢帛、是纸张,未来又会是什么样子呢?发言者有着各自的想象,它可能是用来听的,用来闻的,用来舔的,用来吃的,甚至可能是能与人脑用一根数据线连接的。不过在当前条件下,大家似乎一致认可电子出版物。

电信运营商代表属实干派,移动公司介绍了手机移动阅读平台的发展,而电信公司则带来了自己的"有声读物"。国家新闻出版总署官员谈到电子出版物的质量问题和"义与利"的取舍问题。台湾城邦集团创始人何飞鹏则介绍了他最新的电子书云平台,可一次性打通所有流程,降低整个行业的生产与制作成本。

论坛上发言者和听众互动热烈。每一位发言者讲完,都接受听众的提问,还开通了微博互动话题。3个小时里,有300多位网友在场内外参与了这个话题,对"未来的书和书的未来"展开了丰富的想象。

搭建两岸文创交流新平台打造文创界的"达沃斯"论坛

我国台湾的不少电影、歌曲、漫画、小说,不但艺术上有造诣,还能赚钱,发展壮大成产业。它们的哪些好经验值得我们学习?

作为白马湖文创系列论坛的一个分论坛,10月13日举行的海峡两岸文化创意产业高校研究联盟第六届论坛汇聚了200多位来自港澳台地区和大陆102所高校的专家学者,掀起了本届文博会的又一个高潮。

"台湾文创产业的理念、技术、营销模式等都比大陆成熟,但大陆有庞大的市场、充足的资金和人才储备,这也是台湾文化产业未来发展所需要的。"中国传媒大学文化发展研究院院长、联盟大陆总召集人范周建议:让高校邀请文创企业参与论坛,高校有人才、有技术;企业有资金、有项目,这样的对接将推动杭州文创产业大踏步前进。

论坛上,范周代表联盟组委会向杭州传递了联盟信物,标志着海峡两岸文化创意产业高校研究联盟会址正式长期落户杭州,为联盟与杭州市在文创领域多元合作、多方共赢开创了崭新局面。

他认为,杭州是国务院批复的全国文化创意中心,拥有西泠印社、中南卡通、宋城股份等优秀文创企业;善待文化人才,吸引了蔡志忠、朱德庸等纷纷落户;推出各项政策,助推文化产业发展……这些都是联盟论坛永久落户杭州的原因。

"联盟落户是杭州一次重要的'引智工程',将极大丰富杭州文创人才'蓄水池'。"杭州市副市长陈小平认为,通过联盟推动两岸在文创产业方面的合作,高校将起到重要的桥梁作用。

随着两岸合作由经贸领域向文化领域拓展,文化创意产业的交流与合作日益重要。2009年,海峡两岸文化创意产业高校研究联盟应运而生。由最初的海峡两岸6所高校共同发起成立联盟以来,至今联盟成员已发展到两岸四地112所高校之多。

中华全国台湾同胞联谊会副会长史茂林表示,该联盟是两岸深化交流中的必然产物。借助杭州的平台,今后将进一步整合两岸四地丰富的文创资源,增进文创产业密切合作,实现优势互补,共同向纵深发展。

范周还建议把论坛改名为"白马湖论坛":"经济界有达沃斯论坛,我们就是要将白马湖论坛打造成文创界的达沃斯论坛。"

文博会虽已结束,杭州蓬勃发展的文创产业并不会因此减速,还将在这片丰沃的土壤上奔向更美好的下一站。

来源:《今日浙江》,2012年第20期。

文化与创意的飨宴——2013文博会现场回顾

10月17日,2013杭州文博会在白马湖生态创意城盛大开展。近60个国家和地区的2000余家机构参展,集中展示了科技与文化、生活与美学、艺术与设计交融发展的最新成果。文博会期间,除首届两岸文创产业交流对接会和首届中国杭州亚太传统手工艺博览会之外,2013杭州国际设计节、第六届杭州市民摄影节等活动也在白马湖国际会展中心同时举办。

杭州文博会作为全国文创领域重点会展之一,经过7年六届的发展,国际化、专业化、产业化水平不断提升,文创产品、项目和技术的交易日益活跃。本届杭州文博会的主题是"融"。我们真诚希望,文创产业与经济发展的结合更加融合融洽,更好地助推杭州转型升级和创新发展。

意大利玻璃艺术制品:立体马赛克"墨鱼"

"鉴真"牌龙青瓷瓷器展示

博洛尼亚艺术家洛伦佐·瓜亚利用废弃茶包等材料制作的环保艺术品

六、产业篇

浙江工商大学艺术设计学院学生作品展示  | 杜卡迪摩托车设计  | 中国创意家具连锁品牌"自由塔"的相框屏风设计

2013"市长杯"工业设计大赛展馆  | 2013金印奖展馆

创意设计村展馆

来源:《杭州科技》,2013年第6期。

杭州文博会升级,促进产业繁荣

10月17日,随着首届两岸文创产业交流对接会和首届中国杭州亚太传统手工艺博览会在白马湖国际会展中心举办,2013中国杭州文化创意产业博览会正式开幕。本届文博会活动共持续了3天,火热的氛围点燃了杭城的文创激情。本届杭州文博会的主题是"融——文化传承、设计创新",在6万平方米的主会场内,举办了20余项丰富多彩的活动,有近60个国家和地区的2000余家机构参展,集中展示了杭城科技与文化、生活与美学、艺术与设计交融发展的最新成果。

来源:《创意世界》,2013年第11期。

杭州文博会：求精、求专、求特

一直以来，杭州都以钟灵毓秀的形象示人。数千年的历史风霜，孕育了丰富灿烂的"良渚文化""吴越文化"和"南宋文化"。杭州也是华夏文明的发祥地之一，良渚文化被称为文明曙光。而西湖更是为文人学子们所称颂向往，不时去临岸瞻仰，以探古道。如今的杭州一样弥漫着浓郁的文化气息，文创产业在这里生根发芽，从历史和文化中汲取营养，结合现代化的市场经济，孕育出繁荣的产业之花。

中国杭州文化创意产业博览会已成功举办了八届，发扬自身文化特色的同时，努力打造"国际化、产业化、专业化、品牌化"的办展特色，被《中国创意产业发展报告（2012）》列为中国创意产业四大重要会展之一，得到了国内外业界的一致认可。

2007年，杭州首次提出要打造以文化、创业、环境高度融合为特色的全国文化创意产业中心。首届中国杭州文化创意产业博览会应运而生——由杭州市人民政府和中国美术学院在浙江世贸展览中心联合主办，为期3天。

八年来，文博会的规模在不断扩大，参展商数量、参观总人数不断取得突破。以2012年为例，共有来自国内外约2000家参展企业，参观人数45万人次。文博会期间完成文创产业实际签约28项，意向签约80项。项目实际成交签约及意向合作签约涉及金额达45亿元，并且首年就荣获中国行业品牌展会"金手指"奖最具成长性展览会的奖项。在文博会的推动下，杭州的文化会展业已经形成"上半年动漫节，下半年文博会"的格局，并成长为继北京文博会、深圳文博会后全国最具影响力的综合性文创展会活动。

汲取着历届文博会的精华，第八届（2014）中国杭州文化创意产业博览会围绕着"融——工艺·设计·生活"的办展主题，持续追求"精、专、特"的办展品质。

"杭州文博在不断创新办展模式,与时俱进。"第八届(2014)中国杭州文化创意产业博览会媒体负责任人苏适说道。本届文博会首次推出"线上线下相结合"的办展模式,搭建"文易网"线上交易平台与杭州创意设计中心线下推广平台,推出"印石通宝"等文创金融产品及文创产权拍卖交易等一系列产业服务平台,旨在打造一届更为务实高效的文博会,为加快建设"全国文化创意中心"、打造"智慧城市"发挥重要的平台作用。

O2O模式永不落幕的线上文博会

打开"文易网",浓郁的文化气息扑面而来,映入眼帘的便是古朴而又劲爆的"玩·赚"两字,网上文博会的标题立刻吸引了记者的注意力。在第八届(2014)中国杭州文化创意产业博览会上,首次推出了"线上线下相结合"的办展模式,线下文博会将主会场设在白马湖生态创意城国际会展中心,而"文易网"(www.hzwbh.com)便是文博会的线上交易平台。在这个平台上,拍卖会的专场格外吸引人,入目便是琳琅满目的艺术作品:有大师出手的陶瓷制品,有前卫新颖的雕塑饰品,还有运用特殊技术制作的艺术喷画……这些漂亮艺术品的宣传拍卖均通过"文易网"得以实现。文易网是依托于第八届(2014)中国杭州文化创意产业博览会汇聚的国内外文创品牌资源,培育打造的一个集信息服务、动漫游戏、设计服务、现代传媒、艺术品、教育培训、文化休闲旅游、文化会展等八大文创产业于一体,进行展示、资讯、宣传、交易、服务的综合在线平台,为2000余家国内外文创品牌搭建一个全年展示销售的电子商务平台。

"我们的线下展示活动共设6大主题展馆,汇聚来自国内外的一流文创设计和精品进行二十余项专业及产业活动,5天的展期将接待25万人次观众参观。"苏适介绍道,"本届文博会一如既往坚持推动产业实效,并且在展览期间推出'第三届白马湖文创论坛'、文创投融资洽谈会、两岸文创交流对接会等特色产业对接活动,推出'印石通宝'等文创金融产品,积极探索文创与金融的融合发展;举办包括印石精品拍卖会和'淘宝拍卖会'等文化产权拍卖交易活动,进一步强化文博会产业展示、销售、交易的平台功能。"中国杭州文化创意产业博览会一直紧跟时代的潮流,随时调整自身并以最新、最快的形象展现着自己的文创魅力。

设计交流国际化的大型合作展会

斑斓交错的色彩,巨大的设计图片,让观众的脚步都渐渐放缓。

进入"失衡之间"独立策划展区,映入眼帘的是各位国际设计大师的作品,不禁让人沉溺于设计所带来的冲击力和特殊魅力之中。这其中有着国际著名建筑设计大师Michael Cole、美国平面设计大师Kit Hinrichs、德国Bauhaus设计院校、意大利设计师Luigi Barol以及美国工业设计师Russell等机构和设计师的设计作品。置身于大师们的世界里,让观众忘记了时间,忘记了地点,忘记了国家地域的差异,只是感受着人类对美的共鸣。

"本届文博会邀请到英国、美国、法国、意大利、丹麦、韩国等20余个国家的知名文创机构参展,汇聚了全球顶尖设计作品。"苏适还介绍了法国展区特别策划"艺术与时尚的浪漫交融——走进法兰西,贺中法建交50周年特别展",展区内的作品分为当代油画、雕塑作品、创意丙烯画等3大主题内容,通过视觉、触觉和味觉等感性元素,体验法兰西的艺术与浪漫。与此同时,由韩国文化部主办、韩国工艺设计振兴院协办的"韩国工艺的法古创新"展,带来了韩国五项传统材质(韩纸、陶瓷、黄铜器、螺钿漆器、寒山苎麻),共计159件作品,展览面积306平方米。

可以说,中国杭州文化创意产业博览会吸引了外商和国外设计大师,同时也是杭州走向国际的最好桥梁。中国杭州文化创意产业博览会的发展旅程就是一个渐渐国际化的成长之路。从2007年第一届文博会,"开放的包豪斯"系列讲座,到2011年的文博会,因为356件包豪斯作品被中国美术学院收藏,引发了"中国制造与创新设计"的国际学术讨论,并被国内外专家学者赞称"杭州将因此成为世界上重要的设计中心";再到2012年,来自美、英、日、德、法、意、加等16个国家以及台港澳地区的280多家文创机构、企业参展,境外观众人数达1.3万人次,境外机构参展家数、参观人数均创下历届文博会之最……杭州已经开始向整个世界展示自己的地方特色与文创魅力。

合作共赢展会整合两岸文创资源

10月16日,由两岸企业家峰会文化创意产业合作推进小组主办的"2014两岸文创产业交流对接会"与第八届(2014)中国杭州文化创意产业博览会同步开幕。对接会邀请了台湾地区与大陆的各类文创机构、文创企业、专业高校的各界知名人士参会,共同探讨推动两岸文创产业发展及杭台两地携手培育重点文创项目等内容,还推出举办两岸设计作品成果转化渠道拓展对接会、"杭州—南投"文创项目交流对接会、"杭州—苗粟"文创项目交流对接会、两岸影视产业合作对接会、杭州创意设计中心项目推介会等7场专题对接会。

两岸的合作满足彼此的需要也是市场化的必然结果,文化的进步需要传播,这就要求两岸不断深化彼此之间的交流与合作。此外,第八届(2014)中国杭州文化创意产业博览会还举办了"首届两岸文创精品展""中华区插画设计大赛""澳门文创作品展"等活动,邀请台港澳地区文创机构、知名品牌创意产品制作厂家等参展。

工艺融合本土特色中的创意与设计

"每次看到这些带着特殊的民族特色的手工艺品,心情就会变得很好。"有网友在观展后感慨道。与冰冷生硬的机械设备或新潮前卫的炫酷首饰相比,这些充满着历史气息的展品往往激发观众们对美和生活的思考。

第八届(2014)中国杭州文化创意产业博览会强调了工艺、设计与生活的融合。"围绕'工艺',推出了第六届中国(浙江)非物质文化遗产博览会,博览会以'美好生活手上来'为主题,设置四大展示板块,包括藏宝楼展区、非遗薪传精品展区、大运河生活主题长廊、百姓非遗大舞台等,集中展示国内外优秀工艺美术大师作品;突出'设计',设立'国际设计馆''最设计新生馆''IN杭州设计品牌馆'和'创意设计生活馆'等主题展馆。其中'最设计新生馆',分为6大展区和一个创意广场,包括设计大赛区、产品研发区、城市营造区、新锐设计师区、名师工作室区、自主品牌区和创意广场等,将展示先锋设计带来的创新和冲击。"苏适表示,结合"生活"将延续"杭州创意生活节"等活动单元,全年不间断地举办贴近市民的体验互动活动。这些缤纷的工艺品受到很多民众的欢迎,通过主题诠释和内容演绎,将更加明确本届文博会的举办主旨,提升展览规格档次,扩大业界知名度。

互动形式提高民众活动参与性

"你有足够的创意吗?"

"你的点子够新奇吗?"

第五届杭州创意生活节活动让不少青少年都激动起来,拉着亲朋好友或约上三五个同学,组队参与"2014杭州文化创意体验之旅""2014年度青少年DI创新思维大赛""第四届中国(杭州)大学生创意生活节"等活动。不少父母都觉得带着孩子参加这样的活动和展览更具有实际意义。其中第四届中国(杭州)大学生创意生活节"春华秋实·创新创业"的主题更是"俘虏"了大量内心似火的创意青年,大学生群体的参与和互动性尤为明显。

"先期启动的2014杭州文化创意体验之旅活动,精选了49家文创体验点,全年不间断地开展创意体验活动。共设10大类体验点,16类主题活动,已举办市民文创体验活动40余次,月均150场体验活动。内容包括户外活动、儿童歌舞秀、创意市集、心理咨询、现场音乐表演等。"苏适指出,此活动形成全城覆盖之势,据初步统计,参与人数达12万人次,已有约25万人次的市民参与到各类体验活动中。

信息科技永远是传播与交流的重要手段。为了拓展观众体验和参与文博会的渠道,第八届(2014)中国杭州文化创意产业博览会全面提升了官方微信的服务功能,这样观众就可以通过微信平台,查询展会信息、了解实时动态、购买展会门票和参与现场活动等,让不少观众实现了通过手机就能了解和参与文博会的梦想。"除此之外,本届文博会还将通过支付宝为观众提供便捷的在线支付通道。"淘宝的崛起给不少公司企业带来便利,因此与淘宝联合是强强联手,通过"淘宝拍卖会",形成线下鉴赏体验、线上拍卖支付的活动形式,让拍卖活动拥有更广泛的参与和互动。同时,观众还可以通过新浪、搜狐、腾讯、浙江在线、19楼等网站,获取文博会最新信息。

中国杭州文化创意产业博览会越来越重视以文化创意来改造民众们的生活。2010年,文博会首次举办"创意生活节",文创走入百姓生活。首届"创意生活体验之旅"也在各区县市文化创意体验点中展开,市民的高度参与,营造了城市"全城创意"的文化氛围。接下来文博会还针对不同年龄段的群众规划了不同活动,杭州市民摄影节、中国民间艺人节等活动,吸引了广大市民特别是大学生、青少年群体的广泛参与。2011年杭州文化创意体验之旅,吸引了约17.6万人次的市民参与活动。一组数字表明了文博会的魅力:展商与观众对文博会的满意度分别达到98%和96%,并且有25%以上的展商在展会期间就预订了下届文博会的展位。

文创之路永无止境

八届文博会,让杭州的文创产业逐渐成熟、壮大,日益增加着国际影响力。然而这些成就只是为将来的辉煌进行铺垫,中国杭州文化创意产业博览会将继续投入更大的热情和创意,挖掘活动的丰富性、增加企业的积极性和民众的参与热情,以及提高特色论坛的专业性,努力打造"国际化、产业化、专业化、品牌化"的办展特色,让杭州真正融入国际,开辟出新的天地。

来源:《创意世界》,2014年第11期。

第九届中国杭州文化创意产业博览会落幕 主会场引24.6万人观展

今天中午12点,在意犹未尽的市民的包围中,第九届(2015)中国杭州文化创意产业博览会落下了帷幕。有创意、有看头、互动性强,让本届文博会受到了观展观众的热捧。主会场4天半的展出时间便吸引了24.6万人观展。

本届文博会共设1个主会场及4个分会场,包括"白马湖国际会展中心(主会场)与杭州创意设计中心(活动分会场)、滨江海创基地(论坛分会场)、浙江博物馆孤山馆区(展览分会场)、杭州和平国际会展中心(工艺美术分会场),总面积达10万平方米。其中,主会场陈面积达6万平方米,吸引了美国、英国、意大利、德国、芬兰、新加坡、俄罗斯、西班牙、法国、日本、加拿大、瑞士、丹麦等20个国家及台港澳地区和国内20余个省市的2000余家文创企业机构参展。

文博会期间,主会场六大主题展馆涵盖包括第七届中国(浙江)非物质文化遗产博览会、两岸文创精品展、2014两岸文创产业交流对接会、2015杭州首届版权合作与交易大会、设计价值论——亚洲设计师圆桌对话等20余项活动。

值得注意的是,本届文博会还首次打造了"杭州主题馆",以"融与新生"为主题,设置"传统""创新""融合"三个主题区,将杭州古韵和现代文化锤炼融合,将传统工艺和现代创意串联整合,以古引新,古新交融,展示传统工艺的新生、创意设计的新生力量与和谐融合的杭州新生活美学。

调查反馈显示:文博会展商整体满意度达95%以上,其中国际及台港澳地区展商满意度达97.1%,观众满意度达到96.3%。观众普遍反映"文博会一届比一届办的好,内容丰富、展陈精致,可看性、互动性、体验性都很强"。

来源:《人民网》,2015年10月19日。

提升杭州文博会品牌打造全国文化创意中心

亮点纷呈的第十届杭州文博会

整体格局开放大气。本届文博会在展会格局上进一步精心策划布局。线下文博会重点抓好白马湖主会场策展工作,设置"二馆八区一广场",集中展示国内外最新创意设计成果。除主会场外,五个分会场活动也为丰富文博会内容、拓展文博会影响力、提升文博会品牌起到了积极的促进作用。线上则继续做精做优"网上文博会"项目,运用O2O的互联网思维,为国内外展商提供一个突破时间和空间限制的电子商务展示交易平台。展会整体布局从线下到线上、从主会场到分会场的有效呼应,都体现了展会在布局上的精心安排,让文博会成为全城互动参与的盛会。

活动组织严谨有序。本届文博会共举办20多项、50多场次商务活动。除了继续办好两岸文创产业交流对接会、海峡两岸文化创意产业高校研究联盟论坛等活动外,还创新举办"第十届(2016)杭州文博会智慧科技峰会VR TALK论坛""全国版权示范城市联盟峰会""全球广电创新杭州峰会""自媒体知识经济大课"等20余项商务活动。配对产业上下游企业,解决产业实操难题。不仅为杭州文创界带来"头脑风暴"的脑洞大开,还带来"真金白银"的资本对接。

展会成果显著有效。本届文博会在集中做好展会展陈的同时,更加注重商务对接和产业转化,并有效拉动了市民消费。文博会期间,共计完成实际及意向合作的文创项目达135项。开幕式暨项目签约活动签约金额达51亿元,"文创新势力"推出的26个项目估值约120亿元并达成融资9亿元,2016第二届版权合作与交易大会现场成交9个项目,成交额1.29亿元。

新闻宣传有声有色。文博会期间,共有包括新加坡联合早报等10余家国外及境外媒体,中央电视台、人民日报等近100家中央及省市媒体,人民网、新华网等100余家网络媒体,二更、吴晓波频道等近百家自媒体对文博会进行了采访报道,共计刊发文博会相关报道近10000篇,网络转发文博会信息近149万条。本届文博会还首次引入网络直播,累计在线观众达20万人次。

安全保障严密稳妥。本届文博会各项组织工作到位,确保了主分会场活动的安全有序。组委会多次专题研究部署文博会各项策展筹备工作,文博会期间还成立了市、区两级部门组成的现场指挥部。宣传、文创等市各有关职能部门都明确分工,并派驻人员力量参与现场指挥部工作。江干区、下城区等有关区、县(市)切实做好分会场及相关活动的组织工作,其他区县市和有关部门也积极参与了参展工作。

提升杭州文博会品牌的工作设想

回顾这十年,杭州文博会伴随着杭州文创产业的发展,经历了从无到有、从有到好的发展历程,最终在全国众多文博会中脱颖而出,成为国内评价较高的四大综合性文创会展之一。为进一步维护和提升杭州文博会的品牌,加快杭州市"全国文化创意中心"建设,下一步的工作重点为:

认真总结经验,提高办展水平。一是开展问卷调查。文博会期间组委会办公室已开展满意度调查,下一步还将有针对性地就文博会尚需改进的方面,面向专家、展商和专业观众进行问卷调查,以提高办展水平。二是组织评奖活动。为激励参展机构的积极性,增强各保障单位的战斗力,文博会结束后组委会已开展组织策展先进单位评选工作,评出一批最佳组织奖、优秀组织奖、最具人气奖、最佳展示奖、最佳策划奖、最佳活动奖。三是开展重点板块研讨工作。近期,组委会办公室将召开多层次的专题研讨会,研讨明年办展思路,谋划下一年度工作。四是编辑专业书籍。为更好地实现文博会成果转换,计划在第十届文博会后,编撰出版反映文博会历年成果的书籍,进一步做好文博会的总结。

加强服务对接,增强延展功能。文博会主会场活动结束后,我们还将持续举办多项文创活动,将展览从场内延续到场外,继续营造浓厚的文创氛围。如在杭州创意设计中心等地一直持续举办"2016新生活消费品展暨亲子嘉年华""杭州国际设计周"等各项文创活动,在杭州西溪天堂举办的"第二届西溪国际艺术节"、杭州文化创意体验之旅等活动更是持续贯穿于全年。

针对本届文博会期间达成的意向合作项目,明确专人负责项目跟踪推进,加强服务,掌握项目最新进展情况,尽早促成意向合作项目落地。同时加强网上文博会、杭州创意设计中心、西湖101等平台建设,在文博会闭幕期间承担起展示、合作、交易、洽谈、交流等功能,使之成为"永不落幕的文博会"。

及早策划组织,明确办展思路。今年G20峰会在杭成功举办,杭州一跃成为国际知名城市,为杭州文创发展带来新契机。为进一步提升文博会的办展水平,扩大国内外的知名度和美誉度,明年办展的总体思路是:继续以"融"为主题,秉持"精、专、特"的办展特色,紧扣"国际化、专业化、市场化、品牌化"的办展目标,坚持"务实节俭、文明高效、安全有序"的办展要求,围绕进一步强化价值引领、突出产业纽带、拓展商务平台、深化国际交流、打造智慧节展、推进市场运作等六大工作重点,及早谋划、精心筹备各项活动内容,不断提高办展水平。

下一步,特别要在国际化的道路上迈出更大的步伐,力争下一届国际展区面积占比30%以上,同时继续加大国际知名展会的参展力度,使之进一步成为城市国际化的重要推动力量,也使杭州文创产业借助城市国际化战略拓宽发展路径,以创新创意引领生产生活,把文博会办成国际知名会展品牌,为杭州厚植历史文化名城和创新活力之城的特色与优势作出更大贡献。

来源:《杭州(周刊)》,2016年第24期。

十年磨一剑　文创新境界——2016年杭州文化创意产业博览会走笔

第十届(2016)杭州文化创意产业博览会现场(王一摄/光明图片)

华数展区，参观者体验 VR 视觉效果。(冯蕾摄/光明图片)

西泠印社展示 G20 相关政要头像及姓名的雕刻印章(冯蕾摄/光明图片)

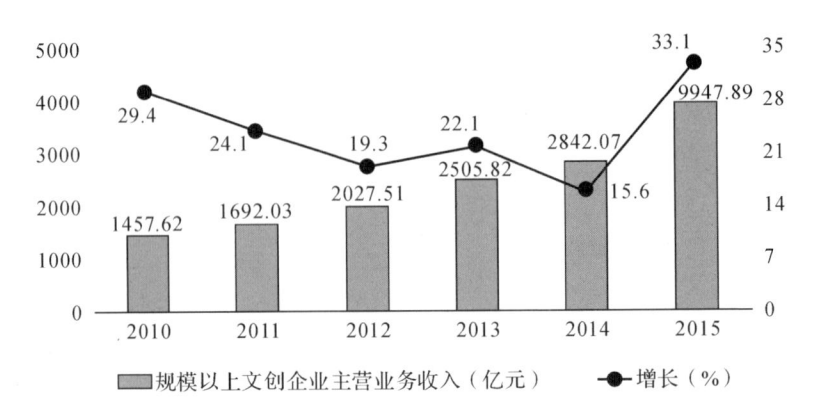

2010年—2015年杭州市规模以上文创企业主营业务收入及增长率

数据来源：杭州市文创办 制表：鲁元珍

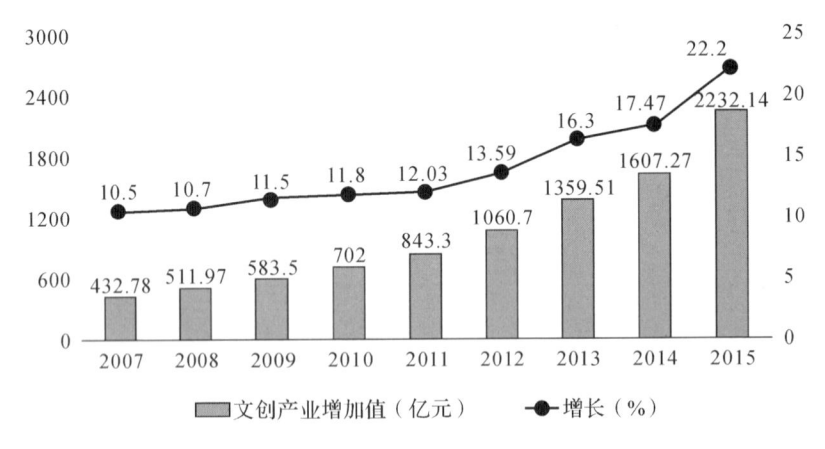

2007年—2015年杭州市文化产业增加值及占GDP比重

数据来源：杭州市文创办 制表：鲁元珍

【鹰眼】

尽管秋雨霏霏，但是杭州文化创意产业博览会的现场依旧一派春意。

10月20日，由杭州市政府、浙江大学、中国美术学院联合主办的第十届（2016）杭州文化创意产业博览会开幕暨签约活动在白马湖国际会展中心举行，签约资金总规模达51亿元。

对于在世界聚光灯下曼妙起舞，文创产业增加值迈上两千亿元大关的新杭城而言，这场盛会不仅是一种行业的风向标，更是观察一座城市、一个国家转型升级的重要窗口。

1.十年积淀高品位:从涵养气质到拓宽视野

【数据】2007年,杭州文创产业增加值为432.78亿元,占GDP的比重为10.5%;2012年,这一数据首次突破千亿元,达到1060.7亿元;到2015年,杭州文创产业增加值突破2000亿元大关,达到2232.14亿元,占GDP比重达22.2%。

曲院风荷,最忆杭州。当G20璀璨的烟花绽放在西子湖畔,世界的目光聚焦于这座拥有深厚底蕴的东方名城。作为"后G20时代"杭州市举办的第一个国际性文化创意展会,此次文博会彰显了更富品质的追求和更开放的国际视野。

10月21日,文博会上的西泠印社展区吸引了中外人士的目光。

这家创建于清光绪三十年(1904年)的知名印社每年都以新的方式参与这场盛会。"今年我们带来了西泠名家雕刻的G20各国政要的头像、名字,不少外国友人对此表达了浓厚兴趣。"西泠社委会副主任秦陶接受本报记者采访时说。

文博会上,G20元素无处不在——宴请普京的餐具"和之颂",宴请哈萨克斯坦总统的餐具"杭州的声音",奥巴马总统在西湖品茗畅叙时使用的盖碗……

"这里,不仅仅能感受到杭州的文化底蕴,还能看到一个城市开放包容的气质,这源于自身的积淀,源于不断走向世界舞台的探索。"华数集团品牌文化部负责人许锐接受本报记者采访时说。

一方面,杭州在看世界——近几年,"新杭线""融——Hand Made In Hangzhou"等主题展览多次亮相意大利、法国、英国、瑞士、丹麦、澳大利亚、新西兰及香港、台湾地区,影视动漫企业多次亮相法国戛纳电视节、香港国际影视展,拓展杭州文创国际化道路。

另一方面,世界在看杭州——G20让杭城成为世界关注的焦点,此次展会不只有中国展商,更有来自新加坡、日本、俄罗斯等多个国家的参展商。从俄罗斯的当代油画,到富有北欧风情的丹麦家居设计,都展示了各国最新创意设计成果。

在中国国家博物馆展台前,几位来自欧洲的参观者细细观看着四羊方尊和霁青金彩海晏河清尊。

"中国国家博物馆第一次亮相杭州文博会,这次要以'博物馆+互联网'为参展主题,重点推介'文创中国'项目。"中国国家博物馆展会负责人黄茜告诉记者,此次文博会,国博组织了230余种、450件文创产品参加展会,其中包括"国博衍艺"品牌下的新产品,以及通过与阿里巴巴的线上合作,IP资源授权开发的跨品牌产品,"希望为大家带来一场文化盛宴,传播中华文化和馆藏文明"。

2. 激活文创新基因:从量级跨越到品质优化

【数据】十年间,杭州文博会经历美丽蝶变,主场馆展陈面积从2007年的1万平方米扩大至2015年的6万平方米;参观人次从2007年的3万人次增加到2015年的32.68万人次;展商数量从2007年的150家增加到2015年的2000余家,增长了13倍;成交额从2007年的0.2亿元增长到2015年的28.82亿元,增长了144倍。

十年,不只有"量"的增长,更有"质"的提升。

今年被不少业内人士称之为VR元年,VR技术将如何改变人们的生活?

文博会现场,不少参观者戴着VR设备体验"虚拟现实"技术带来的身临其境感。周先生戴的VR设备安装了一款用于治疗恐高症的软件,在他的视野内,他站在一幢高楼顶上,望下去是城市道路和建筑物,逼真的体验让他感到有点害怕。

在"最设计·中国美院馆"展区,VR冥想艺术吸引了不少年轻观众的目光——展区将一个个虚拟创作绘制出的场景在色彩的串联下导入时空,让体验者放松心情,关注自身知觉。"紧张激动时会打雷下雨,放松时荷花会开。花开得越多,代表你的状态越轻松,情绪越稳定。"中国美院展会工作人员告诉记者。

走进文博会晓风展馆,一个全息式的本土人文生活体验馆呈现在眼前。晓风以丰子恺先生笔下的四季风物为主打元素,结合杭州的人文景观,打造出一种全新的互动式展览方式,有书、有画、有茶、有咖啡、有音乐、有讲座、有交流、有互动……给你一天,就能玩转杭州一年四季。

走进咪咕智能语音区域,观众可以通过灵犀语音助手与手机自由交谈,精准地完成打电话、发短信、查地图、找美食等操作,同时领略智能语音机器人的强大看护功能……作为杭州本土文创企业,咪咕传媒展台负责人陈曦说:"希望能从其他企业那里吸取灵感,为公司后续发展注入新动力。"

走进华数展区,12月即将发行的华数4K智能机顶盒将首次亮相,参观者纷纷驻足体验。"'4K内容+4K盒子+4K电视'将刷新观众的'视界观'。"华数工作人员介绍说。全新升级的VR虚拟现实影院和VR游戏集体登场,神秘的华数小机器人与您现身互动,现场舞蹈……智慧服务、智慧数据、智慧医疗、智慧交易等智慧应用系统,大大拓展了观众对传统文化创意的理解与感受。

3. 探寻文创新动力:从龙头带动到机制创新

【数据】杭州文创企业的上市之路折射了产业发展的新格局:2010年8月,中国网吧服务软件第一股——顺网科技上市;当年10月,中国电视剧第一股——华策影视上市;当年12月,中国旅游演艺第一股——宋城演艺上市。截至今年9月底,杭州市上市文创企业达24家,新三板挂牌60余家。

用4000万元撬动13亿元资本!

在今年的杭州文博会上,13亿元杭州文创产业投资引导基金成功签约成为业界关注的亮点。

"四两拨千斤"是如何实现的?

杭州文投创业投资有限公司作为杭州文创产业国有投融资平台,与杭州银行合作,发起组建杭州市文创产业投资引导基金。引导基金的第一期由财政出资4000万元,杭州文投公司作为管理方,与杭州银行展开合作进行引导基金层面的杠杆放大。杭州银行提供8000万元的初始资金,将引导基金的规模增加至1.2亿元。随后,杭州文投公司再使用这1.2亿元的资金,分别与浙江弘帆投资管理有限公司等投资机构合作组建9支子基金,子基金规模总额达到13亿元。

"更重视市场化的基金操作方式,通过项目开展投资,让企业获得的资金量级有一个飞跃,项目的选择工作也将交由社会投资机构来完成,让市场在资源配置中发挥决定性作用。"杭州市文创办相关负责人说。

近年来,杭州大力推进的体制机制改革激活了文创产业的一池春水——

早在2007年杭州就提出打造"全国文化创意中心",2008年出台《关于打造全国文化创意产业中心的若干意见》。为解决"有钱办事"问题,自2008年至今,杭州市本级已投入18.6亿元;为创新金融服务,杭州制定《关于鼓励为文化创意企业提供融资服务的实施意见》,2009年以来,11家战略合作机构共为全市文创企业提供160多亿元放贷;为拓宽间接融资渠道,杭州先后成立杭州银行文创支行、浙江省建行文创专营支行、杭州联合银行文创金融服务中心,已累计为300余家中小文创企业提供了近30亿元的贷款支持……

龙头企业的带动,加上体制机制的创新,让杭州经济迸发新的活力。

2015年杭州成为中国第十个GDP总量跨越万亿元的城市。今年上半年,杭州市GDP为5021.18亿元,同比增长10.8%,增速居副省级以上城市首位。自去年二季度以来,杭州经济增速持续运行在两位数区间。

高速发展的现代服务业,尤其是信息经济和文创产业,无疑是重要的增长引擎。据统计,从2007年至2015年,杭州市文创产业增加值年均增速高于GDP增速7个百分点;今年前三季度,杭州市文创产业实现增加值1773.82亿元,增长22%,占GDP比重为22.8%。

而这,仅仅是一个新的起点。

作为杭州本土最大的综合娱乐传媒集团,华策影视曾多次参加文博会。今年前三季度华策实现净利润25263.59万元至29657.26万元,同比增长15%～35%。近日,华策集团对外宣布在电影、网络剧、综艺、游戏及电商衍生品等领域实行全产业链的布局。

"中国要打造优质的文化作品,要从五千年的历史文化中去汲取营养、寻找灵感。"华策集团总裁赵依芳说,"同时,不能盲目奉行拿来主义,而要在理解中国独特的产业规律的基础上,循序渐进地去优化整个产业的输出。"

既有悠远的传承,又有世界的眼光——这正是今天的杭城,今天的中国。

(本报记者 冯蕾 鲁元珍)

来源:《光明日报》,2016年10月27日14版。

文创之都的中外交流会展

"两岸四地"展台

会展中的民俗展台

南洋的沉香木对普通市民来说还是稀罕物

一件名为《绿苹果》的雕塑作品将观众引向设计师的作品展位

会展一隅

杭州的秋季，除了湖光山色秋意纷呈，还有节庆展会纷至沓来。今年的文化创意产业博览会，更是精彩炫目，吸引眼球，再次展现了杭州作为文创之都的无限创意氛围，体现杭州对外学习借鉴的决心和交流融合的氛围。

白马湖生态创意城国际会展中心是文博会对外交流最重要的窗口之一。走进这里，一股久违的青草味让人耳目一新，原来是展会的地坪全部铺设了鲜活带泥的草坪，连同那树叶串缀而成的展墙，彰显了生态展馆的主题。而世界著名设计大师的巨幅灯箱造型，繁密如星的展区吊顶设计，幽蓝灵动的照明灯光，在展区营造出充满艺术设计特有的灵异色彩，仿佛是一个异度空间。当然，最吸引人的是那款最新的法拉利FF，据说这是法拉利推出的性能最强、功能最全的四座跑车，也是法拉利历史上第一款四驱跑车。

这里举办的"2012杭州国际设计节"，由杭州市人民政府与意大利工业设计协会联合主办，以"九"为线索，呈现中意两国的工业设计力量。其中包括9大时尚品牌：Armani、Prada、Gucci、D&G、Fendi、Ferragamo（菲拉格慕）等；9大家居品牌：B&B、Alessi（艾莱西）、Poliform（普利奉）、Artemide（阿特米德）、Flos（佛洛斯）、Alias（阿利亚斯）、Luceplan（路斯普兰）、Driade（德里亚德）等；9大设计院校：米兰理工大学、欧洲设计学院、米兰Brera（布雷拉）学院、米兰Domus（多莫斯）学院、都灵艺术设计学院（IADD）、罗马艺术工业设计高等学院（ISIA）、米兰新Belle Arti（美术）学院（NABA）等；99件记载上世纪50年代意大利工业设计崛起到巅峰历程的代表作。更有法拉利、菲亚特等经典名车鉴赏与新品国内首发活动，15位意大利设计大师莅临现场开设大师讲堂，与国内设计师亲密互动。

浏览一下Armani、Prada、Gucci、D&G、Fendi、Ferragamo等品牌产品，在世界知名的米兰理工大学、欧洲设计学院、都灵艺术设计学院、罗马艺术工业设计高等学院等展台上小坐片刻，感觉到艺术是那样高贵而亲切，高高在上又近在眼前，仿佛抬望之间，已经拥有了她的美。

在和平会展中心最引人驻足观望的是"两岸四地专区"展示的中金国礼黄金版《富春山居图》，自然山水、水墨艺术被贵金属全新"再造"，金贵之气逼人。台北故宫博物院的情景书房展示乾隆版《大藏经》，香港的创意插画展，澳门的本土动漫、创意面具装置艺术等两岸文创精品，让你目不暇接，台湾的法蓝瓷艺术陶瓷与"英国专区"英伦特色的瓷器精品相映成趣。这里可以闻一闻越南的沉香木散发的暗香，看一看缅甸金铜佛像的尊荣，尝一尝英伦风情的下午茶，酌一口美酒嘉年华的各色美酒……

与往届相比，今年的文博会在"国际化、专业化、产业化、品牌化"方面有大幅进步,特别是国际化方面,包括美国、英国、法国、意大利、日本、马来西亚、尼泊尔、新加坡、瑞士等16个国家以及中国台港澳等地的530多个机构和企业,累计4000多位国际业界人士与会。三大场馆参观总人数19.8万人次,比去年增加52.3%,其中专业观众12.52万人次,占参观总人数的63%以上,比去年增加60.5%。根据组委会对参展商调查,参展商满意度达98%,其中国外及中国台港澳等地参展文创机构满意度达98.6%以上,表示明年将会继续参展的展商达99.8%,观众满意度达96%。

文博会之后,有的国际展会项目仍在精彩继续,如第四届杭州亚洲青年影展延期结束,影展共征集到483部来自亚洲各地的短片,评审团阵容包括学者、金马奖前任主席焦雄屏,电影《观音山》与《二次曝光》的制片人方励,日本山形国际纪录片电影节国际竞赛单元总监HataAyumi等。2012世界体育电子竞技大师赛(WEN)的赛事活动在全球网络直播。

来源:《文化交流》,2012年第12期。

3. SOHO

农居SOHO

近几年,杭州高新区(滨江)将发展文化创意产业与推进社会主义新农村建设有机结合起来,在杭州南部城郊白马湖地区规划了一座约20平方千米的生态创意城,通过科学规划将村落改造成创意园区,将传统民宅改造为创意工作室(即农居SOHO),既探索了发展文化创意产业等现代服务业的新模式,也走出了城郊新农村建设的新路子。目前,已吸引朱德庸、黄玉郎等众多名人和中国美术学院创意发展公司、网易陶瓷工坊等39家创意企业入驻,还与海润影视、香港意马集团等165家国内外知名企业达成入驻意向,2009年产值达1亿元。

杭州农居SOHO开发模式的主要做法:一是科学规划,合理制定农居改造方案。按照定高点、出亮点原则,先后编制完成白马湖生态创意城概念性规划和SOHO村落改造规划,并制定了"两年形成框架、四年初具规模、六年基本建设"的创意城行动计划。同时,根据白马湖区域内每个村落的建成现状、地理环境,分别制定相应的改造方案,分别采取"保留+改造""拆除+重建""新建+加建""开发+融合"方式对农居进行改造,使其体现农居SOHO特色和建筑美学的要求。二是试点先行,因地制宜推进农居改造。首先在白马湖的山一村柴家坞自然村进行改造试点,完成后可供3000名创意人才入驻。在改造过程中,针对征地拆迁、农居改造、后续管理等研究制定相关政策,即鼓励居民外迁,也允许自保,自保原住房的,改造完成后经验收核发许可证,作为SOHO租用或进行有限范围服务类经营,土地房屋原有产权性质不变。三是整治环境,完善配套设施。注重保护白马湖地区的自然生态和人文生态,并大力推进河道、山体、村庄等环境整治,完善区域内道路、电力、通讯、给排水等设施。同时,积极推进教育、卫生和公共文化、公交等社会事业项目建设,优化创业环境,满足原住居民和创业者需要。四是加大扶持,吸引文创企业和人才入驻。高新区(滨江)出台鼓励政策,在财政、土地、人才、研发、投融资、宣传推广等方面扶持文化创意产业发展。

兴建农居SOHO发展文创产业成效显著:首先,推动了文化创意产业发展。通过生态创意城和农居SOHO的建设,拓展了产业发展空间,大幅降低了文化创意团队创业成本。其次,促进了新农村建设。过去,白马湖区域城郊农村除了从事第一产业外,只有零星发展一些"农家乐"。现在通过农居SOHO建设,让农民从原来从事第一产业,服务于目前处在最前沿的文化创意产业,是农民生产方式、生活方式的一次重大"革命",也是对新形势下新农村建设的一种有益探索。第三,改善了村民的生活品质。农居SOHO将文化人、农民、产业、城市、生活等融为一体,从根本上改变了原住民的生活和就业方式,提高了原住民的生活品质。山一村柴家坞改造前,村民主要从事农业或打零工,而农居SOHO改造完成后,户均年房租收入就达到10万元,另外村民还从事为创意团队提供服务的工作,解决就业,增加收入,提升自身生活质量。第四,保护了农村生态环境。白马湖区块内自然景观、人文景观非常丰富,实行农居SOHO的开发模式,不同于"拆老城、建新城"改造方式,避免了大拆、大建、大搬,减少了开发建设对环境的干预和破坏,使当地生态环境得到了有效保护。

来源:《杭州(我们)》,2010年第8期。

设计乃过程,非产品——从农居到SOHO

【摘要】"建筑和规划的近代历史造成一种错误印象,即只有建筑师和规划师知道如何设计建筑,但人类近两三千年的历史向我们提供相反的事实。人类历史中几乎所有的环境都是由非专业人士设计的。建筑师们贪婪地拍摄的那些世界上最美的地方中,有很多都是由非专业人士而不是建筑师设计的。"C·亚历山大在其名著《俄勒冈实验》中为强调设计中的公众参与而指出了这样的事实。在此背景下,我们有幸参与了杭州白马湖生态创意城山一村农居SOHO(陈家村自然村)的改造工作。这是一座自然形成的江南村落,改造工作的每一步都或多或少地存在公众的参与。因此,设计工作在这里面临着真正的挑战,个中经验也最值得总结。

【关键词】 农居 SOHO;设计

1 背景

杭州市政府于 2008 年以专题会议形式通过中国美术学院编制的《白马湖生态创意城概念规划》,明确了将滨江白马湖生态创意城建设成为"国家级的文化创意产业区、旅游休闲度假区、杭州城市美学、建筑美学示范区以及和谐创业示范区"的建设目标。规划中提出了利用现有农居发展 SOHO 式文化创意产业的设想,结合滨江区当地发展创意产业的需求,让农居点成为自由、富有人文个性灵活的空间,成为文化创意者工作和居住的村落。农居 SOHO 是结合社会主义新农村建设,在保留部分原住民的前提下将农居改造成具有江南地域文化特色和文化创意内涵的创意建筑。在经过仅 39 户居民的柴家坞自然村 SOHO 改造试水之后,政府统一启动了山一村的另外三个自然村的改造工作,由 179 户居民组成的陈家村即其中之一。

2 现状

山一村位于滨江区长河街道,自然环境优美,2007 年被评为联合国环境保护 500 佳。陈家村自然村东南面紧邻白马湖区的延伸水域,北面和西面为植被良好的小山丘及农田,与先行改造的柴家坞农居 SOHO 隔白马湖路相隔。

2.1 自然景观优越

陈家村作为自然形成的村落,具有背山面水,负阴抱阳的优越风水格局。周边良好的自然植被资源,为村落提供了绝佳的背景。丰富的水资源,为陈家村的整治增加了活力。村落基本呈现出沿河而居,线性发展,逐渐扩展的格局,为典型的鱼骨型村落结构;河道——街道——住宅的传统格局依然清晰可辨。

2.2 江南水乡与"欧陆"农居

与优美的格局所不相称的是,浙江民居经历了急剧"变脸"的二十年,原本的粉墙黛瓦、花窗木门、竹木掩映早已被不中不西、不伦不类的与当地地理环境、文化背景格格不入的"欧陆"农居所替代,以致地方党报也不禁发问:"浙江农居,该有怎样的一张脸?"这其中的社会文化心理值得专门探究。遗憾的是,陈家村的农居也未能免俗,而在村落原址翻建的农居更是体型参差、风格各异。而民居的附房及围墙更是外观杂乱,私搭乱建现象严重。这一现象也成了整治的主要困难,如道路可达性差,难以满足消防要求;村落内部阴暗狭小,公共空间缺失等。

3 策略

3.1 理景 LANDSCAPE

重现符合风水布局的村落形态。重点处理三山一面：三山为北侧"后头山""庙前山"与西南的茶山；一面为沿水面，形成村庄的自然山水骨架，把村包围其中。山体植被较好，基本保持现状，重点处理沿水面，形成一条与水密切联系的村落公共活动带，营造水乡特色。

3.2 边界形成 EDGE

重点处理沿水主界面，并结合节点设计处理村落与白马湖路的接口。把体现创意的景观小品，雕塑，标识牌等要素点缀其间，烘托创意气息浓厚的 SOHO 村落。通过对沿水面的改造及沿水街道公共小空间的塑造，创造出一条古朴自然的时尚艺术沿水公共活动带。

3.3 道路整治 PATH

考虑村落与主要道路（白马湖路）以及其他村落的联系，争取内部形成具有通车条件的环路。通过对街巷的整治，重塑街巷空间。整治要求尽量保留每户的主体用房，适当拆除附属用房，拆除违章搭建房屋。拆除部分农居内庭院围墙，把绿化引入了街巷内部，形成一些放大景观节点和公共空间。这些公共小空间简单但要有特色，与创意 SOHO 村落环境相适应。

3.4 节点 NODE

以景观节点提升村落小环境。梳理街巷空间，设置公共共享空间，使村落形态疏密有致，为 SOHO 的引入打好基础。处理入口、各道路交叉口及端部，组团中心的节点，村落中部植树，结合原有的靠山及沿河树木，形成整体绿化，使村庄掩映在树丛及山体中。重点处理沿河界面，加建廊、轩、榭以及小品和景观步道，形成三山一水一村庄的诗意场景。

3.5 立面整治 FAÇADE

立面改造的重点为立面的统一。建筑整治遵循以下几点：拆除建筑物上的搭建及不协调构件；通过色彩设计，整合一些杂乱无章的面砖及屋面色彩，营造江南水乡古典韵味；对沿街面重要景观视线范围内的突兀的平房或小坡顶作平改坡处理；把创意 SOHO 的元素纳入建筑整治之中。通过围墙及门廊的设计，局部木百叶及窗台的处理，小品设置及墙面的艺术处理，共同营造创意 SOHO 的氛围。

4 过程及公众参与

对于常态的设计，建筑师的工作仅限于与甲方及职能部门沟通修改。本项目及的特殊之处在于，政府作为出资主体是项目的甲方，但是一百多户村民是房屋及

图1 农居SOHO改造完成实景图

村落真正的主人。无论改造完成后村民自由选择"外迁"还是"自保",改造方案都要征得全体村民的同意。好在作为政府主导的项目,政府有强大的决心推进项目的进行,并充分发挥中国特色群众工作的优势,设计单位也进驻现场开展设计工作,挨家挨户上门与农户进行对接,实时对具体环节进行修改,最终实现了原方案设计效果与实际的平衡点。

农居SOHO改造实施的过程也是区域基础设施如火如荼建设的过程,村落周边原有红线宽度5米以下的乡村公路被20米宽以上的城市道路所取代,其道路标高也大大提高。这带来的问题是沿路部分农居被列入拆迁范围,原本顺畅的道路也不得不面临巨大的高差衔接问题。由于SOHO改造和道路建设是不同实施主体负责,他们之间缺乏衔接,原方案在定稿之后不得不进行修改。而原方案中的某些精彩之处无法实现,比如村口原本是乡村理景处理的重点,现在由于空间不足无法实现,只能做到道路的衔接。

来源:王嵩,《建筑知识》,2016年第2期。

农居SOHO:创新文化创意产业发展之道
——基于白马湖生态创意城的调查报告

【提要】 SOHO是创意经济时代产生的一种重要经济现象。基于国内外比较,本文对白马湖农居SOHO建设的意义、成效及存在的问题进行了分析,并针对性地提出了若干政策与建议。这对于杭州文创创意经济发展、城市有机更新和新农村建设具有启示与借鉴意义。

【关键词】 白马湖;农居SOHO;做法与成效;进一步建议

根据城市化发展经验,当一个城市的城市化水平进入中后期阶段,城市的郊区地带和老工业厂房由于与主城区存在着密切关系,同时还保持着宽松的自然和文化环境及便利的生活条件,开始成为吸引众多创意阶层集聚的磁场。

作为新经济、新概念的代名词,SOHO(Small Office Home Office)最早起源于20世纪80年代的美国。按照地域分布划分,SOHO又可以划分为城市SOHO和农村SOHO两种。目前,国内外城市中的SOHO已不鲜见,但利用传统农居发展农居SOHO的则相对较少。其中,杭州市白马湖生态创意城的农居SOHO就是一个典型代表。白马湖农居SOHO于2007年开始规划建设,一期工程柴家坞39幢农居于2008年2月改造完成,2009年4月举行了开园仪式,目前已吸引了网易陶瓷、朱德庸幽默馆等28家创意企业入驻;二期工程陈家村、孔家里、章苏村的500户农居,正在抓紧改造之中。2009年,基于农居SOHO建设方面取得的成效与贡献,白马湖生态创意城获得了"中国创意产业最佳园区奖"称号。

当前,杭州市正在以"一化七经济"作为发展的重要内容,加快构建"3+1"现代产业体系,积极促进城市和经济发展方式转变。鉴于此,总结白马湖农居SOHO建设中取得的成效与经验,前瞻性地探究农居SOHO未来的发展模式与方向,并相应提出具有针对性的政策建议,对于杭州市文创经济发展、城市有机更新和新农村建设等多方面工作具有重要意义。

一、国内外利用农居发展文化创意产业的优势比较

为研究起见,课题组选取了国内外3个具有典型代表的农居艺术村落进行简要比较说明。

(一)法国巴比松画家村

巴比松是法国巴黎枫丹白露森林进口处的一个乡村,风景优美。19世纪30年代,这里还是一个偏僻的小村,没有教堂、邮局和学校。后来,一批不满七月王朝统治和学院派绘画的画家,如卢梭、柯罗、米勒等,为逃离政事,回归自然,陆续来到巴比松定居作画。随着一批批知名画家的集聚,巴比松逐渐发展成为一个"画家村"。后来在画史上享有盛名的"巴比松画派"也源于此。现在,镇里的房子大多已变为画廊,展览着当今流行的各种风格流派的绘画,并且很多房子的外面都刻有某位著名画家曾住在这里的石碑。巴比松镇已经成为一个闻名世界的艺术小镇。

(二)北京宋庄原创艺术集聚区

宋庄由普通乡村向艺术村的转变始于1994年,最初集聚的艺术家并不多。1995年圆明园画家村遭清理后,原居那里的艺术家们开始外迁,有一部分来到宋庄与先期艺术家进行会合。随着艺术家队伍逐渐壮大,宋庄的名声开始鹊起。目前的宋庄画家村,以小堡村为核心,包括周边其他村落,艺术家队伍也从最初的架上画家扩展成为一个由雕塑家、观念艺术家、新媒体艺术家、摄影家、独立制片人、音乐人、诗人、剧作家等组成的巨大的艺术家群落。据有关数据统计,宋庄现有美术馆 13 家、画廊近百家,艺术家工作室 3000 多家,文化相关制造企业 30 家、文化相关服务企业 25 家,集中展览、经营面积达 10 万平方米,艺术区发展到现在有近 20 个,4 年来的艺术品交易额累计已达到 8 亿元。目前,宋庄原创艺术集聚区已形成了较为成熟的原创艺术产业链,成为了中国最大的原创艺术家集聚地和世界著名的原创艺术集聚区。

(三)深圳大芬油画村

大芬村原是客家人的聚集地,原住居民 300 多人。1989 年,香港画商黄江来到大芬村租用民房招募学生和画工进行油画的创作、临摹、收集和批量转销,由此将油画这种特殊的产业带进了大芬村。随着越来越多的画家、画工进驻大芬村,"大芬油画"开始对油画市场进行规范和引导,将大芬油画村作为独特的文化产业品牌进行打造,以原创油画及复制艺术品加工为主,附带有国画、书法、工艺、雕刻及画框、颜料等配套产业的经营,形成了以大芬村为中心,辐射闽、粤、湘、赣及港、澳地区的油画产业圈。大芬油画走俏欧美 10 多个国家,使"中国·大芬"的名字在国外广为传播,成就了中国油画产业的神话。目前的大芬油画村已发展成为一个文化创意产业聚集地和世界油画商品制造基地。据有关数据,仅在 2005 年,该村从事油画生产和销售者 445 家、画师 8000 余人,商品画出口 2.8 亿元人民币,其中 90%销往欧美及中东。

通过上述比较可以看出,白马湖农居 SOHO 创意园与上述 3 个文化创意产业集聚区在本质上都属于"农居＋艺术家(设计师)＋产业＋市场"的开发模式,在政府、市场、企业、农民"四方合力"的共同作用下,立足自身资源禀赋,形成了具有核心竞争力的特色文化创意产业集聚区,但白马湖农居 SOHO 创意园的竞争优势更为明显。

一是首倡农居 SOHO 理念,发展起点更高。在利用农居发展文化创意产业方面,北京和深圳都进行了有益探索。但与之不同的是,杭州在全国首倡提出农居 SOHO 概念,把农居改造与现代文化创意产业发展形式 SOHO 实现了有机结合,把过去的自发行为变为政府自觉行为,在文创产业发展、城市有机更新和新农村建设方面进行了创新探索,起点更高,更具普适意义。

二是突出政府主导,园区规划更科学。宋庄、大芬村的雏形是由艺术家的集聚自发形成,在前期发展中缺引导、少规划,受外在影响大,易陷入无序状态,如宋庄原住民与艺术家的产权之争就曾一度影响了宋庄发展。而白马湖在建设之初就得到杭州市政府的高度重视,通过实地调研、专家论证、群众认可,编制了《杭州国家高新技术产业开发区(滨江)白马湖区块概念规划》,对园区进行了科学规划、整体开发,改造成了具有江南水乡特色的创意建筑,出台了各项扶持政策,完善了服务平台建设,为白马湖农居SOHO的有序发展提供了保障。

三是重视产业集聚,产业结构更合理。宋庄、大芬村等地都被称作"画家村",以油画创作、临摹、销售为主要业态,产业结构略显单一。白马湖农居SOHO现有入驻企业已涉及动漫游戏、信息服务、设计服务、原创艺术、文化会展等多种行业,这些行业大多互相渗透、互为依托,能形成合理的产业结构和完备的产业链,同时借助名人名院效应吸引更多的创意团队与公司入驻,形成文化创意人才规模集聚场所,为白马湖农居SOHO实现产业集聚和发挥辐射效应奠定基础。

二、杭州建设白马湖农居SOHO的重要意义

建设白马湖农居SOHO,对于滨江区和杭州市的经济、社会、文化、环境等各个方面发展都具有重要意义。

(一)有利于打造新农村建设的全新模式

新农村建设是开展农村各项工作的统领。在经历大拆大建、偏重形象、模式趋同的"样板建设"时期后,探索符合农民生活实际、具有鲜明地域特色的新农村建设模式,成为了各级政府的思考重点。白马湖农居SOHO改造紧密结合新农村建设工程,在保留部分原住民的同时进行村庄整治改造,将农居改造成具有杭州城市美学特征和文化创意内涵的创意建筑。这既使道路坑洼、排水不畅、照明缺乏、村庄脏乱差等现象得到有效改善,居民生活所需公共设施保障到位;又在不改变产权性质的前提下,鼓励通过农居SOHO空间的租赁、招商引入文创团队创业办公,注入鲜活产业内容和创意理念,有利于形成一种以江南水乡特有的肌理形态、生活生产方式为背景,以文化创意体验、田园动漫体验和生态居住博览等为内容的,互为资源、互动发展的新型社会主义新农村建设模式。

(二)有利于探索城市有机更新的新模式

城市更新是一种将城市中已经不适应现代化城市社会生活的地区作必要的、有计划的改建活动。农居SOHO改造工程突破以往"拆迁—重建"的固有模式,在保留农居特色的基础上进行改造,大大降低了更新成本,为盘活集体资产、提高农村土地利用率(尤其是农村宅基地)找到了新路子;同时引导原住民从原来从事第一产业变为从事现代服务业,有效解决了城市化推进过程中失地农民的就业问题,将原来是城市进程中需要拆迁解决的负担,通过"SOHO进农居"变成了一种难得的比较优势,真正实现了可持续科学发展的目的,在城市有机更新上作出有益探索。

(三)有利于打造全国文化创意产业中心

文化创意产业是杭州市"3+1"现代产业体系的重要组成部分;打造全国文化创意中心,是杭州市委十届二次全会作出的重大战略部署。要实现打造全国文化创意产业中心的战略目标,关键举措之一就是要切实抓好平台建设,以白马湖生态创意城等10大园区为主平台,不断推动文化创意产业由企业集聚向产业集聚转变。白马湖农居SOHO创意园是白马湖生态创意城的重要组成部分。下一阶段,加快形成"一心四带"的结构形态("一心"即以原山一村的生活中心为基础,将其开发成为创意产业服务中心;"四带"即原生态居住带、创意产品展示带、农居SOHO带、创意名人居住带),积极打造集创意教育、培训、娱乐、创意产业展示、观光于一体的山水田园间的创意产业研发和交流中心,构建起风格明显、产业突出、竞争力强的新型文化创意产业园区,对于充分发挥园区的引领作用,加快杭州市打造全国文化创意产业中心进程具有重要意义。

(四)有利于构造滨江南北双城新格局

根据高新区(滨江)新一轮跨越发展的整体规划,高新区(滨江)整个行政区域将以浙赣铁路为界,北部打造成"滨江新城",南部建设白马湖生态创意城。其中,白马湖农居SOHO创意园是生态创意城最具特色的标志之一。作为总体布局"一核、两业、三带、四区、五园"中的农居改造特色居住区,创意园将在5年中推出1599幢农居SOHO,吸引一大批具有品牌带动作用的知名创意企业和领军人物入驻,为其营造一种自由、时尚、轻松的创意空间,并提供研发、生产、休闲、居住、商贸等一系列服务,从而为白马湖地区建设成为"宜业、宜居、宜游、宜文"、以动漫游戏业为特色的综合性文化生态创意产业城奠定基础,进而形成"一体两翼、南北双城"的滨江建设新格局。

(五)有利于保护白马湖生态环境

白马湖田园风光绝美、生态农业成熟、人文底蕴丰厚,山一村更被联合国授予"全球生态500强"的殊荣,生态优势不容复制。以生态环境保护为前提,以"还原、唤醒、融合"的方式,依托中国美院,通过对传统农居的改造,为每幢农居"量身定制"改造方案,依托区块内良好的山水资源和丰富的农耕文化内涵,将原生态景观与创意文化充分结合到整体设计之中,大力发展文创经济、低碳经济,避免了大拆、大建、大搬,减少了开发建设对环境的干预和破坏,切实保护了白马湖地区的自然生态和人文生态。

三、白马湖农居SOHO建设的主要做法

自2008年8月起,白马湖生态创意城建设指挥部已先后完成柴家坞39户农居示范点改造,陈家村、孔家里、章苏村500户农居外立面改造,塘子堰村等南部村落环境整治准备工作。在农居SOHO的"拆、迁、建、改、造、招"等工作过程中,形成了许多有益的经验做法。

(一)深入调研,确保规划科学可行

农居SOHO改造工程的前提在于改造规划的科学性与可行性。为使总体规划符合城市有机更新、保护生态环境、提升品质生活、推动文创发展的要求,滨江区委、区政府做了认真思考:一是蹲点调研,统一思想。滨江区主要领导多次深入山一村,开展蹲点调研,为SOHO进农居问诊把脉,统一思想,统一认识。二是学习考察,明确思路。先后组织到梅家坞、凤凰国际创意园、西溪文化创意产业园、北京798艺术区、长城脚下的公社等创意园区学习考察,逐个了解创意园区基本情况,掌握农居改造的运作模式和SOHO发展动向,明确改造思路。三是精心规划,确保可行。按照白马湖生态创意城产业定位和总体规划要求,与中国美院合作,坚持高起点规划、高标准设计;先后组织召开村委会、男女组长会、党员大会、老干部会、户长会、村民代表大会等进行座谈,利用多媒体技术对改造方案广泛征求群众意见,在此基础上完成了山一村中国美院生态创意园、柴家坞农居创意SOHO示范村规划方案等设计工作,确保改造工程科学可行。

(二)全力动员,获得群众广泛支持

农居SOHO改造工程的基础在于获得群众的认可与支持。为使农民群众从了解改造到盼望改造最终到支持改造,滨江区委、区政府做了细致工作:一是组建班子,吃透政策。滨江区委、区政府抽调区、街、村精兵强将组成"百人工作组"进驻山一村,并指导工作组成员对相关政策进行详细解读,增强了工作针对性。二是广泛宣传,营造氛围。制作发放500余份《山一村500单元农居SOHO改造政策指南》与《改造问卷调查表》,广泛宣传政策;在山一小学开辟宣传阵地,设立3个咨询办公室,举行现场咨询会,建立服务热线,接受来电咨询;精心设计载体,利用报纸、横幅、广播、板报等各种形式广为宣传,营造良好氛围。三是主动对接,获得支持。在做好宣传员的同时,工作组成员更是主动做好服务员,积极协调农户与设计单位、施工单位、监理单位各方复杂的关系,做好改造图纸对接、改造质量监督等工作,确保每一幢改造农居都达到设计要求。截至2009年11月底,陈家村农户改造图纸对接完成率达到100%,孔家里和章苏村分别达到98%和97%,在针对农户发放的《白马湖农居SOHO建设情况调查问卷》中,对改造工程的支持率达100%。

(三)落实政策,推动工程顺利开展

农居SOHO改造工程的关键在于各项政策的平衡性与执行力。为使征迁安置和农居改造工程既不打乱全区的征迁部署,又能最大程度激发原住民的积极性,滨江区委、区政府做了思路创新:一是坚持一种征迁政策。为了做到整个村落农居错落有致、疏密适宜,部分农居因为道路等基础设施建设需要征迁拆除,对于这些农居,区委、区政府坚持全区征迁、安置政策不变,执行统一的评估补偿标准,即符合购房条件的拆迁户,按照现有多层住宅安置方法,除享受 50 米^2/人(独生子女 90 米^2/人)的农转居拆迁安置房外,还可享受每人 15 米^2 的物业股权,使得全区拆迁政策得以平衡,选择改造还是征迁变得不再为难。二是推行两种安置模式。考虑到要原住民突然改变自己固守了几代的生活环境十分困难,区委、区政府推行了"鼓励外迁、允许自保"的两种安置模式。原住民既可以把农居产权全部售让给国家、举家搬走,也可以保留自住;既可以一半出租一半自住,也可以全部出租给创意团队。这种灵活多变的安置模式,在 2008 年 6 月份的村民代表大会上得到全票通过。三是提供 3 种创业途径,即农民自保房屋出租、村级经营性用房出租、政府投资适量配套用房出租经营 3 种途径。原住民通过这 3 种途径实现各自的经济丰收。四是结合新农村建设,开展村庄整治。仅在柴家坞就配套建设市政道路约 1000 余米,路宽 2.5—6 米不等;新埋设燃气管道约 700 米,电力、电信线路实施上改下,统一新装电表、电信交接箱,完成围墙和庭院改造 40 个;对农居外立面改造给予每户 100 元/米^2(主房实测面积)的补助,章苏、陈家村、孔家里 3 个自然村在改造期间发放 3 个月过渡费,更设立丰厚的改造奖金。图纸对接后 1 个月内改造完成给予 3000 元/户的奖励,2 个月内完成给予 2000 元/户的奖励,3 个月内完成给予 1000 元/户的奖励,农民改造热情高涨。

(四)同步招商,SOHO 综合效益初步呈现

农居 SOHO 改造工程的前景在于招商工作的顺利推进。为使农居 SOHO 改造不但不花钱,还要赚钱,成为文化创意产业聚集发展的热土,滨江区委、区政府做了诸多努力:

一是外出组团招商。由滨江区委主要领导带队前往北京进行农居 SOHO 招商,在宋庄举行白马湖生态创意城 SOHO 创意园新闻说明会和以"聚焦、创新、融合"为主题的访谈,会上与欧洲帆船协会中国区办事处、白马动漫创意公社等 7 家文创企业现场签约。

二是注重宣传推介。先后制作折页、宣传画册、宣传片等资料,紧紧抓住第五届中国国际动漫节、"2009 中国杭州文化创意产业博览会""天堂硅谷·总部经济投资说明会""2009 杭州国际友城市长杭州体验之旅"等契机,开通白马湖考察专线,策划举办"白马湖日"系列活动,最大程度地对农居 SOHO 进行宣传推介,扩大

白马湖生态创意城农居SOHO的知名度、美誉度和社会影响力。

三是完善配套服务。在柴家坞建成青年旅舍、员工宿舍,为入驻园区的团队和创意驴友提供生活配套设施,引进2家银行ATM机、1家餐饮中心以及羽毛球场、篮球场等综合服务中心,开通了柴家坞到象山美院、吴山广场两条公交专线,组建物业管理公司,设立白马湖区域治安警务室,使创业生活环境日趋成熟。截至2009年1月底,白马湖生态创意城共接待来访团队380多批5000余人次,招商部门超额完成全年100个创意团队的目标任务。

白马湖农居SOHO建设的经验做法,其重要启示在于,在社会主义新农村建设的总体框架下,当城市处于城市化的中后阶段,城乡结合部的农村发展文化创意产业问题应当引起足够的重视,使之进一步成为杭州城市有机更新和新农村建设的"神来之笔",成为杭州文创产业发展的"特色亮点"。

四、白马湖农居SOHO建设取得的主要成效

通过一段时期的改造,白马湖农居SOHO以其宁静而未遭破坏的独特乡村氛围、优越的区域位置迅速吸引了各方实力创意团队的关注,也为怀揣梦想的大学生创业、就业提供了更多的机会和选择,原住民的生活品质得以大大提升,经济效益和社会效益不断彰显。

(一)企业集聚初步实现

截至2009年1月底,柴家坞39幢农居SOHO被中国美院、网易陶瓷等28家创意团队一抢而空;目前,已有海润影视、中国山水画院分院等100多家创意团队排队入驻,并与朱德庸、紫竹玄石创意公司等签订了合作框架协议,中国动漫博物馆、宏梦创意园等"三馆三园"基本落地,与香港梦马集团、台湾艺墨集团、西泠印社、法蓝瓷博物馆、中天模型等30多家国内外知名创意企业达成进一步合作意向,丁磊、崔永元、姚非拉等一大批海内外创意名人、团队和企业计划投资并入驻白马湖,企业集聚效应初步实现。目前,入驻柴家坞的创意团队(企业)引进资金近3000万元,2009年完成产值近1亿元。

(二)创业成本明显降低

针对文化人初创期间成本过高的问题,白马湖农居SOHO创意园制定了各项扶持政策,大大降低了大学生和文化人个人的创业成本:一是对于新设立(或新引进)的文创企业入驻农居SOHO工作室,经认定、考核,3年内给予每年不超过10万元的房租补贴,非新设立(或新引进)的文创企业迁入农居SOHO工作室,经认定、考核,两年内给予每年不超过5万元的房租补贴;二是鼓励文创产业领军人物和优秀团队入驻,经评定,为其提供名家工作室或SOHO工作室5年的免费使用权;三是对带项目、带技术、带资金的,经审核,给予 50—100 万元的项目资助;鼓励知名文创企业入驻、做优做强,对原创影视、动画、出版作品及有突出贡献的优秀文化创意人才给予奖励;四是降低大学生、文创团队创业成本,房租仅为 0.66 元/平方/天,并提供种子基金、低息贷款等扶持政策。

(三)生活品质不断提升

通过农居 SOHO 改造,有效地解决了农民就业问题,40 余位村民在创意园里找到了工作,35 户出租农户已收到首期租金,村民人均年收入有较大幅度的提高,农居 SOHO 已经成为村民群众发家致富的"摇钱树"。更重要的是,通过 SOHO 进农居,从根本上改变了原住民沿袭千年的生活方式,生活环境得以显著改善,硬件设施得到满足。特别是创意团队的入驻,营造了浓浓的"文化艺术氛围",使村民潜移默化接受着文化的熏陶,为原住民素质和子孙后代教育水平的提高创造了良好条件,走出了一条提升原住民文化生活品质的新路子。

当然,随着改造工程的不断推进,暴露出的一些问题也不容忽视。这主要表现在以下方面:一是思想认识方面,原住地农民对政府政策的连续性、稳定性和兑现程度心存疑虑;二是在设计施工方面,"边设计边施工"现象仍然存在;三是在产业特色方面,目前园区内龙头企业不多,文创企业产业链还未形成,集聚效应有待提高;四是在服务配套方面,道路、交通、燃气、餐饮等配套设施与服务建设相对滞后,仍无法满足文创企业和原住民的需求。

五、推进和完善白马湖农居 SOHO 建设的政策建议

利用农居 SOHO 发展文化创意产业,是杭州市在文化创意产业园区开发模式上的一大创新。为推动与完善这项工作,建议应进一步重点做好以下 6 个方面工作。

(一)坚持规划引领,打造城市标杆

以后的园区建设工作中,要进一步突出规划的引领作用,兼顾好长远利益与眼前利益、全局利益与局部利益之间的关系,统筹兼顾,谋定后动,整体规划、整体设计,明确各区块农居 SOHO 的目标定位、产业选择、功能区划、项目设计、实施步骤等,促进各个基地之间的空间与产业结构优化、基础设施的合理布局及创意要素的合理流动。要依托高新区(滨江)强劲的产业优势、独特的生态环境和丰厚的人文底蕴,营造"和谐创业"氛围,促进"创业、生活、休闲"相融合,进一步突显"白马湖特色",努力把白马湖农居 SOHO 创意园打造成为杭州文创产业发展、城市有机更新和新农村建设的标杆区域,驱动白马湖生态创意城逐步实现从产业园区向创意社区、创意城区的历史性嬗变。

(二)树立"原创精神",培育特色产业

自主创新是园区兴旺发达的不竭动力。白马湖生态创意城是杭州市10大文化创意产业园区之一。农居SOHO文化创意产业基地作为整个园区的重要组成部分,要在未来一段时期形成自身的产业竞争优势,关键是要加快形成具有自身特色的产业形态和链条。鉴于此,在借鉴国内外同类园区发展的经验基础之上,建议白马湖农居SOHO要突出"原创"要素,重点发展原创艺术、动漫游戏、设计服务等行业,带动餐饮、商业、旅游等相关产业,通过重点行业的产业化经营,加快形成"上下联动、左右衔接、一次投入、多次产出"的特色文化创意产业集群。

(三)加大政策扶持,完善配套服务

农居SOHO建设,重在服务。在政策方面,要积极落实《关于加快文化创意产业园区建设的若干意见》《高新区关于进一步鼓励和扶持文化创意产业发展的若干意见》和针对白马湖生态创意城的有关政策意见。加大对农居SOHO园区周边的道路、交通、餐饮、休闲等服务设施的配套力度,对园区在网络、绿化、咖啡吧、书店等方面的投入优先考虑予以资助,不断改善农居SOHO园区的发展环境与条件。引进外国先进理念、技术和管理,为入园企业提供"一站式"服务,并通过政府牵头、企业参与、中介组织运作的市场化方式,协调解决企业遇到的各种问题。

(四)保护开发并重,实现互利多赢

农居SOHO地处城市郊区地带,文化原生态的保护问题十分突出。必须强调保护文化原生态,尊重文化多样性,遵循资源整合原则、有机更新原则,使农居SOHO在发展新型产业的同时,使"杭州文化创意新村"保持原有的乡土风味与气息。对传统农居进行科学评价,着力处理好农居SOHO和周边村落的关系、生活创作功能区和展示交易功能区的关系、新建项目风格与村落特色的关系、近期建设与远期规划的关系、管理和服务的关系,把文化原生态保护体现在行动之中。加快形成文化创意产业园区科学开发、文化创意产业持续发展、新农村建设和城市化进程有序推进的多赢局面。

(五)注重多方联动,形成发展合力

市、区、街道、村等各级部门要加强协调沟通,加快形成多方联动、"组团式服务"的工作格局。积极整合中国美术学院等在杭高校的优势资源,加快建立大学生实习、写生基地,开辟"青年艺术家村落"。充分发挥新闻媒体及其他宣传舆论的作用。通过定期、定量、专刊、专访、专载等多种形式,大力宣传利用农居SOHO发展文化创意产业在杭州市和高新区(滨江)城市与经济发展方式转变中的重要推动作用,提高社会各界对发展农居SOHO重要性的认识。农居SOHO文化创意产业

园区要结合城市国际化进程,做好整体营销和形象推广工作,创新招商模式,积极引进高端文化创意企业和团队;同时做好与中国国际动漫节系列活动的互动,积极举办创意设计大赛、文化艺术展览、文化创意讲座等,拓宽宣传渠道,不断提升基地的知名度与美誉度。

(六)构建农居 SOHO 集群,打造"杭州模式"

文化创意产业不仅是经济发展的重要驱动力,对整个城市和社会的改造与更新才是它的最高境界。实践表明,农居 SOHO 是实现文化创意产业发展、社会主义新农村建设和城市有机更新的有效结合点。因此,下一步,建议杭州市在切实做好白马湖农居 SOHO 改造利用的同时,按照"因地制宜、循序渐进、分类指导、以点带面"的发展思路,通过规划引导、政策扶持等方式,积极在农居资源丰富、人文历史悠远的西湖、余杭等主城区,做好农居 SOHO 的拓展工作,通过农居 SOHO 集群的构建,大力发展低碳经济、文创经济、郊区经济和楼宇经济,努力走出一条具有时代特征、杭州特色的社会主义新农村和创意城市建设的新路子。

来源:《杭州研究》,2010 年第 2 期。

农居 SOHO 旧城改造工程设计

改造后透视图(1)

改造后透视图(2)

改造后透视图(3)

六、产业篇

改造后透视图(4)

改造后透视图(5)

杭州全书·白马湖文献集成　白马湖卷

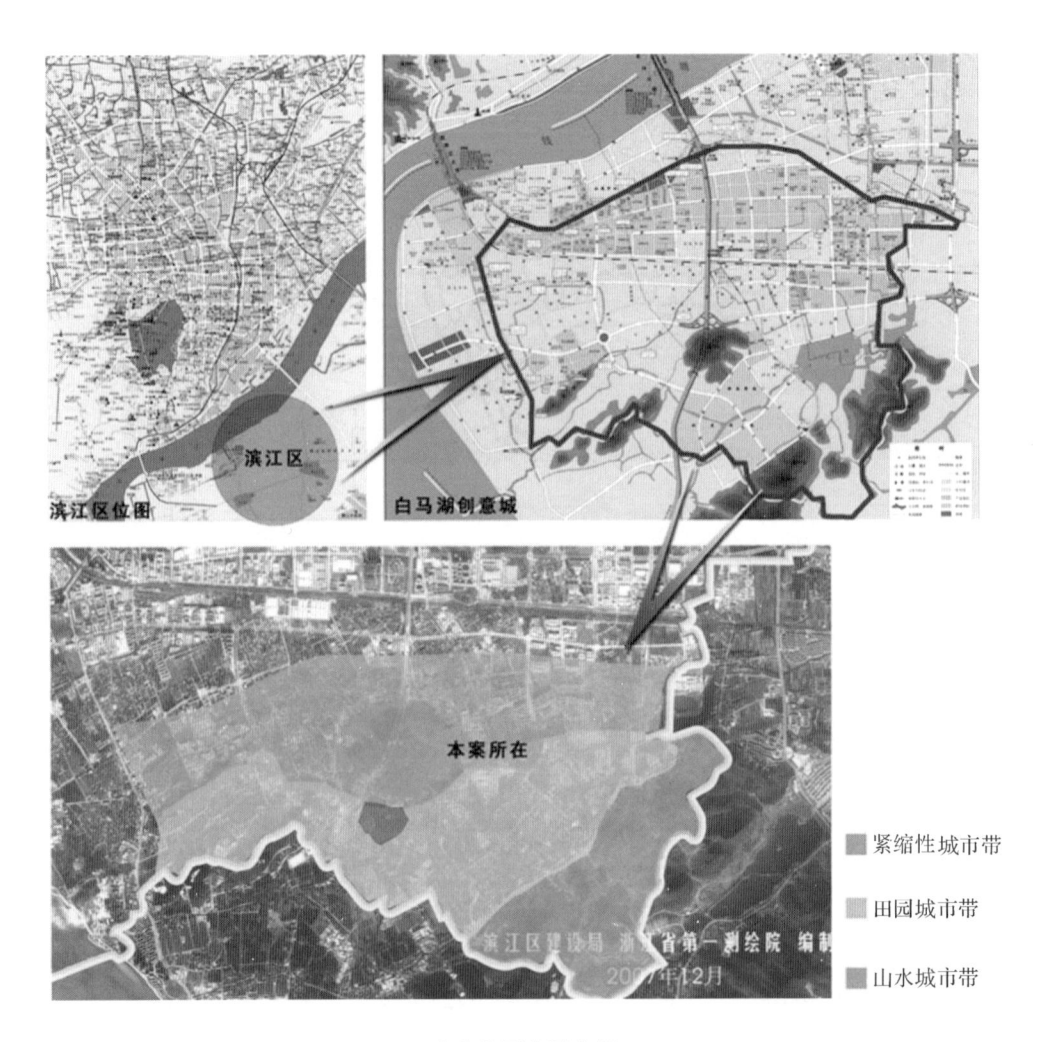

滨江区位图

白马湖创意城

本案所在

■ 紧缩性城市带
■ 田园城市带
■ 山水城市带

改造总图交通分析

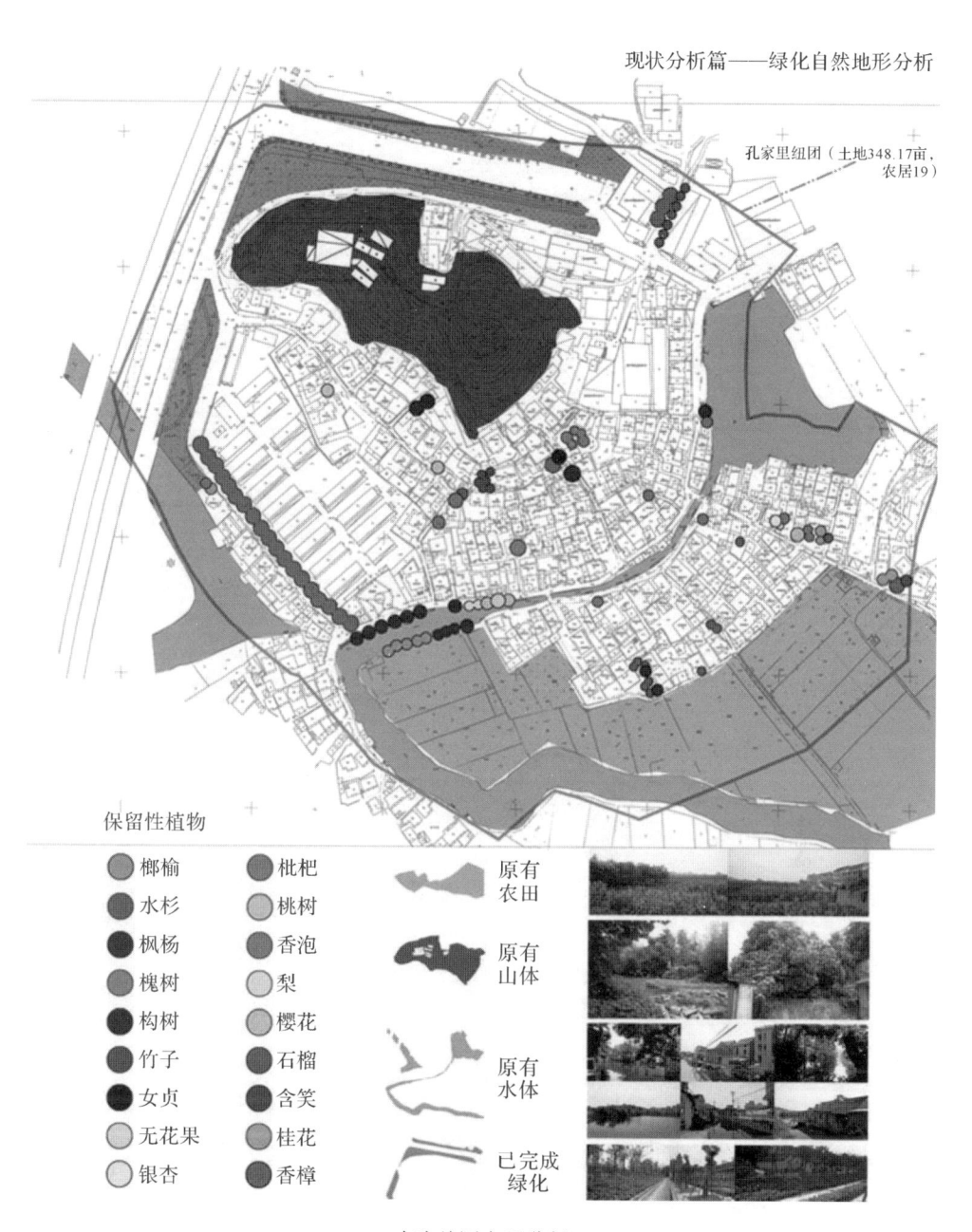

六、产业篇

现状分析篇——绿化自然地形分析

孔家里组团（土地348.17亩，农居19）

保留性植物

- 榔榆
- 水杉
- 枫杨
- 槐树
- 构树
- 竹子
- 女贞
- 无花果
- 银杏
- 枇杷
- 桃树
- 香泡
- 梨
- 樱花
- 石榴
- 含笑
- 桂花
- 香樟

原有农田
原有山体
原有水体
已完成绿化

改造总图交通分析

577

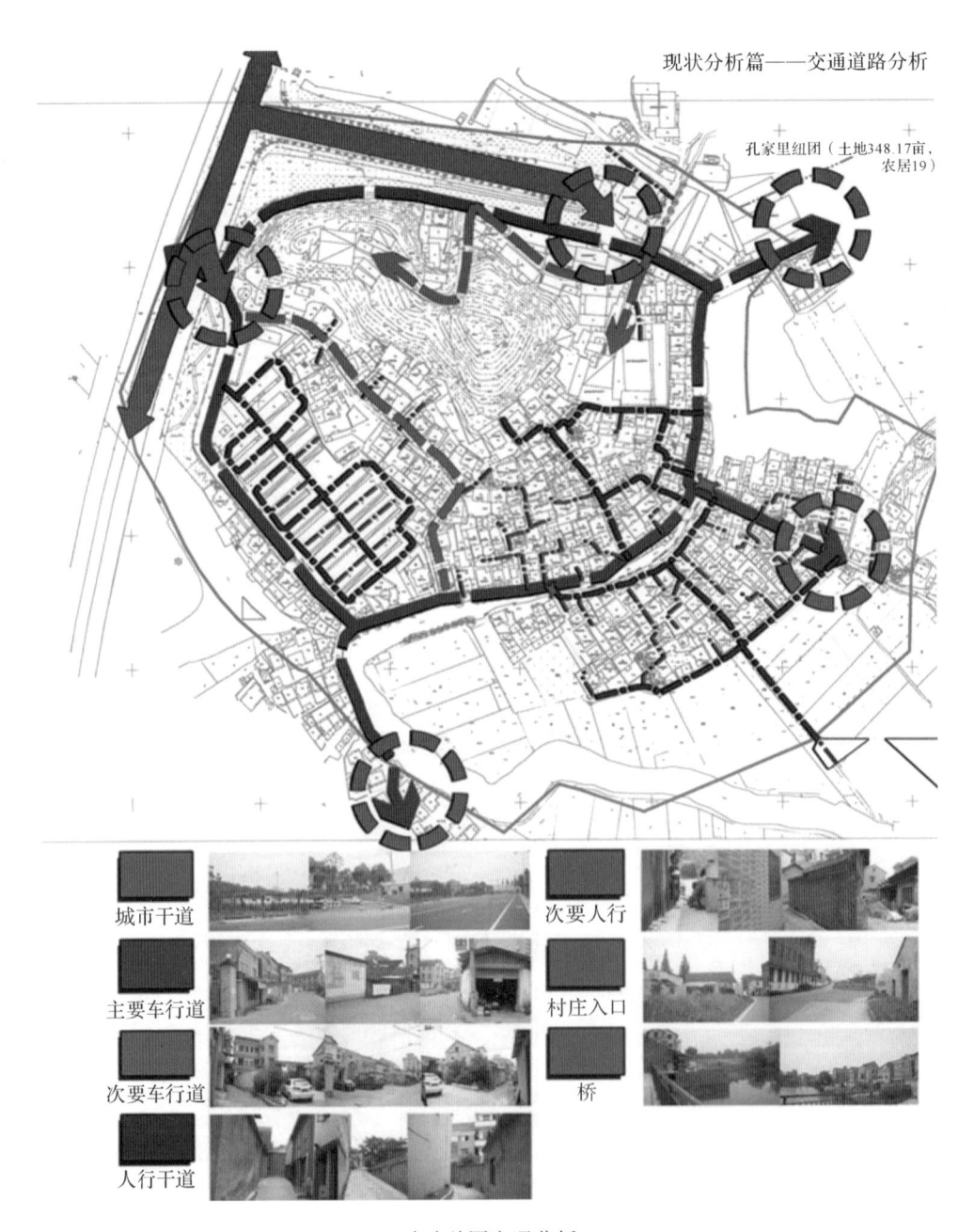

杭州全书·白马湖文献集成　白马湖卷

现状分析篇——交通道路分析

孔家里组团（土地348.17亩，农居19）

城市干道

主要车行道

次要车行道

人行干道

次要人行

村庄入口

桥

改造总图交通分析

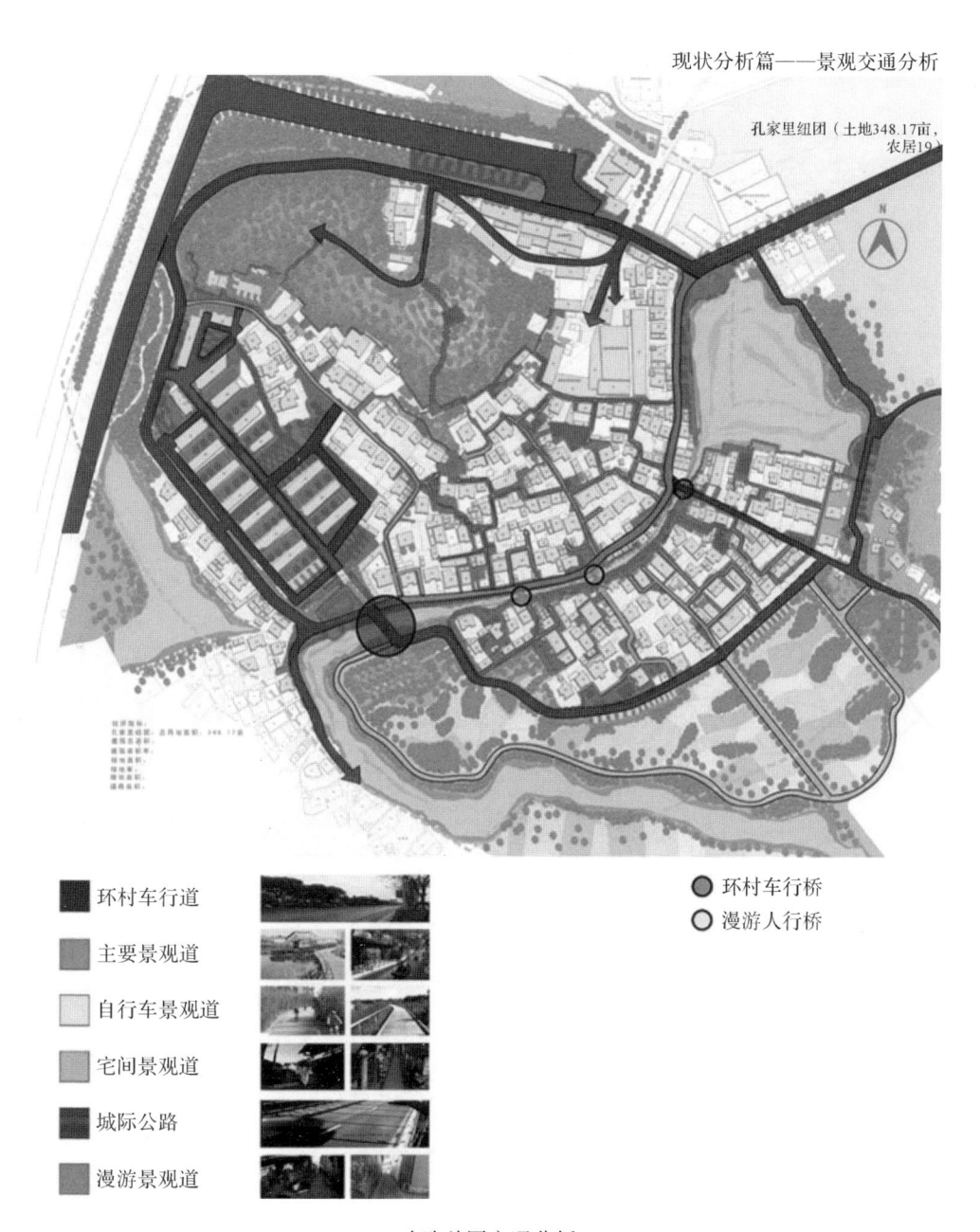

六、产业篇

现状分析篇——景观交通分析

孔家里纽团（土地348.17亩，农居19）

- 环村车行道
- 主要景观道
- 自行车景观道
- 宅间景观道
- 城际公路
- 漫游景观道

● 环村车行桥
○ 漫游人行桥

改造总图交通分析

579

杭州全书·白马湖文献集成 白马湖卷

现状分析篇——水质分析

孔家里纽团（土地348.17亩，农居19）

未来水质状况

上游　下游

污染
清洁
上游　下游

改造总图交通分析

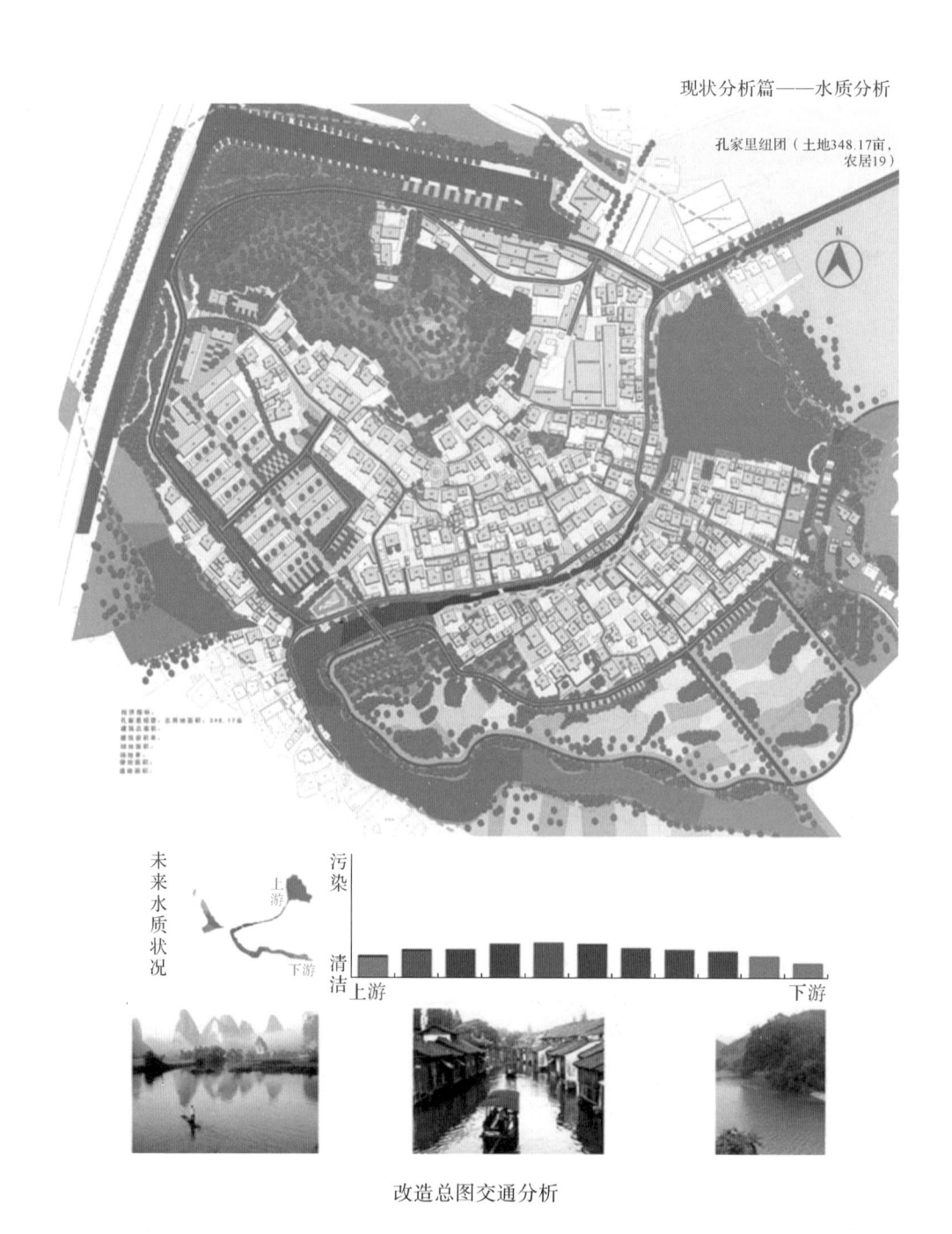

580

六、产业篇

改造前后的对比图

山一村农居SOHO(孔家里自然村组团)地处滨江区白马湖板块西郊创意产业聚散地即农居SOHO区,北临冠山风景区,西接时代大道,东为孔家里村农田范围,南临白马湖支流,与柴家坞农居SOHO毗邻。村内主交通干道清晰宽敞,可直接城市快速道。此次改造涉及地形面积23247333平方米,总建筑面积699068平方米,道路面积2983014平方米,农居195户。此次改造相关内容为道路、建筑立面、景观绿化。

在旧城改造设计前期我院对农居SOHO空间上、功能上、景观上、交通等进行了全面的分析。要以保护白马湖文化为出发点,延续城市肌理,尊重街巷尺度,完善空间功能,建立有机的公共空间。在此基础上补充新功能,增加城市活力,提高城市品位,重塑城市形象。同时充分运用白马湖文化特点,使改造后的"农居SOHO"成为理想的文化创意产业基地。高新区(滨江)将以白马湖生态创意城为主平台,探索建立"白马湖"模式,推动完善杭州"全国文化创意产业中心"的设计理念。

来源:中国城市发展研究院—鸿城市改造研究中心网站。

图书在版编目(CIP)数据

白马湖文献集成. 白马湖卷 / 王国平总主编；崔富章,黄玉洁编著. —杭州：西泠印社出版社,2023.11
(杭州全书. 湘湖(白马湖)丛书)
ISBN 978-7-5508-3195-7

Ⅰ.①白… Ⅱ.①王… ②崔… ③黄… Ⅲ.①地方文献—汇编—杭州 Ⅳ.①K295.51

中国版本图书馆 CIP 数据核字(2020)第 242073 号

杭州全书·湘湖(白马湖)丛书
白马湖文献集成·白马湖卷
王国平　总主编
崔富章　黄玉洁　编著

出 品 人：	江　吟
责任编辑：	朱晓莉　程　璐
责任出版：	冯斌强
责任校对：	徐　岫
出版发行：	西泠印社出版社
社　　址：	杭州市西湖文化广场 32 号 5 楼　(邮编：310014)
电　　话：	0571—87243279
排　　版：	浙江大千时代文化传媒有限公司
印　　刷：	浙江新华印刷技术有限公司
开　　本：	710mm×1000mm　1/16
印　　张：	38.5
字　　数：	670 千
版　　次：	2023 年 11 月第 1 版　第 1 次印刷
书　　号：	ISBN 978-7-5508-3195-7
定　　价：	230.00 元

《杭州全书》

"存史、释义、资政、育人"
全方位、多角度地展示杭州的前世今生

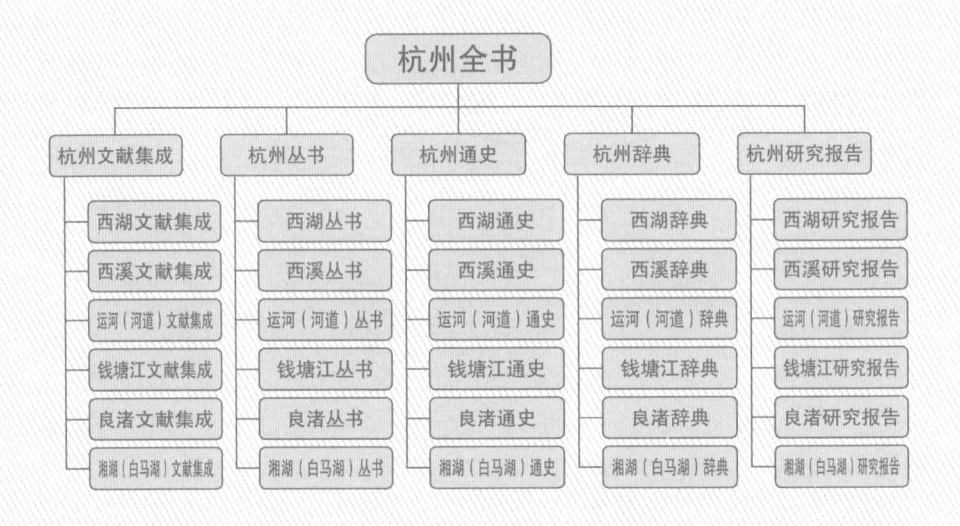

```
                        杭州全书
    ┌───────────┬──────────┬──────────┬──────────┬───────────┐
  杭州文献集成   杭州丛书    杭州通史    杭州辞典    杭州研究报告
    │           │          │          │          │
  西湖文献集成   西湖丛书    西湖通史    西湖辞典    西湖研究报告
    │           │          │          │          │
  西溪文献集成   西溪丛书    西溪通史    西溪辞典    西溪研究报告
    │           │          │          │          │
  运河（河道）   运河（河道） 运河（河道） 运河（河道） 运河（河道）
  文献集成       丛书        通史        辞典        研究报告
    │           │          │          │          │
  钱塘江文献集成 钱塘江丛书  钱塘江通史  钱塘江辞典  钱塘江研究报告
    │           │          │          │          │
  良渚文献集成   良渚丛书    良渚通史    良渚辞典    良渚研究报告
    │           │          │          │          │
  湘湖（白马湖） 湘湖（白马湖）湘湖（白马湖）湘湖（白马湖）湘湖（白马湖）
  文献集成       丛书        通史        辞典        研究报告
```

《杭州全书》已出版书目

文献集成

杭州文献集成

1.《武林掌故丛编（第1—13册）》（杭州出版社2013年出版）
2.《武林往哲遗著（第14—22册）》（杭州出版社2013年出版）
3.《武林坊巷志（第23—30册）》（浙江人民出版社2015年出版）
4.《吴越史著丛编（第31—32册）》（浙江古籍出版社2017年出版）
5.《杭郡诗辑（续辑、三辑）》（第33—40册）（浙江古籍出版社2021年出版）
6.《咸淳临安志（第41—42册）》（浙江古籍出版社2017年出版）

西湖文献集成

1.《正史及全国地理志等中的西湖史料专辑》（杭州出版社2004年出版）
2.《宋代史志西湖文献专辑》（杭州出版社2004年出版）
3.《明代史志西湖文献专辑》（杭州出版社2004年出版）
4.《清代史志西湖文献专辑一》（杭州出版社2004年出版）
5.《清代史志西湖文献专辑二》（杭州出版社2004年出版）
6.《清代史志西湖文献专辑三》（杭州出版社2004年出版）
7.《清代史志西湖文献专辑四》（杭州出版社2004年出版）
8.《清代史志西湖文献专辑五》（杭州出版社2004年出版）
9.《清代史志西湖文献专辑六》（杭州出版社2004年出版）
10.《民国史志西湖文献专辑一》（杭州出版社2004年出版）
11.《民国史志西湖文献专辑二》（杭州出版社2004年出版）
12.《中华人民共和国成立50年以来西湖重要文献专辑》
（杭州出版社2004年出版）
13.《历代西湖文选专辑》（杭州出版社2004年出版）

14.《历代西湖文选散文专辑》（杭州出版社 2004 年出版）
15.《雷峰塔专辑》（杭州出版社 2004 年出版）
16.《西湖博览会专辑一》（杭州出版社 2004 年出版）
17.《西湖博览会专辑二》（杭州出版社 2004 年出版）
18.《西溪专辑》（杭州出版社 2004 年出版）
19.《西湖风俗专辑》（杭州出版社 2004 年出版）
20.《书院·文澜阁·西泠印社专辑》（杭州出版社 2004 年出版）
21.《西湖山水志专辑》（杭州出版社 2004 年出版）
22.《西湖寺观志专辑一》（杭州出版社 2004 年出版）
23.《西湖寺观志专辑二》（杭州出版社 2004 年出版）
24.《西湖寺观志专辑三》（杭州出版社 2004 年出版）
25.《西湖祠庙志专辑》（杭州出版社 2004 年出版）
26.《西湖诗词曲赋楹联专辑一》（杭州出版社 2004 年出版）
27.《西湖诗词曲赋楹联专辑二》（杭州出版社 2004 年出版）
28.《西湖小说专辑一》（杭州出版社 2004 年出版）
29.《西湖小说专辑二》（杭州出版社 2004 年出版）
30.《海外西湖史料专辑》（杭州出版社 2004 年出版）
31.《清代西湖史料》（杭州出版社 2013 年出版）
32.《民国西湖史料一》（杭州出版社 2013 年出版）
33.《民国西湖史料二》（杭州出版社 2013 年出版）
34.《西湖寺观史料一》（杭州出版社 2013 年出版）
35.《西湖寺观史料二》（杭州出版社 2013 年出版）
36.《西湖博览会史料一》（杭州出版社 2013 年出版）
37.《西湖博览会史料二》（杭州出版社 2013 年出版）
38.《西湖博览会史料三》（杭州出版社 2013 年出版）
39.《西湖博览会史料四》（杭州出版社 2013 年出版）
40.《西湖博览会史料五》（杭州出版社 2013 年出版）
41.《明清西湖史料》（杭州出版社 2015 年出版）
42.《民国西湖史料（一）》（杭州出版社 2015 年出版）
43.《民国西湖史料（二）》（杭州出版社 2015 年出版）
44.《西湖书院史料（一）》（杭州出版社 2016 年出版）
45.《西湖书院史料（二）》（杭州出版社 2016 年出版）
46.《西湖戏曲史料》（杭州出版社 2016 年出版）
47.《西湖诗词史料》（杭州出版社 2016 年出版）
48.《西湖小说史料（一）》（杭州出版社 2016 年出版）
49.《西湖小说史料（二）》（杭州出版社 2016 年出版）
50.《西湖小说史料（三）》（杭州出版社 2016 年出版）

西溪文献集成

1.《西溪地理史料》（杭州出版社 2016 年出版）
2.《西溪洪氏、沈氏家族史料》（杭州出版社 2015 年出版）
3.《西溪丁氏家族史料》（杭州出版社 2015 年出版）
4.《西溪两浙词人祠堂·蕉园诗社史料》（杭州出版社 2016 年出版）
5.《西溪蒋氏家族、其他人物史料》（杭州出版社 2017 年出版）
6.《西溪诗词》（杭州出版社 2017 年出版）
7.《西溪文选》（杭州出版社 2016 年出版）
8.《西溪文物图录·书画金石》（杭州出版社 2016 年出版）
9.《西溪宗教史料》（杭州出版社 2016 年出版）

运河（河道）文献集成

1.《杭州运河（河道）文献集成（第 1 册）》（浙江古籍出版社 2018 年出版）
2.《杭州运河（河道）文献集成（第 2 册）》（浙江古籍出版社 2018 年出版）
3.《杭州运河（河道）文献集成（第 3 册）》（浙江古籍出版社 2018 年出版）
4.《杭州运河（河道）文献集成（第 4 册）》（浙江古籍出版社 2018 年出版）

钱塘江文献集成

1.《钱塘江海塘史料（一）》（杭州出版社 2014 年出版）
2.《钱塘江海塘史料（二）》（杭州出版社 2014 年出版）
3.《钱塘江海塘史料（三）》（杭州出版社 2014 年出版）
4.《钱塘江海塘史料（四）》（杭州出版社 2014 年出版）
5.《钱塘江海塘史料（五）》（杭州出版社 2014 年出版）
6.《钱塘江海塘史料（六）》（杭州出版社 2014 年出版）
7.《钱塘江海塘史料（七）》（杭州出版社 2014 年出版）
8.《钱塘江潮史料》（杭州出版社 2016 年出版）
9.《钱塘江大桥史料（一）》（杭州出版社 2015 年出版）
10.《钱塘江大桥史料（二）》（杭州出版社 2015 年出版）
11.《钱塘江大桥史料（三）》（杭州出版社 2017 年出版）
12.《海宁专辑（一）》（杭州出版社 2015 年出版）
13.《海宁专辑（二）》（杭州出版社 2015 年出版）
14.《钱塘江史书史料（一）》（杭州出版社 2016 年出版）

15.《城区专辑》(杭州出版社 2016 年出版)
16.《之江大学专辑》(杭州出版社 2016 年出版)
17.《钱塘江小说史料》(杭州出版社 2016 年出版)
18.《钱塘江诗词史料》(杭州出版社 2016 年出版)
19.《富春江、萧山专辑》(杭州出版社 2017 年出版)
20.《钱塘江文论史料(一)》(杭州出版社 2018 年出版)
21.《钱塘江文论史料(二)》(杭州出版社 2017 年出版)
22.《钱塘江文论史料(三)》(杭州出版社 2017 年出版)
23.《钱塘江文论史料(四)》(杭州出版社 2017 年出版)
24.《钱塘江渔业史料》(杭州出版社 2017 年出版)
25.《钱塘江笔记史料》(杭州出版社 2018 年出版)
26.《钱塘江史书史料(二)》(杭州出版社 2019 年出版)
27.《钱塘江明清实录史料》(杭州出版社 2019 年出版)
28.《钱塘江省府志史料》(杭州出版社 2019 年出版)
29.《钱塘江县志史料》(杭州出版社 2019 年出版)
30.《钱塘江绘画图录(山水卷)》(杭州出版社 2022 年出版)
31.《钱塘江绘画图录(版画卷)》(杭州出版社 2022 年出版)

余杭文献集成

《余杭历代人物碑传集(上下)》(浙江古籍出版社 2019 年出版)

湘湖(白马湖)文献集成

1.《湘湖水利文献专辑(上下)》(杭州出版社 2013 年出版)
2.《民国时期湘湖建设文献专辑》(杭州出版社 2014 年出版)
3.《历代史志湘湖文献专辑》(杭州出版社 2015 年出版)
4.《湘湖文学文献专辑》(杭州出版社 2019 年出版)
5.《湘湖师范期刊文献专辑(一)》(杭州出版社 2021 年出版)

丛　书

杭州丛书

1.《钱塘楹联集锦》(杭州出版社 2013 年出版)
2.《艮山门外话桑麻(上下)》(杭州出版社 2013 年出版)

3.《钱塘拾遗（上下）》（杭州出版社 2014 年出版）
4.《说杭州（上下）》（浙江古籍出版社 2016 年出版）
5.《钱塘自古繁华——杭州城市词赏析》（浙江古籍出版社 2017 年出版）
6.《湖上笠翁——李渔与杭州饮食文化》（浙江古籍出版社 2018 年出版）
7.《行走杭州山水间》（杭州出版社 2021 年出版）

西湖丛书

1.《西溪》（杭州出版社 2004 年出版）
2.《灵隐寺》（杭州出版社 2004 年出版）
3.《北山街》（杭州出版社 2004 年出版）
4.《西湖风俗》（杭州出版社 2004 年出版）
5.《于谦祠墓》（杭州出版社 2004 年出版）
6.《西湖美景》（杭州出版社 2004 年出版）
7.《西湖博览会》（杭州出版社 2004 年出版）
8.《西湖风情画》（杭州出版社 2004 年出版）
9.《西湖龙井茶》（杭州出版社 2004 年出版）
10.《白居易与西湖》（杭州出版社 2004 年出版）
11.《苏东坡与西湖》（杭州出版社 2004 年出版）
12.《林和靖与西湖》（杭州出版社 2004 年出版）
13.《毛泽东与西湖》（杭州出版社 2004 年出版）
14.《文澜阁与四库全书》（杭州出版社 2004 年出版）
15.《岳飞墓庙》（杭州出版社 2005 年出版）
16.《西湖别墅》（杭州出版社 2005 年出版）
17.《楼外楼》（杭州出版社 2005 年出版）
18.《西泠印社》（杭州出版社 2005 年出版）
19.《西湖楹联》（杭州出版社 2005 年出版）
20.《西湖诗词》（杭州出版社 2005 年出版）
21.《西湖织锦》（杭州出版社 2005 年出版）
22.《西湖老照片》（杭州出版社 2005 年出版）
23.《西湖八十景》（杭州出版社 2005 年出版）
24.《钱镠与西湖》（杭州出版社 2005 年出版）
25.《西湖名人墓葬》（杭州出版社 2005 年出版）
26.《康熙、乾隆两帝与西湖》（杭州出版社 2005 年出版）
27.《西湖造像》（杭州出版社 2006 年出版）
28.《西湖史话》（杭州出版社 2006 年出版）

29.《西湖戏曲》（杭州出版社 2006 年出版）
30.《西湖地名》（杭州出版社 2006 年出版）
31.《胡庆余堂》（杭州出版社 2006 年出版）
32.《西湖之谜》（杭州出版社 2006 年出版）
33.《西湖传说》（杭州出版社 2006 年出版）
34.《西湖游船》（杭州出版社 2006 年出版）
35.《洪昇与西湖》（杭州出版社 2006 年出版）
36.《高僧与西湖》（杭州出版社 2006 年出版）
37.《周恩来与西湖》（杭州出版社 2006 年出版）
38.《西湖老明信片》（杭州出版社 2006 年出版）
39.《西湖匾额》（杭州出版社 2007 年出版）
40.《西湖小品》（杭州出版社 2007 年出版）
41.《西湖游艺》（杭州出版社 2007 年出版）
42.《西湖亭阁》（杭州出版社 2007 年出版）
43.《西湖花卉》（杭州出版社 2007 年出版）
44.《司徒雷登与西湖》（杭州出版社 2007 年出版）
45.《吴山》（杭州出版社 2008 年出版）
46.《湖滨》（杭州出版社 2008 年出版）
47.《六和塔》（杭州出版社 2008 年出版）
48.《西湖绘画》（杭州出版社 2008 年出版）
49.《西湖名人》（杭州出版社 2008 年出版）
50.《纸币西湖》（杭州出版社 2008 年出版）
51.《西湖书法》（杭州出版社 2008 年出版）
52.《万松书缘》（杭州出版社 2008 年出版）
53.《西湖之堤》（杭州出版社 2008 年出版）
54.《巴金与西湖》（杭州出版社 2008 年出版）
55.《西湖名碑》（杭州出版社 2013 年出版）
56.《西湖孤山》（杭州出版社 2013 年出版）
57.《西湖茶文化》（杭州出版社 2013 年出版）
58.《宋画与西湖》（杭州出版社 2013 年出版）
59.《西湖文献撷英》（杭州出版社 2013 年出版）
60.《章太炎与西湖》（杭州出版社 2013 年出版）
61.《品味西湖三十景》（杭州出版社 2013 年出版）
62.《西湖赏石》（杭州出版社 2014 年出版）
63.《西湖一勺水——杭州西湖水井地图考略》
（浙江人民美术出版社 2019 年出版）

64.《行走西湖山水间》（杭州出版社 2019 年出版）
65.《西湖摩崖萃珍一百品》（杭州出版社 2019 年出版）
66.《诗缘西子湖》（杭州出版社 2020 年出版）
67.《西湖古版画》（杭州出版社 2020 年出版）
68.《日本人眼中的西湖》（杭州出版社 2021 年出版）
69.《西方人眼中的西湖》（杭州出版社 2021 年出版）

西溪丛书

1.《西溪寻踪》（杭州出版社 2007 年出版）
2.《西溪的传说》（杭州出版社 2007 年出版）
3.《西溪的动物》（杭州出版社 2007 年出版）
4.《西溪的植物》（杭州出版社 2007 年出版）
5.《西溪沿山十八坞》（杭州出版社 2007 年出版）
6.《西溪历代诗文选》（杭州出版社 2007 年出版）
7.《西溪书法楹联集》（杭州出版社 2007 年出版）
8.《西溪历史文化探述》（杭州出版社 2007 年出版）
9.《西溪胜景历史遗迹》（杭州出版社 2007 年出版）
10.《西溪的水》（杭州出版社 2012 年出版）
11.《西溪的桥》（杭州出版社 2012 年出版）
12.《西溪游记》（杭州出版社 2012 年出版）
13.《西溪丛语》（杭州出版社 2012 年出版）
14.《西溪画寻》（杭州出版社 2012 年出版）
15.《西溪民俗》（杭州出版社 2012 年出版）
16.《西溪雅士》（杭州出版社 2012 年出版）
17.《西溪望族》（杭州出版社 2012 年出版）
18.《西溪的物产》（杭州出版社 2012 年出版）
19.《西溪与越剧》（杭州出版社 2012 年出版）
20.《西溪医药文化》（杭州出版社 2012 年出版）
21.《西溪民间风情》（杭州出版社 2012 年出版）
22.《西溪民间故事》（杭州出版社 2012 年出版）
23.《西溪民间工艺》（杭州出版社 2012 年出版）
24.《西溪古镇古村落》（杭州出版社 2012 年出版）
25.《西溪的历史建筑》（杭州出版社 2012 年出版）
26.《西溪的宗教文化》（杭州出版社 2012 年出版）
27.《西溪与蕉园诗社》（杭州出版社 2012 年出版）

28.《西溪集古楹联匾额》（杭州出版社 2012 年出版）
29.《西溪蒋坦与〈秋灯琐忆〉》（杭州出版社 2012 年出版）
30.《西溪名人》（杭州出版社 2013 年出版）
31.《西溪隐红》（杭州出版社 2013 年出版）
32.《西溪留下》（杭州出版社 2013 年出版）
33.《西溪山坞》（杭州出版社 2013 年出版）
34.《西溪揽胜》（杭州出版社 2013 年出版）
35.《西溪与水浒》（杭州出版社 2013 年出版）
36.《西溪诗词选注》（杭州出版社 2013 年出版）
37.《西溪地名揽萃》（杭州出版社 2013 年出版）
38.《西溪的龙舟胜会》（杭州出版社 2013 年出版）
39.《西溪民间语言趣谈》（杭州出版社 2013 年出版）
40.《西溪新吟》（浙江人民出版社 2016 年出版）
41.《西溪商贸》（浙江人民出版社 2016 年出版）
42.《西溪原住民记影》（浙江人民出版社 2016 年出版）
43.《西溪创意产业园》（浙江人民出版社 2016 年出版）
44.《西溪渔文化》（浙江人民出版社 2016 年出版）
45.《西溪旧影》（浙江人民出版社 2016 年出版）
46.《西溪洪氏》（浙江人民出版社 2016 年出版）
47.《西溪的美食文化》（浙江人民出版社 2016 年出版）
48.《西溪节日文化》（浙江人民出版社 2016 年出版）
49.《千年古刹——永兴寺》（浙江人民出版社 2017 年出版）
50.《自画西溪旧事》（杭州出版社 2018 年出版）
51.《西溪民间武术》（杭州出版社 2018 年出版）
52.《西溪心影》（杭州出版社 2018 年出版）
53.《西溪教育偶拾》（浙江人民出版社 2019 年出版）
54.《西溪湿地原住民口述史》（杭州出版社 2019 年出版）
55.《西溪花语》（杭州出版社 2019 年出版）
56.《廿四节气里的西溪韵味》（杭州出版社 2019 年出版）
57.《名人与西溪·漫游篇》（浙江人民出版社 2019 年出版）
58.《名人与西溪·世家篇》（浙江人民出版社 2019 年出版）
59.《名人与西溪·梵隐篇》（浙江人民出版社 2019 年出版）
60.《名人与西溪·乡贤篇》（浙江人民出版社 2019 年出版）
61.《名人与西溪·文苑篇》（浙江人民出版社 2019 年出版）
62.《西溪梅文化》（杭州出版社 2019 年出版）
63.《西溪食经》（浙江科学技术出版社 2020 年出版）

64.《西溪青少年研学读本：民间故事》（杭州出版社 2021 年出版）
65.《西溪青少年研学读本：动物植物》（杭州出版社 2021 年出版）
66.《西溪青少年研学读本：民俗文化》（杭州出版社 2021 年出版）
67.《西溪青少年研学读本：人文景观》（杭州出版社 2021 年出版）
68.《西溪青少年研学读本：诗词散文》（杭州出版社 2021 年出版）
69.《西溪青少年研学读本：研学百科》（杭州出版社 2021 年出版）

运河（河道）丛书

1.《杭州运河风俗》（杭州出版社 2006 年出版）
2.《杭州运河遗韵》（杭州出版社 2006 年出版）
3.《杭州运河文献（上下）》（杭州出版社 2006 年出版）
4.《京杭大运河图说》（杭州出版社 2006 年出版）
5.《杭州运河历史研究》（杭州出版社 2006 年出版）
6.《杭州运河桥船码头》（杭州出版社 2006 年出版）
7.《杭州运河古诗词选评》（杭州出版社 2006 年出版）
8.《走近大运河·散文诗歌卷》（杭州出版社 2006 年出版）
9.《走近大运河·游记文学卷》（杭州出版社 2006 年出版）
10.《走近大运河·纪实文学卷》（杭州出版社 2006 年出版）
11.《走近大运河·传说故事卷》（杭州出版社 2006 年出版）
12.《走近大运河·美术摄影书法采风作品集》（杭州出版社 2006 年出版）
13.《杭州运河治理》（杭州出版社 2013 年出版）
14.《杭州运河新貌》（杭州出版社 2013 年出版）
15.《杭州运河歌谣》（杭州出版社 2013 年出版）
16.《杭州运河戏曲》（杭州出版社 2013 年出版）
17.《杭州运河集市》（杭州出版社 2013 年出版）
18.《杭州运河桥梁》（杭州出版社 2013 年出版）
19.《穿越千年的通途》（杭州出版社 2013 年出版）
20.《穿花泄月绕城来》（杭州出版社 2013 年出版）
21.《烟柳运河一脉清》（杭州出版社 2013 年出版）
22.《口述杭州河道历史》（杭州出版社 2013 年出版）
23.《杭州运河历史建筑》（杭州出版社 2013 年出版）
24.《杭州河道历史建筑》（杭州出版社 2013 年出版）
25.《外国人眼中的大运河》（杭州出版社 2013 年出版）
26.《杭州河道诗词楹联选粹》（杭州出版社 2013 年出版）

27.《杭州运河非物质文化遗产》（杭州出版社 2013 年出版）
28.《杭州运河宗教文化掠影》（杭州出版社 2013 年出版）
29.《杭州运河土特产》（杭州出版社 2013 年出版）
30.《杭州运河史话》（杭州出版社 2013 年出版）
31.《杭州运河旅游》（杭州出版社 2013 年出版）
32.《杭州河道文明探寻》（杭州出版社 2013 年出版）
33.《杭州运河名人》（杭州出版社 2014 年出版）
34.《中东河新传》（杭州出版社 2015 年出版）
35.《杭州运河船》（杭州出版社 2015 年出版）
36.《杭州运河名胜》（杭州出版社 2015 年出版）
37.《杭州河道社区》（杭州出版社 2015 年出版）
38.《运河边的租界——拱宸桥》（杭州出版社 2015 年出版）
39.《运河文化名镇塘栖》（杭州出版社 2015 年出版）
40.《杭州运河旧影》（杭州出版社 2017 年出版）
41.《运河上的杭州》（浙江人民美术出版社 2017 年出版）
42.《西湖绸伞寻踪》（浙江人民美术出版社 2017 年出版）
43.《杭州运河文化之旅》（浙江人民美术出版社 2017 年出版）
44.《亲历杭州河道治理》（浙江古籍出版社 2018 年出版）
45.《杭州河道故事与传说》（浙江古籍出版社 2018 年出版）
46.《杭州运河老厂》（杭州出版社 2018 年出版）
47.《运河村落的蚕丝情结》（杭州出版社 2018 年出版）
48.《运河文物故事》（杭州出版社 2019 年出版）
49.《杭州河道名称历史由来》（浙江古籍出版社 2019 年出版）
50.《杭州古代河道治理》（杭州出版社 2019 年出版）
51.《运河老字号：前世与今生》（杭州出版社 2021 年出版）
52.《百年汇昌：江南水乡滋味长》（杭州出版社 2021 年出版）
53.《孔凤春：杭粉飘香美名扬》（杭州出版社 2021 年出版）
54.《胡庆余堂：药在江南仁在心》（杭州出版社 2021 年出版）
55.《张小泉：良钢精作工匠剪》（杭州出版社 2021 年出版）
56.《王星记：悠悠古扇诉衷情》（杭州出版社 2021 年出版）
57.《都锦生：锦绣百年丝绸花》（杭州出版社 2021 年出版）
58.《知味观：闻香知是江南味》（杭州出版社 2021 年出版）
59.《方回春堂：妙手回春汉方膏》（杭州出版社 2021 年出版）
60.《西泠印社：方寸之间有乾坤》（杭州出版社 2021 年出版）
61.《奎元馆：江南面王冠天下》（杭州出版社 2021 年出版）

62.《运河老字号：传承与发展》（杭州出版社2021年出版）
63.《名人与杭州河道·文苑篇》（杭州出版社2021年出版）
64.《名人与杭州河道·名宦篇》（杭州出版社2021年出版）
65.《名人与杭州河道·侨寓篇》（杭州出版社2021年出版）
66.《名人与杭州河道·乡贤篇》（杭州出版社2021年出版）
67.《江南食事》（杭州出版社2022年出版）

钱塘江丛书

1.《钱塘江传说》（杭州出版社2013年出版）
2.《钱塘江名人》（杭州出版社2013年出版）
3.《钱塘江金融文化》（杭州出版社2013年出版）
4.《钱塘江医药文化》（杭州出版社2013年出版）
5.《钱塘江历史建筑》（杭州出版社2013年出版）
6.《钱塘江古镇梅城》（杭州出版社2013年出版）
7.《茅以升和钱塘江大桥》（杭州出版社2013年出版）
8.《古邑分水》（杭州出版社2013年出版）
9.《孙权故里》（杭州出版社2013年出版）
10.《钱塘江风光》（杭州出版社2013年出版）
11.《钱塘江戏曲》（杭州出版社2013年出版）
12.《钱塘江风俗》（杭州出版社2013年出版）
13.《淳安千岛湖》（杭州出版社2013年出版）
14.《钱塘江航运》（杭州出版社2013年出版）
15.《钱塘江旧影》（杭州出版社2013年出版）
16.《钱塘江水电站》（杭州出版社2013年出版）
17.《钱塘江水上运动》（杭州出版社2013年出版）
18.《钱塘江民间工艺美术》（杭州出版社2013年出版）
19.《黄公望与〈富春山居图〉》（杭州出版社2013年出版）
20.《钱江梵影》（杭州出版社2014年出版）
21.《严光与严子陵钓台》（杭州出版社2014年出版）
22.《钱塘江史话》（杭州出版社2014年出版）
23.《桐君山》（杭州出版社2014年出版）
24.《钱塘江藏书与刻书文化》（杭州出版社2014年出版）
25.《外国人眼中的钱塘江》（杭州出版社2014年出版）
26.《钱塘江绘画》（杭州出版社2014年出版）
27.《钱塘江饮食》（杭州出版社2014年出版）

28.《钱塘江游记》（杭州出版社 2014 年出版）
29.《钱塘江茶史》（杭州出版社 2015 年出版）
30.《钱江潮与弄潮儿》（杭州出版社 2015 年出版）
31.《之江大学史》（杭州出版社 2015 年出版）
32.《钱塘江方言》（杭州出版社 2015 年出版）
33.《钱塘江船舶》（杭州出版社 2017 年出版）
34.《城·水·光·影——杭州钱江新城亮灯工程》
（杭州出版社 2018 年出版）
35.《名人与钱塘江·贤宦篇》（杭州出版社 2020 年出版）
36.《名人与钱塘江·文苑篇》（杭州出版社 2020 年出版）
37.《名人与钱塘江·贤达篇》（杭州出版社 2020 年出版）
38.《名人与钱塘江·乡贤篇》（杭州出版社 2020 年出版）
39.《名人与钱塘江·梵隐篇》（杭州出版社 2020 年出版）

良渚丛书

1.《神巫的世界》（杭州出版社 2013 年出版）
2.《纹饰的秘密》（杭州出版社 2013 年出版）
3.《玉器的故事》（杭州出版社 2013 年出版）
4.《从村居到王城》（杭州出版社 2013 年出版）
5.《良渚人的衣食》（杭州出版社 2013 年出版）
6.《良渚文明的圣地》（杭州出版社 2013 年出版）
7.《神人兽面的真像》（杭州出版社 2013 年出版）
8.《良渚文化发现人施昕更》（杭州出版社 2013 年出版）
9.《良渚文化的古环境》（杭州出版社 2014 年出版）
10.《良渚文化的水井》（浙江古籍出版社 2015 年出版）
11.《建构神圣——良渚文化的玉器、图像与信仰》
（浙江古籍出版社 2021 年出版）

余杭丛书

1.《品味塘栖》（浙江古籍出版社 2015 年出版）
2.《吃在塘栖》（浙江古籍出版社 2016 年出版）
3.《塘栖蜜饯》（浙江古籍出版社 2017 年出版）
4.《村落拾遗》（浙江古籍出版社 2017 年出版）
5.《余杭老古话》（浙江古籍出版社 2018 年出版）

6.《传说塘栖》（浙江古籍出版社 2019 年出版）
7.《余杭奇人陈元赟》（浙江古籍出版社 2019 年出版）
8.《章太炎讲国学》（上海人民出版社 2019 年出版）
9.《章太炎家书》（上海人民出版社 2019 年出版）
10.《余杭老古话续编》（浙江古籍出版社 2021 年出版）
11.《余杭山水形胜》（浙江古籍出版社 2021 年出版）

湘湖（白马湖）丛书

1.《湘湖史话》（杭州出版社 2013 年出版）
2.《湘湖传说》（杭州出版社 2013 年出版）
3.《东方文化园》（杭州出版社 2013 年出版）
4.《任伯年评传》（杭州出版社 2013 年出版）
5.《湘湖风俗》（杭州出版社 2013 年出版）
6.《一代名幕汪辉祖》（杭州出版社 2014 年出版）
7.《湘湖诗韵》（浙江古籍出版社 2014 年出版）
8.《白马湖诗词》（西泠印社出版社 2014 年出版）
9.《白马湖传说》（西泠印社出版社 2014 年出版）
10.《画韵湘湖》（浙江摄影出版社 2015 年出版）
11.《湘湖人物》（浙江古籍出版社 2015 年出版）
12.《白马湖俗语》（西泠印社出版社 2015 年出版）
13.《湘湖楹联》（杭州出版社 2016 年出版）
14.《湘湖诗词（上下）》（杭州出版社 2016 年出版）
15.《湘湖物产》（浙江古籍出版社 2016 年出版）
16.《湘湖故事新编》（浙江人民出版社 2016 年出版）
17.《白马湖风物》（西泠印社出版社 2016 年出版）
18.《湘湖记忆》（杭州出版社 2016 年出版）
19.《湘湖民间文化遗存》（西泠印社出版社 2016 年出版）
20.《汪辉祖家训》（杭州出版社 2017 年出版）
21.《诗狂贺知章》（浙江人民出版社 2017 年出版）
22.《西兴史迹寻踪》（西泠印社出版社 2017 年出版）
23.《来氏与九厅十三堂》（西泠印社出版社 2017 年出版）
24.《白马湖楹联碑记》（西泠印社出版社 2017 年出版）
25.《湘湖新咏》（西泠印社出版社 2017 年出版）
26.《湘湖之谜》（浙江人民出版社 2017 年出版）
27.《长河史迹寻踪》（西泠印社出版社 2017 年出版）

28.《湘湖宗谱与宗祠》（杭州出版社 2018 年出版）
29.《毛奇龄与湘湖》（浙江人民出版社 2018 年出版）
30.《湘湖图说》（浙江人民出版社 2018 年出版）
31.《萧山官河两岸乡贤书画逸闻》（西泠印社出版社 2019 年出版）
32.《民国湘湖轶事》（浙江人民出版社 2020 年出版）
33.《清代湘湖轶事》（浙江人民出版社 2020 年出版）
34.《寻味萧山》（杭州出版社 2020 年出版）
35.《名人与湘湖（白马湖）·鸿儒大家篇》（杭州出版社 2020 年出版）
36.《名人与湘湖（白马湖）·文苑雅士篇》（杭州出版社 2020 年出版）
37.《名人与湘湖（白马湖）·贤达名流篇》（杭州出版社 2020 年出版）
38.《名人与湘湖（白马湖）·乡贤名绅篇》（杭州出版社 2020 年出版）
39.《名人与湘湖（白马湖）·御迹臣事篇》（杭州出版社 2020 年出版）
40.《湘湖百桥》（浙江摄影出版社 2021 年出版）

研究报告

杭州研究报告

1.《金砖四城——杭州都市经济圈解析》（杭州出版社 2013 年出版）
2.《民间文化杭州论稿》（杭州出版社 2013 年出版）
3.《杭州方言与宋室南迁》（杭州出版社 2013 年出版）
4.《一座城市的味觉遗香——杭州饮食文化遗产研究》
  （浙江古籍出版社 2018 年出版）

西湖研究报告

《西湖景观题名文化研究》（杭州出版社 2016 年出版）

西溪研究报告

1.《西溪研究报告（一）》（杭州出版社 2016 年出版）
2.《西溪研究报告（二）》（杭州出版社 2017 年出版）
3.《湿地保护与利用的"西溪模式"——城市管理者培训特色教材·西溪篇》
  （杭州出版社 2017 年出版）
4.《西溪专题史研究》（杭州出版社 2018 年出版）

5.《西溪历史文化景观研究》（杭州出版社 2019 年出版）
6.《旅游符号学视阈中的景观保护与利用研究——以杭州西溪湿地为例》（杭州出版社 2020 年出版）
7.《杭州西溪湿地审美意象实证研究》（杭州出版社 2021 年出版）

运河（河道）研究报告

1.《杭州河道研究报告（一）》（浙江古籍出版社 2015 年出版）
2.《中国大运河保护与利用的杭州模式——城市管理者培训特色教材·运河篇》（杭州出版社 2018 年出版）
3.《杭州河道有机更新实践创新与经验启示——城市管理者培训特色教材·河道篇》（杭州出版社 2019 年出版）
4.《杭州运河（河道）专题史研究（上下）》（杭州出版社 2019 年出版）

钱塘江研究报告

1.《钱塘江研究报告（一）》（杭州出版社 2013 年出版）
2.《潮涌新城：杭州钱江新城建设历程、经验与启示——城市管理者教材》（杭州出版社 2019 年出版）

良渚研究报告

《良渚古城墙铺垫石研究报告》（浙江古籍出版社 2018 年出版）

余杭研究报告

1.《慧焰薪传——径山禅茶文化研究》（杭州出版社 2014 年出版）
2.《沈括研究》（浙江古籍出版社 2016 年出版）

湘湖（白马湖）研究报告

1.《九个世纪的嬗变——中国·杭州湘湖开筑 900 周年学术论坛文集》（浙江古籍出版社 2014 年出版）
2.《湘湖保护与开发研究报告（一）》（杭州出版社 2015 年出版）
3.《湘湖文化保护与旅游开发研讨会论文集》（浙江古籍出版社 2015 年出版）

4.《湘湖战略定位与保护发展对策研究》（浙江古籍出版社 2016 年出版）
5.《湘湖金融历史文化研究文集》（浙江人民出版社 2016 年出版）
6.《湘湖综合保护与开发：经验·历程·启示——城市管理者培训特色教材·湘湖篇》（杭州出版社 2018 年出版）
7.《杨时与湘湖研究文集》（浙江人民出版社 2018 年出版）
8.《湘湖研究论文专辑》（杭州出版社 2018 年出版）
9.《湘湖历史文化调查报告（上下）》（杭州出版社 2018 年出版）
10.《湘湖（白马湖）专题史（上下）》（浙江人民出版社 2019 年出版）
11.《湘湖研究论丛——陈志根湘湖研究论文选》（浙江人民出版社 2019 年出版）

南宋史研究丛书

1.《南宋史研究论丛（上下）》（杭州出版社 2008 年出版）
2.《朱熹研究》（人民出版社 2008 年出版）
3.《叶适研究》（人民出版社 2008 年出版）
4.《陆游研究》（人民出版社 2008 年出版）
5.《马扩研究》（人民出版社 2008 年出版）
6.《岳飞研究》（人民出版社 2008 年出版）
7.《秦桧研究》（人民出版社 2008 年出版）
8.《宋理宗研究》（人民出版社 2008 年出版）
9.《文天祥研究》（人民出版社 2008 年出版）
10.《辛弃疾研究》（人民出版社 2008 年出版）
11.《陆九渊研究》（人民出版社 2008 年出版）
12.《南宋官窑》（杭州出版社 2008 年出版）
13.《南宋临安城考古》（杭州出版社 2008 年出版）
14.《南宋临安典籍文化》（杭州出版社 2008 年出版）
15.《南宋都城临安》（杭州出版社 2008 年出版）
16.《南宋史学史》（人民出版社 2008 年出版）
17.《南宋宗教史》（人民出版社 2008 年出版）
18.《南宋政治史》（人民出版社 2008 年出版）
19.《南宋人口史》（上海古籍出版社 2008 年出版）
20.《南宋交通史》（上海古籍出版社 2008 年出版）
21.《南宋教育史》（上海古籍出版社 2008 年出版）
22.《南宋思想史》（上海古籍出版社 2008 年出版）
23.《南宋军事史》（上海古籍出版社 2008 年出版）

24.《南宋手工业史》（上海古籍出版社 2008 年出版）
25.《南宋绘画史》（上海古籍出版社 2008 年出版）
26.《南宋书法史》（上海古籍出版社 2008 年出版）
27.《南宋戏曲史》（上海古籍出版社 2008 年出版）
28.《南宋临安大事记》（杭州出版社 2008 年出版）
29.《南宋临安对外交流》（杭州出版社 2008 年出版）
30.《南宋文学史》（人民出版社 2009 年出版）
31.《南宋科技史》（人民出版社 2009 年出版）
32.《南宋城镇史》（人民出版社 2009 年出版）
33.《南宋科举制度史》（人民出版社 2009 年出版）
34.《南宋临安工商业》（人民出版社 2009 年出版）
35.《南宋农业史》（人民出版社 2010 年出版）
36.《南宋临安文化》（杭州出版社 2010 年出版）
37.《南宋临安宗教》（杭州出版社 2010 年出版）
38.《南宋名人与临安》（杭州出版社 2010 年出版）
39.《南宋法制史》（人民出版社 2011 年出版）
40.《南宋临安社会生活》（杭州出版社 2011 年出版）
41.《宋画中的南宋建筑》（西泠印社出版社 2011 年出版）
42.《南宋舒州公牍佚简整理与研究》（上海古籍出版社 2011 年出版）
43.《南宋全史（一）》（上海古籍出版社 2011 年出版）
44.《南宋全史（二）》（上海古籍出版社 2011 年出版）
45.《南宋全史（三）》（上海古籍出版社 2012 年出版）
46.《南宋全史（四）》（上海古籍出版社 2012 年出版）
47.《南宋全史（五）》（上海古籍出版社 2012 年出版）
48.《南宋全史（六）》（上海古籍出版社 2012 年出版）
49.《南宋全史（七）》（上海古籍出版社 2015 年出版）
50.《南宋全史（八）》（上海古籍出版社 2015 年出版）
51.《南宋美学思想研究》（上海古籍出版社 2012 年出版）
52.《南宋川陕边行政运行体制研究》（上海古籍出版社 2012 年出版）
53.《南宋藏书史》（人民出版社 2013 年出版）
54.《南宋陶瓷史》（上海古籍出版社 2013 年出版）
55.《南宋明州先贤祠研究》（上海古籍出版社 2013 年出版）
56.《南宋建筑史》（上海古籍出版社 2014 年出版）
57.《金人"中国"观研究》（上海古籍出版社 2014 年出版）
58.《宋金交聘制度研究》（上海古籍出版社 2014 年出版）
59.《图说宋人服饰》（上海古籍出版社 2014 年出版）

60.《南宋社会民间纠纷及其解决途径研究》
（上海古籍出版社 2015 年出版）
61.《咸淳临安志宋版京城四图复原研究》
（上海古籍出版社 2015 年出版）
62.《南宋都城临安研究——以考古为中心》
（上海古籍出版社 2016 年出版）
63.《两宋宗室研究——以制度考察为中心（上下）》
（上海古籍出版社 2016 年出版）
64.《南宋园林史》（上海古籍出版社 2017 年出版）
65.《道命录》（上海古籍出版社 2017 年出版）
66.《毗陵集》（上海古籍出版社 2017 年出版）
67.《西湖游览志》（上海古籍出版社 2017 年出版）
68.《西湖游览志馀》（上海古籍出版社 2018 年出版）
69.《建炎以来系年要录（全八册）》（上海古籍出版社 2018 年出版）
70.《南宋理学一代宗师杨时思想研究》（上海古籍出版社 2018 年出版）

南宋研究报告

1.《两宋"一带一路"战略·长江经济带战略研究》
（杭州出版社 2018 年出版）
2.《南北融合：两宋与"一带一路"建设研究》
（杭州出版社 2018 年出版）

通　史

西溪通史

《西溪通史（全三卷）》（杭州出版社 2017 年出版）

辞　典

余杭辞典

《余杭辞典》（浙江古籍出版社 2021 年出版）